李 零 著

丧家狗

我读《论语》

中华书局

图书在版编目(CIP)数据

丧家狗:我读《论语》/李零著. —北京:中华书局,2022.5
ISBN 978-7-101-14481-9

Ⅰ.丧… Ⅱ.李… Ⅲ.①儒家②《论语》-研究
Ⅳ.B222.25

中国版本图书馆 CIP 数据核字(2020)第 061085 号

书　　名	丧家狗:我读《论语》	
著　　者	李　零	
责任编辑	傅　可	
出版发行	中华书局	
	(北京市丰台区太平桥西里 38 号　100073)	
	http://www.zhbc.com.cn	
	E-mail:zhbc@zhbc.com.cn	
印　　刷	北京新华印刷有限公司	
版　　次	2022 年 5 月第 1 版	
	2022 年 5 月第 1 次印刷	
规　　格	开本/710×1000 毫米　1/16	
	印张 38½　插页 3　字数 580 千字	
印　　数	1-12000 册	
国际书号	ISBN 978-7-101-14481-9	
定　　价	99.00 元	

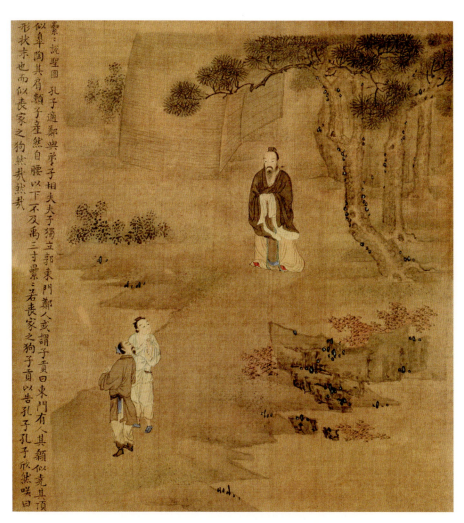

　圣图说

　孔子适郑，与弟子相失，夫子独立郭东门。郑人或谓子贡曰东门有人，其颡似尧其项似皋陶，其肩类子产，然自腰以下，不及禹三寸。累累若丧家之狗。子贡以告孔子，孔子欣然笑曰：形状末也，而似丧家之狗。然哉然哉

孔子适郑，与弟子相失，孔子独立郭东门。郑人或谓子贡曰："东门有人，其颡似尧，其项类皋陶，其肩类子产，然自要（腰）以下，不及禹三寸。累累若丧家之狗。"子贡以实告孔子，孔子欣然笑曰："形状，末也。而谓似丧家之狗，然哉！然哉！"

目 录

序
怎样读《论语》

一、《论语》是本什么样的书？

《论语》是本聊天的书，东拉西扯，没固定话题。谁和谁聊？孔子跟他的学生聊。怎么聊？用当时的白话聊。

我的经验，谈话，人一定要少。两人最好，沏壶茶，面对面，促膝谈心。三人也行，顶多加一人，两人说话，一人歇着，三人轮着说。再多，就乱了。

孔子和学生谈话，就是这样谈，不像现在这样，一坐一大屋子，光我一个人说，完全是一言堂。他的学生很多，但参加谈话的人数有限。孔子常说"二三子"，登堂入室，有资格跟他在屋里谈话的人本来就不多，能真谈的人更少，一般也就两三人在座，顶多四个，像"四子言志"章，加一个弹琴的，跟崔永元《实话实说》那样，一边说话，一边弹琴，弦歌一堂。他们谈话很随便，有时坐屋里聊，有时在屋外散步，边走边聊。读《论语》，大家知道，孔子散步，常去一地儿，叫舞雩台，是个西周的古迹。舞雩台在曲阜鲁城外，孔子从家里出来，往南走，走不多远就到了。

怎么读《论语》？

第一，最好的读法就是尊重原书，《论语》是什么书就当什么书读。这世上有俩孔子，死孔子是圣人；活孔子不是圣，只是人。我是拿他当人。孔子是个姓孔的"子"，当时的"诸子"是知识分子，我是拿他当知识分子。他的真实身份是思想家和社会批评家，不是传教士和心理医生。

第二，要放松，不必一本正经，或激动得直哆嗦。不读就有的崇拜，最好搁一边儿。现在，革命已经被传统代替，孔子是传统的代表。大家鼓革命热情读

《论语》，是把孔子当符号——反孔子就是反传统。我希望，大家不要用这样的心情读《论语》。

《论语》是语录体、袖珍本，篇幅比较长，相当于把《周易》《老子》《孙子》三本书加一块儿，有一万五千多字。今天，报刊杂志约稿，五千字只是短文，下笔万言是常有的事，但搁古代，五千字就够一本书了。

《论语》是怎么编起来的？

大家可以读一读郭店楚简的《语丛一》《语丛二》和《语丛三》。这些书，不但形式与《论语》相似，内容也相似，有的地方，连话都一样。它们都是写在古尺七寸的短简上。

还有八角廊汉简的《论语》。这是西汉晚期的《论语》，也是写在七寸简上。东汉，五经是用二尺四寸的大简抄，《论语》是用八寸的短简抄。抄《论语》用短简，这是传统。战国的《论语》还没发现，估计也是七寸简。

《论语》是孔门谈话的语录，话说出来，怎么记？这个问题，值得研究。

一种办法是当场记。典型例子是"子张书绅"。孔子说，"言忠信，行笃敬"，你们走到哪儿都别忘了。子张没带笔记本（竹简或木牍），急中生智，从腿下一撩，记在绅上。钱存训说，这是中国最早的帛书，不妥，但确实是写在帛上。什么是绅？邹鲁缙绅之士，是孔孟之徒的别称，简称绅士。中国的绅士，系裤腰带的方法是腰上转一圈，下面拖一截儿，拖下来的这截儿就叫"绅"。西方不一样。西方的绅士，是穿西服，系领带，脖子上面绕一圈儿，下面拖一截儿。现在，庄重场合，我们穿的都是"胡服"，西服革履打领带。我看电视，易中天说，孔子的苦恼是没处讲话，如果活到现在，他最想的怕就是上《百家讲坛》。如果孔子上《百家讲坛》，你没带笔记本，也可以记在领带上。这是当场记。

还有一种是事后追记。颜渊好学，白天不说话，晚上一人躲屋里悄悄复习，没准记点什么。别人比较懒，可能是很久以后才想起来记。记反了、记拧了，也说不定。

这些记下来的东西，不管是当场记录，还是隔了好久才回忆起来，或者再从什么写好的东西里面摘出点什么，都是《论语》的原始资料。后来，大家对对笔记本，把这些材料，挑一挑、拣一拣、整理整理，就成了《论语》。

　　《论语》的话，杂乱无章，分篇跟卖韭菜似的，多少钱一把那么分，篇题也是拈篇首语为题，纯粹是标签。书既然是乱的，最好拆开来读：纵读之，当孔子的传记读；横读之，按主题摘录读。南怀瑾说，《论语》的分篇分章，处处都有埋伏，绝对不能打乱了读，这是崇圣的心理作怪。蔡尚思说，《论语》要打乱了读，这才是对的。

　　《论语》中的话，不皆精粹，很多都平淡无奇，不必刻意求深，以为字字珠玑，后面必有深意。特别是有些话，就算很有深意，当时人明白，后人也读不懂。《论语》中的话，很多都是掐头去尾，前言后语不知道，谈话背景不清楚，硬抠是抠不出来的。我建议，读到这种地方，不妨猜一猜，猜不出来就算了，别钻牛角尖。

　　读《论语》，最傻的读法，就是拿它当"意识形态"。好好一孔子，不当孔子理解，非哆哆嗦嗦当圣人拜，凡有损圣人形象处，非拐弯抹角，美化之、神化之、曲解之。

　　比如孔子说，"夷狄之有君，不如诸夏之亡也"，大家说，孔子怎么会轻视少数民族？比如孔子说，"唯女子与小人为难养也，近之则不孙（逊），远之则怨"，大家说，孔子怎么会轻视妇女？

　　前一段话，古人说什么的都有，简直像游戏，这里不必说。后一段话，原文没什么难解之处，但大家就是想不通，孔子是圣人，他怎么会轻视妇女，把伟大之女性和缺德的小人绑一块儿？难道他没妈？

　　他们替孔子着急，非把"女子"读为"汝子"（还有解为"竖子"的），"小人"解为小孩，就是典型的例子。其实，孔子也是人。人类轻视妇女，那是几千年一贯制。孔子周围的人，全拿妇女不当人，怎么就他例外？

　　还有，我们读《论语》，谁都不难发现，孔子很孤独，也很苦恼。孔子晚年，不说话。子贡安慰他，"子如不言，小子何述？"他说，"天何言哉"，老天就不说话。不说话，多憋得慌。很多人非拉他当心理大夫，岂不可笑？

　　研究《论语》，曲解丛生，主要是崇圣的心理在作怪，关键是文化立场问题。历史上的汉宋之争，义理考据之争，是次要问题。义理派和考据派都有心理问题，前者比后者的偏见更多。现在的尊孔读经派，光煽情，不读书，研究水平，绝对比不上杨荣国、赵纪彬、蔡尚思。他们喜欢骂"五四"，骂鲁迅。但我对

"五四"和鲁迅却充满敬意。鲁迅说，"救救孩子"（《狂人日记》）。我说，"救救孔子"。大家别以为，"五四"就是骂孔子，其实它是救孔子。

历史上捧孔子，有三种捧法，一是围绕政治，讲治统，这是汉儒；二是围绕道德，讲道统，这是宋儒；三是拿儒学当宗教，这是近代受洋教刺激的救世说。三种都是意识形态，说是爱孔子，其实是害孔子。我是反其道而行之：去政治化、去道德化、去宗教化。

知识分子讲话，要去三化。研究历史，这是大忌。这三条不去，用孔子的话说，是其愚不可及也。

老百姓想听什么你就讲什么，还要知识分子干吗？我把一句话撂这儿：

愚民者必为民愚。

二、孔子是个什么样的人？

司马迁说，"读其书，想见其为人"。神难画，圣人也难画。人和神什么关系？也是"近之则不孙，远之则怨"。画得太像人，没有神圣感；画得太不像人，又成了妖怪。

孔子什么样？古人说，他脑瓜像尧，眼睛像舜，脖子像禹，嘴巴像皋陶。尧的脑瓜是大脑门，舜的眼睛是两瞳仁，禹的脖子不知什么样，皋陶的嘴像马，朝前努。旧说孔子"圩顶反首"，"圩顶"据说是中间凹一块儿，四边高，中间低，像个盆儿似的。"反首"，我怀疑是大脑门，好像后脑勺长前边，跟年画上的老寿星一样。古人说他脸盘大。荀子说，他的脸是螃蟹脸。还有人说，他是驼背。这些说法很离奇，但有一点，古人是众口一词，这就是孔子的个头儿。他们都说，孔子膀大腰圆，腰围三尺四，身高两米二，和穆铁柱、姚明的个头儿差不多。

古代相面，一般是以形求神，更高是遗形取神。

孔子过郑，独立郭东门，有个郑人给他相面，说他上半身像圣人（尧、舜等人），下半身像"丧家狗"。那年，孔子正好六十岁，特有涵养。别人讲什么，好听不好听，不重要，重要的是，话是不是真话——他要听真话，听人家的真实感受，这叫"耳顺"。郑人的话，不好听，但是真话，他听了，一点儿不生气，说"形状末也"，外貌不重要，但说我像"丧家狗"，很对很对。这就是遗形取神。

孔子的"神"是什么样？主要是无家可归。他这一辈子，颠沛流离，精神无所托。郑人的比喻很传神。

孔子晚年，有所谓"七十自述"，等于他的自传：

子曰："吾十有五而志于学，三十而立，四十而不惑，五十而知天命，六十而耳顺，七十而从心所欲，不逾矩。"

这段话，谁都往自己头上安，其实和谁都无关，只跟孔子有关。我们要注意，它的头一字是"吾"。既然是"吾"，可见是讲自己，不是讲别人。他没说别人能活多长，活到多少岁会怎么样，该怎么样。他这一辈子，活了七十三岁，比一般人长。这是事后追述，带有回忆性质，不是什么人生规划。人无法按计划生活。

孔子回顾自己的一生，他是掐整数，基本上是十年一截十年一截往下讲。这个十进制的习惯，现在也有。比如三十岁叫三张，四十岁叫四张。一张，是一张十块钱的钞票。这是打比方。

（一）我们先讲头两句，"吾十有五而志于学，三十而立"。

孔子这一辈子，三十岁以前是一段。孔子生于鲁，爸爸是宋国移民（第三代移民），妈妈是鲁国人。他三岁丧父，是妈妈拉扯大的，受妈妈影响更大。十五岁很重要，是古人上大学的年龄。古代只有小学和大学，没有中学。小学学什么？主要是认字识数。大学学什么？主要是礼乐。他"十有五而志于学"，是十五岁有志学礼乐。孔子从小好礼，玩游戏都是演礼，但正式学是这一年。什么叫"三十而立"？我们要看孔鲤趋庭的故事。孔子说，"不学礼，无以立"。"三十而立"是说精通礼乐才叫"立"。孔子出名是三十岁，出名就是以"知礼"名。当时，齐景公和晏婴到鲁国访问，连这两个大国的领导人都向他请教礼，可见他的学问不得了。

这一阶段，可以用一个字概括，就是"学"。"学而时习之，不亦说乎"，他最快乐的时光就是这一段。

（二）"四十而不惑"是讲什么？

前面，我们说，孔子三十岁就在鲁国得大名。他在鲁国学成，开始招学生。子路等人就是他最早的学生。还有一个，也很重要，但不在七十子之中，是孟懿子，他是鲁国的三大权臣（三桓）之一。我猜，孔子出山，就是靠他推荐。

孔子三四十岁，主要是教书。这一段，也可用一个字来概括，就是"教"。读书是自娱自乐，教书是助人为乐。教书也很快乐。

读书、教书，共同点是什么？是让脑筋开窍，既使别人，也使自己，变得聪明起来，不再犯糊涂。这就是"不惑"的意义。

孔子三十四岁，想上大地方。这一年，他去了当时最大的地方——洛阳，据说是向老子问礼。第二年，还去齐国，想在齐国找工作。工作没找到，但在乐上有收获。"闻韶"，是听古典音乐，他说，"三月不知肉味"，听音乐比吃肉都香，别提多享受。

孔子在礼乐两方面，真是开了眼。

（三）"五十而知天命"，这段话有点神秘，我来解释一下。

孔子读书，孔子教书，目标很明确，是要出来当官，自己当官，派学生当官。他们家是个干部训练班。

孔子是哪一年当官的，很清楚，是五十一岁。他在家里摩拳擦掌二十年，就盼这一天。这一段，我也给了一个字，就是"仕"，"学而优则仕"的"仕"。

孔子说的"天命"是什么？说穿了，很简单，就是出来当官。孔子读书和教书，当时的书，主要是三大古典，一是《诗经》，二是《尚书》，三是《周易》。他说"加我数年，五十以学《易》，可以无大过矣"。他是学《易》学到五十岁，自己给自己算命，我该出来当官了。

孔子当官，先是当中都宰，给鲁昭公修墓。鲁昭公客死他乡，就是归葬于此。这个地方离孟氏的封邑很近。

第二年，他当少司空，是孟懿子的助手。孟懿子是大司空，他是少司空。这个工作，当是出于孟懿子的推荐。

孔子当大司寇，是他人生的顶峰，也是其苦恼的开始。司寇管司法，司空管工程，古代的司寇，常让犯人造兵器、修城墙，干土木工程，这两个官职有关联。他在这个位子上干了三年，主要政绩是堕三都，不是修城墙，而是拆城墙，拆三桓的城墙。结果得罪齐国，得罪鲁君，得罪三桓，不得不退出政坛。

（四）"六十而耳顺"。

孔子离开鲁国的时候是五十五岁。五十五到六十岁，在卫国活动，在卫国当官。六十岁这一年，卫灵公死了，卫国有继承人危机。孔子避乱，离开卫国，开始周游列国。他历经曹、宋、郑、陈、蔡五国，到达楚国边境的叶县，目标是投奔楚国——南方最强大的国家。叶公嫌他老，没辙，他又原路返回，回到了卫国。

他这一段的特点如果用一个字概括，就是"游"。

孔子周游列国，是其人生最惨的一段。他在鲁、卫当官很苦恼，这一段更苦恼。一是当官的全都无道，大坏蛋下面是中坏蛋，中坏蛋下面是小坏蛋，坏蛋里面挑好蛋，已经挑不出来，用坏蛋反对坏蛋也很徒劳。二是有道德的全都跑了，路上撞着，不是冷嘲热讽，就是疯疯癫癫，没人听他的。

他老人家倒是脾气好，甭管人家怎么说，一律"耳顺"，什么话都听得进去，尤其对隐士逸民，不但不生气，还表示理解，对他们很尊重。

因为他明白，要说冰清玉洁，还是这些人。

（五）"七十而从心所欲，不逾矩"。

六十八岁，孔子回到鲁国，他想回家，但没有家。孔子太倔，不能忘情于政治，但政治却忘了他。孔子的晚年，其实很凄凉，最后一个字，应该是"悲"。

他说，七十岁的他，想干吗干吗，什么都中规中矩，好像彻底自由。但实际上呢，他生命的最后六年，年年都是"眼泪泡着心"。

六十九岁，他唯一的儿子孔鲤去世，他放声大哭。

七十一岁，哀公获麟，他"伤麟觉道穷"，也放声大哭。

七十二岁，他最喜欢的学生颜渊死，他呼天抢地。

七十三岁，子路战死戚城，被人剁成肉泥，他也呼天抢地。

颜渊、子路的死让他深受刺激。他说，看来是老天成心不让他活了。四个月后，子贡来看他，他又是老泪纵横，最后死在家中。

孔子是个什么样的人？是个怀抱理想的人。理想是什么？是周公之梦。鲁国有个看城门的人，说他是"知其不可而为之"，很对。他奔走呼号了一辈子，终无所遇，一直到梦不见周公。

他这一生，五个字——学、教、仕、游、悲，最后一个字是"悲"。

他是个悲剧性的人物。

三、孔子的话是说给什么人听的？

孔子这个人，生卒最清楚，他的一生，几乎可以一年一年往下讲，别人比不了。

孔子的学生有七十多个，很多都有史料，别人也比不了。

《论语》这本书，喜欢议论人。它的最大特点是人多。

他议论的人，好人，古人多；坏人，当下多。

"圣人"和"仁人"，都是死人，活人不配当。

他当时的人，分两种，"今之从政者"，是眼下当官的，都很腐败，冰清玉洁的，全是隐士逸民，不是死磕或逃跑，就是装疯卖傻。

《论语》和《孙子》不同，《孙子》只有四个人，两个"恐怖分子"（专诸、曹刿），两个"大特务"（伊尹、太公）。

它与《老子》也不同，《老子》连一个人都没有，打开书，如入无人之境。

《论语》人多，全书有156个，比《水浒传》里的英雄都多。人物搞不清是阅读的主要困难。

我有一个看法，《论语》最适合做历史研究。道理是什么？原因就在人多。它涉及的人和事，史料记载最丰富。不但《左传》《国语》里面有，大小戴《礼记》里面有，先秦子书里面有，汉代的记述也很多。

拒绝历史研究，那是傻透了。如入宝山，空手而归。

读《论语》，"读其书"而不"想见其为人"，太可悲。舍人舍事，空谈性理，不可能理解孔子，不可能理解他的思想。那样做，等于废书不读。

《论语》这本书，"子曰"的"子"都是孔子，孔子讲话是讲给谁听？这个问题，不可忽略。比如《孙子》，它的听众，君将吏卒，到底是谁？肯定不是士兵；《老子》，也不是讲给老百姓听的。

先秦子书，是干禄书，里面的政治设计，都是献给统治者的。游说君主，战国很时髦。这个风气，和孔子有关。孔子开这个头不容易。当时，他的直接听众还不是统治者，而是他的学生。他奔走呼号，跟统治者费口舌，话尽饯着说，人家不爱听，很多话都白说，没有记下来。他的话，主要是说给学生听，盼他们读古书，习古礼，当古君子，不但改造自己，也改造当时的统治者。当时的游说，还在初级阶段。

现在读《论语》，大家要注意，孔子不满现实，是恨现实太不君子，他的理想是恢复西周的君子国。《论语》的说话对象，可能是草根出身的学生，但不是草根。他的文化立场很贵族、很精英。

孔子不走群众路线，从来都不走。活着不走，死了也不走。他和耶稣、佛陀不一样, 根本不是大众英雄。他讲仁, 并非一视同仁; 讲爱, 也非兼爱天下。阶级社会, 什么人说什么话, 话是说给什么人听, 这样的分析, 还是不能不讲。

读《论语》, 从人物入手是诀窍。研究人物, 从学生入手, 更是诀窍中的诀窍。

孔子的学生, 有所谓"三千弟子, 七十二贤人"。"三千弟子"是"粉丝", 有谁没谁, 无法考证, 可以不去管。"七十二贤人", 古人叫"七十子", 七十二是吉祥数, 不是真实数字, 司马迁看过的花名册, 实为七十七人。这些学生, 很多是空名, 稍微清楚一点的, 只有三十五人。这三十五人, 《论语》中提到了二十九人。从道理上讲, 我们的入手处是这二十九人。

但我要告诉大家, 二十九人, 还是有点多。我们还可缩小包围圈, 聚焦于十三人。耶稣有十二门徒, 孔子有十三门徒。孔子最重要的学生, 其实是十三人。

这十三人有谁? 是"孔门十哲"(颜渊、闵子骞、冉伯牛、仲弓、宰予、子贡、冉求、子路、子游、子夏)加有若、曾子、子张。

孔子的学生, 冉伯牛、子路、闵子骞是老大哥, 仲弓、冉求、宰予、颜渊和子贡比他们晚, 更晚是有若、子夏、子游、曾子和子张。

这些学生, 各有所长:

(一)冉伯牛、闵子骞、仲弓和颜渊, 属于十哲中的德行门, 除仲弓擅长政事, 都是道德先生。道德先生, 有点像隐士, 一般不做官, 但仲弓是例外。这种人的特点, 第一是大孝子, 第二是不爱说话。比如仲弓就不爱说话, 多嘴多舌, 当不了道德先生。他们当中, 颜渊最小, 但地位最高。颜渊是孔子他姥姥家的人, 安贫乐道, 好学深思, 从不顶撞老师, 很乖巧, 老师最疼爱。孔子晚期的学生, 有若和曾子也可归入这一门。孔子死后, 子贡守庐, 让有若当孔子尸, 受弟子拜, 大家都同意, 就曾子不服气。曾子辈分低, 他的地位, 原来并不高。

(二)宰予、子贡, 属于十哲中的言语门。他们能说会道, 擅长搞外交。宰予曾挨孔子骂, "朽木不可雕", 但他很重要。子贡是孔子在卫国招的学生, 不但周游列国, 可能是他出钱资助, 而且孔子死后, 他是掌门人。

(三)冉求、子路, 属于十哲中的政事门。他们是管理人才。冉求擅长理财, 不但给孔子管家, 也给季氏管家。子路, 不但有治国用兵之才, 而且其志不在小。孔子派弟子当季氏宰, 前后三人, 子路第一, 仲弓第二, 冉求第三。孔子对仲弓最欣赏，对冉求最生气。冉求当季氏宰，时间最长，不是帮他好，而是帮他坏，简直就是帮凶，孔子急了，让学生"鸣鼓而攻之"。孔子死后，他还在季氏身边做事，好像门外人。子路，快人快语，勇武直率，最可爱。他在《论语》中出现次数最多，和颜渊相反，常挨孔子骂，但对老师最忠诚。子张像他，是个"小子路"。

（四）子夏、子游，属于十哲中的文学门。文学是人文学术，和方术不一样。他们学问好，精通《诗》《书》《易》，传授经艺，功劳大。特别是子夏，儒学西传，从山东传河南传山西传陕西，是他开的头。汉代的经学，也和他关系最大。

孔门十三贤，当年，颜渊、子路、子贡最重要。特别是子贡，修正圣人，大树孔子，终于让老师当圣人，他功劳最大。宰予、有若也参加了这一运动，功劳也不小。

但是，孔子死后，弟子的地位有变化。有些老卓越，本来很重要，逐渐被人遗忘，有些小新锐，从地里冒出来，取而代之。北京话，叫"迈辈儿"了。

历代祭孔，孔庙里面排座次，地位经常变，可以反映观念的变化。

原先，是一圣十哲，孔子居中，十哲侍立（唐以前）。

后来，把颜渊提拔到孔子身边，十哲的空位由曾子补齐（唐代）。

后来，把曾子提拔到孔子身边，十哲的空位由子思补齐（南宋）。

后来，把子思提拔到孔子身边，十哲的空位由孟子补齐（南宋）。

后来，把孟子提拔到孔子身边，十哲的空位由子张补齐（元代）。

最后，十哲之外，又加了两个人，一个是朱熹，一个是有若（清代）。

于是，形成"四配十二哲"。

"四配"是四个二等圣人：颜渊是复圣，曾子是宗圣，子思是述圣，孟子是亚圣，元代才凑齐。

"十二哲"，是孔门十哲，除去颜渊，加进有若、子张和朱熹，清代才凑齐。

"四配十二哲"，曾子是孔门最晚的学生，思、孟不是孔子的学生，他们的地位越来越高，比颜回、子路、子贡还高，主要是有书。

过去，孔子之道不是由七十子来体现，而是由颜、曾、思、孟，特别是孟子来体现，这种一脉单传的道统是后儒的创造，特别是宋以来的创造。读《论语》，我们要知道，这是个伪造的传统。

明以来，为了维护正统，孔庙开除过三个人，一个是公伯缭，一个是孟子，一个是荀子。

公伯缭背叛师门，是孔门中的犹大，开除也就罢了，另外两人也容不下，不像话。

孟子讲"民贵君轻"，朱元璋大怒，把他开除。儒生不答应，还是留下来。

荀子最恨孟子。孟子是亚圣，这还得了，尊孟的不答应。荀子有两个著名学生，韩非和李斯，儒门恨之入骨。苏东坡把焚坑的祸根追到他。明代晚期，他也被开除。近代以前，一直得不到平反。

四、我们向孔子学什么？

现在读古书，有个坏毛病，就是急功近利，束书不观，光问有什么用。这种想法有群众基础，不错，但我要说，这也是群众的毛病。

活学活用《论语》，有很多误区，我举几个例子，供大家思考。

（一）过去学《论语》，主要是学道德，《论语》是语录，大家是像读《毛主席语录》那样读。我说，这样读，不好。

道德，当然不可少。全世界无论哪个民族，哪个文化，都得讲道德。没人说，我是不讲道德的。他们不但讲，而且讲的全都差不多。有人因此设想，将来的世界宗教，就是建在这个基础上，有了这种共同语言，谁也不用掐了。道德很通用，很有用，没错。我说，它像白开水。不喝水，要死人，这是对的。但你说，水可以当饭，不吃饭也行，水可以当药，包治百病，这就过了。一般人，想法很简单，大都是从小开始，个人搞好了，家就搞好了，国就搞好了，这在社会科学上是讲不通的。小道理管大道理，哪有这种道理。道德，越是乱世才越有人讲，这是规律。乱世，不是因为没道德才没秩序，而是因为没秩序才没道德。统治者管秩序，秩序出问题，他不解决秩序问题，光让老百姓讲道德，怎么行？这样讲，只能越讲越虚，越讲越伪。《老子》《庄子》的话，就是针对这一问题。

（二）《论语》可以治天下，纯属幻想；《论语》可以救世界，更是妄想。

宋代有个著名传说，赵普，宋太祖、宋太宗的宰相，是靠"半部《论语》治天下"，而且说得有鼻子有眼，他是以"半部佐太祖（宋太祖）定天下，以半部佐陛下（宋太宗）致太平"，二十篇，全能派上用场。洪业小时候读《论语》，也碰到过这一传说。后来长大了，经他考证，"半部《论语》治天下"只是传说。他说，此说就像小华盛顿砍樱桃树的故事，不过是后人的想象和编造，根本不可信。洪业虽不相信赵普说过什么"半部《论语》治天下"，但《论语》可以治天下，他却深信不疑。他相信，夫子之言，哪怕一章一节，一字一句，也足以治天下。他举《论语》的许多名言佳句为例，说光一个"信"字，已经足够。这可信吗？我说不可信。

（三）《论语》讲的都是世俗的道理，根本不必当宗教来崇拜。

很多人说，全世界，信教的人多，不信教的人少，群众的信仰，不能不管，孔子的前途是当教主。我不同意这种说法。第一，宗教管理是国家事务，国家和宗教的关系，宗教和宗教的关系，当然得管，但中国传统，没有凌驾国家的所谓国教，没有超越国界的所谓普世性宗教，它的特点是国家一元，宗教多元，这个传统，很超前，很先进，挺好，我们没必要模仿洋教，把儒学立为他们那样的宗教。第二，中国近代的立教，太可笑，康有为、陈焕经搞孔教会，是受两个刺激，一是中国挨打，人家有教，他们跟着学；二是帝制垮台，保皇保不了，就保教，本来没教，非要立个教。这个教有谁支持，只有日本鬼子。日本人在东北恢复帝制，恢复孔教，两者配套，难怪民国政府把它禁了。

现在，中国的国学热，中国的孔子热，主要问题出在价值观。有人说，价值重建，答案是现成的，不是西方的宪政民主，就是传统的儒家文化，最好把两者掺一块儿。我才不信。

人得绝症，不吃中药，就吃西药，掺着吃，换着吃，现成的药很多，不吃这个，就吃那个，这算不上答案。现在世界这么乱，根本没有现成的药。

读《论语》，前面讲过，先秦诸子讲话，不是讲给愚夫愚妇听，而是讲给身居高位的领导听，讲给有可能当官的知识分子听。比如"为政以德"，我不是领导，没我什么事，你是领导，就要想一想，这话是什么意思？我不敢说，在座各位，以后不会从政。现在有些大学领导，他们的第一目标，就是培养国家领导人。孔子说"为政以德，譬如北辰，居其所而众星共（拱）之"，天上的星星参北斗，北斗是什么样？起码也得像宋江宋大哥吧。为政以德，是说北斗有德，而不是星星有德，当领导的得自己当表率。"以德治国"还是"以法治国"，孔子的讲法对不对？可以讨论。但我们要知道，它可不是讲给老百姓，光让他们竭忠尽孝，而是讲给统治者听，讲给可能当领导的学生听。

比如学校，现在学校办不好，问题在哪儿？孔子说："举直错（措）诸枉，则民服；举枉错（措）诸直，则民不服。""举直错（措）诸枉，能使枉者直。"这个道理很对，冠履倒置，大学无道久矣，主要问题在哪儿？就在官本位、帮本位，只讲政绩，不讲学问，学术评价，不讲学术标准，把做学问的踩在不做学问的脚下，"举枉错诸直，能使直者枉"。

还有，孔子有几句话，我很欣赏。

子贡问曰："乡人皆好之，何如？"子曰："未可也。""乡人皆恶之，何如？"子曰："未可也。不如乡人之善者好之，其不善者恶之。"

子曰："乡原（愿），德之贼也。"

子曰："三军可夺帅也，匹夫不可夺志也。"

知识分子是干什么的？就是要有超然独立的见解，不随风倒。知识分子的角色，是不给领导拍马屁，也不给人民群众拍马屁。萨义德说，知识分子是背井离乡、边缘化的分子。"丧家狗"正是这个意思。

《论语》里，什么最好学？"食不厌精，脍不厌细。"

《论语》里，什么最难学？"三军可夺帅也，匹夫不可夺志也。"

研究《论语》，我的想法很简单：

第一，讲孔子，必须去圣，"去圣乃得真孔子"。什么是"真孔子"？就是先秦时代的孔子，《论语》里面的那个孔子。什么是"假孔子"？就是汉以来帝王封圣的那个孔子，经学诠释下不断美化圣化的孔子。前者是活孔子，后者是死孔子。蔡元培说，胡适的《中国哲学史大纲》不讲三皇五帝，这是"截断众流"。我说，"去圣"也是"截断众流"，一刀斩断后面的干扰。汉公羊、宋朱熹，明末清初、清末民初的遗老遗少，这些都是流，不是源。研究哲学史，讲哪段是哪段，我不反对，但源是源，流是流，绝不能以流代源。

第二，讲孔子，要讲诸子平等。冯友兰讲诸子，他是独尊孔子，陈寅恪评他的书，也说独尊是"一大因缘"。何炳棣先生说，他不赞成这两位老师，我也如此。在这个问题上，我更倾向于胡适。胡适说，"儒学只是盛行于古代中国的许多敌对学派中的一派"，"只是在灿烂的哲学群星中的一颗明星"，不是"精神的、道德的、哲学的权威的惟一源泉"。西方没有政治大一统，但有宗教大一统。思想专制是更大的专制。他们爱讲普世价值，这是个基督教概念。他们走出中世纪，才有宗教自由，但即使现在，中世纪的尾巴还是割不断，仍有独尊色彩，我们不必学。

传统就是过去。过去和现在、将来一样，都有好有坏。每个生命都像一片树叶，从青翠欲滴到枯黄陨落，道理是一样的。

复古是人类常有的情绪。天道轮回，世事沧桑，三十年河东，三十年河西，就像寒来暑往，秋收冬藏。我们总是记住了点什么，又忘掉了点什么。冬天太冷，我们会怀念夏天，说夏天多暖和呀；夏天太热，我们又怀念冬天，说冬天多凉快呀。其实，夏天当然暖和，但也太暖和了点，冬天当然凉快，但也太凉快了点。在历史面前，我们总是顾此失彼，找不到平衡点。

这是人类固有的困境。

李　零

2008年8月1日改定于北京蓝旗营寓所

导读一　孔子：读其书而想见其为人

　　《论语》是孔门后学编的书，书中有很多人在讲话，孔子、孔门弟子，还有其他人。讲话人又提到一些当时的人或死了的人。谁把这些话记下来，编成书，不重要，重要的是谁在书里讲话，他们谈的又是谁。我们先要讲的是，《论语》中都有什么人。

　　《论语》中的人很多（156个），中心人物是孔子。我们先谈孔子，再谈其他人。

　　当年，司马迁写《史记·孔子世家》，他在赞语里说"《诗》有之：'高山仰止，景行行止。'虽不能至，然心乡（向）往之。余读孔氏书，想见其为人"。大家读《论语》，也会有这种愿望。

　　我的建议是，了解孔子本人，可读《史记·孔子世家》；了解他的学生，可读《史记·仲尼弟子列传》。孔子是汉武帝大树特树捧起来的圣人，司马迁随侍左右，深受时代影响。他吊过孔子故居，读过孔壁中书，包括《孔子弟子籍》，即当时流传，据说是用古文抄写的孔门弟子的花名册，甚至向孔子的后代孔安国当面请教，他的记述最可贵。[1]《孔子家语》《孔丛子》是孔家留下的有关材料，过去不敢用，现在看来，也是重要参考。[2]

　　关于孔子，我想把他的一生概括一下，像填履历表那样，分五条来讲。

一、孔子像：一个山东大汉的想象

　　孔子周游列国，据说，有个郑国人，善于相面，他对孔子做过漫画式的描述。他说，孔子的上半身有圣人之相，但下半身不行，好像垂头丧气、没精打采的丧家狗。子贡把此人的话告诉孔子，孔子并不生气，反而说，我的形象怎么样，并不重

1　司马迁杂采诸子传记，传闻异辞，存在矛盾和疑问，应加考辨和订正，但他既据实录，又采传说，对不同记载兼容并蓄，信以传信，疑以传疑，对保存史料有好处。后人不能求之当时的环境和历史条件，讥其错误百出，是不太公允的。

2　前人辨伪，于各书的可信度向有成说，如研究孔子生平，学者习惯上认为，只有《论语》是真孔子言，《左传》、《孟子》、大小戴《记》次之，诸子皆可疑，《史记》等汉代人的说法又等而下之。这种看法有一定道理，但不能奉为规矩准绳。《孔子家语》和《孔丛子》，在学者心目中一向是与《古论》《古文尚书》及孔安国传属于同一组怀疑对象，但从出土竹简看，还是很有所本的。我在"导读四"还会谈到。

要,他说我像丧家狗,很对很对。[1]我们这本书的题目,就是这么来的。

孔子是什么样?谁也不知道。我们只能借晚期的画像,自由想象一下。这类画像有好多种,有作豹眼环睁或露齿龇牙者,实在不好看。画家越是想把孔子画得神乎其神,不同于一般人,给人的印象越像是妖怪。圣化的结果,往往是妖化。

当然,这类画像也有比较顺眼的,比如孔庙的石刻画像,有些还可以。这类像,主要是明清以来的作品。现在印得最多,是所谓《先师孔子行教像》。这幅画像,传出唐吴道子,不知出于何人之手,也不知画于何时。当然,它不是照孔子本人画的,但还真有点山东人的味道,也许就是照哪个山东人画的。

山东人有什么特点?第一,大个子比较多。司马迁说,"孔子长九尺六寸,人皆谓之'长人'而异之"(《史记·孔子世家》),[2]就是大个子。"九尺六寸"有多高?按西汉一尺23.1厘米计算,是221.76厘米,和穆铁柱、姚明的个子差不多,或有夸大。但古代,有些地方的人确实比较高。比如孔子说的长狄,个子就很高(《国语·鲁语下》)。今鲁西南、苏北和皖北,自古来往密切,就是出大个子的地方。东北人,很多都是山东人的后代,大个子也比较多。第二,画面上的孔子,有颗圆圆的大脑袋,也是这一地区的特色。皮肤黑的,像红烧狮子头。皮肤白的,像清蒸狮子头。淮扬菜正好有这两种,我喜欢。另外,还有一点,大家不要忽略,画像上的孔子,腰间佩剑,两手当心,哈点腰,身体略向前倾。这种姿势,古人叫"磬折",好像奏乐的石磬,有个弯儿。[3]《论语》中叫"鞠躬如也"(《乡党》10.4),它和背手撅肚子趾高气扬的样子正好相反,表示温良恭俭让。

我们可以拿这幅画当孔子的"标准像",贴在他的履历表上,当他老人家的照片,弥补一下我们的空白想象。孔子死了两千多年,没有照片留下来,所有画像

1　这个故事,汉代很流行,各书所记,略有不同。《史记·孔子世家》《白虎通·寿命》《论衡·骨相》《孔子家语·困誓》记载比较一致,都说孔子,脑门像尧,脖子像皋陶,肩像子产,腰以下比禹短三寸。唯《韩诗外传》卷九第十八章差异较大,"郑"作"卫",相者为著名的姑布子卿。姑布子卿的相语也不一样,他说孔子,脑门像尧,眼睛像舜,脖子像禹,嘴巴像皋陶,从前看,似有土之王,从后看,又不类四王。这类相语,似为成说。《史记》等书说,孔子腰以下比禹短三寸,也许是形容他腿短。孔子答子贡,《韩诗外传》也不同。这里是撮述大义,原文附于此篇后。

2　《路史·后纪》引《世本》:"仲尼坉顶,反首张面,四十有九表,堤眉谷窍,参臂骈胁,腰大十围,长九尺六寸,时谓长人。"

3　贾谊《新书·容经》提到"子赣由其家来,谒于孔子。孔子正颜,举杖磬折而立","子路见孔子之背,磬折举褒"。

都是后人的想象。何必当真？[1]

有趣的是，老子像，也有这副模样，而且也题"吴道子"画，一不留神，还以为是双胞胎。

另外，汉画像石上也有不少孔子像，孔子和老子见面，不像拉斐尔的《雅典学院》，柏拉图和亚里士多德是肩并肩，向我们走来。他们俩，是扭过身子，脸对脸，打躬作揖，好像日本人，中间还站个小孩，是传说中的项橐。[2]这类画像，年代倒是很早，但形象太模糊，眉眼不清。

二、孔子的出身和成分

出身很重要，过去填表，一定不可少。孔子如果填表，他要写，我祖上是宋国贵族，查三代，是鲁国武士，本人成分是鲁国布衣，出身卑贱，血统高贵。[3]

孔子以孔为氏，据《世本》等书记载，是出自孔父嘉。孔父嘉，也就是《左传》提到的孔父（桓公元年和二年）。这种称呼，是属于名、字连称，名是嘉，字是孔父，不是姓孔名父嘉。[4]孔子以孔为氏，属于"以王父字为氏"，即以爷爷的字作为族名。他这一支，按照惯例，是从睪夷开始立族，用睪夷爷爷的字作族名，从此才称为孔氏。

孔父是宋国贵族，追根溯源，是商汤的后代。孔子在鲁国被人另眼相待，最初就是沾祖上的光。鲁国贵族孟僖子说，孔子是"圣人之后"（《左传》昭公

---

1 最近，有孔子标准像风波，媒体要我发表意见，我谢绝了。1684年，康熙皇帝到曲阜朝圣，"观石刻吴道子画鲁司寇像，诣圣迹殿，周览图画及凭几像、行教小影、立像行像诸石刻，顾问孔毓圻曰：'何像最真？'孔毓圻奏曰：'惟行教小影颜子从行者为最真，乃当年端沐赐传写，晋顾恺之重摹者。'"（《大清圣祖仁皇帝实录》卷一一七）孔毓圻喜欢的是另一幅。
2 项橐，见于《战国策》《淮南子》《史记》《汉书》等古书，参看：清俞正燮《癸巳类稿》卷十一《项橐考》，以及敦煌变文《孔子项讬相问书》。
3 土改斗地主，"文革"闹红卫兵，遇罗克被杀，都和血统有关。有些地方填表，光填一代不够，还要查三代，本来是革命干部，一查，都成了地主。"血统论"非常残酷，但对研究历史很有用。研究西周金文、《春秋左传》，都得从世族谱入手。
4 古代以嘉为名，以孔为字的人很多。胡厚宣认为，甲骨文的"㚤"就是"嘉"，与生育男孩有关。参看：氏著《甲骨学商史论丛初集（外一种）》，石家庄：河北教育出版社，2002年，上册，123—124页。孔，许慎的解释（《说文·乚部》）不一定可靠，西周金文，是在子字表示小孩头部的右侧加一弧线，有人怀疑，是像小孩吃奶的样子。

七年），主要就是指他血统高贵，先祖是商王的后裔（古人说的"圣人"是指上古贤君）。

孔父在宋国任大司马，是宋穆公托孤寄后的顾命大臣，地位很高。他的太太，长得很漂亮，回头率极高。有一天，在路上，被宋国的太宰华父督撞见，坏了。华父督，大色狼，"目逆而送之，曰'美而艳'"（《左传》桓公元年）。

当时，宋国跟郑国连年打仗，十年有十一场战争，百姓受不了。华父督煽动说，孔父是罪魁祸首，竟把孔父杀掉，把孔子的祖奶奶霸占。宋国国君不满，也被杀（《左传》桓公二年）。孔父死后，家道中衰。

孔父的后代，[1]"畏华氏之逼而奔鲁"（《孔子家语·本姓解》），从此定居于鲁。孔防叔的长子叫孔伯夏，是孔子的爷爷。孔子的爸爸叔梁纥，叔梁是字，纥是名，也是名字连称，和孔父嘉是一样的叫法。纥可读仡，是壮武之义，梁者强梁，与名相应，正如其人。他是鲁郰邑宰（郰邑的长官），力气很大，偪阳之役，力托悬门（《左传》襄公十年），传说身高十尺（合2.31米），比孔子还高。[2]

孔子是军人世家，前辈都是赳赳武夫，拜父母之赐，也是大个子，很有遗传优势。但孔子本人从小好礼，更爱读书。宋、鲁是邻国，宋是商人的后代，鲁是周人的后代。两种文化对他都有影响，他生于鲁国，长于鲁国，鲁国的国君是周公之后。他更爱西周文化，特别是周公之礼，不是武，而是文。[3]他家从宋国北上，搬到鲁国。宋都在今河南商丘，离曲阜并不远。张光直教授的中美联合考古队在那里发掘，寻找"商"，"商"没挖到，但挖到东周的宋城。[4]宋徽宗崇宁三年（1104年），当地出土过宋公成钟，因为宋朝是以宋为号，当时被视为祥瑞。

这是履历表上的"出身"和"成分"。

1　或说木金父，或说孔防叔，其实都是猜测。

2　《孔子家语·本姓解》。案：《史记·孔子世家》说，孔子的七世孙，孔鲋的弟弟子襄（即孔腾），"长九尺六寸"，和孔子一般高。

3　孔子的爸爸是宋人，子姓，其正室施氏是姬姓，孔子的妈妈很可能也是姬姓。如果是这样，则孔子本人身上流着的正是商、周二族的血液，他更热爱鲁国。鲁国是他的motherland。

4　中国社会科学院考古研究所、美国哈佛大学皮保德博物馆中美联合考古队《河南商丘县东周城址勘查简报》，《考古》1998年12期，18—27页。

三、孔子的姓名和家庭

孔子的祖上（孔父嘉），曾是"国防部长"，后来家道中衰，被迫移民鲁国，地位大不如前。他这一支更是庶支的庶支。

孔子的爸爸叫叔梁纥，只是个"县级干部"，地位不太高。司马迁说，"纥与颜氏女野合而生孔子"（《史记·孔子世家》）。"野合"是什么意思？是感生而孕怀了哪位神灵的种子？还是未经明媒正娶非法同居？或找个荒郊野外没人的地方行其好事？前人吵得不亦乐乎。"批林批孔"时，有人说，孔子是老奴隶主叔梁纥强奸少女所生，更是火上浇油。孔子是圣人，他怎么会是私生子？现在，大家都说，这绝不可能，很多人宁愿相信，野合，不过是说孔子的父母年龄悬殊，婚姻不够正式，手续不够齐全。其实，野合就是野合，并没有这些复杂含义。司马迁对孔子崇拜得五体投地，他也不会故意污蔑圣人。古人讲圣人伟大，忍辱负重是必要铺垫，全世界都如此。孔子的童年和青年，是"小白菜"，他生下不久就没了爹，娘也死得早，含辛茹苦，既贫且贱。我理解，"野合"是属于这类铺垫，当时肯定有这种传说。它主要强调的是，孔子从小就受人歧视。

关于孔子的出生，还有一种传说，见于《孔子家语》。叔梁纥身体好，生育力极强，他和施氏（正室）一口气生了九个闺女，就是没有男孩，好不容易娶个妾，生个男孩，叫孟皮，还是个瘸子（可能是患小儿麻痹症）。[1]

孔子他爸，娶了两个太太，都没生下健康的男孩。他不甘心，又到颜家求婚。颜家有三个女儿。当爹的怕这些年轻女孩嫌他太老，特意解释说，孔子他爸是"圣王之裔"，"身长十尺，武力绝伦"（比孔子还高），出身和身体都没问题。老大、老二不干，老三同意。这个三小姐叫颜徵在，就是孔子他妈（《孔子家语·本姓解》）。

为了给孔家生个带把的全乎人，颜徵在到附近的尼丘山（在今山东曲阜东

---

[1] 《史记·孔子世家》索隐、正义引《孔子家语》并云"梁纥娶鲁之施氏，生九女，其妾生孟皮，孟皮病足，乃求婚于颜氏，徵在从父命为婚"，今本《孔子家语·本姓解》缺施氏。施氏为姬姓，出于鲁惠公子施父。"孟"是庶长，"皮"可读为"跛"。《左传》桓公六年有取名的"六不以"，即六种忌讳，其中包括"隐疾"。其实，以病为名，古书和古文字材料，例子很多。他这个哥哥，也可能就是以病为名。

南）祷神求子。所以孔子名丘，字仲尼（《孔子家语·本姓解》）。[1]仲尼是行辈加字，[2]古人称字，本来是尊称。孔子死了，鲁哀公的悼词称他为"尼父"（《左传·哀公十六年》），"尼父"就是他的字（古人称字，男子往往加父字，女子往往加母字）。

孔子排行老二，吴虞管他叫"孔二先生"，有戏谑之义。五四运动和"文革"时期，大家对孔子往往直呼其名，如赵纪彬的书就是只呼"孔丘"，不叫"孔子"（但孔子的学生，他反而称字）。而最难听的叫法，是"孔老二"。[3]"孔丘"的"丘"，清朝要缺笔，不能直呼其名，叫名已经不礼貌，"老二"更是侮辱性的词汇。前些年，北京地坛西门对面，路西不远，有家饭馆，红门脸，专卖鞭菜，叫"老二哥餐厅"，生意不好，最后倒闭了。"老二"和"二哥"在北京有下流含义。

这是履历表上的"姓名"和"家庭"。

四、孔子的籍贯：出生地和居住地

《论语》称孔子为"鄹人之子"（《八佾》3.15），"鄹人"的意思并不是鄹邑之人，而是鄹邑的长官。司马迁说，孔子是生于鲁昌平乡鄹邑（《史记·孔子世家》）。鄹与邹古音相同，郦道元以为是同一个地方，[4]但许慎以为是两个地方。[5]邹即邾，是鲁国附近的小国，在今山东邹城市南的峄山脚下，俗称"纪王城"。现在地面上还有城墙遗迹，砖瓦陶片，随处可见。峄山是泰山余脉，山上有很多巨石，秦始皇立过峄山刻石。秦统一天下，"邾"改称"驺"，如当地出土的

1　《孔子世家》还提到另一种说法，是"（孔子）生而圩顶，故因名曰丘云"，即孔子生下来，颅型有点怪（可能缺钙），好像月球上的环形山。这样的山，古人叫"宛丘"，参看《尔雅·释丘》。

2　一般说，伯是老大，仲是老二，叔是老三，季是老四。但贵族的配偶往往不止一个，生下的孩子也不一定是四个，嫡子和庶子混在一起怎么叫，还不清楚。我们只知道，庶子称孟，和其他兄弟一起排，也可称仲，要次于嫡长。伯、仲和季之间的叔可能不止一个。

3　这种叫法是谁发明的，不知道，有关考证，俟诸高明。1929年，孔氏族人控告山东省立第二师范上演《子见南子》剧，其联名上告山东教育厅的呈文，已经提到该校标语有"打倒孔老二"之语。参看：鲁迅《关于〈子见南子〉》，《鲁迅全集》第7卷，北京：人民文学出版社，1958年，550—570页。

4　《水经注》卷二五《泗水》："潐水又迳鲁国邹山东南而西南流，《春秋左传》所谓峄山也，邾文公之所迁。今城在邹山之阳，依岩阻以墉固，故邾娄之国，曹姓也。叔梁纥之邑也，孔子生于此。"

5　《说文·邑部》："邹，鲁县，古邾娄国，帝颛顼之后所封。""陬，鲁下邑，孔子之乡。"

秦陶量，除用十印打出始皇诏书，还有一印记制造地点，字作"驺"，汉代古书也把它写成"邹"。邹是孟子的老家。邹、鲁是出儒家的地方，古人说的"邹、鲁缙绅之士"，就是这一地区的特产。孔子出生的郰邑，是鲁邑，据说在曲阜东南尼丘山（今称尼山是避讳）西五里的鲁源村（《阙里志·尼山》），1925年康有为在此立有"古昌平乡"碑。它的位置大体在邹、鲁连线的右面，和邹、鲁成三角之势。我在上面说过，孔子他爸是郰邑的长官（《左传》襄公十年称"郰人纥"，十七年称"郰叔纥"）。他在郰邑出生是很自然的。相传孔子生于尼丘山的夫子洞（也叫"坤灵洞"），尼丘山就是郰邑附近的山。但孔子三岁时，他爸爸就死了。孔母年轻守寡，又没有名分地位，不久，就带着孔子搬到他姥姥家去了，孔子从小住在曲阜阙里。阙里是他姥姥家。

　　曲阜鲁故城，1977—1978年发掘，有发掘报告。[1]旧曲阜县城，包括孔庙、孔府，是在鲁故城的西南角。这一带是鲁故城的平民区，和过去北京南城的宣武区一样，是穷人住的地方。孔子是在穷街陋巷长大，知道清贫的滋味，老把"仁"和"贫"捆在一块儿。他夸他的学生，"贤哉回也！一箪食，一瓢饮，在陋巷"（《雍也》6.11）。后世所谓陋巷，就在孔庙、孔府的东边。

　　孔子他姥姥家是颜氏。鲁国的颜氏，有姬姓之颜和曹姓之颜，[2]她是哪个颜？还不能肯定。颜氏寻根问祖，都说自己是颜回的后代，再往上追，则说出自曹姓，即邾国的分支小邾国。小邾国，有个墓地在今山东枣庄市山亭区东江村，2002年发现，六座墓，被人盗了三座半，剩下两座半，2003年发掘。我去过这个墓地，那里有块碑，说这是颜氏的祖坟，就是颜氏后人赶去磕头，特意立的。

　　古人最重亲戚，第一是血亲，第二是姻亲，第三是拟亲（即普通说的干亲）。

1　山东省文物考古研究所等编《曲阜鲁国故城》，济南：齐鲁书社，1982年。

2　颜氏有不同来源，如西周铜器九祀卫鼎已有颜氏。春秋时期，齐、鲁、晋、卫也均有颜氏。鲁国的颜氏有两支：一支是小邾之颜，即邾武公（名夷父，字颜）子别封于邾的颜氏，为曹姓（《左传》庄公五年疏引《世本》和杜预《春秋世族谱》，又《潜夫论·志氏姓》）；一支是鲁伯禽的支庶，食采于颜，为姬姓（王俭《姓谱》）。《左传》襄公十九年，齐灵公娶鲁女曰颜懿姬，即颜氏姬姓女。案：今颜氏寻根问祖，多取邾颜说，参看：新编《陋巷志》编纂委员会编《新编陋巷志》，济南：齐鲁书社，2002年。美国学者伊若泊认为，孔子的父亲叔梁纥是鲁司寇臧氏的家臣，母亲颜徵在是邾颜之女。孔子当鲁司寇，就是因袭臧氏的官职；学生多出颜氏，也是母家的亲戚。参看："The Background of the Kong Family of lu and the Origins of Ruism," *Early China*, no.28 (2003)，pp.1—41。但孔子之母也可能是姬姓。

孔门弟子有八人出自颜氏，[1]最出名的学生是颜回。孔、颜两家是亲家。这些学生，都是他从他姥姥家带出来的。

孔子死后葬于城北的泗水之上，后来成为孔家的族墓，即现在的孔林。

司马迁说，他到鲁国，参观过孔庙和孔墓，流连不忍去。当时的孔子故里已经有点像博物馆。孔庙原来是孔子的住宅和他学生的宿舍，后来变成陈放孔子遗物如衣冠、琴瑟、书籍和所乘车辆的地方。孔子冢占地一顷，有不少弟子住在墓地周围，岁时奉祠，讲习礼仪，有如大学城（《史记·孔子世家》）。郦道元也说，孔庙，宅大一顷，有三间房，孔子住西房，孔母住北房，夫人住东房。庙中有孔子的车子，那可是珍贵文物。颜回死，颜回的爸爸求孔子把车卖掉，给颜回买棺材，孔子没答应，如果是原物，就该是这辆车子。这辆车很有名，武梁祠汉画像石上就有，题曰"孔子车"。屋里的墙上还挂着孔子像，画上有两个弟子（没准是颜回、子路），手执书卷，在旁侍立（《水经注·泗水》），可惜也失传，否则，肯定是"标准像"。

这是履历表上的"籍贯"。

五、孔子的一生

孔子一生，很不得志。

他活了73岁（或74岁），现在很一般，过去，算活得很长。《春秋》十二公，最后四公——襄、昭、定、哀，他都赶上了。10岁以前，襄公还在。10岁以后，是昭、定、哀三公，正好在春秋晚期这一段。

孔子是个苦孩子，小时候，"贫且贱"（《史记·孔子世家》）。传说孔子出生时，爸爸70岁，妈妈20岁，他是老阳少阴所生。有人说，这种孩子特别聪明，不知有没有遗传学的道理。司马迁说，小时候的孔子就不同一般，他玩游戏，都是表演行礼，"常陈俎豆，设礼容"；父母死了，都是他一人发送，合葬于防山（在今曲

1　颜无繇、颜回、颜幸、颜高、颜相、颜之仆、颜哙、颜何。案：孔子在卫国曾住在颜浊邹家，此颜或与鲁颜有关。《史记·孔子世家》："孔子以诗、书、礼、乐教，弟子盖三千焉，身通六艺者七十有二人。如颜浊邹之徒，颇受业者甚众。"后人也把此人列为孔门弟子，但《史记·仲尼弟子列传》和《孔子家语·七十二弟子解》都没有此人。又言偃的言和颜回的颜，上博楚简的写法是一样的，言偃可能也出自颜氏。

阜东），真是大孝子；服丧期间，他去参加季氏的宴会，被阳货轰了出来，很受刺激（《史记·孔子世家》）。[1]司马迁讲孔子生平，有些细节不太清楚，前人有很多考证，[2]钱穆写过一本《孔子传》（北京：生活·读书·新知三联书店，2002年），大家可以参考。[3]

我把孔子的一生粗分为六段，列其主要事迹于下：

（一）1—33岁，孔子居鲁（前551—前519年）。这一段，有几件事比较清楚，即他出生后，3岁丧父，17岁丧母，19岁娶妻，20岁生子。他的学历不太清楚。孔子自己说，他是"十有五而志于学"（《为政》2.4），可能是在阙里的乡校学习过吧。但更高的学问从哪里来？是他自学的结果，还是有名师传授，大家很想知道。孔子死后，卫公孙朝曾问子贡，你老师，他是跟谁学的？子贡说，"文武之道"散落民间，他是跟很多人学，没有固定的老师。孔子自己也说，"三人行，必有我师焉"（《述而》7.22），要说老师，可以说一个没有，也可以说有很多。我们只知道，孔子27岁时曾向郯国的国君请教。还有，他学鼓瑟击磬，据说是跟师襄子学的（《孔子家语·辨乐》）。师襄子，也就是《微子》18.9的"击磬襄"，是鲁国的乐官。其他还有谁，不清楚。[4]青年时代，孔子很坎坷，干过很多社会底层的工作，如看仓库，喂牲口，但30岁时他开始有点名气。齐景公和晏婴到鲁国访问，曾问礼孔子。所以，后来孔子要到齐国找工作。孔子自己说，他是"三十而立"（《为政》2.4）。学者推测，孔子授徒设教，可能在此前后。

（二）34—35岁，孔子出国。据说，前518年，孔子上周朝的图书馆问礼老子，去过洛阳。今洛阳市瀍河区东关大街有块碑，清雍正五年（1727年）立，上面刻着

1　服丧期间，不食酒肉，孔子谙礼，不应赴宴，清代学者多怀疑，如崔述《洙泗考信录》卷一。

2　如宋胡仔《孔子编年》、元程复心《孔子论语年谱》、明夏洪基《孔子年谱纲目》、清江永《孔子年谱辑证》、清崔述《洙泗考信录》、清狄子奇《孔子编年》、清林春溥《孔子世家补订》、民国叶瀚《孔子世家笺注》。

3　钱穆，号称国学大师，他的东西，我最欣赏的还是《刘向歆父子年谱》和《先秦诸子系年考辨》。《论语新解》，我评价不高，但《孔子传》比较好，继承了《先秦诸子系年考辨》。他参考过宋胡仔《孔子编年》和清崔述《洙泗考信录》、江永《乡党图考》。这三本书，他在《孔子传》第110—129页有所评论。

4　司马迁说，"孔子之所严事：于周则老子；于卫，蘧伯玉；于齐，晏平仲；于楚，老莱子；于郑，子产；于鲁，孟公绰。数称臧文仲、柳下惠、铜鞮伯华、介山子然，孔子皆后之，不并世"（《史记·仲尼弟子列传》）。这十个人，老子、老莱子、铜鞮伯华、介山子然，不见于《论语》；孟公绰，见于《论语》，无明显的褒贬；臧文仲则是批评的对象。他比较夸奖的，还是蘧伯玉、晏平仲、子产、柳下惠四人。

"孔子至周问礼乐至此"，就是附会此事。孔子见没见过老子，学者往往怀疑，但前517年，孔子去过齐国，却是《论语》提到的事。孔子到齐国找工作，不顺利。齐景公不用，还不直说，先谈待遇，说季氏的工资我不能给，要给，也就是"季、孟之间"；后找借口，说"吾老矣，不能用也"（《微子》18.3）。古人都说，这是晏婴的主意（《墨子·非儒下》、《晏子春秋》外篇下第一章、《史记·孔子世家》）。孔子在齐，最大的收获是听古典音乐，闻《韶》，三月不知肉味。今山东淄博市临淄古城东南的韶院村，据说，清嘉庆年间出土过一块古碑，上面刻着"孔子闻韶处"，同时还出土了石磬数枚，后来，这块碑丢了，又仿刻了一块，年代为清宣统三年（1911年）。当然，这也是附会。

（三）36—50岁，孔子返鲁，退修诗书礼乐，又教书育人做学问。孔子自称"四十而不惑"（《为政》2.4），并说如果40岁还招人讨厌，一辈子就完蛋了（《子罕》9.23）。这一段是他做学问的黄金时代。学问做得好，当然不糊涂。孔子生活的早期，即20—42岁，鲁国的国君是鲁昭公，执政大臣是季平子。前509年，鲁定公即位。前505年，季桓子执政，阳货执季桓子。这回是阳货主动，抱着小猪见孔子，请他出仕。孔子口头说他要出仕，但没有马上出来做官。孔子晚年喜《易》，读《易》韦编三绝，说"加我数年，五十以学《易》，可以无大过矣"（《述而》7.17），又自谓"五十而知天命"（《为政》2.4），盖读《易》而知天命。前502年是他50岁。"天命"是什么？就是出来做官。

（四）51—54岁，孔子仕鲁。前501年，阳货奔齐奔晋，而公山弗扰以费叛。公山弗扰召孔子，孔子欲往而止。接着，孔子出任中都宰。前500年，孔子出任少司空，继任大司寇，夹谷之会，相鲁定公。前498年，子路为季桓子宰。孔子堕三都，先堕郈，次堕费，堕成不克。公山弗扰攻鲁定公，被孔子打败，奔齐奔吴。子羔任费、郈宰。孔子以鲁大司寇摄行相事，诛少正卯（《荀子·宥坐》《史记·孔子世家》）。[1]后，孔子失意于鲁定公，决定出国，到外国找工作。他的弟子颜渊、子路、冉有随行。仲弓代替子路为季氏宰，留在国内。

（五）55—68岁，孔子周游列国。前497年，孔子去鲁适卫。前496年，孔子去卫西行，过匡被围，经蒲返卫。前495—前493年，孔子见卫灵公，出仕于卫。前

---

1 此说是先秦两汉旧说，宋以来否定此说，皆出卫道，毫无根据。赵纪彬的考证，虽有"批林批孔"时期的政治色彩，但史料详备。参看氏著《关于孔子诛少正卯问题》，北京：人民出版社，1973年。

494年，鲁哀公即位。前493年，卫灵公卒，孔子去卫。前492年，季康子执政。冉有返鲁，代替仲弓为季氏宰。孔子经曹、宋、郑至陈，途中险遭宋司马桓魋杀害，换装逃跑。是年孔子60岁，他自称"六十而耳顺"（《为政》2.4）。何谓"耳顺"？不太懂，可能是对外界的事看透了，什么样的话都听得进去了吧。比如一路上，各种隐者的批评。前491—前489年，孔子仕陈湣公。前489年，孔子去陈适蔡，绝粮于陈、蔡之间，复至楚东北边境的叶县，见楚叶公，求用于楚昭王，不成功，自叶返卫。前488—前485年，孔子仕卫出公。前484年（68岁），孔子应季康子召，回到鲁国。季康子请他回来，主要是用他的学生，而不是他这个老头子。他自己，还是无官可做。这次出游，孔子到过宋、卫、曹、郑、陈、蔡六国和楚的边境，他除短暂服务于卫、陈两国，哪个国家都不肯用，前面说过，相面的郑人说，他"累累若丧家之狗"，他自己也承认，说"然哉然哉"（《史记·孔子世家》）。

（六）69—73岁，孔子返鲁。前483年，子孔鲤卒。前482年，为孔子70岁，孔子自称"七十而从心所欲，不逾矩"（《为政》2.4）。当时，孔子已步入生命的最后时刻，"从心所欲，不逾矩"是什么意思，也不太懂，好像是一种更自由的精神境界，想说什么就说什么，想做什么就做什么，还样样都合规矩。其实，人活到这把年纪，爱怎么着怎么着，什么都不在乎，无所谓了。前481年，孔子根据鲁国的史记，改编成《春秋》一书，起隐公元年，迄哀公十四年。此年，哀公获麟，孔子绝笔，颜渊亦卒于此年，让他伤心欲绝。前480年（72岁），子路死卫，死得很惨，他也深受刺激。前479年，孔子卒。

孔子宦游，到过周，到过齐，仕于卫、陈，路过曹、宋、郑、蔡，访问过楚的边邑。《庄子·天运》说他"奸（干）七十君"，是夸大之辞，但八九个国家总还有。古代旅行不易，他到过的国家，已经不算少了，但足迹却从未出于今山东、河南二省。失意的时候，他赌气说，他想"乘桴浮于海"（《论语·公冶长第五》），想"居九夷"（《论语·子罕第九》），但周边大国，他只考虑过楚、晋，想去而未能实现，秦、燕，根本没考虑，主要活动范围还是东周的腹地。

这是履历表的"简历"。

六、活孔子和死孔子，真孔子和假孔子

孔子到底是什么样的人？美国学者詹启华（Leonel M. Jesen）说，传教士塑造的儒家和近人的尊孔，都是"人造儒教"（Manufacturing Confucianism）[1]，我们也可以说，汉以来或宋以来，大家顶礼膜拜的孔子是"人造孔子"。现在的孔子，更是假得不能再假。活孔子和死孔子，就是不一样。前者是真孔子，后者是假孔子。现在，什么都能造假，孔子也要打假。

我把我的基本印象讲一下，请大家检验一下我的说法对不对。

（一）活孔子

现在，时髦说贵族。很多人都查出来了，"我是少爷"。贵族是遗老遗少。周代，什么人是遗老遗少？宋人。他们是商王的后代。宋人喜欢讲老礼儿，典型代表是宋襄公。他自称"亡国之余"，死守古代军礼，"不鼓不成列"（《左传》僖公二十二年），结果被摆好阵势的楚人打败，伤重不治，死掉了。毛泽东称为"蠢猪式的仁义道德"，[2]但搞文学的喜欢说，他是"中国的堂吉诃德"。我说，中国还有一个堂吉诃德，就是孔子，孔子也是宋人的后代，只不过他要讲的老礼儿，不是商人的礼，而是周公的礼。因为他出生在鲁国。

活孔子是典型的复古主义者。西周灭亡，东周衰败，贵族传统大崩溃，礼坏乐崩，他看不惯，坐不住。他不是当时的贵族，却比贵族还贵族，唯恐他们完蛋了，"郁郁乎文哉"的周代文化也随之灭亡。他死乞白赖劝他们，一定要复周公之礼。但鲁君不听，其他国家的国君也不听。他颠沛流离，到处跑，谁都不听，好像无家可归的丧家狗。一路上，很多隐者，当时的不合作主义者，全都嘲笑他，说他是"知其不可而为之"，但他一辈子都生活在周公之梦当中，就像塞万提斯笔下的堂吉诃德，可笑也可爱。

（二）死孔子

特没劲。基本上是老子说的刍狗，今人说的摆设、道具和玩偶。历代皇帝都捧他，越捧越高，也越捧越假。

1　Leonel M.Jesen,*Manufacturing Coufucianism,Chinese Traditions and Universal Civilization,*Durham and London:Duke University Press,1997.
2　毛泽东《论持久战》，《毛泽东选集》（一卷本），北京：人民出版社，1966年，482页。

孔子在世时，不是王，不是公，不是侯，也不是圣人。孔子心目中的圣人，是尧、舜那样的圣王，天生聪明，绝顶聪明，有权有位，可以安定天下的百姓。这样的大救星，全国人民的大救星，孔子说，他绝不敢当（《述而》7.34）。孔子无权无位，没有办法救国救民，这是明摆的事。

可是，他的学生，心往一处想，劲往一处使。别的事，好商量，这件事，一定要替老师做主。

孔子活着的时候，曾明确讲，他不是"生而知之"的人（《述而》7.20），他只承认自己好学，勤勉刻苦，持之以恒，并不认为自己多聪明。但子贡跟别人说，他的老师是"天纵之将圣"，孔子当即予以否认（《子罕》9.6）。孔子当圣人，是孔子死后，子贡的杰作。宰予和有若也参与了这一活动（《孟子·公孙丑上》）。老师明明说，我不聪明，他们却说，怎么不聪明？自有人类以来，谁都比不上老师。坚决不听孔子的话。

孟子也不听孔子的话。他说，孔子是"集大成者""圣之时者"（《孟子·万章下》），圣人圣人，不绝于口。孔子明明说，圣人都是死人，活着根本见不着（《述而》7.26），他却偏偏说，孔子就是活圣人。

还有荀子，他说，舜、禹是"圣人之得执（势）者"，孔子是"圣人之不得执（势）者也"（《荀子·非十二子》），圣人本来是有权有势的人，他说无权无势也可以当圣人，这是荀子的修正主义。

我琢磨，他们一定认为，老师太谦虚。他老人家自己，当然不好意思。咱们这些当学生的，可不能不说。他老人家不在了，就更得说了。

于是，孔子的头衔越来越多。

鲁哀公十六年（前479年），孔子死，鲁哀公给这位"老公安部长"致悼词（诔），还只称他为"尼父"，犹太公之称"尚父"，只是称字不称名而已。称字，在古代是地位低的人和年龄小的人对地位高的人和年龄大的人讲的。当时的悼词，顶多如此。什么王呀公呀侯呀圣呀师呀，全都没有。

战国和秦代，孔子是个普通人，名气虽大，却只是众多学者和批评家中的一个。他做梦都想不到，他会阔起来。

孔子阔起来，是在汉代。

汉以来，孔子拟于公侯，谥"褒成宣尼公"。北魏以来改谥，曰"文圣尼父"，加了"文"字和"圣"字。隋文帝则赠"先师尼父"，始称"先师"。唐玄宗更称之为"文宣王"。明嘉靖九年（1530年），去王号，只称"至圣先师孔子"。清代，顺治皇帝，初称他为"大成至圣文宣先师孔子"，后仍明制，只叫"至圣先师孔子"（《世载堂杂忆·孔子历代封谥》）。

虚君式的素王还是读书人的祖师爷，当皇帝的考虑再三，还是更倾向于后者。他是中国的"伟大导师"。

（三）真孔子是教书匠的祖师爷

历代统治者给孔子的封号，全是属于追封，即现在说的追认。这些显赫的头衔，几乎全是假的，王、公、侯、圣，通通都是假的，真的只有一条，就是师。孔子在民间办学，培养新君子，教他们读古书，习古礼，然后去当官，当他认为的好官。他的学生，很多都当了官。后世的读书人，不管教人的还是被人教的，不管是准备当官的还是已经当了官的，都奉他为老师。中国古代的职业神，例称先某，比如耕田要奉先农，养蚕要奉先蚕，当木匠要尊鲁班。先师就是最早的老师。北京孔庙，隔壁是国子监。孔子是教书匠的祖师爷。这条是真的。他活着的时候就是教书匠。

（四）假孔子是历代统治者的意识形态

汉以来尊孔，主要是拿孔子当意识形态，特别是支配读书人的意识形态。秦始皇，大一统，统一学术，失败。他想统一，没搞好，跟读书人闹翻，导致焚书坑儒。汉武帝，罢黜百家，独尊儒术，给读书人送温暖，表关怀，才从根本上扭转局面。他的独尊儒术，目的不在复兴学术，而在统一思想，令天下英雄，尽入彀中。孔子死了，人不在了，但意识形态，一直靠他抓。历朝历代，替皇上把思想门，站言论岗，全靠他，等于宣传部长、教育部长和出版局长。

我喜欢活孔子、真孔子，不喜欢死孔子、假孔子。

附："丧家狗"的出典

孔子适郑，与弟子相失，孔子独立郭东门。郑人或谓子贡曰："东门有人，其颡似尧，其项类皋陶，其肩类子产，然自要（腰）以下，不及禹三寸。累累若丧家之狗。"子贡以实告孔子。孔子欣然笑曰："形状，末也。而谓似丧家之狗，

然哉！然哉！"（《史记·孔子世家》）

夫子过郑，与弟子相失，独立郭门外。或谓子贡曰："东门有一人，其头似尧，其颈似皋陶，其肩似子产，然自腰以下，不及禹三寸，儡儡然如丧家之狗。"子贡以告孔子，孔子喟然而笑曰："形状，末也。如丧家之狗，然哉乎！然哉乎！"（《白虎通义·寿命》）

孔子适郑，与弟子相失，孔子独立郑东门。郑人或问子贡曰："东门有人，其头似尧，其项若皋陶，〔其〕肩类子产。然自腰以下，不及禹三寸，儽儽若丧家之狗。"子贡以告孔子，孔子欣然笑曰："形状，末也。如丧家狗，然哉！然哉！"（《论衡·骨相》）

孔子适郑，与弟子相失，独立东郭门外。或人谓子贡曰："东门外有一人焉，其长九尺有六寸，河目隆颡，其头似尧，其颈似皋繇，其肩似子产，然自腰已下，不及禹者三寸，累然如丧家之狗。"子贡以告，孔子欣然而叹曰："形状，末也。如丧家之狗，然乎哉！然乎哉！"（《孔子家语·困誓》）

孔子出（卫）〔郑〕之东门，逆姑布子卿，曰："二三子使车避。有人将来，必相我者也。志之。"姑布子卿亦曰："二三子引车避，有圣人将来。"孔子下步，姑布子卿迎而视之五十步，从而望之五十五步，顾子贡曰："是何为者也？"子贡曰："赐之师也，所谓鲁孔丘也。"姑布子卿曰："是鲁孔丘欤？吾固闻之。"子贡曰："赐之师何如？"姑布子卿曰："得尧之颡，舜之目，禹之颈，皋陶之喙。从前视之，盎盎乎似有（王）〔土〕者；从后视之，高肩弱脊，循循固得之转广一尺四寸，此惟不及四圣者也。"子贡吁然。姑布子卿曰："子何患焉？汙面而不恶，葭（猳）喙而不藉，远而望之，赢（累）乎若丧家之狗，子何患焉？"子贡以告孔子。孔子无所辞，独辞丧家之狗耳，曰："丘何敢乎？"子贡曰："汙面而不恶，葭（猳）喙而不藉，赐以（已）知之矣。不知丧家狗，何足辞也？"子曰："赐，汝独不见夫丧家之狗欤？既敛而椁，布（器）〔席〕而祭，顾望无人，意欲施之。上无明王，下无贤（士）方伯。王道衰，政教失，强陵弱，

众暴寡，百姓纵心，莫之纲纪。是人固以丘为欲当之者也。丘何敢乎？"（《韩诗外传》卷九第十八章）

案：以上五条，皆两汉旧说。前四条，基本一样，唯最后一条，有些不同，并以相者为姑布子卿（著名相者）。这个故事，与子贡树孔子为圣人有关。它想传达的是，孔子热心救世，世以为有圣人之志。相者闻其声名，但愿一睹风采，是否真有圣人相。其判断是，他像圣人又不像，有心救世像，遍干诸侯皆不遇又不像。"丧家狗"绝非污蔑之辞，只是形容他的无所遇。子贡以相者语告孔子，孔子宁认丧家狗，不认圣人，原因在这里。此虽故事，颇具深义，真可谓知孔子言。清崔述，什么都疑，就是不疑道统，竟不加分辨，上来就说，"至比圣人于狗，造此说者，信此说者，皆圣门之罪人也！此乃齐东野人之语，故今皆削之"（《洙泗考信录》卷三《世家记适陈由郑之谬》），将司马迁诸贤统统斥为罪人，武断之极。顾颉刚指出，崔述疑古有局限，他以大胆怀疑著称，独于圣道不疑，也不许疑，有很多先入之见。[1]辨伪学，不只是方法，也是思想。我们要知道，宋以来的辨伪，疑与不疑，莫不以卫正统、辟邪说为内在枢机（如兵书辨伪）。疑诸子，是要尊儒经；疑伪经，是要卫家法。辨为群书，只在弃而不用，非所以甄别年代。其心与嬴秦焚书、清代禁毁同。

---

[1] 崔述疑古，是为尊孔。顾颉刚对他有批评。他说："可是我们对于崔述，见了他的伟大，同时也见到他的缺陷。他信仰经书和孔孟的气味都嫌太重，糅杂了许多先入为主的成见。这也难怪他，他生长在理学的家庭里，他的著书的目的在于驱除妨碍圣道的东西，辨伪也只是他的手段。"见顾颉刚编著《古史辨》第一册，上海：上海古籍出版社，1982年（影印朴社1933年版），自序，46页。

导读二　孔门弟子及其他

讲完孔子，我们还要谈谈《论语》中的其他人物。他们，数量可观，总共有155人。[1]《论语》是对话体，如果对话人是谁，对话提到的人是谁，你都不清楚，读起书来，就会晕晕糊糊。我想把这些人物做一汇总的介绍。孔子的儿子孔鲤，已见导读一，这里不再说，我们只谈其他的154人。

一、孔门弟子

我们先讲孔子的学生。这些人都是孔子身边的人，离他最近的人。

孔子的学生有多少？司马迁有两种说法。

一种是"弟子盖三千焉，身通六艺者七十有二人"（《史记·孔子世家》）。也就是说，孔子的学生有3000多人，其中成绩优异者72人，这是附会五行时令的吉祥数。

另一种是"孔子曰'受业身通者七十有七人'"（《史记·仲尼弟子列传》），即真正得其传授，不但在籍，而且及门一登堂一入室的，有77人。这大概是从《孔子弟子籍》中抄来的话。

孔子的弟子怎么这么多？这是我们每个人都会提的问题。

我们都知道，中国近代立新式学校，才有"班级授课制"。"班级授课制"是17世纪捷克人夸美纽斯所创，不是几个学生，个别辅导，而是几十人，坐在一个教室里，老师前面是一堆课桌，后面有块黑板，大家在一块儿上课。这是我们都上过的学校，工厂式的学校。

孔子的时代不是这样，他的身边，一般只有两三个学生。我觉得，谈话效果最好，还是两个人谈，促膝谈心，面对面谈；三人也行，两人说，一人听，插着说或轮着说；三人以上的谈话，有点乱。孔子谈话，一般都是"二三子"，顶多四个人，加一个弹琴的（如《公冶长》5.26）。上课，就是陪老师聊天。或者坐屋里，东拉西扯；或者在户外，边走边聊。我很羡慕那时的教学。可是，这么带学生，他怎么会有几千个学生？即使今天，一个教授，带3000个本科生、70个研究生，那也不得了。

司马迁的话是真是假？我们可以讨论一下。

---

1 《论语》中的人物，有时称名，有时称字，极不统一。为了减少读者的困惑，本书除随文解释是根据原文的称呼，一般称名。

他的数字，具体数，准不准，不敢讲，但学生很多，不是不可想象。

比如，大家可以读一下吕思勉的《讲学者不亲授》。[1]他说，"汉世大师，所教授之弟子甚多"，可以多到什么程度？《后汉书·儒林传》说，"精庐暂建，赢粮动有千百；其著名高义开门授徒者，编牒不下万人"。我们从有关记载看，当时的大师，及门弟子上千，编牒弟子上万，常见。这是东汉时候的情形。西汉的规模，即使没这么大，也该八九不离十。

这等于说，一个教授，可以教一所大学。

学生这么多，怎么教？别担心，他是把学生分成很多层。

编牒，只是慕名而往、登记在册的学生，有点像现在上个短训班，讨张证书，有那么个名义，也就是了。注册的学生，也叫"著录"或"在籍"的弟子，他们是外围的学生。大师，一般情况下，根本见不着。

及门，则是核心弟子，入了老师门的弟子。这种弟子又分两种：一种是及门未入室，进过老师的门，没进老师的屋，未尝亲炙师教，顶多在院子里遛达；一种是入室弟子，可以进老师的客厅，旁无杂人，听老师亲授。比如西汉大师董仲舒，"下帷讲诵"，坐在帘子后面，"三年不窥园"（《汉书·董仲舒传》），院子里的人，自然见不着面；东汉大师马融，及门弟子有400多人，登堂入室的只有50多人，郑玄出其门下，也是三年都见不着一面（《后汉书·郑玄传》）。

见不着面的学生怎么办？很简单，可以让学生带学生，受业早的教受业晚的，学哪门的教哪门，转相传授，这叫"闻道有先后，术业有专攻"（韩愈《师说》）。读《论语》，我们不难发现，很多情况下，都是大徒弟在屋里和孔子谈话，其他学生，只能在门外候着，孔子走了，才追着大徒弟问，刚才老师都讲了什么（如《里仁》4.15）。孔子的学生，既然徒弟带徒弟，就有可能包括再传弟子（如陈亢），好像传销，一传一大片，当然人数很多。

大师既然这么带学生，就像现在开玩笑，某教授跟自己的学生说，你不错嘛，可以考我的研究生——他的学生已经多得认不清了，就像老板认不得员工。[2]所以，吕先生说，"此等大师，从之何益，居其门下者，得毋皆仰慕虚名，甚或借资声气乎"。

1　吕思勉《吕思勉读史札记》，上海：上海古籍出版社，1982年，上册，675—678页。

2　现在的师生关系，正朝老板和雇员的关系发展，全世界如此。很多地方，都是以老板称教授。

古代大师，发展趋势，颇类现在的歌星，很多仰慕虚名、借资声气的追随者（现在叫"粉丝"），远道前来，建舍赁屋，为的只是一睹风采，并不一定见过老师，更不一定得过什么具体指点。

更有意思的是，大师有时会公开演讲，"要名誉，广声气"，叫"大会都讲"。这是粉丝唯一可以见到大师的机会。

吕先生说，这种风气，自汉以下，一直就有，"会集者多，则人心易奋"。如宋明大师演讲，就有痛哭流涕者。清唐甄说，"升五尺之座，坐虎豹之皮，环而听之者百千人。在堂下者，望而不见；负壁者、及阶者，见而不闻；在寻丈之间者，闻而不知；在左右前后者，知而不得。是之谓观讲。众观而已，何益之有"（《潜书·讲学》）。

"观讲"是一种表演，不会表演，不能当大师。

这段话很有意思，今天的大师演讲，也经常是这样，不同之处，只是多了麦克风和大屏幕。

读吕先生的书，我们可以明白，孔子的学生，比起汉代，并不算多，完全在合理的范围之内。

还有，孔子和学生的关系，也很特殊。

我们要知道，孔门也好，墨家也好，他们的教学组织或学术团体，和今天不一样，有人说，最像帮会。老师（墨家叫巨子）是老头子或大哥，核心弟子各有所长，彼此分工，好像堂口，弟子带弟子，形成很多层。德高望重的（颜回等）在最上层，其次有外交、财务和学术等若干部门。弟子入门拜师，要经人介绍，不能直扑老师家的门。见面要儒冠儒服，带见面礼（一捆腊肉），进行面试。阔学生还要给组织捐钱。如孔子周游列国，可能就是子贡掏腰包。学生不听话，老师可以让其他同学揍他。学生没什么毕业不毕业，终身随侍左右，有些弟子，像子路，还是孔子的保镖。老师呢，也因材施教，推荐他们四处做官。只要不出去做官，待在家里，就得紧跟再紧跟。比如孔子死了，还有一堆学生住在孔子墓的旁边。[1]老师和学生的关系好像父子，老师喜欢，还能当女婿。老师的最高奖赏是他的女儿或侄女。

1　参看：李启谦《孔门弟子研究》，济南：齐鲁书社，1988年，253—269页。

这是我要说明的地方。

孔子的受业弟子，最核心的弟子，到底有多少人？上面讲了，一说见《孔子世家》，72人；一说见《仲尼弟子列传》，77人。兼存异说，是《史记》的体例。《孔子家语·七十二弟子解》，题目作72人，篇中所列仍是77人，也是两存其说。如果我们把这些不同记载对一下，改正错字，去除重复，其实是77人。

这些弟子，有"先进"和"后进"之分。"先进"是早期弟子，"后进"是晚期弟子。他们并不全都见于《论语》。《论语》中的弟子有29人。为了给《论语》各章定年，我把他们按从学先后分为三期四组，每一组都按年龄排序：[1]

（一）第一期

孔子的第一批学生，是他早年居鲁时（35岁以前）招收的学生，共5人。

（1）颜无繇（字季路，前545—前？年）。颜回的爸爸，鲁人，比孔子小6岁。在孔门弟子中，年龄仅次于秦商。他的名、字和子路完全一样（"繇"通"由"）。

（2）冉耕（字伯牛，生卒不详）。鲁人，以德行称。孔府《圣门志》和《阙里广志》说他比孔子小7岁。据说，他是得麻风病而死，孔子探望他，连声叹息说，这么好的人，怎么得了这种病，觉得非常可惜（《雍也》6.10）。

（3）仲由（字子路或季路，前542—前480年）。卞人（卞为鲁邑，在今山东泗水东卞桥镇），比孔子小9岁，以政事称。孔子仕鲁定公期间，他曾任季桓子宰（前498年）。孔子周游列国期间，他追随左右。回国前，曾任卫蒲邑宰（前488年）。孔子回到鲁国，他与冉有一起为季康子做事，最后死于卫国的内乱（前480年）。子路以勇武著称，性子急，脾气大，常挨孔子骂，不像颜回招老师喜欢。

（4）漆雕启（字子开，前540—前？年）。鲁人（或说蔡人），比孔子小11岁，他是个受过刑的残疾人。

（5）闵损（字子骞，前536—前？年）。鲁人，比孔子小15岁，以德行称，是有名的大孝子，他的父母兄弟都夸他（《先进》11.5）。

（二）第二期

孔子的第二批学生，是他自齐返鲁后（36—54岁）招收的学生，共8人。

（1）冉雍（字仲弓，前522—前？年）。鲁人，比孔子小29岁，以德行称，并长于政

---

1 这里只是为了分析的方便，大致分组，不一定代表实际情况。

事。前497—前493年，他接替子路为季桓子宰。

（2）冉求（字子有，前522年—前？年）。鲁人，比孔子小29岁，以政事称。前492年，他接替冉雍为季康子宰。

（3）宰予（字子我，生卒不详）。鲁人，以言语称。孔子曾骂他，"朽木不可雕也，粪土之墙不可杇也"（《公冶长》5.10），但他却是孔门十哲之一，属于最优秀的学生。《大成通志·先贤列传上》说他比孔子小29岁。孔子死后，他是前辈，子贡树孔子为圣人，他是参加者。

（4）颜回（字子渊，前521—前481年）。鲁人，比孔子小30岁，以德行称，经常受老师表扬，是孔子最得意的门生。《庄子·田子方》说，颜回对孔子是亦步亦趋，"夫子步亦步，夫子趋亦趋，夫子驰亦驰，夫子奔逸绝尘，而回瞠若乎后矣"，自称紧跟紧跟还跟不上。

（5）巫马施（字子旗，前521—前？年）。鲁人（或说陈人），比孔子小30岁，曾任单父宰。

（6）高柴（字子羔，或季羔，前521—前？年，或前511—前？年）。齐人，比孔子小30岁（或40岁），个子很矮，相貌丑陋，也是有政事才能的弟子。前498年，曾任费宰（或费郈宰）、武城宰和成邑宰。后来，他还担任过卫国的士师，故有卫人之说。

（7）宓不齐（字子贱，前521—前？年，或前502—前？年）。鲁人，比孔子小30岁（或49岁），曾任单父宰，

（8）端沐赐（字子贡，前520—前？年）。卫人，比孔子小31岁，以言语称，曾仕于卫、鲁，当过信阳宰，死于齐，是办外交、做买卖的好手。他是孔子55岁（前497）后收的学生。孔子死后，他地位最高，有如掌门人。孔门树孔子，加圣人之号于孔子，他功劳最大。

（三）第三期

孔子的第三批学生，是他周游列国时（55—68岁）招收的学生，共11人。

（1）原宪（字子思，前515—前？年）。鲁人（或说宋人），比孔子小36岁。

（2）樊须（字子迟，前515—前？年）。齐人（或说鲁人），比孔子小36岁。此人喜欢种庄稼，是个重农派，孔子骂他是小人（《子路》13.4）。

（3）澹台灭明（字子羽，前512—前？年，或前502—前？年）。鲁武城（今山东

费县西）人，比孔子小39岁（或49岁），他是言偃任武城宰时发现的人才，后来到楚国发展，有弟子300人，据说也是个相貌丑陋的人。

（4）陈亢（字子亢或子禽，前511—前？年）。陈人，比孔子小40岁。此人是子贡的学生，孔子的再传弟子。

（5）公西赤（字子华，前509—前？年）。鲁人，比孔子小42岁，好礼，有外交才能。

（6）有若（字子有，前508—前？年，或前518—前？年）。鲁人，比孔子小43岁（或33岁），据说相貌酷似孔子，孔子死后，卜商、言偃、颛孙师公推有若代替孔子，受弟子朝拜，曾参不同意（《孟子·滕文公上》）。汉代，还有一种传说，有若坐孔子位，受弟子拜，弟子问之，无以应，被弟子轰下来（《史记·仲尼弟子列传》）。孔子死后，子贡树孔子为圣人，他是参加者。

（7）卜商（字子夏，前507—前？年）。卫国温县（今河南温县西南）人，比孔子小44岁，以文学称，曾任莒父宰，又事卫灵公，老年讲学西河，魏文侯、田子方、段干木、李克、吴起师事之，对三晋的法术之学很有影响。子夏传《诗》和《春秋》，在经艺传授上很有名。前人说，他是汉代经学的鼻祖。[1]孔子死后，他也是孔门中的重要人物。

（8）言偃（字子游，前506—前？年，或前516—前？年）。经常与子夏并举，吴人（或说鲁人），比孔子小45岁（或35岁），以文学称，曾任武城宰。

（9）曾参（字子舆，前505—前432年）。鲁南武城（今山东费县西）人，比孔子小46岁。宋人讲道统，是从思、孟，上追曾参。

（10）颛孙师（字子张，前503—前？年）。陈（今河南淮阳）人，或说阳城（今河南登封东南）人，或说鲁人，比孔子小48岁，曾从孔子游于陈、蔡。

（11）司马耕（字子牛，前？—前481年）。宋国贵族，即宋司马桓魋（差点杀害孔子的人）的弟弟。此人的特点是多言而急躁。

这三批学生，第一批，仲由最能干，也最有名。其次，是两位道德先生，冉耕和闵损，孔子很欣赏，但对后世没什么影响。第二批，颜回是孔子最得意的门生，

---

1 清陈玉树《卜子年谱·自叙》（《雪堂丛刻》本）："无曾子则无宋儒之道学，无卜子则无汉儒之经学。宋儒之言道学者，必由子思、孟子而溯源于曾子；汉儒之言经学者，必由荀、毛、公、谷而溯源于卜子。"

但除了紧跟孔子和安贫乐道,后世对他几乎一无所知。其次,冉雍、冉求,在政事方面很重要,仅次于仲由;宰予、端沐赐,在言语方面最重要。后者也是政事之材。第三批,名气最大,是五大弟子,一是貌似孔子而老实巴交的有若,二是对有若不服气的曾参,三是长于文学的卜商、言偃,四是性格豪爽如仲由的颛孙师。

孔子死后,群龙无首,迫切需要再造权威。有两件事最重要。第一,孔门弟子,端沐赐年龄大,威望高,他发动了一场树孔子为圣人的运动,有若、宰予是参加者。第二,端沐赐自己不出面,卜商、言偃、颛孙师公推有若代孔子。曾参不服气,在当时是少数派。

(四)其他

还有一批,是年代不可考的学生,共5人。

(1)公冶长(字子长,生卒不详)。齐人(或说鲁人),曾蹲过监狱,孔子认为他很无辜,所以把女儿嫁给他(《公冶长》5.1)。

(2)南宫适(字子容,生卒不详)。鲁人,此人谨小慎微,很会保护自己,孔子喜欢这样的学生,所以把他哥哥(孟皮)的女儿嫁给了他(《公冶长》5.2)。

(3)曾点(字子皙,生卒不详)。曾参的爸爸,鲁人。据说,他喜欢吃羊枣(一种小柿子),在孔子眼中是个"狂士"(《孟子·尽心下》)。

(4)公伯寮(字子周,生卒不详)。鲁人,曾到季孙氏那里搬弄是非,诽谤子路,出卖孔子,后人怀疑他不是孔子的学生,明嘉靖年间,甚至把他开除出孔庙。他是孔门中的"犹大"。

(5)琴牢(字子开或子张,生卒不详)。卫人。

这五个学生,重要性不太大。

孔子的学生,以鲁人居多,他们当中有八个家族值得注意:

(1)颜氏。有颜无繇、颜回、颜幸、颜高、颜相、颜之仆、颜哙、颜何。《论语》提到颜无繇和颜回。

(2)冉氏。有冉耕、冉雍、冉求、冉孺、冉季。《论语》提到冉耕、冉雍、冉求。

(3)漆彫氏。有漆彫启、漆雕哆、漆雕徒父。《论语·公冶长》提到漆彫开。其他古书,彫多作雕。

(4)曾氏。有曾点、曾参。他们都见于《论语》。

(5)秦氏。有秦商、秦祖、秦冉(与秦非可能是同一人)。他们都不见于

《论语》。[1]

（6）公西氏。有公西赤、公西点、公西舆如。《论语》只提到公西赤。

（7）县氏。有鄡单（县亶）、县成。他们都不见于《论语》。

（8）原氏。有原宪、原亢。《论语》提到原宪。

另外，还有一些外国留学生，来自齐、宋、卫、陈、蔡、楚、吴、秦、晋等国。

孔门弟子多寒门，如颜氏八子、冉氏三子和仲由、曾参等人，出身背景，可能与孔子相似，也是破落户子弟。特别是早期的学生更是如此。孔子办学，一开始，注重吸引的是这类人。事情办得红火了，才有富家子弟上门。孔门晚期的弟子，子贡是大商人，司马牛是大贵族。

孔门弟子，最重要的学生，也就是十几个人。这十几个人，各有专长。古人有所谓"四科十哲"：德行科，"颜渊、闵子骞、冉伯牛、仲弓"；言语科，"宰我、子贡"；政事科，"冉有、季路"；文学科，"子游、子夏"（《先进》11.3）。四科取士是王莽的制度（《后汉书·景丹传》），十哲配享是唐开元八年（720年）所定（《旧唐书·礼仪志四》），一般人认为，这是孔门最重要的弟子。他们，《论语》中出现最多的，是仲由（42次），其次端沐赐（38次），其次颜回、卜商（21次），其次冉求（16次）。其他人，言偃8次，冉雍7次，宰予5次，闵损4次，冉耕2次。十哲以外，还有五个人，也比较重要，樊须、公西赤、有若、曾参和颛孙师（子张）。他们，出现最多的，是子张（18次）和曾参（15次），其次樊须（6次），其次公西赤（5次），其次有若（4次）。[2]

这十来个人，孔子最爱的，还是德行科的学生。如一期的冉耕、闵损，二期的颜回。三期的曾参、有若，也属这一类。他们都是道德先生，老实巴交，少言寡语。言语科不一样，都是能说会道、善于搞公关的人，二期的宰予、端沐赐是代表，公西赤也属这一类（他也是二期的学生）。政事科，是有治国用兵之术，擅长管人理财的人。一期的仲由是老大哥，他当过季氏宰。二期的冉雍和冉求也当过。冉雍，说是德行好，其实也是政事之材。颛孙师，性格似仲由，是小子路，也

1 鲁地有妊姓之秦，见小邾国墓地出土铜器的铭文。政协枣庄市山亭区委员会编《小邾国文化》，北京：中国文史出版社，2006年，图36：上。

2 这些人占一半。另一半的14人，出现比较少，南宫适3次，陈亢3次，司马耕3次，高柴2次，原宪2次；颜无繇、漆雕启、巫马施、宓不齐、澹台灭明、公冶长、曾点、公伯寮、琴牢，只有1次。

可归入这一类。文学科，好读书，长于经艺，经是经书，艺是礼乐，三期的卜商、言偃是代表。后三科的学生，多才多艺，比较机灵，比较活跃，也比较实际。孔子喜欢德行科的学生，对后三科的学生，批评比较多，特别是搞政治的，老放心不下。但大树特树，帮他老人家扬名，靠的是谁？还不是这些最活跃的学生，特别是能说会道、活动能力极强的子贡，还有被他大骂过的宰予。樊须比较异类，不但脾气类似子路、子张，而且重农，喜欢种地，孔子特讨厌。

孔子死后，五大弟子闹矛盾，道德高尚派，曾参与有若争正统；多才多艺派，卜商、言偃、颛孙师比高下，也反映了孔门内部的矛盾。[1]

孔子的学生，性格不同，形成对照，如颜回听话，仲由鲁莽。孔子对学生有偏爱，德与能，他重德；能说会道和少言寡语，他喜欢少言寡语，而且看上去，有点傻——当然不能真傻。比如闵损、冉雍，不爱说话，就都是道德先生。相反，宰予、端沐赐擅长言语，仲由多嘴，就不配当道德先生。孔子抑由进回、抑赐进回，都和这个标准有关。孔子对学生有夸有骂，夸得最多是颜渊，骂得最多是仲由。仲由挨骂，但忠心耿耿。他和孔子，有点像李逵和宋大哥。

《论语》有个优点，写作或文学上的优点，想盖都盖不住，就是它没有后人的那种虚伪劲儿。书中人物，夫子也好，十哲也好，都是普通人，喜怒笑骂，毫不遮掩。谁说伟大导师就得高大全，圣门弟子就得身披光芒？他们师生在一块儿，学生顶老师，老师骂学生，都被记下来。比如仲由，说骂就骂（他们处得长，彼此太熟），一点面子都不给。冉求，当季氏宰，帮季氏敛财，孔子叫学生"鸣鼓而攻之"（《先进》11.17）。他们都是十哲中数得着，后世顶礼膜拜的人物，《论语》的编者，一点不遮掩。

班固尊孔，《汉书·古今人表》是按孔子的想法，把人分为九等，一二三等为一类，是聪明人和好人（圣人、仁人、智人）；四五六等为一类，是中人（中上、中中、中下）；七八九等为一类，是傻子和坏人（下上、下中、下下愚人）。孔子在第一等，学生在二三等，都是古人心目中的聪明人和好人。

研究孔门弟子，我们可以用《文翁礼殿图》的记载和汉画像石校正。《文翁礼殿图》，是东汉兴平元年（194年）蜀守高联复修"旧筑文翁周公礼殿"在殿中

1　参看：赵纪彬《论语新探》，北京：人民出版社，1976年，下部，365—417页。赵书受"路线斗争"影响，说法很夸张，但细节考证仍有参考价值。

画的壁画，有孔子和他的弟子72人。东汉画像石，也有很多是表现孔子见老子，孔子身后是他的学生。[1]

二、其他人物

下面，我们再讲一下《论语》中的其他人物。

《论语》中的其他人物，和孔子没有师生关系。有些是孔子提到（占绝大多数），有些是他的弟子或其他人提到（较少）；有些是孔子以前的人物，早就是死人，根本见不着，有些是孔子同时的人物，他可能见过，也可能没见过。

这批人，有125人，比他的学生多。

我把这些人物也讲一下。

（一）孔子以前的人物（42人）

分六个不同时期：

第一，传说的唐虞时期，有唐虞之君尧、舜，舜的李官皋陶，尧、舜的稷官弃。[2]

第二，夏代，有夏的开国之君禹，有穷氏的国君羿，过国的国君奡。

第三，商代，有商的开国之君汤（书中称履）和辅佐他取天下的名臣伊尹，商的最后一代国君纣和拒绝与之合作的大臣微子、箕子和比干，以及因长寿出名的老彭。还有一个叫周任的，见《左传》隐公六年，年代不可考，或说是商人。

第四，先周，有周太王的长子，奔吴以让季历，为吴国始祖的泰伯；传说受命有周的周文王，以及文王身边的八个贤臣（"八虞"），即伯达、伯适、仲突、仲忽、叔夜、叔夏、季随、季骈。

第五，西周，有西周的开国之君周武王；[3]辅佐成王定天下的著名大臣周公旦；鲁国的开国之君鲁公伯禽；耻食周粟，饿死首阳山的孤竹君二子：伯夷、叔齐；吴仲雍之后，虞国的始封之君虞仲。

第六，东周，包括：

1　参看：胡兰江《七十子考》，北京大学中文系博士论文，2002年5月。

2　《泰伯》8.20还提到"舜有臣五人而天下治"，但没有列举人名。

3　《泰伯》8.20还提到"武王曰'予有乱臣十人'"，但没有列举人名。

（1）齐国，有春秋五霸的齐桓公，及与齐桓公有关的三个历史人物：一是与他争位而被杀的齐公子纠；二是曾经辅佐公子纠，事败自杀的召忽；三是曾经辅佐公子纠，后来辅佐齐桓公取威定霸的管仲。还有一个伯氏，于史无考，唯见此书，据说管仲夺其邑而无怨，也是这一时期的人物。

（2）晋国，有春秋五霸的晋文公。

（3）鲁国，有鲁臣臧文仲、柳下惠（展禽）、季文子（季孙意如）。季文子是季氏的第一代。

（4）卫国，有卫臣宁武子（名俞）。

（5）楚国，有楚臣令尹子文（斗谷於菟）。

这批人物，可分六类，一类是上古帝王，如尧、舜、禹、汤、文、武，即古代公认，孔子也盛赞的所谓圣人；一类是上古贤臣，如孔子提到的文王"八虞"和周公、鲁公，子夏提到的皋陶、伊尹，南宫适提到的稷；一类是春秋霸主，如齐桓、晋文；一类是春秋贤臣，如管仲；一类是古逸民，如伯夷、叔齐、虞仲、柳下惠；一类是其他人（如三以天下让的吴泰伯）。这些人，多半是好人，但子夏提到的羿、奡，子贡提到的纣，古代有恶名，臧文仲，也被孔子批评。

（二）孔子同时的人物（78人）

（1）周王室，有孔子当时的周公。

（2）齐国，有齐庄公和他的两个大臣崔子（崔杼）和陈文子（陈须无），齐景公和齐景公的贤臣晏平仲（晏婴），齐简公和他的大臣陈成子（陈恒）。

（3）晋国，有晋中牟宰佛肸。

（4）鲁国，包括三位鲁君：鲁昭公、鲁定公和鲁哀公，及鲁昭公的夫人吴孟子；八位大臣：一是属于臧氏的臧武仲（臧孙纥），二是属于孟氏的孟庄子（仲孙速）、孟懿子（仲孙何忌）、孟武伯（仲孙彘）、孟敬子（仲孙捷），三是属于叔氏的叔孙武叔（名州仇），四是属于季氏的季平子（名意如）、季桓子（名斯）、季康子（名肥），以及孟氏的子弟孟公绰、孟之反、子服景伯，季氏的子弟季子然，季氏的家臣阳货和公山弗扰。除此之外，还有八个乐师：大师挚、亚饭干、三饭缭、四饭缺、鼓方叔、播鼗武、少师阳和击磬襄，以及林放、左丘明、孺悲、阳肤、微生亩、原壤、师冕、太宰、石门晨门、互乡难与言童子、达巷党人和阙党童子。

（5）卫国，包括两位卫君：卫灵公和卫出公，及卫灵公夫人南子；四位著名大臣:蘧伯玉、史鱼、公子荆、公叔文子。此外,还有孔文子、祝鮀、王孙贾、宋朝、棘子成、公明贾、公叔文子之臣大夫僎、卫公孙朝、仪封人、荷蒉而过孔氏之门者。

(6)宋国,有司马桓魋。

(7)郑国,有四个著名大臣:子产(公孙侨)、裨谌(裨灶)、世叔(游吉)、子羽(公孙挥)。

(8)陈国,有陈司败(其名不详)。

(9)楚国,有子西(令尹公子申)、叶公(沈诸梁)。此外,还有楚狂接舆(楚隐者)。

(10)其他,包括子桑伯子(以简出名)、长沮(隐者)、桀溺(隐者)、荷蓧丈人(隐者)。

这批人物,可分四类,一类是各国的国君,如鲁的昭、定、哀三公,齐的庄、景、简三公,卫的灵、出二公;一类是各国的卿大夫,如齐的崔杼、陈文子、晏婴和陈成子,鲁的季平子、季桓子和季康子,卫的蘧伯玉、史鱼、公子荆和公叔文子,郑的子产、裨谌、世叔和子羽,楚的令尹子西和叶公诸梁;一类是各国的隐者,如长沮、桀溺、荷蓧丈人和楚狂接舆等人;一类是其他人。

孔子对这些人,恶评比较多。比较赞赏的,只是少数能臣,如齐之晏婴、卫之蘧伯玉和郑之子产。还有,表示钦佩,是各国的隐者。

(三)时代不详的人物(5人)

包括微生高(以直出名)、卞庄子(鲁卞邑大夫,以勇出名)、夷逸(古逸民)、朱张(古逸民)、少连(古逸民)。

孔子品评人物,特点是厚古薄今:好人,古代多;坏人,现在多。

《汉书·古今人表》,人分九等,孔子提到的死人,一共有42人。《古今人表》的头一等,总共14人,这些死人就占了8人;如果加上二等11人,三等6人,好人大约占六成左右。中人,四等9人,五等3人,六等1人,大约占三成。坏人,七等1人,八等没有,九等3人,连一成都不到。

但活人不一样,当时的政治家,很多是坏蛋:不是昏君,就是乱臣贼子。孔子提到的77人,有些不见于《古今人表》(11人)。见于《古今人表》,好人,一等,除孔子,全是传说人物;二等4人;三等12人。中人,四等17人,五等9人,六等1人。坏人, 七等6人, 八等12人, 九等7人。好人约占1/4, 中人和坏人约占3/4。当时, 干净人太少, 真正清白的, 只有嘲讽挖苦他的隐者 (长沮、桀溺、荷蓧丈人和楚狂接舆之流)。《古今人表》只给一个四等, 不公平。[1]

还有5人, 年代不详, 4人见于《古今人表》。

《论语》提到的156人, 最高一等是圣人。孔子说的圣人, 不包括他自己, 也不包括他的学生, 更不包括他同时代的其他人。孔子说的圣人, 其实都是死人, 绝对没商量——只有死圣人, 没有活圣人。

但孔子再权威, 他管得了生前, 管不了身后。孔子死后, 大家说, 孔子不是圣人, 谁是圣人? 子贡倡之于前 (还有有若、宰予), 孟子、荀子和之于后, 谁敢反对? 汉以来, 更有政府撑腰, 孔子当然是圣人。后来, 不但孔子是圣人, 孔子的学生, 也当了圣人: 颜回是复圣, 曾参是宗圣, 子思是述圣, 孟子是亚圣。

孔子是经他们大树特树, 才变成"大成至圣先师"的, 既是历代帝王的老师, 也是所有老师的老师, "文革"术语, 叫"伟大导师"。[2]

老师不当圣人, 学生怎么当?

1　《论语》中的人物, 有些并不见于《古今人表》(约13人), 有些年代不易确定 (5人)。《古今人表》的标准, 也不一定合适。这里只是大致估计。

2　帝王劝进, 往往要仿上古揖让, 数辞不就, 最后拗不过了, 再欣然受之 (今请客送礼、饭馆买单犹有此风)。这是活着。死了, 用不着如此啰唆。

导读三　古人读《论语》，文本、注释及其他

前面两讲是讲人，下面两讲是讲书。

《论语》是本什么样的书，古人怎么读它，今人怎么读它，这件事，说起来很枯燥，但不可缺少，我想用两讲，粗线条做一勾勒，每讲都总结一下：我们读《论语》，最好从哪里入手。这是阅读的基础。大家如果读不下去，也可以把这两讲跳过去，以后再返回来看。

一、《论语》的文本

《论语》一书，是战国时期编成，大家都这么看。但战国时期的《论语》不一定就是现在这个样子，有些话可能在今本之内，有些话可能在今本之外，而且有好多不同的传本。当时的《论语》是什么样，因为没有出土发现，我们不知道。我们只知道，孔子死后，春秋末年和战国早期，他的学生，或学生的学生，非常活跃。战国中期以来，古书经常引用《论语》的话，比如《孟子》，就有12条引文和今本《论语》相近。另外，《大戴礼》和《礼记》也如此。特别是后者的《坊记》，其中有这样的话："子云：君子弛其亲之过而敬其美。《论语》曰：'三年无改于父之道，可谓孝矣。'……"文中不仅有《论语》之名，而且"三年无改于父之道"，也是今本《论语》中的话（《学而》1.11和《里仁》4.20）。《礼记》一书，从出土发现的文本看，主体应是战国时期的作品。如果这个书名不是汉代窜入，这条引文就是证明《论语》出现的最早依据。[1]现在，大家谈《论语》编定的年代，战国早期？中期？还是晚期？首先要问，你心中的《论语》是哪一部《论语》或什么样的《论语》，是今本这样的？还是某种形成中的本子？这个问题很复杂。学者讨论郭店楚简《老子》，就碰到过这类问题。现在大家都说，《孙子》《老子》和《论语》是年代最早的子书，但它们的年代关系到底是什么样，其实还是一个值得讨论的问题。我的看法，撇开编辑过程不谈（这个过程很长，即使汉代，也还在继续），这本书的内容，它的构成要素，大约是形成于孔、孟之间的战国早期，大致年代范围在前479—前372年之间。

---

[1]　马王堆帛书《系辞》："八卦以象告也，爻（爻）顺（象）以论语，刚柔杂处，吉〔凶〕可识。"其中也有"论语"一词。见张政烺《马王堆帛书〈周易·系辞〉校读》，收入《张政烺文史论集》，北京：中华书局，2004年，819—827页。

　　《论语》是本语录，它是原始记录的汇集，还是从大小戴《记》式的儒门传记（不是今语传记，而是记录师说的书）中摘编，或两种情况都有，情况还有待调查。

　　我的印象是，这书恐怕不是原始记录。第一，前人说，《论语》中，曾参、有若、冉求或称子（闵损称闵子骞，是称字，与此不同），《论语》就是他们的弟子编的，这种讲法不可靠。我们读《论语》，可以明显感到，它的各章，不一定是同一来源（比如孔子的称谓就不一样）。第二，《论语》多短章，有些内容见于他书，比《论语》更详细，如《子路》13.2见于上博楚简《仲弓》，《子路》13.22见于《礼记·缁衣》最末一章，都是如此。我的感觉是，它们多是摘抄和节略。

　　汉初的《论语》是什么样，我们也不太清楚。我们只知道，当时人引用《论语》，还很少称为《论语》，情况同于先秦。高祖时，《论语》等儒书还吃不开，但很快，他就明白，在儒生的帽子里撒尿不太妥当。汉高祖推翻秦朝，是靠两条收拾人心，一是落实民族政策，二是落实知识分子政策。这两条是配合使用。汉高祖十二年（前196年），他去世前不久，有两个重要举措。十一月，他自淮南还，路过曲阜，曾以大牢祭孔（《史记·孔子世家》《汉书·高帝纪》）。这是为知识分子平反。十二月，学孔子号召的"继绝世"，他下令，为七国绝无后者，秦始皇、楚幽王、魏安僖王、齐湣王、赵悼襄王，还有陈胜，置守冢，奉祭血食。秦始皇待遇最高，赐守冢20家，其他人，各10家（《史记·高祖本纪》）。这是为六国平反。这两件事，都是大翻案，很有象征意义。司马迁作《史记》，是把孔子和陈涉并列，写入他的三十世家。惠帝时，除挟书之令，是进一步。《论语》是在这一背景下复出，和诸子之书一起复出。

　　《论语》复出，最初视同子书，有如"诸子传记"，《论语》只是儒家的传记（不是今语的传记）。古人引书好以类名，如《孙子兵法》只称"兵法"。《论语》在汉初也是如此，多半称为"传"，并不视为经典。文帝时，五经之学未备，《论语》《孝经》《孟子》《尔雅》已先置博士，叫"传记博士"（赵岐《孟子章句》题辞）。四大传记，《论语》地位最高，当时有"传莫大于《论语》"的说法（《汉书·扬雄传》）。武帝时，有一件大事，是发现"孔壁中书"，其中有用古文抄写的《论语》（21篇），也有今《礼》大小戴记的前身，即古文《记》（有131篇），当时被当作同类读物。王充说，《论语》原书有"数十百篇"，大概就是合此二书而计之（有152

篇）。这是广义的《论语》。狭义的《论语》，即与今本《论语》大致对应的《论语》，据说是从孔安国开始。孔安国以古文《论语》授鲁人扶卿，才定其书名为《论语》（或即沿用《坊记》的书名）。他说，这样的《论语》，除孔壁所出21篇，还有齐、鲁、河间三种本子，多出的简文有另外9篇，总共有30篇。昭、宣二帝时，古文本号称难懂，当时是以"传"称之，后来才有用隶书转写的本子，通行本是20篇本，但也有21篇本。为了节省篇幅和便于携带，《论语》是用八寸的短简书写。这是王充的说法。[1]

　　除去王充的说法，还有一种说法，见于《汉书·艺文志·六艺略》的《论语》类。《汉志》是本之汉成、哀二帝时的《别录》和《七略》，反映的是昭、宣以后的情况。当时的《论语》文本是分三个系统：[2]

　　（1）《古论》。古文本，21篇，同王充所说。何晏说，它与《齐论》《鲁论》篇次排列不一样，文字也有差异，彼此对照，异文有400多字。桓谭也说，异文有640字（《新论·正经》）。此书旧有孔安国传，而世不传，《汉志》只录文本，无师说。何晏《集解》，所集八家有孔安国传，来历不明，学者多怀疑，它也许是由扶卿和马融传下来的。[3]

　　（2）《齐论》。今文本，22篇，比《古论》《鲁论》多《问王》《知道》二篇，同样的20篇内，其章句也颇多于《鲁论》（估计也多于《古论》）。此书有《齐说》

1　《论衡·正说》："说《论》者皆知说文解语而已，不知《论语》本几何篇，但〔知〕周以八寸为尺，不知《论语》所独一尺之意。夫《论语》者，弟子共纪孔子之言行，敕记之时甚多，数十百篇，以八寸为尺，纪之约省，怀持之便也。以其遗非经，传文纪识恐忘，故但以八寸尺，不二尺四寸也。汉兴失亡，至武帝发取孔子壁中古文，得二十一篇，齐、鲁二、河间九篇，三十。至昭帝女读二十一篇，宣帝下太常博士。时尚称书难晓，名之曰传，后更隶写以传诵。初，孔子孙孔安国以教鲁人扶卿，官至荆州刺史，始曰《论语》。今时称《论语》二十篇，又失齐、鲁、河间九篇。本三十篇，分布亡失，或二十一篇，〔篇〕目或多或少，文赞或是或误。说《论语》者，但知以剥解之问，以纤微之难，不知存问本根篇章目。温故知新，可以为师，今不知古，称师如何？"案："齐、鲁、河间九篇"，学者有各种解释，我理解，这并不是说它们只有九篇，而是说它们比古文本多出九篇，如《齐论》比《古论》多两篇，《鲁论》比《古论》多一篇。河间本，翟灏《四书考异》怀疑，也许就是《汉志》的《燕传说》三卷，此书可能也有多出的六七篇。

2　向、歆尚古学，这里所列是按古、齐、鲁排列，但学者多认为，《鲁论》立于学官最早，《齐论》其次，《古论》的发现是最后。

3　参看：何晏《论语注疏解经序》，阮元校刻《十三经注疏》，北京：中华书局，1980年，下册，2454—2456页。

29篇，不注所出。但此类小序说，西汉传《齐论》者有王吉、宋畸、贡禹、五鹿充宗、庸生，其中王吉最有名。王充讲他当时的传本，只提到20篇本和21篇本，没有22篇本，似乎《齐论》已经失传。

（3）《鲁论》。今文本，20篇。它和《古论》都是鲁地的传本，区别只是，《古论》最后一篇是将"子张问"以下裁篇别出，题为《从政》，比此本多出一篇。前者是用古文抄写的旧抄本，后者是据口传隶写的新抄本，文字也有出入，两本可能比较接近。《鲁论》传授者最多，但传《鲁论》者似亦兼修另外两家。如王充说，孔安国授《古论》于鲁人扶卿，扶卿就是传《鲁论》。此书有《夏侯说》21篇、《安昌侯说》21篇、《王骏说》20篇。前两种篇数皆从《古论》，也是证明。其中"夏侯"即夏侯胜，"安昌侯"即张禹，"王骏"是王吉的儿子。《安昌侯说》即《张侯论》的前身，后世所传《鲁论》，主要就是这个本子，但张禹虽从夏侯胜受《鲁论》，亦从王吉、庸生受《齐说》。王骏是王吉的儿子，恐怕原来也是学《齐说》。可见《鲁论》的传授是兼采《古论》和《齐论》。

成、哀之际，六艺经本，今古融合，而有张禹的《张侯论》。它是《汉志》著录本以外的一个重要本子。《张侯论》，文本兼《古论》，注释采《齐说》，东汉最流行，就是汉熹平石经采用的标准本。东汉时期，《古论》只有马融传之，《齐论》似已并入其他系统，没有传人，《鲁论》则靠《张侯论》传世。郑玄传马融之学，他的注本也是如此，其篇次和章序是按《鲁论》，字句是按《古论》，并且糅合了《齐说》，名气最大。[1]今本《论语》，来源是《张侯论》，但各家注本略有差异，各种集注本，加以整合，又产生新的差异。这些差异，要注意，但并不重要。

现在，研究《论语》，我们可以利用的本子主要有四个：

（1）简本《论语》（下简称"简本"）。即河北定州八角廊西汉墓出土的《论语》。这是出土发现年代最早的古本，很珍贵，简文释文收入河北省文物

---

[1]　同上页注3。案：敦煌本《论语郑氏注》有些题为"孔氏本郑氏注"。罗振玉、王国维认为，其含义是指它篇章从《鲁论》，字句从《古论》。日本学者金谷治认为，这种本子可能与《隋志》著录的"梁《古文论语》十卷，郑玄注"有关，乃后出之本。王素先生本金氏说而发挥之，推测敦煌本不标"孔氏本"者可能是北朝传本，标"孔氏本"者可能是南朝传本，后者即梁《古文论语》。我认为，郑注所用孔氏本不管是否出于原本，还是汉魏间人伪撰，它都是以"古文"为名，属于当时人说的《古论》，所以才叫"孔氏本"，这里仍从罗、王说。参看：王素编著《唐写本论语郑氏注及其研究》，北京：文物出版社，1991年。

研究所定州汉墓竹简整理小组编《定州汉墓竹简〈论语〉》（北京：文物出版社，1997年）。此本的下限不晚于汉宣帝五凤三年（前55年），年代在《汉志》著录本之前，大体相当王充所说"至昭帝女读二十一篇，宣帝下太常博士。时尚称书难晓，名之曰传，后更隶写以传诵"这一时间范围内的本子。这是西汉本。它属于上述几种《论语》中的哪一种本子，这个问题有争论。我的看法是，西汉晚期，是今、古文本的融合期，情况类似武威汉简的《仪礼》，很难按上述三家进行归纳。

（2）《论语郑氏注》（下简称"《郑注》"）。此书久佚，清以来有不少辑佚书，[1] 近代，还发现了敦煌和吐鲁番所出唐写本多种，学者有深入研究。[2] 这是东汉本。

（3）何晏《论语集解》（下简称"《集解》"）。通行本为阮元校刻《十三经注疏》本，即魏何晏集解附宋邢昺疏的本子。它是用东汉以来的八种本子拼成，《郑注》之后，最流行。此书也有敦煌本，学者进行过深入研究。[3] 这是三国本。

（4）皇侃《论语集解义疏》（下简称"《皇疏》"）。原书久佚，但日本有旧钞本多种，如大正十二年（1923年）怀德堂本。清朝回传中国，有《知不足斋丛书》刊印的根本伯修氏校本，即《丛书集成初编》所收。《四库全书》本"夷狄有君"章疏犯讳被删，不是原貌。邢昺疏以前，它是最有名的义疏。皇侃是六朝梁人，这是六朝本。

六朝以后的文本都是次生的本子，可存而不论。

二、《论语》的注疏

《论语》的注疏，数量很大，这里拉个清单给大家：

（一）两汉魏晋南北朝的旧注

（1）《论语郑氏注》（见上）。东汉最有名，魏晋以来，逐渐被何氏《集解》取代。

1　孙启治、陈建华《古佚书辑本目录（附考证）》，北京：中华书局，1997年，67—68页。

2　参看：王素编著《唐写本论语郑氏注及其研究》。

3　参看：李芳录校《敦煌〈论语集解〉校证》，南京：江苏古籍出版社，1990年。

（2）何晏《论语集解》（见上）。《集解》所集8家，有孔安国、包咸、周氏、马融、郑玄、陈群、王肃、周生烈，并何氏为9家。孔安国是指西汉孔安国，包咸、周氏、马融、郑玄是东汉人，陈群、王肃、周生烈是三国魏人。这是现存最早的一批旧注。其中，孔安国为《古论》作传，马融为之训说，属于《古论》。包咸、周氏为《张侯论》作章句，属于《鲁论》。郑玄注是"就《鲁论》篇章，考之《齐》《古》"，属于综合派，陈群、王肃、周生烈为《郑注》作义疏，也属于这一派。

（3）皇侃《论语集解义疏》（见上）。《皇疏》主要是疏何晏的《论语集解》，但也参考了江熙的《论语集解》的引书，江书所集13家，有卫瓘、缪播、栾肇、郭象、蔡谟、袁弘（即袁乔）、江淳、蔡系、李充、孙绰、周怀、范宁、王珉，并江氏为14家，皆晋人（但书中称引无蔡系、周怀、王珉）。《皇疏》所集28家，有熊埋、贺玚（引称"师说"）、王弼、张冯、王肃、顾欢、梁冀（即梁觊）、沈居士、颜延之、沈峭、王朗、殷仲堪、张封溪、秦道宾、琳公（即释慧琳）、太史叔明、季彪、缪协、虞喜、苞述、陆特进、褚仲都、江长、刘歆、庾翼、樊光、范升、蔡克，并皇氏为29家，亦为魏晋南北朝时期的人。

三书所引，去除重复和不见称引者，一共有48家。

此外，《经典释文序录》《隋书·经籍志》还有其他一些人的注本。他们是：虞翻、谯周、崔豹、盈氏、孟整（即孟釐）、尹毅、孔澄之、虞遐、徐邈、卢氏、阳惠明、许容、曹思文、释僧智、陶弘景、徐氏、司马氏、张凭（疑即张冯）、应琛、曹毗、庾亮、王濛、张隐、郗原、王氏、姜处道、范廙、张略、刘炫、徐孝克、张冲，凡31家。这些也多是魏晋南北朝时期的旧注。清人所辑旧注还有汉何休、麻达和梁武帝注。[1]

（二）唐代的注释

据《唐书·经籍志》和《新唐书·艺文志》，唐代的注家有王勃、戴诜、贾公彦、韩愈、张籍，凡5家，皆佚。

（三）宋以来的注释

宋以来的注释很多，难以统计，这里挑三本书，供大家参考：

（1）邢昺《论语正义》（下简称"《邢疏》"），即邢昺给何晏《论语集解》

1　参看: 孙启治、陈建华《古佚书辑本目录（附考证）》，66—72页。

作的疏，收入阮元校刻《十三经注疏》，北京：中华书局，1980年，下册，2453—2536页。

（2）朱熹《论语集注》（下简称"《集注》"），收入朱熹《四书章句集注》，北京：中华书局，1983年。

（3）刘宝楠《论语正义》（下简称"刘书"），北京：中华书局，1990年。

这三本书，《邢疏》是《十三经》本的标准旧疏，是书"翦皇氏之枝蔓，而稍傅以义理"（《四库全书总目》），是汉、宋之分的转折点，《邢疏》出而《皇疏》衰。朱注，长于义理，是《四书》系统的权威注本，为宋学的代表作。刘书是清代《论语》考据的集大成者。宝应刘氏是研究《论语》的世家，宝楠年轻时，曾与刘文淇等人抓阄，发誓各治一经，抓得《论语》，从此全力治《论语》，到死都没完成。最后，由其子刘恭冕续编成书。刘书初刻于同治九年（1870年），最晚，最详备，是清代研究《论语》的代表作。

三、《论语》的书题、篇题和章句结构

《论语》的"论"是编纂之义，"语"是言语之义，这是它的字面含义。[1]大家读《论语》原书，可以对这两个字的含义有进一步了解。它的每一篇都是由孔子的话，他学生的话，以及他们的相互问答，还有其他一些谈话（与孔门以外的人）而构成，似乎没有什么复杂含义要解释。但是，我们要注意，古代的"语"有多重含义。一种是故事性的叙述，可以是一个人讲，也可以是几个人相互对话，特点是结合着"事"，也叫"事语"，它是史学体裁中非常活跃的一种，一般比较长，比如《国语》的"语"，就是这种"语"；一种是子书常用的叙述方式，特点是舍事而言理，也有叙述体和对话体两种，这是"诸子百家语"的"语"，也比较长；还有一种则是"语曰"的"语"，它有点相当于"不听老人言，吃亏在眼前"的"老人言"，其实是成语掌故之义的"语"，比起前两种，它更短。《论语》的"语"和第一种"语"当然不一样，与一般子书的"语"、成语掌故的"语"也有区别。比起

---

[1] 《汉书·艺文志·六艺略》论语类小序对"语"的解释是："《论语》者，孔子应答弟子、时人及弟子相与言而接闻于夫子之语也。"对"论"的解释是："当时弟子各有所记。夫子既卒，门人相与辑而论纂，故谓之《论语》。"

子书，它短了点；比起成语，它又长了点。特别是《论语》的后10篇，它的有些章其实比较长。这是讲《论语》的书题。

今本《论语》的20篇，篇题属于"拈篇首语为题"。这种篇题，只是从每篇开头的话随便摘两个字或三个字，起标签作用，不是根据主题来题篇。它在古书中极为常见，这对《论语》最合适。因为《论语》各篇都是用短章拼起来的，本来就没有共同的主题。主题归纳不可能，也就没有必要写解题式的说明，写也只能是把各章的内容归纳一下，比如《乡党》讲仪容的内容比较多，我们就说，这一篇的主题是讲仪容。如果大家真的想从内容上或思想上分析《论语》一书，我们可以做两个工作。一是编主题索引或主题摘编，把《论语》各章全部打乱，重新组合。但我们要明白，这是分析，不是新编。二是编年代索引或按年代排比有关章节，比如，我们读《史记·孔子世家》，司马迁就是把《论语》的一些话插在他的年代叙述中，也是把原书打乱了排。但这样排，只能求其大概，能排的排，不能排的不排，不要硬编硬排，辅以文学想象。比如，现在有些《孔子传》，就是历史和文学乱掺和，把很多想象写在里面。这对读者是误导。

还有，《论语》的章句划分也很重要。古书的篇是由章组成，章是由句组成，篇与篇或章与章，彼此的起迄不一样，前后的顺序不一样，这对文义的理解会有影响。比如，我们在上面提到，《齐论》和《鲁论》，它们的章句就不一样。今本《论语》有20篇，它的各篇怎么分章，大致上是一样的，但有几篇很不一样。如《公冶长》，《集解》本分29章，《集注》本分27章，杨伯峻分28章，本书分28章；《乡党》，原来不分章，《集注》本分17章，《皇疏》本和《邢疏》本分25章，本书分25章；《阳货》，原分26章，《集解》本分24章，本书分26章；《尧曰》，今本分3章，《古论》把它的后面两章，另分为一篇，本书分3章。

这是《论语》在结构上的特点。我们除了一章一章、一篇一篇去读，还要掌握它的整体联系。

四、作为语录体、袖珍本的《论语》

《论语》是语录体和袖珍本，篇幅三倍于《老子》《易经》和《孙子》。

在现存子书中，《论语》是很特殊的一类。它是用结构松散的语录体写成，不按主题分篇，不按主题题篇，除个别章节稍微长一点，绝大多数都是三言两语，章与章之间也多半没有联系。这和叙述体或对话体的其他子书都不一样，和分章不分篇（只分上下两部分）的《老子》也不一样。这本书是怎么编出来的，对古书形式的研究很重要。一个可能是，它是直接记录口语，随时听到随时记下来，保持原始面貌；一个可能是，它是从某些篇幅较长的篇章中摘出来，属于名言选萃；还有一种可能是，两种情况都有。我国的语录，《论语》以后，有禅宗的语录，宋明理学的语录，年代最近是《毛主席语录》。这些语录多是从讲演和谈话中摘录，但《毛主席语录》还从文章摘录。它们的特点是选择性很强，可以说是"经典化中的经典化"。无论原始的成分有多少，都要经过选择和编辑。《论语》的编辑和《朱子语类》有类似之处。今《朱子语类》是合池州本、饶州本、建宁本、蜀中本、徽州本等许多不同的刊本而成。今本《论语》，即《张侯论》的前身，也有《古论》《齐论》《鲁论》和河间本。这是第一点。

第二，我们应注意的是，《论语》是用短简抄写的"袖珍本"。现在的书有8开本、16开本和32开本，开本大小与印张的折叠、裁切有关。古代竹简也有长短之分。王国维先生考证，东汉时期，当时的五经，《诗》《书》《礼》《易》《春秋》，都是写在二尺四寸的大简上（案：武威磨咀子出土的《仪礼》简就是这种尺度）；传记不同，是抄在比较短的简上，比如《孝经》，简就比较短，只有一尺二寸；《论语》更短，只有八寸。这在当时，都是属于"袖珍本"。

汉代抄《论语》，是用短简，这可与某些出土发现进行比较。比如郭店楚简，其中就有古尺七寸左右的简。这批楚简，有整理者称为《语丛》的四种书，其尺度是：

《语丛一》：17.2—17.4厘米，约合战国—西汉尺7.5寸；

《语丛二》：15.1—15.2厘米，约合战国—西汉尺6.5寸；

《语丛三》：17.6—17.7厘米，约合战国—西汉尺7.6寸；

《语丛四》：15.1厘米，约合战国—西汉尺6.5寸。

这些简也都是属于"语"的摘录，其中《语丛一》《语丛二》《语丛三》还是儒家的语丛，正与《论语》相似。特别是其中的《语丛三》，不仅形式相似，语句也有相近之处。如：

（1）《语丛三》："志于道，狎于德，比于仁，游于艺"（简51），可与《述而》

7.6的"志于道，据于德，依于仁，游于艺"对比。

（2）《语丛三》："毋意，毋固，毋我，毋必"（简64a、65a），可与《子罕》9.4的"毋意，毋必，毋固，毋我"对比。

我怀疑，早期的《论语》也许就是这样的东西，现在的《论语》就是从这类语丛摘录和选编的。

还有，上面提到的八角廊汉简《论语》，此本有620枚简，残简居多，完整的简，长16.2厘米，约合西汉尺7寸。这些都为我们探索早期《论语》的面貌提供了宝贵线索。

现在的《论语》，字数有15836字，不包括重文186字。[1]古人统计字数，习惯是不计重文。这个数字，在古书中不算太长，但比起《易经》《老子》和《孙子》却长出不少。后三本书，字数都在5000—6000字左右。[2]《论语》的篇幅差不多正好是它们的三倍。我们今天写字，5000字到10000字，只够一篇短文的篇幅，但在古代却是一本书。它可以反映古人对阅读承受量的理解，即一部经典，天天读，月月讲，对他们来说，多大篇幅才合适，才不会让他们心烦意乱，或昏昏欲睡。

五、作为德育课本和读经入门书的《论语》

《论语》在汉代是小学的德育课本和阅读经书的入门书。

中国古代的学校，有小学和大学之分。小学是启蒙阶段，大学是深造阶段。其学制，古书有三种不同记载：一种是八岁入小学，学书数（读写和算术），十五入大学，学礼乐、射御，见《大戴礼·保傅》《白虎通·辟雍》《汉书·食货志》与许慎《说文解字叙》；一种是十岁入小学，学书数，十三学乐，十五学射御，二十学礼，见《礼记·内则》；还有一种是十三入小学，二十入大学，见《尚书大传》。长台关楚简《申徒狄》也提到这类制度，由于简文残缺，不能通读。从残存简文

1　参看：孙莹莹《定州简本〈论语〉校读札记》，北京大学元培计划实验班本科生学年论文，2004年5月。

2　马王堆帛书《周易》，字数为4900余字，今本为5000多字。马王堆帛书《老子》，乙本字数为5467字，唐代通行本是4999字。银雀山汉简《孙子兵法》，已残，估计原来当在5700字左右，今本约在6000字左右。

看，其所述有两种可能：一种是七岁以前受父母教育，八岁入学，学数一岁、学书三岁、学言三岁，十五以后学礼乐射御；一种是七岁以前受父母教育，八岁入学，学书三岁、学言三岁，十三以后学礼乐射御。孔子说他自己是"吾十有五而志于学"（《为政》2.4），有人说孔子上过学，有人说没有，他是自学成才。如果是上学，大概属于《保傅》等篇说的大学一年级。

汉代的教学是继承先秦，它也有大小学之分，小学是学历算（背干支表和九九表）、书法和读《论语》《孝经》（9—14岁），大学是习五经（15—20岁）。《汉书·艺文志》把《论语》《孝经》放在六艺经典的后面，就是把它们当阅读经书的入门书和参考资料。汉崔寔《四民月令》说，"（十一月）研水冻，命幼童读《孝经》《论语》、篇章、小学"，《论语》和《孝经》是当时的德育课本和启蒙书籍。汉晋时期的西北简牍，如敦煌汉简和居延汉简，很多都是边防哨卡的军用文书，其中也经常有《论语》《孝经》，这些就是当时的小学课本，属于从娃娃抓起。孔子认为，修齐治平，家庭是国家的基础，道德文章（即所谓"文行"），道德是文章的基础。当时，读书是为做官，要做官，先要当村里的模范（即所谓"孝廉"），要当这样的模范，就要读《论语》《孝经》。读完《论语》《孝经》，才读五经。宋以来，有四书五经，《论语》《孝经》之外，加了《大学》《中庸》，但顺序还是先读四书，再读五经。这是《论语》在中国文化传统中的实际地位。

关于孔子和《论语》，关于中国的道德政治，我们该怎么看，是不是将大行于天下，不但救中国，还救全世界，现在不必谈，我想放到最后的总结中再讨论。道理是，咱们还是先读孔子的书，再评价他的思想。

最后，让我们总结一下，我们读《论语》，哪些古书最重要。

上面讲过，主要是六本：

（1）简本《论语》（下简称"简本"）。

（2）《论语郑氏注》（郑玄注，下简称"《郑注》"，随文叙述，则不加书名号）。

（3）《论语集解》（何晏的集解和邢昺的疏，下简称"《集解》"，单称邢昺疏，则简称"《邢疏》"，随文叙述，则不加书名号）。

（4）《论语集解义疏》（皇侃的集解和疏，下简称"《皇疏》"，随文叙述，则不加书名号）。

（5）《论语集注》（朱熹的注，下简称"《集注》"，随文叙述，则称"朱注"）。

（6）《论语正义》（刘宝楠的集解和疏，下简称"刘书"）。

这六本书，前四本是宋以前的古书，古本、古注，经过集校，经过集注，剩下的，只有这几种，无可替代。其中（3）最流行，我们用的文本，主要是这一种。后两种，分别代表宋以来的两个注释系统，宋学和汉学的系统，也很重要。（5）虽引二程，主要是朱熹的话，说是集注，不太像集注。他的注，简单明了，好读，但主观成分较大，理学的味道太浓，先入为主的偏见也比较多，不像（6），更忠实可靠。它吸收了有清一代更新也更多的研究成果，后来居上。

读古书，要想快速查阅古人的说法，（6）比其他几本更重要。但这书篇幅比较大，内容比较繁，必须有所选择，才能化繁为简。下一讲有本类似的书，程树德的《论语集释》，比它更大，我们要看前人有什么说法，也可以从程书入手，它把刘书的很多内容，已经抄进去了。

导读四　今人读《论语》，基本参考书

我们读《论语》，和古人不一样。《论语》是古书，我们不是古人。现代人读古书，和古人不一样——没法一样，也不必一样。我主张，读古书，最好倒着读，先读近人的书，再读古人的书。古人的书，主要是用来查，入手，还是晚一点的书更好。

一、近人关于《论语》的论著

阅读《论语》，前人的著作很多。上一讲，我介绍的主要是古本和古注。除去这六本书，近人的著作，书店和图书馆比较容易找到，我选10本书，介绍一下，看看哪几本比较好：

（1）程树德《论语集释》，北京：中华书局，1990年（下简称"程书"）。

（2）杨树达《论语疏证》，北京：科学出版社，1955年（下简称"《疏证》"）。

（3）赵纪彬《论语新探》，北京：人民出版社，1976年（下简称"赵书"）。

（4）南怀瑾《论语别裁》，上海：复旦大学出版社，1990年（原书为台北：老古文化事业出版公司1976年版，下简称"南书"）。

（5）杨伯峻《论语译注》，北京：中华书局，1958年版和1980年版（下简称"杨书"）。

（6）钱穆《论语新解》，北京：生活·读书·新知三联书店，2002年（原书写于1963年，下简称"钱书"）。

（7）孙钦善《论语注译》，成都：巴蜀书社，1990年（下简称"孙书"）。

（8）金良年《论语译注》，上海：上海古籍出版社，1995年（下简称"金书"）。

（9）牛泽群《论语札记》，北京：北京燕山出版社，2003年（下简称"牛书"）。

（10）李泽厚《论语今读》，北京：生活·读书·新知三联书店，2004年（下简称"李书"）。

这10本书，可以分为四类：

第一类，是集注类的作品，延续清代学术的作品。这种书，只有一本，即（1）。程书，是华北印书局1943年版，为1949年以前的代表作。程氏深爱孔子，以捍卫孔子和"发扬吾国固有文化"为职志，将一生心血倾注于此书，晚年患脑血栓，足不能行，口不能言，完全靠他人代查代抄，才写成此书。它征引古书680种，光是《论语》、"四书"两类，就有203种，远远超过《论语正义》，最为详备。它是《论语正义》后集大成的作品，我们要想了解古人的说法，最好参考这本书。

第二类，是（5）（6）（7）（8）（10）。这五种，都是带白话翻译和简明注释的普及本。现代读者，最需要这一种。翻译，不光是普及，也是提高。很多作者本人的理解，包括语法关系的理解，都体现在翻译中。汉学家需要翻译，我们也需要翻译。原因是古今之间的距离已经越来越大，我们也是站在古代中国的外面研究它。本书没有译文，白话翻译，大家可以参考这五种。其中（5），立说多依《论语正义》。他和杨树达是叔侄关系，两人都是著名的文史专家。其初稿经杨树达审读，二稿经王力、冯友兰和童第德审读，一般认为，应有相当水准。注重文法，也是杨氏叔侄的一个优点。1980年代前，此书在中国大陆最流行，影响很大，一般人都是读它。牛泽群对此书有四点批评，"一、通俗性强，研究性弱；二、摭旧说多，采新成果少；三、明显硬伤性错误时见；四、着力不够，用功不多"。[1] 这四点，除第三点，好像重了一点，我大体同意。我的印象，此书注释太少太简，寡而失要，有时该注不注，不该注反而注，于疑难问题，也缺乏考证，并无多少新见，远不如他的《春秋左传注》，但总的说起来，还比较平实可靠。（6），纯以义理为主，立说多依朱注，很多笔墨，都花在琢磨圣人心法，牛泽群讥为钱氏"最大的败笔"，一点不过分。他说，钱注"不提时人一字，则更不引一语……个别的议论，常让人怀疑与《诸子系年》的明辨（谬误是次要的），非出于一人，比如《乡党》末章，悖理不让陈氏（指陈立夫——零案），肉麻竟出古今"。[2] 钱氏号称国学大师，然平生著作，唯《刘向歆父子年谱》和《先秦诸子系年考辨》为力作，涉圣，往往迂腐。此书考据少而议论多，参考价值不大。其他，名气最大是（10），但我以为，（7）可能更好。虽然这书，知道的人不太多，但优点是，注释比较精练，也比较准确。特别是，它很注意辞语互见，常用《论语》本身解《论语》，对互见关系注得细，这对理解《论语》很重要。

第三类，是（2）（3）（9），这三种是考证性的札记。（2），作者是文史界的老前辈，杨伯峻说，《疏证》的特点，是"把三国以前所有征引《论语》或者和《论语》的有关资料都依《论语》原文疏列，有时出己意，加案语"，但我的读后

1　牛书序，12页。

2　牛书序，13页。书中对钱书的批评很多。

感是，此书虽有心得，而胜义不多。（3），作者治《论语》颇有年头，他的《论语新探》，初版于1948年（原名《古代儒家哲学批判》），本来是一家之言，后来出过三个新版（1958年、1962年、1976年），可以反映他的"思想改造"。最后一版是"文革"版。是书与作者的另一本书，《关于孔子诛少正卯问题》（北京：人民出版社，1973年），都是"批林批孔"时期的名著。"文革"版，当然有时代烙印，很多人以政治原因，弃而不读，但其研究水平实远出于时下的流行新作，很多细节考证，至今仍有参考价值。牛泽群说，"此书尽管颇有迎合之义，但毕竟是考证为主，总试图以理服人，而且早出于前，与批孔期间他的另外专作不能等同而视"。[1]其实，他的《关于孔子诛少正卯问题》，撇开政治因素，也是很重要的参考书。（9），文言，笔记体，旁征博引，好用杂说，好讲逻辑，好酷评前贤，痛批时彦，好海阔天空，做题外发挥。作者熟读《论语》，对历史上的尊孔、批孔和时下的复古风潮，有独到见解，不阿俗，不跟风，他对流行读本的评价，上面提到，我也大体赞同。

第四类，是讲演录，只有一本，就是（4）。此书在台湾一再重印，在大陆也很流行，很多人以为，它是《论语》通俗化的范例，但牛泽群讥为"迂阔、陈腐、谬误、悖理，一应俱在，但却换以轻松、更通俗的形式……更像是以《论语》文强为引子的蹩脚的海聊神侃大杂烩"，我同意他的评价。[2]

这10本书，我的建议是，选（5）（7）作入门书较好，（3）（9）是有趣的参考书。前人研究《论语》，考据派和义理派，各有所长，我们要注意的是，此书和一般古书不同，前人的研究，是笼罩在"圣人"的气氛下，阅读前，有很多预设前提和心理暗示，义理派比考据派，毛病更大。现代普及本，有一个好处，就是偏见和说教比较少（但钱书是例外）。这类问题主要是心理问题、信仰问题和意识形态问题，很多都是外来干预，和文本本身无关。

对我来说，上述各书，我的参考书，主要是（1）。程书不仅详备，而且眼光好，对历代注释的得失了然于胸，能摒弃"汉宋门户之见，考据训诂之争"，去取标准，比较好。程氏说，"自何晏《集解》行，而郑、王各注皆废。自朱子《集注》行，而《集解》及邢、皇二疏又废"，"刘氏所著《正义》引证精博，此书行而邢

---

1 牛书序，12页。

2 牛书序，13—14页。

疏可废"。[1]他对旧注新说、文字考证和义理发挥，兼收并蓄，更超过了刘书。在所有参考书中，程书最基础，最重要，虽有疏漏错误，但到目前为止，还是最好的参考书。我们的提炼和简化，是以此为基础，尽量吸收前人的研究成果。我的讲义，传统旧注，如《郑注》《集解》《皇疏》《邢疏》《集注》，凡见此书，除个别例外，一般不再注卷页；其他采自此书的说法，则只注明程书的出处。这样，可以简化本书的脚注。

二、《论语》的海外译本和海外研究

《论语》在汉学典籍中翻译最早，明万历二十二年（1594年），利玛窦就把"四书"翻成拉丁文，以后的译本也层出不穷。但西方和中国，初次见面，彼此都摸不透。他们对孔子和《论语》的印象是时好时坏，16—18世纪，狂热崇拜（但也有不同声音），19世纪，坏话很多。西方人不是不知道，《论语》在中国地位高，影响大，但他们是局外人，不会以我们的好恶为好恶，相反，从来都是以他们自己的标准为去取。我们自己，是好是坏，当然会影响他们的看法。康熙、乾隆时，他们崇拜；康熙、乾隆后，他们不崇拜。1949年以前、1949年以后、1966年以前、1966年以后，1978年以前、1978年以后，中国的形象不断在变，他们的印象也在变。但我们不要忘记，西方有西方的价值观。19世纪，大局已定，他们是万变不离其宗。

《论语》给西方人的印象是什么？我可以举一个例子。比如，黑格尔讲东方哲学[2]，一是中国哲学，二是印度哲学。中国哲学，他举三本书，《论语》、《易经》和《老子》。关于《论语》，他说：

> 我们看到孔子和他的弟子们的谈话〔按即"论语"——译者〕，里面所讲的是一种常识道德，这种常识道德我们在哪里都找得到，在哪一个民族里都找得到，可能还要好些，这是毫无出色之点的东西。孔子只是一个实际的世间

1　程书，第一册，自序，1—2页；凡例，1页；正文，129页。

2　〔德〕黑格尔《哲学史讲演录》，北京大学哲学系外国哲学史教研室译，北京：生活·读书·新知三联书店，1956年。

> 智者，在他那里思辩的哲学是一点也没有的——只有一些善良的、老辣的、道德的教训，从里面我们不能获得什么特殊的东西。西塞罗留下给我们的"政治义务论"便是一本道德教训的书，比孔子所有的书内容丰富，而且更好。我们根据他的原著可以断言：为了保持孔子的名声，假使他的书从来不曾有过翻译，那倒是更好的事。（119—120页）

黑格尔提到西塞罗的书，是他的参照和对比。[1]人家西方也有讲伦理道德的书，讲得并不差，我们的优越性在哪里？好像很费口舌。《论语》在西方，和中国自己的书比，也有问题，在他们的印象里，此书不像《老子》《孙子》，文化背景不明显，书中几乎没人，讲的全是通用道理，而且富于哲理和机智；也不像《易经》，可以激发他们对东方神秘主义的无穷幻想。它给人的印象是，说宗教不像宗教，说哲学不像哲学，人物多（156人），头绪乱，难读。特别是，西人读《论语》，有一种难以驱散的印象，就是淡流寡水。比如，詹启华（Leonel M. Jesen）的书有幅插图：《书房里的孔子》（Gray Larson画），可以反映西人对孔子的流行印象：孔子不过是个平庸的智者。画面上，孔子拿根鹅毛笔，正伏案写字，黑板上是他的格言：路上可能有雾，开车要小心；别让床上的臭虫咬了；因为外面下雨，只好待在家里。[2]当然，最近，孔子和《论语》有点升温，我知道，美国和法国都有一些译本和论著。还有人替我们琢磨，挖空心思，帮孔子说好话。[3]

现在，译成西文的汉学典籍，名气最大并不是《论语》。相反，倒是黑格尔说的另外两本书，以及《孙子兵法》。第一是《老子》，第二是《易经》，第三是《孙

1　[古罗马]西塞罗《西塞罗三论（老年·友谊·责任）》，徐弈春译，北京：商务印书馆，2001年。

2　Leonel M. Jesen, *Manufacturing Confucianism, Chinese Traditions and Universal Civilization*,p.6, fig.1. 案：现代中国人，也有这类印象，如王朔说："你譬如孔子，搁今天就是一傻子'有朋友从外地来，能乐得不知道自己姓什么。''三个人里准有一个人能教我。''知道的就说知道，不知道的就说不知道，那没准还有人以为你都知道呢。'——这不是傻子么？搁今天哪个宝贝说这么一顿大实话，谁会给他出书？还当祖宗敬着，招来一大堆更傻子的人认真学习？"

3　如[美]郝大维（David L. Hall）、安乐哲（Roger T. Ames）《通过孔子而思》，何金俐译，北京：北京大学出版社，2005年。作者认为，过去，西方人读《论语》，老是读不出名堂，主要在于，他们太从他们自认为的普遍原则出发，误以为此书是讲"道德的"，其实这书的奥妙在于，它是"审美的"。当然，他对孔子的哲学也有批评，比如他把"唐人街现象"归咎于孔子哲学，还说长城是"唐人街现象"的象征，就是根据西人的流俗之见。

子》。它们在书店最畅销，新译本反复出现，十分走俏。

研究孔子和《论语》，主要是学者和汉学家。一般大众不知道，也不关心。国外学者有什么译本、讨论和评价，如果有兴趣，大家可以找一点书来读。

首先，大家可以看一下鲁惟一（Michael Loewe）教授主编的《中国古代典籍导读》。[1]他向读者推荐的英译本，是香港中文大学中国文化研究所的刘殿爵（D. C. Lau）教授的译本：*Confucius The Analects(Lun yü)*, Harmondsworth: Penguin Books, 1979; reprinted, with Chinese text, Hong Kong: Chinese University Press, 1979.

除《导读》列出的参考书，还有几本书值得介绍：

（1）Herrlee Gr.Creel, *Confucius and The Chinese Way*, New York:Harper&Row,Publishers, 1949.此书有中文译本：［美］顾立雅《孔子与中国之道》，高专诚译，郑州：大象出版社，2000年。

（2）Herber Fingarette, *Confucius, The Secular as Sacred*, New York: Harper & Row, Publishers, 1972. 此书有中文译本：［美］赫伯特·芬格莱特《孔子：即凡而圣》，彭国翔、张华译，南京：江苏人民出版社，2002年。

（3）Roger T. Ames and Henry Rosemont, Jr., *The Analects of Confucius: a Philosophical Translation*, New York: The Ballantine Publishing Group, 1998. 此书有中文译本：［美］安乐哲、罗斯文《〈论语〉的哲学诠释》，余瑾译，收入郑家栋主编的《新传统主义丛书》，北京：中国社会科学出版社，2003年。

（4）Leonel M. Jesen（詹启华），*Manufacturing Confucianism, Chinese Traditions* and *Universal Civilization*, Durham and London: Duke University Press 1997.

（5）E. Bruce Brooks（白牧之） and A. Taeko Brooks（白妙子），*The Orinal Analects, Sayings of Confucius and His Successors*（论语辨），New

---

1 Michael Loewe ed., *Early Chinese Texts, a Bibliographical Guide*, Berkelry: The Society for Study of Early China and The Institute of East Asian Studies, University of Californita, 1993, pp.313—323. 中文版：［英］鲁惟一主编《中国古代典籍导读》，李学勤等译，沈阳：辽宁教育出版社，1997年，有关介绍在333—343页中。该书提到James Legge的早期英译本（1865年），现有中国大陆出版的中英文对照本：《汉英四书》，［英］理雅各译，刘重德、罗志野校注，长沙：湖南出版社，1992年。这个译本太老，出版说明讲，此书是为了文化输出。

York: Columbia University Press 1998.[1]

西方人重视孔子，但不像我们这样重视，我们要有清醒的认识。

宣传孔子，无论是以光大中国文化的角度说，还是模仿其他普世性的宗教（基督教和伊斯兰教），当类似的救世学说讲，对中国的形象都是帮倒忙，有百害而无一利。越是与其他宗教争胜，越是有原教旨主义（Fundamentalism）之嫌。争它干吗？

三、简帛古书中的儒籍

1970年代以来，特别是1990年代以来，地下出土的简帛古书数量激增，其中有不少是儒籍。有些和《论语》有关，有些和《大戴礼》和《礼记》等古书有关。孔门弟子中的很多重要人物，都被提到。这是今人的福气，前人看不到。它们，有些能补充传世古书，有些能订正传世古书。现在研究《论语》，这些佚籍是重要参考。下面是三批发现：

（一）郭店楚简（用〔〕括注的篇题是补加）[2]

（1）《〔缁衣〕》，今本《礼记》有此篇。

（2）《〔五行〕》，佚书，马王堆帛书也有这一种。以上两种可能是合抄。

（3）《〔鲁穆公问子思〕》，佚书。

（4）《〔穷达以时〕》，佚书。以上两种可能是合抄。

（5）《〔唐虞之道〕》，佚书。

（6）《〔忠信之道〕》，佚书。以上两种可能是合抄。

（7）《〔性自命出〕》，佚书，我改题为《〔性〕》，上博楚简也有这一种。

（8）《〔成之闻之〕》，佚书，我改题为《〔教〕》，上博楚简也有这一种。

（9）《〔六德〕》，佚书，我改题为《〔六位〕》。

1　关于1990年代以来的英文译本，可参看：David Schaberg, 'Sell it! Sell it!'：Recent Translations of Lunyu," *Chinese Literature: Essays, Articles, Reviews*, 23(2001), pp.115—139.蔡亮《重构与解构——对美国汉学界早期儒学研究的一些回顾和思考》（作者所赠手稿，待刊）也对美国汉学界的有关研究动态做过很好的介绍。

2　荆门市博物馆编《郭店楚墓竹简》，北京：文物出版社，1998年；李零《郭店楚简校读记》（增订本），北京：北京大学出版社，2002年。

（10）《〔尊德义〕》，佚书。以上四种可能是合抄。

（11）《〔语丛三〕》，佚书，我改题为《〔父无恶〕》。上一讲，我们已经提到，以下三种都是用短简抄写，形式与《论语》相似，特别是这一种，有些简文与《述而》7.6和《子罕》9.4有关。

（12）《〔语丛一〕》，佚书，我改题为《〔物由望生〕》。

（13）《〔语丛二〕》，佚书，我改题为《〔名数〕》。

（二）上海博物馆藏楚简（用〔〕括注的篇题是补加）[1]

（1）《〔性情论〕》，佚书，收入《上博楚简》（一），即郭店楚简的《〔性自命出〕》，我改题为《〔性〕》。

（2）《〔纣衣〕》，佚书，收入《上博楚简》（一），即郭店楚简的《〔缁衣〕》。

（3）《〔孔子诗论〕》《子羔》《〔鲁邦大旱〕》，佚书。马承源把它误分为这三种，第一种收入《上博楚简》（一），后面两种收入《上博楚简》（二）。第一种是孔子的话，第二种是孔子和子羔的对话，第三种提到子贡。其中第二种，有篇题"子羔"，本是全书的总题。我的剪贴本原稿，是把第二种排在第一种的前面，合成一书，题为《子羔》。

（4）《〔君子为礼〕》，佚书，收入《上博楚简》（五）。此篇分两部分，第一部分是颜渊和孔子的问对，和《颜渊》12.1有关。第二部分是子贡和孔子的问对，其中提到子羽（澹台灭明）。这个篇题不合适。张光裕说，这部分简文与下面的《〔弟子问〕》可能是合抄。其实，这部分简文，还与其他三种合抄，可惜被割裂开来，其他三种未发表。[2]

（5）《〔弟子问〕》，佚书，收入《上博楚简》（五）。

（6）《〔相邦之道〕》，佚书，收入《上博楚简》（四）。此种是孔子与子贡的对话，我的剪贴本原稿是题为《〔子贡〕》，它的背面还有另一种简文，也被割

1　马承源主编《上海博物馆藏战国楚竹书》（下简称"上博楚简"），上海：上海古籍出版社。此书，每年出一册：第一册，2001年；第二册，2002年；第三册，2003年；第四册，2004年；第五册，2005年；第六册，2007年，现在还没出全。我是上博楚简的最初整理者，我所整理的原始剪贴本和释文，是后来分头注释的基础。现在发表的各书，毫无秩序，下面的顺序，大体是按简长排列，长简在前，短简在后。

2　这是抄在竹简的正面，正面还有一种简文，未发表；背面还有两种简文，分上下栏，上为《〔日书〕》，下为《〔齐师子家见曾子〕》。后者也是儒籍。1996年3月，离开上海博物馆前，我曾特别提醒马承源和陈佩芬，这是个遗留问题，他们录了音，但可惜的是，他们并没有对简文做统一处理。

裂，未发表。

（7）《〔从政〕》（甲篇、乙篇），佚书，收入《上博楚简》（二）。此篇每段话，开头有"闻之曰"，应是孔门弟子接闻于夫子，有些话与《论语》相近。这个篇题不合适，我的剪贴本原稿是题为《〔闻之〕》。

（8）《中（仲）弓》，佚书，收入《上博楚简》（三），其内容与《子路》13.2有关。

（9）《〔民之父母〕》，佚书，收入《上博楚简》（二），其内容与今本《大戴礼·孔子闲居》有关。这个篇题不合适。它也是与另外三种合抄。一种与今本《大戴礼·武王践阼》有关，另外两种与颜渊、子路有关，都未发表，也被割裂。

（10）《〔昔者君老〕》《内礼》，佚书，收入《上博楚简》（二）（四）。后者，内容与今本《大戴礼·曾子立孝》有关。这两种，原来恐怕是同一卷。另外还有一种，与言游有关，可能也在这一卷，还没发表。

（11）《〔季庚（康）子问于孔子〕》，佚书，收入《上博楚简》（五）。[1]

（三）八角廊汉简

（1）《〔论语〕》，见河北省文物研究所定州汉墓竹简整理小组《定州汉墓竹简〈论语〉》，北京：文物出版社，1997年。

（2）《〔儒家者言〕》，见定县汉墓竹简整理组《〈儒家者言〉释文》，《文物》1981年8期，13—19页。

《论语》古本，除竹简本，还有敦煌本，上一讲，我们已经介绍，这里不再谈。

四、对孔子世系、生平和弟子的考证

今天读《论语》，可以有多种读法。最简单的办法，就是按原书，一章一章往下读，按顺序读。另外，还有两种读法，是把它打散了读，一种是以孔子的生平为纲目，把他的学生和其他人物也串连起来，为《论语》的章节尽可能编年，把《论语》当孔子的传记读；一种是以《论语》涉及的思想概念为纲目，按概念条列有

1　除上面提到的几种被割裂的简文有些是儒籍外，还有几种未发表的简文也是儒籍，如两种和季桓子有关的简文，一种和曾子有关的简文，以及一种自题为《殷言》的简文。

关文字，进行归纳和总结。《论语》编年，司马迁已尝试，清代有好几种，我对《论语》中的人物做了全面考察，对各章的年代也进行了探讨。后一种读法，学者多有尝试，如上举的几种白话注译本，后面就往往附有主题索引。我在这本讲义里，把它彻底清理了一遍，思想的脉络更清楚。

　　研究孔子的生平、世系和弟子，除《史记》的《孔子世家》和《仲尼弟子列传》，有两本书是重要参考。一本是《孔子家语》，一本是《孔丛子》，过去都斥为伪书，现在的认识已有所不同，疑古本身也可疑。

　　《孔子家语》，过去被定为伪书，不妥。学者指出，出土发现，如双古堆汉简和八角廊汉简，有些内容就与《孔子家语》相合。[1] 此书，传出孔安国，今本有安国后序，说此书是编《论语》剩下来的文字，吕氏后，散在民间，好事者或以意增损其言，同是一事，传闻异辞；王肃序则称其本得之孔子二十二世孙孔猛。《汉书·艺文志·六艺略》论语类著录此书，作二十七卷，今本为十卷四十四篇，篇卷划分不一样，文字也不一样（如以今本《七十二弟子解》与《史记》三家注引用的《家语》比较）。唐颜师古注说，"非今所有《家语》也"。古书不断被改编，是常有的事，不足怪。清代学者，携王肃破郑（郑玄）之说，一口咬定，王注此书，即伪此书，与古书同，即抄古书，查不出，就是伪造。这种方法，使用很普遍，《古文尚书》是这么辨伪，《今本竹书纪年》也是这么辨伪。[2] 为了证伪，他们遍查古书，很有用（《古史辨》继承了这种方法）。但它能证明什么呢？一是古书不断被改编，二是这些改编的材料，往往很有来历。比如清陈士珂《孔子家语疏证》，就是很好的例子。郑珍《汗简笺正》也是同样的例子。郑氏有先入之见，他以《说文》古文为标准，竭力证明《汗简》是伪书。但他的大量查证，证明的恰好是：《汗简》不伪，它引用的古文资料都很有来历。出土战国文字的材料可以证明这一点。

　　《孔丛子》，情况复杂一点，我想多说几句。传统上，它是附《论语》而传，研究《论语》，不可不读，但辨伪学家把它搞臭，世称伪书，谁都不敢用。宋以来，盛行辨伪学，很多古书受怀疑，怀疑可以，但方法有问题。比如朱熹，他定真伪，是看词气古不古，一会儿说此书像东汉人讲话，一会儿又说连东汉也不像，更

1　定县汉墓竹简整理组《定县40号汉墓出土竹简简介》，《文物》1981年8期，11—13页；阜阳汉简整理组《阜阳汉简简介》，《文物》1983年2期，21—23页。
2　参看：张心澂《伪书通考》，上海：上海书店出版社，1998年，609—618页。

晚，甚至说，是作注的宋咸伪造。清代学者，考订字句细密，但辨别真伪主观，什么都往刘歆身上推，王肃身上推。他们把此书和《书》孔安国传和《孔子家语》拉扯到一起，统统指为王肃伪造，甚至王肃引了一下这本书（《圣证论》），都成了作伪的证据。[1] 其实，此书的叙事年代，最晚是汉延光三年（124年），很清楚。不但王肃引过，郦道元也引过，即使按最保守的意见定年，也是汉魏之际就有。汉魏之际有这么一本书，怎么就一定是假的？就一定是王肃伪造？因而就不能读也不能用了呢？这类方法应全面反省。

考著录，《隋志》已有《孔丛》七卷，题"陈胜博士孔鲋撰"，说是"《孔丛》《家语》，并孔氏所传仲尼之旨"，意思是，它们的来源都是老孔家。新旧《唐志》和《宋志》也作七卷，和今本一样。我们不能说，《隋志》始见著录，以前肯定就没有（以著录定真伪不是定律）。

今本《孔丛子》是汉代的古书，应该没问题。我们从书本身看，它可能和孔氏子孙的一支，即西汉武帝时的孔臧和孔臧的后代关系最大。证据是，它的书题本身，就是以孔臧父亲的字命名。此书初称《孔丛》，后加子字，尊称为《孔丛子》，就是他们这一支的口吻。《汉志》虽未直接出现《孔丛》或《孔丛子》这样的书名，但目中所列，有三本书，还是与此有关，一是《六艺略》孝经类的《小尔雅》一篇，二是《诸子略》儒家类的《太常蓼侯孔臧》十篇（班固注："父（聚）〔丛〕，高祖时以功封，臧嗣爵。"），三是《诗赋略》的《太常蓼侯孔臧赋》二十篇。

此书是家谱类的书。家谱类的书，本身就是由不同时期的材料构成，年代和作者比较复杂，不能一概而论。

它的七卷二十三篇是由四部分组成：

（1）卷一的《嘉言》《论书》《记义》和卷二的《刑论》是记孔子。

（2）卷二的《记问》《杂训》《居卫》和卷三的《巡守》《公仪》《抗志》是记子思。

（3）卷三的《小尔雅》是讲训诂。

（4）卷四的《公孙龙》《儒服》《对魏王》是记子高。

1　参看：张心澂《伪书通考》，622—628页。

（5）卷五的《陈士义》《论势》《执节》是记子顺（孔谦）。

（6）卷六的《诘墨》《独治》《问军礼》《答问》是记子鱼（孔鲋）。

（7）卷七的《连丛子》，上篇的主体是记孔臧，《叙书》是介绍孔臧的家世和孔臧的作品，《谏格虎赋》《杨柳赋》《鸮赋》《蓼虫赋》是孔臧的赋，《与从弟书》《与子琳书》是孔臧的书信，这是一部分。上篇的《叙世》和《叙世》以后的一章，还有下篇，是讲孔臧的后代，从西汉的孔琳、孔黄，讲到东汉的长彦、季彦，最后是以季彦的死结尾，时在"延光三年十一月丁丑"，即公元124年。《叙书》说，孔臧"著书十篇而卒，先时尝为赋二十四篇，四篇别不在集，似其幼时之作也，又为书与从弟及戒子"，"著书十篇"是《汉志》的《孔臧》十篇，"为赋二十四篇"是《汉志》的《孔臧赋》二十篇和本书收入的四篇赋，"为书与从弟及戒子"，是本书收入的两通书信。

本书的主体，前六卷，止于子鱼（孔鲋），是记孔子、子思（孔伋）和子高（孔穿）、子顺（孔谦）、子鱼（孔鲋）六代，没讲子思之前的孔鲤和子思之后的孔白、孔求、孔箕，内容的下限是秦，不涉及汉代，旧题"陈胜博士孔鲋撰"（《隋志》），就是有鉴于此。但这一部分，恐怕是孔臧和孔臧的后人辑录旧文和追述往事，不是孔鲋自撰。我想，它可能取材于《汉志》的《孔臧》十篇和《小尔雅》，是真正的《孔丛子》。

第七卷，叫《连丛子》，书名很怪，可能是续写《孔丛子》的意思。[1]这最后一卷，只有一篇，一篇又分上下篇，原来似乎是别为一书，有如序录。它是续写孔子的后裔。孔子的后裔，子顺以下分三支：一支是孔鲋，即第六卷最后四篇的主角，他的后代，不清楚，《叙书》说是"承殷统，为宋公"，是在家继承香火的；一支是孔腾，即《答问》结尾孔鲋"戒其弟襄"的子襄（孔腾字子襄），他的后代，有《叙书》提到的褒成侯（即孔霸）和孔安国；一支是孔彦，即孔丛子，他的后代是孔臧这一支。孔臧有子琳，琳有子黄、茂，茂的后代有子国—子印—仲骥—子立—子元，还有子丰、子和，子和有二子，是谓长彦、季彦。季彦是最后一位。这一部分，上篇，孔臧的作品，是西汉时期的东西，但整个叙述结构，肯定是东汉时期的。

总之，此书编写的年代，大约是西汉武帝到东汉章帝这一段，早不可能太

---

1 《孔丛子·连丛子下》有"皇甫威明问仲渊"章，皇甫威明提到，"孔氏，自三父之后能传祖之业者，常在于叔祖。今观《连丛》所记，信如所闻。然则伯、季之后弗克负荷矣"。

早，晚也不可能太晚。

另外，研究孔子和他的弟子，还有几本书可以参考：

（1）李启谦、骆承烈、王式伦编《孔子资料汇编》，济南：山东友谊书社，1991年。

（2）清孙星衍等辑、郭沂校补《孔子集语校补》，济南：齐鲁书社，1998年。

（3）李启谦、王式伦编《孔子弟子资料汇编》，济南：山东友谊书社，1991年。

（4）李启谦《孔门弟子研究》，济南：齐鲁书社，1988年。

孔子和孔子的弟子都讲过什么话，我们要查《论语》以外还有什么材料，可以利用这四本书。

最后，我想说，我读《论语》，时间短了点，这只是毛坯，希望以后，还有机会修改。

学而第一

《论语》各篇都是拈篇首语题篇，即用文章开头的两个字作题目，既无深意，也不反映内容。本篇内容较杂，论学，只有六章（1.1、1.4、1.6—1.8、1.14）；其他，没有集中的主题，大部分章节都平淡无奇，但1.8的"无友不如己者"很有意思，历来有争论，争论比原话还有意思。大家老想保护孔夫子，但怎么也保护不好。读这段话，你可以知道，名人的苦恼在哪里。

以下各章，我都在结束处加了提示性的小标题。

1.1 子曰："学而时习之，不亦说（悦）乎？有朋自远方来，不亦乐乎？人不知而不愠，不亦君子乎？"

"子曰"，是孔子说。《论语》全书的"子曰"都是孔子说。古代子书，是以"子"称老师。如《孙子》十三篇，每篇开头多作"孙子曰"；《墨子》的《尚贤》等十篇，每篇开头也作"子墨子曰"。这样的"子"是对老师的尊称。研究《论语》，我们要知道，中国最早的老师怎么叫，学生称孔子为"子"，这个"子"是什么意思。

"子"本来是贵族子弟的称呼。西周时期，贵族子弟多被称为"小子"，就连王，在神祖面前也自称"小子"。春秋时期，人们以"夫子"或"子"称呼卿大夫，即当时的贵族官僚。"夫子"是第三人称，相当他老人家。"子"是第二人称，相当您老人家。"夫子"也可简称为"子"。"夫子"和"子"都是尊称。孔子当过大夫，很短，只有四年，但他的学生是用这个头衔称他们的老师。这里的"子"是"夫子"的省略。古代最初只有一门学问，即做官的学问，长官就是老师，这叫官师之学。孔子强调，读书要做官，这不是他的发明，而是官师之学的传统。"诸子"的"子"，是来源于官师，称呼老师和称呼首长是一样的。

"时习"，一说是"学者以时诵习之"（《集解》引王肃），即按时复习；一说是"既学而又时时习之"（《集注》），即时时复习。杨伯峻说，前说才是周秦古书的用法，后说是用后代的词义解释古书，不可取。[1]《国语·鲁语下》："士朝而受业，昼而讲贯，夕而习复。"[2]复习是在晚上。

"朋"，古人把同学、同事、同僚等同辈人叫"朋""友"或"朋友"，这里指

1   杨书，1页。
2   孙书，1页。

同学。东周的编钟铭文，常以"父兄"（或"兄弟"）"婚媾""朋友"并说，父兄（或兄弟）是血缘关系，婚媾是婚姻关系，朋友是社会关系或政治关系。

这一章好像研究生入学，导师给他们训话，主要是讲学习的快乐。

第一乐是个人的快乐，你们来到我的门下，听我传道，按时复习，乐在其中。

第二乐是和同学在一起，你们不光自己学，还不断有人慕名而来，成为你们的同学，弦歌一堂，岂不快哉？

第三乐是师门以外，别人不了解，千万别生气，因为你学习的目标，是成为君子，学习是为自己学，别人不知道，照样是君子，你有君子的快乐，内心的快乐，不也很好吗？

孔子好学，把学习当快乐，认为求知的快乐比求知本身还重要（《雍也》6.20）。这几句话，共同点是快乐。"说"即悦，是愉悦，"乐"是快乐，"不愠"也还是愉悦或快乐。

《论语》以此为第一章，很好。

这一章提到"君子"，"君子"是孔子的重要概念。什么是君子？什么是小人？后面会反复提到。孔子说的君子、小人有两种含义：一种是身份，贵族和有地位的人是君子，奴隶和没有地位的人是小人；一种是道德，道德高尚的人是君子，道德低下的人是小人。

君子、小人之辨，本来是血统论的概念。贵族社会的特点，就是讲血统论。

"文革"初期，辩论对联，我参加过，有刻骨铭心的体会。所谓对联，是干部子弟的发明，"老子英雄儿好汉，老子反动儿混蛋"。对联就是血统论。中学生起哄，上面没人管，谭立夫是大学生，也跟着瞎讲，居然为对联辩护，说"混蛋"怎么了？不过是"糊涂小子"之谓也。我写过一个传单，反对血统论，但不彻底，还是讲"有成分论—不唯成分论—重在表现"。可怜的遇罗克就死在了他的《出身论》之下。[1]阶级仇，可遗传，作用之大，远远超出我们的想象，即使今天也没稀释完。"文革"后，干部的孩子还是当干部，演员的孩子还是当演员，知识分子的孩子，领导出国新潮流。最近，时光倒转，还有"贵族热"，互相比阔。我是谁？少爷。有形资产没了，比无形资产，看谁能吃会喝，精通美食。什么都拉扯上贵族，

1　其实，《出身论》还不是直接要他命的东西。他是因这篇文章，造成北京中学三派的争论，引起中央文革注意，意外发现，他还写过一篇反对姚文元《评〈海瑞罢官〉》的文章。获罪是因这篇更早的文章。

哪怕是有钱人家的厨子。"地富反坏右"，除了"坏"，什么都往自己脸上贴，官越大越好，北洋的，国民党的，伪满的，都行，最好是皇亲国戚。

孔子，祖上也光荣，但本人早已平民化，吃过民间疾苦，遭过贵族白眼，这是很好的教育。他对贵族的骄奢淫逸，非常看不惯。

孔子反对血统论，不够彻底，当时不容易彻底。他的态度，也是"有成分论一不唯成分论一重在表现"，老贵族，他欣赏，奉为榜样，但他更重的还是当时怎么样，看谁更有道德，更有学问。这特别反映在他用的"君子"一词上。

孔子说的"君子"，是用旧名词装新概念。在他看来，过去的贵族，不但血统高贵，有身份地位，也有道德学问和君子风度。但当时的贵族不一样，往往只有身份地位，没有道德学问和君子风度。因此，他为"君子"赋予了新的含义，即有道德学问，却不一定有身份地位。这种人，有点像日本的浪人，是游离分子。一部分像他，出身高贵，但家道中衰，在家当老二老三，属于庶子或余子，没有继承资格；一部分是经过学习而知书达礼的乡巴佬，如子路、颜回。这种游离分子，就是孔门施教的对象，后来"士文化"的主体。

中国的贵族制度，崩溃特别早，除皇亲国戚，早就没什么像样的贵族，欧洲那样的贵族。科举制下的大富大贵之人，很多都来自穷乡僻壤。但每一时代，都有一批有身份地位没道德学问或有道德学问没身份地位的人。谁是君子？谁是小人？还是问题。

读书做官是孔夫子的理想和遗产，我不喜欢。我更喜欢没官做的孔夫子。

吴敬梓讽刺读书人，讽刺为做官读书的人，写完这类人，作为理想，小说结尾，他特意写了四个奇人，"琴""棋""书""画"各一位，没有一个是大富大贵之人，全是隐于市井的平民。他说，"看官！难道自今以后，就没有一个贤人君子可以入得《儒林外史》的么……"，最后一位，叫荆元，奏一曲高山流水，令于老者凄然泪下，语极伤心。

这是吴敬梓笔下的"君子"。（**学习的快乐**）

1.2 有子曰："其为人也孝弟，而好犯上者，鲜矣；不好犯上，而好作乱者，未之有也。君子务本，本立而道生。孝弟也者，其为仁之本与（欤）！"

这一章，是讲孝弟为立身之本。其实，何止是立身之本，孔子认为，也是立国之本，在家当孝子和在朝当忠臣是一个道理。孝顺爸爸，就会服从领导，服从领导就不会犯上，不会犯上就不会作乱，不会作乱，天下就太平了。这是孔子的逻辑。

"有子"，是孔门的再传弟子尊称有若。有子名若，字子有，他与卜商、言偃、颛孙师和曾参是一辈，都是孔门三期的学生。有若不但人老实，道德好，老师喜欢，还长得酷似孔子，孔子死后，没有偶像，卜商、言偃、颛孙师以有若为尸（扮演死者的活人，多由直系子孙为之），公推他代孔子，受弟子朝拜。这件事，曾参不服气，说他有什么资格代表孔子。端沐赐树孔子为圣人，有若是参加者。

"孝弟"是古代家庭伦理的核心概念。"孝"是子事父，"弟"（同悌）是弟事兄，完全是男本位。孝字，从子从老省，和考、老等字有关。老字像弯腰驼背的老人，加根拐杖就是考字。古人把爸爸叫考，当儿子的要孝顺爸爸。爱老、敬老、养老，这叫孝。孔子敬老，不光敬老头、老太太，他对一切古老的东西都心存敬意。兄是哥哥，哥哥中的大哥，是爸爸的合法继承人，未来的大家长，也很重要。当弟弟的，在家要尊重哥哥，侍奉哥哥，特别是大哥，这叫弟。

"孝弟也者，其为仁之本与（欤）"，杨伯峻指出，《管子·戒》"孝弟者，仁之祖也"和这句话是同样的意思。[1]"仁"是孔子思想中最核心的概念。它的基本含义，孔子说，是"爱人"（《颜渊》12.22）。清代学者阮元专门讨论过《论语》中的"仁"字（《揅经室集·〈论语〉论仁论》）。《论语》中到底有多少"仁"字，他说是105个，其实是109个。"仁"是什么意思？我用最简单的话讲，就是拿人当人。首先是拿自己当人，其次是拿别人当人。拿人不当人，是不仁。[2]

拿人当人，不容易。人有工具性，上班当工具，下班当人，一半一半，就不错了。完全不当人，也是常有的事。[3]

1　杨书，3页。

2　仁，是人字加两道短横，许慎说，此字从人二（《说文·人部》），前人多以为是人与人偶、人与人亲的意思。战国文字，秦系文字的仁字是这么写，楚系文字的仁字是从心身声。这个字的两道短横，应是为了区别于人字，有如重文。孔子以"爱人"为说，是以仁为动词，就像下文的"贤贤"（1.7），是人（动词）其人（名词）的意思。

3　《老子》第五章说，"天地不仁，以万物为刍狗；圣人不仁，以百姓为刍狗"，如果天地、圣人都不仁，周围的人也都不仁，你还能拿自己当人，也拿别人当人吗？王朔有一句名言，"别拿我当人"。在他看来，别人疼不疼、爱不爱，不重要，重要的是，别太拿自己当回事。自己不拿自己当回事，反而会立于不败之地，用他的另一句话讲，就是"无知者无畏"。自嘲也是生存策略。

　　中国早期国家，是宗法制小国，当时人说的"国家"（本来叫"邦家"，邦改国，是避汉高祖讳）是个合成词，国是以家为基础，家是以男性和男性继承人为主心骨，一是爸爸，二是大哥。当时的道理，只要把爸爸孝敬好了，把大哥伺候好了，家就和了，家和，就万事兴了。以家治国是孔子的核心思想，一种带有复古色彩的保守思想。当时，国家是以血亲、姻亲和拟亲的关系为纽带，以之分衍、连缀和维系，属于框架性的东西，国是装在家里面，装在天子的家里面，诸侯都是亲戚。秦汉以降，宗法制度被破坏，家还在，但只是国家之下有如细胞的东西，家是小家，不是大家，国不能装在家里。汉以来讲孝弟，和先秦不一样。[1]（**孝弟是仁之本**）

　　1.3　子曰："巧言令色，鲜矣仁。"

　　"巧言令色"，孔子最讨厌。孔子认为，这种人最缺乏"仁"。"巧言"，言是言语。巧舌如簧、能说会道、善于用言辞讨别人喜欢，孔子叫"佞"。孔子对"佞"是骂不绝口（后面多次提到）。"令色"，色是脸色（古人叫颜色）、外表的样子，我们不要以为，只有女人才会以色相动人，男人也有深通此道者。他们挤眉弄眼，打躬作揖，很会调动自己的面部表情和肢体语言。巧言令色的人是擅长拍马逢迎的人。

　　巧言令色是假，孔子深恶痛绝，但真也不一定讨他喜欢。嘴上没把门的人，情绪激动的人，如仲由，心直口快，和巧言令色有区别，孔子也不喜欢。他更喜欢的是不说话或少说话的人——闷葫芦式的人。"巧言"的反面是"讷"，"讷"是语言迟钝，话都说不利索；"令色"的反面是"木"，"木"是面无表情，好像木头疙瘩。他喜欢的是木讷之人，认为木讷之人才近于仁（《子路》13.27）。（**巧言令色，孔子最讨厌**）

　　1.4　曾子曰："吾日三省吾身：为人谋而不忠乎？与朋友交而不信乎？传不习乎？"

　　"曾子"，是孔门的再传弟子尊称曾参。曾参，字子舆，是有名的道德先生。孔子死后，卜商等人推有若代孔子，受弟子拜，他不服气。孔门十哲无曾子，但宋儒立道统，把他捧得极高，元代封曾子为"宗圣"，曾子的名气，反而比有若大，甚至超

---

[1]　后人只知事君为忠，忠孝不两全，宁肯舍孝。孔子不这么讲。参看郭店楚简《语丛三》。

过颜回。这是宋儒的创造。

"身",不是身体,而是自己。

这里讲的三条,都是属于自律,不是太高的要求。道德有高尚道德,有一般道德,还有作为道德底线的起码要求。高尚道德,常人做不到,或很难做到,做到了令人佩服,做不到也无可指责。在道德问题上,与其"高大全",到处讲用,举国若狂,还不如劝大家尽职守责,少干点坏事。人为拔高,适得其反,北京话叫矫情。比如见义勇为,谈何容易。一帮歹徒,有枪有刀,手无寸铁,你干黄枯瘦,无拳无勇,怎么挺身而出?警察的责任,交普通人去担,就过了。我看,一般道德、起码的道德,比这更重要。

"忠",和"中""衷"等字有关。什么叫"忠"?古人拆字为解,有"中心为忠"之训。[1]简单说,就是替人谋事,要真心实意、全心全意,绝不糊弄人。现在,我们的很多同胞,满嘴抹蜜,甭说尽心尽力,钱花光,事没干,人跑了,这就是"为人谋而不忠"。

"信",从言,和说话有关,古人拆字为解,有"人言不欺"之训。[2]简单说,就是说话算话,恪守诺言,讲信用。现在的中国人,说话不算话,爽约迟到,和玩儿似的,事前乱许愿,事后乱道歉(甚至不道歉),一点不脸红,这就是"与朋友交而不信"。[3]

还有一条,"传不习",这条更简单,就是老师讲了,回去不复习,当学生的,糊弄老师。

三大毛病,领导、同事、朋友、老师,谁都敢糊弄,这些都是很不道德的事。

我们中国人,特爱糊弄,连神鬼都敢糊弄,何况人乎?

在守信守时这一点上,中国不如西方。西方也不都是好人,但耍心眼儿,抖机灵,逮空子就钻,偷奸耍滑,平均水平,绝对赶不上中国。[4]

1　宗福邦等主编《故训汇纂》,北京:商务印书馆,2003年,773—774页。

2　宗福邦等主编《故训汇纂》,124—126页。

3　现在的信字是来源于秦系文字,许慎以为"从人从言,会意"(《说文·言部》),不对。这个字不是会意字,而是形声字。战国文字,秦系文字的信字是从言人声,或从言仁声。它与仁字有通假关系。如睡虎地秦简《秦律十八种》简184的"诚仁"就是用为"诚信",所谓"忠仁"也可读为"忠信"。三晋和其他系统的文字,信字的写法不一样,往往从言身声(身旁或省体如千),也是属真部的形声字。

4　有人说,欧美人,对他们不愿接受的事,一般会直截了当说出来;日本人呢,可能不好意思,要扭捏一阵儿;只有中国人,答应得干脆,也忘得快,不是真忘,而是成心逗你玩。当然,西方人也不是铁板一块,比如守时守信,大家的印象,德国人、日本人比较守,法国人、意大利人不太守。

道德的供求规律是，生活中越缺什么，它才越吆喝什么。春秋战国，大讲忠信，正是因为没有忠信（战国"忠信"印最多）。故《老子》第三十八章说，"夫礼者，忠信之薄也，而乱之首也"（本书引用《老子》都是根据马王堆帛书本，下不再说明）。宋以来，大讲关（关公）、岳（岳飞），也是因为汉奸太多。

这里的"三省"很有名，比如陈省身、于省吾，就是据此取名。

我们要注意，学《论语》从哪儿学起，"三省吾身"，省是反省，身是自己。我们与其指东道西，给人家当老师，还不如先反省一下自己。（**与其指东道西，不如反省自己**）

1.5 子曰："道（导）千乘之国，敬事而信，节用而爱人，使民以时。"

"道"，领导也。

"千乘之国"，是大国。春秋大国，一般都有上千辆战车，鲁国不太大，也是"千乘之国"。"国"，是避汉高祖讳改字，本来应作"邦"。

"敬事"，犹今语敬业，是忠于职守、恪尽职守的意思。东周以来，大家特爱讲这两个字，"思言""敬事"和"忠信"，都是战国箴语印所常见。

古书中的"人"和"民"，含义接近，但有区别。赵纪彬、杨伯峻说，古书中的"人"有广狭二义，广义的"人"指一切人，狭义的"人"只指士大夫以上各阶层的人，"民"指下层大众，也叫"百姓"。最后两句，"爱人"与"使民"相对，"爱人"的"人"是用狭义。[1] 看来，孔子讲节约，是心疼有钱有势有身份的人。没有身份的人，只是使唤的时候要掌握好季节，掌握好节令。（**如何治大国**）

1.6 子曰："弟子入则孝，出则弟，谨而信，泛爱众而亲仁（人）。行有余力，则以学文。"

"弟子"，指乡里的子弟或学生。古代的师生关系是仿父子关系，学生把老师当爸爸，老师把学生当儿子，"一日为师，终身为父"，所以有"师父"一类叫

1　赵书，上部，《释人民》1—26页；杨书，4页。

法。师父的师父，是"祖师爷"。后世，师道尊严，一直保留着这一传统。当老师的要给学生找工作，得意门生，连媳妇都包办，当学生的也要尽弟子之劳，弘扬师教，捍卫师说，光大师门，义不容辞，就像我生活过的农村，当爹的要给儿子盖房娶妻，当儿的要给老人担水拾柴、准备棺材。现如今的学校，有培养子弟兵说，术语叫"组建学术梯队"，里面就有这种父慈子孝。北大门户深，老师是大树。我从社科院到北大，对此深有体会。师道尊严要讲，但这种关系不好。老师不是爸爸，学生不是儿子。

　　"谨"，是寡言。

　　"泛爱众而亲仁"，"众"指民，"仁"读人。

　　"行有余力，则以学文"，"行"是动词，这里指行事为人，它是践行道德，而不是道德本身。"行"是相对于"学"。道德好了，还有余力，干什么？孔子说，"学文"。"文"是什么？是文化，特别是与礼乐有关的人文学术，古人也叫"文学"。道德是质，礼乐是文。文、质是相辅而行。孔门读书，是学礼乐。礼乐是文化，不是公文档案，不是程文墨卷，更不是风花雪月、娱情写物的诗文。[1]古人不像后人，靠文章名世，靠文章传世，看重写下来的东西。孔子强调，提高道德修养之后，还要提高文化修养。第一，别当坏蛋。第二，别当笨蛋。即先当好人，再当知书达理的人。（**行有余力，则以学文**）

　　1.7 子夏曰："贤贤易色，事父母能竭其力，事君能致其身，与朋友交言而有信，虽曰未学，吾必谓之学矣。"

　　"子夏"，卜商的字。他是孔门三期的学生，孔门十哲之一，长于文学。

　　"贤贤易色"，前一个"贤"字是动词，即以贤为贤，尊重贤人，推崇贤人。前人对"易"字有三种理解：代替、改易、轻视。我认为，第一说最好，第三说最坏。"贤贤易色"就是孔子两次提到的"好德如好色"（《子罕》9.18、《卫灵公》15.13）。它的意思是，要像"好色"一样"好德"。可见色是可以好的。

　　色是性感的外貌，主要指女人在男人眼中的性感外貌，即女色。男色不太有

1　古代小学是以认字识数为主，但大学是学礼乐，最终是学礼乐。文，不是文字，而是文化，培养士君子的文化。

人提。喜欢漂亮女人，没什么不对。不对的是心里好之，嘴上又贱之，说什么"兄弟如手足，妻子如衣裳"，不拿妻子当衣裳，就是重色轻友。

用"好德"代替"好色"，不是戒色，而是像男人好女人那么来劲儿，有内在冲动，情不能已。女人又不是什么坏东西，非戒不可。子夏移好色之心以好贤，完全符合老师的教导。（**以德代色**）

1.8　子曰："君子不重则不威，学则不固。主忠信，无友不如己者，过则勿惮改。"

"重"是老成持重的重，北京话说，端着点。人不端着点，就"不威"，看上去，没有威风凛凛的那么股劲儿。

这和学习有啥关系？我想，孔子说的"学"，不光是读书，更重要的，还是修行习礼学道德。修行习礼学道德，目标之一，就是有君子风度，如果没有君子风度，庄重不足，轻浮有余，当然说明，他没学到家，"学"自然"不固"。

这一章的后三句，也见于《子罕》9.25，"无"作"毋"，"过则"作"过者"。

"主忠信"，就是谋事必忠，说话算话，上面已经谈到。

"无友不如己者，过则勿惮改"，不要跟不如自己的人交朋友，犯了错误不要怕改正。

"无友不如己者"，是此篇的大问题。因为从字面理解，原文是说，你千万别跟不如你的人交朋友。鲁迅说，这是势利眼。[1]孔子怎么这么牛？不可能吧？很多人都认为，这有损孔子的形象，所以曲说很多。他们说，这话的本意不是这个意思，完全相反，"无友不如己者"，其实是说，没有哪个朋友不如你，个个都有长处，全值得你学习，不但没有一点骄傲，还透着满肚子的谦虚。比如南怀瑾、李泽厚，他们就这样解释。[2]

后面这种解释，对保护孔子的形象很有利，可惜并不对。刘宝楠、程树德从古书中找到几段话，完全可以证明，孔子的说法，其实很有根据，它原来的意思，就

---

[1] 鲁迅《杂忆》："孔老先生说过：'毋友不如己者。'这样的势利眼睛，现在的世界上还多得很。"收入《坟》，《鲁迅全集》第1卷，北京：人民文学出版社，1956年，321页。

[2] 南书，上册，34页；李书，36页。

是怕跟不如己者交朋友：

> 故周公旦曰："不如吾者，吾不与处，累我者也；与我齐者，吾不与处，无益我者也。"惟贤者必与贤于己者处。贤者之可得与处也，礼之也。(《吕氏春秋·观世》)

> 故君子不友不如己者，非羞彼而大我也。不如己者，须己而植也。然则扶人不暇，将谁相我哉？吾之偾也，亦无日矣。(《中论·贵验》。《群书治要》卷五六引，"须己而植也"作"须己慎者也")

> 假子曰："夫高比所以广德也，下比所以狭行也。比于善者，自进之阶。比于恶者，自退之原也，且《诗》不云乎？"(《韩诗外传》卷七。《说苑·杂言》有类似的话，"假子"作"南瑕子")[1]

交朋友，怎么才划算？汉代有一种传说，"丘死之后，商也日益，赐也日损。商也好与贤己者处，赐也好说（悦）不如己者"(《说苑·杂言》)。子夏爱跟比自己强的人交朋友，每天都长进；子贡爱跟不如己者相处，每天都退步。看来子夏才深得老师的真传，最划算；子贡是偏离了老师的教导，最吃亏。

孔子的意思，其实很清楚，用不着拐弯抹角。他老人家说，要向道德高、本事大的人学习，"见贤思齐焉，见不贤而内自省也"(《里仁》4.17)，这没什么不对。问题只是在于，"友"是一种对等概念，而人的贤与不肖却千差万别，至少有胜己、如己、不如己三大类，如果不如己者不配交朋友，那胜己者也不应该和你交朋友，顺推行，反推不行。

孔子不跟不如自己的人交朋友，这是古代的聪明人早就想到的，现在的聪明人也一样想得到。咱们设身处地替他考虑一下。他的想法倒也简单，主要是怕吃亏受累。现在的星呀腕呀，都特需要崇拜者，"粉丝"越多越好，港台说法，是人气旺。但每手必握，嘘寒问暖，每信必回，耐心解答，累不累？名人也有名人的苦恼。孔子的时代，倒没这么累，但吃亏是肯定的。和不如己者交朋友，光让人家跟你学，自己什么也学不到，时间长了，肯定退步。这就像职业棋手陪业余棋手下棋，下着下着，自己都业余了。我的经验之谈是，千万别把自己当名人，群众来信，

1　刘书，上册，22—23页；程书，第一册，34—35页。

一律不回（回是例外）。

可是这话，我讲可以，孔子讲不行。孔子的错误，是他把这种话都讲出来了。因为你要这么讲，人家就要问了，如果大学校长只跟教育部长交朋友，教育部长也这么想，你不是也交不成朋友吗？比如南怀瑾就是这么打比方。当然，他是绝不相信孔子有这种坏思想，他认为，这是理解歪了。

其实，对孔子的说法，苏东坡正是这样提问题。他说，"如必胜己而后友，则胜己者亦不与吾友矣"。[1]这种问题，挺刁，但有合理性。我在一篇杂文中说，"同'不如己者'交朋友，坏处多，一是吃亏，朱熹说'不如己，则无益而有损'；二是丢面子，古人说，'礼闻来学，不闻往教'。杨伯峻先生觉得孔子不会这么牛，故将此句译为'不要〔主动地〕向不及自己的人去交朋友'（《论语译注》，中华书局，1958年），不交也罢。但只同比自己强的人交朋友恐怕也有问题，因为如果那强者也像他一样拿糖和端谱，他的做不成'友'也是明摆着的事。更何况圣人是'绝顶聪明'的人，在他上面已经没有人了"。[2]我的玩笑就是来源于苏东坡的疑问。

这里，我提到杨伯峻先生的译文。他的翻译，见于他的《论语译注》旧版（北京：中华书局，1958年6月第一版）。在这个版本中，他有意调停旧说。他说，"古今人对这一句发生不少怀疑，因而有一些解释。译文加'主动地'三字来说明它"。我猜，杨先生的意思是说，古人特自尊，好面子，不如己者如果找上门，还可以交朋友，但决不能主动去交（6页）。可是，后来的本子（1980年12月第二版）改了，译文是"不要跟不如自己的人交朋友"（6页）。杨先生说，"译文只就字面译出"，"主动地"三字没有了。看来，杨先生也觉得加字不妥。

元陈天祥有一种解释，说"如"乃"似"义，而不是"胜"，"不如己"是说对方和我不对等，人分不如己、如己、胜己三等，胜己者当师之，如己者当友之，不如己者既不是师也不是友，所以无法交朋友（《四书辨疑》）。[3]这也是保护孔老夫子。他说孔子分不清师、友和不可交者，他替孔子分。

这句话很简单，但解释起来，却一套一套，真让我们其乐无穷。（**交友也讲经济学**）

1　程书，第一册，35页，元陈天祥《四书辨疑》引。

2　李零《大音希声，善言不辩》，收入《花间一壶酒》，北京：同心出版社，2005年，208—217页。

3　程书，第一册，35页。

1.9 曾子曰："慎终追远,民德归厚矣。"

"慎终",是对待死亡要慎。

"追远",孔注有"祭尽其敬"的解释,"追"和祭祀有关,但"追"字本身却不是祭祀的意思,而是追随、缅怀的意思。西周金文常有"追孝于前文人"等语,"前文人"都是自己家的死人,八辈儿的祖宗,就是死了,我也跟在后面孝敬他。这里的"追"也是这个意思。古人不但尊老,还敬死人,不但敬刚死的人,还敬死了很久、离自己很远的人,此爱绵绵无绝期,今人比不了。

下篇,孔子说,孝敬父母是一辈子,"生,事之以礼;死,葬之以礼,祭之以礼"(《为政》2.5),"葬之以礼"就是"慎终","祭之以礼"就是"追远"。

古有追谥,今有追称。现在时兴评奖,据说能评出很多干劲儿来。有一次,我们学校评奖,死人也参评。这种奖,可以叫"慎终追远奖"。(**慎终追远,民德归厚**)

1.10 子禽问于子贡曰："夫子至于是邦也,必闻其政。求之与(欤)?抑与之与(欤)?"子贡曰："夫子温、良、恭、俭、让以得之。夫子之求之也,其诸异乎人之求之与(欤)!"

"子禽",陈亢的字。他在《论语》中出现过3次,除此章,还见于《季氏》16.3和《子张》19.25。《季氏》16.3是问于孔鲤(孔子的儿子),此章和《子张》19.25是问于子贡。《史记·仲尼弟子列传》没有单独的陈亢传,而是把陈亢附述于子贡之下,根据就是《论语》。《论语》三见,两次都是向子贡请教,学者怀疑,他是子贡的学生。孔子的学生,有些是学生的学生。

"子贡",端沐赐的字。端沐赐,古书亦作端木赐。子贡,古书亦作"子赣",汉石经和楚简也这样写,"子赣"才是本来面貌,"子贡"反而是简化。他是孔门十哲之一,长于言语,擅长应对宾客,搞公关、搞外交。孔子死后,子贡威望最高,孔子当圣人,是他的功劳。

"夫子至于是邦也","夫子",指孔子;"是邦",是某个国家。这里的"是邦"是哪一邦,估计是孔子晚年周游列国到过的某一个国家。因为子贡比孔子小

31岁，孔子早年适周、适齐时，他还是5岁以下的小孩，不可能和子禽讨论这类问题。孔子周游列国时，他才投在孔子门下。此外，孔子没有出过国。

"必闻其政"，其实是必问其政。孔子喜欢调查研究，如"子入太庙，每事问"（《八佾》3.15）。闻、问同源，古文字，早先只有从耳从昏的闻字，没有专表问答的问字。闻是双重含义，他要打听的事，既可以是听来的，也可以是问来的。后来为了区别主动和被动，才另外造了个问字。[1]这里的"闻"，到底是问还是闻，正是子禽所问。"求之"是问，"与之"是闻。子贡的回答是，孔子的消息，是靠"温、良、恭、俭、让"得来的，他和一般人问话的方式不一样，非常谦虚，非常和气，人家乐意跟他讲，说是打听，其实也可以说是别人主动告诉他的。

"其诸"，是表示不肯定的语气，意如"恐怕"。**（孔子怎样做调查研究）**

1.11 子曰："父在，观其志；父没，观其行；三年无改于父之道，可谓孝矣。"

"父在，观其志；父没，观其行"，孔子认为，当儿子的是不是有孝心，要分两段来考验。爸爸活着，要看他怎么想；爸爸死了，要看他怎么做。这么讲的道理是什么？主要是爸爸活着，一切都得听爸爸的，什么都不能干。只能想，不能干。要干，必须等爸爸死了，而且刚死还不行，孝子要服三年之丧，服丧期间，不能违反爸爸，另外搞一套。这跟美国的孩子不一样。美国孩子，一过16岁，当爹当妈的就管不了，什么"无改于父之道"，说改就改。

"三年无改于父之道"，"三年"是服丧三年，并非虚指。

孔子的话，放在当时，也许挺合适，简直天经地义，但1919年后，特别是现在，怎么听着怎么别扭。杨伯峻已经注意到这种阅读障碍，他说，道多半是指正面的东西，"三年无改于父之道"的"道"，其实是指爸爸的"合理部分"。但合理的，三年不许改，三年以后就可以改吗？我们要改的，难道不是爸爸的"不合理部分"，反而是他的"合理部分"吗？我猜，孔子的逻辑，说爸爸不合理，本身就不合理。爸爸还有什么不合理？"父之道"就是老子说了算，老子的话就是道。

1　《说文·口部》有问字，战国玺印和秦简也有，但战国玺印中的问字是人名用字。

"五四"以来，大家常骂这一段。臣子替昏君尽忠，是愚忠；这样做，是愚孝。我们生活在今天，对爸爸的看法不一样，人们要问，爸爸如果是坏蛋，杀人放火，儿子是不是也不改其道。

当然，我们可以假定，爸爸是好人；或宁愿相信，爸爸是好人。但世间的爸爸不一定都是好人，好人也不一定是爸爸。这是明摆着的事。

我还记得，"文革"时期，很多人因为害怕，写大字报，用非常难听的字眼辱骂自己的父母，甚至带"革命"群众抄自己的家。这样做，太过分。父母就是父母，是好是坏，也是你的父母，这也是明摆着的事。（三年无改于父之道）

1.12　有子曰："礼之用，和为贵；先王之道，斯为美。小大由之。有所不行：知和而和，不以礼节之，亦不可行也。"

这段话，有点绕，如何标点是问题。

"礼之用，和为贵；先王之道，斯为美"，这是一层。孔子的意思是说，礼的功用主要是调和，先王之道是以和谐为美，即俗话说的"和为贵"。

"小大由之"，是总结上文。这里的"由之"是顺道而行的意思。《泰伯》8.9："民可使由之，不可使知之"，"由之"也是这个意思。上文说，礼是为了和，和最重要，所以小事大事都要依照和的原则来办。

"有所不行"，是另一层意思，和前面相反。前面说，小事大事都要依和而行，这是基本原则，通常要这么办。这里是说，情况也有例外。什么是例外？我在这句话的下面点了冒号，冒号的下面是说明。它的意思是说，和当然很好，但也不能太过分，为和而和；即使是和，不以礼节之，也不可行。

礼是处理差别的，通过差别，建立秩序，秩序就是和。和不是平等，而是不平等，或曰以不平等求平等。真正的平等只是理想，古人叫"大同"（《礼记·礼运》）。孔子也梦想大同，但他知道，礼是大同讲不成了才讲。所以他讲"君子和而不同"（《子路》13.23）。和谐社会是小康，不是大同。

商周社会，好比一个大村子，里面有宗族祠堂，王就是族长，定下家规家法，管这个村子，协调村里的各种关系，长幼尊卑，井然有序，这就是和。人是生下来就不自由，也不平等，和卢梭的说法相反。礼，最重要的用途，就是和稀泥，想方设法，把不平等控制在合理的范围内，不至闹出乱子。礼和德不同，不是个人修养，而是习惯和传统，约束人的行为规范。（**礼之用，和为贵**）

1.13 有子曰："信近于义，言可复也。恭近于礼，远耻辱也。因不失其亲，亦可宗也。"

这六句话，"信近于义""恭近于礼""因不失其亲"，都是条件句。

"信近于义，言可复也"，"复"的意思是践行诺言，这种用法的"复"，也见于《左传》僖公九年、哀公十六年。自己说的话，就一定要做到，这是信。但信有大信和小信。孔子认为，只有近于义的信才是大信，必须践行；不关义的信是小信，可以破例。他说，"言必信，行必果，硁硁然小人哉"（《子路》13.20），"君子贞而不谅"（《卫灵公》15.37）。在他看来，言必信，行必果，死心眼，尾生之信，是小人的信，不足取。孟子说，"大人者，言不必信，行不必果，惟义所在"（《孟子·离娄下》），"大人"是君子，君子有特权，只讲大信就够了，小信可以打折扣。可见同一种道德，有两种标准。人类社会，只要不平等，就有双重标准，人和动物，就是双重标准。

"恭近于礼，远耻辱也"，恭是脸色谦恭，说话客气。客气当然好，但过分的客气，其实是肉麻，难免自取其辱，只有节之以礼，才能远耻辱。

"因不失其亲，亦可宗也"，"因"读为"姻"。古代社会，最重血缘关系，血缘关系就是"宗"。其次是婚姻关系，婚姻关系就是"因"。前者也叫内亲、内宗，后者也叫外亲、外宗。孔子的意思是，姥姥、舅舅家，虽然比不上爷爷家，但如果不失亲近，也等于宗。（**君子只守大信**）

1.14 子曰："君子食无求饱，居无求安，敏于事而慎于言，就有道而正焉，可谓好学也已。"

"食无求饱，居无求安"，是安贫。
"敏于事而慎于言"，是干事勤快，说话谨慎。
"就有道而正焉"，是向有道德学问的人求教。（**什么叫好学**）

1.15 子贡曰："贫而无谄，富而无骄，何如？"子曰："可也。未若贫而乐，富而好礼者也。"子贡曰："《诗》云'如切如磋，如琢如磨'，其斯之谓与（欤）？"子曰："赐也，始可与言《诗》已矣，告诸往而知来者。"

"诸"，犹之。

钱对人是个大考验。守道过日子，难免饿肚子。当君子，就要准备挨饿——不当官，吃什么？总不能种地。孔子可不主张自食其力。他论贫富，着眼点是贫。孔子说，枕着胳膊喝凉水，乐在其中；富，往往是不义之财，"于我如浮云"（《述而》7.16）。

子贡是买卖人，孔门最阔的学生。司马迁讲古代大商人，子贡是其中之一，"七十子之徒，赐最饶益"（《史记·货殖列传》）。现在时兴讲儒商。企业家，不仅会做买卖，还有文化、道德，多好。难怪有学生说，要做学术界里最有钱的人和有钱人里最有学问的人。如果说，真有儒商，子贡就是祖师爷。[1]但可惜的是，全国老百姓，只知关老爷，不知子贡为何许人也。

孔子跟子贡论贫富，是找对了人，因为子贡和其他学生不一样，他们多是寒门，不足论贫富。子贡有钱，孔子周游列国，有人猜测，就是由他赞助。有钱，才能看透钱。但有多少才看得透，不知道，恐怕因人而异。反正没钱，往往看不透，见钱眼红，穷凶极恶，一点办法都没有。历史上，农民造反，到头来总是失败，多半都栽在这上头。

对钱，子贡的态度是：穷，不低声下气，巴结阔人；阔，不趾高气扬，欺负穷人。孔子赞同他的态度，但补充说，更好的态度是，穷要开心，阔要好礼（怎么叫好礼？不知道，没准是当慈善家吧），即在贫富问题上，该怎么样比不怎么样更重要，自己该怎么样比对别人怎么样更重要。子贡引《诗》为喻，问孔子说，"如切如磋，如琢如磨"就是这个意思吗？他想说，砥砺德行，就像工匠加工骨、牙（象牙）、玉、石，也是精益求精呀。孔子认为，他的理解很对。我跟他讲穷要开心，阔要好礼，就是这个意思。"往"是第一步，"来"是第二步。孔子教学，最重启发，他喜欢的是举一反三的学生，所以跟子贡说，从此我可以和你讨论《诗》了，你有这个资

1　阔人难守其财。子贡很阔，但古人说，他的儿子端沐叔是个大败家子（《列子·杨朱》）。

格了。

子贡引用的《诗》，出自《卫风·淇奥》。"如切如磋"，是加工骨、牙（象牙）类的制品，"如琢如磨"是加工玉、石类的制品。（**穷要开心，富要好礼**）

1.16 子曰："不患人之不己知，患不知人也。"

上文说，"人不知而不愠，不亦君子乎"（1.1），也是这个意思。后面，还有三处，也是讲这类想法。如"不患莫己知，求为可知也"（《里仁》4.14），"不患人之不己知，患其不能也"（《宪问》14.30），"君子病无能焉，不病人之不己知也"（《卫灵公》15.19），都是孔子的话。

知识分子最好名，特别是虚名。能够看破名的，几乎没有。孔子强调，不怕别人不了解自己，怕的是自己不了解别人；不怕别人不了解自己，就怕自己没本事。

他要真不在乎，确实了不起。

不过，我们千万不要以为，他老人家真不在乎别人怎么看。他的话，有掩饰心理，越说不在乎，其实就是越在乎。

孔子说，"君子去仁，恶乎成名"（《里仁》4.5），"君子疾没世而名不称焉"（《卫灵公》15.20），对名，他还是非常在乎。他说不在乎，干嘛还感叹，"莫我知也夫"，"知我者其天乎"（《宪问》14.35），说除了老天，没人了解他。孔子在卫击磬，荷蒉而过孔氏之门者也听出来了，他是为"莫己知也"发愁（《宪问》14.39）。他的内心，其实很孤独。（**孔子真的不在乎名吗**）

为政第二

上篇以"学而"为题，这篇以"为政"为题，讲完求学讲从政，好像是特意安排，其实不是。本篇只有四章讲为政（2.1、2.3、2.18、2.21），其他不是。讲为政，2.1和2.3比较重要，这两章，都是讲以德治国。以德治国是孔子的代表思想。所谓以德治国，主要是以孝治国。2.5—2.8就是讲孝。孔子把以德治国和以法治国对立起来，认为以法治国，会导致道德水准下降，老百姓跟政府玩捉迷藏，偷奸耍滑，毫无羞耻之心，不如以德治国，每个人都从我做起，孝顺好父兄，国家就治理好了。这套主张，用心良苦，且有批判现实的伟大意义，但当时行不通，后世也无效，刻意提倡，流于虚伪。其他各章，2.4最重要，对了解孔子很有用，等于孔子的简历。

2.1 子曰："为政以德，譬如北辰，居其所而众星共（拱）之。"

政治家，德重要还是能重要，历来有争论。一般认为，最好是德才兼备，不行，宁肯舍才弃能。没人说，缺德有本事，也可以为政。千百年来，大家一直相信，当政者必为有德之人。

"为政以德"，是靠道德施政。孔子是个热衷政治的人，《论语》经常提到"从政"和"为政"。从政是当官，为政是施政。这里，我们要注意，从政、为政的人，不一定是君主，也可以是官员，比如下文2.21的"子奚不为政"，《颜渊》12.19的"子为政"，《子路》13.3的"卫君待子而为政"，都是讲孔子为政。

"北辰"，《尔雅·释天》把北辰列入星名，说"北极谓之北辰"。《春秋繁露·奉本》也说，"星莫大于北辰"。或说北辰只是北极，有位无星，[1]不对。下文"居其所而众星共（拱）之"，"居其所"的"所"才是北极，"居"的主语是北辰，肯定是北极附近的星。如果说北辰不是星，而是北极，那等于说，北极位于北极，完全是废话。

"居其所而众星共（拱）之"，是说北辰位于宇宙的中心，天上的星星都环绕着它。北斗，斗勺前端有两颗星，是大熊座的α、β二星，这两颗星的连线，向上延伸五倍，是现在的北极星，即小熊座的α星，但古代的北极星是小熊座的β星，极星可变，位置不变，古人是以北极星代表北极。"共"，同拱，像两手合围，

---

1   程书，第一册，61—63页。

这里指拱卫，环绕北极星而朝向北极星。

孔子提倡以德治国，他希望，当政者都是道德模范，以身作则，为全民树榜样，"大河向东流，天上的星星参北斗"（电视剧《水浒传》的主题歌）。这个愿望，当然很好，但当时行不通，后来也没多大用。

好人政治还是能人政治，曹操的看法和孔子相反，他也生逢乱世，但看重的却是能。他才不管出身高贵不高贵，品德高尚不高尚，只要有本事就行。他说，哪怕"负污辱之名，见笑之行，或不仁不孝而有治国用兵之术"，也是举荐的对象（《求贤令》《举贤勿拘品行令》）。

当代政治家，西方政治家，只是利益集团的代言人，很多都是学政治、经济、法律什么的，不是人文，不是理工。1980年代末，知识分子翻身，我国流行知识分子治国论，特别是技术专家治国论，至今有人迷信。其实，政治家就是政治家，不是道德楷模，不是智慧化身，再好的愿望也是愿望，大家要想明白了。

西方最早的乌托邦，是柏拉图的哲人王；我国最早的乌托邦，是孔子的道德王。它们都是幻想，人类最古老的人文幻想。**（天上的星星参北斗）**

2.2 子曰："《诗》三百，一言以蔽之，曰：'思无邪。'"

"《诗》三百"，即《诗经》，今本《诗经》有305篇。

"一言以蔽之"，即英文的in one word。word可以是词，也可以是泛言的语句。我们也是这样，"言"可以是一个字，也可以是一句话，如《老子》五千言是5000字，这里的"思无邪"则是一句话。

"思无邪"，见《诗·鲁颂·駉》，原文有很多"思"字：

> 駉駉牡马，在坰之野。……思无疆，思马斯臧。
> 駉駉牡马，在坰之野。……思无期，思马斯才。
> 駉駉牡马，在坰之野。……思无斁，思马斯作。
> 駉駉牡马，在坰之野。……思无邪，思马斯徂。

上文的八个"思"字，郑玄笺当动词，没有具体解释。"思"，《诗经》多见，放在句首是什么意思？一般以为是发语词，只是虚词，没有实义，但《诗·大雅·文王》的"思皇多士"，郑玄笺说"思，愿也"，却说这个字是表示愿望。

周原甲骨有个"由"字，夏含夷（Edward Shaughnessy）教授考证，就是这里的"思"字。[1]他的考证，提出早，发表晚。他把周原甲骨上的这个字读为"思"，很正确。我讨论过楚占卜简上的这个字，它的另一种写法是"思"，可以证明夏说不误。[2]《楚辞·离骚》"思九州之博大兮"，"思"作"恖"，王逸注说，"恖，古文思，亦作思"，也是证明。周原甲骨上的这个字，学者或隶定为"囟"，或读为"斯"，不妥。[3]《楚辞·离骚》的写法也有微误。"囟"是囟门之囟，是另一字。《鲁颂·駉》的"思马斯臧"等句，"思"和"斯"同时出现，也不可能等同。夏文提到清陈鱼的《毛诗说》，陈氏说，《鲁颂·駉》的八个"思"字是"祝辞"。这个想法很有意思。它让我想起一首五代词，"春日宴，绿酒一杯歌一遍，再拜陈三愿：一愿郎君千岁，二愿妾身常健，三愿如同梁上燕，岁岁长相见"（《薄命女》）。"三愿"是祝辞，周代占卜用的"思"也是表示愿望。"无邪"，原文与"无疆""无期""无斁"并列。"无斁"，是无厌。它们都是表示没完没了。汉代喜欢用的"未央"，也是这个意思。"无邪"的意思，估计与之相近，"邪"未必就是邪僻的意思。[4]

孔子时代，君子凑一块儿，都是用《诗经》讲话，就像"文革"那阵儿，饭馆点菜，要用毛主席语录，一问一答。姜昆、李文华有个相声，《如此照相》，就是情景再现。这里，孔子的话，原意是什么？一般认为，是说《诗经》的全部，一言以蔽之，想法很正派，一点邪的歪的都没有。但"思无邪"的原意不一定如此，至少"思"不是如此。它是表示愿望，不是指《诗》三百的想法如何。孔子引《诗》，当时引《诗》，多半都是抛开原义，借题发挥，包含许多故意的曲解和误用，西人称之为catachresis（故意为之的语词误用）。这种变形，文学家常用，古人叫"断章取义"（如《文心雕龙·章句》）。（**思无邪**）

1　夏含夷《试论周原卜辞由字，兼论周代贞卜之性质》，收入《古文字研究》第17辑，北京：中华书局，1989年，304—323页。

2　Li Ling, "The formulaic structure of Chu divinatory bamboo slips," translated by William G. Boltz, *Early China*, No.15, pp.71—86.

3　李学勤、王宇信《周原卜辞选释》，收入《古文字研究》第4辑，北京：中华书局，1980年，245—257页。

4　清郑浩《论语集注疏要》已指出，此"无邪"的"邪"非邪恶之邪，但他解为虚徐之义，也未必是确诂。参看程书，第一册，66—67页。"无邪"，也有可能是读为无余、无除等等。

2.3 子曰："道（导）之以政，齐之以刑，民免而无耻；道（导）之以德，齐之以礼，有耻且格。"

"道（导）之以政，齐之以刑"，是以法治国。"政"是政令，"刑"是刑罚。按福柯的说法，就是训练和惩罚。它是按驯养牛马那样来管理社会：听话，给草吃；不听话，拿鞭子抽。

孔子认为，这些手段，不能从根本上解决问题。它会把老百姓弄得"免而无耻"，政刑虽在，但心存侥幸，能躲就躲，能逃就逃，把不守规矩当自由，一点羞耻心都没有。

"道（导）之以德，齐之以礼"，和"道（导）之以政，齐之以刑"不一样，它是以德治国。"德"是自律，自己有道德标准在心里管着自己；"礼"是他律，对人的行为和相互关系有种种规定，比如摩西十诫的十诫、猪八戒的八戒、孔子的"非礼勿"（《颜渊》12.1）就是这种约束。这种考虑，古人很普遍，比如柏拉图的《理想国》，他心目中的头等国家，也是以德治国，政刑无所用之。但后来，他明白了，现实世界，还得交法律管。

"有耻且格"，"有耻"是有羞耻感，有内心约束，和"无耻"相反；"格"是严格遵守规定，外面有规矩管着，和"免"相反。

孔子是道德中心主义。他认为，社会应以亲情作核心，没有小，焉有大，似乎有理。但德礼是小道理，政刑是大道理，小道理管大道理，这是说反了。政刑有政刑之弊，孔子的批评有一定道理，但德礼也非万能，以德治国真管用，就不会有礼坏乐崩。

春秋战国是礼坏乐崩。礼坏乐崩，结果是政刑繁苛。秦代政刑繁苛，结果是陈胜、吴广起义，项羽、刘邦造反。秦政之失，是只讲硬道理，不讲软道理，硬梆梆、赤裸裸。汉代尊孔，不是放弃硬道理，而是除了硬道理，也讲软道理，懂得如何用软道理包装硬道理，改变形象。阳儒阴法，软硬兼施，是硬在前，软在后；硬在里，软在外，不能反过来讲。硬道理还是政刑，法若凝脂。软道理分四种，一是礼乐，二是道德，三是学问，四是宗教。皇家有礼仪，文武百官靠道德学问选，老百姓烧香磕头，也有地方拜。汉以来的儒术，还有后来的释、道，都是用来弥补政刑之不足。

光有政刑，不能消灭无耻，没有政刑，更不能。

两千年来，中国人有自己的生存哲学（或曰兵法），你硬他就软，你软他就硬，你有千条计，我有老主意，软硬不吃，"道之以德，齐之以礼，有耻且格"，始终做不到。

"民免而无耻"，在我们的生活中，到处都是，早就如此，并非现在才开始。宋明以来的中国，文化发达，社会腐化，那时最爱讲道德，道德如何？小说、笔记讲得很清楚，坏透了。

我的看法是，以德治德，可以。以国治国，也可以。以国治德，六亲不认，一个朋友都没有，太没人情味，这是误用，但误德未必误国。最糟糕的，就是光讲以德治国。光讲以德治国，德必伪，国必亡，两样都误。

当然，古人说的以德治国，并不是真的以德治国。德只不过是装饰罢了，就像厕所里面撒香水，让你不觉其臭而已。（**怎么消灭无耻**）

2.4　子曰："吾十有五而志于学，三十而立，四十而不惑，五十而知天命，六十而耳顺，七十而从心所欲，不逾矩。"

这段话很有名，谁都用它讲自己，以为是人生的指导原则。读它，有两点要注意。第一，这是孔子讲自己，话的头一个字是"吾"。既然是"吾"，可见是讲他自己的人生体验，不是讲别人活到某个年龄该怎么怎么样，也不是泛泛总结，说大家到了某个年龄该怎么怎么样。第二，孔子从15岁讲到70岁。他这一辈子，总共活了73岁，我们可以断定，此章的年代是前482—前479年之间。比前482年早，不可能；比前479年晚，也不可能。他是在70岁以后，回顾自己的一生，说了这几句话。每句话，都是他生命的一个片断。前人说，它是孔子的"一生年谱"（明顾宪成《四书讲义》），[1]或"一生学历"（程树德《论语集释》），[2]有道理。

"吾十有五而志于学"，15岁，古人叫"成童"，是小学毕业该升大学的年龄。我国古代，只有小学和大学，没有中学。孔子少年老成，在这个年龄上，立志要做学问。现在的孩子不一样，15岁，正值青春期躁动，最闹，俗话说，

1　程书，第一册，79页。

2　程书，第一册，78页。

"十五六，狗都嫌"。……"文革"的火，就是从这帮孩子点起。红卫兵的诞生地是圆明园，发起者是清华附中的学生。破四旧、打流氓、大串联、复课闹革命、打架斗殴、拍婆子、上山下乡，"阳光灿烂的日子"，就是这个年龄。这个年龄，西方叫teenager（一般指13—19岁的半大小子和半大闺女），他们打架、泡妞、吸毒、听摇滚，邻居怕，家里操心。美国法律规定，16岁以上可以开车、喝酒，脱离父母，搬出去住，这是他们的"成童"。

"三十而立"，中国古代，15岁是一大坎。比它晚，20岁也是一个坎。20岁，古人要为男孩举行冠礼（戴帽子礼），即成丁礼，表示他已长大成人，但孔子没讲。他看重的是30岁。30岁，为什么说"而立"，清宋翔凤说，是"壮而有室"（《论语发微》），[1]即我们常说，有了老婆孩子，才有社会责任感的年龄。但孔子早婚（以现在的标准讲，有点早），19岁娶媳妇，20岁有孩子，照此说，该是"二十而立"，可见不对。另一种解释，是孔子自己的说法，即"不知礼，无以立也"（《尧曰》20.3），明顾宪成说，立不立，关键是知礼，只有知书达理懂人事，才叫成人（《四书讲义》）。[2]这种说法更合理。孔子出名早，27岁跟郯子学礼，30岁以知礼名。齐景公和晏婴向他问礼，就在这一年。可见"三十而立"是这个意思。

"四十而不惑"，孔子在鲁国出名后，开始出国游学找工作。34岁，他到周都洛阳，向在王室图书馆当差的老子问礼。35岁，他到齐国找工作，齐景公说，不好安排。前一事，有人怀疑，但后一事，毫无问题。孔子短暂出国，回到鲁国后，没官可做，只好死心塌地做学问。35岁以后，50岁以前，他一直在家读书习礼，教书育人。40来岁这阵儿，他全力治学，越学越明白，当然也就"不惑"了。

"五十而知天命"，什么叫"知天命"？就是知道自己几斤几两，到底能干点什么，命中注定该干点什么。孔子说，"不知命，无以为君子也"（《尧曰》20.3）。他认为，学习的目的，是造就君子，君子的使命是做官；读书一定要做官，没商量，但什么时候出山，在谁手下干事，全看天命如何。鲁昭公时，机会未到，孔子只能埋头读书，自娱自乐。鲁定公即位四年后，孔子47岁，阳货请他出山，他没答应，一直等阳货出亡，才肯出山。他出来做官是51岁，正好在他"知天命"后。孔子"知天命"，据说和学《易》有关。如司马迁说，"孔子晚而喜《易》，序《彖》

1　程书，第一册，72页。
2　程书，第一册，72页。

《系》《象》《说卦》《文言》。读《易》，韦编三绝。曰：'假我数年，若是，我于《易》则彬彬矣。'"（《史记·孔子世家》）[1]"晚"是多少岁？司马迁没直接说，但他引用的孔子语，是出于《论语》。孔子说，"加我数年，五十以学《易》，可以无大过矣"（《述而》7.17）。皇疏说，这是从45或46岁，加上几年，到50岁。邢疏说，这是从47岁，加上几岁，到50岁。也就是说，他是因为学《易》，知道自己该出来做官，才出来做官。所以第二年，他才出来做官。这是汉代的说法。[2]

"六十而耳顺"，什么叫"耳顺"？比较费解。我把我的猜测说一下。第一，我们要注意，古人所谓聪明，聪是听力好，明是视力好。尽管俗话说，眼见为实，耳听为虚，但耳朵比眼睛受时空限制小，古人认为，耳朵比眼睛更重要。比如圣人，圣人都是绝顶聪明、天生聪明。圣，古文字，与听字和声字同源，主要就是指耳朵好，善于倾听民间疾苦，善于接受贤达劝谏。第二，我们看孔子年表，60岁前后，他在干什么？原来，55岁到68岁，他正在周游列国，到外国找工作。孔子一路颠簸，很不顺心，但他很虚心，楚狂接舆、长沮、桀溺、荷蓧丈人，什么挖苦话，他都听得进去，就连郑人说他"累累若丧家之狗"，他也点头称是（《史记·孔子世家》）。我想，60来岁的人，阅世既久，毁誉置之度外，爱怎么着怎么着，这可能就是"耳顺"吧？

"七十而从心所欲，不逾矩"，这是最高境界，分寸最难拿。小孩倒是从心所欲，但大了，就不许撒泼打滚。孙悟空大闹天宫，也是从心所欲，但大闹，还有什么规矩？受戒出家后，规矩倒是有了，不听话，还有紧箍咒，但这么一来，还有什么从心所欲？两全其美，太难。人活着，就有规矩管着；死了，才彻底自由。孔子活了73岁，和今天中国的平均寿命比，好像算不了什么（现在的平均寿命是72岁），但按过去的标准，已经活过梭儿了。从必然王国到自由王国，是一个抽象标准，人之将死，离自由最近，或许近之。豁达的人，活明白的人，不只耳顺，心也顺了，物我两忘，没什么舍不得放不下的，这叫"从心所欲"。"从"有两种读法：一种是读如本字，指随心所欲，想怎么样就怎么样；还有一种是读为纵，什么都放得开，放胆放言，想干啥干啥，意思差不多。"不逾矩"，是无法中有法，怎么干

1　马王堆帛书《要》篇也有"孔子老而好易"的说法，比《史记》更早。

2　古人，很多有成就的人，都只活到50岁左右，王国维的绝命辞，也说"五十之年，只欠一死"，他们的感觉是，50岁，差不多就活到头了，该考虑收摊了，所以活得特紧凑，50岁，成就就很大。

怎么对头，处处合乎规矩，虽有规矩，不碍自由。规矩是什么？当然是礼。

孔子志在天下，但命途多舛。他这一辈子，从"志于学"到"而立"到"不惑"，主要是学习；从"知天命"到"耳顺"，主要是求仕。然而结果怎么样？晚境孤独而凄凉。孔子以68岁高龄回到鲁国，几乎每年都有伤心事：69岁，儿子死了；71岁，绝笔《春秋》，颜回病逝；72岁，仲由死于卫。然而，最奇怪的是，过了70岁，即将走完人生旅程的他，却说他已达到"从心所欲，不逾矩"。

死亡是最大的解放。人，只有活到头，才能活明白，但很多人，到死都不明白。

大家读这一段，不妨对比一下王国维的《人间词话》。王国维讲"三境界"，"昨夜西风凋碧树，独上高楼，望尽天涯路"，是寻找目标；"衣带渐宽终不悔，为伊消得人憔悴"，是穷追不舍；"众里寻他千百度，蓦然回首，那人却在灯火阑珊处"，是如愿以偿。

孔子是赍志而殁，并非如愿以偿。王国维更惨，跳了湖。

前些年，中华书局出版过一套《人生借鉴译丛》，就是按孔子的话编译，外国的名人在30岁、40岁、50岁、60岁、70岁上有什么感受，大家可以看一下。[1]（**孔子的一生**）

2.5 孟懿子问孝。子曰："无违。"樊迟御，子告之曰："孟孙问孝于我，我对曰无违。"樊迟曰："何谓也？"子曰："生，事之以礼；死，葬之以礼，祭之以礼。"

此章和以下三章都是讨论孝。"孝"是孔子的重要思想。在他看来，是为人的根本，也是为政的根本。孝，包括孝顺、孝养和孝敬，首先是孝顺。顺，就是无违。

"孟懿子"，是鲁国的大贵族。"孟"是氏，"懿"是谥，"子"是尊称。这种称呼是死后的叫法。此人也叫仲孙何忌。孟氏，即孟孙氏。孟孙氏是鲁三桓中的一支。下文的"孟孙"就是指他。孟孙氏也叫仲孙氏，何忌是他的名。三桓是鲁桓公的后代，除孟孙氏，还有叔孙氏和季孙氏，称呼是以行辈分。他们世代为鲁卿，春秋中期以来，地位最显赫。孟孙氏，孟是庶出的长子，有别于伯。伯是嫡出

1　孔德明、印芝红主编《人生借鉴译丛》：《三十而立》（徐莉译）、《四十不惑》（张晶、马晶丽译）、《五十知天命》（徐央央译）、《六十耳顺》（徐央央译）、《七十从心所欲》（蒋丽译），北京：中华书局，2005年。原著为德文，作者是德国的格哈德·普劳泽。

的长子。嫡出的长子，照例当鲁侯。孟孙氏，地位在伯之下，不能即位，只能和叔孙氏、季孙氏当卿大夫，地位是老二，也叫仲孙氏。[1]孟孙氏或仲孙氏是老二的后代，叔孙氏是老三的后代，季孙氏是老四的后代。孔子生活的年代，鲁国的权力一直在季孙氏的手中。老二不如老四。

孔子34岁，孟僖子卒，死前，他留下遗言，说孔子是"圣人之后"，要他的两个儿子孟懿子和南宫敬叔拜孔子为师（《左传》昭公七年）。当时，孟懿子只有13岁。司马迁说，随后，孔子到洛阳见老子，就是带着南宫敬叔（《史记·孔子世家》）。这两位，全都不在司马迁的学生名单中，但既言"师事仲尼"（《左传》昭公七年），有人把他俩也算成孔子的学生。如果他们算学生，就是孔门中地位最高的学生。[2]子贡是大富，他们是大贵。但我们都知道，蒋介石拜老头，认黄金荣为师，他当总统后，黄金荣把帖子退还，不再以师生相称。这种身份很高的徒弟不是一般的徒弟。孟懿子即便拜孔子为师，恐怕也不同于随侍左右的那些学生。

"樊迟"，樊须，字子迟，这是以字称。他喜欢种庄稼，挨过孔子骂。樊迟是孔门三期的学生，比孔子小36岁，我们从樊迟的年龄考虑，这是孔子晚年的事，当时，孟懿子的父亲早已去世。

"无违"，照下文2.9"不违"的用法看，应指不违父母之言，不逆父母之志。
（孟懿子问孝）

2.6 孟武伯问孝。子曰："父母，唯其疾之忧。"

"孟武伯"，孟懿子的儿子，"孟"是氏，"武"是谥，"伯"是行辈字，他的名叫彘，也叫武伯彘，或仲孙彘。此问也是孔子晚年的事。

"父母，唯其疾之忧"，是子女唯恐父母生病。《淮南子·说林》"忧父之疾者子，治之者医"，是年代较早的证明。马融说，孝子从来不让父母操心，除了生病。说法太绕。朱注也绕。他们都说反了。

1　伯是嫡长，孟是庶长，下面的仲、叔、季怎么排，还不太清楚。鲁国的三桓，孟孙氏又称仲孙氏，但孔子的哥哥叫孟皮，他却叫仲尼，似孟、仲仍有别。也许，庶长比嫡长年纪大，要特别标明是孟；年纪小，则顺排为仲。

2　可以肯定是孔门弟子中的贵族，还有宋国的司马耕（字子牛），见《颜渊》12.3—12.5。

俗话说，"久病床前无孝子"，能不能伺候久病在床的父母，才是对孝子的最大考验。（**孟武伯问孝**）

2.7 子游问孝。子曰："今之孝者，是谓能养。至于犬马，皆能有养。不敬，何以别乎？"

古人有孝养和孝敬两个词。孝不光是养，更重要的是，它还要敬。只养不敬，不算孝。

"子游"，言偃的字。他是孔门三期的学生，孔门十哲之一，长于文学。此问也应是孔子晚年的事。

"养"，养活、伺候，孔子说"唯女子与小人为难养也"（《阳货》17.25），其中的"养"也是这个意思。养是教化的生物学基础，当妈的最明白。动物都是因为养，才忠心耿耿，听人使唤。但光养还不够，还要敬，除了养老，还要敬老。孔子认为，光把老人养起来，不敬老人，和养狗养马有什么两样？养爹养妈，不同养狗养马。（**子游问孝**）

2.8 子夏问孝。子曰："色难。有事，弟子服其劳；有酒食，先生馔，曾是以为孝乎？"

子夏的年龄也比较小。此问也是孔子晚年的事。

"色难"，上一章是说内心，这一章是说脸色。孔子说，脸上有没有孝敬也难。光是替长辈办事，有吃喝先紧着长辈，内心不恭，脸上不敬，也不算孝。

"曾"，音zēng，是乃、竟之义。

以上四章，都是问孝，但孔子的回答不一样。宋人指出，孔子施教，往往是根据学生的特点，特别是缺点，如程颐（此章《集注》引）、张栻（《雍也》6.21《集注》引）都指出这一点，后人叫"因材施教"。

中国人喜欢讲孝道。孝是周道，伯夷、叔齐投靠周文王，就是"闻西伯善养老，盍往归之"（《史记·周本纪》）。李逵落草，宋江上山，也要先考虑老爹老妈怎么安置。有人说，这是中国特色，绝对优越于其他民族，不一定。

司马迁讲匈奴人，说他们"贵壮健，贱老弱"（《史记·匈奴列传》），好吃好喝紧着青壮年，老弱病残只能吃剩下的。我们觉得太不像话。其实，这是由生存环境所决定，并不是说，人家的小孩就不爱父母。同样，现代西方也有类似问题，他们的小孩很早就离家，自强自立，闯荡天下，不靠父母；老两口，只要能动，也不要人养，实在不行，才上敬老院，晚境凄凉，但很自尊，未必道德比我们差。

现在的中国，孝道在解体，原因是环境越来越像西方，时过境迁回不去，非要回去，那也是纲常倒转：有了儿子就变成儿子，有了孙子就变成孙子——光读《论语》有什么用？（**子夏问孝**）

2.9 子曰："吾与回言终日，不违，如愚。退而省其私，亦足以发，回也不愚。"

"回"，颜回，字子渊，孔门二期的学生。他从不顶嘴，最讨老师喜欢。孔子经常夸他。这里是夸他大智若愚。

"不违"，参上2.5，本来是讲孝。颜回拿孔子当爸爸，像孝敬父母那样孝敬老师，也是以"无违"为特点，而且有点傻乎乎的劲儿。孔子最喜欢，就是这样的学生，孝子贤孙一样的学生。颜回从不顶嘴，有什么想法，全憋肚里，退而反省，通过反省，提出新见。孔子说，颜回不傻。

颜回，孔子总是夸他。夸来夸去，无非说他道德好，安贫乐道，勤奋好学，比较空。他的最大优点，是听老师的话，绝不顶嘴，其他事迹，嘉言懿行，一点没有，历史记载，一片空白，学都不知道怎么学。仲由，和他相反，冒失鬼，总是惹老师生气，挨老师骂。《论语》这书也怪，他的学生，再不济，也是半拉圣人，却什么难听的话都往里搁。孔子骂仲由，简直是骂不绝口，在《论语》中，他出现最多，也挨骂最多，和颜回没法比，但他是事迹有事迹，言语有言语，快人快语，给人留下深刻印象。《论语》，从文学效果讲，颜回太苍白，子路很生动。我更喜欢子路。

现在的学生特会拍老师，很多都是"回也不愚"。（**回也不愚**）

2.10 子曰:"视其所以,观其所由,察其所安,人焉廋哉?人焉廋哉?"

观察历史,都是以现在为观察点,由这个点,逆溯过去,顺推将来。人也如此。

"视"是看;"观"是粗看,看全景;"察"是细看,看细节。三个字,都是察看的意思。"所以",是现在怎么样。"所由",是过去怎么样。"所安",是将来怎么样。合起来,是说知人要知根知底,有彻头彻尾的了解。

此章有两种解释:一种是训"以"为"用",训"由"为"经",训"安"为"乐"(《集解》),即知所凭依,知所经历,知所乐处;一种是训"以"为"为",训"由"为"从","安"字的解释相同(《集注》)。他们解释为"所乐"的"所安",是指最后习而处之之地,其实也就是《尔雅·释诂下》说的"安,止也",是其归宿之地。程树德说,朱熹"语盖有本",他所本,是《大戴礼·文王官人》的"考其所为,观其所由,察其所安",《逸周书·官人解》有"考其所为,观其所由",无"察其所安",也是类似说法,[1] 可见这是古代的成说。上述两种说法,主要不同是:前说,"以"指过去,"由"指现在;后说,"以"指现在,"由"指过去。我取后说。

"人焉廋哉","廋"音sōu,是藏匿的意思。孔子的意思是说,你对一个人有彻头彻尾的了解,还有什么看不透的地方?什么都在眼前,藏都藏不住。**(如何看人)**

2.11 子曰:"温故而知新,可以为师矣。"

《礼记·学记》:"记问之学,不足以为人师。"

孔子认为,老师不能光给学生灌输死记硬背的东西,而是要启发他们,让他们学会开动脑筋,有所发明,有所创造。如果学生不能主动提问,可以启发一下,如果启发过,还不能提问题,这样的学生,不堪造就。

"温故而知新,可以为师矣",正好相反,是听老师传授,在师说的基础上,能够提出新的想法。这样的人才能当老师。**(温故知新,可以为师)**

1　程书,第一册,93页。

2.12 子曰："君子不器。"

孔子是博通之人。博通是为了追求道，避免像现代人一样，陷于学术分工的泥淖而不能自拔。我把专家型的知识分子群叫残疾人协会。

器是用来载道的。君子追求的是道，不是器，就像人吃的是饭，不是饭碗。器，各有各的用途，知识分子的毛病是泥于小道，不知会通，因为追求器，自己也变成了器。所以孔子说"君子不器"。（**君子不器**）

2.13 子贡问君子。子曰："先行其言，而后从之。"

这是讲言和行的关系，即先干后说，并且能继续干下去。简本无"其言"。（**子贡问君子**）

2.14 子曰："君子周而不比，小人比而不周。"

"比"是拉拉扯扯，"周"是和衷共济。北京人、东北人，和上海人、江浙人比，好像比较豪放。前者喜欢说，后者斤斤计较，什么都事儿事儿的，特别矫情，特别孙子。但这种豪放，有时很可怕。他说，咱俩谁和谁呀，一下就豪放到你的钱包里了。中国，要命的问题就是拉拉扯扯。

中国人和西方人比，最大不同，就是我们人多，喜欢扎堆，传播是非，制造矛盾，彼此的界限分不清。西方人特别认同上海人，上海人在待人接物上和他们有相近之处。在道德问题上，我对西方有敬意，主张进口道德，原因之一，就是我不喜欢吹吹拍拍、拉拉扯扯这一套。

读这段话，大家可以参看《述而》7.31的"君子不党"和《卫灵公》15.22的"群而不党"。"比"是朋党，小集团，小宗派。欧阳修有《朋党论》。小集团不好，我不参加。大集团，我也不参加。人，只有独立才有自由，但独立和孤立分不开。（**少来这一套**）

以上三章是论君子。

2.15 子曰:"学而不思则罔,思而不学则殆。"

这是讲学和思的关系。学像吃饭,思像消化,一样不能少。光吃饭,不消化,不行;光消化,不吃饭,也根本不可能。"殆"有危殆之义,有困乏之义,有疑惑之义,学者有不同解释。杨伯峻说,以《诗·小雅·节南山》的"弗问弗仕,勿罔君子;式夷式已,无小人殆"为例,主第一义,翻译成没有信心。[1]何注主第二义,王念孙、王引之主第三义。[2]这里,罔是迷惘,学而不思,会越学越糊涂,问题不大。思而不学,当然很危险,也会穷竭,也会糊涂,说起来,好像都通。但这两句既然是互文见义,似乎还是以第三义为长。学而不思,顶多是不明白;思而不学,是脑子空转,自己把自己绕在里面,那可是大糊涂。(**学与思,一样不能少**)

2.16 子曰:"攻乎异端,斯害也已。"

这段话,历来有争论。旧说,研究杂书杂说、异端邪说,都是非常有害的,"攻"是攻治之义(《集解》《皇疏》《集注》)。但宋孙弈认为,"攻"是攻击的攻,原文是说,攻击异端,则害可止,他是把"已"理解为止(《示儿编》)。[3]程树德说,《论语》中的"攻"都是攻击之义,"异端"只不过是君子不为的小道,和异端邪说无关,"已"是语词,也跟停止的意思无关。[4]如果照程氏说,原文就是说,攻击小道很有害。(**攻击异端是有害的**)

以上两章是论治学。

2.17 子曰:"由! 诲女(汝)知之乎? 知之为知之,不知为不知,是知也。"

这也是"因材施教"。

"由"是子路的名,字亦作繇,他和颜回的爸爸颜无繇名字相同。古人往往

1　杨书,18页。

2　程书,第一册,103页。

3　程书,第一册,106页。

4　程书,第一册,108页。

重名，和今天一样。子路是孔门一期的学生，大师兄。他的优点是直率，缺点是莽撞。孔子呵斥他，意思是说，什么叫"知之"，我不是讲过了吗？你难道忘了吗？知道的就说知道，不知道的就说不知道，这才叫知道。话有点像绕口令。我估计，子路肯定是说了什么冒失话，所以孔子才这么讲。

治学之难在于，我们常常分不清我们知道什么和不知道什么，特别是不知道我们不知道什么。《庄子·齐物论》有一段问答，啮缺问王倪，有三个问题，第一个问题，万物是不是有一样的标准？王倪说，我怎么知道？第二个问题，你知道你不知道什么吗？王倪说，我怎么知道？第三个问题，万物不能互相理解吗？王倪说，我怎么知道？三问三不知。他说，我也想试着讲一讲，但我怎么知道我知道的就一定不是我不知道的，我不知道的就一定不是我知道的呢？孔子也喜欢说"不知"，但并非真的不知道，而是知道也不告诉你，借以表示不满（参看《八佾》3.11）。

老师是干什么的？他要告诉你的最重要的东西是什么？就是"知"与"不知"，界限在哪里。他常常不能告诉你最终答案是什么，却往往可以告诉你这个结果肯定不是什么，有经验和没经验，就是不一样。美藏在石头里，砍去多余，就是美丽，这是雕刻家的话。但我们常常无法知道什么是多余。（**我怎么知道我不知道**）

2.18 子张学干禄。子曰："多闻阙疑，慎言其余，则寡尤；多见阙殆，慎行其余，则寡悔。言寡尤，行寡悔，禄在其中矣。"

此章与上一章有关。

"子张学干禄"，"子张"，颛孙师的字。他是孔门三期的学生。孔门十哲无子张，但古人却说，他是孔子"四友"之一，"自吾得师也，前有光，后有辉"，和颜回、仲由、端沐赐并称（《尚书大传·殷传》）。"干禄"，是谋求官职，挣俸禄。他性格外向，为人豪爽，是个小子路。这种性格和官场不合。他向孔子请教吃官饭，孔子劝他慎言慎行，多看多听，少干少说，说话干事都要留有余地。这是针对子张的性格，叫他别冒冒失失。现在在官场混，孔子的话也灵，可惜他自己没混出什么名堂。

"多闻阙疑，慎言其余，则寡尤"，"阙疑"是留下疑问，"尤"是过失。

"多见阙殆，慎行其余，则寡悔"，"阙殆"是留下困惑，"悔"是后悔。

上一章的"知之为知之，不知为不知"，就是这里的"多闻阙疑，慎言其余"和"多见阙殆，慎行其余"。《子路》13.3，孔子骂子路，也说"君子于其所不知，盖阙如也"。

有趣的是，孔子教学生干禄的办法，后来也被当作治学方法。王国维给容庚的《金文编》作序，说古文字考释，用的就是孔氏"多闻阙疑"之法。[1]宋明讲义理，动言错简，妄改古书，有思而不学、思之过甚的毛病；清学矫之，提倡阙疑，非常必要，但矫枉过正，也有学而不思、过于保守的一面。过去，容庚先生说，铜器真伪，或在疑似之间，一时半会儿分不清，最好保留，因为假的东西被当作真的东西留下来，以后还可以往出择，但如果把真的东西当假的东西淘汰，再往回找，可就麻烦了。[2]这个道理，对辑佚也适用。这是学风的一种。另一种是强调思考、假设和推测，如郭沫若，他提到古人的另一种说法，"思之思之，又重思之，思之而不通，鬼神将通之"（《管子·内业》）。[3]有人说，越是不知道，才越要想，不能丢在一边不管，这也有一定的道理。（**子张问干禄**）

2.19 哀公问曰："何为则民服？"孔子对曰："举直错（措）诸枉，则民服；举枉错（措）诸直，则民不服。"

"哀公"，鲁哀公是前494年即位，孔子是前484年返鲁，他们的对话是在前484—前479年之间。

这是讲用人之道，好人不能放在坏人之下。参看《颜渊》12.22："举直错诸枉，能使枉者直。""直"是正直的人，"枉"是不正直的人。"诸"，等于"之于"，后面有宾语。这样的例子在《论语》中很多，下面不再说明。

1　王国维为容庚《金文编》1925年版写的序言，见容庚《金文编》，北京：中华书局，1985年，序言，7—9页。

2　容庚《秦汉金文录》，北平：中央研究院历史语言研究所，1931年，序。案：但清以来的辨伪，却是继承宋学，目的只在废书不读，反而缺乏阙疑存异的精神。

3　郭沫若《〈诅楚文〉考释》，收入《沫若文集》第16卷，北京：人民文学出版社，1962年，386页。案：思、学都有明白和糊涂之分，可能通神，可能见鬼。

如今的学校，多以官兼学，以学兼官，大官必为大教授，大教授必为大官。专让没学问的当学术带头驴，带大家学驴，这叫"冠履倒置，斯文扫地"。（**用人要用正直的人**）

2.20 季康子问："使民敬忠以劝，如之何？"子曰："临之以庄则敬，孝慈则忠，举善而教不能则劝。"

此章似与上一章有关。

"季康子"，即季孙肥。孔子生活的时代，鲁国贵族，三桓最显赫；三桓之中，季氏最显赫。孔子年轻时，是季平子执政（襄、昭之际）；中年，是季桓子执政（昭、定之际）；晚年，是季康子执政（定、哀之际）。季康子是前492年执政，孔子是前484年返鲁，他们的对话也是在前484—前479年之间。

季康子问孔子，怎么才能让老百姓敬上、忠上，为上卖力。孔子说，摆出庄重的样子给他们看，他们就会敬重；提倡父慈子孝，他们就会忠诚；让有本事的教育没本事的，他们就会卖力。"庄"是为上者的仪表、容貌，肯定很严肃，端着股劲儿。"敬"和"忠"，这里都是下级事上的态度。参看《先进》11.21的"色庄者乎"。（**当领导要有当领导的样**）

2.21 或谓孔子曰："子奚不为政？"子曰："《书》云：'孝乎惟孝，友于兄弟，施于有政。'是亦为政，奚其为为政？"

这是孔子还没当官时的事。当时，有人劝他出来做官，孔子说，《书》上都讲了，孝友就是为政，我在推行孝友，这也是为政，何必非得当官，才叫为政。这也是推亲情为政治的想法。朱注说，此章所记是定公初年孔子还没出来做官时的事，有道理。我们估计，其讲话时间大约在前509—前502年之间。

孔子引《书》，见《书·君陈》。《君陈》作"惟孝友于兄弟，克施有政"。《君陈》属于《古文尚书》，大家不敢信，所以把它称为《逸书》。（**孝也是政治**）

2.22 子曰："人而无信，不知其可也。大车无輗，小车无軏，其何以行之哉？"

"輗"音ní，"軏"音yuè。

古人以"大车"称牛车，"小车"称马车。牛车和马车的车辕，其辕端都有用以拴系车衡（系軏，驾御牛马的横木）的部件，牛车的这个部件叫"輗"，马车的这个部件叫"軏"。"軏"亦从元。

孔子的意思是，如果说话不算话，就像牛车没有輗，马车没有軏，车子是走不动的。（人而无信，不知其可）

2.23 子张问："十世可知也？"子曰："殷因于夏礼，所损益可知也；周因于殷礼，所损益可知也。其或继周者，虽百世可知也。"

孔子的历史观有两个特点：第一，他生于春秋晚期，正是周道衰落的时期，他的历史观察范围主要是距离这一时段较近的夏、商、周三代，在他看来，唐、虞最理想，但太远，想学也学不来；第二，三代当中，他更看重周，周像三段论的合题，是更近的目标。

古人研究历史，主要靠因果链，往是因，来是果，鉴往知来。占卜、赌博，靠归纳胜率，也使用类似的方法。孔子看历史，主要看三代损益，即后面的礼比前面的礼，增加了什么，减少了什么，除去增加减少的东西，就是始终不变的东西。他是靠这种加减法预测未来。[1]战国古书，时髦讲三代损益，这一风气可能与孔子有关。

我们都知道，王国维和陈梦家讨论过殷周制度的不同。[2]过去，大家觉得，商周很不一样，后来发现，还是有继承性。苏东坡说，"自其变者而观之，则天地曾不能以一瞬；自其不变者而观之，则物与我皆无尽也"（《前赤壁赋》）。"自其

1　历史，技术变，制度变，但人性未必变，或变化不大，这也许是孔子损益法的一种考虑。他更关心的是不变。

2　王国维《殷周制度论》，收入《王国维遗书》，上海：上海古籍书店，1983年，第一册，《观堂集林》卷十，1页正—15页背；陈梦家《殷墟卜辞综述》，北京：科学出版社，1956年，629—644页。

变者而观之"是强调差异，"自其不变者而观之"是强调连续。孔子认为，只要掌握了历史的加减法，在连续中控制差异，就能做长程预测，不仅300年的事可预测，3000年也行。

三代加起来，大约有1300年。[1]"十世"，每世按古人的说法，一般是30年，十世是300年，"百世"是3000年。孔子死，到现在，还不到3000年。现在的事，他做梦也想不到。（**孔子的预测学**）

2.24 子曰："非其鬼而祭之，谄也。见义不为，无勇也。"

这两句指什么？前人有不少猜测，他们认为，这是孔子在骂当时的事。

古代祭祀，本来都是祭自己信奉的神祇和祖先，不是，绝对不能祭。他们相信，鬼神对献祭的食物，不是用嘴吃，而是用鼻子闻。如果不是自己的祖先，祖先不接受，连闻都不会闻，这叫"神不歆非类，民不祀非族"（《左传》僖公十年），"鬼神非其族类，不歆其祀"（《左传》僖公三十一年）。但《左传》之所以强调这类原则，正是因为，春秋战国以来，例外的事越来越多。前人举过很多例子，如郑、鲁易田，鲁国替郑国祭泰山，郑国替鲁国祭周公（《左传》隐公八年），等等。[2]还有反映民族同化趋势的禘祫之礼，也是把不同族姓的祖先搁在一块儿祭。这种祭非其鬼的现象，孔子看不惯，认为是拍马屁。"非鬼而祭"，后来是拍马屁的代名词。

"见义不为"，"义"是宜的意思，即该做的事。该做的做是勇，不该做的，胆再大，连命都不要，也算不上勇。比如古人说，如果胆大妄为，危害君主，这种人的灵位，不准摆到明堂里。[3]相反，该挺身而出，不挺身而出，也不对。孔子认为，这是缺乏勇气。他老人家认为，当时的世界太不像话，怎么就没人出来，都死绝

1　大致积年，参看夏商周断代工程专家组《夏商周断代工程1996—2000年阶段成果报告》（简本），北京：世界图书出版公司，2000年，86—88页。

2　程书，第一册，132—133页。

3　《左传》文公二年："《周志》有之，勇则害上，不登于明堂。死而不义，非勇也。"语出《逸周书·大匡》"勇如害上，则不登于明堂。明堂所以载道，明道惟法"。

了吗?

　　溥仪当伪满洲国皇帝时,曾拜日本的天照大神和祭杀害中国人的日本官兵,就是属于"非其鬼而祭之,谄也"。日本首相参拜靖国神社,中国和韩国很愤怒,但日本有日本的解释,军人的天职就是为国捐躯,战死沙场的都是勇士、烈士,你们的冤魂孽鬼,算账算不到军人头上;算到天皇头上吗,美国又不让算。其实,美国又何尝不是如此,韩战、越战,死了的都是勇士、烈士,他们说,Freedom is not free(自由不是没有代价的),响应国家号召,为保卫自己从不知道的国家和为从不认识的人民打仗,是死得其所,和日本人的烈士观大同小异。我们的观念是,不义而死,就是再勇敢(日本的士兵很勇敢),也不配叫"勇"。

　　现在,治安太坏,警力不足,怎么办? 有人说,还等什么? 见义勇为呀,赶紧。这就像假货太多,没人管,也管不过来,就劝大家多学点商品知识、法律知识,增强自我保护、自我防范的意识,是一个道理。可是执法人员靠群众,群众靠自己,行吗?(**见义勇为**)

本篇各章，主要是批礼坏乐崩。因为涉及礼乐制度，注释礼书的人经常引用它。其中3.5，涉及华夷之辨，是引起争论的一章，最有意思。

3.1 孔子谓季氏，"八佾舞于庭，是可忍也，孰不可忍也？"

"季氏"，这里的季氏是哪一位？过去有平子、桓子、康子三说。《左传》昭公二十五年，臧孙赐派人到季氏家抓臧会，"平子怒，拘臧氏老，将禘于襄公，万者二人，其众万于季氏"，臧孙赐批评季平子破坏昭公祭祀襄公，引起鲁大夫对季平子的不满，可能就是讲这件事。

"八佾舞于庭"，"佾"音yì，乐舞，是以8人为一佾，八佾有64人。此字和西周金文表示钟磬之列的肄字有关，钟磬一肄也是8枚。古文字多假逸字为肄。古文字的逸字，从辵从兔，佾字的声旁与它的声旁比较接近，读音也一样（都是喻母质部字）。[1]

古人说，天子用八佾，诸侯用六佾，大夫用四佾，士用二佾。这里的八佾是鲁侯僭用，还是季氏僭用？一般认为，是季氏僭用。鲁侯用八佾，已是僭越；季氏用，更是僭越。"庭"，即西周金文讲册命仪式时常说的"中廷"。"中廷"是堂下的院子。舞是在院子里舞，人是在堂上观。

"是可忍也，孰不可忍也"，现在是成语，意思是忍无可忍。（**是可忍，孰不可忍**）

3.2 三家者以《雍》彻。子曰："'相维辟公，天子穆穆'，奚取于三家之堂？"

"三家"，鲁国的三大贵族：孟孙氏（或仲孙氏）、叔孙氏、季孙氏。

"彻"，字本从鬲从又，象以手拿走鬲，撤除是它的本义，后世为了区别撤除之彻和通彻之彻，才加手旁和彳旁区别之（鬲也讹变为育）。这里的"彻"，是指祭祀完毕后的撤祭。天子之礼，撤祭时，要唱《雍》，叫"歌彻"。《雍》是《诗·周颂》中的一篇，孔子引《雍》，原文讲得清清楚楚，"相维辟公，天子穆穆"，主祭的是"天子"，相礼的是"辟公"（即鲁侯才配享有的身份），哪有大夫

1　陈双新《编钟"堵""肆"问题新探》，《中国学术》2001年1辑，135—147页。

什么事,这是明知故犯,自己抽自己的嘴巴。

"堂",古代宫室,建于台上,前为堂,后为室。歌彻是在堂上。孔子的意思是,三家只是鲁国的大夫,他们竟敢在自家的堂上行此大礼,和他们的身份太不相称,哪点符合《雍》的原文?(**明知故犯**)

3.3 子曰:"人而不仁,如礼何? 人而不仁,如乐何?"

此章可能与上面两章有关,也是批评三家的僭越。三家以八佾舞,以《雍》彻,都是非礼。孔子认为,仁是礼乐的核心,礼乐只是仁的外在表达,两者互为表里,没有仁的礼乐只是徒具形式。(**人而不仁**)

以上三章是批评三桓的无礼。

3.4 林放问礼之本。子曰:"大哉问! 礼,与其奢也,宁俭;丧,与其易也,宁戚。"

"林放",鲁人,或以为是孔子的学生,但我们从下文3.6看,他也可能是为季氏掌礼的专家。定州八角廊汉简《论语》有这一章的残简,《儒家者言》的简2150有"林放问礼"四字,整理者推测,后者是与《八佾》重出的内容。[1]

孔子的话,包含两个"与其"和"宁",前者是"奢""俭"相对,后者是"易""戚"相对。《礼记·檀弓上》有一段话,子路说,"吾闻诸夫子:丧礼,与其哀不足而礼有余也,不若礼不足而哀有余也",正好可以解释这一章。这里的"易"是简易,和"戚"相反,是平淡处之,不当回事,无中心之哀的意思。古人认为,在丧礼上,哭是要哭,但要节之以礼,不可呼天抢地,鬼哭狼嚎。真正的哭,绝不好听,就像鲁迅说的,"忽然,他流下泪来了,接着就失声,立刻又变成长嚎,像一匹受伤的野狼,当深夜在旷野中嗥叫"。[2]但分寸怎么掌握,谁也说不好。孔子的意思,礼文只是外在的东西,哀痛才是内在的东西,与其按照仪式,走过场,还不如哭得有些失态。很多年前,我参加过农村的葬礼,我们老家,妇

1　定县汉墓竹简整理组《〈儒家者言〉释文》,《文物》1981年8期,13—19页。

2　鲁迅《孤独者》,《鲁迅全集》第2卷,北京:人民文学出版社,1956年,87页。

女真会哭，抑扬顿挫，好像唱歌，这是仪式化的哭。但光打雷不下雨，不好看，怎么办？她们早就设计好了，孝帽前面有块布，假哭的时候，可以放下来，遮住眼睛，有泪没泪看不见。负责指挥的妇女，还一会儿撩起，一会儿放下。孔子认为，一般的礼，宁肯从简，但丧礼不一样，还是来点真的好，宁肯悲悲切切。(**礼贵俭，丧贵戚**)

3.5 子曰："夷狄之有君，不如诸夏之亡也。"

解释对文本有再创造，这一章是很好的例子。

历史上，讲华夷之辨，大家经常引这段话，使它大出其名。但这段话该怎么讲，历来有争论。

前人的解释，可以分成以下几种：

（一）诸夏不如夷狄。

它是说，你看，就连人家夷狄都有君，不像咱们诸夏反而无君（目无君长），这也太不像话了吧。推其意，主要是嫌诸夏不争气。

（二）夷狄不如诸夏。

它又分两种：

1.就算夷狄有君，也比不上诸夏无君，因为他们太野蛮，不懂什么叫礼仪，有君无礼，还不如有礼无君。这是看不起。

2.如果夷狄有君，竟敢对诸夏发号施令，那还不如咱们无君，这是赌气。[1]

这三种解释，我看，第二类的第一种可能最符合原文。但历史上，各个时期有各个时期的需要，各个时期有各个时期的解释。

钱穆说，晋室南渡，北方五胡乱华，汉族门第鼎盛，蔑视王室，多主前说；宋承晚唐五代藩镇割据的乱局，非倡尊王不能自保，而夷患亦可虞，多主后说。[2]

我们看史书，古人对这句话，经常是各取所需，想怎么讲就怎么讲。比如《魏书·司马叡传》引之，就是拿它批评中国的君弱臣强，但它的《宕昌羌传》引之，又骂"宕昌王虽为边方之主，乃不如中国一吏"。这些解释，不管说谁不如谁，都

1　程书，第一册，148—150页。

2　钱书，56—57页。

是诸夏本位，对外国或外族看不起，即使大骂中国，也是哀其不幸，怒其不争。

相反的立场有没有？也有。这就是非汉族的读者。

如宋人笔记里说，金人南下，打到曲阜，他们在孔庙里，指着孔子像骂，原来你就是那个骂我们是"夷狄之有君"的家伙呀。[1]还有满洲人，他们的立场和汉族也不一样。比如雍正皇帝说，明之天下是亡于流寇之手，乃中国人自取灭亡，怪不得谁。满人以外国之君入承大统，中国人何必还讲华夷之分。春秋时虽百里之国，当大夫的都不能随便辱骂国君，更何况我朝奉天承运，造此大一统太平盛世。他说，"圣人之在诸夏，犹谓夷狄之有君"，你们怎么可以有这种无父无君之论呢。人家韩愈都说了，"中国而夷狄也则夷狄之，夷狄而中国也则中国之"。因为身份相似，他们特别认同于元，说"有元之混一区宇，有国百年，幅员极广"，但中国人却很不公平，后世称述者寥寥（《大义觉迷录》）。

宋元明清，中国挨打，教训很深刻，有些汉族知识分子，也开始对华夏优越论持批判态度。如明谢肇淛就说，"夷狄之不及中国者，惟礼乐文物稍朴陋耳。至于赋役之简，刑法之宽，虚文之省，礼意之真，俗淳而不诈，官要而不繁，民质而不偷，事少而易辨，仕宦者无朋党烦嚣之风，无讦害挤陷之巧，农商者无追呼科派之扰，无征榷诈骗之困。盖当中国之盛时，其繁文多而实意少，已自不及其安静，而况衰乱战争之日，暴君虐政之朝乎？故老聃之入流沙，管宁之居辽东，皆其时势使然。夫子所谓'夷狄之有君，不如诸夏之无'者，其浮海居夷，非浪言也"（《五杂组》卷四）。[2]

1　宋庄季裕（名绰，以字行）《鸡肋编》卷中："自古兵乱，郡邑被焚毁者有之。虽盗贼残暴，必赖室庐以处，故须有存者。靖康之后，金虏侵陵中国，露居异俗，凡所经过，尽皆焚爇。如曲阜先圣旧宅，自鲁共王之后，但有增葺，莽、卓、巢、温之徒，犹假崇儒，未尝敢犯。至金寇，遂为烟尘，指其像而诟曰：'尔是言夷狄之有君者！'中原之祸，自书契以来，未之有也！"案：文收入《四库全书》时被窜改，"至金寇，遂为烟尘，指其像而诟曰：'尔是言夷狄之有君者！'"一段被删掉。参看鲁迅《谈"激烈"》，收入《鲁迅全集》第3卷，北京：人民文学出版社，1956年，360—364页。又宋文惟简《虏庭事实》有类似的故事，文曰："释奠。距燕山东北千里，曰中京大定府，本奚霫旧地。其府中亦有宣圣庙，春秋二仲月，行释奠之礼。契丹固哥相公者，因此日就庙中张宴。有胡妇数人，丽服靓装，登于殿上，徘徊瞻顾。中有一人，曰：'此胡者，是何神道？'答曰：'者便骂我夷狄之有君者。'众皆发笑而去矣。"

2　参看程书，第一册，150页。程氏引宋邵博《闻见后录》已经指出，春秋的犬戎、唐代的回纥、宋代的辽金，皆民风淳朴，胜于中国，华夏之长，惟在腐化；而顾炎武《日知录》也说，"历九州之风俗，考前代之史书，中国之不如外国者有之矣"。

华夷之辨，太敏感，连古书版本都受影响。如皇侃《论语集解义疏》，这段话下，皇疏原文本来是："此章重中国，贱蛮夷也。诸夏，中国也。亡，无也。言夷狄虽有君主，而不及中国无君也。故孙绰云：诸夏有时无君，道不都丧，夷狄强者为师，理同禽兽也。释惠琳曰：有君无礼，不如有礼无君也。刺时季氏有君无礼也。"[1]《四库全书》本把这段话改成另一个样子："此章为下（潜）〔僭〕上者发也。诸夏，中国也。亡，无也。言中国所以尊于夷狄者，以其名分定而上下不乱也。周室既衰，诸侯放恣，礼乐征伐之权不复出自天子，反不如夷狄之国尚有尊长统属，不至如我中国之无君也。"《四库》本为什么要把皇疏改成这个样子，原因很简单，原本有"重中国，贱夷狄""理同禽兽"等语，都是触犯当时忌讳，清初禁书之令甚严，不能不加改窜。程树德没有看到原本，不知道里面还有这等怪事。

这一章的"夷狄之有君"指谁，学者也有猜测，有人认为，可能是与孔子同时的楚庄王或吴王夫差。比如杨树达就有此说。他说，"《春秋》之义，夷狄进于中国，则中国之。中国而为夷狄，则夷狄之"（杨氏是据《公羊传》，上引《大义觉迷录》也提到，谓出韩愈），"盖孔子于夷夏之界，不以血统种族及地理与其他条件为准，而以行为为准，其生在二千数百年以前，恍若豫知数千年后有希特勒、东条英机等败类将持其民族优越论以祸天下而豫为之防者，此等见解何等卓越！此等智慧何等深远！《中华人民共和国宪法》有'反对大民族主义'之语，乃真能体现孔子此种伟大之精神也。而释《论语》者，乃或谓夷狄虽有君，不如诸夏之亡君，以褊狭之见，读孔子之书，谬矣"。[2]杨氏爱孔子而美化之，以至于此，又是一种标本。

孔子有华夏优越感，何足怪哉！（**夷狄有君，不如诸夏无君**）

3.6 季氏旅于泰山。子谓冉有曰："女（汝）弗能救与（欤）？"对曰："不能。"子曰："呜呼！曾谓泰山不如林放乎？"

"季氏旅于泰山"，这里的"季氏"肯定是季康子，因为下文显然是冉有担任季氏宰时才能有的话，而冉有所事正是季康子。"旅"，西周金文多以"旅"字冠于器名之上。或说"旅"是祭名，或说"旅"是陈列之义。1954年，山东泰安市

1　皇侃《论语集解义疏》，日本大正十二年（1923年）怀德堂本。
2　《疏证》，67页。

内有个位于泰山南面叫东更道的地方发现过一个祭坎（祭祀用的器物坑），祭坎是用大石板覆盖，内藏六件浴缶和一件三足铁盘，作一字横排，估计就是旅祭泰山的遗迹。"泰山"，古人喜欢把名山叫大山，如华山也叫华大山，霍山也叫霍大山，大同太，秦系文字往往把太写成泰。泰山本来只是齐鲁地区的一座名山，后来成为五岳之首，不但鲁国祭，周公祭，很多帝王也祭。祭泰山，只有天子和公侯才有资格，季康子祭泰山，属于僭越，孔子看不下去。

"冉有"，冉求，字子有，也称冉有，孔门二期的学生。冉有任季氏宰，大约在前492—前472年之间。前492—前484年，孔子还在周游列国，然后才回到鲁国。孔子跟冉有谈话，是在他回到鲁国之后，即前484—前479年之间。

"女（汝）弗能救与（欤）"，"救"是阻止的意思。孔子对冉有说，季氏这么干，你不能阻止他吗？冉有说"不能"。

"曾谓泰山不如林放乎"，"曾"是难道、竟然的意思。这段话，背景不清楚，前人有各种猜测。我怀疑，"林放"可能是为季氏掌祭礼的官员。古代管山林的官叫林衡，他也可能是以官为氏。这段话，背景可能是，季氏旅泰山，都是林放的馊主意，此举不合于礼，孔子很生气，说你们怎么什么都听林放的，难道泰山还不如林放吗？你们怎么就不想想，泰山之神会接受这样的祭祀吗？你们糊弄谁，也糊弄不了泰山。**（骗谁也骗不了泰山）**

3.7 子曰："君子无所争，必也射乎！揖让而升下而饮，其争也君子。"

争名夺利和自由是完全相反的概念。《西游记》第一回有一首诗，把这一点讲得很清楚：

争名夺利几时休？早起迟眠不自由！
骑着驴骡思骏马，官居宰相望王侯。
只愁衣食耽劳碌，何怕阎君就取勾？
继子荫孙图富贵，更无一个肯回头！

孔子说，君子没什么可争，如果一定要争，恐怕就要算射礼了。射礼既是礼仪活动，也是体育比赛。体育比赛，总有一争，就算"友谊第一，比赛第二"，也还是要比一比，赛一赛。比赛要讲游戏规则，公平竞争，fairplay。这样的争是"君子之争"。

这段话，过去有两种读法，一种是把"必也"断在上句，作"君子无所争必也，射乎揖让而升下而饮"，一种是像这里，连下句为读。这里，我们不取前说，道理很简单，《论语》中带"必也"的句子很多，除去这段话，还有六个例子：《雍也》6.30、《述而》7.11、《颜渊》12.13、《子路》13.3、13.21、《子张》19.17，每个例子，都把"必也"放在句首。它是用来表示，假如一定要怎么样或非什么不可，那就只能是什么什么，或如何如何。

"揖让而升下而饮"，应作一句读。"揖让"，是打躬作揖，互相谦让。"升"是登堂，"下"是下堂，"饮"是饮酒，这是射礼的三道程序，彼此是并列关系。原文是连读，等于说"揖让而升，揖让而下，揖让而饮"，每一步都揖让，不可断为"揖让而升，下而饮"。那样，就变成登堂揖让，下堂饮酒了。射礼是两人一组进行比赛，射在堂上射，饮在堂上饮。战国时期的画像纹铜器，上面有射礼的场面，就是如此。射礼，每对选手，轮到自己，才登堂，登堂要打躬作揖，互相谦让；射毕下堂，下堂也要打躬作揖，互相谦让；最后，胜者罚负者饮酒，还要登堂，也要打躬作揖，互相谦让。[1]

这种礼让，体育讲，武林讲，军人讲，但文人往往不讲。文人相轻，文人相倾，不是君子之争，而是小人之争。

周恩来提倡"友谊第一，比赛第二"，的确有儒家味道，但比赛就是比赛，竞争性强的项目，还是很有火药味。（**君子之争**）

3.8 子夏问曰："'巧笑倩兮，美目盼兮，素以为绚兮'何谓也？"子曰："绘事后素。"曰："礼后乎？"子曰："起予者商也，始可与言《诗》已矣。"

子夏善《诗》，他引用的《诗》，前两句出《卫风·硕人》，是描写美人的名句，一句是讲美人的笑容很美，一句是讲美人的眼神很美，但"素以为绚兮"不

---

[1] 程书，第一册，153—157页。

见今本，旧注认为这是另一首逸诗中的句子。"素"是纯白，"绚"是多彩。

"绘事后素"，有两说，一说据《礼记·礼器》的"白受采"，一说据《考工记》的"绘画之事后素功"。前者是白底施彩，后者是用白色为彩画勾边，意思完全不一样。这里应以前说为是。

古人说"礼文"，"礼文"的"文"，有如绘画的文彩，是画在"礼"的白底之上。子夏问"礼后乎"，意思是，"礼"就是画画的底子吗？孔子很高兴，认为子夏对《诗》的理解很对，对他很有启发性。

毛泽东说，中国的特点是"一穷二白"，解放后的中国就像一张白纸，"好画最新最美的画图"。[1]

"穷"是物质落后，"白"是文化落后，可能就是脱胎于孔子的说法。不过，中国虽穷，这张白纸上还是有一点东西，如青山绿水和文物古迹。我们不能为了画最新最美的图画，就把它们也消灭掉了。（**一张白纸，好画最新最美的图画**）

3.9　子曰："夏礼吾能言之，杞不足征也；殷礼吾能言之，宋不足征也。文献不足故也，足则吾能征之矣。"

孔子是以礼治史（参上《为政》2.23），礼是制度，也是精神。

"杞"是"夏"的后代，"宋"是"殷"的后代。杞人忧天，宋人不鼓不成列，都是后人嘲笑的对象。对周人而言，他们是"最后的贵族"。

"文献"，与今人理解的"文献"不同，不光指档案，还包括遗老遗少。

古代文化遗产，有实物，有文字，还有活人，活人的口头传说和代代相传的手艺。有些汉学家喜欢强调同期史料，强调过分，就取消了人类学。因为人类学的材料都是"不同期史料"，"故老传闻"也是很重要的人类学史料，孔子重视，司马迁也重视。

这段话很有名，文献不足，所以要做考古发掘和人类学调查。（**文献不足**）

1　毛泽东《介绍一个合作社》，收入《建国以来毛泽东文稿》第七册，北京：中央文献出版社，1992年，177—182页。

3.10 子曰："禘自既灌而往者,吾不欲观之矣。"

"禘",音dì,是祭族姓所出的祖先,如姬姓祭黄帝,姜姓祭炎帝,嬴姓祭少昊,等等。西周金文中的"禘",或作"帝",或作"啻",和"帝"是同一个字。"帝",是祖神,它与"根蒂"之"蒂"和"嫡庶"之"嫡"有关,是老祖宗的老祖宗。禘就是祭帝,属于古礼中的郊祀。古书说,禘是配天而祭,原因是帝住在天上,古人把天叫"帝廷"。

"灌",亦作祼,是以圭瓒酌郁鬯灌地降神的礼仪。圭瓒是一种盛酒的勺。郁鬯是一种用黑黍酿成的酒,调以郁草制成的香料。

禘祭,包括很多仪节,灌礼是其中的一步。孔子说,灌礼以后的每一步,他都看不下去。看来,这些仪节都不合于礼。

这是批评鲁侯的非礼。**（鲁国的禘祭）**

3.11 或问禘之说。子曰："不知也。知其说者之于天下也,其如示诸斯乎!"指其掌。

这一章也是讲禘。

"不知也",孔子对他不满意、有所忌讳、不愿回答的问题,经常这么说。这里,孔子说"不知也",也是表示他对鲁侯所行的禘礼很不满。这个鲁侯是谁?不知道。

"示",朱熹说,"示与视同"。这两个字,古或通假,关系类似闻与问、受与授,这里读示很好,不必读为视。

禘是宗庙大礼。古人认为,国家是由对祖先的祭祀来维系,祖先,往上追,追到头,是所谓帝;祭帝,对延续国家命脉,有象征意义。抗战期间,毛泽东率众祭黄陵,就是现代的禘祭。当时,中华民族到了最危险的时候,这么做,有道理。但现在祭黄炎,却让人感到滑稽。《礼记·中庸》"明乎郊社之礼、禘尝之义,治国其如示诸掌乎"是类似的辞句。它可以说明,禘祭是治国的手段。孔子说,懂得禘礼的人,就像缩天下于手掌,一边说,一边用手指其掌。后世常以"指掌"比喻简单明了,他的意思也是说,懂得禘礼,治国也就变得很容易,一切都清清楚楚,明明白

白。（禘祭是天下的缩影）

3.12 祭如在，祭神如神在。子曰：“吾不与祭，如不祭。”

前两句，旧注都说，第一句是讲祭鬼，第二句是讲祭神。孔注说，“祭如在，言事死如事生也。祭神，谓祭百神也”。“事死如事生”，见《左传》哀公十五年、《礼记·中庸》，当然指祭鬼。皇疏添油加醋，进一步解释说，原文既说“祭如在”，当然是相对于“不在”，不在的肯定是鬼。朱注无异议。现在各种注本都采用这类说法。我看，这种说法不对。原文只说“祭如在”，并没说“祭鬼如鬼在”，祭鬼说，明明是添字解经。我理解，“祭如在”是泛言祭什么就好像什么在眼前，并不确指是神是鬼，下文递进，才强调“祭神如神在”。

最后两句，前人说，如果孔子有事，不能亲临祭祀，让别人代替，别人不敬，还不如不祭（《集解》《集注》），这种解释也有点别扭。我理解，孔子是说，祭祀一定要虔诚，一定要投入，有亲临其境的感觉，如果没有这种感觉，还不如不祭。**（祭祀要有祭祀的状态）**

3.13 王孙贾问曰：“与其媚于奥，宁媚于灶，何谓也？”子曰：“不然。获罪于天，无所祷也。”

“王孙贾”，郑玄说，他是“自周出仕于卫”，即他是周王孙。此人名贾，见《左传》定公五年和七年，是卫灵公的大夫。《宪问》14.19讲卫灵公的大臣，其中提到“王孙贾治军旅”，估计是卫灵公的大司马。孔子去鲁适卫，在前497年；事卫灵公，在前495—前493年。我们凭这个人名可以断定，此章是记孔子事卫灵公前后的事。

“与其媚于奥，宁媚于灶”，这是当时的成语，有点像现在说的“县官不如现管”，与其给顶头上司拍马，不如给直接管事的烧香。奥是室内的西南角，是主人所居，最尊；灶是做饭的地方，不如前者。古代祭五祀，户、灶、门、行、中霤，都是迎尸于奥，奥为室主，尊于灶，但不如灶神，和人的关系更直接。王孙贾问，这两句话是什么意思。孔子说，它根本就不对，如果真得罪了上天，祷告什么都没用。

王孙贾说的"奥"是谁？"灶"是谁？前人有各种猜测：一说王孙贾是暗示孔子，让他巴结自己（旧注都这么讲）；一说王孙贾是请教孔子，问他自己是不是应该巴结弥子瑕（清任启运《四书约旨》）。[1]现在，一般看法，"奥"是卫灵公，"灶"是王孙贾，或南子、弥子瑕。前495年，孔子初到卫，欲通南子，求仕于灵公。我怀疑，"灶"是南子，"奥"是灵公。这就像后世，大臣欲通皇上，要先求娘娘、公公一样。**（与其媚于奥，宁媚于灶）**

3.14 子曰："周监于二代，郁郁乎文哉！吾从周。"

孔子热爱三代，更热爱其中的周。他认为，周礼是沿袭夏、殷而有所损益，夏、殷之礼比较简陋，比较朴实，周礼不一样，特点是"文"，文化发达，文明程度高。**（孔子更爱周）**

3.15 子入太庙，每事问。或曰："孰谓鄹人之子知礼乎？入太庙，每事问。"子闻之，曰："是礼也。"

"太庙"，是鲁国的祖庙，即曲阜的周公庙。古代城市，有所谓"左祖右社"（《周礼·考工记》）。北京的劳动人民文化宫，是明清的太庙，在天安门的东边，按背北面南定左右，位置正在左边。今周公庙，也在曲阜鲁故城的中心而偏东。

上面说的"禘"，就是在鲁国的太庙举行。也可能，3.10和3.11，本来是接在这一章的后面，属于同一组文字。

一般认为，此章是记孔子年轻时的事。"鄹人"，"鄹"音zōu，不是说孔子的爸爸是住在鄹邑的人，而是说他是鄹邑的邑大夫，这是当时鲁国对邑官的称呼，《左传》文公十五年的"卞人"是类似称呼。西周金文中也有"某（邑名）人某（人名）"这类称呼，它们是不是类似用法，值得研究。

孔子进太庙，什么都问。有人说，这是因为他太客气，太谨慎（《集解》《集注》）；有人说，他是明知故问，故意讽刺和暗示鲁僭王礼，不循旧典（清俞樾

1　程书，第一册，178—181页。

《群经平议》)。[1] 两说，还是前说更好。当时，孔子已有知礼之名，但什么都向人请教，使人怀疑他到底懂不懂礼。他听说了，说这正是礼。

毛泽东讲调查研究，曾引过"子入太庙，每事问"，让大家学习。[2]（**子入太庙 每事问**）

3.16 子曰："射不主皮，为力不同科，古之道也。"

此章是讲射礼。"射不主皮"，见《仪礼·乡射礼》，旧说"皮"是箭靶，"射不主皮"是不射穿箭靶，但箭靶，古代叫"侯"，皮制的叫"皮侯"，似乎没有单称为"皮"的，"主皮"何以为射穿箭靶（"主"是谓语，"皮"是宾语），也有点奇怪。如果指射穿箭靶，似当读为"射不主破"，"破"即"破的"之"破"。孔子的意思大概是说，射礼，射穿箭靶或不射穿箭靶，并不重要，因为参赛者，张弓的力度不一样。（**射不主皮**）

3.17 子贡欲去告朔之饩羊。子曰："赐也，尔爱其羊，我爱其礼。"

"告朔之饩羊"，行告朔礼的牺牲。"告朔"，朔是阴历每月的初一。东周时期，每年秋冬之交，周天子要把第二年的历书颁发给诸侯，诸侯接受历书，藏于祖庙，每逢初一，要杀一只羊，祭于祖庙，然后回朝听政。祭庙叫告朔，听政叫视朔。"饩羊"，"饩"音xì，是杀而不烹的生羊。

此时，告朔之礼久已不行，但有司仍供羊于庙，虚应故事。子贡觉得，既然鲁君人都不来了，告朔、视朔之礼久已不行，还有什么必要供这只羊，岂不是浪费？不如连羊也去掉算了。孔子说不行，你心疼的是羊，我心疼的是礼。他的意思是，如果连这只羊也废了，这个礼就彻底废了。（**尔爱其羊，我爱其礼**）

3.18 子曰："事君尽礼，人以为谄也。"

孔子认为，事君要处处符合礼的规定，这是本分，但当时的人反而认为，他

1　程书，第一册，185—186页。
2　毛泽东《反对本本主义》，《毛泽东选集》第一卷，北京：人民出版社，1991年，110页。

这是没事找事，吃饱了撑的，和拍马屁差不多。俗话说，"礼多人不怪"，他是礼多人怪。（**君臣之礼一**）

3.19 定公问："君使臣，臣事君，如之何？"孔子对曰："君使臣以礼，臣事君以忠。"

"定公"，鲁定公。此章有定公问，年代在前509—前495年之间，即他在位期间，但更大可能是前500—前498年之间，即孔子任鲁司空、司寇时。

"君使臣以礼，臣事君以忠"，君使臣曰"使"，臣事君曰"事"。"使"，古作"吏"。"吏"与"事""使"同源，后来才分化，成为不同的字。"礼"是外部约束，代表君的权力；"忠"是内心约束，代表臣的义务。对照上文，"事君以忠"也是礼。（**君臣之礼二**）

这两章是讲君臣之礼。

3.20 子曰："《关雎》，乐而不淫，哀而不伤。"

《关雎》，是《国风·周南》的第一篇，也是整个《诗经》的第一篇。这是一首典型的情诗，主要讲男人想女人。该篇有啥哀乐？大概乐是乐在"窈窕淑女，君子好逑"，哀是哀在"求之不得，辗转反侧"。这样的诗歌，经君子解释，才有"好德如好色"的功效（《子罕》9.18、《卫灵公》15.13）。

孔子认为，礼的重要性，全在于节，乐要节，哀也要节。哀乐之情，都应以礼节之，不能过分。"淫"是流于放荡，"伤"是过于悲伤，都比较过分。参上3.4，"哀而不伤"是折中于"易""戚"之间。（**《关雎》**）

3.21 哀公问社于宰我。宰我对曰："夏后氏以松。殷人以柏。周人以栗，曰使民战栗。"子闻之，曰："成事不说，遂事不谏，既往不咎。"

"哀公问社于宰我"，"宰我"，即宰予。宰予字子我，这里是以字称。他是孔门二期的学生，为孔门十哲之一，长于言语。

"社"，是管国土的神，古本有两种写法，《鲁论》作"主"，《古论》作"社"，八角廊汉简《论语》和敦煌、吐鲁番本《论语郑氏注》作"主"，释文、集解、皇疏、邢疏作"社"。因为写法不同，"社"是社树还是社主，"主"是社主还是其他神主，有不同解释。但学者多认为是社主。

哀公问宰予，社主该用什么木头做，宰予回答说，夏用松，殷用柏，周用栗，周人用栗是取"使民战栗"之义。这话很难懂，好像土匪对暗号，可能是隐语。孔子听说，讲了三句话，也不太明白。一般认为，这是孔子批评宰予的话。因为宰予不像话，白天睡觉，挨过孔子骂，大家想，这也是孔子在批评宰予。但清方观旭有一种猜测，他说古代的"社"是杀殉为祭的地方，"哀公问社"是问能不能杀人，意思是要除去三桓，而宰予的回答，则是劝他痛下决心，不杀不足以使民警惕（《论语偶记》）。[1]如此说可靠，那孔子的意思就是说，凡是可能成功的事，不要说出；凡是可能如愿的事，不要劝阻；凡是过去了的事，无论成败，也不要埋怨。鲁故城有周人，也有殷遗民，周人祭周社，殷人祭亳社。这里说的"社"是周社。

此章有哀公问，年代应在前494—前479年之间。前491年，鲁亳社被火烧，清李惇认为，哀公问社是以此为背景（《群经识小》）。[2]（**哀公问社**）

3.22　子曰："管仲之器小哉！"或曰："管仲俭乎？"曰："管仲有三归，官事不摄，焉得俭？""然则管仲知礼乎？"曰："邦君树塞门，管氏亦树塞门。邦君为两君之好，有反坫，管氏亦有反坫。管氏而知礼，孰不知礼？"

"管仲"，是辅佐齐桓公取威定霸的能臣，一般都以为是"大器"，即栋梁之材，但孔子却说"管仲之器小"，颇有微辞。

孔子对管仲的批评主要是两条，一是"不俭"，二是"不知礼"。

"不俭"，是"管仲有三归，官事不摄"。"三归"，见《晏子春秋》内外杂篇、《韩非子·外储说下》《战国策·周策》《说苑·善说》，前人聚讼，主要有五说：一说娶三姓女，僭用天子之礼；一说筑三台，藏女子、钱财于其中；一说有三处宅子；

1　程书，第一册，205页。
2　程书，第一册，201页。

一说是管仲的采邑，为地名；一说是市租取三之义。[1]无论哪一说，都是说管仲多吃多占，很奢侈。"官事不摄"，是说每个官员都不兼职，官员人数太多。

"不知礼"，主要是僭用齐君才配享用的待遇。"邦君"，指齐君。"塞门"，是宫室入门后的门屏，后世也叫影壁或照壁。"反坫"，"坫"音diàn，是招待外国国君的宴会上回放酒爵的土台。

孔子评管子，一方面很高，一方面很低。批评，只有此章，主要是说他在国内的表现不怎么样；称赞，有三章，见《宪问》14.9、14.16、14.17，则是夸他的"九合诸侯""一匡天下"。孔子很少以仁许人，独称管仲为仁，为什么？主要是因为他对尊王攘夷有大功。他对管仲的整体评价还是比较高的。（**管仲之器小**）

3.23 子语鲁大师乐，曰："乐其可知也：始作，翕如也；从之，纯如也，皦如也，绎如也，以成。"

"鲁大师"，春秋时期的大师，是掌音乐的官员，相当秦汉的太乐令。此人可能就是本书中的"师挚"（《泰伯》8.15）或"大师挚"（《微子》18.9）。孔子跟他讲自己听音乐的感受。

"乐其可知也"，音乐是可以明白的。

"始作"是开始演奏，"翕如"是说声音受到控制，还没有放开。

"从之"是接下来的演奏，继续进行的演奏。"纯如""皦如"（"皦"音jiǎo）"绎如"是形容声音的清纯、洪亮和余音袅袅，"以成"是说最后完成。（**孔子论乐**）

3.24 仪封人请见，曰："君子之至于斯也，吾未尝不得见也。"从者见之。出曰："二三子何患于丧乎？天下之无道也久矣，天将以夫子为木铎。"

"仪封人"，郑玄说，仪是卫邑，这个仪在哪里？不清楚。《续汉书·郡国志》和《水经注·渠水》引《西征记》说，仪是汉代的浚仪，汉代的浚仪在今河南开封。今河南兰考县有仪封乡仪封村，旧有"请见孔子处"。"封人"是管边界封树的小官，见

1　程书，第一册，207—212页。

《周礼·地官·封人》，此职多见于《左传》。封树，是封土植树，以为界标。

仪是卫国边境上的小城。孔子路过该地，仪封人说，凡到访此地的君子，没有一个我没见过，一定要见孔子。古代，拜见有身份的人，要经人介绍，这里的"从者"就是通报孔子，带他见孔子的学生，也就是下文的"二三子"。仪封人见过孔子，很佩服，对孔子的学生说，你们不要有离乡背井、无家可归的失落感，天下无道已经很久了，老天将让你们的老师出来行教布道，宣传上天的旨意。"木铎"，是带木舌的金属铃当，古代使者出行，沿途要摇它，仪封人用木铎比喻孔子。

这段话是什么时间讲的？肯定是孔子周游列国期间。孔子周游列国，先后三次到卫国，一次是前497—前496年；一次是前496年，短暂离开，又返回，事卫灵公；一次是前489—484年，事卫出公。这是哪一次，不好定。**（天将以夫子为木铎）**

3.25 子谓《韶》尽美矣，又尽善也；谓《武》尽美矣，未尽善也。

古代所谓"乐"，既包括声乐、器乐，也包括舞蹈，还有歌词，即所谓诗。高兴了，都是手舞足蹈、载歌载舞。

孔子是古典音乐迷。春秋时期，最有名的古典音乐有六种，一曰《云门》，为黄帝的音乐；二曰《咸池》，为唐尧的音乐；三曰《大韶》，为虞舜的音乐；四曰《大夏》，为夏禹的音乐；五曰《大濩》，为商汤的音乐；六曰《大武》，为周武王的音乐。六种音乐，《韶》《武》最有名，晚到秦汉魏晋，还有人演奏。《韶》《武》，也见于《卫灵公》15.11。这两种，他都爱，但更喜欢，还是《韶》。他在齐国听《韶》，"三月不知肉味"，说是好听得不得了（《述而》7.14）。

孔子说，《韶》才是尽善尽美，《武》虽好听，并不完美。尽善尽美，现在是成语。孔子为什么这样讲，前人说，那是因为舜是凭禅让取天下，武王是靠征伐取天下，暴力总是令人遗憾。**（《武》不如《韶》）**

以上三章都是讲"乐"。

3.26 子曰："居上不宽，为礼不敬，临丧不哀，吾何以观之哉？"

"居上"是居上位。"宽"是宽容。曾子有类似的话："临事而不敬，居丧而不

哀，祭祀而不畏，朝廷而不恭，则吾无由知之矣。"（《大戴礼·曾子立事》）

这三条，都是讲体面人应有的体面。**（体面人的体面）**

里仁第四

本篇皆短章，全是道德格言。它们几乎全是孔子的语录，只有4.15是讲给曾子听，4.26是子游的话。这些短章，按主题不同，可以分为若干小组，如4.1—4.7讲仁，4.8—4.9、4.15讲道，4.10—4.12、4.16讲君子、小人之分和义、利之辨，4.18—4.21讲孝道，4.22—4.24讲言、行。但其他，4.13讲礼让，4.14、4.25讲闻达，4.17讲见贤思齐，4.26讲君、友之道，则相对分散。

4.1 子曰：“里仁为美。择不处仁，焉得知（智）？”

“里仁”，就是“处仁”。“里”，本来是古代的面积单位，即长宽各300步。古代计里画方，安置居民，很有传统，里是居民组织的基本单位。里的面积大小和人口多少没有一定，但一般比较小。现在有些小地名，仍以里为名。“择”，古书引用或作“宅”，作“宅”更好。

前人注释此章，一般都是照字面理解，认为孔子强调的是，跟什么人做邻居，一定要慎重，不选仁人，不行。

我们现在买房子，要看地点、交通、景色，周围的环境怎么样，学校、商店、饭馆、医院怎么分布。如果在美国，还有一条最重要，就是邻居，富人和穷人，什么人和什么人住一块儿，绝对不能忽略。

孔子卜宅，也很看重邻居。如果旧注不误，他是想跟仁人住一块儿。这种想法很有意思。我也想过，如果能跟自己要好的朋友住一块儿，多好。孔子的理想社区，全是仁人，还是有一两个就够了，不知道，反正为富不仁的人，绝对不接纳。有钱可以，必须捐出来。我们不妨设想一下，他当校长兼教授，周围是莘莘学子，慕名者自远方来，他们买房赁屋，越聚越多，好像大学城，把曲阜阙里搞得和个君子国似的，多好。孔子说，不跟仁人住一块儿，太傻。（与仁为邻）

4.2 子曰：“不仁者不可以久处约，不可以长处乐。仁者安仁，知（智）者利仁。”

此章也是讲处仁，但不是择邻，而是自处。

前两句，是讲不仁者。“约”，孔注训“困”。孔子认为，仁者都很安分，穷也好，富也好，都安之若素。不仁者是穷了不行，富了也不行。

后两句，是讲仁者和智者。我们要注意，这里的仁者，特点在一个"安"字。安仁是安于仁，强调其静。孔子常以仁、智并举，两者有什么不同？仁是体，智是用；仁主静，智主动。前者像山，后者像水。这是两者的不同。参看《雍也》6.23的"知（智）者乐水，仁者乐山"。

"仁者安仁"，对比上文可知，其实就是安贫，不但要做好精神准备，长期饿肚子，还要快快乐乐饿肚子。

"智者利仁"，什么意思？不太清楚，大概是越来越聪明，把仁的伟大意义都发挥出来了。

总之，仁者不动如山，安于仁；智者长流似水，利于仁。孔子说的境界，没准儿是饿着肚子而文思泉涌吧。（**仁者安仁，智者利仁**）

4.3 子曰："唯仁者能好人，能恶人。"

以仁为邻，谁是仁者？

仁者以仁为标准，好恶以此定。其所好之人是仁人（或近仁之人），所恶之人是不仁之人。（**不是仁人，不知好赖人**）

4.4 子曰："苟志于仁矣，无恶也。"

"志于仁"是有心求仁，"无恶"是没有恶可被人恶。（**有心求仁，不招人恨**）

4.5 子曰："富与贵是人之所欲也，不以其道得之，不处也。贫与贱是人之所恶也，（不）以其道得之，不去也。君子去仁，恶乎成名？君子无终食之间违仁，造次必于是，颠沛必于是。"

富人常以他们的富裕、文明和秩序给穷人做榜样。榜样的力量是无穷的。但他们却一直不明白，穷人爱钱，爱他们拥有的一切，为什么却不爱有钱人。因为除了榜样，他们什么也不给，就连"以其道得之"的"道"，也是一个无法回答的问题。

孔子说的君子，和小人不一样，小人恨贫贱，不安于贫贱，除了"彼可取而代之"，不知还有什么"道"。孔子说，道就是仁。君子所安，只是仁，要安仁守素。不合于仁，虽富贵不处；合于仁，虽贫贱不去。这个立场叫仁。没有仁，君子就无法成名；有了仁，才有名。

孙钦善认为，第二次出现的"不以其道得之"，"不"字是衍文。[1]

"终食"，是一顿饭的工夫，形容时间很短。"造次"，是急急忙忙。"颠沛"，是困顿挫折。

孔子的意思是，不管怎么忙忙叨叨，怎么焦头烂额，都不可离开仁，哪怕一时一刻。离开仁，君子就没法出名了。（**君子弃仁，不能成名**）

4.6　子曰："我未见好仁者、恶不仁者。好仁者，无以尚之；恶不仁者，其为仁矣，不使不仁者加乎其身。有能一日用其力于仁矣乎？我未见力不足者。盖有之矣，我未之见也。"

前两句，"好仁者"和"恶不仁者"是名词性的并列关系，一般都以逗号为隔，我点顿号。孔子说，这种好恶分明的人，我没见过，很悲观，真是"洪洞县里无好人"。

中间一段，"好仁者"，"好"是正面表达，"仁"最好，无以复加，一定要玩命追求；"恶不仁"，"恶"是负面表达，"不仁"最坏，一定要深恶痛绝，不让它加于己。这是讲心。

下面讲力。他说，有人会说，我是心有余而力不足。孔子说，他没见过，有谁心中追求仁，只因力不足而做不到，哪怕只花一天的力气；也许真有心有余而力不足的人吧？反正我没看见。参看《雍也》6.12："冉求曰：'非不说（悦）子之道，力不足也。'子曰：'力不足者，中道而废，今女（汝）画。'"这话也许就是批评冉求。

"文革"时期，是非颠倒，积重难返，大家总是说，什么是好，什么是坏，我

1　孙书，49页。

知道,但好事绝对不能干。我和孔子有相同的感受。(**有心求仁,别说力不足**)

4.7 子曰:"人之过也,各于其党。观过,斯知仁矣。"

错误因人而异,有不同类型。孔子说,你要想知道什么是"仁",最好的办法就是看他犯的错误是哪一类,只有知道什么是"不仁",才能知道什么是"仁"。这也就是说,错误与真理是如影随形。

我们常说,真理面前人人平等,其实,错误面前也是人人平等。错误有高级、低级之分吗?是不是大人物犯的都是高级错误,小人物犯的都是低级错误?我说不是。(**观过知仁**)

以上七章是讲"仁"。

4.8 子曰:"朝闻道,夕死可矣。"

《卖油郎独占花魁》,卖油郎说,若得这等美人搂抱了睡一夜,死也甘心。1980年代以来,很多出国迷也是这样。他们说,到美国转一圈,嘎巴儿死了也值了。

孔子不一样,他说,早上听说真理,晚上死了也值了。

王朝闻的名字就是据此而起。(**朝闻道,夕死可矣**)

4.9 子曰:"士志于道,而耻恶衣恶食者,未足与议也。"

"士",即君子,也叫"士君子",是贵族下层的一般称呼。《论语》常见。

孔子提倡安贫乐道,和很多古代宗教一样,他也强调苦修苦行。孔门之中,谁最安贫乐道?颜回。孔子在陈绝粮,仲由见老师和同学挨饿,看不下去,发脾气,被孔子批评(《卫灵公》15.2),其实仲由才了不起。

吃苦,很多人能做到,特别是待在穷乡僻壤,从没见过钱的人。人最怕的,其实还不是穷,而是人比人。人比人,气死人。谁能经受这种考验,才是真君子。

《子罕》9.27:"子曰:'衣敝缊袍,与衣狐貉者立,而不耻者,其由也

与？'"这才是考验。**（有志于道不怕穷）**

以上两章是讲君子对道的追求。

4.10 子曰："君子之于天下也，无适也，无莫也，义之与比。"

"无适也，无莫也"，"适""莫"二字，旧注多歧，大体有四种读法：一种是把适读为敌，理解为抵触，莫读为慕，理解为向往（《郑注》）；一种是以适、莫为厚薄（《邢疏》），似乎是把适读为嫡，而以莫为相反的意思；一种是以适为可，以莫为不可（唐韩愈、李翱《韩李笔解》）；一种是以适为专主之义，而以莫为相反的意思（朱注）。[1]

我看，"适"是可以，"莫"是不可以，这话也就是"无可无不可"（《微子》18.8）的意思。

"义之与比"，是说一切要看是不是合乎义。"比"，是亲近之义。**（以义为准）**

4.11 子曰："君子怀德，小人怀土；君子怀刑，小人怀惠。"

《论语》常以君子、小人作对比。

"德"指仁恩，"刑"指威罚。《韩非子·二柄》把这两条叫"二柄"。"二柄"是人主御下的基本手段，就像驯象人手里的香蕉和刺象棍。它是义的体现。君子该干什么，不该干什么，都是看这两条。德，可以告他该干什么；刑，可以告他不该干什么。小人不一样，他们关注的，主要是他们居住的那片土地，还有各种实惠，故土和实惠都是眼前的利益。

参下4.16，这里，君子、小人之分，也是义、利之分。

孔子主张以德治国，以礼治国，理想归理想，现实归现实，和柏拉图一样，他也离不开政刑。**（君子与小人一）**

4.12 子曰："放于利而行，多怨。"

"放于利而行"，"放"是依照，小人唯利是从，一切都看有没有利，难免招人恨。对比上4.4："苟志于仁矣，无恶也。"**（唯利是图招人恨）**

以上三章是讲"义""利"之辨。

4.13 子曰："能以礼让为国乎，何有？不能以礼让为国，如礼何？"

"何有"，集解释为"不难"，相当今语"这算得了什么"。这种用法在《论语》中很多，往往加"于"，表示对谁或对什么来说不难。《击壤歌》"帝力于我何有哉"（《帝王世纪》引）是类似用法，就是说对我来说不难。

孔子认为，如果能以礼让治国，有什么难？如果不能以礼让治国，还要礼干什么？

礼有礼让一义。礼让不仅是道德，也是规则，比如马路上的让车就是规则。**（礼让为国）**

4.14 子曰："不患无位，患所以立。不患莫己知，求为可知也。"

"位"和"立"是同源字，位是所立之处。孔子相信，自求多福，凡事不求人，一切反求诸己。所以他说，先求自己有道德、有本事，再去干求禄位；先求自己有值得别人赏识的地方，再求别人赏识。孔子多次讲这类道理。**（不怕没人知，就怕没本事）**

4.15 子曰："参乎！吾道一以贯之。"曾子曰："唯。"子出，门人问曰："何谓也？"曾子曰："夫子之道，忠恕而已矣。"

"参"，音shēn，是曾子之名，他的字是子舆，古人以尊临卑，一般称名。

"忠恕"，"忠"，是尽心诚意，为自守之德；"恕"是尊敬对方，为待人之德。这是"仁"的两个不同侧面。

《广雅·释诂四》："恕，仁也。"古人说，恕和仁，意思差不多。但严格讲，两者还不完全一样。仁是人其人，拿人当人；恕是如其心，将心比心。恕字从心如声，古人常说"如心为恕"（如《左传》昭公六年孔疏），这是拆字为解。准确地说，就是推己及人，设身处地为他人着想，"以心揆心为恕"（《楚辞·离骚》王逸注），"以己心为人心曰恕"（《中说·王道》阮逸注）。孔子说，"己所不欲，勿施于人"，正是这个意思。我们要注意，恕不等于宽恕。今语所谓宽恕，强调的是宽。（**夫子之道，忠恕而已**）

4.16 子曰："君子喻于义，小人喻于利。"

君子方可晓之以义，小人只能晓之以利。小人说，拿钱来，甭废话，跟他讲义没用。此章也是讲"义""利"之辨。（**君子与小人二**）

4.17 子曰："见贤思齐焉，见不贤而内自省也。"

"见贤思齐"，现在是成语。（**见贤思齐**）

4.18 子曰："事父母几谏，见志不从，又敬不违，劳而不怨。"

"几"，包咸训微，是委婉之义。简本作"微"，乃形近而误。

"不违"，是绝对服从。现代社会，只有军队，对首长的命令，才绝对服从，但孔子不一样，他讲"不违"，一是对父母，二是对老师，国君都未必有这种资格。郭店楚简《语丛三》告诉我们，人对父母和君主都要服从，就像军人要服从三军之旗和三军之帅，但君不如亲，君可去，亲不可去，君臣关系不好，可以不以君臣相待；臣不悦君，可离而去之；君以不义加诸臣，臣可拒而不受。当时是孝大于忠，不像宋以来，可以舍孝取忠。[1]

"劳"是操心。

1　李零《郭店楚简校读记》，155页。

古人说，"事亲有隐而无犯""事君有犯而无隐"（《礼记·檀弓上》）。国君，可以毫无保留，犯颜直谏；三谏不从，就哭；哭也不行，就溜。父母，不一样，只能曲里拐弯，委婉劝说。

这里讲孝子劝父母，真是难拿。不但言辞要恳切而委婉，绝对不能直戳戳，不留情面，说父母哪儿对哪儿错，还要看他们的脸色，只要父母不接受，就要恭敬如初，绝对服从，事事为父母操心，丝毫没有怨言。（**如何劝父母**）

4.19 子曰："父母在，不远游。游必有方。"

父母在，不能出远门，即使是近处，也要告父母，自己上哪儿去。（**父母在，不远游**）

4.20 子曰："三年无改于父之道，可谓孝矣。"

与《学而》1.11重。（**三年无改于父之道**）

4.21 子曰："父母之年，不可不知也。一则以喜，一则以惧。"

父母高寿，是可喜之事，也是可惧之事。父母老了，要为他们养老送终，准备墓地和棺材。（**父母的年龄**）

以上四章，是讲孝。

4.22 子曰："古者言之不出，耻躬之不逮也。"

这是讲信。说话算话就是信。

"躬"，是身，代表自己。孔子慎言，他相信，古人比今人讲信用，唯恐自己说了，最后做不到。（**唯恐说了做不到**）

4.23 子曰："以约失之者鲜矣！"

"约"，旧注都以为是约束之义，认为这话是说，自己约束自己，慎言慎行，就很少会犯错误。但古书中的约字还有口头约定的意思。这话也许是承接上文，谓古君子慎言，决不轻易讲话，唯恐自己做不到，可是一旦承诺，就要做到，失约的事绝少。（**说了一定要做到**）

4.24 子曰："君子欲讷于言而敏于行。"

"讷于言"，"讷"音nè，是言语迟钝，结结巴巴，不善表达。"敏于行"，正好相反，敏是敏捷，手脚勤快，反应迅速。孔子慎言，唯恐说了做不到，所以这样强调。他讨厌巧言令色的人，说"刚、毅、木、讷，近仁"（《子路》13.27）。

孔门当中，有资格入德行门，受老师夸奖的道德先生，尽是不爱说话的人，如闵损、冉雍。（**说话要迟钝，行动要敏捷**）

以上三章，是讲"言""行"的关系。

4.25 子曰："德不孤，必有邻。"

此章是说，有德者并不孤立，总有想法一样的人，站在你一边。不一定吧？（**好人不怕孤立**）

4.26 子游曰："事君数，斯辱矣；朋友数，斯疏矣。"

君和友，是社会关系，社会就是社会，不能当自己家。如果用对家里人的态度处理，非把这些关系搞坏。现代社会，尤其不能如此。

子游讲的道理很对，跟领导套近乎，走动太多，领导烦，自讨没趣；就是朋友，天天往一块儿凑，也招人讨厌，日久天长，反而疏远。我们中国，人口密度大，法律约束、道德约束少，小人堆，是非窝，凑一块儿就掐，何苦！大家还是保持距离，少接触为好。

人和人的关系不能太密切，来往不能太频繁。这条我喜欢。

我们对自由的理解是"秃子打伞，无法无天"，特点是不管别人的存在，别人的感受怎么样。西方对自由的理解是"一人一个笼子"，自由就是给人和人的关系划定界限，划定范围，彼此要有距离感。他们的道德，未必都好，但对我们，正好是解毒剂。

人是最凶猛的动物。老乡说，马见马亲，人见人咬。我的看法是，可来往来往，不可来往就躲着点，抬头不见，低头也不见，世界就安生了。（**别有事没事往一块儿凑**）

这两章是讲，人不要怕孤立，怕寂寞。

公冶长第五

本篇以品评人物为主。孔子所评共24人，孔子的学生占一半，其他人物占一半。

我读《论语》，觉得孔子的评论很好玩，他对学生，像对儿孙，该敲打敲打，该收拾收拾，就连所谓"孔门十哲"也不客气。颜回，喜欢，使劲夸；子路，可气，使劲砸。宰予昼寝，破口大骂。高兴了，还把女儿、侄女当奖品。

5.1 子谓公冶长："可妻也。虽在缧绁之中，非其罪也。"以其子妻之。

女儿是最高奖赏。谁肯把亲生闺女嫁给劳改犯？孔子。

"公冶长"，孔门弟子，生卒不详。"公冶"是复姓，即两个字的家族名，严格讲，其实是氏，而不是姓。他可能是以官为氏。战国工官，常以"公"字表示官营，并称负责铸造铜器或铁器的官员为"冶师"或"冶"。司马迁说他名长，字子长，名、字相同，有点怪。《孔子家语》略有不同，是名苌，字子长。其名，范宁引《家语》讹为芝，《释文》则字子张。他的名到底是什么，有很多不同记载，但对比下面几章，这里的"公冶长"是以字称，没问题。他的字应该是子长，这里省掉子。

"妻"音qì，是动词，指孔子嫁女于公冶长。公冶长蹲大狱，他怎么结婚？古代士婚礼，有所谓六礼：纳采、问名、纳吉、纳徵、请期、亲迎，《礼记·内则》说，"聘则为妻"，聘是下聘礼，只到第四步，就可以叫妻。我估计，他只是订婚，还没完婚。孔子把女儿嫁给公冶长，了不起。当然，公冶长是他的学生，孔子知道他没罪。

孔门弟子，有很多是复姓，如《论语》提到的漆雕启（字子开）、公西赤（字子华）、巫马施（字子期）、端沐赐（字子贡）、澹台灭明（字子羽）、司马耕（字子牛）、南宫适（字子容），都是复姓。《论语》中的对话，弟子称师长，多称字，或尊称某子，孔子称弟子，则直呼其名。这里的"子谓公冶长"和下文的"子谓南容"（下5.2）、"子谓子贱"（下5.3）、"子谓子贡"（下5.9）、"子谓子产"（下5.16）一样，都是称字，但不同点是，他的字前不带"子"，加了复姓。下文和后面的"漆雕开"（5.6）、"巫马期"（《述而》7.31）、"公西华"（《先进》7.34和11.22、11.26、11.34）、"司马牛"（《颜渊》12.3—12.5）都这么叫。

"缧绁"，音léi xiè，捆犯人的绳子。"绁"，今本作绁，古本作绁，绁是唐代避唐太宗(李世民)讳造的新字。"缧绁之中",指关在牢狱之中。

"子",古代的子有所谓女子子,女子子是女儿。孔子的女儿叫什么,不知道。

公冶长为什么被抓?孔子为什么说他无辜?不知道。反正孔子喜欢他,不然不会把女儿嫁给他。

中国的师生关系是仿父子关系,老师欣赏学生,会把女儿嫁给他,这是咱们的老传统。

老师选优秀学生当乘龙快婿,或许是好事。但如果不问学生愿意不愿意,女儿愿意不愿意,就成了包办婚姻。"五四"以来,新女性逃婚,往哪儿逃?只有两个去处,一是窑子,二是学校。窑子不能去,只能上学校。[1]过去,才子配佳人,是中国文人特有的幻想(与科学幻想区别,我叫人文幻想),只有妓院,可以圆他们的梦。难怪守旧的老先生要痛骂学校是妓院。新学堂,老师和学生,学生和学生,志同道合,情投意合,乃天作之配,故师生恋和同学恋蔚然成风,很多大文豪和大艺术家(如鲁迅、徐悲鸿)由此结为百年之好,可惜孔子不及见。他老人家不收女学生,一个女儿,一个侄女,嫁完就完了,一点富余都没有。

(公冶长)

5.2 子谓南容:"邦有道,不废;邦无道,免于刑戮。"以其兄之子妻之。

孔子把自己的侄女嫁给另一个学生。这个学生和上一个学生正好相反。他不是一个无辜坐牢的人,而是一个明哲保身、善于躲避牢狱之灾的人。公冶长蹲监狱,无罪,不妨碍他仍然是孔子的好学生;南容不蹲监狱,就更是好学生。

"南容",南宫适(亦作南宫括),字子容,也是孔门弟子。"适",音kuò。南宫是复姓,本来是以所居宫室而名,西周就有这类氏名。古代除南宫氏,还有东宫氏、西宫氏和北宫氏。这里,南容是以字称,他的生卒也不详。周武王有"乱臣十人"(《泰伯》8.20),其中就有南宫适,同名同氏。

南容这个人,好像比较滑。国家有道,他保官;国家无道,他保命。但孔子喜

1　鲁迅说,娜拉走后怎样?"只有两条路:不是堕落,就是回来"。见《娜拉走后怎样》,《鲁迅全集》第1卷,268—274页。其实,还有一条路,就是学校。

欢，不然不会把侄女嫁给他。孔子的这个侄女，是他哥哥孟皮的女儿。

孔子为什么喜欢南容，这跟他的生活哲学有关，他是不主张玩命的。孔子认为，身体发肤，受之父母，当儿女的有义务保管好这批礼物，自己死了、残废了，不要紧，让父母难过伤心，不得了，那是有悖于孝道的。（**南容**）

5.3　子谓子贱："君子哉若人！鲁无君子者，斯焉取斯？"

"子贱"，宓不齐，字子贱，孔门二期的学生。

孔子品评人物，有圣人、仁人、君子三等。他是君子这一等。

孔子说，如果鲁国真的没有君子，他又是从哪里学来的呢？答案很清楚，他是从鲁国的君子特别是孔子学来的呀！（**子贱**）

5.4　子贡问曰："赐也何如？"子曰："女（汝），器也。"曰："何器也？"曰："瑚琏也。"

"瑚琏"，音hú liǎn，是一种贵重的食器，但重要性不如簋。这两个字在古书中不太常见。"瑚"是什么，比较清楚，据出土发现，是一种从西周晚期出现，一直沿用到战国晚期，与盨类似，上下扣合，自名为"匿"的器物。这种器物，宋人叫"簠"，一直沿用，1980年代才被纠正，但考古界叫惯了，不肯改，还是叫"簠"。"琏"是什么，目前还不太清楚。《礼记·明堂位》说，"有虞氏之两敦，夏后氏之四连，殷之六瑚，周之八簋"；包咸说，"黍稷之器，夏曰瑚，商曰琏，周曰簠簋"。我们只知道，它是和簋、瑚、敦、簠同类的器物，用来盛饭，是个吃饭的家伙。

孔子说"君子不器"（《为政》2.12），即君子不以技能为目标，而以道德为目标。孔门四科，德行（道德）、言语（外交）、政事（内政）、文学（人文学术），孔子认为，德行最重要，言语其次，政事又其次，文学最后。没有道德或道德不高，只能算"器"，还没达到"道"的标准。子贡很能干，长于言语，擅长外交和经商，他问孔子，我怎么样，想得到夸奖，孔子说你只是器，子贡问什么器，孔子说瑚琏呗。瑚琏是重器，但不是最重要的器。（**子贡**）

5.5 或曰："雍也仁而不佞。"子曰："焉用佞? 御人以口给, 屡憎于人。不知其仁, 焉用佞?"

"雍", 冉雍, 字仲弓, 孔门二期的学生, 孔门十哲之一。冉雍是政事之材, 但在孔门四科中却属于德行科, 原因之一, 是他不爱说话。德行科的人都不爱说话。他是接替子路当季氏宰。

孔子喜欢老实巴交、不爱说话的人。仲弓符合这一标准。有人说, 仲弓已经达到仁, 但不太会说话。孔子说, 干嘛非得会说话, 靠说话和人打交道, 常遭人讨厌; 冉雍算不算达到仁, 我不知道, 干嘛非得会说话。

"佞"是会说话。子贡会说话, 仲弓不会说话。孔子说, "刚、毅、木、讷, 近仁"(《子路》13.27), 不佞就是讷, 它和仁, 不但不矛盾, 还很接近。

"不知", 是孔子表示不满和否定的一种说法。

看来, 即使仲弓, 也还达不到"仁"的标准。(**冉雍**)

5.6 子使漆彫开仕。对曰："吾斯之未能信。"子说(悦)。

"漆彫开", 是以漆彫为氏, 名启, 字子开, 孔门一期的学生。彫同雕, 指在漆器上刻画。战国齐陶文有"桼(漆)彫里", 是制作漆器的工匠聚居的里名。此人是鲁人, 鲁国也有这类居住区。孔门弟子中, 以漆雕为氏, 还有漆雕哆和漆雕徒父, 也是鲁人, 当与之同里。古代制造业经常使用劳改犯。此人受过刑, 是残疾人(《墨子·非儒下》)。孔门弟子有手工业者、劳改犯和残疾人。古代歧视工商, 工商不能做官, 孔子让漆彫开做官, 比较值得注意。漆彫开说, "吾斯之未能信", 大概仍有自卑感, 信心不足, 孔子觉得他谦虚自抑, 很高兴。(**漆彫开**)

5.7 子曰："道不行, 乘桴浮于海。从我者, 其由与(欤)?"子路闻之喜。子曰："由也好勇过我, 无所取材。"

"桴", 音fú, 是小木筏。

孔子绝望于世, 也不是没有远离政治的想法。他叹气说, 我的主张行不通呀，真想找个小木筏，漂流大海上，跟我走的，准是子路吧？子路听说，很得意。子路和孔子的关系，好像李逵和宋江。孔子上哪儿，他上哪儿。孔子的话，只是发泄，子路不解，还以为老师真的要航海。但孔子说，你勇气可嘉，超过我，但造船的材料没处找。"无所取材"，只是遁词，他内心的想法，还是不忍离去。

孔子明白"道不行"，可能在他周游列国的途中（前497—前484年）或他返回鲁国之后（前484—前479年）。在这以前，他不会说这些话。（子路）

5.8 孟武伯问："子路仁乎？"子曰："不知也。"又问，子曰："由也，千乘之国，可使治其赋也，不知其仁也。""求也何如？"子曰："求也，千室之邑，百乘之家，可使为之宰也，不知其仁也。""赤也何如？"子曰："赤也，束带立于朝，可使与宾客言也，不知其仁也。"

"孟武伯"，见《为政》2.6。他问孔子，你的学生，仲由、冉求和公西赤，他们哪个够得上称仁。

"子路"，是仲由的字，他是孔门一期的学生，年龄比孟武伯大，这里称字。

"冉求"，字子有，是孔门二期的学生，这里称名。

"公西赤"，字子华，是孔门三期的学生，也是称名。

《论语》同时提到这三个学生，还有两处，都在《先进》篇，一是《先进》11.22，二是《先进》11.26，可以对照着看。

孔子对仲由、冉求和公西赤的看法是：

仲由年龄最大，本事最大，志气也最大。孔子说他，"千乘之国，可使治其赋"。他的特长，是为大国敛财理财，富国强兵，是治国用兵的人才。"赋"是征发粮秣、车马、兵甲和兵役的制度，即军赋制度。《周礼》说，治赋是太宰的事。孔子的意思是，仲由有这么大的能耐。但子路只当过季桓子的宰，没当过鲁君的宰，浑身的本事，还有很多没使出来。孔子曾问他志向如何，子路口气很大。他说，"千乘之国，摄乎大国之间，加之以师旅，因之以饥馑。由也为之，比及三年，可使有勇，且知方也"（《先进》11.26），他的行政才能和军事才能非常突出，当季氏宰，是委屈他。

冉求的年龄小一点，为人比较低调。"千室之邑，百乘之家，可使为之宰也"，是为鲁君当邑宰（公邑的长官），或为卿大夫当家臣（私邑的长官），不是治一国，而是治一邑。仲由之后，冉雍之后，他也当过季氏宰，为季氏管家。孔子曾问冉求的志向，冉求说，"方六七十如五六十，求也为之，比及三年，可使足民"（《先进》11.26）。"足民"二字，可以说明，他的才能是表现在理财方面。当季氏宰，对他正好。

公西赤的特长是言语应对，"束带立于朝，可使与宾客言也"。孔子曾问他志向如何，公西赤说，"宗庙之事如会同，端章甫，愿为小相焉"（《先进》11.26）。他想当的是"小相"，负责主持仪式、接待客人。公西赤曾奉命出使齐国（《雍也》6.4），也是参加外交活动。他在三子中年龄最小，比仲由、冉求更低调。

仲由、冉求长于政事，公西赤长于言语，都是行动型的人才。孔子对他们的评价都是"不知其仁"，和仲弓一样。（**仲由、冉求、公西赤**）

5.9　子谓子贡曰："女（汝）与回也孰愈？"对曰："赐也何敢望回？回也闻一以知十，赐也闻一以知二。"子曰："弗如也。吾与女（汝），弗如也。"

孔子反对记问之学，强调学生要有悟性。颜回悟性高，孔子喜欢他，超过所有学生。此章和上文的几位是对比。

"女（汝）与回也孰愈"，你和颜回谁更强。孔子是明知故问。子贡说，我当然比不上颜回（注意，他对同辈的颜回也是称名），他是闻一知十，我是闻一知二，差远了。

"吾与女（汝），弗如也"，有两种读法，一种是以"与"为赞同，即我完全同意你的自我评价，你不如他；另一种是以"与"为连词，即我和你，咱俩谁都比不上颜回。后一种评价，更高。这是老师夸学生夸到头了。老师都这么说，别人还在话下吗？

我们读这一段，自然会问，颜回这么高明，他算是仁者吗？孔子没说，不便推测。但有一点可以肯定，如果他都不是，孔门之中，也就没人是了。（**端沐赐、颜回**）

5.10 宰予昼寝。子曰："朽木不可雕也，粪土之墙不可杇也，于予与何诛?"子曰："始吾于人也，听其言而信其行；今吾于人也，听其言而观其行。于予与改是。"

这段话很有名，孔子对宰予破口大骂。

"宰予昼寝"，予是名。他是在陈述句中称名不称字，异于常例。孔子骂宰予，后人讲他，干脆连字也不称，有意思。"昼寝"，是大白天睡觉。古人把一日分为朝、昼、昏、夕四段，昼，大约是上午9点到下午4点。西周金文和《诗经》等古书喜欢讲"夙夜不懈"，意思是白天黑夜都不休息。这样拼命，当然不可取。人再用功，也要睡觉。短期不睡可以，长期不行。古代没夜生活，天黑，除了睡觉，造小人，没事可干。晚上睡过，白天还睡，和"夙夜不懈"相反，孔子认为不像话。

"朽木不可雕也"，腐朽的木头没法雕刻。

"粪土之墙不可杇也"，用垃圾垒的墙没法涂墙皮。"粪"是一切秽物（脏东西）的统称，包括灰土、粪便和各种废弃物。作为动词，"粪除"是除秽，"粪田"是施肥。"杇"，音wū，动词，指用杇涂抹墙皮。杇也叫泥镘，即今抹子。

"于予与何诛"，意思是，宰予你这小子，我该骂你什么好。"予"指宰予，"诛"是责备。

"于予与改是"，意思是，我对宰予的看法要彻底改变。

宰予是孔门十哲之一，擅长言语，和子贡并列。他这么优秀，孔子还骂他，为什么? 释慧琳说，这是宰予"故假昼寝以发夫子切磋之教"，美圣之言，近于肉麻，弯绕得太大。

首先，有个误解要排除。大家读这段话，千万别以为，他老人家发这么大火，是因为宰予在课堂上打盹，不听讲，就像现在的某些老师，看见学生在课堂上打盹，就勃然大怒，觉得特伤自尊，脸上下不来。这是误会。孔子的时代，还没有课堂教学，学生跟他学，主要靠聊天，有时在老师屋里坐着聊，有时在户外散步走着聊。孔子教学，很随便，学生可以在旁边弹琴（《先进》11.24），好像崔永元的《实话实说》。他不是因为宰予不听讲。

其次，我们也不要以为，"宰予昼寝"肯定是什么见不得人的事，如梁武帝、侯白、韩愈等人说，"昼寝"是"画寝"之误，宰予搞豪华装修，把寝室搞成雕梁画栋，太奢侈。[1]还有人妄事推测，说"昼寝"就是大白天和老婆行房。这都是求之过深。其实，"昼寝"是古书固有的词。如上博楚简《曹沫之陈》，鲁庄公铸大钟，听曹沫之谏，毁钟型而听邦政，"不昼寝，不饮酒，不听乐，居不设席，食不二味"，"不昼寝"，是说鲁庄公不再白天睡觉，变勤奋了。[2]

孔子骂宰予，主要原因，还不是他白天睡觉，而是他言行不一，说话不算话。"始吾于人也，听其言而信其行；今吾于人也，听其言而观其行"，他是从宰予昼寝这件事才改变看法，不看他说什么，只看他干什么。宰予能说会道，我猜，他在孔子面前发过誓，一定夙夜不懈，勤勉于事，孔子高兴，信以为真，没想到，让他逮个正着，大白天睡觉，所以气不打一处来。战国秦汉，有段话很流行，据说出自孔子，"以容取人，失之子羽；以言取人，失之宰予"，很多古书都提到。[3]孔子的意思是，子羽虽然长得丑，但人很规矩，以貌取人，是错误；宰予会说话，但并不守信，以言取人，也是错误。后面两句，估计就是指这件事。

宰予在孔门中，论资历，深；论本事，大。孔子死后，子贡树孔子，他也与有力焉。这么好的学生，却被老师骂成"朽木不可雕也，粪土之墙不可杇也"，原因主要是他说话不算话，老师都敢骗。（**宰予**）

5.11 子曰："吾未见刚者。"或对曰："申枨。"子曰："枨也欲，焉得刚。"

"申枨"，"枨"音chéng，孔门弟子，生卒不详。此人即《史记·仲尼弟子列传》的"申党"。索隐引《孔子家语》作"申缭"（今本作"申续"），怀疑此人即《宪问》14.36的公伯寮（《弟子列传》作"公伯缭"）。

孔子说，"刚、毅、木、讷，近仁"（《子路》13.27）。"刚"的特点，就是无欲，求己不求人。林则徐写过一个对联，上联是"海纳百川，有容乃大"，下联是

1　程书，第一册，312页。

2　马承源主编《上海博物馆藏战国楚竹书》（第四册），249—250页。

3　汉代文献，除《史记》引之，还见于《汉书》《说苑》《论衡》《孔子家语》等书。这段话，战国文献也有，如《韩非子·显学》"以容取人乎，失之子羽；以言取人乎，失之宰予"。但这段话，似非原貌。子羽称字，宰予称名，当是为了押韵。《大戴礼·五帝德》作"孔子曰：吾欲以颜色取人，于灭明邪改之；吾欲以语言取人，于予邪改之；吾欲以容貌取人，于师邪改之"，可能更原始。但它是把以貌取人安在颛孙师的头上。澹台灭明和颛孙师，到底谁长得丑，是个问题。

"壁立千仞，无欲则刚"。**（申枨）**

5.12 子贡曰："我不欲人之加诸我也，吾亦欲无加诸人。"子曰："赐也，非尔所及也。"

子贡重恕道。他曾问孔子，"有一言而可以终身行之者乎"，孔子说，那就是"恕"吧（《卫灵公》15.24）。"恕"是什么？孔子的解释是"己所不欲，勿施于人"（《卫灵公》15.24、《颜渊》12.2）。这是从自己这一方面讲。我对别人讲恕，不可强加于人；别人对我也一样，同样不可强加于我。恕很重要，孔子曾跟曾子说，"吾道一以贯之"，曾子的学生问，这是什么意思？曾子说，"夫子之道，忠恕而已矣"（《里仁》4.15）。

这里，子贡的话也是讲恕道。它分两句：第一句，"我不欲人之加诸我也"，是刚毅；第二句，"吾亦欲无加诸人"，则是恕道。这两条，都是接近于仁的高尚道德。子贡的话，我喜欢。但孔子说，子贡，这可不是你能达到的，可见很难做到。

子贡反对强加于人：别人欺负我，不行；我欺负人，也不行。

暴力和战争都是强加于人。强奸是大罪，恶不在奸而在强。曾子说，"犯而不校"（《泰伯》8.5），是不抵抗主义。甘地主义是这一种。毛泽东说，"人不犯我，我不犯人；人若犯我，我必犯人"，则是来而不往非礼也。[1] 还有一种，是"人不犯我，我也犯人；人若犯我，我更犯人"，北京话叫见招。恕道的核心是对等。不抵抗主义，是对恕道的片面理解。

当今的大国都不讲恕道，以强凌弱是国际规则，和从前没什么两样。不欺负人，也不受人欺负，难。崛起就是崛起，怎么还是和平的，他们听不懂。

此章也谈"欲"，和上一章有关。**（子贡）**

5.13 子贡曰："夫子之文章，可得而闻也；夫子之言性与天道，不可得而闻也。"

"夫子之文章"指什么，似乎是问题。这里说"可得而闻也"，似乎是写下

1　毛泽东《和中央社、扫荡报、新民报三记者的谈话》，《毛泽东选集》（一卷本），577—582页。

来,可以流传后世的东西。皇疏引太史叔明说,"谓是六籍",即六艺之书,但这些文献,都不是孔子写的,不能说是孔子写的文章,朱注说是"威仪文辞"。

"性与天道",也是问题。这里说"不可得而闻也",并不是说孔子一点也不讲,只不过这两大问题太深奥,比较难讲,也讲得比较少罢了。《论语》讲"性",除了这条,还有"性相近也,习相远也"(《阳货》17.2),《三字经》开头,就是这两句话;讲"天道",除了这条,一条没有。

子贡所谓"天道",属于宇宙论,古代研究这类问题,是数术之学。"性",属于生命科学,古代研究这类问题,是方技之学。过去,大家说,儒家不关心天道、性命,道家才关心。郭店楚简发现后,大家又说,孔子也讲天道、性命,但孔子讲的天道、性命到底是什么,还是值得讨论的问题,和后来的道家比较,区别很明显。他讲天道,主要不是天,而是做官的运气;讲性命,也不是身体,而是人性的本质和人性的改造。(**子贡**)

5.14 子路有闻,未之能行,唯恐有闻。

"有闻"是有所听说,子路听谁说?听到的是什么?原文没讲,无法深究。这段话和《先进》11.22有关,子路问孔子,"闻斯行诸",即我听说了就可以干吗?孔子说,你的父兄都在,怎么可以听说了就干?劝他甭干。但冉有问同样的问题,孔子却说,你听说了就干吧。公西华很困惑,问孔子,同样的问题,为什么有两种答案。孔子说,冉有遇事容易退缩,子路遇事容易冒进,所以有不同答案。有父兄在,就不能干,肯定是出远门或有危险的事。我怀疑,这里的"有闻",也是闻诸夫子,听到的是某种大事。子路是急性子,老师说了,马上就干,如果不能干,他会团团转。

孔子说,君子的特点是"讷于言而敏于行"(《里仁》4.24),"讷于言"是放在"敏于行"前。这两条,最好都能做到,但孔子的学生,往往只占一条。他们当中,最受老师夸奖,全是有道德涵养,老实巴交,"讷于言"的主儿,颜回是代表。颜回慎言,在老师面前,少言寡语;老师说话,从不顶嘴,不但不顶嘴,还退而自省,躲在屋里琢磨,琢磨琢磨,就琢磨出什么名堂来了,令老师喜出望外;老师讲一句,他能琢磨出十句来,有所创造,有所发明。这是思想型的君子。子路相反，"讷于言"，他做不到。他说话太急太冲，嘴上没把门儿的，老师讲话，经常插嘴，不但插嘴，还顶嘴，甚至叱责老师，或替老师拿主意。他的特点是"敏于行"。孔门中，行动型的君子人数居多，子路是代表。颜回和子路，让老师挑，孔子肯定挑颜回。

"敏"有快的意思，子路的特点是快，不但行动快，说话也快，快人快语，孔子喜欢行动快，但不喜欢说话快。孔子提问题，子路率尔对，经常不假思索，脱口而出，难怪常挨老师骂。（**子路**）

以上十四章是以评论学生为主。

5.15 子贡问曰："孔文子何以谓之'文'也？"子曰："敏而好学，不耻下问，是以谓之'文'也。"

"孔文子"，卫卿，事卫灵公和卫出公，姞姓，孔氏，名圉，文子是他的谥号。他死于哪一年，从《左传》记载看，当在前484—前480年之间，即孔子自卫返鲁后。孔子在卫国和他有接触，对他的评价还不错。

这段话，和谥法有关。《逸周书·谥法》说，"学勤好问曰文"，近之。孔子的话，"敏而好学"似是音训，文是明母文部字，敏是明母之部字，读音相近。（**孔文子**）

5.16 子谓子产："有君子之道四焉：其行己也恭，其事上也敬，其养民也惠，其使民也义。"

"子产"，公孙侨的字，郑卿。

这里的四大美德：恭、敬、惠、义，恭和敬是一对，惠和义是一对。恭和敬，是用于君子，属于礼。恭和敬不一样，它是用于表现自己，让别人看上去，脸色和谈吐很客气；敬是用于伺候上级和尊长，对他们非常尊敬。惠和义也不一样。惠是养民，让人民过得好；义是使民，让他们干合乎义的事。这里，"使民以义"，用的是"义"，孔子说"君使臣以礼"（《八佾》3.19），用的是"礼"。使民和使臣不一样。礼是用于君子，和老百姓无关。虽然，君子对君子，君子对民，完全不一样，但四句话的主语都是君子，故曰"君子之道四焉"。（**子产**）

5.17 子曰："晏平仲善与人交，久而敬之。"

"晏平仲"，晏婴，字平仲，齐卿。他善与人交，接触时间越长，越受人尊重。**（晏平仲）**

5.18 子曰："臧文仲居蔡，山节藻棁，何如其知（智）也？"

"臧文仲"，即臧孙辰，鲁卿，先孔子，历事庄、闵、僖、文四公，活得很长。

"居蔡"，给大蔡之龟盖龟室。大蔡之龟，见《太平御览》卷八〇二、卷九四一和《墨子·耕柱》引《墨子》，是与"和氏之璧""随侯之珠"并称，皆"诸侯良宝"。据说这种龟有"三棘（脊）六异（翼）"（龟背有三条脊，两侧有六个小翅），非常珍贵。

"山节藻棁"，"山节"，是刻成山形的斗拱；"藻棁"，"棁"音zhuō，是彩绘的梁上短柱。这里是说，臧文仲的龟室，装饰很豪华。

"何如其知（智）也"，意思是，这个人的智力怎么样，他也太聪明了吧。这是反话。孔子的意思是，这个人也太奢侈了吧？奢侈是傻。**（臧文仲）**

5.19 子张问曰："令尹子文三仕为令尹，无喜色；三已之，无愠色。旧令尹之政，必以告新令尹。何如？"子曰："忠矣。"曰："仁矣乎？"曰："未知，焉得仁？""崔子弑齐君，陈文子有马十乘，弃而违之。至于他邦，则曰：'犹吾大夫崔子也。'违之。之一邦，则又曰：'犹吾大夫崔子也。'违之，何如？"子曰："清矣。"曰："仁矣乎？"曰："未知，焉得仁？"

"子张"，孔门三期的学生，他和孔子谈话，当在孔子的晚年。

"令尹子文"，斗谷於菟，字子文，楚成王的令尹，先孔子。他三次为令尹，三次被解职，这一说法也见于《国语·楚语下》。

"陈文子"，齐大夫，名须无，陈完曾孙，先后事齐灵、庄、景三公，与孔子同时。

"崔子"即齐大夫崔杼。崔杼弑齐庄公，陈文子流亡在外，到过两个国家，其他古书没提到。"违之"，是离开的意思。原文是说，陈文子对所到国家的大臣不满，觉得他们和崔子一样坏。

令尹子文可上可下，忠于职守，可以称得上"忠"；陈文子谴责乱臣贼子，不合作，可以称得上"清"。孔子对他们的评价都不错，人是好人，但孔子认为，他们还够不上"仁"。

看来，"忠"和"清"都低于"仁"。（**令尹子文、陈文子**）

5.20 季文子三思而后行。子闻之，曰："再，斯可矣。"

"季文子"，即季孙行父。文子之子为武子宿（或夙），武子之子为悼子意如，悼子之子为季平子，平子之子为季桓子，桓子之子为季康子。此人也先于孔子。

季文子慎行，行动之前总要考虑三遍。孔子认为，两遍也就够了。

想两遍是什么意思？可能是正面想一遍，反面想一遍，即从有利的方面想一遍，再从不利的方面想一遍。《孙子·九变》："是故智者之虑，必杂于利害。杂于利而务可信也，杂于害而患可解也。"（**季文子**）

5.21 子曰："宁武子，邦有道，则知（智）；邦无道，则愚。其知（智）可及也，其愚不可及也。"

"宁武子"，卫国世卿，名俞，其父为宁庄子（名速），先孔子。

邦有道就聪明，邦无道就糊涂，这是韬晦之计。孔子说，宁武子会这一套。他是聪明好学，糊涂难学。"愚不可及"，后世演变为成语，意思是傻得不得了，含义有变化。（**宁武子**）

5.22 子在陈，曰："归与（欤）！归与（欤）！吾党之小子狂简，斐然成章，不知所以裁之。"

这是孔子周游列国，仕陈湣公时（前491—前489年）讲的话。司马迁把这段话放在季康子召冉求，冉求将行的当天（《史记·孔子世家》），时在前491年。

"狂简"，孔注训简为大，朱注训简为略，是形容志大。

"斐然成章"，是形容有文采。

孔子说，该回家了，该回家了，我家乡的年轻人志气很高，又有文采，真不知道怎么指导他们。（**回家的喜悦**）

5.23 子曰："伯夷、叔齐不念旧恶，怨是用希（稀）。"

"伯夷、叔齐"，是孤竹君的两个儿子，他们不满商纣王的暴虐统治，投奔周武王，但又不满周武王的革命，拒绝出仕，不食周粟，饿死在首阳山下。他们是古代有名的高洁之士，孔子对他们非常推崇（《述而》7.15、《季氏》16.12、《微子》18.8）。

"不念旧恶"，不记旧仇。

"怨是用希（稀）"，因而牢骚、埋怨很少。

"怨"是谁怨？自己怨还是别人怨？前人有争论。参看《述而》7.15："入，曰：'伯夷、叔齐何人也？'曰：'古之贤人也。'曰：'怨乎？'曰：'求仁而得仁，又何怨？'"这两处的"怨"字应该是一个意思，"怨"的主语都是伯夷、叔齐。朱注说，这里的"怨"是别人怨伯夷、叔齐，不对，当从钱穆说改正。[1]

这是讲宽，今语叫宽恕。其实宽是宽，恕是恕，古语并不一样。（**伯夷、叔齐**）

5.24 子曰："孰谓微生高直？或乞醯焉，乞诸其邻而与之。"

"微生高"，即古书常见的尾生高，据说是个很讲信用的人。微是国族名；生即外甥的甥，外甥是以母家论，微是他的姥姥家。古人或以母家（姥姥家）为氏，称为某生，西周金文和《左传》有不少例子，高是他的名。

"直"有真假之分，假直是为了作秀，古人叫"卖直"。

"醯"，音xī，即米醋。古人对醋的叫法有很多种，醯是比较常见的一种。今醋字，古作酢，醋字反而是用作酬酢的酢，两个字的用法正好相反。

别人向微生高借醋，微生高不说自己没有，而是从邻居讨要，孔子说，谁说

1　钱书，133页。

此人直率？对他的品行很怀疑。（**微生高**）

5.25 子曰："巧言令色足恭，左丘明耻之，丘亦耻之。匿怨而友其人，左丘明耻之，丘亦耻之。"

"巧言令色"，孔子经常批评。"足恭"，是外表看上去十分恭敬。恭和敬不一样，恭是自己恭，见于辞色，敬是敬人敬事，特别是敬上。

"左丘明"，是孔子称道的前贤，鲁人，生卒不详。前人或以为孔门弟子，不可信。

"匿怨而友其人"，是心里恨得咬牙切齿，表面上却同你打得火热。

这两条都很虚伪，左丘明觉得可耻，孔子也觉得可耻。（**左丘明**）

以上十一章主要是评论各国政要和名人。

5.26 颜渊、季路侍。子曰："盍各言尔志？"子路曰："愿车马衣（轻）裘与朋友共，敝之而无憾。"颜渊曰："愿无伐善，无施劳。"子路曰："愿闻子之志。"子曰："老者安之，朋友信之，少者怀之。"

"颜渊、季路侍"，二子皆以字称。《论语》单用"侍"字，是指孔子坐，弟子站。[1]

"盍"，音hé，何不。

"车马衣（轻）裘"，古本无"轻"字，"轻"字是衍文。

"敝"，穿破。

"伐善"，自己夸自己的优点。

"施劳"，自己吹自己的功劳。

"老者安之，朋友信之，少者怀之"，子路问孔子之志，孔子说，他希望的是，比自己老的得到照顾，和自己同辈的得到信任，比自己小的得到关心，各得其所，皆大欢喜。这几句话，其实也就是孔子说的"修己以安人"（《宪问》

---

1 杨书，53页。

14.42）。孔子论人，有三个境界，圣人第一，仁人第二，君子第三。"修己以安人"，是仁人的境界。

这段谈话，子路和颜渊是鲜明对照。子路豪放，有什么都和朋友分享。颜渊谦虚，不自吹自擂。孔子的志向，和他们都不一样，是普施仁爱，让老的小的，皆大欢喜。（**颜渊、季路**）

5.27 子曰："已矣乎，吾未见能见其过而内自讼者也。"

这话不知是说给谁听。孔子说，算了吧，我可没见过有谁能发现自己的错误而勇于自我批评，可见这事不容易。"自讼"，是自己和自己辩论，自我批评。（**能自我批评的人太少**）

5.28 子曰："十室之邑，必有忠信如丘者焉，不如丘之好学也。"

孔子是个好学的人。

"十室之邑"是只有10户人家的小村小镇。"忠信"之人是老实人。孔子说，像我这样讲忠信的人，10户人家就有一个，但他们都比不上我好学。（**孔子最好学**）

雍也第六

此章缺集中的主题。

6.1 子曰："雍也可使南面。"

前面说过，冉雍是政事之材，也是道德先生。这里是夸他有人君气度。

"南面"，是所谓"人君听治之位"。古代人君临朝，一般都是端坐在宫室正北的庙堂之上，脸朝南；臣民朝见，则立于堂下的中廷，脸朝北。帝王御下，叫"南面之术"。臣事于君，叫"北面事之"。古代官长治民也是如此。阜阳双古堆出土的西汉式盘，其中的九宫盘，天盘把"君"标在北面，"相"标在东面，"将"标在西面，"百姓"标在"南面"，就是按这种理解排列。前人对"雍也可使南面"有三种解释，一说其才可任天子（刘向），一说其才可任诸侯（包咸、郑玄），一说其才可任卿大夫（后世儒者）。[1]一般都认为，这是孔子夸冉雍有人君气度和治世之才。但孔子的政治抱负，在当时还是待价而沽，不像尧、舜端坐在人君之位。孔子把两者分得很清楚，有德有才也有位，可以兼济天下，才叫"圣人"，只有德才没有位，撑死了也就是个"仁人"。**（冉雍有人君气度）**

6.2 仲弓问子桑伯子。子曰："可也，简。"仲弓曰："居敬而行简，以临其民，不亦可乎？居简而行简，无乃大（太）简乎？"子曰："雍之言然。"

"子桑伯子"，犹"子墨子"，"子"是尊称。这种称呼不是先字（子桑）后名（伯）。郑玄说，此人是秦大夫子桑（即公孙枝），时间不合，名字的形式也不对。清代学者考证，他就是《庄子》中的"子桑雽"（《山木》）或"桑户"（《大宗师》），《楚辞·九章·涉江》的"桑扈"。《大宗师》说桑户与孟之反、琴张为友，《涉江》也以桑扈与接舆并举。可见此人约与孔子同时。他是古代的一位隐者，和接舆是一类人，思想类似后来的道家。

孔子对子桑伯子的批评，只有一个字，就是"简"。他讲的简，不是一般的简，而是太简，已经很简还要简，为简而简，失去了"礼"应包含的"敬"。皇疏引

1　程书，第二册，362—363页。

虞喜说，以《说苑》为解。《说苑·修文》有个故事，孔子见伯子，即这里的"子桑伯子"，他是光着膀子待在家里。孔子的弟子不高兴，问孔子干吗要见这个"简"到衣服都不穿的家伙。孔子说，我欣赏伯子的朴实无华，即他的"质"，见他，是想让他变得"文"一点。孔子走后，伯子的弟子也不高兴，问老师干吗要见这个酸文假醋的家伙。伯子说，我看他的"质"还不错，可惜"文"多了点，见他，是为了去掉他的"文"。可见伯子是个讨厌繁文缛节、追求返朴归真的人。刘向说，伯子"太简"，流于"易野"，"欲同人道于牛马"，正是此章的注脚。（**子桑伯子太简**）

6.3 哀公问："弟子孰为好学？"孔子对曰："有颜回者好学，不迁怒，不贰过。不幸短命死矣。今也则亡，未闻好学者也。"

"颜回"，是直呼其名。孔子说，颜回最好学，可惜短命，现在是没有了，没有听说谁更好学。

"不迁怒，不贰过"，朱熹说，"怒于甲者不移于乙，过于前者不复于后"，即颜渊道德修养高，不拿别人撒气；闻过必改，绝不犯同样的错误。"迁怒"是人类释放情绪的惯用手法，它和古书常说的"移祸"属于同一类，人类学家叫"转移巫术"，主子有气骂奴才，大人有气打孩子，指桑骂槐，摔盆打碗，都是属于宣泄或净化（catharsis）。"宣泄"和"排泄"本来是一个词，拉屎撒尿，必须找个地方，一泄了之。无所发泄，憋在心里，会得精神病。拿别人撒气，常见。犯错误也一样，很多人是狗改不了吃屎，老错误一犯再犯，记吃不记打。人，只有道德修养极高，才能不迁怒于人，不犯同样的错误。

"不幸短命死矣"，古人把病死、战死等非正常死亡叫"夭""殇"，汉代的说法是"不幸死"。颜渊是死于孔子生命的最后几年，死时只有41岁。古人认为活不到50岁就是短命夭殇，现在，追悼会上的词，叫"英年早逝"。我们可以断定，此章的讲话时间是在颜渊死后，即前481—前479年之间，更大可能就在他死后不久。（**颜回好学**）

6.4 子华使于齐，冉子为其母请粟。子曰："与之釜。"请益。曰："与之庾。"冉子与之粟五秉。子曰："赤之适齐也，乘肥马，衣轻裘。吾闻之也：君子周急不继富。"

"子华使于齐，冉子为其母请粟"，"子华"是公西赤的字，公西赤的特长是搞外交；"冉子"是冉求的弟子尊称冉求。《论语》中，孔门弟子称子，只有曾参、有若和冉求。冉求的特长是理财。他是先为孔子理财，当孔子的宰，后来才为季康子理财，当季康子的宰。这里所述，是冉求为孔子理财。公西赤去齐国干什么？是替鲁君办事，还是替孔子办事？如果是前者，那是出公差，该由政府报销；如果是后者，则只能找老师报销。情况如何，我们不清楚。这里讲的是，公西赤出差，冉求请老师批准，给子华的妈妈送点米，照顾一下。

"粟"，是谷子。未脱壳的谷子叫"粟"，脱了壳叫"米"，不是大米，是小米。中国古代的粮食作物，原生而独具特点，主要是谷子和糜子。

"釜"，六斗四升。

"庾"，音yǔ，二斗四升。

"秉"，一百六十斗。

子华出差，"乘肥马，衣轻裘"，很阔气，但冉求替他在家的老娘向孔子支借粮米。孔子说，给她一釜就可以了，冉求嫌不够，请多给一点。孔子说，那就再加一庾吧。但冉求竟一下子给了她五秉，比孔子批准的数字大大超出。孔子知道，很不高兴，说"君子周急不继富"。"周急"是救济有紧急困难的人，"继富"是帮有钱人赚钱再赚钱，阔上加阔。人类社会，劫贫济富是主流。冉求的理财观念很现代。现代银行贷款，要有信用保证，越是有钱人，才越是大笔大笔借钱，穷人，就怕借钱不还。我们要知道，冉求后来当季氏宰，还是坚持这种理念。"季氏富于周公，而求也为之聚敛而附益之"，孔子大怒，说"非吾徒也，小子鸣鼓而攻之，可也"（《先进》11.17）。

这段话，前因后果不太清楚，皇疏有一段辩论。他说，我们不知道，子华的母亲是不是真缺粮，如果缺，子华这么阔气，是不孝；孔子不肯多给，是不仁。如果不缺，冉求给那么多，是不智。其实，情况可能是，子华的母亲并不缺粮，子华并非不孝；孔子不肯多给，也合情合理，并非不仁；冉求考虑到朋友出门在外，他妈就等于我妈,也没什么不对。冉求不拿自己的禄米给子华的妈,是因为自己给了,别人就会以为子华的妈缺粮,因而指责子华不孝。他向孔子请粟,虽然引起孔子不快,但大家可以明白,原来子华的妈并不缺粮。总而言之,冉求替朋友着想,很仗义。这是一种曲里拐弯的解释。

孔子的意思是,与其给阔人锦上添花,不如给穷人雪中送炭。(**锦上添花**)

6.5 原思为之宰,与之粟九百,辞。子曰:"毋!以与尔邻里乡党乎!"

"原思为之宰","原思",原宪字子思,这里是以字称。他是孔门三期的学生。战国秦汉时期的古书,经常拿他和子贡作对比,子贡是孔门中最阔的学生,他正好相反,是个穷困潦倒的人。"为之宰",一般认为,是指原思给孔子当宰,当他的大管家,为他理财。但这话有点突兀,好像上面还有话。学者考虑,它也许和上一章有关。此章和上一章是对比,集解分两章,朱注合为一章。

"与之粟九百",孔子觉得,子华很阔,根本用不着接济,真正需要接济的是原思,所以给他"粟九百"。"九百"下面缺量词。司马迁说孔子见卫灵公,他曾向孔子打听,孔子在鲁国挣多少,孔子说,"奉粟六万"(《史记·孔子世家》),前人猜测,"六万"是六万斗。如果真是这样,这里的"粟九百"就是九百斗。这个数字不小,但他不要。孔子说,你就别拒绝了吧,自己不吃,总可以分给乡里乡亲呀。

上一章,冉求请粟,是锦上添花;这一章,孔子与粟,是雪中送炭。(**雪中送炭**)

6.6 子谓仲弓,曰:"犁牛之子骍且角,虽欲勿用,山川其舍诸?"

"子谓仲弓曰",有两种断句,两种理解。一种断句是"子谓仲弓曰"如何如何,下面是孔子讲给仲弓听的话;一种是"子谓仲弓,曰"如何如何,下面是孔子评论仲弓的话。第二种断句更好。

"犁牛之子骍且角","犁牛"是黑色的牛或耕地的牛,集解说是"杂文"的牛,总之是比较难看也比较普通的牛;"骍且角","骍"音xīng,红色,本指马是红色的,但实际用法比较宽,牛也可以。这里是说犁牛的皮毛是红色的,角很端正。古人认为,这样的牛,做牺牲最好。

"用"，祭祀术语，指杀牲为祭，包括杀人牲。

"诸"，相当"之乎"，这样的例子在《论语》中很多，下面不再说明。

这段话是说，普通的母牛也可以产下高贵的牛犊，就算祭祀的人不肯拿它当牺牲，山川会弃而不用吗?《左传》定公元年:"纵子忘之，山川鬼神其忘诸乎?"是类似的话。前人讲这段话，或以为是评论仲弓，他们说，冉耕字伯牛，这里的"犁牛"是喻冉耕，仲弓是冉耕的儿子，即"犁牛之子"。但司马迁只说仲弓是"伯牛之宗族"，没说他就是伯牛之子。这种解释不一定可靠。我理解，它是孔子评论仲弓的话，即采取第二种断句更好，但含义是说，仲弓虽出身贫贱，却是难得的人才。他是穷孩子，这点没错。

这话，也许跟孔子派冉雍接替仲由当季氏宰有关。孔子派出的季氏宰，仲由、冉雍和冉求，仲由和冉求，都挨过孔子骂，骂他们不能阻止季氏办坏事，只有冉雍，他在《论语》中一共出现过7次，全是夸。他有政治才能，但被列入德行科。德行科的学生，都是符合孔子道德标准的人。比如冉雍不爱说话，就是德行好的标志之一。孔门弟子中，他是德才兼备的典型。**(仲弓是可用之材)**

6.7 子曰:"回也，其心三月不违仁，其余则日月至焉而已矣。"

这是评论颜渊的话。"三月"，有人以为是实数，有人以为是泛言其多。三个月的时间是相当一个季节，古人叫"一时"。颜渊能一连几个月都守着"仁"，绝不离开它一步，其他人不能比，顶多挺上十天半月。参上《里仁》4.5。看来，守仁是一种定力考验。**(颜回三月不违仁)**

6.8 季康子问:"仲由可使从政也与(欤)?"子曰:"由也果，于从政乎何有?"曰:"赐也可使从政也与(欤)?"曰:"赐也达，于从政乎何有?"曰:"求也可使从政也与(欤)?"曰:"求也艺，于从政乎何有?"

季康子向孔子打听，他的学生，有谁适合出来当官。他问了三个人:仲由、端沐赐和冉求，孔子说，这三个人都合适。仲由的特点是"果"，果是果敢，果毅，说干就干，不达目的，决不罢休。端沐赐的特点是"达"，通情达理，善与人交。冉求的特点是"艺"，多才多艺，本事大。这些特点，对搞政治很合适。孔子说，当官算什么？对他们来说，都是绰绰有余。"何有"，前面讲过，意思是"这算什么呢"。

孔子的学生，长于政事者有四，除了仲由、端沐赐和冉求，还有冉雍。为什么这里没问冉雍？

前492年，季康子为鲁国的执政大臣。我猜，这里讲的事，是季康子上台后的事。季康子上台前，冉雍为季桓子宰，已经当了五年。季康子上台后，孔子仍流亡在外。大概，季康子是派人向孔子征求意见，打算换个新人代替冉雍，因而孔子有上述答复。结果，我们都知道，他选的是冉求。（**孔门的政事之材**）

6.9 季氏使闵子骞为费宰。闵子骞曰："善为我辞焉。如有复我者，则吾必在汶上矣。"

"季氏"，这里的季氏是哪一位？可能是季桓子，可能是季康子，不能肯定。

"闵子骞为费宰"，"闵子骞"，"骞"音qiān，闵损，字子骞，这里以字称。他是孔门一期的学生，以德行称，有名的大孝子。"费"，音bì，在今山东费县西北，是季氏的私邑。闵损是道德先生，比较清高，他拒绝为季氏做事，出任费宰。

"汶上"，"汶"音wèn，汶水以北。汶水，即今山东省的大汶河，在鲁故城以北，泰山以南。

闵子骞对季氏派来的人说，你要替我婉言谢绝，如果再来找我，我肯定不在这儿了，当在汶水以北。（**闵子骞辞官**）

6.10 伯牛有疾，子问之，自牖执其手，曰："亡之命矣夫！斯人也而有斯疾也！斯人也而有斯疾也！"

"伯牛有疾"，"伯牛"，冉耕，字子牛，行辈为伯，这里以字称。他也是孔门一期的学生，也以德行称。司马迁说，冉耕"有恶疾"。他得的是什么病？汉儒说是"癞"，也就是麻风病。这时的冉耕已经病重垂危。

"牖"，音yǒu，窗户。

"亡之"，简本作"末之"，唐写本《论语郑氏注》和《新序》引《论语》亦作

"末之"，《汉书·楚元王传》引作"蔑之"，本书《宪问》14.39有"末之难矣"，《礼记·檀弓上》有"末之卜也"。[1]这个词的含义还值得研究，从上述例子看，似乎是表示毫无办法、无可奈何。

孔子看望冉耕，只从窗子里，拉拉他的手，难过地说，命运真是无可奈何呀！这么好的人怎么会得这种病呀！这么好的人怎么会得这种病呀！

麻风病，在古代是很可怕的病，得病的人受歧视，成为不可接触者。福柯《疯癫与文明》说，麻风病在欧洲很流行，中世纪末，这种病逐渐减弱后，疯人院代替了麻风病院，歧视疯子代替了歧视麻风病人。[2]我国也有麻风病，现在已基本消灭，马海德医生对中国消灭麻风病有巨大贡献。格瓦拉干革命前，也是麻风病医生。

程树德说，冉耕得的恐怕不是"癞"，理由有三：第一，癞唯热带之地有之，冉耕是北方人，不该得此病；第二，患癞不过残废，不一定会死；第三，癞传染性很强，孔子断无与他握手之理。[3]这些说法不对。麻风病，北方有之，严重者会死，握手不一定传染，理由并不充分。

孔子为什么要隔着窗户拉冉耕的手，是害怕传染，还是临死不忍见其容，或为之把脉定生死，有各种猜测。

李敖对这段话有所发挥，他说，我讲话为什么总是自吹自擂，这是我的人生之道，因为台湾可气的事太多，没有这种人生之道，我早就死了。他说，孔子讲，"斯人也而有斯疾"，像我这样生龙活虎的人，怎么能生闷气，像殷海光那样得胃癌、胃溃疡而死呢？知识分子得这种病，就像神父得梅毒而死。受李敖启发，我们也可以说，孔子惋惜的是，伯牛这么纯洁的人，他怎么会得这种手足溃烂的不洁之症呢？（**冉耕有恶疾**）

6.11　子曰："贤哉回也！一箪食，一瓢饮，在陋巷，人不堪其忧，回也不改其乐，贤哉回也！"

这是孔子对颜渊的赞美。"箪"，音dān，是古人盛饭的竹器。当时的普通

1　徐刚《以出土文献释读〈论语〉举例》（作者所赠待刊稿）。

2　米歇尔·福柯《疯癫与文明》，刘北成、杨远婴译，北京：生活·读书·新知三联书店，1999年，1—35页。

3　程书，第二册，384页。

人，盛饭多半用这种器物。"瓢"，舀水的瓢，把葫芦剖为两半，其半称瓢，用以盛水。（**颜回穷开心**）

6.12 冉求曰："非不说（悦）子之道，力不足也。"子曰："力不足者，中道而废，今女（汝）画。"

这是孔子对冉求的批评。"力不足者"，参《里仁》4.6。冉求以此为借口，孔子不以为然，说力不足者，都是半途而废，你却是故意止步不前。"画"，这里是截止的意思。（**冉求的借口**）

6.13 子谓子夏曰："女（汝）为君子儒，无为小人儒。"

"君子儒""小人儒"，孔子严于君子、小人之分，这种区分，也用于儒者本身。他常给学生讲君子、小人之分，主要就是让他们区分这两种儒。儒本是一种贱业，靠教书相礼，为人操办红白喜事，混饭吃。"小人儒"，学本事，只是为了混饭吃，没有理想。"君子儒"，不一样，多是精研典籍，注重修养，真正懂得礼学精义的人。孔子提倡的儒是后一种。

孔子为什么跟子夏说这种话？大概是认为他有点"小人儒"的毛病吧？（**君子儒和小人儒**）

6.14 子游为武城宰。子曰："女（汝）得人焉耳乎？"曰："有澹台灭明者，行不由径，非公事，未尝至于偃之室也。"

"武城"，鲁国的公邑，在今山东平邑南魏庄乡南武城村。子游为武城宰，在孔子晚年。参看《阳货》17.4。

"澹台灭明"，澹台是复姓，字子羽，"澹"音tán。他是子游为武城宰时发现的人才，孔子最晚的学生，[1]后来到楚国发展，有弟子300人，孔子死后，很有名。

1　李启谦《孔门弟子研究》，99、142—143页。

"行不由径"，"径"是旁行的小路。《老子》第五十三章："大道甚夷，民甚好径。"《周礼·秋官》有野庐氏"掌道禁"，"禁野之横行径踰者"。宋程大昌《考古编》卷九、清惠士奇《礼说》卷一二对此有考证。[1]

此章讲，子游为武城宰，孔子问他，你发现什么人才了吗？子游说，我发现了一个叫澹台灭明的人，是个人才。他的特点是，走路走大路，不抄小道；对子游，不是公事，不去拜见，可见是个规规矩矩的人。（**子游发现的人才**）

6.15 子曰："孟之反不伐，奔而殿，将入门，策其马，曰：'非敢后也，马不进也。'"

"孟之反"，鲁大夫，名侧，字子反，也叫孟子反。此人即《左传》哀公十一年的孟之侧。

"不伐"，不自夸。

"殿"，古之军行，前曰"启"，后曰"殿"。"殿"是断后的意思。这里是夸孟之反有断后之勇，但谦虚幽默，不自夸其功。（**孟之反的幽默**）

6.16 子曰："不有祝鮀之佞，而有宋朝之美，难乎免于今之世矣。"

"祝鮀"，"鮀"音tuó，字子鱼，卫灵公的太祝，《左传》定公四年作"祝佗"，是个能说会道的人。

"宋朝"，也叫宋子朝，据说长得很漂亮，与南子私通。

前496年，太子蒯聩过宋，野人作歌，讽刺南子与宋朝，太子耻之，谋杀南子，没成功，被迫出亡于晋。孔子于次年到达卫国，仕卫灵公三年。这话可能是前495—前493年之间讲的。

"不有……，而有……"，这种结构中的"而"字，王引之《经传释词》卷七以为是相当"与"字，但这个"而"是表示上下相因，还是上下相反，却有完全相反的两种理解。上下相因，"而有"等于"不有"，即如果没有"祝鮀之佞"，也没

1　赵书，下部，369—370页。

有"宋朝之美"，很难躲过当世的灾祸。王氏之说，不太清楚，但从叙述看，应属这一种。上下相反，"而有"则是"不有"的反面，即如果没有"祝鮀之佞"，却有"宋朝之美"，也很难躲过当世的灾祸。如杨树达《词诠》卷十就是持此说，多数注家也这样理解。我认为，这两种理解，前一种理解更正确。皇疏引范宁说，谓"祝鮀以佞诌被宠于灵公，宋朝以美色见爱于南子"，两人都不是好东西（后者在《汉书·古今人表》中是列于第九等），如果理解为反言，非常别扭。"祝鮀之佞"是"巧言"，"宋朝之美"是"令色"，都是孔子所厌恶。孔子慨叹，不靠巧言令色，就没法避祸，这才顺理成章。（**不靠巧言令色，就没法活**）

6.17 子曰："谁能出不由户？何莫由斯道也？"

谁能出屋不走房门？为什么大家都不顺道而行？孔子以门户喻"道"，把"道"当必由之路。北京话，行不通，叫没门。没门怎么办？只能走后门，或者跳窗户。这话和上一章好像有点联系。"不有祝鮀之佞，而有宋朝之美，难乎免于今之世矣"，就是没门。"文革"中，我们都体会过，所有正道都被堵得死死的，连最简单的生存需要都靠走后门。这种遗风，现在也没有绝迹。（**出不由户**）

6.18 子曰："质胜文则野，文胜质则史。文质彬彬，然后君子。"

"质胜文则野，文胜质则史"，"质"是内在本质，朴实无华；"文"是外在修饰，赏心悦目。"野"是粗陋、鄙俗，"史"是精巧、文雅。《仪礼·聘礼》："辞多则史，少则不达。"孔子认为，文、质是相须而用，文太多，质太多，都不好，最好把两者协调起来。

"文质彬彬"，就是折中文、质，让两者恰如其分。这个词的含义现在已发生变化，"文质彬彬"，只强调"文"，不与"质"相对，而与"武"相对。[1]

这不是孔子的原意。上6.2引《说苑·修文》孔子见伯子的故事，就是讲文、质

---

[1]　如毛泽东《湖南农民运动考察报告》："革命不是请客吃饭，不是做文章，不是绘画绣花，不能那样雅致，那样从容不迫，文质彬彬，那样温良恭俭让。"《毛泽东选集》（一卷本），18页。他劝宋彬彬改名，把"彬彬"改成"要武"，也是以文、武相对。

的关系。（**文质彬彬**）

6.19 子曰："人之生也直，罔之生也幸而免。"

此章和人性的探讨有关。"罔"，朱熹引程子说，以"罔"为"不直"，同于表示弯曲之义的"枉"，与"直"相对。如果这种理解是正确的，孔子的意思就是说，人应该靠正直立身，不正直的人，才靠侥幸和逃避来生存。（**人要活得正直**）

6.20 子曰："知之者不如好之者，好之者不如乐之者。"

怕死比死更可怕，爱知识比知识更可爱。

这两句，我喜欢。学习，是为了求知，还是为了兴趣和快乐？我是为了兴趣和快乐。我把读书当休息，在书中找乐子，一切为了好玩。读书没有乐趣，不如不读。没乐趣的读书，本身就无聊，如果读完了还写书，就更无聊，既折磨自己，也折磨别人。（**学习是为了快乐**）

6.21 子曰："中人以上，可以语上也；中人以下，不可以语上也。"

孔子说，"唯上知（智）与下愚不移"（《阳货》17.3）。他把人分为三等：上智、中人和下愚。他认为，中人可以跟他讲上智，下愚不行。（**人分三品**）

6.22 樊迟问知（智）。子曰："务民之义，敬鬼神而远之，可谓知（智）矣。"问仁。曰："仁者先难而后获，可谓仁矣。"

"务民之义"，即尽力引导人民趋向"义"。

"敬鬼神而远之"，是孔子对宗教的态度。当时的统治是靠神道设教，孔子主张，鬼神还是要祭的，只不过要"敬而远之"，把它当作一种仪式化的表演，真正的目的还是教民向义。同样，荀子谈占卜，也是持类似的态度。他说"卜筮然后决大事，非以为得求也，以文之也。故君子以为文，而百姓以为神，以为文则吉，以为神则凶也"（《荀子·天论》）。

"先难而后获"，是先苦后甜，先致力于耕耘，才谈得上收获。这是"仁"。

孔子认为，"敬鬼神而远之"，是明智，相反，是愚昧。这是一种人文取向，它对中国文化的影响至为深远。中国文化，精英文化非宗教，民间信仰，对各种神，谁都可以拜，谁都不虔诚，是好是坏，大家可以思考。近代，中国挨打，有人归咎于我们没有西方那样的宗教，因而要把儒家思想改造成这样的宗教，我不赞同。

（樊迟问智）

6.23 子曰："知（智）者乐水，仁者乐山；知（智）者动，仁者静；知（智）者乐，仁者寿。"

"知者乐水，仁者乐山"，这是很有名的话。《列子·汤问》讲过一个故事，"伯牙善鼓琴，锺子期善听。伯牙鼓琴，志在登高山，锺子期曰：'善哉！峨峨兮若泰山。'志在流水，锺子期曰：'善哉！洋洋兮若江河。'"高山流水，是君子之操的象征。

前面，孔子说，"仁者安仁，知（智）者利仁"（《里仁》4.2）。山性静，象征"仁者安仁"。"仁者安仁"，可以长久，故曰"寿"。水性动，象征"知（智）者利仁"。"知（智）者利仁"，可以悦人，故曰"乐"。**（智者乐水，仁者乐山）**

6.24 子曰："齐一变，至于鲁；鲁一变，至于道。"

这是从复古的观点看问题。

鲁是周公之后，齐是太公之后，都是西周分封，但鲁是周的同姓，齐是周的姻戚。齐比鲁国力强盛，但不如鲁保存旧典、旧法、旧道德多。鲁比齐更近于周道。孔子认为，齐一旦朝好了变，可以达到鲁；鲁一旦朝好了变，可以达到道。道是周道，即西周的立国原则。这是倒着看问题。后来的发展证明，齐比鲁在推行新制方面走得远，离他的目标越来越远。

孔子改制，是以西周为理想。他的理想，完全行不通。**（孔子的改革路线图）**

6.25 子曰："觚不觚？觚哉！觚哉！"

这段话最莫名其妙，不知到底是什么意思。

"觚"，是一种酒器，宋以来的金石学家把中间束腰，上下作喇叭口的器物叫"觚"，这一定名并无自名根据，现在考古学家说的"觚"，仍是沿用宋代的定名。他们说的"觚"，主要流行于商代和周初。西周中期，这种觚已经不流行。

另外，还有一种说法，是把"觚"读为《急就篇》"急就奇觚与众异"的"觚"，即一种用以学书的多棱木棍。

这两种说法都是以器物为说，完全不通。

我怀疑，"觚"也许只是沽的借字，"觚哉！觚哉"，就是《子罕》9.13 的"沽（贾）之哉！沽（贾）之哉"，是待价而沽的意思。孔子是说，我要不要把自己卖个好价钱呀？答案是，要呀！要呀！或者还有一种可能，是把觚读为孤，孔子也是自问自答：我孤独吗？孤独呀！孤独呀！（**觚哉！觚哉！**）

6.26 宰我问曰："仁者，虽告之曰：'井有仁（人）焉'。其从之也？"子曰："何为其然也？君子可逝也，不可陷也；可欺也，不可罔也。"

"宰我"，宰予字子我，这里是以字称。

"井有仁（人）焉"，井里怎么会有"仁"？真是太奇怪了。皇疏于这个"仁"字（第二个"仁"字）下加了个"者"字，等于说掉在井里的是仁者，但只有仁者掉到井里，才有救不救的问题吗？不像话。这是不破读。其实，原文的第二个"仁"字，不过是"人"的借字，《论语》中，"仁"、"人"混用，例子不止一处。如《宪问》14.9"问管仲。曰：'人也。……'"，应读"问管仲。曰：'仁也。……'"。这里，宰我的问题是，对"仁者"来说，假如有人告诉他，说井里有人，他会跳到井里去救他吗？

"逝"是往的意思，杨伯峻说，逝是往而不返，与往不同，[1]似不可信。《老子》第二十五章"大曰逝，逝曰远，远曰返"，逝还是可以返。楚简表示往，常用"迌（跖）"字，此字不见字书，从读音看，正可读为逝（逝是禅母月部，跖从石，

1　杨书，63页。

石是禅母铎部,可以通假)。

"陷",指诱之落井。

"欺"和"罔",都有欺骗之义,但不完全一样。《孟子·万章上》有个故事,子产得活鱼,让校人放生于池,校人谎称放生,却烹而食之,子产说"得其所哉!得其所哉"。校人很得意,说"孰谓子产智"。这就是"欺"。孟子说,"君子可欺以方,难罔以非其道",即你可以利用君子的善良欺骗他,却无法用不合情理的事欺骗他。[1]杨伯峻引之,说小人的欺骗是属于"欺",而宰予的假设是属于"罔"。这个比较很好。它可以说明,欺和罔的差别是什么。

宰予的假设很夸张,有点像我们现在的假设,即歹徒行凶,你能不能挺身而出。他是在考验老师。孔子对这个假设很不满,说干吗非得跳井。君子可以救人,但不一定非跳井;你可以利用他的善良欺骗他,但不能用这种不合情理的事欺骗他。

这种考验,有点像英雄救美。有些谈恋爱的女孩,喜欢用这样的问题测试男友,甚至找人假扮流氓考验他。这就是罔。男友发现真相,觉得特无聊,反而得跟她掰了。(**有人落井**)

6.27 子曰:"君子博学于文,约之以礼,亦可以弗畔(叛)矣夫。"

"文"是人文学术,"礼"是行为规范。君子饱读诗书、博学于文,最后要把自己的行为纳于礼的规范。书,是越读越多,礼,是越学越少。香港中文大学就是以"博学于文,约之以礼"为校训。(**博学于文,约之以礼**)

6.28 **子见南子,子路不说(悦)。夫子矢之曰:"予所否者,天厌之!天厌之!"**

"南子",宋女,子姓,以南为氏,卫灵公的夫人。南子很漂亮,与美男宋朝通奸(见上6.16),有恶名。孔子见卫灵公,在前495年。司马迁说,孔子见灵公

1　杨书,63页。

前，南子使人传话给孔子，凡是想见卫君的君子，没有不先拜见她。孔子见南子，入门，北面稽首，南子坐在帷帐后，接见孔子，施礼再拜，环佩之声相闻。拜见后，孔子知道子路会不满，特意跟子路解释，他是出于礼貌，不得已而见之，但子路仍不悦，所以孔子指天发誓，有上面这段话（《史记·孔子世家》）。这里，"矢"是发誓，"否"指非礼。孔子发誓说，如果我有非礼之举，就让老天抛弃我吧。

1929年，山东省立第二师范学生会上演林语堂的《子见南子》，就是讲这个故事，不想引起一场轩然大波：曲阜孔氏的族人竟联名控告该校校长宋还吾。鲁迅就此写出《关于〈子见南子〉》，[1]可参看。（**子见南子**）

6.29 子曰："中庸之为德也，其至矣乎！民鲜久矣。"

《礼记》有《中庸》篇。"中庸"的"中"是恰如其分，两种极端都不取；"庸"是常的意思。这是孔子思想中很重要的概念。它与"义"的概念有关，与礼制内含的法度概念有关。

现在，很多人把中庸之道说成是骑墙之道、掺和之道，甚至有所谓"和合学"。其实，中庸之道的"中"是标准和原则，不讲标准，不讲原则，根本不是中庸之道。（**中庸之德**）

6.30 子贡曰："如有博施于民而能济众，何如？可谓仁乎？"子曰："何事于仁，必也圣乎！尧、舜其犹病诸！夫仁者，己欲立而立人，己欲达而达人。能近取譬，可谓仁之方也已。"

这段话很重要，为我们区别了"仁"与"圣"。

子贡问"博施于民而能济众"算不算"仁"，孔子说，"何事于仁，必也圣乎"。"何事于仁"，朱注解为"何止于仁"。这是从上下文推测。其实，"事"有立于某种位置，即今语所谓定位的含义。[2]这里说，"博施于民而能济众"，何止

1　《鲁迅全集》第7卷，550—570页。

2　宗福邦等主编《故训汇纂》，54页。

是"仁",如果一定要讲它到底算什么,那也是"圣"。"圣"是更高的境界,就连尧、舜,他们要想做到这一点,都很头疼。

"尧、舜"是传说的上古帝王,尧是唐国的国君,舜是虞国的国君。他们是孔子说的"圣人"。

"能近取譬,可谓仁之方也已",能拿身边的事打比方,也就知道仁是怎么一回事了。

"仁"和"圣"的区别是什么?孔子说,"仁"是"己欲立而立人,己欲达而达人",它强调的是从自己做起,将心比心,推己及人。这主要是个人修养。个人修养好,不一定就能普施恩惠于民,救助天下的百姓。博爱,光有爱心不行,还得有权。"圣"是王者之道,孔子无权无势,根本做不到。

读这一段,大家最好参考一下《宪问》14.42。《宪问》14.42是孔子答子路问。子路的问题是:什么是君子。孔子的回答分三层:第一步是"修己以敬",即从我做起,先从自己的道德修养入手,对周围的人心存敬意;第二步是"修己以安人",即不但自己有很好的道德修养,还能推其仁爱之心,安定身边的人,即这里的"己欲立而立人,己欲达而达人";第三步是"修己以安百姓",即不但推其仁爱之心于身边的人,还能安定下层大众。前两条就是"仁",后一条就是"圣"。孔子说,"修己以安百姓,尧、舜其犹病诸",和这里也是一样的。

我们要注意,"人"是上流君子,"民"是下层大众。

台湾有个孙立人,蒋介石的"国防部长",美国曾策划政变,用孙立人代替蒋介石,叫"孙立人事件"。陕西有个孙达人,"文革"中受过毛泽东表扬,后来当了副省长。他们的名字是有取于此。**(仁与圣的区别在哪里)**

述而第七

本篇多短章，内容杂乱。7.11讲"子路之勇"，7.35讲"子路请祷"，很有趣。"子路请祷"和《子罕》9.12是一回事，是讲孔子大病一场，子路性急，老师还没死，就忙着给老师办丧事。7.20、7.26、7.33—7.34很重要，涉及"圣""仁"与"君子""有恒者"的区别，以及孔子的自我评价。

7.1 子曰："述而不作，信而好古，窃比于我老彭。"

孔子是个复古主义者。

"述而不作"，是只继承延续，不创造发明。今人所谓"发明"，古人叫"作"。比如《世本》是古代的寻根之作。血缘的根，它讲。技术的根，它也讲。它有一篇，叫《作》篇，就是讲各种技术发明，如"蚩尤作兵"，是蚩尤发明武器；"苍颉作书"，是苍颉发明文字。

"信而好古"，是既信古，又好古。

"窃比于我老彭"，是心里自比为老彭。"老彭"，即彭祖。郑玄说"老彭"是老子和彭祖，不对。《大戴礼·虞戴德》说"昔商老彭及仲虺"，"老彭"和"仲虺"并列，前面还有表示其时代的"商"字，显然各是一人，与老子无关。包咸说"老彭，殷贤大夫"，才是正确的说法。

关于老彭，我想多说几句。因为古代，他很有名，后来反而不为人知，很多学者都不清楚。[1]

彭祖称"老彭"，这个"老"和"老子"的"老"或"老莱子"的"老"一样，是表示老寿。战国秦汉时期，他是有名的老寿星和活神仙。电视剧《康熙大帝》的主题歌，说"我还想再活五百年"。这种话，我们听了很可怕，但古人说，彭祖活了800岁。汉代起名，喜欢叫"彭祖"，就像今人喜欢叫"长寿"。古人所谓神仙，都很长寿，比如墨子，汉代还在活动，怎么可能？我们不理解。但他们讲的神仙，大部分都如此。中国的神仙很特殊，他们不是天地固有的神祇，而是从普通人

---

[1] 王夫之《四书稗疏》说彭祖是"一淫邪之方士"，应当就是指彭祖传授房中术（程书，第二册，431页）。他说《汉书·艺文志》有《彭祖御女术》，不对。《汉志》只有一本叫《汤、盘庚阴道》的书。此书可能与彭祖有关，书名不一样。托名彭祖的房中书，后世叫《彭祖经》，主要流行于东汉魏晋，属于"房中七经"。

变成的超人。"仙"的本义是升迁，即修炼后，身体变轻，胳膊上长出长毛，走得很快，飘飘然，扑棱扑棱翅膀，慢慢可以飞起来，好像滑翔机那样，飞到天上去。《释名》对"仙"字的解释是"老而不死"。彭祖就是这样的老寿星和活神仙。古书说，彭祖姓篯名铿，是颛顼之孙陆终氏的中子，为"祝融八姓"中彭姓的祖先，所以叫"彭祖"。彭姓是因住在彭城而得名，彭城即今徐州。徐州搞旅游，大吹彭祖，一是彭祖菜，不知什么味道；二是养生术，特别是房中术。前不久，看电视，他们拿我们翻译的《中国古代房内考》做广告。彭祖其人，《列仙传》和《神仙传》都有记载，是教商王学地仙之术的专家。所谓"地仙"，就是住在地上的活神仙，专门吃喝玩乐，享受人间欢乐，特别是玩女人。这样的神仙，不像嫦娥，在天上飞来飞去，冷冷清清，寂寞得很。彭祖在养生书和房中书中很有名，汉魏时期的《彭祖经》就是托名于他，我做过介绍，大家可以找来看。[1]过去，正经读书人，都不太知道彭祖，现在，马王堆帛书提到他，张家山汉简提到他，上博楚简也提到他，可见战国秦汉，他是名人。

这里，孔子提到彭祖，很重要，因为年代更早，比上博楚简还早。孔子以彭祖自况，不是因为他长寿，而是因为他"信而好古"。彭祖所信所好的古是什么，不清楚。也许有些养生家，比他资格更老，比如容成氏，据说也传房中术，彭祖是祖述这些前辈。我以前开过一个玩笑。我说，饮食男女，人之大欲，为满足后一大欲，人类在黑暗中长期摸索，反复操作，达几百万年，房中术在哪儿都是一门古学问，就像炒菜，不一定非有现代理论才能炒出来。[2]当然，孔子喜欢彭祖，不一定是欣赏他的房中术。

在孔子的心目中，彭祖人特别老，思想特别老，而且述而不作，大概没有问题，否则他不会拿彭祖比自己。古代思想家批判现实，一般都爱拿古代说事。我们要设身处地，理解他们的想法。现代文明，有很明显的二元化倾向，500年前画一道线，前面是传统，后面是现代。这样考虑问题，其实不合理。十几年前，有人写过一本书，叫《被发明的传统》（Eric Hobsbawm and Terence Ranger ed., *The Invention of Tradition*, Cambridge: Cambridge University

---

1 李零《中国方术正考》，北京：中华书局，2006年，302—307、402—404页；《中国方术续考》，北京：中华书局，2006年，271—272页。
2 李零《放虎归山》，沈阳：辽宁教育出版社，1996年，145页。

Press, 1992）。它告诉我们，很多传统都很现代，其实是"被发明的传统"。特别是"复古"，很多都是这样的发明。同样，很多现代的东西，其实也很传统。（彭祖）

7.2 子曰："默而识之，学而不厌，诲人不倦，何有于我哉？"

这是讲做学问，因为知之、好之、乐之，不知满足，不知疲倦，持之以恒。

"默而识之"，是默默记在心里。"识"，这里读zhì，是记下来的意思。

"学而不厌，诲人不倦"，这是孔子的名言，大家引用，多半都是掐头去尾，只要这两句。"不厌""不倦"，就是"有恒"。下7.26，孔子说，"圣人"和"善人"（即仁人），他是见不着的，能够见到"君子"和"有恒者"就不错了，"难乎有恒"。《子路》13.22，他也说，"南人有言曰：'人而无恒，不可以作巫医。'"这里，他强调的就是一个"恒"字。

"何有于我哉"，这对我算得了什么。这种说法在《论语》中多次出现，前面已经谈过。

在学习的问题上，我是提倡玩，玩是强调乐。用体育打比方，我更喜欢，是个人玩的那一种，不是团体项目，更不是竞技项目。我认为，学习是自娱自乐，教书是助人为乐，即使不那么高尚，只当谋生手段，或消愁解闷、打发时光，也很好。我最讨厌的一种人，是《野叟曝言》中文素臣那样的人，他不喜欢和尚，就发誓要杀光所有的和尚，一直追到东南亚。这种有澄清天下之志的人，如果做学问，非常可怕，他"学而不厌"是为了"毁人不倦"，见人就灭，以为天下之大，只有他那点学问才叫学问，别人的学问都不是学问，不是冠军不许入场。这叫自讨没趣。自己把学问弄得没意思，让别人也觉得没意思。学问和人都毁了。

此章应与下一章对着看。（何为有恒者）

7.3 子曰："德之不修，学之不讲，闻义不能徙，不善不能改，是吾忧也。"

此章似与上文相承。上一章是讲不值得担心的事，这一章是讲值得担心的事。

孔子担心的是，道德不修，学问不讲，好的不从，坏的不改，一共四条。

"闻义不能徙"，是听说应该做的事，必须做的事，在旁观望，根本不动窝，不朝那儿走。"徙"是趋赴之义。《颜渊》12.10有"徙义"一词，就是趋义的意思。（**孔子四忧**）

7.4 子之燕居，申申如也，夭夭如也。

这是讲孔子下班以后怎么样。"燕居"，是退朝之后，在家休息。

"申申如也，夭夭如也"，古代雅学，解释单音词叫"释诂""释言"，解释叠音词叫"释训"。"申申""夭夭"属于后者。这两个词，《尔雅》《小尔雅》没有，《广雅》有，《广雅·释训》只笼统说"容也"，即形体表现出来的样子。马融说，这两个词是"和舒之貌"。《史记·万石君传》颜师古注说"申申"是"整敕之貌"，王念孙《广雅疏证》说"未知孰是"。

我想，孔子下班回家，一定是轻舒腰脚，完全放松，决不会正襟危坐，绷着股劲儿，像颜师古说的那样。（**孔子燕居**）

7.5 子曰："甚矣吾衰也！久矣吾不复梦见周公！"

这是孔子晚年的哀叹。

孔子一辈子都把周公搁心里，夜里做梦，老梦见周公。[1]前484年，孔子回到鲁国。这时，他已68岁，去死不远，复兴周礼的希望已经渺茫，他说，我是老得不行了，很久都梦不见周公了。好伤心呀。

孔子生于鲁国，长于鲁国，鲁国是周公的封国。他爱周公，是爱鲁国，爱鲁国保存的周礼。这是当时的爱国主义。后来的儒家都喜欢讲周公，周公摄政，传为美谈。要篡天下的也喜欢讲周公，比如王莽，比如曹操，都自比于周公。周公的象征意义，是干天子的事，没天子的名。……（**周公之梦**）

1　孔子有名，他的梦都有名，比如敦煌本的《周公解梦书》，就是托名于他。

7.6 子曰："志于道，据于德，依于仁，游于艺。"

这段话见于郭店楚简《语丛三》。

"据"，简本作"虏"，这个字，简文多用为甲字，并且往往有木旁，从上下文看，似应读为"狎"，即"狎习"的"狎"。这里作"据"（繁体作據），可能是形近而误。

"依"，简本作"厌"，从厂从比字的古文，疑读为"比"，"比"和"依"含义相近。

"艺"，指礼、乐、射、御、书、数等本领或技能。

校正之后，重新理解，这四句话的意思是，要有志于道，熟习于德，亲近于仁，游心于艺。（**道、德、仁、艺**）

7.7 子曰："自行束脩以上，吾未尝无诲焉。"

"自行束脩以上"，"脩"音xiū，自带干肉十条以上。

古代食物保鲜和尸体防腐是同一原理。尸体防腐，干尸、尸腊和糅尸，类似熏肉、腊肉和火腿；冻尸，类似冰箱中的食物。此外，我国还有用朱砂、水银敛尸，白膏泥或糯米浆封墓，保存软尸的传统，则是把氧气置换掉，并使用防腐剂。蒙、藏地区也有一种生肉干，是冬天冻，春天化，然后再风干。

这里的干肉十条，多长多粗，不知道，也许是十根腊肉那么大一把，也许和超市里卖的一包香肠差不多。古代吃肉很少，一包香肠也是很大的享受。孔子有弟子三千，一人一束腊肉，可以有30000根腊肉。更何况"束脩"二字的后面还有"以上"，学生愿意多送，也可欣然受之，多多益善。数量可能不止于此。当时的物价水平，我们无法估计，好像还值点钱。

束脩是拜师的见面礼，不是学费。学习期间的费用，可能是自理（汉代是自带干粮，自己花钱租房子）。孔子收徒，不问出身，只问有没有见面礼。（**拜师的见面礼**）

7.8 子曰:"不愤不启,不悱不发。举一隅不以三隅反,则不复也。"

这是孔子的教学法。

"不愤不启,不悱不发","愤"是憋在心里,"悱"是话到嘴边,都是内心冲动,不吐不快之状。孔子反对记问之学,认为只会死记硬背不会提问的学生不值得教,要教,一定要有内心冲动,问题提出来,才加以点拨,启之发之,让他们自己找答案。

"举一隅不以三隅反",是形容死脑筋,不开窍,一张桌子四个角,看了一个角,不知其他三个角是什么样。

"则不复也",是说既然如此,也就没必要再讲第二遍。(**不开窍的学生不教**)

7.9 子食于有丧者之侧,未尝饱也。

孔子参加丧礼,在死者的家属旁边吃东西,从不吃饱。(**丧礼一**)

7.10 子于是日哭,则不歌。

孔子说,"临丧不哀"是让人看不下去的(《八佾》3.26)。孔子参加丧礼,如果哭过,就不再唱歌。(**丧礼二**)

这两章是讲参加丧礼。

7.11 子谓颜渊曰:"用之则行,舍之则藏,唯我与尔有是夫!"子路曰:"子行三军,则谁与(欤)?"子曰:"暴虎冯河,死而无悔者,吾不与也。必也临事而惧,好谋而成者也。"

孔子偏爱颜渊,子路不服,受到孔子的训斥。这里,颜渊、子路,俱以字称。

"暴虎冯河",《诗·小雅·小旻》有"不敢暴虎,不敢冯河","暴虎"也见于《诗·郑风·大叔于田》。传统解释,都说"暴虎"是不假兵器,空手搏虎;"冯河"是不假舟楫,徒步渡河。但裘锡圭先生考证,"暴虎"的"暴"字本作"虣",

本象执戈搏虎，"空手"之训可能是后起，原来指不乘田车打老虎，并不是不用兵器。[1]

这段话，又是拿颜渊和子路作对比。孔子对颜渊说，"用之则行，舍之则藏，唯我与尔有是夫"，即有人用我，我就干，没人用我，我就隐，谁能做到这一点，只有我和你呀。他夸颜渊有两条，但用行舍藏，主要是藏。颜渊，箪食壶饮，穷街陋巷，耐寂寞，忍贫寒，这是舍藏。用行谈不上。子路听老师夸颜渊，不服。他想，颜渊谈得上什么"用之则行"，所以故意说，"子行三军，则谁与"，即老师如果率领三军，您又和谁在一块儿？他以为，孔子会说，那还有谁呀，肯定是子路啦，我得"与子同车"，让你保护我的安全，帮我出谋划策拿主意。但孔子对他的鲁莽很不满，马上挖苦说，打虎不靠田车（此用裘说），渡河不靠舟楫，这种死了都不知后悔的冒失鬼，我才不跟他在一块儿；如果说什么样的人才合适，那一定是临战感到非常害怕，小心翼翼，唯恐有失，打起仗来又精心策划，能够真正把仗打赢的人。

看来，孔子喜欢的是"谋"，而不是"勇"，特别是莽张飞式的匹夫之勇。子路讨了个没趣。（**子路不服气**）

7.12 子曰："富而可求也，虽执鞭之士，吾亦为之。如不可求，从吾所好。"

"富而可求"，《史记·伯夷叔齐列传》引作"富贵而可求"。"富"是禄，现在叫"收入"或"工资"。"贵"是位，现在叫"头衔"和"地位"。商周时期，富贵是由出身决定，血统决定，生下来就定了，无法选择，只能听天由命。子夏说，"死生有命，富贵在天"（《颜渊》12.5）。孔子的时代，血统论受到自下而上的冲击，但孔子还是认为，富贵是不可求的，叫学生不要为之动心。

现在的学校，教授拿工资，是雇佣制度，贵族制度早就没有，但矛盾依然存在。西方的大学，英美不同。英国，比较"死生有命，富贵在天"，香港学英国，也是如此。美国，比较市场化。但美国也有tenure（终身职），有铁饭碗。过去，我在考古所，"文革"之后第一次评职称，夏所长（夏鼐）讲，第一，你们不要争，公共

---

[1] 裘锡圭《说"玄衣朱襮袡"——兼释甲骨文"襮"字》，收入所著《古文字论集》，北京：中华书局，1992年，350—352页。

汽车，这班走了，还有下一班，总能上；第二，你们别嫌位置低，我们所的副研究员等于其他所的研究员，大家不爱听。他是从英国学考古回来的。这是论资排辈时代的一个小故事。现在的学校，"论资排辈"加"破格提拔"，实行的是祖孙相继的昭穆制，上有"大树"，下有"子弟兵"，名位都是私相授受，说是市场机制，其实是计划体制下的另一种利益瓜分，捞着的捞着了，捞不着的自认倒霉。所谓竞争，很多也是斗蛐蛐，扔几个小钱，逗大家玩，"撒向人间都是怨，一枕黄粱再现"。"死生有命，富贵在天"，还是有效。

这段话，用我的体会读，似乎是这样：如果富贵可求，就是地位再低，我也可以试一下；如果这是做梦，根本不可能，你还是像我一样，安贫乐道好了。"执鞭之士"，是地位很低的小官。**（富不可求）**

7.13 子之所慎：齐，战，疾。

"齐"，同斋，指斋戒。祭祀之前，一定要斋戒。古人认为，祭祀和生命延续有关，是古之大事。"战"，也是人命关天的古之大事。这两件事，都不可不慎。值得注意的是，这里还提到"疾"，说对待疾病，也不可不慎，和斋戒、打仗一样重要。孔子这么看重病，医学家读了，肯定高兴，但他们别忘了，这里强调的是慎字。

打仗和治病都是人命关天，不可不慎。**（孔子所慎）**

7.14 子在齐闻《韶》，三月不知肉味，曰："不图为乐之至于斯也！"

孔子在齐闻《韶》，大约在前517年。当时孔子只有35岁，还比较年轻。

《韶》是舜乐，当时最高雅的古典艺术，前面已经讲过（《八佾》3.25）。齐国贵族有陈氏，据说就是舜的后代。齐国演奏《韶》，水平似乎很高，孔子听了，觉得是极大享受，竟然达到"三月不知肉味"的地步。肉好吃，还是音乐好听？两者不好比。我们要体会孔子的感受，就要知道，肉在古代有多大的力量。古人吃肉不易，只有贵族和享受优待的老人才可以吃，所以贵族叫"肉食者"。当然，孔子有学生送肉，已经过了吃肉关。

司马迁说，孔子在齐国，和齐太史讨论音乐，"闻《韶》音，学之，三月不知肉味"（《史记·孔子世家》），多出"音学之"三字。朱熹引程子说，以为"三月"是"音"的误写，连上读，作"学之音，不知肉味"，不可信（《论孟或问》）。[1] 朱熹本人不相信，但他以为"闻韶"下，还是应补"学之"二字。他认为，孔子不知肉味，主要还不在于音乐本身美，而是因为他学习太专注（《集注》）。这种添油加醋没必要。司马迁的引文，只是粗说大义，并不一定是原文。人的一种官能因过度兴奋而掩盖另一种官能，这是常有的事。下7.19说"发愤忘食"就是如此。孔子因乐废肉，这是高雅之士才会有。人的官能，有低级高级之分，低级的固然低级，但没有也不得了。比如，有没有空气吸，有没有水喝，有没有饭吃，有没有性交对象，这都是基本需要。高雅都是在满足了这些基本需要之后才能显出重要性。

孔子迷《韶》，听后，"三月不知肉味"。这个评价相当高。没饿过肚子，不知肉的作用有多大。我在内蒙古插队，一口气可以吃八个馒头，偶尔进城，吃盘过油肉，万念俱息。（三月不知肉味）

7.15 冉有曰："夫子为卫君乎？"子贡曰："诺，吾将问之。"入，曰："伯夷、叔齐何人也？"曰："古之贤人也。"曰："怨乎？"曰："求仁而得仁，又何怨？"出，曰："夫子不为也。"

这是前492年，卫灵公卒，卫出公即位，孔子离开卫国前的事情。冉有、子贡，俱以字称。冉有为季氏宰应在此之后。

冉有问，"夫子为卫君乎"，"卫君"是卫出公，"为"是帮助的意思。子贡说，好，我来问老师。他问孔子，不是直接问，而是用伯夷、叔齐的故事试探孔子，看他是不是还想留在卫国。伯夷、叔齐是古代最有名的不合作主义者。他们志坚意决，我们比不了。我们都是俗人，免不了为"稻粱谋"。龚自珍《咏史》："避席畏闻文字狱，著书都为稻粱谋。"子贡问，伯夷、叔齐是什么样的人？孔子说，他们是古代的贤人。子贡又问，他们有怨言吗？孔子说，他们是求仁得仁，有什么可怨？子贡听

1　程书，第二册，456—457页。

了，也就知道了，孔子没有留意。后来，他们也就真的离开了卫国。

孔子说的圣人都是有位子的人，仁人不一定，比如伯夷、叔齐，就是仁人的代表。（**求仁得仁，又何怨**）

7.16 子曰："饭疏食，饮水，曲肱而枕之，乐亦在其中矣。不义而富且贵，于我如浮云。"

"饭疏食"，吃粗粮。前人对"疏食"有不同理解。硙磨发明前，古代没有面食，所有谷物，谷子、糜子、麦子、稻子都是粒食，"精""粗"之分，是看米春得精不精。这是一种理解。另一种，是以好吃不好吃来分。但好吃不好吃，标准很难定。过去，我们是以大米、白面为细粮，谷子、玉米、高粱、豆子算粗粮。我们家乡出小米，进贡皇上，叫"沁州黄"，学大寨时，为求高产，改种东北杂交高粱。当时，有个顺口溜，"晋东南地区达纲要，吃的全是猪饲料"，大家认为高粱很难吃。玉米面，大家也不爱吃，不像现在。中国本来没有玉米，也没有高粱，当时的粗粮是"藿食"，即豆叶，不包括小米。小米是好东西。此外，《释文》引或本又作"蔬食"。"蔬食"的意思是"菜食"，大概是瓜菜代的吃法。三年困难时期，粮食紧缺，米饭掺水，和粥一样。窝头，掺葱根、树叶和野菜。

"饮水"，喝凉水。热水叫"汤"，凉水叫"水"。

"曲肱而枕之"，"肱"是上臂，指弯着胳膊，把头垫在上面，用胳膊代替枕头。（**安贫乐道**）

7.17 子曰："加我数年，五十以学《易》，可以无大过矣。"

这段话很有名。学者推测，它是孔子47岁以后、50岁以前讲的话。《易》在古代是传天数的。我在前面讲过，孔子可能是在这段时间学《易》，然后出仕。他是学《易》后才出仕。所谓"五十而知天命"，可能与此有关（《为政》2.4）。

"加我数年"，《史记·孔子世家》《风俗通义·穷通》引均作"假我数年"，加、假可以通假，似以作"假"为是。

过去，学者怀疑，"五十以学《易》"不可靠，原因是，司马迁说，"孔子晚而喜《易》"（《史记·孔子世家》）。[1]50岁，怎么可以说"晚"？他们认为，孔子学《易》，当是孔子生命的最后几年，即孔子自卫返鲁之后那一阵儿，学《易》当在70岁。但问题是，司马迁讲完这一句，引用的正是《论语》此章，此章讲得很清楚，孔子是"五十以学《易》"。如果要把此说取消，必须改原文。例如朱熹从刘聘君说，把"五十"改成"卒"，意思就变了，等于说终于学《易》。[2]还有清惠栋把"五十"改为"七十"（据王肃《诗传》），或把后两句读成"五十以学，亦可以无大过矣"（据《鲁论》）。这些都是曲说。[3]

今天，五十不算老，但孔子的时代，已经是晚年。

孔子"五十以学《易》"，"五十而知天命"，两个"五十"，不是巧合。我们要知道，古人知天命，主要靠数术；孔子知天命，主要靠学《易》。古人好言天道，孔子不能离开当时的思想环境，但他关心的不是天道本身，而是命运如何。"冯唐易老，李广难封""使李将军遇高皇帝"，关键是遇不遇。汉儒谈天说易，讲天人之际，关心的也是国家命运。

孔子学《易》，是为了知命，知道自己是不是应该出来做官。（**五十学《易》**）

7.18 子所雅言，《诗》《书》。执礼，皆雅言也。

"雅言"，古书中的雅字与夏字有关，《诗经》大小《雅》，雅字，上博楚简皆作夏。夏是三代之首，在古代是文明的标志。古人都很清楚，夷夏之别主要是文野之别。"雅言"就是"夏言"，"夏言"就是古代的普通话。这段话是说，孔子在礼仪场合讲话，都是说当时的普通话，用当时的普通话引诵《诗》《书》。春秋末年的雅言，可能是古代的河南话（周语）或山西话（晋语），与古代的陕西话（秦语）或古代的山东话（鲁语）不太一样。（**子所雅言**）

1　马王堆帛书《要》也有"夫子老而好《易》"的说法，可见这是汉代流行的说法。

2　《孔子世家》的原文是"孔子晚而喜《易》，序《彖》《系》《象》《说卦》《文言》。读《易》，韦编三绝。曰：'假我数年，若是，我于《易》则彬彬矣。'"其中无"五十以学《易》"。朱注说，"刘聘君见元城刘忠定公，自言尝读他《论》，加作假，五十作卒。盖加、假声相近而误读，卒与五十字相似而误分也"，他说，既然司马迁的引文没有"五十以学《易》"，可见"'五十'字误无疑也"。

3　程书，第二册，473页。

7.19 叶公问孔子于子路，子路不对。子曰："女（汝）奚不曰，其为人也，发愤忘食，乐以忘忧，不知老之将至云尔。"

孔子不以聪明自夸，只以用功自许。他夸颜回，也是夸他用功。

"叶公"，"叶"音shè，楚国叶县的首长。楚国，大县的县长叫公，小县的县长叫尹。大县多是灭国而设，派重臣镇守的军事要地。孔子见过的叶公，是沈诸梁，字子高。孔子见叶公子高在前489年。当时，孔子已63岁。叶公问子路，孔子是什么样的人，子路没回答。孔子说，你为什么不跟他讲，我是个"发愤忘食，乐以忘忧，不知老之将至云尔"的人呢——告他我还不算老。上文的"不义而富且贵，于我如浮云"，还有这里的最后一句话，都是名言。杜甫说"丹青不知老将至，富贵于我如浮云"（《丹青引赠曹将军霸》），就是以此典入诗。（**不知老之将至**）

7.20 子曰："我非生而知之者，好古，敏以求之者也。"

参看《季氏》16.9。孔子把人的智力，按好学不好学，分为四等："生而知之者"是上等，"学而知之者"是中等之上，"困而学之"是中等之下，"困而不学"是下等。他不承认自己是上等，只承认自己好学。好学学什么？学古代。他是以勤补拙，对于古代，求知心切，学得很来劲，如此而已。可见，他是以中等之上自居。（**我非生而知之者**）

7.21 子不语怪、力、乱、神。

"子不语"，指孔子不喜欢讲的事。清袁枚有《子不语》一书，后发现元人说部也有《子不语》，遂改名《新齐谐》。孔子不喜欢讲"怪、力、乱、神"。"怪"，指超自然、反自然的各种奇迹。古书有所谓搜奇、志怪一类，常记载这类现象。"力"，指施暴逞强，以力服人。"乱"，指悖理乱常。"神"，指鬼神之事。（**子不语**）

7.22 子曰："三人行，必有我师焉：择其善者而从之，其不善者而改之。"

孔子学无常师，善于向各种人学习。

"三人行，必有我师焉"，简本和宋以前的其他古本多半作"我三人行，必得我师焉"。"我"字，大概是五代才去掉的，但"有"字，早期的本子就有这种写法，比如唐写本的《论语郑氏注》就是如此。这段话的意思是说，我和两三个人同行，其中一定能找到值得我学习的人，找出他们的优点，作为自己的榜样；找出他们的缺点，看看自己有没有，有就改正。

王朔嘲笑这话，说是废话。我觉得，这话平淡无奇，但有点意思。意思在哪里？主要是对批判知识分子有用。知识分子是知识分工体系下的精神残废，瘸子看不起瞎子，瞎子看不起瘸子，认俩狗字，就以为谁都不如他心明眼亮，手中有真理，错当杀人刀，特拿自个儿当葱，逮谁灭谁。其实，仔细想想，谁不比你强？我就佩服各种有特殊技能的人，特别是知识分子以外的人，工人、农民、运动员和艺术家。

吴敬梓写《儒林外史》，最高境界是擅长琴棋书画的四个人，全是市井细民，这是看透了。我最讨厌的，就是知识分子的势利眼。**（三人行，必有我师）**

7.23 子曰："天生德于予，桓魋其如予何？"

"魋"，音tuí。

这是前492年的事，孔子当时已60岁。孔子在大树下讲学，司马桓魋派人来搅场子，叫人把树拉倒。孔子一把年纪，还受此暴力威胁，这是孔子蒙难记中很有名的一出。另一次是在四年以前，孔子被围于匡（参看《子罕》9.5）。这次，他说"桓魋其如予何"，那次，他说"匡人其如予何"，意思都是说，我有天命在身，你能拿我怎么样？

这句话很经典。我们都知道，王莽是正经儒家出身，他被汉兵包围，还念念有词，说"汉兵其如予何"（《汉书·王莽传》），就是模仿孔子。但他和孔子不同，是死于乱刃之下。**（桓魋其如予何）**

7.24 子曰："二三子以我为隐乎? 吾无隐乎尔。吾无行而不与二三子者,是丘也。"

真话是利刃,触之者伤。

孔子身教重于言教,讲话不是竹筒倒豆子,而是你不问他不说,重在启发,让人以为有什么藏着掖着,所以他有这一番解释。

"吾无行而不与二三子",是我没有任何行为是瞒着你们这些学生的。我认为,"事无不可对人言"是很好的品质,但在社会上非常危险,对自己很危险。我记得,小时候,有个外国电影,叫《魔椅》,人一坐上去,就口吐真言,结果是,什么虚伪都被揭穿,让我觉得很痛快。

但人真的可以毫无隐瞒吗? 我很怀疑。有人说,真话可以不讲,假话一定不说,这也很难。"知无不言,言无不尽",就连亲人也做不到。

因为,它对你和你所爱的人,同样也有杀伤力。(**无所隐瞒**)

7.25 **子以四教**:文、行、忠、信。

"文"指学问,"行"指德行。(**孔子四教**)

7.26 子曰:"圣人,吾不得而见之矣;得见君子者,斯可矣。"子曰:"善人,吾不得而见之矣;得见有恒者,斯可矣。亡而为有,虚而为盈,约而为泰,难乎有恒矣。"

好人是珍稀动物,凤毛麟角。

孔子谈到四种好人。"圣人"最高,是有德有能,也有权有位,可以兼济天下的人。孔子承认的圣人很少,主要是尧、舜一类圣王。这种人都是死人,只生活于上古盛世,根本见不着。"君子"不一样,少是少,还是有活着的。比如卫国的蘧伯玉,鲁国的宓不齐,都是孔子当世的人(后者还是他的学生),按孔子的说法,他们都是君子。"善人",《论语》出现过5次,除这条,还见于《先进》11.20、《子路》13.20、《子路》13.29、《尧曰》20.1。善人是好人。如《墨子·尚同下》,

善人的反面是暴人，暴人是坏人，善人是好人。但孔子说的善人，好，好到什么程度？却值得讨论。前人说法不一，皇疏说，善人是"贤人"，近是，但比较模糊；朱注说，善人是"质美而未学者"，估计太低；邢疏说，善人是"君子"，也不对，上文已有"君子"，这里还指君子，就重复了。更何况，君子可以是活的，不是见不着。

大家常说，世上还是好人多。什么叫好人？从古至今，没标准，没尺度，谁也没做过调查，谁也没做过统计，所有人，都这么说，天经地义。只有《庄子》唱反调，说"天下之善人少而不善人多"，"圣人之利天下也少而害天下也多"，甚至说，"圣人不死，大盗不止"（《胠箧》）。人，只要不落到苏三起解的地步，谁也不会说"洪洞县里无好人"。

在孔子的语汇中，圣人是天生聪明、绝顶聪明的人，头一等。善人比它低点，但也非常高，高到活着见不着，和它比较接近，只有仁人。仁人，不光洁身自好，还能助人为乐，比圣人低，比君子高，不死不能当，绝非今之慈善家所敢领受。下7.34说，"若圣与仁，则吾岂敢"，圣人和仁人，都是很高的境界，连孔子都不敢当。有恒者，是一辈子做好事，乐此不疲的人，层次比圣人、善人低，大概和君子差不多，或者就是君子之一德，如孔子，"学而不厌，诲人不倦"（上7.2），就是属于有恒者。

孔子认为，圣人都是古人，早已死光光，根本见不着，有几个君子见见就不错了，当世的人，不是有德无位，就是有位无德，没有一个配称圣人；善人也很少，他也见不着，就像我们说的"雷锋叔叔死了"，有几个坚持做好事的人就不错了。"圣人"和"善人"是理想目标，"君子"和"有恒者"是现实目标。

毛泽东说，"一个人做点好事并不难，难的是一辈子做好事，不做坏事"，[1]坚持做好事难在哪里？孔子说了，主要是三条，"亡而为有，虚而为盈，约而为泰"。这三句话，一般解释是，人有虚荣之心，兜里明明没钱，还跟人装阔，所以挺不住。但我的理解不太一样，我认为，人不能坚持做好事，更大难题是，人没见过钱，打死了也要奔钱，从无到有，从虚到满，从紧巴巴到大手大脚，这个发自本能的冲动，挡也挡不住，绕也绕不开。从无到有，有就是一切，甭管有什么，总

1　《吴玉章寿辰祝词》，收入《毛泽东文集》第二卷，北京：人民出版社，1999年，261—262页（原载《新中华报》1940年1月20日）。

是聊胜于无。无的关怎么过？只有一个办法，就是有，一有就让他有个够。过去，卖点心的怕伙计偷吃，一进门，先让他只吃点心不吃饭，吃就让他吃个上吐下泻，见了点心就犯怵。西方，警察教育强奸犯，也有关起门来放毛片黄带一法，据说有效，很快就蔫儿了（起码短期有效）。《金瓶梅》也是这样，"戒色"是靠"宣淫"。人就这么点出息，只有解决了有，才能跟他讨论该有点什么，或没什么不行，比如非某不娶，非某不嫁。那时，你才懂得什么是"聊胜于有"，为什么有人会堕入空门，上吊自杀。或者还有一个办法更好，就是压根儿别让他瞧见，不见可欲则心不乱。《老子》讲的是这一套。

孔子的苦恼很深刻。（**好人是珍稀动物**）

7.27 子钓而不纲，弋不射宿。

孔子喜欢钓鱼、射鸟。

"钓而不纲"，"钓"是拿鱼钩钓，"纲"是用大绳系网兜抄底。孔子钓鱼，他是拿鱼钩钓，一次两三条，不用大网抄，害怕捞光了，以后没鱼吃。

"弋不射宿"，"弋"音yì，是用系有长绳的箭头射猎物，射出去，还能把箭头和猎物一起找回来，"宿"是还巢之鸟，孔子不射，或许是不忍心。

动物保护，古代就有，比如什么时候打猎，打什么样的动物，公的母的，老的小的，都很有讲究，我国古书有很多记载，别的国家也有。这种保护，都是人本位，即从节约资源着想，而不是替动物考虑。（**孔子打猎**）

7.28 子曰："盖有不知而作之者，我无是也。多闻，择其善者而从之，多见而识之，知（智）之次也。"

此戒无知妄作。孔子说，我没这种毛病。他说他多闻多见，善于学习，听见好人好事就照着办，见到值得记下来的东西就赶紧记下来，这是因为，他只有次一等的智力。（**孔子说自己不聪明**）

7.29　互乡难与言童子见，门人惑。子曰："与其进也，不与其退也，唯何甚？人洁己以进，与其洁也，不保其往也。"

这段话背景不详。

"互乡难与言童子见"，"互乡"，乡名，前人考证，叫这个名字的地方很多，有说在河南鹿邑的，有说在江苏徐州的，都不可信。[1]前人或把这句话断为"互乡难与言，童子见"。但这个地方难说话，怎么一乡之人都这么别扭，不可解。我想，真正难说话的，恐怕只是一人，就是这个登门拜访，主动要见孔子的小伙子，所以我是作一句读。

"互乡难与言童子"来干什么？不清楚，似乎是来道歉。我们在生活中也会碰到难说话的人，他不跟你说话，你千万不要上赶着，但主动前来，还是应该欢迎。此人亲自登门，门人不解，但孔子说，我们赞同的是他的进步，不是他的退步，这有什么过分？人家洁身以求进，我们应该赞同这一点，而不要死盯着人家的过去。"保"是死守之义。

这是比较宽容的态度。（**互乡难与言童子**）

7.30　子曰："仁远乎哉？我欲仁，斯仁至矣。"

孔子把"仁"悬得很高，活着的一个不算，让人感到可望而不可即，所以孔子说，仁真的离我们很远吗？你心里想着仁，仁也就来了。这是"立等可取"的鼓励方法。就像很多俗和尚，以为念一声阿弥陀佛，就可以往生净土。（**我心念仁，仁即来**）

7.31　陈司败问："昭公知礼乎？"孔子曰："知礼。"孔子退，揖巫马期而进之，曰："吾闻君子不党，君子亦党乎？君取于吴为同姓，谓之吴孟子。君而知礼，孰不知礼？"巫马期以告。子曰："丘也幸，苟有过，人必知之。"

此章所述，是前491—前489年孔子仕陈潜公时的事。

1　程书，第二册，493页。

"陈司败",陈、楚等国把司寇叫"司败",这里不知是哪一位。

"巫马期",孔门二期的学生。"巫马",是给马看病的巫医,以官为氏,变为复姓,其名为施,字子期,这里是以字称。

"孔子退,揖巫马期而进之,曰",孔子退下,陈司败向巫马期作揖,请他进来,对他说。

"君子不党","党"本指乡党,即同乡关系,引申开来,则指一切拉拉扯扯的不正当关系。陈司败批评孔子为鲁君遮羞,认为这种做法属于"党",即"党同伐异"的"党",只要是自己一伙,怎么都好。参看《卫灵公》15.22的"群而不党"。

"君取于吴",这里的"君"是鲁昭公。古代婚姻,同姓不婚,娶妻一定要问姓。鲁是周公之后,吴是泰伯之后,都是姬姓,本来不该通婚。春秋时期,这类禁忌有所松动,晋娶戎女,鲁娶吴女,都是例外。出土铜器证明,蔡也娶吴女。他们大概觉得,野蛮民族或落后民族,可以网开一面。但这种事在当时还是不大光彩,鲁昭公不愿意把自己的夫人叫做"吴姬",而叫"吴孟子"。陈司败认为,鲁娶吴姬是"不知礼",孔子为之遮掩,是没有道理的。

这里,我们要知道,孔子认为的礼,其中有一条,就是子为父讳,臣为君讳。这里就是臣为君讳。孔子是故意如此。巫马期把陈司败的批评告诉孔子,孔子也承认,陈司败的批评是对的,自己的话有错误。但在公开场合,他必须这么讲。这是揣着明白装糊涂。(**为鲁君讳**)

7.32 子与人歌而善,必使反之,而后和之。

孔子和人唱歌,如果发现别人唱得好,一定要请别人再唱一遍,自己跟着唱。(**孔子和人唱歌**)

7.33 子曰:"文莫,吾犹人也。躬行君子,则吾未之有得。"

"文莫",读"忞慔"(mín mù),是黾勉的意思。

在孔子的人物品级中,君子比仁者低,比圣人更低。但就连君子,也要努力,

才配得上这一称号。孔子说，努力呀，我和别人没什么两样。要让自己做得像个君子一样，我也还没做到呀。（**孔子的谦虚**）

7.34　子曰："若圣与仁，则吾岂敢？抑为之不厌，诲人不倦，则可谓云尔已矣。"公西华曰："正唯弟子不能学也。"

孔子说，"圣"和"仁"这两条，我怎么敢当？我也就是比较努力，比较勤奋，尽我所能，追求这种境界，并拿这两样教诲别人，如此而已。

中国的客气话，有些只是客气，不能当真，但这里的话，不能这么看。我们要知道，"圣"和"仁"，都是孔子心中的最高境界，绝不轻易许人。不但他的学生，谁也不够格，就连孔子本人，他也不敢当。

为什么孔子要这样讲？我要解释一下，用孔子自己的话解释一下。

（一）什么叫"圣"？什么叫"仁"？简单说，"圣"是聪明人（"圣"的本义，就是聪明），不是一般聪明，而是天生聪明，绝顶聪明（这是血统论的概念，贵族社会的概念），属于"智"的概念。孔子说，"夫仁者，己欲立而立人，己欲达而达人"（《雍也》6.30），不但自己修养好，还能推己及人，拿人当人，施其仁爱之心于自己身边的人，上流社会的人。

（二）"圣"和"仁"，区别是什么？主要是"圣"比"仁"要高一个层次。"仁"还属于道德范畴，积德行善，施惠于人，只限于上流社会的人。"圣"不一样，它是由绝顶聪明的人，听天下之政，属于政治范围。圣人推己及人，绝不是亲戚朋友，身边的人，而是普天下的百姓。孔子说，安民济众，已经超出"仁"的范围，属于"圣"，这样的事，谈何容易，就连尧、舜都头疼（《雍也》6.30、《宪问》14.42）。尧、舜是圣人，有权有位，尚且头疼，没有权位的仁人是玩不转的。

（三）孔子说，君子是"修己以敬"，仁人是"修己安人"，圣人是"修己安民"，分三个层次（《宪问》14.42）：第一个层次是把自己培养成道德合格的君子；第二个层次是推其仁爱于他人，安定他人；第三个层次是推其仁爱之心于民众，安定民众。可见圣人最高，仁人其次，君子又其次。

（四）孔子心目中的圣人和仁人，都是见不着的人。他说，圣人，我是见不着的，我能见着点儿君子就不错了；善人（可能和仁人差不多），我也见不着，我能见着点儿有恒心的人就不错了。在他眼里，圣人比君子高，仁人比有恒心的人高（上7.26）。前者如尧、舜，后者如微子、箕子、比干、伯夷、叔齐，全是死人。活人，他自己，他的学生，只能做君子和有恒心的人。比如这里的"为之不厌，诲人不倦"，其实就是有恒心的人。

（五）孔子拒绝承认自己是圣人，道理很简单。第一，他出身卑贱，好学深思，很多本事都是从民间学来的，完全是靠后天学习得到的，他并不认为自己聪明，更不认为自己是天生聪明，绝顶聪明。第二，他虽当过官，但时间很短，没有任何权力，不可能安民济众。孔子说，"圣""仁"二字，他当不起，这不是故作谦虚。当时人的想法，只有尧、舜这样的明君圣主，才配叫圣人。孔子不是贵族，没有权势，根本不可能叫圣人。他不会糊涂到自比尧、舜，这么叫，等于骂他，让他丢人现眼。

（六）孔子被圣化，是学生的杰作。大树特树，子贡倡之，宰予、有若和之，孟子、荀子也推波助澜。孔子布衣，无权无势，没法当全国人民的大救星，子贡当然明白，但他绝不忍心看着自己的老师默默无闻，比他的学生还不受重视。他心想，我老师，虽然无权无势，但学问很大，聪明总还够格吧？所以，当太宰问子贡，"夫子圣者与（欤）？何其多能也"，他说，孔子是"天纵之将圣，又多能也"。重要的是，就连这条，也当场遭到孔子的否认（《子罕》9.6）。孔子说，人，好学不好学，分四等，"生而知之"是第一等，"学而知之"是第二等，"困而学之"是第三等，"困而不学"是第四等，他只是其中的第二等（上7.20、《季氏》16.9）。他只承认，自己比别人好学，勤奋刻苦，持之以恒。

"为之不厌，诲人不倦"，和上7.2的"学而不厌，诲人不倦"类似，也是强调孔子有恒心。这里的"为之"是指自己矢志追求"圣与仁"，"诲人不倦"是不知疲倦地教导别人追求"圣与仁"。《孟子·公孙丑上》提到：

> 昔者子贡问于孔子曰："夫子圣矣乎？"孔子曰："圣则吾不能，我学不厌而教不倦也。"子贡曰："学不厌，智也；教不倦，仁也。仁且智，夫子既圣矣。"

就是讲这件事。子贡认为，我老师学而不厌，智已经够了，诲人不倦，仁也够了，完全达到圣人标准了，凭什么不是圣人？这是子贡的修正主义。

"公西华"，这里是以字称。他说，这正是弟子没法学的地方。

子贡要把老师树为圣人，孔子不答应。当学生的都认为，这是老师谦虚。孔子死了，子贡接着树，他已无法说话，话语权在子贡手里。老师不当圣人，谁当？子贡不答应，其他学生也不答应。

当公孙丑用同样的问题问孟子，您老人家是不是已经达到"圣"了呢，孟子说，嘿，你这叫什么话，"圣"，就连孔子都不敢当，你这叫什么话。但孟子提到孔子，已经是"圣人圣人"，不绝于口。当学生的就要想了，你既然对你的老师是这样称呼，学生也该早图之。他活着，已经有人考虑树他为圣人；死后，也果然当了圣人（元代称"亚圣"）。老师不当圣人，学生怎么当？

大树老师的结果，是自己也当了圣人。前后的逻辑一模一样。（**孔子不是圣人**）

7.35 子疾病，子路请祷。子曰："有诸？"子路对曰："有之。诔曰：'祷尔于上下神祇。'"子曰："丘之祷久矣。"

此章所述与《子罕》9.13为一事，可相互参看。

"诔曰：'祷尔于上下神祇。'"《说文》卷三上引作"讄曰'祷尔于上下神祇'"，并以讄为"祷也"，诔为"谥也"，前者是为生者求福，后者是为死者作谥。刘宝楠认为，这是《古论》和《鲁论》写法不一样。[1]

古人生病，医药针石无效，是靠祷祠，乞求神灵，除病消灾，就像现在得了癌症，跑大医院，没法治，只好找气功师。出土楚简，有一种占卜简，就是占卜生病后的祷祠。这里讲的是，孔子得病，子路着急，要给老师祷祠。孔子说有这么治病的吗？子路说有，诔书上都讲了，"祷尔于上下神祇"。孔子表示谢绝，说"丘之祷久矣"。

这段话怎么理解？似乎值得讨论。传统解释是，孔子信天命，但反对求鬼

1　刘书，下册，283页。

神，凡祷告鬼神，都是为了求神释罪，他认为无罪可释，所以拒绝祷神。但他既然表示拒绝，为什么又说早就祷告过了呢？我怀疑，孔子的话是讽刺的话。诔书是死后表示哀悼的文辞，它说的祷祠都是死者生前的事，当时孔子还活着，子路引之，很不得体，孔子听了，很生气。他说，是吗？那你为我祷病，就是很久以前的事了吧——你是盼我死呀。这是挖苦子路。我怀疑，《说文》把诔写成讄，可能是读不懂原文，干脆换个假借字，说是讲祷告的书上有这种话。（**子路为孔子祷病**）

7.36 **子曰："奢则不孙（逊），俭则固。与其不孙（逊）也，宁固。"**

"奢则不孙（逊）"，奢侈使人不逊，蹬鼻子上脸，得志便猖狂。

"俭则固"，节俭使人固陋，见识短，不开眼，小心眼，死心眼。

"与其不孙（逊）也，宁固"，奢有奢的毛病，俭有俭的毛病。孔子说，与其不逊，宁可固陋，他是宁俭勿奢。（**宁俭勿奢**）

7.37 **子曰："君子坦荡荡，小人长戚戚。"**

这是讲君子、小人在精神状态上不同。君子于人无所不容，故襟怀坦荡。小人成天算计别人，故老是一肚子牢骚。（**君子与小人**）

7.38 **子温而厉，威而不猛，恭而安。**

孔子既温和又严厉，既威风凛凛又不咄咄逼人，既恭恭敬敬又安安稳稳。这是孔门弟子对孔子的印象。（**孔子的风度**）

泰伯第八

本篇，除8.4—8.7四章是记曾子言，其他都是孔子的话。

此篇没什么有意思的话，比较值得注意，是"民可使由之，不可使知之"（8.9）。这话是愚民政策，批判，不冤枉，但这是古代统治者的共识，放进当时的历史环境，倒也不足为奇。还有，孔子提到周武王"有乱臣十人"，"三分天下有其二"，涉及的史实很重要。

8.1 子曰："泰伯，其可谓至德也已矣。三以天下让，民无得而称焉。"

"泰伯"，即吴太伯。泰伯为周太王的长子。周太王有三子，长曰太伯，次曰仲雍，次曰季历。太伯、仲雍知季历贤，父欲传位于季历，遂奔吴以让之，吴国奉他为始祖。太、泰都是从大字而来。战国文字，六国异形，楚系文字，"太"作仒；秦系文字，则往往用"泰"为"太"。《史记》《汉书》"泰"作"太"，还保留着秦系文字的特点。

"三以天下让"，泰伯三让，到底是哪三让？前人有各种传说，一说泰伯三让，是生一让（太王病，采药不归），死一让（死不奔丧），丧事除，又一让（断发文身，示不可用，终不归），见郑玄注和范宁说之二；一说泰伯三让，是一让季历，二让文王，三让武王，见范宁说之一。宋儒更有让周让商之辩。让周，是以周未得天下，"三以天下让"，只是为了将来取天下，乃让季历，是阴谋图商说，二程主之；让商，则是说太王有灭商之志，泰伯认为不合法，为存商，才逃亡到吴越，则属"夷、齐扣马之心"，忠诚可感，朱注主之。[1]曲说丛生，多因道德作怪，不必深究。其实，禅让是所谓上古至德，尧、舜、禹皆以禅让得天下，古人津津乐道，不独孔子。孔子夸赞，不过因为，泰伯生于商周之际，还能讲这种旧道德，实在不容易。

"民无得而称焉"，百姓不知用什么话来称颂他们。《释文》"得"作"德"。古书"得"与"德"经常通假。《季氏》16.12"民无德而称焉"，据此，应读为"民无得而称焉"，但这里是好得没法说，那里是坏得没法说。

据周人传说，他们的先祖太王（"太王"当是出于追称）有三个儿子，老大太

1　程书，第二册，510—511页。

伯（即这里的泰伯），老二仲雍，最小的儿子叫季历。俗话说"天下老子爱小小"（全世界的童话都讲这类现象），"爱小小"的原因是爱小老婆。男性用情不专，喜新厌旧，或称之为"公牛效应"。"公牛效应"是男权的象征。古代统治者，很多都是公牛，年龄越大越爱小女孩，《左传》中的乱子，往往因此而起。

太王喜欢季历和季历的儿子，即文王昌（"文王"恐怕是出于追称）。他想立季历继承他。太伯、仲雍深知爸爸的心思，就跑到吴越之地来了。他们故意把头发剃得很短，浑身刺上青花，让太王觉得他们已变成"南蛮子"，不堪重用（《史记·吴太伯世家》）。这种故事传到春秋，成为美谈。孔子认为，让贤是很高的美德，今人不行，只有古代才行。泰伯德行太高，百姓不知该怎么赞美，所以说"民无得而称焉"。

太伯是吴国的始祖，最初封在虞。江苏丹徒出土的宜侯夨簋，铭文内容就是讲吴国的封建。宜侯最初封在虞，后来才"迁侯于宜"。宝鸡有虞山（即吴山），山西有虞国。吴国和这两个"虞"可能有关。太伯是江苏人的骄傲，《儒林外史》的第三十六和三十七回说，"常熟是极出人文的地方"，当地出了个虞博士，名育德，字果行。他在南京举行泰伯祠大祭，主祭是虞博士，亚献是庄征君，终献是马二先生。第四十八回和最后一回（第五十五回）也提到此事。

最近，各地寻根问祖，到处都在公祭这帝那帝，江苏常州也在祭吴太伯。（**泰伯三以天下让**）

8.2 子曰："恭而无礼则劳，慎而无礼则葸，勇而无礼则乱，直而无礼则绞。君子笃于亲，则民兴于仁；故旧不遗，则民不偷。"

"葸"，音xǐ，是胆小怕事的意思。

"绞"，是急切偏激的意思。参看《阳货》17.8，"好直不好学，其蔽也绞"。这个字的含义，有点类似北京人说的"矫情""死心眼"和"轴"。这种人，好面折，说话难听，出口伤人，马融训"刺"，应属引申义。

这段话是讲礼的重要性。礼是行为规范，有中和、节制的作用。孔子认为，如果没有礼的节制，再好的美德也会变味。如恭敬是美德，但一味打躬作揖，很快就会疲劳；谨慎是美德，但一味谨慎小心，就会胆小怕事；勇敢是美德，但一味好勇斗狠，就会引发祸乱；直率是美德，但一味心直口快，就会流于偏激。君子对自己的亲人感情深厚，老百姓就会日近于仁；不抛弃自己的熟人，老百姓就不会人情淡薄。（**美德不可离开礼**）

8.3 曾子有疾，召门弟子曰："启予足！启予手！《诗》云：'战战兢兢，如临深渊，如履薄冰。'而今而后，吾知免夫！小子！"

这是讲曾子大病一场，死里逃生的感觉，描写很生动。

"启予足，启予手"，《说文·言部》："诤，离别也，从言多声，读若《论语》'跢予之足'，周景王作洛阳诤台。"许慎所引，或说是《古论》的异文。过去有两种解释：一说是打开被子，露出手脚（《郑注》）；一说同"晵"，是省视之义（刘宝楠引王念孙说）。[1] 恐怕都不对。原文只说抬抬我的脚，抬抬我的手（所以作"启"），其实也就是动动我的手，动动我的脚，故异文作"跢"（跢是挪步而行，像小儿学步的样子）。他这么说，是叫学生过来看，我这手，我这脚，不都好好长在身上吗？这是死里逃生的心情。比如大手术，你刚从麻醉中苏醒，周围的世界好像焕然一新，自己好像新生儿。你会觉得，我的眼睛能看，我的耳朵能听，我的手脚能动，多好呀，就连拉屎撒尿放屁，此时此刻，都充满幸福感。失而复得，方知一切可贵。

"战战兢兢，如临深渊，如履薄冰"，出于《诗·小雅·小旻》，曾子引之，是形容生命悬于一线的感觉，他刚从死亡线上逃脱的感觉。

"而今而后，吾知免夫"，是说从今以后，我才知道，什么叫捡了一条命。

这种体会，没有生过大病的人，根本不知道。

生老病死，老、病在生死之间。大病，一脚在生，一脚在死，很突然，和老之将死还不太一样，没有足够的预期，因而病愈的感觉特好。

古人劝人向道，主要手段就两条，算命和看病。重病是死亡的门口。人不知死，哪里懂得生。很多人都是大病一场，才算活明白，什么名呀利呀，全都扯淡。当然也有人，病的时候还明白，刚好没几天，就又糊涂了。

1　刘书，上册，291—292页。

曾子是有名的大孝子。今《大戴礼》有《曾子本孝》《曾子立孝》《曾子大孝》，都是讲孝。乐正子春说，他的老师曾子听孔子说，"天之所生，地之所养，人为大矣。父母全而生之，子全而归之，可谓孝矣；不亏其体，可谓全矣"（《曾子大孝》）。传为曾子作的《孝经》也说，"身体发肤，受之父母，不敢毁伤"。儒家重生，认为生命是父母的礼物，只有把身体保护好，才对得起父母。现在的孩子，处于家庭、社会的交相摧残之下，难免轻生。当爹妈的要防小孩自杀，可以起名叫"免夫"。当然，女孩最好不用这个名字，起这个名字，就嫁不出去了。（**曾子大病一场一**）

8.4 曾子有疾，孟敬子问之。曾子言曰："鸟之将死，其鸣也哀；人之将死，其言也善。君子所贵乎道者三：动容貌，斯远暴慢矣；正颜色，斯近信矣；出辞气，斯远鄙倍（背）矣。笾豆之事，则有司存。"

"曾子有疾，孟敬子问之"，孟敬子即仲孙捷，孟武伯的儿子，生卒不详。曾参比孔子小46岁，此事恐怕相当晚，没准在孔子死后。

"动容貌""正颜色"，属于仪容。古书中的"容"和"色"有关，都是肢体语言。今人所谓"体面"，有体有面，但主要是面。人活脸，树活皮。面子是尊严，但不能讲得太过分。中国有面子文化，经常死要面子活受罪，就是过于看重面子。"颜色"，今语可指图画的颜色，但古语不同，颜字从页，本指眉宇之间，加上色字，其实是指脸色。

此章也是讲曾子生病，可能就是上面那场大病。当时，孟敬子去看他，他以为自己快死了，所以说，"鸟之将死，其鸣也哀。人之将死，其言也善"。这话很有名。人快死了，和平常就是不一样。司马迁是体会过这种临界状态的人。比如他的《报任安书》，就是苟活之人与将死之人的对话。他有这种体会，所以写"人之将死"，特别精彩。比如李斯，照理说是大坏蛋，他这一生，杀人无数，但临死，也有善言。他和他的孩子说，我真想和你们像当年那样，牵黄犬，出上蔡东门，到郊外打兔子，这样的事还会再有吗？然后，父子抱头痛哭（《史记·李斯列传》）。陆机临死，也说，"欲闻华亭鹤唳，可复得乎"（《世说新语·尤悔》）。

"笾豆"，"笾"音biān，是簠的别名（不是通常说的簠，那种簠是误称）。

青铜簠，一般都是浅盘，短校（束腰的把），圈足镂空，仿竹器，或加盖，器形似豆，用盛稻粱；豆，与前者类似，但往往有高校，用盛羹酱。

人之将死，应该说点掏心窝子的话、真心话、有意思的话。但曾子的话特没劲，全是讲君子的仪容。他留给孟敬子三句话，一是控制自己的感情流露，绝不可让人觉得粗暴和不耐烦；二是摆一脸正气，务必让人觉得十分可靠；三是说话得体，绝无粗俗和悖理之处。至于该摆点什么，怎么摆，他说，你们去问主持仪式的"有司"。怎么听上去，就和丧礼的预演差不多。

儒家本来是给人办红白喜事的，我在乡下当老师，经常被请，比如写挽联，记礼账，完了有饭。曾子学这些，学了一辈子，是不是最后，要拿自己练一把？（**曾子大病一场二**）

8.5 曾子曰："以能问于不能，以多问于寡；有若无，实若虚，犯而不校，昔者吾友尝从事于斯矣。"

"以能问于不能，以多问于寡；有若无，实若虚"，是不耻下问。孔子说，孔文子之所以谥为"文"，主要是因为他"敏而好学，不耻下问"（《公冶长》5.15）。这是一种好学的态度。

"犯而不校"，别人欺负你，一点不反抗。这里的"校"是抵抗，不是计较，包咸说是"报也"。《司马法·仁本》说，"虽遇壮者，不校勿敌"，其中的"校"也是这个意思。它是说，只要不抵抗，即使是壮年人，也不要拿他当敌人，见了就杀。

"吾友"，马融说是颜回，前面加上"昔者"，说明话是追述，说话时间在颜回死后，即前481年后。曾子是孔门弟子中年龄较小的学生，他讲这话，可能在颜回死后，倒是合情合理。（**颜回的美德**）

8.6 曾子曰："可以托六尺之孤，可以寄百里之命，临大节而不可夺也，君子人与（钦）？君子人也。"

此章也是记曾子言。

"六尺之孤"，"六尺"约合138.6厘米，是15岁左右小孩的身高，这里指幼主。

"百里之命","百里"是所谓一同之地（一同是长宽各100里），古代的小国一般只有这么大。

这里说的"君子人"是辅弼明君的忠臣，第一，可以托付幼主；第二，可以托付国土；第三，事关大节能经受考验，于节不亏。林则徐说，"苟利国家生死以，岂因祸福避趋之"（《赴戍登程口占示家人》），就是这个意思。（**曾子论君子**）

8.7 曾子曰："士不可以不弘毅，任重而道远。仁以为己任，不亦重乎？死而后已，不亦远乎？"

此章也是记曾子言。

"弘毅"，"弘"，也可能是强字之误，杨伯峻引章太炎说，读为"强毅"。[1] "强毅"即"刚毅"。《子路》13.27："子曰：刚、毅、木、讷，近仁。"

这段话是说，士不可以不坚强，任重而道远，任重是因为追求仁，这个任务很重；道远是因为要一辈子追求，到死方止，路很长。"任重而道远""死而后已"，现在都是成语。（**曾子论弘毅**）

8.8 子曰："兴于诗，立于礼，成于乐。"

孔子培养新君子，重在三教，始于诗教，立于礼教，成于乐教。"兴"是开始，"立"是中间，"成"是结束。这三条，彼此相关。当时，礼仪场合，有赋诗之风，不学诗，就没法在这种场合讲话，诗是用之于礼，和礼分不开。礼，侧重仪容和举止，一举一动，要合乎君子风度，当然很重要，但礼和乐也分不开。古代宫廷，很多仪式都有音乐伴奏，用以烘托气氛，庄严肃穆，令人改容易色，没有音乐，也宛如置身乐中，马上规矩起来，变得很有君子风度。诗有歌词，本来是用来唱的。只念不唱叫诵，配乐而唱叫歌。君子习礼，要先从背歌词开始，达到倒背如流，这是第一步。第二步，是参加各种仪式，善于借题发挥，引用这些诗。这样的诗，还不是完美的诗，完美的诗，一定要加上音乐，歌词以外，有器乐伴奏，配乐而

1　杨书，81页。

唱，甚至手舞足蹈，唱起来，跳起来。诗歌诗歌，要落实于歌；礼乐礼乐，要落实于乐。

孔子酷爱音乐，他认为，最能打动人心，最能改变人性的，莫过于音乐，故以乐教为最高层次。上课，总有乐器在旁。他的教育是一种美的教育。难怪孔子身边总是弦歌之声，不绝于耳。（**诗教、礼教和乐教**）

8.9　子曰："民可使由之，不可使知之。"

郭店楚简《尊德义》："民可使道之，而不可使知之。"与此相近。

"由之"，一般以为是用之的意思。这个词已见于《学而》1.12。《学而》1.12的"先王之道，斯为美。小大由之"，"由之"是指顺道而行，这里则是指按统治者的意志办事，叫干什么干什么。

统治者讲，不平等有合理性，主要是着眼于人类实际存在的不平等，如出身、财富、权势和道德，还有体力、智力和性别差异，特别是智力。当父母的往往认为，小孩懂屁事，用不着跟他讲大道理。当丈夫的往往认为，女人都是头发长，见识短，也是能哄就哄，用不着跟她讲大道理。[1]古代统治者对他的子民，也往往作如是想——谁让他们没头脑。

孔子认为，老百姓是"中人以下"的糊涂蛋，只能听喝，听上等聪明蛋即贵族统治者摆布，而不明白为什么要这样做，即"小人学道则易使"（《阳货》17.4）。孟子也说"终身由之而不知其道者，众也"（《孟子·尽心下》）。这话很难听，但很坦白，而且在古代世界是公认的常识。大家读法家的书，也能读到类似的话。如《商君书·更法》的名言"民不可与虑始，而可与乐成"，就是体现这类看法；《孙子·九地》有"愚兵投险"之术，把带领士兵到敌国作战比作赶羊，"如登高而去其梯，……驱而往，驱而来，莫知所之"，也是出于同样的看法。讲愚民政策，何止秦始皇，还包括很多我们称为知识分子的聪明人。

"批林批孔"时期，这话是批判对象，他们批判的冤枉，批这话没错。鲁迅讨论过愚民政策，他说古往今来的统治者，都希望民尽其力而没头脑，但老百姓

---

[1] 我国古代，讲尊老爱幼，认为老人虽不免于糊涂，原来却可能聪明；小孩虽不懂事，但来日方长，只要是男的，就有优越性。女人，除秀色可餐，很少被人提及。

真的把大脑去掉，也就不能尽力。[1]你要马儿跑，马儿要吃草；你要人出力，不能没头脑。

专制好像一次性抵押的包办婚姻，"妾拟将身嫁与，一生休。纵被无情弃，不能羞"（韦庄《思帝乡》）；民主好像两相情愿的自由恋爱，不合适了，随时分手。但即使现代，民意也是操控于最有势力的利益集团，愚民的阴影仍挥之不去。

专制是古代的愚民政策，民主的名义下也有愚民政策，受骗的总是老百姓。**（民可使由之，不可使知之）**

8.10 子曰："好勇疾贫，乱也；人而不仁，疾之已甚，乱也。"

这话说给谁听？统治者，还是他的学生？恐怕是学生。孔子有很多穷学生。

"好勇疾贫"，主要是讲穷人不安其贫，积怨太深。"好勇"是暴力倾向，"疾贫"是恨自己太穷。苦大仇深，诉诸暴力，当然会出乱子。古代如此，现代也如此。"人而不仁"，主要是讲富人不仁，不拿穷人当人，为富不仁。穷人恨富人，再自然不过，但恨得太深，就会出乱子。穷人困苦无告，好勇不行，恨自己穷不行，恨富人富也不行，这些都会造成乱，那该怎么办？孔子没说。

我替他说，忍着吧。**（好勇疾贫是动乱的根源）**

8.11 子曰："如有周公之才之美，使骄且吝，其余不足观也已。"

这里的"周公"是指周公旦。孔子说，纵有周公的才华，如果有骄傲和吝啬的毛病，优点再多，也不足观。周公出名，是忍辱负重。

骄奢淫逸，为富不仁，是孔子所痛恨。孔子少时贫且贱，贵族的傲慢与偏见，让他刻骨铭心。在《论语》中，他总是批评这种傲慢与偏见，为什么？现在我明白了，他的话，有心理创伤。

恨贵族，模仿贵族，报复贵族，是于连的悲剧。孔子想做真君子，有周公之才美，忍辱负重；无阳货之傲慢，仗势欺人，不容易。**（戒骄戒吝）**

1　鲁迅《春末闲谈》，收入《鲁迅全集》第1卷，304—308页。

8.12 子曰："三年学，不至于谷，不易得也。"

"三年学"，《周礼》有"三年大比"之说（《小司徒》《乡大夫》等），每三年，要大考州里一次，选贤举能。后世称乡试为大比。

"不至于谷"，孔注训谷为善，不对，郑玄训禄。谷是俸禄，参看《宪问》14.1。古代工资是按小米计算，叫禄米。刚解放，供给制，就是发小米。当时，捐献文物（如虢季子白盘），政府奖励，也是奖小米。龚自珍说，"著书都为稻粱谋"（《咏史》），"稻粱"就是"谷"。

前人解释此章，都说，学习应专心致志，不要太功利，一边读书，一边想禄米，朱熹甚至把"至"改成"志"。这样讲，当然很清高。但从下文看，孔子并不以求仕干禄为耻，相反，他觉得，好政府，不当官，才亏了。我想，这里的意思，也许是说，学了三年，还不考虑仕途，是很难得的了。

现在的研究生，有谁学习三年，不想饭辙，没有吧？第三年，全忙找工作了。这次找不到，下一次，机会更小。（**抓紧时间找工作**）

8.13 子曰："笃信好学，守死善道。危邦不入，乱邦不居。天下有道则见，无道则隐。邦有道，贫且贱焉，耻也；邦无道，富且贵焉，耻也。"

"笃信好学，守死善道"，是死心塌地做学问，死心塌地追求真理。

"危邦不入，乱邦不居"，我有个朋友，以色列教授、汉学家，他写信给我，说他想移民中国，托我在中国找工作，信上就引了这两句话。

"天下有道则见，无道则隐"，即《述而》7.11的"用之则行，舍之则藏"。

"邦有道，贫且贱焉，耻也；邦无道，富且贵焉，耻也"，参看《宪问》14.1。孔子认为，薪水和地位是好东西，问题是什么情况下该出来当官，什么情况下不该出来当官。他认为，邦有道，应该出来当官，拿政府的钱，不然，很可耻；邦无道，应该躲在家里，保全性命，不然，很可耻。（**天下有道则见，无道则隐**）

8.14 子曰："不在其位，不谋其政。"

中国读书人有官瘾、政治癖，从政、干政、议政，热情特别高，一门心思全在政治，读书一定要当官，当不了官，或当官退下来，也不能忘情于政治，身在江湖之上，心存魏阙之下，意淫政治，"偷着不如偷不着"。

孔子是政治迷，但他懂得，"不在其位，不谋其政"。

这是名言。孔子说，"谋政"的前提是要有位子。没有位子，就不要进入操作状态，做各种可行性研究。比如我不是校长，校长的事，我管不了。我要关心，只能从普通教员的角度关心一下。没有"位"，就不从"位"的角度考虑，也不受"位"的约束。

说到这里，我们该明白了，为什么孔子不承认自己是圣人。道理很简单，圣人不是"素王"，不是柏拉图的"哲人王"，不是"唯我独尊"的佛陀，不是"万王之王"的耶稣。圣人一定要有位子，没有位子，当不了圣人。（**不在其位，不谋其政**）

8.15 子曰："师挚之始，《关雎》之乱，洋洋乎盈耳哉！"

这是孔子听师挚演奏音乐的感受。

"师挚之始"，是由师挚开始演奏。"师挚"，即《子张》18.9的"大师挚"。大师即太师，是古代乐官之长。"大师"或"师"是他的官氏，挚是他的名。此人生卒不详。

"《关雎》之乱"，是演奏《关雎》作结束。

古代，乐凡四节，"升歌三终"是第一节，"笙入三终"是第二节，"间歌三终"是第三节，"合乐三终"是第四节。这里的"始"是第一节，即乐曲的开始；"乱"是第四节，即乐曲的终结。最后一节，是唱《周南》的《关雎》《葛覃》《卷耳》，《召南》的《鹊巢》《采蘩》《采苹》。《关雎》是《周南》六诗的省称。辞赋结尾的话也叫"乱"。

音乐的魔力在于，它会令听者融入其中，久久不忘，不但不忘，还会在记忆中时时浮现，萦绕于耳边和脑际，裹挟着当时的情景、画面和心情，甚至温度

和气味。（**孔子论乐**）

8.16 子曰："狂而不直，侗而不愿，悾悾而不信，吾不知之矣。"

这段话是讲人心不古，今不如昔。参看《阳货》17.16。
"狂而不直"，是狂放而不直率。
"侗而不愿"，是糊涂而不老实。"侗"音tóng，古书有两种训诂，一说诚
悫，一说无知，前者是正面含义，后者是负面含义，这里是用负面含义；"愿"是
谨厚，即老实。
"悾悾而不信"，是无知而不讲信用。"悾悾"，音kōng kōng，义同《子罕》
9.8的"空空如也"，也是无知的意思。悾和侗是类似的词，字亦作空或倥。它也
有诚悫和无知两种训诂。其用法与侗相近。
"吾不知之矣"，意思是，这我就不懂了。孔子习惯以"不知"表示不满。（**人
心不古**）

8.17 子曰："学如不及，犹恐失之。"

学习，总是瞻前顾后。瞻前，唯恐学不到；顾后，又怕把刚刚学到的东西丢
了。（**瞻前顾后**）

8.18 子曰："巍巍乎，舜、禹之有天下也而不与焉！"

这是赞美舜、禹。"巍巍乎"，是形容其崇高。
"舜、禹之有天下也而不与焉"，舜是虞君，前面已经谈到；禹是夏的第一个
国王。这里是说，舜、禹有能臣辅弼，不亲临其政，无为而治。古代传说，尧、舜是
行禅让，禹始传子，但他们都是无为而治。这里没说尧。尧在下一章。儒家赞美这
样的统治，墨家和道家也赞美，只不过墨家赞美的是禹，道家赞美的是黄帝。
禅让和无为而治是上古共同的政治理想。（**巍巍乎舜、禹**）

8.19 子曰："大哉尧之为君也! 巍巍乎! 唯天为大, 唯尧则之, 荡荡乎, 民无能名焉。巍巍乎其有成功也, 焕乎其有文章!"

这是赞美尧。"大哉"是伟大, "巍巍乎"是崇高, "荡荡乎"是浩荡, "焕乎"是光辉灿烂。孔子赞美尧, 一连用了四组感叹词。

"唯天为大, 唯尧则之", 尧遵天道, 天道最大。《书·尧典》："乃命羲和, 钦若昊天, 历象日月星辰, 敬授人时。"古代传说, 尧的美德, 主要是敬天。

"民无能名焉", 即上8.1的"民无得而称焉"。

"文章", 指礼乐法度。(**魏魏乎尧**)

8.20 舜有臣五人而天下治。武王曰："予有乱臣十人。"孔子曰："才难, 不其然乎? 唐虞之际, 于斯为盛。有妇人焉, 九人而已。三分天下有其二, 以服事殷。周之德, 其可谓至德也已矣。"

"舜有臣五人", 据孔注, 即《书·舜典》等书所说舜的五个大臣: 禹(司工)、弃(后稷)、契(司徒)、皋陶(李)、伯益(虞)。

"予有乱臣十人", "乱", 古训治, "乱臣"是治世之能臣。"十人", 马融说, 是文母(即文王妻太姒)、周公、召公、太公、毕公、荣公、大颠、闳夭、散宜生、南宫适。旧本无"臣"字, 唐石经始于"乱"字下旁注"臣"字, 后阑入正文。这十个人, 除文母是女性, 其他都是男性。古书常以女祸贬低妇女, 但各朝的开国之君往往都得益于妻族或母族。北方少数民族的崛起, 尤其是如此。[1]

"才难, 不其然乎", 人才难得, 不是吗?

"唐虞之际", 是唐虞以下, 不是唐虞之间。

"三分天下有其二, 以服事殷", 三代, 夏人起于晋南和豫西, 占有天下的三分之一; 商人起于其东, 核心地区在冀南、豫东, 也占有天下的三分之一, 崛起后, 并占有夏的势力范围; 周人起于其西, 核心地区在陕西西部, 也占有天下的三分之一。周人崛起后, 先从陕西西部扩展到陕西中部, 再夺取夏的故地, 等于以

1 　李零《花间一壶酒》, 271—272页。

天下的三分之二包围商的核心地区，这就是所谓"三分天下有其二"。前人说是九州之地先取六州之地（郑玄），并不正确。[1]

这里是说，周取天下的三分之二，仍臣事殷王，道德高尚到极点。（**舜臣和武王之臣**）

8.21 子曰："禹，吾无间然矣。菲饮食而致孝乎鬼神，恶衣服而致美乎黻冕，卑宫室而尽力乎沟洫。禹，吾无间然矣。"

"间"，异议。《先进》11.5"人不间于其父母昆弟之言"的"间"字同此。

"菲饮食"，指饮食非常简单。"菲"是薄的意思。

"黻冕"，"黻"音fú，礼服；"冕"，礼帽。

"沟洫"，是田间的水渠。大禹治水，划分九州，是禹故事的主体，见《书·禹贡》。

禹的美德主要是俭：一是他的吃喝很简单，好吃好喝都用来孝敬鬼神；二是他的穿戴也很差，但行礼时，衣帽却很华丽；三是他的房子很矮，但注重兴修水利。孔子认为，这样的作为，真是无可挑剔。墨子尊禹，也是爱其勤苦和节约。（**禹的无可挑剔**）

以上四章是讲尧、舜、禹。

1　李零《三代考古的历史断想》，《中国学术》2003年2辑，188—213页。

本篇没有共同主题。其中有几个章节比较有趣，也比较重要，一是9.2，孔子以射、御为喻，说自己更倾向于博通；二是9.6—9.7，孔子否认自己是圣人，说自己本事多，都是因为出身卑贱和不当官；三是9.26，孔子的名言，"三军可夺帅也，匹夫不可夺志也"；四是9.27，孔子说，穿破袍子，敢跟穿皮大衣的站一块儿，丝毫不脸红，只有子路。

9.1 子罕言利，与命与仁。

这段话该怎么理解怎么读，历来有争论。一种是把"利""命""仁"都当孔子正面肯定的东西，认为"与"是连词，相当"和"或"以及"（出于何晏），因此作八字连读，以为这三个词，孔子都很少讲。还有一种是把"利"当孔子否定的东西，认为"与"是赞同或说与之义（出于皇侃），故把"子罕言利"和"与命与仁"分开读，以为孔子不爱讲"利"，但喜欢讲"命"和"仁"。两种说法哪种好，我们来讨论一下。

讨论之前，我们不妨讲一下这三个字在《论语》中出现的频率，给大家提供一点数字概念。

在《论语》一书中，孔子讲"利"确实比较少，全部加起来，只有6处，即《里仁》4.12、4.16，《子罕》9.1，《子路》13.17，《宪问》14.12，《尧曰》20.2。这6处，多半是把"利"当负面的东西讲，或在"义"的限定下讲，孔子不是不讲利，只是反对见利忘义，取之不以其道。

孔子讲"命"也少，一共只有7处，即《为政》2.4，《雍也》6.10，《子罕》9.1，《颜渊》12.5，《宪问》14.36，《季氏》16.8，《尧曰》20.3。孔子说的"命"是天命，带有神秘感，他很少提到；即使提到，也多半是以敬畏的口气或感叹的口气，一般是正面的。

孔子讲"仁"很多，一共有59处，即《学而》1.2、1.3、1.6，《八佾》3.3，《里仁》4.1—4.7，《公冶长》5.5、5.8、5.19，《雍也》6.7、6.22、6.23、6.26、6.30，《述而》7.6、7.15、7.30、7.34，《泰伯》8.2、8.7、8.10，《子罕》9.1、9.29，《颜渊》12.1—12.3、12.20、12.22、12.24，《子路》13.12、13.19、13.27，《宪问》14.1、14.4、14.6、14.16、14.17、14.28，《卫灵公》15.9、15.10、15.33、15.35、15.36，《阳货》17.1、17.6、17.8、17.17、17.21，《微子》18.1，《子张》19.6、

19.15、19.16，《尧曰》20.1、20.2。"仁"是孔子最推崇的道德，他很少以"仁"许人，更是绝对正面。

《论语》的字频，只是参考，我们并不知道孔子说话的全貌。传世古书还有很多孔子的话，比如大小戴《记》等书所述，但即便加上这些，也不是全貌。孔子讲"仁"多，讲"利"讲"命"少，只是大致估计。

孔子讲利少，是因为他重义轻利；讲命也少，是因为天命难言；讲仁很多，是因为他推崇仁。《后汉书·方术列传》说，孔子"不语怪神，罕言性命"，后人以为，孔子从不关心天道、性命，但郭店楚简告诉我们，孔子对这类问题还是挺关心的。只不过，他更关心的是天命之命，人性之性，而不是天道运行、死生寿夭。

这句话，如果以讲多讲少论，孔子罕言，可不止是利，还应有命，孔子应该说，子罕言利言命，不该把命和仁放在一起，与利对照，或把三者视为一类；如果以肯定否定论，孔子应该说，子罕言利，但赞同命和仁，后者和讲多讲少没太大关系。

两相比较，我觉得，后一说法好一点。（**子罕言利**）

9.2 达巷党人曰："大哉孔子，博学而无所成名。"子闻之，谓门弟子曰："吾何执？执御乎，执射乎？吾执御矣。"

"达巷党人"，"达巷"是街巷之名，"党人"，即乡党之人。《周礼·地官·大司徒》以500家为一党，党是州、乡以下，闾、里以上的单位。这里指住在达巷的居民。《史记·孔子世家》提到"达巷党人"，是作"达巷党人童子"，下面多出"童子"。《汉书·董仲舒传》提到"达巷党人"，孟康注更说，"达巷党人"就是项橐。

钱穆写过《项橐考》。他说，"达巷"和"大项"古音同，"党"和"橐"字形近，"达巷党人"就是古书提到的"大项"或"大项橐"。[1]

项橐是个有趣的小孩。在战国秦汉传说中，他是个"不学而自知"的神童，据说"七岁为孔子师"，与颜渊并称，不是一般的聪明。这是古代民间传说的人物。汉画像石的孔子见老子图，孔子和老子中间，经常有个小孩，就是项橐。敦煌变文也有《孔子项讬相问书》，[2]它是以小儿难孔子的形式写成。项橐在汉代很有

1　钱穆《先秦诸子系年》，北京：中华书局，1985年，上册，53—54页。
2　项楚《敦煌变文选注》（增订本），北京：中华书局，2006年，上册，473—487页。

名，但我们并不知道司马迁和孟康的根据到底是什么。

古代传说，与孔子有关，经常有这种小孩，大家觉得，孔子学问大，找个小孩都能把他难倒，多好玩。如《列子·汤问》有小儿辩日的故事，就属于这一类。我记得，"批林批孔"那阵儿，大家经常拿这个故事奚落孔子，说孔子自以为天才，聪明得不得了，其实连小孩都不如。当时不是有这种说法吗？教授怎么样，拉出来考考，照样不及格。过去批孔子，有些有道理，有些没道理，有些貌似有理，似是而非。比如"天才论"，孔子当然有这类想法，不错，但他没说自己就是天才。我们读《论语》，不难发现，他对他自己，评价并不高。他只承认自己比别人好学，并不认为自己多聪明。

这里，达巷党人的话是什么意思，孔子的回答是什么意思，似乎值得重新考虑。过去都说，达巷党人的话是夸孔子，说孔子太博大，六艺都懂，无法以一艺名之，而射、御，御贱于射，孔子谦虚，反而说，如果让他两选一，他宁选更低贱的御（如郑玄、朱熹）。我的理解不一样，我觉得，达巷党人的话，明明是讥刺，它是说，孔子这么博学，却不能以专精成一家之名，岂不是白学了。孔子的回答很巧妙，他拿射、御打比方。古代战车，射手和御手相互配合，分工不一样，射手是瞄着固定的目标射，盯着的是一个点，御不是这样，它是拉着射箭的人到处跑，只有到处跑，才能找到合适的目标。博和精，最好两全，但博与精，两选一，他宁肯选博。这是替博辩护。

孔子是通人，而不是蔽于一曲的专家。我喜欢这样的学者。（**当射箭的，还是当驾车的**）

9.3 子曰："麻冕，礼也，今也纯，俭，吾从众。拜下，礼也，今拜乎上，泰也，虽违众，吾从下。"

孔子于礼，主张节约，以俭朴为荣，宁俭勿奢。这里是以冕、拜为例。

"冕"是礼帽，有麻冕和纯冕。这里提到的"麻冕"，是用麻布织成的礼帽。纯冕见《礼记·祭统》，这里承上省称"纯"，是用丝绸织成的礼帽。"今"是孔子当时。孔子以前，流行麻冕；后来，大家嫌麻冕细密难成，改用纯冕代替麻冕。前者奢，后者俭。孔子说，在帽子的问题上，他宁肯跟随时尚，戴纯冕，从俭。中国早期的麻，主要是大麻（*Cannabis sativa L.*），即瘾君子吸食的大麻。丝绸衣服比麻布衣服贵，是材料贵，但麻冕，工艺复杂，反而奢。

"拜"是跪拜。先拱手，俯首至手，叫拜手；后双手伏地，磕头于地，叫稽首。"拜下"是孔子以前的老礼，拜谢，要先在堂下拜，然后才登堂拜受；"今拜乎上"是孔子当时的新礼，不在堂下拜，改在堂上拜。"泰"是奢侈。这里是前者俭，后者奢，与上相反。孔子反对拜上，主张拜下，是逆反时尚。

他是不管时尚，唯俭是从。（**宁俭勿奢**）

9.4 子绝四：毋意，毋必，毋固，毋我。

这段话，见于郭店楚简《语丛三》简64a、65a，作"毋意，毋固，毋我，毋必"，顺序不同。

"意"是推测，凭空猜想，毫无根据。

"必"是武断，结论太绝对，斩钉截铁，不留余地，或非什么不可，拘泥成法，不知变通。

"固"是固执，死心眼，钻牛角尖。

"我"是主观，一切从主观想象出发，不考虑客观情况。

这是孔子的四戒。他的想法很好，但实际做起来很难。任何科学研究都离不开想象，也离不开判断。有想象就会有"意""我"，有判断就会有"固""必"，尤其是小学问。有人以为，绕开整体，死抠细节，就可避免犯错误，古人叫"碎义逃难"（《汉书·艺文志》）。比如古文字，有人以为是铁板钉钉的学问，最见不得这四条，但实际上，这类毛病，它最多，比其他领域更多。（**孔子绝四**）

9.5 子畏于匡，曰："文王既没，文不在兹乎？天之将丧斯文也，后死者不得与于斯文也；天之未丧斯文也，匡人其如予何？"

"子畏于匡"，又见《先进》11.23。匡是卫地，在今河南长垣市西南。"畏"是什么意思？孙绰、朱熹等人是读如本字，以为戒、惧之义。但古人提到这一故事，《荀子·赋》和《史记·孔子世家》都是以"拘"为说，《庄子·秋水》也是以"围"

为说。清俞樾引王肃注"犯法狱死谓之畏"，以为"畏"有拘囚之义（《群经平议》）。[1]"畏"是影母微部字，"围"是匣母微部字，古音相近，读为"围"也可以。

这是孔子周游列国期间发生的事，年代在前496年。《孔子世家》说，孔子在匡"拘焉五日"，原因是阳货长相类似孔子，过去，阳货欺负过匡人，匡人把他当成了阳货。这种说法也见于《庄子·秋水》。

"文王既没，文不在兹乎"，文王以"文"为谥，《逸周书·谥法》对"文"字有六条解释："经纬天地曰文，道德博厚曰文，勤学好问曰文，慈惠爱民曰文，愍民惠礼曰文，锡民爵位曰文。"文与武相对，主要指仁恩慈爱。西周金文常称死去的前辈为"前文人"，略同今天说的慈父、慈母。"没"，亦作"殁"，指死去。"兹"指孔子自己。

"斯文"，斯有点像英文的the，是指示这个那个，现在多把这两个字当一个词。

"后死者"，也是指孔子自己。

"匡人其如予何"，参看《述而》7.23。孔子认为，文王死后，传续"文"的重任全在自己肩上，老天要断绝这个"文"，我也没办法；老天不要断绝这个"文"，匡人能拿我怎么样？（**匡人其如予何**）

9.6 太宰问于子贡曰："夫子圣者与（欤）？何其多能也？"子贡曰："固天纵之将圣，又多能也。"子闻之，曰："太宰知我乎？吾少也贱，故多能鄙事。君子多乎哉？不多也！"

子贡受业，在孔子周游列国之际，这段对话，估计在孔子晚年（前484—前479年）回到鲁国后，王充猜测，是在子贡30—40岁时（《论衡·知实》）。

"太宰"，是哪国太宰？旧有吴、宋、鲁、陈四说，都是猜测。郑玄说，这个太宰是吴太宰嚭，主要是因为子贡使吴，见过他（见《淮南子·人间》《说苑·善说》），但程树德认为，还是以鲁太宰更可靠。[2]太宰问子贡，孔子是不是"圣者"，如果不是，他怎么有这么多本事。子贡说，他当然是天生的聪明人，浑身都是本事。

---

1 程书，第二册，577页。
2 程书，第二册，581页。

"天纵之将圣"，老天一心要造就的圣人。子贡说自己的老师很完美，不但本来就天生聪明，而且还多才多艺。这个评价不得了。孙悟空自称"齐天大圣"。"齐天"，是和玉皇大帝平起平坐。"大圣"是大聪明人。"圣"，本来是后人称美上古帝王的话，相当今语所谓"英明"，只有尧、舜、禹、汤、文、武，才当得起这类头衔。[1]古人往往用"天纵聪明"吹捧时君，如唐太宗和李卫公讨论兵法，李靖说，"陛下天纵圣武，非学而能"，"圣虑天纵，闻一知十"（《唐太宗李卫公问对》卷上），就是吹捧唐太宗。

"太宰知我乎"，应点问号。子贡是个能干的人，他以自己的老师多才多艺而自豪，但孔子却并不以此自豪。他听说这番话，马上对子贡说，这位太宰，他真的了解我吗？我年轻时出身卑贱，所以才有这些本事。君子有很多本事吗？没有。这等于间接否定了太宰的推测。孔子认为，"多能"与"圣者"没有直接关系，就他个人而言，不但和高贵出身无关，还正好相反，是少年卑贱所造成。

这里值得注意的是，子贡比孟子早，已经大树孔子，幸亏被老师及时纠正。

孔子从不承认自己是圣人，这不是故作谦虚。他有两个理由：第一，自己无权无势，不可能如尧、舜，当全国人民的大救星；第二，他很用功，但并不认为自己是天生聪明。前一理由，见《雍也》6.30、《述而》7.34、《宪问》14.42；后一理由，见《述而》7.20。这里是谈第二个理由。

人们出于对伟人的崇拜，宁可违背伟人本身的意愿，特别是伟人死后，伟人已无法讲话，谁敢出来反对，将会承受巨大压力。这是伟人的悲哀。孔子的学生对孔子的崇拜也是如此。他们读孔子的书，听孔子的话，做孔子的好学生，但在事关孔子名誉的问题上，他们是坚决不照他老人家的指示办事。（**多能非君子，更非圣人**）

9.7 牢曰："子云：'吾不试，故艺。'"

孔子的本事从哪儿来？不做官，当老百姓。

1　《列子·仲尼》托孔子和商太宰对话，说自己、三王、五帝、三皇都不是圣人，只有"西方之人，有圣者焉"。这不是孔子的思想。孔子不承认自己是圣人，但并不否认五帝、三王是圣人。三皇的说法在孔子后。

"牢"，琴牢，字子开或子张，很多古书都说他是孔子的弟子，但清代学者却表示怀疑。这些怀疑，只是推测，并无证据。

"吾不试，故艺"，"试"指考察、举用、出仕做官，即后世所谓"考试"的"试"。"艺"，是技能，即上章"多能"的"能"。孔子出身卑贱，51岁以前，没机会做官，有很多时间学习，所以本事很多。这段话和上一段话似乎有关。（**只因不当官，所以本事多**）

9.8 子曰："吾有知乎哉？无知也。有鄙夫问于我，空空如也。我叩其两端而竭焉。"

这段话和前面两段似乎有关。

"吾有知乎哉？无知也"，这话和上面的"君子多乎哉？不多也"是相同的句式。"知"是知识，孔子说自己无知。前两章，孔子否认自己天生聪明，只承认自己多才多艺，这里又说自己无知，很有自知之明。

"有鄙夫问于我，空空如也"，"鄙夫"是乡巴佬、土包子、傻瓜；"空空如也"，"空空"，就是《泰伯》8.16"悾悾而不信"的"悾悾"。这个词有双重含义，正面含义是诚悫，负面含义是无知。这两句承上"无知"句，我理解，是说自己无知，肚子里什么都没有，而不是像何晏所说，是形容鄙夫"其意空空然"，或像郑玄、包咸、朱熹等人，说鄙夫忠厚老实、虚心向孔子求教。[1]孔子说自己无知，这怎么可以？无知的只能是鄙夫，他们只敢朝这儿想。其实，这里"空空如也"是用负面含义，和《泰伯》8.16一样。

"我叩其两端而竭焉"，"叩"有敲击之义，或叩问之义。"两端"，从字面上讲，是一件东西的两个头，旧注说是"本末"（郑玄）或"终始"（何晏）。一般认为，这是孔子帮鄙夫启蒙，从正反两面开导他，我认为，是讲孔子自己。孔子教学，讲究的是"不愤不启，不悱不发，举一隅不以三隅反，则不复也"（《述而》7.8），鄙夫是傻到家的人，孔子怎么会上赶着去教他。

这段话该如何理解，一直有问题。旧注的解释是，孔子太谦虚。他说，我有

---

1 《释文》引郑注，说或作"悾悾"，但唐写本郑注，多半都作"空空"。

知识吗？没有。有乡巴佬问我，老实得一塌糊涂，真心实意向我请教，我还有什么要藏着掖着的，一定毫无保留，从问题的"两端"，一头一尾，原原本本，耐心开导他，让他彻底明白。

我对这种解释很怀疑。因为大家说，孔子知无不言，诲人不倦，耐心教鄙夫，这话跟"吾有知乎哉？无知也"有什么关系？现在的读本很有意思，大家多承认，"空空如也"是说孔子"空空如也"，但你"空空如也"，为什么还要教别人？而且是教比自己更"空空如也"的傻瓜？难道孔子的意思是说，我无知，还有个比我更无知的；我不聪明，教个鄙夫，还是绰绰有余。这不成了傻瓜教傻瓜了吗？比如杨伯峻先生，他对此章的翻译是，"孔子说：'我有知识吗？没有哩。有一个庄稼汉问我，我本是一点也不知道的；我从他那个问题的首尾两头去盘问，〔才得到很多意思，〕然后尽量地告诉他。'"[1]但这样理解，孔子就成了苏格拉底（柏拉图笔下的苏格拉底）。苏格拉底和人讨论问题，总是一上来先说自己无知，引对方说话，从正反两面替对方分析，把对方的矛盾揭露出来，一步步引导对方，自己达到正确的结论。哲学史上，大家把这种讲话方式叫"产婆术"。老太婆不会生孩子，但可以帮助没有生育经验的少女把孩子顺顺当当生下来。

孔子的话是"产婆术"？未必。

我理解，孔子的话，全是讲自己无知。鄙夫来问，不是鄙夫"空空如也"，而是孔子自己"空空如也"。"我叩其两端而竭焉"，不是叩傻瓜，而是叩自己，自己把自己当个空空如也的罐子，像魔术师敲他的道具，敲其两端，上面敲敲，下面打打，告诉观众，这里面可什么也没有呀。

孔子认为，"下愚"是无法改变的（《阳货》17.3）。我怀疑，他是说，在傻瓜面前，我一无所知。（**在傻瓜面前，我一无所知**）

9.9 子曰："凤鸟不至，河不出图，吾已矣夫！"

"凤鸟"，参看《微子》18.5，楚狂接舆曾以凤比孔子。

"河图"，《尚书·顾命》讲西周宫室中的宝物，其中有河图。这种河图

1　杨书，89页。

是什么样？孔子说的河图是什么样？不知道。它们未必就是后世易家讲的河图。

一般解释，"凤鸟"和"河图"都是祥瑞。此话与《述而》7.5的"不复梦见周公"类似，也是孔子临终前的哀叹，时在前479年。（**凤鸟不至，河不出图**）

9.10 子见齐衰者、冕衣裳者与瞽者。见之，虽少必作，过之必趋。

"齐衰"，音zī cuī，丧服的一种，用麻布缝制。

"冕衣裳"，"冕"是帽子，"衣"是上衣，"裳"是下衣，属于礼服。

"瞽者"，瞎子。瞎子分两种：睁眼瞎，有眼（眼球）无珠（瞳仁），叫盲；闭眼瞎，叫瞽。

"虽少必作，过之必趋"，"作"是起立，从坐姿（即跪姿）改立姿。"趋"是疾进。（**孔子的礼貌**）

9.11 颜渊喟然叹曰："仰之弥高，钻之弥坚。瞻之在前，忽焉在后。夫子循循然善诱人，博我以文，约我以礼，欲罢不能。既竭吾才，如有所立，卓尔，虽欲从之，末（蔑）由也已。"

"仰之弥高，钻之弥坚。瞻之在前，忽焉在后"，这是颜渊对老师的颂扬，形容老师的学问博大精深，难以捉摸。

"博我以文，约我以礼"，参看《雍也》6.27。这里是说，用"博学于文，约之以礼"要求我。

"虽欲从之，末由也已"，虽欲追随，却不知走哪条路。"末"通"蔑"，《孔子世家》引作"蔑繇也已"。《史记·刺客列传》的曹沫，上博楚简"沫"作"蔑"。"蔑"是完全没有的意思。古书中从末的字或作末，如沫多误为沫。末与未不同，未的上面一横，古文字是曲笔。末与本也相反，古文字，本的短横是加在树根上，末的短横是加在树梢上。（**颜回赞孔子**）

9.12 子疾病,子路使门人为臣。病间,曰:"久矣哉,由之行诈也!无臣而为有臣。吾谁欺?欺天乎?且予与其死于臣之手也,无宁死于二三子之手乎?且予纵不得大葬,予死于道路乎?"

子路对孔子无限忠诚,特别有感情,但经常挨孔子骂,为什么?原因是,他急脾气,热心肠,经常添油加醋,好心帮倒忙。

比如这件事,孔子得病,大概病得不轻。孔子还没死,子路就搞了个治丧委员会,[1]组织"门人",估计是比他辈分低的学生,当操办丧事的"臣",给孔子料理后事。这让我想起一个真实的故事。某先生病,消息传到某地,讹为死,大家说,赶紧发唁电,幸亏有人打了个电话,差点闹笑话。子路这事,也确实荒唐,他忙了半天,万万没料到,老师的病,突然好了。孔子听说这事,气得不得了。他骂子路,好你个由,你一直就不老实,老爱弄虚作假!我明明不该有这种待遇(诸侯才配有这种"臣"),你偏要自作聪明,搞这一套。你想让我骗谁?骗老天吗(让我在老天面前装死)?况且,我就是死,也不能这么死。我与其死在你派来的这些"臣"手里,还不如直接死在"二三子"(指孔门最核心的弟子)的手里。况且,我就算得不到隆重的葬礼(没有这些专职的"臣"来治丧),也不至于死在路上吧!死在路上也比这强。

子路是好心办坏事,孔子破口大骂,他一定非常伤心。(**孔子生病**)

9.13 子贡曰:"有美玉于斯,韫椟而藏诸?求善贾(价)而沽(贾)诸?"子曰:"沽(贾)之哉!沽(贾)之哉!我待贾(价)者也。"

"韫椟而藏诸","韫"音yùn,是裹藏之义。"椟"音dú,是藏宝的木匣,字亦作匵,金属制品还作鑟。匵,常与匣、匧互训,古人盛放珠宝首饰特别是玉器的盒子,一般叫椟或匵,偶尔也作匧。但匧往往是大箱,匵则比较小。古人更多是以椟或匵称之。如"买椟还珠"的椟就是这种器物。这类器物的铜制品,考古发现很多,多半是出土于女性的墓中,学者或称鼎,或称鬲,或称盒,或称奁,或称

1　杨伯峻先生有此比喻。见杨书,91页。古代办丧事的"臣",可能还不只是担负治丧委员会的工作,他们还要置办棺椁衣衾,替死者剪头发、剃胡须,有些属于殡仪馆的事,他们也得干。

匵，其实就是匴。[1]

孔子一直不能忘情于政治，他是"玉在匵中求善价，钗于奁内待时飞"（《红楼梦》第一回）。"待价而沽"，出典于此。（**待价而沽**）

9.14 子欲居九夷。或曰："陋，如之何？"子曰："君子居之，何陋之有？"

人往高处走，水往低处流，有没有相反的情况？

现在，政治上不得意，或贪污被发现，都是上欧美国家，但孔子不得意，却想上落后地区。格瓦拉"不断革命"，也是选亚非拉，古巴、越南、刚果、玻利维亚。

"九夷"，见《书·旅獒》（属于所谓《古文尚书》），以及《礼记·明堂位》《尔雅·释地》《逸周书·明堂解》《国语·鲁语下》，都是与戎、狄、蛮并列，指野蛮民族居住的落后地区，但商周时期，通常指今山东地区的东夷和淮水流域的淮夷。战国文献，或以"九夷"指与楚国有关的各种夷（《战国策》的《秦策三》和《魏策一》）。《后汉书·东夷列传》更具体说，孔子想去的"九夷"，就是畎夷、于夷、方夷、黄夷、白夷、赤夷、玄夷、风夷、阳夷。此说是据《竹书纪年》，"九夷"被说成夏代的九种夷。马融说，这里的"九夷"是"东方之夷，有九种"。我怀疑，这里的"九夷"，可能是指活动于河南、安徽一带的南淮夷的后代。他周游列国，最后到过陈、蔡和楚国的叶县，就是这一带。孔子失意于中原诸夏、礼仪之邦，曾南之陈、蔡，甚至考虑到楚国找工作。

"君子居之，何陋之有"，唐集多用此典。如刘禹锡《陋室铭》说"君子曰：何陋之有"，就是出典于此。（**孔子欲居九夷**）

9.15 子曰："吾自卫反（返）鲁，然后乐正，《雅》《颂》各得其所。"

孔子是个音乐迷，他特别喜欢古典音乐，并拿这些音乐教学生。他说的礼教，是以诗教开头，而以乐教收尾（《泰伯》8.8）。乐教是最高层次。

孔子自卫返鲁在前484年。这里把"《雅》《颂》各得其所"称为"乐正"，看

1　李零《读小邾国铜器的铭文》，收入政协枣庄市山亭区委员会编《小邾国文化》，173—189页。案：此文写于2004年，最近，有人把三门峡出土梁姬罐的器名释读为"匵"，参看：陈耘《三门峡虢季夫人墓出土青铜罐》，《典藏》2006年2期，84—88页。

来，他对乐的整理是在前484年之后，即他的晚年。

他的晚年是在琴声中度过。（《雅》《颂》各得其所）

9.16 子曰："出则事公卿，入则事父兄，丧事不敢不勉，不为酒困，何有于我哉？"

古代交往的中心是男性，"出则事公卿，入则事父兄"，都是男人。

孔子喝酒，很有节制。"不为酒困"，是不酗酒。孔子说，喝酒对他不算问题，但别人怎么样？可就难说了。商纣骄奢淫逸，酗酒亡国，教训惨痛，孔子很熟悉。康叔封于卫，卫是纣的都城所在，周公怕周家子弟跟商人学坏，写过《酒诰》。但周初禁酒，只是一阵儿，过了这阵儿，照样喝。咱们中国，历朝历代，喝酒的风从来没断，越禁越喝，越喝越多，今天达到最高峰。县县造酒家家喝，喝得江河倒流。（**不为酒困**）

9.17 子在川上曰："逝者如斯夫，不舍昼夜！"

孔子临河而叹。这里的"川"是哪条河，不能肯定。鲁国境内的河，有汶水、洙水、泗水和沂水。孔子周游列国，据说还到过黄河边（《史记·孔子世家》）。

常言道，"光阴似流水"或"似水流年"。孔子可能是在感叹光阴易逝吧？（**子在川上**）

9.18 子曰："吾未见好德如好色者也。"

此语又见《卫灵公》15.13。"好色"，是生理反应，往往情不自禁。"好德"不一样，往往要压抑本能。孔子希望大家"好德如好色"，难。（**好德如好色**）

9.19 子曰："譬如为山，未成一篑，止，吾止也。譬如平地，虽覆一篑，进，吾往也。"

朱熹引《书·旅獒》"为山九仞，功亏一篑"为注。《旅獒》属于所谓《古文尚书》。

"篑"，音kuì，是担土的筐。孔子说，我打个比方，堆土成山，眼看就要堆成了，哪怕只差一筐土，你把它停下来，这个山也堆不成；平地上，哪怕刚刚倒下一筐土，只要你继续往上倒土，早晚也会堆成山。他的意思是，有志者事竟成，无论什么事都贵在坚持，干就成，不干就不成，一切全在你自己。他说的"吾"，是泛指一切主体。（**功亏一篑**）

9.20 子曰："语之而不惰者，其回也与（欤）？"

这是孔子夸颜渊。颜渊最优秀，优秀在哪儿？在"语之而不惰"。老师讲话，他越听越来劲儿，别的学生比不了，孔子讲多了，他们会"惰"。（**颜回不惰一**）

9.21 子谓颜渊曰："惜乎！吾见其进也，未见其止也！"

颜渊有"小车不倒只管推"的劲头，这也是讲他"不惰"。（**颜回不惰二**）

9.22 子曰："苗而不秀者有矣夫！秀而不实者有矣夫！"

这可能是讲学生的。我们的学生，也有很多是半成品，长苗不长穗，长穗不结实。（**长苗不长穗，长穗不结实**）
以上四章是一组，都是讲贵在坚持，贵在后劲。

9.23 子曰："后生可畏，焉知来者之不如今也？四十、五十而无闻焉，亦不足畏也已。"

这也是讲学生。现在的风气是，学生靠老师出名，老师也靠学生出名，互相提携，共创繁荣。

"后生可畏"，是如今老卓越恭维小新锐常说的套话，特别是吹捧自己的学生。他怕什么？就怕没人给他续香火，退休后没人照应，"了不起"变"老不起"。过去,鲁迅相信,新的总比旧的好,年轻的总比年老的强,其实不见得。后来,他也后悔此言。王羲之说,"后之视今,亦犹今之视昔"(《兰亭诗序》)。后生可畏,只是来日方长,其他有什么可畏?老又怎么样?原来不也年轻?年轻又怎么样?早晚要老。谁都年轻过。我更相信,每个时代都有当时的好人和优秀者,也都有当时的笨蛋和坏蛋,老少何足挂齿。我认为,就基本的人性和智能而言,人和人都差不多。

"焉知来者之不如今",这话在贵古贱今的时代,很可贵,特别是由大保守派的孔子来讲。我们不能一概否定"来者",也不能一概吹捧"来者",说将来什么都比现在强。

"四十、五十而无闻焉,亦不足畏也已",古人寿命短,四五十岁就算年纪很大了。我们要知道,1949年,我国的人均寿命只有35岁,世界的人均寿命只有47岁。孔子说,如果四五十岁还没出息,一点名气没有,这样的"后生",就不用怕他了。北方常以"后生"指年轻人,如说,"这后生能受",就是指年轻人干活肯卖力气,是好小伙子。

倚老卖老可恶,倚小卖小也可恶。后生可畏,后生也有可恶者。败家子,都是惯坏的小孩,北京话,胡萝卜,兔崽子。(**后生可畏**)

9.24 子曰:"法语之言,能无从乎?改之为贵。巽与之言,能无说(悦)乎?绎之为贵。说(悦)而不绎,从而不改,吾末(蔑)如之何也已矣。"

"法语之言",据说是"正言"(《集解》《集注》),即"正言厉色"的"正言",估计是带有批评口气的话,比较直戳戳,也比较逆耳。这样的话,只要说得对,你不能不听,听了之后,最重要,是能照着改。

"巽与之言",是"恭孙(逊)谨敬之言"(马融),它和前者不同,比较客气,比较委婉,这样的话,对方听了,会比较舒服。但他听了这样的话,不能光高兴,重要的是,能顺着说话人的思路,琢磨说话人的意思。如果听好话,光高兴,不琢磨;听坏话,光答应,不改正,孔子说"吾末(蔑)如之何也已矣",意思是我就拿他没辙了,这样的人真是不可救药了。"绎"是寻绎的意思。"末"同蔑,是完全没有的意思。(**好话和坏话**)

9.25 子曰："主忠信,毋友不如己者,过则勿惮改。"

此章与《学而》1.8的后三句重出。

9.26 子曰："三军可夺帅也,匹夫不可夺志也。"

这是《论语》中我最喜欢的话。

皖南事变后,叶挺将军入大狱,他在监狱里过生日,用这两句话自勉。梁漱溟"文革"挨斗,也是靠这两句话自励。

《孙子·军争》说,"三军可夺气,将军可夺心",是说在激烈的战争中,士兵的心理和将帅的意志,可能突然崩溃,兵败如山倒。孔子相反,他强调的是,三军虽可擒其帅,但一个普通人,只要坚持自己的信念,也是不可屈服的。

人是非常脆弱的,常常不能左右环境,更无法跟命运较劲,无可奈何之下,总是认败服输,屈服妥协,或承认现实,或回避现实,求神问鬼,堕入空门。如果你在现实中无奈,又不像愚夫愚妇,可以求神问鬼,怎么办?只有一条,就是这两句话。它不是阿Q精神,不是精神胜利法,而是精神上的抵抗,即使没有任何依赖和支援,也绝不向恶势力低头。

深刻的批判,永远属于不可行,它有点像精卫填海,我叫"徒劳的悲壮"。[1]
(三军可夺帅,匹夫不可夺志)

9.27 子曰："衣敝缊袍,与衣狐貉者立,而不耻者,其由也与(欤)。'不忮不求,何用不臧?'"子路终身诵之。子曰："是道也,何足以臧?"

清孔广森认为,此章和下面的9.30、9.31类似,"不忮不求"以上是一章,以下是另一章(《经学卮言》)。[2] "衣敝缊袍","衣"是动词,指穿衣;"敝",本来是象用棍子敲打"巾"上的灰尘,它是用这些灰尘表示"巾"很破旧;[3]"缊袍",

---

1　李零《徒劳的悲壮》,收入所著《放虎归山》,51—60页。
2　程书,第二册,621页。
3　参看:裘锡圭《说字小记》,收入所著《古文字论集》,638—651页。

"缊"音yùn，古代衣分三种，单衣叫"禅衣"，夹衣叫"褶衣"，絮衣叫"复衣"，"缊袍"属于"复衣"，"袍"分两种，里面絮茧絮的叫"茧袍"，里面絮麻絮的叫"缊袍"。这里的"敝缊袍"比较低贱，相当后世的破棉袍。[1]

"衣狐貉"，是穿狐狸皮和狗獾皮的袍子。孔子说，有谁穿缊袍，敢跟穿皮大衣的站一块儿而不脸红，恐怕只有子路。子路了不起，我对子路很佩服。现在的小孩，追名牌，赶时髦，根本无法理解这一点。

"不忮不求"，"忮"音zhì，是嫉恨之义；"求"，是贪求。"何用不臧"，指无论干什么都会有好结果。这是引《诗·邶风·雄雉》。孔子的意思是，别人再阔也不眼红，自己再穷也不贪求，如果做到这一点，干什么都顺利。这是夸子路。

子路难得被老师表扬，这段话，他终身不忘，总是挂在嘴上。孔子对他，总是忘不了敲打，一得意就数落。他说，就这么点德行，也值得老挂在嘴上吗？（**难得的表扬**）

9.28 子曰："岁寒，然后知松柏之后彫也。"

"岁寒"，二十四节气，最后两个节气，"小寒"和"大寒"，是一年当中天气最冷的时候。三十节气，也有"始寒""中寒""寒至""大寒之阴""大寒终"。

"松柏之后彫"，"彫"同"凋"，李敖在凤凰台说，松柏怎么会凋零呢？这个问题提得好，大家都把此句翻成"天大冷，才知道松柏是最后落叶的"，这样翻，太死板。但李敖说，"后"是"不"的意思，也不对。比如，他举孔子"不问马"（《乡党》10.17）为例，说"不问马"就是"后问马"。我对李敖很佩服，但这样解释，不行。过去，钱穆也注意到这一问题，他说，"松柏亦非不凋，但其凋在后，旧叶未谢，新叶已萌，虽凋若不凋"。[2]我怀疑，孔子只是说，众木凋零后，只有松柏还郁郁葱葱，如此而已，并非得自科学观察。后人常以"松柏之人"形容人有气节。

1　古代中原本来不产棉，棉花是从东南亚、南亚、中亚和云南等地输入。过去，都以为棉花是近几百年才传入中国，不对，其实很早就有，先秦两汉就有，三国以来，甚至内地有引种，只不过当时还不太多。

2　钱书，244页。

（岁寒知松柏）

9.29 子曰："知（智）者不惑，仁者不忧，勇者不惧。"

仁者的境界是"不忧"。现在的我们，反而把"忧患意识"挂在嘴边。佛家讲，人生下来就是烦恼，生老病死，没有一样不烦恼。我们这一辈子，发愁的事很多，头衔、职称、票子、房子、妻子、孩子，社会交往，人事纠纷，抛却忧患，说说容易做来难。

"不忧"是很平凡的字眼，也是很崇高的境界。**（智者不惑）**

9.30 子曰："可与共学，未可与适道；可与适道，未可与立；可与立，未可与权。"

这是讲学习的境界。第一是学道，即所谓"共学"；第二是适道，即追求道；第三是守道，即所谓"立"；第四是用道，即所谓"权"。同样是学生，很多人都只能做到前面的某一步，却达不到最后一步。**（学习的四个境界）**

9.31 "唐棣之华，偏其反而。岂不尔思？室是远而。"子曰："未之思也，夫何远之有。"

旧注，本来都是合此章与上为一章，朱熹分为两章，现在的本子都是按朱注分章。

"唐棣之华，偏其反而。岂不尔思？室是远而"，这是逸诗。它以"唐棣之华，偏其反而"起兴，说我怎么不想念你呀，只不过你住得太远了点。"唐棣"，据李时珍《本草纲目》考证，是白杨类的树木，即扶栘，不是《诗·小雅·常棣》的"常棣"，"常棣"是郁李，为另一种植物。"偏"，《晋书·刘乔传》作"翩"，朱熹以为"反"与"翻"同，是形容花的摇动。

"未之思也，夫何远之有"，孔子说，什么太远了，恐怕是没想念过吧？真要想念，有什么远呢？古代交通不便，哪怕现在看来不太远的地方，路上都要花很多时间，书信很难寄到，寄到也很晚，有时就死在异国他乡了。别离之苦，思念之苦，是古诗常见。出远门是空间的隔绝，人死了是时间的隔绝，人们把死亡比作上路出远门。汉代人常说"长相思，毋相忘"，镜子上、砖瓦上都有这种话。（**未之思也，何远之有**）

本篇比较特殊，和其他各篇不一样，通篇没有对话，完全是叙述体。其中，除10.1提到孔子，10.14—10.15提到季康子馈药，孔子不敢尝，没有任何人物出现。近代批孔，人们常说，孔子安贫，干吗还有这么多奢侈研究？其实，礼是上流社会所用，再俭也要花不少钱。

此篇各章，全是围绕礼，讲士君子在各种场合，穿啥戴啥，吃啥喝啥，坐卧行走，言谈举止，怎么才算得体。这些老礼，早已无人讲究。今天还有用，只有讲吃喝的几句，如"食不厌精，脍不厌细"。

过去，刘向《别录》把《礼》大小戴《记》分为"制度""通论""明堂阴阳记""世子法""子法""丧服""祭祀""吉礼""吉事""乐记"十类。这十类，其实也可归纳为两类，一类是讲"礼仪"，包括"制度""明堂阴阳记""世子法""子法""丧服""祭祀""吉礼""吉事"；一类是孔门师弟的对话，包括"通论""乐记"。《论语》也有这两类，比如前九篇，就是以第二类为主；此篇就是以第一类为主，前人称为"曲礼"之说。研究古礼，此篇仍有参考价值。

孔子的礼，主要是冠婚丧祭等"家人之礼"，以及到官场走动的各种礼貌规定，真正涉及国家制度，讲所谓"大礼"的地方比较少。孔子不是从国家制度入手，建设其理想国，而是从士君子的道德修养入手，认为每个人都从我做起，移孝作忠，拿国君当爸爸，国家就治理好了。

这篇东西很枯燥，难点很多，没有耐心，读不下去。为了帮助大家阅读，我不得不对许多词语做细心查考，然后加以通俗解释。我耐心写，希望大家耐心读。

10.1 孔子于乡党，恂恂如也，似不能言者。其在宗庙朝廷，便便言，唯谨尔。朝，与下大夫言，侃侃如也；与上大夫言，訚訚如也。君在，踧踖如也，与与如也。

这是讲说话。

说话，不同场合，跟不同身份的人说话，很有讲究。场合分两种，一种是"乡党"，一种是"宗庙朝廷"。前者是和父老乡亲、街坊邻居谈。后者是和上朝的大臣或国君谈。大臣分下大夫和上大夫。见不同的人，表情、语气不一样。如果国君在场，更要十分恭敬，十分小心。

"乡党"，"党"字的古文有两种，一种从邑从尚（《古文四声韵》卷三：24页背引《籀韵》、《玉篇》引《古文尚书》），一种从人从易（《汗简》42页正引《林罕集缀》、《古文四声韵》卷三：24页背引《王庶子碑》）。前一种写法见于天星观楚简和包山楚简，但实际用法不同。古代居民组织有国、野之分，国又有乡、遂之分。《周礼·地官·大司徒》讲"乡"，是五家为比，五比为闾，四闾为族，五族为党，五党为州，五州为乡。"乡党"是这类居民组织的统称。

"恂恂"，同悛悛，音xún xún，是不善言辞的样子。《史记·李将军列传》说，"余睹李将军，悛悛如鄙人，口不能道辞"，意思是，李广这个人，老实巴交，像个乡巴佬，笨嘴拙舌，连话都说不清楚。《汉书·李广传》有同样的描述，"悛悛"正作"恂恂"。孔子在父老乡亲、街坊邻居面前讲话，是这副模样。这是说"乡党"。

"便便"，同辩辩，这里读biàn biàn，不读pián pián，和上"恂恂"相反，是能言善辩的意思，《史记·孔子世家》引此，正作"辩辩"。孔子在"宗庙朝廷"，和在"乡党"面前不一样，这是祭祀祖宗和国君听治的地方，不会说话怎么行？到了这种场合，孔子就能说会道。只不过，他讲话比较谨慎，非常注意分寸。

"朝"，指上朝，上朝是见国君和其他官员。

"侃侃"，古书亦作"衎衎"，《广雅·释训》训"和"，是轻松愉快的意思。这是和下大夫讲话。下大夫，地位比较低，可以随便一点。

"訚訚"，音yín yín，孔注说是"中正之貌"，许慎说是"和说（悦）而诤也"（《说文·言部》）。什么叫"中正之貌"？什么叫"和说（悦）而诤"？不明白，大概是和气中还透着点严肃吧？反正比"侃侃"严肃，不那么随便。我们只要知道，这是跟大官讲话就对了。跟大官讲话，不能随随便便，总得比较恭敬，比较严肃。

"踧踖"，音cù jí，是说在国君面前，要有点哆哆嗦嗦的样子，因为敬畏，显得局促不安，比跟上大夫讲话要紧张得多。

"与与"，马融说是"威仪中适之貌"，意思也不太清楚，大概是说，在国君面前，人虽然紧张，还不失风度吧？（**说话**）

10.2 君召使摈，色勃如也，足躩如也。揖所与立，左右手，衣前后，襜如也。趋进，翼如也。宾退，必复命曰："宾不顾矣。"

这是讲待客。

待客要讲"体面"，"体"是肢体，"面"是脸色，即手脚的动作要合适，脸上的表情也要合适。

"君召使摈"，是受国君之命招待客人。"摈"音bìn，为迎客之礼。

"色勃如也"，"色"是脸色，古人叫颜色。孔注说，"必变色也"。"变色"，是根据客人的身份、地位和见面的场合、气氛改容易色，周围人乐，你也跟着乐，周围人悲，你也跟着悲。如果是大人物，更得毕恭毕敬。待客，不懂随机应变，改容易色，北京话叫"没有眼力见儿""不会来事儿"。但挤眉弄眼，太过分也不行，那样，就成了孔子讨厌的"令色"。"勃如"，《论语》中带"如"字的单字，很多相当叠语，如这里的"勃如"，就相当"勃勃"，勃有发义，这里指脸色由松弛状态突然振作起来，《泰伯》8.4叫"动容貌"。

"足躩如也"，"躩"音jué，是形容脚步很快，皇疏引江熙说，"不暇闲步"。

"揖所与立，左右手"，是对站在身边的人不断打躬作揖，左边拱一下手，右边拱一下手。

"衣前后，襜如也"，是形容打躬作揖，身体一俯一仰，衣服前后摆动。"襜如"，"襜"音chān，作名词，本指围裙，即蔽膝，加上如字，是形容词，则等于"襜襜"。朱熹说，"襜"是"整儿"，古代训诂，没这种说法。《楚辞·九歌》"裳襜襜而含风兮"，王逸注说，"襜襜"是衣服摆动的样子，才是正确的解释。

"趋进，翼如也"，《说文·走部》有"趩"字，许慎说，"行声也，一曰不行儿，从走异声，读若敕"。徐锴《系传》说，"今《论语》作翼字，假借也"。前人说，许慎是据《古论》。许慎的解释不一定对，但保存了古文的写法。古文字屡见"趩趩"，都是用为"小心翼翼"的"翼翼"，"翼翼"是敬慎之貌。这里是说，往客人跟前走，要小心翼翼。朱熹说，"张拱端好，如鸟舒翼"，是望文生义，并不对。

最后几句，是说客人走了，负责迎客的人一定要报告国君，说客人已经不回头了。（**待客**）

10.3 入公门，鞠躬如也，如不容。立不中门，行不履阈。过位，色勃如也，足躩如也，其言似不足者。摄齐升堂，鞠躬如也，屏气似不息者。出，降一等，逞颜色，怡怡如也。没阶，趋进，翼如也。复其位，踧踖如也。

这是讲上朝。

"入公门"，礼书说诸侯之宫有三门：库门、雉门、路门，公门指哪道门或哪些门，前人吵得不亦乐乎。反正，群臣上朝，总要经过一道道宫门，才能到达国君听政的地方，即所谓路寝。

"鞠躬如也"，是低头哈腰的样子。

"行不履阈"，"阈"音yù，门槛，即过门槛时，不要踩门槛，而是举足迈过去。

"过位"，是越过群臣站立的地方。群臣站立，是在堂下，院子的左右。中间，有过道通往堂阶。西周金文经常提到"入门，立中廷"，"入门"的"门"是路门，"立中廷"是站在院子的左右两边，各就各位。

"摄齐升堂"，"齐"音zī，是衣裳的下摆，即提着衣裳的下摆，循阶登堂。

"屏气似不息"，"屏"音bǐng，屏气是憋气，即屏住呼吸，好像不出气的样子。

这段话分两部分，先讲入，后讲出；先讲上，后讲下。整个过程是：

（1）入公门，要低头哈腰，好像门很小，容不下自己。

（2）过门槛时，不要站在门槛当中和踩着门槛过，而是贴着门的右边，迈过门槛往里走。

（3）离开自己站立的位置，从中间过道，穿过群臣站立的行列，脸色要振作，步伐要加快，说话作欲言难尽状。

（4）登堂朝见国君，要提着衣裳的下摆，低头哈腰，大气不敢出。

（5）下堂往外走，每下一层台阶，脸色都有所变化，逐渐放松，作怡然自得状。

（6）下完台阶，赶紧走，小心翼翼。

（7）回到原来站立的位置，作局促不安状。（**上朝**）

10.4 执圭，鞠躬如也，如不胜。上如揖，下如授。勃如战色，足蹜蹜如有循。享礼，有容色。私觌，愉愉如也。

这是讲执圭、享礼和私下见面的礼貌规定。

首先是姿势，要"鞠躬如也"，即像《先师孔子行教像》中的孔子，身体微向前倾，双手捧之，好像有点拿不动的样子。手势分两种：一种是上执，手的位置相当作揖的位置，在心口之上；一种是下执，手的位置相当递东西给别人的位置，在心口之下。《鲁论》"下如授"作"趋如授"。

其次是脸色和走路的样子。脸色，"勃如战色"，"勃如"，见上10.2；"战色"，是战战兢兢的样子。步伐，"蹜蹜如有循"，类似京剧走台步，跑圆场，脚趾离地，脚跟不离地，脚趾拖脚跟，蹭蹭倒脚，"步武轻移，前后套迭"，一溜儿小碎步，往前走。"蹜蹜"，音sùsù，是形容小碎步。

"享礼"，是外国使节来访，行聘礼之后，客人把礼品摆在堂下的仪式。"有容色"，是露出非常欣赏的表情，就像现在西方人接受礼物，一定要打开，作惊喜状。

"私觌"，"觌"音dí，是私下见面。"愉愉如也"，是显得轻松愉快。（**执圭、享礼和私下见面**）

以上四章是讲仪态。

10.5 君子不以绀緅饰，红紫不以为亵服。当暑，袗绤绤，必表而出之。缁衣，羔裘；素衣，麑裘；黄衣，狐裘。亵裘长，短右袂。必有寝衣，长一身有半。狐貉之厚以居。去丧，无所不佩。非帷裳，必杀之。羔裘玄冠不以吊。吉月，必朝服而朝。齐，必有明衣，布。

这是讲穿戴。

（1）衣服的颜色。君子的衣服，最忌大紫大红：第一，不要用绀、緅二色作领子和袖子的颜色；第二，不要用红、紫二色作内衣的颜色。"绀緅"，音gàn zōu，是两种接近紫色的颜色。[1]"亵服"是平常在家穿的衣服。

（2）夏衣。夏天穿葛衣，凉快透气，但不能直接见人，外出一定要罩上一层外衣。"袗"音zhěn，单衣叫袗。"绤绤"，音chī xì，绤是细葛布，绤是粗葛布。

（3）冬衣。冬天穿皮袄，外面也要有罩衣，罩衣的颜色和皮袄的颜色要相称，缁衣（黑色）配羔裘（黑色），素衣（白色）配麑裘（白色），黄衣（黄色）配狐裘（黄色）。裘是翻毛的皮袄，羔是黑羊，"麑"音ní，是小鹿。

（4）家里穿的皮袄。这种皮袄比较长，但右边的袖子比左边短，这样裁制，便于做事。

（5）被子。程树德说，"今日本之被，有领有袖，惟长较常服之衣倍其半，盖即古寝衣之制"。[2]"常服之衣"，长度是脖子以下的高度，"倍其半"，是此高度的一倍半，如身高170厘米，被子要有255厘米。"寝衣"，即被子，大被叫"衾"，小被叫"被"。被子，属床上用品。有人说，这个词不雅，应按日语，改叫寝具。

（6）坐垫。要用皮毛厚的狐貉之皮为之。"居"有坐义。

（7）佩饰。丧服既满之后，什么饰物都可以佩戴。《礼记·玉藻》说，"古之君子必佩玉"，"君子无故，玉不去身"，只有服丧期间才不佩玉。

（8）衣服的尺寸。上朝和祭祀的礼服最宽大，叫"帷裳"。除此之外，尺寸要递减。"杀"音shài，是递减之义。

（9）丧服。吊丧要穿白，不能一身黑，如欧西之俗。"羔裘玄冠"，是黑皮袄、黑帽子，喜事才穿，和西人相反。

（10）朝服。"吉月，必朝服而朝"，什么叫"吉月"，前人有争论：一说是月朔，即每月的第一天（孔注以来的旧注都这么说）；一说是正月，吉可训始，始日始月，皆可以吉名之（清夏炘《学礼管释》）；一说是"告月"之误，如《礼记·缁衣》"尹告"误"尹吉"，"告月"见于《春秋经》和《公羊传》，是月朔告庙之礼（清王引之《经义述闻》）。[3]这三说，第一说不可信，古书可以把月朔叫"月

1　《说文·糸部》说，"绀，帛深青扬赤色"；"緅"见新附字，曰"帛青赤色也"，都是属于"青赤色"。这和许慎对紫色的解释（"帛青赤色"）是一样的。

2　程书，第二册，675页。

3　程书，第二册，680—681页。

吉"，但没有把月朔叫"吉月"的；第二说，程树德以为最合理，[1]也没有根据；相比之下，还是最后一说更好。清俞樾取王说，但又辩论说，告月不是告朔，告朔是岁末天子颁朔授历于诸侯，而告月是每月之末，有司以下月之朔告于诸侯国的国君（《群经平议》）。[2]不管什么日子吧，朝见国君，一定要穿朝服，总没有错。

（11）斋服。"齐"同斋，"明衣"是浴衣。古代斋戒，一定要洗澡，洗完澡，一定要穿浴衣。浴衣是布做的。古无棉布，所谓布，是麻布或葛布。程树德说，"日本国俗，浴时例有浴衣，犹古制也。清初学者不知浴衣之制，于是种种曲说由此而生"。[3]

最后一条，朱熹连下"齐必变食，居必迁坐"，另为一章（以同言斋戒），但皇疏和邢疏分章如此（以仍言衣服）。（**穿戴**）

10.6 齐必变食，居必迁坐。食不厌精，脍不厌细。食饐而餲，鱼馁而肉败，不食。色恶，不食。臭恶，不食。失饪，不食。不时，不食。割不正，不食。不得其酱，不食。肉虽多，不使胜食气。唯酒无量，不及乱。沽酒市脯不食。不撤姜食，不多食。

这是讲吃喝。

首先，是从正面讲吃：

（1）"齐必变食，居必迁坐"，是说斋戒期间，一定要把平常吃的某些食物和饮料（如葱、蒜、韭和酒）换掉，平常坐的地方也要换换位置。"齐"同斋，指斋戒。"变食"，指改食。"居"，同上"狐貉之厚以居"，指坐的位置。"迁"亦变换之义。

（2）"食不厌精，脍不厌细"，是强调食物加工要非常讲究，越精细越好。"食"是稻粱类的谷物，特别是小米。"精"，是舂得很细的米。古代舂米，没脱壳的谷叫粟。粟16又2/3斗，出米10斗，叫粝米。粝米10斗，出米9斗，叫鑿米；出米8斗，叫毇米或粺米；出米7斗，叫持御或御米。粝米是"粗"，鑿米、毇米、御米是"精"（《九章算术·粟米》《说文·米部》和睡虎地秦简《秦律十八种·仓

1　程书，第二册，680—681页。

2　程书，第二册，681—683页。

3　程书，第二册，685页。

律》)。"脍"是生鱼片或生肉片。成语"脍炙人口",脍是生肉,炙是烤肉,最好吃。台湾学者萧璠考证,"脍"就是生鱼片或生肉片,特别是生鱼片,我国叫"鱼生"。他说,吃生鱼片蘸青芥末(wasabi)不是日本独有,我国历史上一直就吃,而且也沾芥末吃。比如诗人称美的"松江鲈鱼脍",就是生鲈鱼片。[1] 内蒙古、青海、西藏,他们也吃冬天储存春天化冻的生牛肉片和生羊肉片。

然后,是讲"七不食":

(1)"食饐而餲,鱼馁而肉败,不食","饐"音yì,是形容米饭受潮;"餲"音ài,是形容米饭馊臭;"馁"音něi,是形容鱼腐败;败,是形容肉(牛肉、羊肉、猪肉等)腐败。

(2)"失饪,不食",煮熟叫"饪",不熟叫"失饪"。

(3)"色恶,不食","色恶",是颜色难看。

(4)"臭恶,不食","臭恶",是气味难闻。"臭"音xiù。

(5)"不时,不食","不时",指不按正常饭点吃饭。古人一天吃几顿饭,饭点怎么安排,好像不太固定。我们从古代的时制名称看,它分两种,一种是十二时制,只吃两顿,半上午(8—10点之间)一顿,半下午(16—18点之间)一顿。一种是十六时制,吃三顿,早饭一分为二,6—12点之间,各安排两顿,晚饭时间大体相同。上午饭叫"食",如果分两顿,一顿叫"蚤食"或"朝食",一顿叫"暮食"或"晏食",下午饭叫"铺"。有人把"不时"解释为不吃当令的粮食、蔬菜和酒肉,不对。那样的话,孔子的嘴也太刁了。

(6)"割不正,不食",古人吃肉,主要是大块吃肉,不像后世,一定要切成肉片、肉丝、肉丁,分解牲肉,方法很讲究,方法不对,不能吃。

(7)"不得其酱,不食",酱,类似西人说的sauce,有肉酱、芥酱等等。吃鱼、吃肉配什么酱,很讲究,搭配不当,就是"不得其酱"。酱的作用不仅是提味,还有养生治病之功效,特别是防止生鱼生肉中的寄生虫。

最后还有四条,也是禁忌。一是吃肉再多,不要超出肉食、主食的合理搭配;二是喝酒虽不限量,每人有每人的量,不必统一,但不要醉得一塌糊涂,胡言乱语,撒酒疯;三是从外面买来的酒肉,不要用;四是姜食留而不撤,不要因为

1 萧璠《中国古代的生食肉类肴馔——脍生》,《中央研究院历史语言研究所集刊》,第71本,第2分(2006年6月),247—365页。

摆在跟前，就不停地吃。

这四条，有些词要解释一下。

"食气"，应读"食饩"，"饩"音xì，是馈赠的食物。

"沽"，同酤，买东西叫贾，买酒叫酤；"市"是市易，也是买；"脯"是干肉。这样的酒肉，孔子认为不卫生，不新鲜。

"不撤姜食"，前人有各种解释。晋陶弘景说，姜是常备案前的零嘴，可以吃，不宜多吃（《本草经》注）。[1]清王夫之说，晚饭后，姜可提神，防止夜里打瞌睡，但不宜多吃（《四书稗疏》）。[2]姜是别的食物撤去后留下来的食物。今日餐仍有姜食。

中国人吃喝考究，有很多长处，但现在大吃二喝，划拳行令，转圈敬酒（强人所难，还叫什么敬），借酒撒疯，不起哄，吃不成饭，实在讨厌。（**吃喝**）

10.7 祭于公，不宿肉。祭肉不出三日。出三日，不食之矣。

这是讲祭肉。

"祭于公，不宿肉"，是说参加国君举行的祭祀，祭祀后，把祭肉向下分发，千万别过夜。

"祭肉不出三日"，这种祭祀分两次，有可能在第三天才得到祭肉。祭肉超过三天就不新鲜了，所以说"出三日，不食之矣"。（**祭肉**）

10.8 食不语，寝不言。

这是讲吃饭、睡觉别说话。

吃饭不说话，上床也不说话，太压抑。我讨厌借酒撒疯，但也不喜欢闷头吃饭。吃饭是享受，不像汽车加油，只是补充能量。饭桌上谈话，也是享受，边吃边谈，肠胃享受，大脑也享受。当然，说话和吃饭，时间怎么搭配，节奏怎么掌握，也要讲究。营养学家说，胃和大脑，互相会打架，打的结果，是胃受伤，脑子倒没

1　程书，第二册，698页。

2　程书，第二册，697页。

事。话可以说，但别半天夹一口，说起来，没完没了。现在，谈生意，拉关系，全在饭桌上，有人光顾说话，还不断打手机，吃了半天，吃什么，不知道，吃多少，也不知道。这样吃饭也没劲。（**吃饭、睡觉别说话**）

10.9 虽疏食、菜羹、瓜祭，必齐如也。

这是讲吃粗食。

"疏食"是粗食，"菜羹"是菜汤，"瓜祭"，是吃瓜前，用瓜把祭瓜。这些都是比较差的食物。

"齐如"，相当"齐齐"，"齐"读zhāi，是严肃恭敬的样子。原文是说，吃粗饭，也要一脸严肃。

中国原产的瓜，主要是甜瓜（*Cucumis. Melo L.*），即今香瓜。我国带瓜字的植物，很多都不是原产，如南瓜、北瓜（我老家用指西葫芦）、西瓜、冬瓜、黄瓜（古称胡瓜），都是外来的，有的落户早，有的落户晚。匏瓜是葫芦，木瓜是楙榰，通常不叫瓜。（**吃粗食也要严肃**）

10.10 席不正，不坐。

这是强调坐席要正。我们从这一章的位置看，它和吃饭可能也有关。（**坐席**）

10.11 乡人饮酒，杖者出，斯出矣。

这是讲乡饮酒。

"乡人饮酒"，指乡饮酒礼。参看《仪礼·乡饮酒礼》。

"杖者"，是挂拐棍的老头儿，古书也叫"丈人"。古文字，"考"字的字形就像挂拐棍的老头儿。中国古代，50岁就算老人，现在看，不怎么老。英国绅士，过去喜欢挂棍，卓别林扮演的角色就挂，他们的stick，我们叫文明棍。中国，没有年轻人挂棍，挂棍的都是老头儿。酒会结束，要让老人先走。（**乡饮酒**）

10.12 乡人傩，朝服而立于阼阶。

这是讲傩。

"乡人傩"，"傩"音nuó，指乡人举行的驱鬼除邪仪式。《礼记·郊特牲》说，"乡人祃，孔子朝服立于阼，存室神也"，是类似的话。郑注说，"祃或为献，或为傩"。《释文》说，"傩，鲁读为献，今从古。'于阼'，本或作'于阼阶'"。似《古论》作"傩"，《鲁论》作"献"，其意义则同于"祃"。祃是禳除殃鬼的祭仪。

"阼阶"，"阼"音zuò，东西的台阶，主人所立。**（傩）**

10.13 问人于他邦，再拜而送之。

这是讲送别使者。

"问"是访问之义。楚简常见某国之客问于某国之辞，"问"都是指出使某国，访问某国。这里是说派人出使于他国，出发前要再拜送别。**（送使者）**

10.14 康子馈药，拜而受之。曰："丘未达，不敢尝。"

这是讲接受大人物的赠药。

"康子"，季康子。季康子送药给孔子，当在孔子晚年，他返回鲁国之后，即前484—前479年。赐药和赐食不同。

"丘未达，不敢尝"，大人物赐食，必先尝之，但赐药不同，不能马上尝。季康子送药给孔子，孔子拜而受之，但不尝，他的理由是"未达"。一是自己的身体怎么样，要斟酌；二是送来的药，药性如何，也要研究。孔子认为，对这类馈赠，不接受不对，贸然尝之也不对，正确做法，是先接受，但不尝。这是合乎礼貌，也给对方面子的做法。**（康子馈药）**

10.15 厩焚。子退朝，曰："伤人乎？"不问马。

此章是记孔子为鲁司寇时的事（前500—前498年）。当时，马厩着了火。这段话看似简单，但争论很多。

首先，这里的"厩"是什么厩，过去有"公厩""家厩"两说。"公厩"说，是据《盐铁论·刑德》《孔子家语·子贡问》，前者作"鲁厩焚"，后者作"国厩焚"；"公厩"是鲁君的马棚。"家厩"说，见皇疏，曰"孔子养马处"。清宦懋庸说，孔子当鲁司寇，爵位为上大夫，按当时的待遇，他家的马棚，该有5辆车，20匹马（《论语稽》）。这是一个争论。[1]

还有一个争论，和朱注有关。朱熹说，孔子"贵人贱畜，理当如此"。这种理解是用汉代旧说，《盐铁论·刑德》说"问人不问马"，郑玄说"重人贱畜也"，皆其所本。但他多此一举，说孔子"非不爱马，然恐伤人之意多，故未暇问"，别人就要问了，难道圣人真的就不关心马吗？比如程树德说，"圣人仁民爱物，虽有先后亲疏之别，而无贵贱之分"，怎么可以贵人贱马，非把一个"理"字塞进来，说"理当如此"？牛马为人服务，不错，但并非命该如此，如《列子》说蚊虫叮人，虎狼食肉，并非老天为蚊虫生人，虎狼生肉。他说这段话应改读。[2]怎么改？唐代就有异说。如：（1）唐陆德明《经典释文》说，除于"乎"字下绝句，还有一种读法，是于"不"字下绝句，孔子问"伤人乎不"，意思是先问伤着人没有，问完这事才问马；（2）唐李匡乂《资暇集》说，韩愈把"不"读为"否"，他认为"圣人岂仁于人，不仁于马"。[3]程氏说，"伤人乎不"，这种读法很别扭；"不"读为"否"，也不对。他说，值得注意的是，清武亿《经读考异》还有一种读法，是引扬雄《太仆箴》"厩焚问人，仲尼深醜"为说，说孔子既然以"问人为醜，则不徒问人矣。汉时近古，授读必有所自，是'不'宜作一读，'问马'又作一读"。武氏认为，原文的前几句当读为"厩焚，子退朝，曰：'伤人乎？'"后面的"不"字其实是问话对象（上引《家语》《杂记》等书都说是孔子的"乡人"）的答语，他的回答是一个"不"字，孔子听说没伤人，才问马。[4]李敖在凤凰台的节目里说，"不问马"是"后问马"，也是延续这类思路。但他说，"不"是"后"的意思，则没有训诂根据。

1　程书，第二册，713—714页。
2　程书，第二册，714—715页。
3　程书，第二册，712页、715页。
4　程书，第二册，715页。

这些理解很有趣，但求之过深，孔子到底怎么想？鬼知道。（不问马）

10.16 君赐食，必正席先尝之。君赐腥，必熟而荐之。君赐生，必畜之。侍食于君，君祭，先饭。

这也是讲吃饭。

"食"，是熟食。熟食，可以直接吃，国君赐食，必把席子摆正，先尝一尝。

"腥"，是生肉。生肉，国君赐食，要煮熟了再吃。

"生"，是活物。活物，国君赐食，暂时不吃，一定要养起来。

"侍食于君，君祭，先饭"，是说陪国君吃饭，要在"君祭"之前先为国君尝饭。"君祭"是祭"先食"。"先食"，是发明食物的神，类似的神还有"先农""先蚕""先牧""先酒"等等。（**国君赐食**）

10.17 疾，君视之，东首，加朝服，拖绅。

这是讲探望病人。

《礼记·玉藻》："君子居恒当户，寝恒东首。"国君探望病人，病人应该躺在西边，头冲东，把朝服盖在身上，拖着大带。（**国君探病**）

10.18 君命召，不俟驾行矣。

这是讲接受国君召见。

国君召见，不可怠慢，不等把马备好就往外冲。（**国君召见**）

10.19 入太庙，每事问。

与《八佾》3.15重。

10.20 朋友死，无所归，曰："于我殡。"

这是讲朋友关系。

朋友死，无人敛葬，自己应该站出来，说我来办。（**替朋友办丧事**）

10.21 朋友之馈，虽车马，非祭肉，不拜。

这也是讲朋友关系。

朋友所赠，除非是祭肉，即使贵如车马，也不必拜谢。祭肉不是一般的肉，它是祭祖宗的，非车马可比。（**朋友之馈**）

10.22 寝不尸，居不（容）〔客〕。

这是讲坐卧之姿。

"寝不尸"，"尸"同"屍"。睡觉，仰面朝天，直挺挺，像死人的样子，孔子说，这种睡姿不可取。现在医生也说，睡觉最好右侧卧，好像卧佛。

"居不容"，集解、郑注、《释文》和唐开成石经皆作"居不客"，容是客之误。这里是说，平日在家的坐姿可以比较随便，用不着像见客那样。（**坐卧之姿**）

10.23 见齐衰者，虽狎必变。见冕者与瞽者，虽亵必以貌。凶服者式之，式负版（贩）者。有盛馔，必变色而作。迅雷风烈必变。

这是讲，在什么情况下，一定要改容易色。

"见齐衰者，虽狎必变"，是说见到穿丧服的人，不管多熟悉，都要改容易色（作哀痛状）。"狎"音xiá，是熟悉的意思。

"见冕者与瞽者，虽亵必以貌"，是说见到戴礼帽的人和盲人，不管多熟，都要有礼貌的表示。"亵"，是亲密的意思。以上与《子罕》9.10略同。

"凶服者式之，式负版者"，"凶服"是丧服或戎服，若乘车，碰到这种人，要手扶车前横木，俯身致意；"式负版者"，旧注以为"负版者"是"持邦国之图籍"，让人觉得莫名其妙，清俞樾怀疑应读为"负贩"（《群经平议》）。[1] "负贩"是背货卖东西的。

"有盛馔，必变色而作"，是说赴盛宴，各种大菜端上来，要像今欧美人那样，改容易色（作惊讶状），并把屁股抬一下（从跪坐的腿上抬一下）。

"迅雷风烈必变"，是说天上响惊雷，屋外刮大风，也要改容易色。（**改容易色**）

10.24 升车，必正立，执绥。车中不内顾，不疾言，不亲指。

这是讲乘车。

一是登车，一定要正对着车箱的尾部，手挽登车用的带子（即"绥"），往上登。二是在车中，不要回头说话（以防站立不稳），不要大声说话（怕有失风度和使驭马受惊），不要拿手指指点点（理由同上）。（**乘车**）

10.25 色斯举矣，翔而后集。曰："山梁雌雉，时哉时哉！"子路共之，三嗅而作。

最后这章，莫名其妙，有人说"上下必有阙文"（《集注》），有人说"此文前后倒置"（明陈禹谟《谭经苑》引《讲录》），[2] 未必。这里试着解释一下。

"色斯举矣，翔而后集"，主语是什么？一般认为，"色"是人的脸色，"翔"是鸟在飞翔，它的意思是说，"山梁雌雉"见人脸色不善，要抓它，就飞走了，但飞了一圈，又落下来。"色"是谁的脸色？孔子的？子路的？还是他们两个人的？不清楚。这话有点别扭。如果这里的"色"是"鸟"字之误，倒比较合理。

"曰：'山梁雌雉，时哉时哉！'""曰"是谁说？不清楚。一般认为，这是孔子的话，他是哀叹人不如鸟。"时哉时哉"，从字面看，更像是子路的话。古书引用这两句，"时哉"或不重文。"山梁"，皇疏说是山涧上的木桥，但古书也指山脊，这里可能是前一种意思。

"子路共之，三嗅而作"，"共"有两种理解，一是"共具"（皇本作"供"），

1　程书，第二册，726页。

2　程书，第二册，730、732页。

即供设之义；二是"拱执"（《艺文类聚》《太平御览》等引作"拱"），则是拱手之义。汉唐旧注都是采用前说。朱注两存其说，一说引邢氏，为"共具"说；一说引刘聘君说，为"拱执"说。刘宝楠主后说。[1]今人多从刘宝楠说，恐怕不对。此话到底讲什么？《吕氏春秋·审己》值得注意。《审己》说，"故子路揜雉而复释之"，"揜雉"的"揜"，指张罗设食，覆而取之，就是解释这两句话。"三嗅而作"，是说雌雉多次试探，只闻其气，不食其饵，最后不敢吃，拍拍翅膀飞走了。这话和《荀子·礼论》"三嗅之不食也"是类似说法，本来没错，但朱注引刘聘君说却说嗅是狊误（狊是形容鸟张双翅）。原文嗅字，古本或从口，或从鼻，但绝没有作狊者，字误之说，没有根据。

　　最后，我把这段话试着串讲一下，它是说，子路（或子路陪孔子）在山里走，在山涧的木桥上看到一只雌性的山鸡，山鸡向上飞，转了一圈又落下来。子路（或孔子）感叹说，这只山鸡真会掌握时机呀。子路张罗，撒下诱饵，但山鸡闻了几遍，还是拍拍翅膀飞走了。

　　这段话是什么意思，耐人寻味。我猜，它也许是暗示，孔子想投身政治，一直在寻找时机，但又怕身陷其中，就像曹操说的"绕树三匝，何枝可依"。如果是这样，位置又正好在半部《论语》的结尾，倒有点余音袅袅的味道。（**山梁雌雉**）

1　程书，第二册，731页。

先进第十一

本篇类似《公冶长》，也是以品评人物为主，不同点是只评学生。前三章是泛论，等于提纲，具体评论在后边，几乎全是短章。只有最后一章，比较长，四子侍坐，各言其志，孔子的答案出人意料，是个有趣的结尾。孔门弟子，进学早晚不同，早期多寒门，晚期才有富家子，他更看重苦孩子。这些人，性格不同，如冉求、卜商、曾参是慢性子，仲由、颛孙师是急性子。孔子对他们因材施教，不足的加以鼓励，过分的加以批评，同样的问题，回答不一样，表面矛盾，其实不矛盾。

11.1 子曰：“先进于礼乐，野人也；后进于礼乐，君子也。如用之，则吾从先进。”

这话，可能是孔子晚年讲的，带有回顾性质。他回头看自己的学生，早晚不一样。我把孔门弟子分为三期，早晚有什么不同，确实值得研究。

“先进”“后进”，怎么理解，有争论。前人有两种解释，一种是仕进的先后、做官的先后（《集解》引包咸注）；一种是进学的先后、毕业的先后（《郑注》）。两说当以后说为是。

“野人”“君子”，前人以为君子和野人是文、质之分（包注）。其他解释多由此派生。如五帝为“先进”，三王为“后进”（《皇疏》）；襄、昭（孔子早年）为“先进”，定、哀为“后进”（《邢疏》）；殷为“先进”，周为“后进”（清江永《群经补议》、姚鼐《惜抱轩经说》）；武王、周公为“先进”，春秋为“后进”（清宦懋庸《论语稽》）。[1]这些说法都不着边际。孔子是讲学生，不是讲其他人。

还有一种，是以住在城里、乡下分，朱熹说“先进后进，犹言前辈后辈。野人，谓郊外之民。君子，谓贤士大夫也”（《集注》）。李泽厚发挥此说，谓“野人”指住在郊外的殷遗民，“君子”指住在城里的周贵族。[2]这种说法似乎有理，但孔子一贯从周，怎么会从殷之先进，他说，他也不得其解。

前人诸说，我觉得，最值得注意，还是刘宝楠引用的卢辩说和宋翔凤说，“先进”“后进”是指弟子进学的先后。“野人”是先学过礼乐，有了本事才做官，即所谓“学而优则仕”；“君子”靠世禄，没学过礼乐也可做官，学习礼乐反而

1　程书，第三册，735—736页。

2　李书，291—292页。

是做官以后的事。[1]此说是从邢疏变化而出，后被杨伯峻采用，[2]比其他说法更合理。

另外，刘逢禄还有一种说法，"此章类记弟子之言行夫子所裁正者。先进谓先及门，如子路诸人，志于拨乱世者。后进谓子游、公西华诸人，志于致太平者"（《论语述何》），[3]则更以"先进""后进"为及门之先后，也值得注意。

我理解，古代大学主要是学礼乐。孔子培养学生，最高目标也是学礼乐。"先进于礼乐"是先完成高等教育的学生，"后进于礼乐"是后完成高等教育的学生。"野人""君子"，就是指这两类学生。他们的家庭出身和身份地位不一样。

《论语》中的"君子"有两种意思，一种是出身高贵的人，一种是道德高尚的人。古人认为，吃饱了才讲文明礼貌。贵族社会认为，身份高，道德自然好；身份低，道德自然差。但春秋以来，情况变了，富贵之人未必有道德。孔子强调的，还是道德的高下。"君子"的反面是"小人""野人"。"小人"可指身份低下，也可指道德低下。但"野人"和"君子"相对，却是指身份的低下。朱熹的讲法，大体是对的。"野人"是住在"郊外"的乡巴佬，"君子"是住在城里有爵禄地位的人。我怀疑，这段话是说，孔子的弟子，早期学成的多半是寒门，地位低贱；晚期学成的多半是世家，做官的人很多。

"如用之，则吾从先进"，是说孔子更看重苦孩子，宁用苦孩子，不用阔孩子。

孔子开门授徒，类似后世帮会。韩非子说，"儒以文乱法，侠以武犯禁"（《韩非子·五蠹》），武帮会是侠，文帮会是儒，都是民间组织。当时，只有出身寒微、渴望学习的学生才来求学，有些还任侠使气，有流氓作风，甚至有犯罪记录在案。阔学生，多半是他名气大了之后才慕名而来。但这只是一种大致估计。因为孔子的学生，有很多都出身不详。

孔子早年居鲁时（35岁前）收的学生，几乎全是苦出身：如颜氏家族的弟子，颜无繇是颜回的爸爸，颜回贫居陋巷，唯能糊口，可见不是阔爸爸；冉耕与冉雍、冉求同族，出身于"贱人"；仲由是"鄙人"或"野人"；漆雕启"刑残"，当过劳改

1　刘书，下册，437—439页。
2　杨书，109页。
3　程书，第三册，739页。

犯；闵损的出身不太清楚，好像也不是富贵人家。

孔子适齐适周返鲁后（36—54岁）收的学生，冉雍、冉求和颜回，是苦孩子；巫马施、高柴和宓不齐，出身不详。

孔子周游列国时（55—68岁）收的学生，端沐赐是"卫之贾人"，很有钱；原宪很穷；樊须、公西赤和有若，出身不详；卜商，家境贫寒；澹台灭明、言偃和曾参，家境可能好一点。

孔子晚年居鲁时（69—73岁），身边有颛孙师，也是个出身卑贱、作奸犯科的人。但宋国的司马牛，比孔子早死两年，却是大贵族。

另外，孔子的学生，早期皆隐，无官可做，晚期才纷纷出仕，如仲由先为鲁季氏宰，后为卫国的蒲大夫，冉雍和冉求也当过季氏宰，端沐赐仕鲁，善于搞外交，言偃为武城宰，卜商为莒父宰，宓不齐为单父宰，高柴为费宰，几乎都在孔子的晚年。

"先进""后进"的概念，现在也用，但意思正好相反。如文质之辩，文胜于质是进化论，质胜于文是退化论。古人都是退化论。他们说的"先进"是前辈，"后进"是后辈（《集注》），我们现在讲的"先进分子"都是指后来居上、远迈前修的分子，这样的分子，按原来的讲法，反而属于"后进分子"。这种含义颠倒的"先进""后进"，都是从日语借来的假汉语，和我们原来的用法正好相反。我们现在说的先进武器，是用GPS控制的导弹，但按古人的说法，石头才是最先进的武器。（**先进和后进**）

11.2 子曰："从我于陈、蔡者，皆不及门也。"

这话，肯定是孔子晚年讲的，也带有回顾的性质。话是感伤的话。

"从我于陈、蔡者"，指追随孔子周游列国，在陈、蔡蒙难的学生。这些弟子有谁，明确可考，似乎只有颜回、仲由、端沐赐，或说还有宰予、颛孙师。

"皆不及门也"，向有二说：一说是不及仕进之门（《郑注》），刘宝楠更引孟子"君子之厄于陈、蔡之间者，无上下之交也"（《孟子·尽心下》），以为是指孔子没有学生在陈、蔡做官，找不到打通关节的门路；[1]另一说是不及师门，即这些忠心耿耿的学生都不在孔子跟前了，全都离开师门了（《集注》）。我看，还是

1　刘书，下册，440页。

后说好。这段话，是孔子的哀叹，估计是在前484年，即孔子68岁后所讲，甚至可能是在回死由亡后的最后两年，即前480或前479年所讲。（**老学生都不在身边了**）

11.3　德行：颜渊、闵子骞、冉伯牛、仲弓。言语：宰我、子贡。政事：冉有、季路。文学：子游、子夏。

这段话很有名，是讲"四科十哲"。王莽以四科取士（《后汉书·景丹传》），唐开元八年（720年）定祭孔之制，以此十人配享，号称"十哲"（《旧唐书·礼仪志四》）。有人说，孔门是个多层的组织系统，下设四个部门，就像帮会，下设堂口，各有掌门人。[1]"十哲"，相当我们今天评先进代表人物常说的十佳，他们是孔门的十个代表人物。但今存各本俱无"子曰"，这段话是不是孔子说的，前人有争论。《史记·仲尼弟子列传》《新序·杂事》和《后汉书·文苑传》，都说此章出自孔子，可见汉代就有这种说法。皇疏也说，这是孔子认可的记录。但清翟灏说，汉人是以此章与上一章连读，遂误指为孔子语（《四书考异》）。[2]其实，从文义看，此章与上一章应分开读，十哲俱以字称，可见不是孔子的话。唐代已有人注意到这一点（韩愈、李翱《论语笔解》引说者云）。[3]

"德行"，是个人修养。主要标志是安贫乐道，沉默寡言，埋头苦干，而且是大孝子。颜渊（颜回）、闵子骞（闵损）、冉伯牛（冉耕）、仲弓（冉雍），都是苦出身，为代表人物。其中冉伯牛年龄最大（比孔子小7岁），闵子骞次之（比孔子小15岁），仲弓又次之（比孔子小29岁），颜渊最小（比孔子小30岁），但颜渊，孔子最喜欢，这里排第一。

"言语"是口才和外交才能。宰我（宰予）比颜渊大一岁，子贡（端沐赐）比颜渊小一岁。

"政事"，是管理才能。冉有（冉求）尝为季氏宰，擅长理财；季路（仲由，即子路）尝为季氏宰和卫国的蒲大夫，有治国用兵的才能。季路年龄比较大（比孔子小9岁），冉有和宰我同岁。

1　李启谦《孔门弟子研究》，254—256页。

2　程书，第三册，742页。

3　程书，第三册，744页。

"文学"，不是今天说的文学。文学是对方术而言。方术是古代的自然科学（也包括各种迷信），文学是古代的人文学术。子游（言偃）、子夏（卜商）是孔门中年龄最小的一批（子游比孔子小45岁，子夏比孔子小44岁），他们对儒家经典的传授贡献最大。

这是孔门四科中的十个代表人物，但并非全部，例如有若、曾参、颛孙师就不在其中。

古代取仕，选举方法不断变，但大体不出这四科的范围。孔子重德胜于才，他最重的是德行，其次是言语，其次是政事，其次是文学。他讨厌能说会道的人，但言语好，会背诗，至少可以应对宾客，使于四方，和政事一样，是政治才能，比文学重要。文学，和言语不一样。言语是嘴巴讲的，文学是写下来的。他热爱读书，对传书本知识有大功，但绝不会像后世讲的，"万般皆下品，唯有读书高"（《神童诗》）。

孔子最得意的门生，颜渊，四大道德先生之一，死后默默无闻，有闻也是虚名，不如子路，性格也好，政绩也好，给大家留下深刻印象，就像看电影，好人记不住，记住的都是坏人和有毛病的人。孔子死后有大名，主要是靠言语科的宰我、子贡和文学科的子游、子夏，还有十分偏激的子张，他万万想不到。

再往下，历代取仕，和孔子是反其道而行之。早先，还举孝廉、策问贤良，推荐加面试，考考道德、政治，后来完全靠文章，靠考试成绩。

孔子地下有知，当作何感想？

魏晋时期，流行品评人物，如《世说新语》，它的前四篇，即以四科为题。这是阅读下文的一个提纲。（**四科十哲**）

11.4 子曰："回也非助我者也，于吾言无所不说（悦）。"

孔子批评颜回，说他光听老师话，每句话都喜欢，毫无异议。这是明贬暗褒。（**颜回**）

11.5 子曰："'孝哉闵子骞！'人不间于其父母昆弟之言。"

"孝哉闵子骞"，是呼闵损的字。孔子对弟子一般都是呼名，这里为什么呼字，前人有争论。

一种说法是，这是转述时人之言，不是孔子的话（清阎若璩《四书释地》引《湛园未定稿》、赵佑《四书温故录》）；一种说法是，古书有用"曰"如"言"的例子，"曰"后是别人转述孔子的话（清崔适《论语足徵记》）。[1]这里暂用前一说。我理解，这五个字，不是孔子本人的话，而是孔子转述时人的话，故用引号括起。

"不间"是人无异辞。

闵子骞有孝名，据说早年丧母，受后妈虐待。天寒地冻，后妈的孩子穿得暖，他却只有芦絮絮成的破袄，冻得没法给父亲备马套车，其父大怒，要把这个后妈休掉，他极力劝阻，说千万不可如此，如果休了她，就不光我一人挨冻，后妈带来的两个弟弟也要挨冻。他爸非常感动，后妈也从此改悔，变成慈母（《韩诗外传》等书）。

闵子骞有孝名，当时谁都同意他家里人的话："孝哉闵子骞。"（**孝哉闵子骞**）

11.6 南容三复白圭，孔子以其兄之子妻之。

"南容"，即南宫适（《宪问》14.5），字子容，这里是以字称。孔子把他哥哥的女儿嫁给南容，已见《公冶长》5.2。在《论语》中，他只出现过三次。三次出现，是同一形象。他是个谨小慎微的人，爱惜羽毛，唯恐犯错误。孔子喜欢这样的人。

"三复白圭"，古文本是作"三复白圭之玷"。《诗·大雅·抑》有"白圭之玷，尚可磨也。斯言之玷，不可为也"，南容每天都要把这几句背上几遍，用以告诫自己，说话一定要小心，可见是个谨小慎微的人。（**南容谨小慎微**）

11.7 季康子问："弟子孰为好学？"孔子对曰："有颜回者好学，不幸短命死矣，今也则亡。"

孔子最喜欢颜回，季康子问"弟子孰为好学"，他说"有颜回者好学"。

1　程书，第三册，749—750页。

同样的问题，哀公也问过，见前《雍也》6.3。

"不幸短命死矣"，颜回只活了41岁，汉代习称短命而死为"不幸死"。"不幸"，皇疏引孙绰曰："不应生而生为幸，不应死而死曰不幸。"

这里提到颜回之死，可见对话是在孔子在世的最后三年（前481—前479年），也许就在颜回死后不久。（**颜回之死一**）

11.8 颜渊死，颜路请子之车以为之椁。子曰："才不才，亦各言其子也。鲤也死，有棺而无椁。吾不徒行以为之椁，以吾从大夫之后，不可徒行也。"

"颜渊""颜路"，都是尊称其字，下三章同。

颜路是颜回的父亲，名无繇，字路。繇与由通。他和仲由同名同字，而且都是孔门一期的学生，颜渊死时，他已67岁。

"才不才，亦各言其子也"，不管咱们的孩子有才没才，你的孩子是孩子，我的孩子也是孩子。

"从大夫之后"，跟在大夫身后走的人。这是对去职大夫的一种委婉说法。

"孔鲤"，孔子的儿子。他是孔子20岁时出生，孔子69岁时死掉，只活了49岁。

这里是记颜路为颜渊筹办丧事，他求孔子把车子卖了，给颜渊买一副椁。椁是用木材修治，分为若干空间，中间放棺，外面放随葬品。这种葬具，只有身份高的人才配有，比较贵重。孔子拒绝，理由有二：一是他把颜路的儿子视同自己的儿子，他的儿子孔鲤，死时只有棺，没有椁；二是他当过鲁国的大夫，现在的身份如同大夫，大夫都有车，他不能不顾身份，徒步而行。这段话的时间也很明确，就在颜回发丧前，即前481年。（**颜回之死二**）

11.9 颜渊死。子曰："噫！天丧予！天丧予！"

颜回之死，对孔子打击很大。他说，唉！老天要我的命呀！老天要我的命！《公羊传》哀公十四年："颜渊死，子曰：'噫！天丧予。'子路死，子曰：'噫！天祝予。'"（**颜回之死三**）

11.10 颜渊死,子哭之恸。从者曰:"子恸矣!"曰:"有恸乎? 非夫人之为恸而谁为?"

这是讲孔子哭颜回。

《子张》19.14:"子游曰:'丧致乎哀而止。'""恸"音tòng,是极度悲伤,超过哀。孔子说,我真的是悲伤过度吗? 我不为此人悲痛又为谁悲痛?(**颜回之死四**)

11.11 颜渊死,门人欲厚葬之,子曰:"不可。"门人厚葬之。子曰:"回也视予犹父也,予不得视犹子也。非我也,夫二三子也。"

这里说,颜回把孔子当爸爸,孔子把颜回当儿子。他为自己的儿子办丧事,既然一切从简,颜回,他也一视同仁。门人厚葬,违背了他老人家的意愿。所以他说,这可不是我的主意,全是这帮学生干的。(**颜回之死五**)

以上五章都是讲颜回之死。

11.12 季路问事鬼神。子曰:"未能事人,焉能事鬼?"曰:"敢问死。"曰:"未知生,焉知死?"

"季路",即子路,上加行辈字,亦以字称。

子路说话,经常被老师敲打,不是旁敲侧击,就是破口大骂,几乎没好词。这里还算客气。子路问祭鬼神,孔子不正面回答,只说"未能事人,焉能事鬼"。又追问死,孔子也不正面回答,只说"未知生,焉知死"。子路讨了个没趣。

人是活人,鬼是死人,这两个问题,其实有关。孔子对鬼神不是不信,对死亡也非漠然视之,他只是比较超然,重视活人胜过死人,重视生命胜过死亡。李商隐有诗,"宣室求贤访逐臣,贾生才调更无伦。可怜夜半虚前席,不问苍生问鬼神"(《贾谊》)。孔子的态度,和汉文帝正好相反。(**鬼神和死亡**)

11.13 闵子〔骞〕侍侧，訚訚如也；子路，行行如也；冉有、子贡，侃侃如也。子乐〔曰〕："若由也，不得其死然。"

这是拿子路和闵子骞、冉有、子贡三人作比较。

"闵子"，古本多接"骞"字。《论语》，除了孔子、有子和曾子，没有其他人称子。这里应补"骞"字。

"侍侧"，是弟子在旁，或坐或立。[1]

"子乐"，古本多作"子乐曰"。当从古本。

这里，子路、冉有、子贡都是以字称，闵子骞，按照古本，也是以字称。他们陪老师聊天，姿态、神情不一样。前面，《乡党》10.1，我们已经讲过，"訚訚如也"，是和身份高的人讲话，比较恭敬，也比较严肃；"侃侃如也"，是和身份低的人讲话，比较轻松，也比较随便。闵子骞是道德先生，在孔子身边，特严肃，特庄重，很得体。冉有、子贡，年纪比较轻，随便一点，也合适。只有子路，是"行行如也"，雄赳赳，气昂昂，有点滑稽。

"子乐"，含有讥笑之义。他乐什么？乐子路愣头愣脑，既不严肃，也不轻松，北京话，牛牛的，劲劲儿的。他说，像他这副模样，恐怕会"不得其死"，即活不到寿限。古人说，"故强梁者不得其死"（《老子》第四十二章）。后来，子路果然死于卫，被人砍成肉泥，孔子难过，把肉酱都倒了（《礼记·檀弓上》）。这段话，当在孔子去鲁适卫，收子贡为徒之后，即孔子55岁以后。（**比较：闵子骞、子路、冉有、子贡**）

11.14 鲁人为长府。闵子骞曰："仍旧贯，如之何？何必改作？"子曰："夫人不言，言必有中。"

"鲁人为长府"，"鲁人"指什么人，谁受命，谁执行，不清楚；"为"，从下文看，是指"改作"，即翻修改造；长府，可能是鲁昭公的一所大型仓库，或他的离宫别馆。古人把聚藏财物之所叫府，不叫仓、库。仓是粮仓，库是武库，和府不一

_____

[1] 程书，第三册，767—769页。

样。据《左传》昭公二十五年，鲁昭公曾以此为据点，讨伐季氏，失败，被迫出亡，三年后，死在晋国。

这里，鲁人改造长府，时间、背景不清楚，前人有种种猜测。[1]

一说昭公出亡后，季氏（或三家）为了防止类似事件再发生，打算彻底改造长府，怕后继者（定、哀二公）继续利用这个据点，闵子骞表示反对（清翟灏《四书考异》、凌鸣喈《论语解义》）。

一说昭公出亡后，季氏怕鲁人指指点点，忠义之士太息流涕，改造是为了抹去记忆，闵子骞表示反对（清俞樾《湖楼笔谈》）。

一说鲁昭公自己要改造长府，准备在此起事，闵子骞知其力不足以制季氏，乃委婉劝阻之（清刘宝楠《论语正义》）。

这些猜测都无法证实。

闵子骞反对改造长府，说一仍旧贯，保留原样，怎么样？何必非得改造，受到孔子表扬。孔子说，他这个人不爱讲话，但一开口就说到点子上去了（注意，道德先生都不爱讲话）。

这段话应是前517年后所说，当时孔子只有35岁，闵子骞只有20岁。（**夫人不言，言必有中**）

11.15 子曰："由之瑟，奚为于丘之门？"门人不敬子路。子曰："由也升堂矣，未入于室也。"

"由之瑟"，古本多作"由之鼓瑟"。

这又是损子路。孔子谈话，很轻松，旁边有琴伴奏（详下11.26）。子路原本是粗人，音乐不在行。旧说子路鼓瑟，有"北鄙杀伐之声"（《孔子家语·辨乐解》《说苑·修文》），演奏起来，大概很激烈，影响谈话，也不怎么好听，孔子听不下去，说你也配在我这儿表演，当场叫子路下不来台。权威的力量是无穷的。老师都这么说，其他学生当然看不起。最后，还是老师出来打圆场，他说，子路的水平还可以，至少是从庭院顺阶而上，到了外面的堂屋，只不过还没有进入内室罢了——即水平还不到家。既然不入室，就别在屋里弹了，子路如果知趣，就离老师

1　杨书，53页。

远点，要弹也在外边弹。（**子路的琴艺**）

11.16 子贡问："师与商也孰贤？"子曰："师也过，商也不及。"曰："然则师愈与（欤）？"子曰："过犹不及。"

孔子对颛孙师（子张）和卜商（子夏）是直呼其名，子贡比他们大十来岁，也直呼其名。

这是拿子张和子夏作比较。子张，性格偏激，类似子路，孔子认为太过分。子夏，学问好，为人谦和，但孔子认为，他的毛病是不足。子贡问，是不是颛孙师比卜商强一点？孔子说，过分和不足是一样的。

"过犹不及"，现在是成语。（**过犹不及**）

11.17 季氏富于周公，而求也为之聚敛而附益之。子曰："非吾徒也，小子鸣鼓而攻之，可也。"

"求"，冉求，这里称名，是孔子的口吻。冉求所事季氏，肯定是季康子。当时的周公是谁，无可考。

季康子是鲁卿，周公是天子之卿，季康子比周公还阔，已经是僭越，冉求为季氏宰，居然还帮他搜刮，让他阔上加阔，孔子大怒，跟学生说，他不是我的学生，叫学生大张旗鼓讨伐他。

参看《雍也》6.4，子华使齐，冉子为其母请粟。孔子批评他，说"君子周急不继富"。但现代银行家的想法，全和冉求一个样。（**孔子叫学生揍冉求**）

11.18 柴也愚，参也鲁，师也辟，由也喭。

此章无"子曰"，但每个人都是直呼其名，不称氏，显然是老师的口吻。

这里，"柴"是高柴，"参"是曾参，"师"是颛孙师，"由"是仲由。

高柴，字子羔，孔门二期的学生，这里是第一次出现。下11.25也提到他，在《论语》中，他只出现过两次。

孔子拿高柴、曾参、颛孙师、仲由做对比，一人给一个字，都是讲他们的缺点。"愚"是蠢笨；"鲁"是迟钝；"辟"音pì，是偏激；"喭"音yàn，是鲁莽。

上文（11.16），孔子说，"师也过，商也不及"，"过犹不及"。高柴蠢笨，曾参迟钝，属于"不及"，颛孙师偏激，子路鲁莽，属于"过"。（**比较：高柴、曾参、颛孙师和仲由**）

11.19 子曰："回也其庶乎屡空，赐不受命而货殖焉，亿（臆）则屡中。"

集解是合上为一章，朱注分之。此从朱注。

这是拿颜回和子贡作比，颜回穷，子贡阔。

"庶"可训庶几。

"亿"，这里读臆。

一般理解，话分两段：上段讲颜回，说颜回听天由命，安贫乐道，几乎达到道德的最高境界，但两手空空，很穷；下段讲子贡，说子贡不安于命，但做起买卖来，对市场行情，一猜一个准，反而发大财。但这样解释，上下没有对称性。明郝敬说，"其庶乎屡空"当作一句读（《论语详解》），[1]很正确。

我怀疑，"庶"是"度"的通假字。"度"音duó，有测度、意度之义，字形与庶有关，《说文·又部》说是从又庶省声，庶是书母鱼部字，度是定母铎部字，读音极为相近，疑是通假字。"度"与"臆"同义，"屡空"与"屡中"相反，前后正好对称，意思是说，颜回命舛，度事屡空，子贡相反，臆则屡中。（**比较：颜回和端沐赐**）

11.20 子张问善人之道。子曰："不践迹，亦不入于室。"

前面（《述而》7.26），我们已经讨论过，"善人"是大好人，跟"仁人"是一个层次。这个词，还见于《子路》13.11、13.29，《尧曰》20.1。

子张问怎么做善人，孔子说，"不践迹，亦不入于室"。这两句，比较费解，过

1　程书，第三册，779页。

去有两种解释：一种是，不循旧迹，有所创造，但还没入于圣人之室（孔注、《集解》）；一种是，如果不循旧迹，也就不能入室（清孔广森《经学卮言》、陈澧《东塾读书记》）。[1]意思正好相反。

我认为，前说比后说好一点。在孔子的语汇中，善人比较高，但不是最高，比起圣人还是差一点。我想，这里是说，善人不同凡俗，不随大流，但还不是最高境界。**（子张问善人之道）**

11.21 子曰："论笃是与。君子者乎？色庄者乎？"

"论笃是与"，"论笃"是言辞老实的人，"与"是赞许之义。杨伯峻说，此句类似"唯你是问"。[2]这段话的意思是说，你对言辞老实的人应该赞许，但要看他是真君子，还是表面上装得很老实。集解本是合上为一章，朱注分之。此从朱注。**（论笃是与）**

11.22 子路问："闻斯行诸？"子曰："有父兄在，如之何其闻斯行之？"冉有问："闻斯行诸？"子曰："闻斯行之。"公西华曰："由也问闻斯行诸，子曰有父兄在；求也问闻斯行诸，子曰闻斯行之。赤也惑，敢问。"子曰："求也退，故进之；由也兼人，故退之。"

"闻斯行诸"，听说这事就要干起来吗？"斯"是代指某事，内容不详，大概是某种冒险的事，有生命危险，不然，不会提到"有父兄在"，可以不可以干。子路和冉有问同样的事，孔子的回答不一样，公西华感到困惑不解。他问孔子为什么有这种不同，孔子说，这是因为，冉求胆小，爱往后缩，所以要推他一把；仲由胆大，爱往前冲，所以要拽他一把。

韩愈，字退之，是取名于此。**（抑由进求）**

1　程书，第三册，785—786页。

2　杨书，116页。

11.23　子畏于匡，颜渊后。子曰："吾以女（汝）为死矣！"曰："子在，回何敢死？"

"子畏于匡"，亦见《子罕》9.5。这是孔子周游列国期间发生的事，年代当在前496年。"畏"是围困、拘囚之义，前面已经说过。

"子在，回何敢死"，老师在，我怎么敢死？

这是颜回向孔子表忠心。（**回何敢死**）

11.24　季子然问："仲由、冉求，可谓大臣与（欤）？"子曰："吾以子为异之问，曾由与求之问。所谓大臣者，以道事君，不可则止。今由与求也，可谓具臣矣。"曰："然则从之者与（欤）？"子曰："弑父与君，亦不从也。"

"季子然"，《论语》仅见于此，孔注以为季氏子弟，《史记·仲尼弟子列传》作"季孙"。

他问孔子，仲由、冉求算不算大臣？孔子对季氏没好感，故意说，我还以为你问什么怪问题呢，原来是问他们两个呀。真正的大臣是什么？就是以道事君，如果不合于道，宁肯辞职不干。他们俩只能算"具臣"，即办事干练的臣，言下之意，还够不上"大臣"。季子然又问，那他们对季氏就言听计从吗？孔子说，杀父弑君，他们也不会照办。此节，季子然提到子路、冉求，都是称名，和孔子一样。

子路和冉求都是政事之材，并先后为季氏宰。孔子对他们的评价，是两人都有才干，在大是大非的问题上也有原则。

《雍也》6.8 记季康子问，或与此有关。（**仲由、冉求都是当官的料**）

11.25　子路使子羔为费宰。子曰："贼夫人之子。"子路曰："有民人焉，有社稷焉，何必读书，然后为学。"子曰："是故恶夫佞者。"

"子羔"，是高柴的字，上博楚简有《子羔》篇。

"贼"，是害的意思。

子羔为费宰，据说是孔子堕三都（前498年）、周游列国（前497年）之间的事。当时，子羔只有24岁。子路推荐他担任这个职务，被孔子大骂。他说，你这不是成心害人家的孩子吗？子路认为，学习的最终目的是当官，当官可以在干中学，他顶嘴说，有民人和社稷，就可以学治民的本领，不一定只有读书才算学问。孔子说，所以我才讨厌油嘴滑舌的人。对子路的顶嘴，他很不高兴。（**子路挨骂**）

11.26　子路、曾晳、冉有、公西华侍坐。子曰："以吾一日长乎尔，毋吾以也。居则曰：'不吾知也！'如或知尔，则何以哉？"子路率尔而对曰："千乘之国，摄乎大国之间，加之以师旅，因之以饥馑。由也为之，比及三年，可使有勇，且知方也。"夫子哂之。"求！尔何如？"对曰："方六七十如五六十，求也为之，比及三年，可使足民。如其礼乐，以俟君子。""赤！尔何如？"对曰："非曰能之，愿学焉。宗庙之事如会同，端章甫，愿为小相焉。""点！尔何如？"鼓瑟希（稀），铿尔，舍瑟而作，对曰："异乎三子者之撰。"子曰："何伤乎？亦各言其志也。"曰："莫（暮）春者，春服既成，冠者五六人，童子六七人，浴乎沂，风乎舞雩，咏而归。"夫子喟然叹曰："吾与点也。"三子者出，曾晳后。曾晳曰："夫三子者之言何如？"子曰："亦各言其志也已矣。"曰："夫子何哂由也？"曰："为国以礼，其言不让，是故哂之。""唯求则非邦也与（欤）？""安见方六七十如五六十而非邦也者？""唯赤则非邦也与（欤）？""宗庙会同，非诸侯而何？赤也为之小，孰能为之大？"

"子路、曾晳、冉有、公西华侍坐"，这四个人，都是孔子的弟子，除了曾晳，前面都已提到。"侍坐"，是弟子陪孔子坐，所有人都坐着。[1]曾晳，名点，字子晳，曾参的父亲，生卒不详，但从曾参的年龄推断，应比孔子小20多岁。《论语》仅见于此。孟子说，他是"狂士"，喜欢吃羊枣，即一种小柿子（《孟子·尽心下》）。我们从下文看，他是个比较潇洒的人，和他儿子好像不一样。他们四人，子路年龄最大（比孔子小9岁），曾晳可能次之（比孔子小20多岁），冉有又次之（比孔子小29岁），公西华最小（比孔子小42岁）。四子，见于叙述，皆以字称，但孔子直呼其名，曾晳提到子路、冉有、公西华，也是呼名。朱熹说，他们的坐次是

1　杨书，53页。

"以齿为序"(《集注》),很对。

"毋吾以也"是"毋以吾也"的倒装,正如下文"不吾知也"其实是"不知吾也"的倒装,承上文为读,这里是说,不要拿我比你们年长当回事。

"居则曰",居是时常、动不动的意思。

"率尔",皇疏本作"卒尔",刘宝楠说,《庄子·人间世》《孟子·梁惠王》都有把"率"写成"卒"的例子。[1]这里,还是以作"率"为是。"率尔而对"是不假思索、脱口而出的回答。

"摄乎大国之间",摄是夹处之义。

"加之""因之"句,各家都翻成外有敌兵,内有饥馑,意思是对的,但原文"加"是指举兵加临,"因"是指继之以饥荒,本身并无内外之义。古人说"军旅之后,必有凶年"(《文子·自然》),打仗和饥荒、瘟疫确实有关。

"方六七十如五六十",是长宽各六七十里,或五六十里。"如"是或的意思。古代大国一般都在方百里以上,这里指小国。

"宗庙之事如会同","宗庙之事"指祭祀,"会同"是和其他国家举行盟会,"如"字也是或的意思。

"端章甫","端"是礼服,"章甫"是礼帽。

"撰",孔注训具,郑玄读诠训善,疑读为选,指志向选择。

"浴乎沂,风乎舞雩",在沂水中洗澡,在舞雩台上吹风。"雩"音yú,是祈雨的祭祀,舞雩是用跳舞的方式祈雨。鲁都曲阜有舞雩台,见《水经注·沂水》。今曲阜南,大沂河、小沂河之间有一高土堆,即舞雩坛。

"为国以礼",同上"千乘之国","国"字是避汉高祖讳改字,本来作"邦",下文作"邦"才是本来面貌。

我们从公西华的年龄推断,这次谈话至少应在孔子60岁以后,一种可能是他仕卫出公的四年里(前488—前485年间),一种可能是他返回鲁国的四年里(前484—前481)。因为前480年,子路就死了。

值得注意的是,孔子和学生谈话,曾皙在旁鼓瑟。看来,孔子谈话,喜欢有人伴奏。但伴奏是伴奏,不能太吵,上11.15,子路鼓瑟,被孔子训斥,大概就是

1　刘书,下册,799页。

太吵。

这次谈话，孔子说，我比你们虚长几岁，大家千万别当回事，在我面前不敢说话。平常你们老说，你们的才能，别人没发现。假如真的有人看中了你们，请你们做官，你们打算干点什么？

子路第一个发言，他脱口就说，我志在治理大国，而且最好是夹处于大国之间，既有强敌压境，又有饥荒困扰，三年之内，教民习战，使他们勇敢，知道怎么对付敌人。孔子嘲笑他。

接着问冉有。冉有说，我只配治理小国，三年之内，使百姓丰衣足食，但礼乐之事，我不行，还得另请高明。

然后问公西赤。公西赤年龄最小，说话更谦虚。他说，我可不敢说自己能干什么，只敢说自己想学什么，我想把礼乐学好，将来在宗庙祭祀和诸侯会同的场合，穿戴整齐，当个"小相"，即地位较低的司仪（现在叫主持人）。

曾点在旁伴奏，轮到问他，铿的一声停下来，把琴一推，站起来回答说，我和前面几位的高见都不一样。我想的是，暮春时节，春暖花开，换上单衣，约上二十岁的小伙子五六个，十几岁的孩子六七个，十几人一块儿，到城南的沂水中洗澡，洗完澡，再到河边的舞雩台上吹风，在和煦的春风中唱歌，兴尽而归。

孔子说，他最欣赏曾晳的想法。

子路、冉有、公西华走后，曾晳留在后面。他问孔子，刚才这几位的话怎么样？孔子说，人各有志，各讲各的道理罢了。曾晳问，那您为什么要笑仲由呢？孔子说，治国靠的是礼，礼讲的是让，他说话太不谦让，所以笑他。曾晳问，那冉求讲的不也是国家吗？孔子说，是呀，他说他要治小国，小国难道不是国吗？曾晳问，那公西赤讲的不也是国家吗？孔子说，宗庙会同，不是诸侯之事是什么？当然是国家。公西赤学了半天礼，只想当小相，那大相谁来当？

这段话很有意思。

第一，孔子问大家，照古代的礼貌规定，回答者应左右观望，看看有没有人发言。但子路是"率尔而对"，旁若无人，毫不谦让，脱口即出，说话很冲。孔子一撇嘴，露出嘲笑之意，学生都看在眼里，所以一个赛一个谦虚，先从大国变小国，再从小国变小相，一直到什么官也不当。

第二，子路讲的是"不挨打"，属于"强兵"，是最大的硬道理；冉有讲的是"不挨饿",属于"富国",也是硬道理。他们都没提到"礼"。公西华讲的是"礼",而且是富起来才有的"礼"。古人说"仓廪实则知礼节,衣食足则知荣辱"(《管子·牧民》)。解决温饱,才能讲礼貌。道德文明建设是软道理。曾皙的道理更软,干脆是享受生活:享受和平,享受富裕,享受文明。它们是建筑在前三位的理想之上:和平是靠子路之志,富裕是靠冉有之志,文明是靠公西华之志。没有和平、富裕和文明,曾皙就逍遥不起来。曾皙的回答本来只是随口一说,但孔子听了,另有想法。他把四子之志,看成互相补充。他欣赏曾皙之志,主要是因为,前面三位讲治国,最后要落实到个人幸福,这是目标性的东西,但他欣赏曾皙之志,并不是否定子路等人,因为过程也很重要。他笑子路不谦虚,但对冉有和公西华也有所保留。因为他们再怎么谦虚,也都是以治国安邦为己任,大国是国,小国也是国,大官是官,小官也是官,过分谦虚和不谦虚,都无改于事实。

曾皙为什么问孔子,因为他并不明白孔子为什么夸他。其实,他们每个人都只是抓住了问题的一面,都对也都不对。从前,朱熹以为此章是夸曾皙,贬子路、冉有、公西华,因而把曾皙说得神乎其神。晚年他很后悔,说是"留为后学病根"(明杨慎《丹铅录》)。[1]但清张履祥说,四子之志是讲治道先后(《备忘录》),却值得注意。[2]李泽厚说,他的想法"非常牵强但有意思"。[3]我觉得,张说不但有意思,也很有道理,这里作进一步发挥。(**各言其志**)

1　程书,第三册,812页。
2　程书,第三册,816页。
3　李书,315页。

本篇主要是答弟子问，也包括其他人的请教。第一章最重要，孔子说，"克己复礼为仁"，这句话很有名。12.8讨论文、质关系，比别的地方更清楚，也值得注意。

12.1 颜渊问仁。子曰："克己复礼为仁。一日克己复礼，天下归仁焉。为仁由己，而由人乎哉？"颜渊曰："请问其目？"子曰："非礼勿视，非礼勿听，非礼勿言，非礼勿动。"颜渊曰："回虽不敏，请事斯语矣。"

"仁"是孔子的重要概念。颜渊问仁，他的答案是"克己复礼"。"文革"批孔，这是批判重点，说当代"周公"要"复礼"，其实是复辟资本主义。赵纪彬的书，到处都是这个字眼。

什么叫"克己复礼"，就是要克制自己，复归于礼，一切照礼的规定办事。"克己复礼"是以"克己"为前提。孔子认为，克己，推己及人，所有行为都合乎礼，合乎义，就是"仁"。宋王应麟指出，《左传》昭公十二年提到的"仲尼曰：'古也有志：克己复礼，仁也……'"是与此类似的话。所谓"古也有志"，是说古代就有这种记载，可见他用的是古书上的成语，并非自己发明（《困学纪闻》）。[1]"古也有志"，应属申叔时九艺中的"故志"（《国语·楚语上》），是一种讲历史成败教训的书。

颜渊问"克己复礼"有什么具体要求，孔子说"非礼勿视，非礼勿听，非礼勿言，非礼勿动"。《圣经·旧约》有摩西十诫，佛门也有八戒，儒门"四勿"也是一种戒，特点是以礼为规矩。

上博楚简《〔君子为礼〕》（详后附录），有类似的话，也讲"四勿"，可参看。[2]

简文说，孔子讲了，"君子为礼，以依于仁"，礼要符合仁。颜渊一听，起身就走，说我太笨，恐怕不能陪您坐了。孔子不让他走，拉他再坐，继续告诫他，说凡不合于"义"，要"勿言""勿视""勿听""毋动"，和这里一样。结果，颜渊回屋，就躲起来了。有人（简文缺去其名）问他说，你干吗这么消极。他说是是，我就是消极，因为我亲耳听老师教导，不能不当回事：照他说的做吧，我做不到；不照他说的做吧，又不行，只好消极。孔子的教导，颜渊都做不到，别人怎么办？

1　程书，第三册，817页。
2　马承源主编《上海博物馆藏战国楚竹书》（第五册），251—264页。

这是黑色幽默。（**颜渊问仁**）

12.2 仲弓问仁。子曰："出门如见大宾，使民如承大祭。已所不欲，勿施于人。在邦无怨，在家无怨。"仲弓曰："雍虽不敏，请事斯语矣。"

这段话，是孔子答仲弓问仁，形式与颜渊问相同，最后也是以"某虽不敏，请事斯语"作结束，但重点不同。前者是自律，对自己要严格；后者是待人，对别人要尊重。

"出门如见大宾，使民如承大祭"，范宁注已经指出，这两句话也见于《左传》。《左传》僖公三十三年提到晋臼季语，作"臣闻之：出门如宾，承事如祭，仁之则也"，他既说"闻之"，可见是引用，必为成语。

"己所不欲，勿施于人"，前人指出，也是成语，如《礼记·中庸》"施诸己而不愿，亦勿施于人"，《管子·小问》"语曰：非其所欲，勿施于人，仁也"，既说"语曰"，当然是成语。这话也见于《卫灵公》15.24，子贡问："有一言而可以终身行之者乎"，孔子说，"其恕乎！己所不欲，勿施于人"。仲弓问仁，孔子答恕，好像文不对题。其实不然，仁、恕是同一概念的两个侧面。下12.22说，仁是"爱人"，《宪问》14.42说的"修己以安人"，从上下文看，也是讲仁。仁者爱人怎么爱，仁者安人怎么安？关键就在，它是推己及人，"己欲立而立人，己欲达而达人"（《雍也》6.30）。我在前面说过，仁的本义是拿人当人，恕的本义是将心比心，我不能把我不乐意的事强加于人，反过来也一样，这是半斤换八两，人心换人心。你说它是恕，可以；你说它是仁，也可以。

"在邦无怨，在家无怨"，包咸注说，"在邦为诸侯，在家为卿大夫"，意思是为诸侯做事无怨，为卿大夫做事也无怨。

这些都是讲恕道。恕道的关键是尊重别人。比如有的东西你不喜欢，你怕死，不喜欢打仗，就别强迫别人或雇佣别人替你打仗，让他们替你当垫背的。但反过来，好东西，或真理什么的，是不是就可以强加于人？也不是。我比你强，有钱有权，真理在握，我有重任在身，好东西，不能光我一人享受，你们也得照我的方式生活，你们受苦受难，我岂能坐视不救，我有责任帮助你，不让我帮，我也得帮，再不听话，我就不客气了。这些都是恕道的反面。

中国传统，一向讲究的是"礼闻来学，不闻往教"（《礼记·曲礼上》），我们只取经，不传教。武力传教，武力推行价值观，是西方传统中最坏的东西。（**仲弓问仁**）

12.3 司马牛问仁。子曰："仁者，其言也讱。"曰："其言也讱，斯谓之仁已乎？"子曰："为之难，言之得无讱乎？"

"司马牛"，名耕，字子牛，这里是以字称。他是孔门三期的学生，宋国的大贵族。前492年，孔子途经宋国，险遭司马桓魋杀害。司马桓魋，就是他哥哥。司马牛和他哥哥完全不是一类人，喜欢的是孔子。前481年，司马桓魋作乱，司马牛出奔，适齐适吴，返宋，最后死于鲁，死在老师身边（《左传》哀公十四年）。

司马迁说，他的性格特点是"多言而躁"（《史记·仲尼弟子列传》），所以，他向孔子请教仁，孔子故意说，"仁者，其言也讱"。"讱"音rèn，训顿（《说文·言部》），是说话慎之又慎，尽量憋着，不轻易出口的样子，字与忍通。这是针对司马牛的毛病。司马牛问，光不随便讲话就可以叫仁了吗？孔子没正面回答，只说，做起来都难，说起来能不渗着点吗？

孔子怎么说话，非常值得研究。以上三人都问仁，但答案不同，各有针对。这是典型的孔门对话。孔子答问，从来没有标准答案，就像中医看病，因人而异，对症下药，特点是不下定义，逻辑不周延。司马牛问仁，孔子说，仁就是管住你的嘴，这个答案很滑稽。司马牛，死脑筋，听不出老师的玄机，非要反推，说我把嘴管住，就达到仁了吗。他的问题很可气（老师得拿眼瞪他），但很合理。孔子不理他，还自说自话，顺着原来的话讲。他的启发式教学，都是这么启。有话不明说，暗示再暗示，如果你还听不懂，就不可救药了。（**司马牛问仁**）

12.4 司马牛问君子。子曰："君子不忧不惧。"曰："不忧不惧，斯谓之君子已乎？"子曰："内省不疚，夫何忧何惧？"

司马牛可能爱发愁，他向孔子请教说，什么是君子？孔子说，君子就是不发愁，也不害怕。司马牛又问，不发愁、不害怕就可以叫君子了吗？孔子还是不正面回答，

只说，如果一个人反躬自问，问心无愧，他还愁什么，怕什么？（**司马牛问君子**）

12.5 司马牛忧曰："人皆有兄弟，我独亡！"子夏曰："商闻之矣：死生有命，富贵在天。君子敬而无失，与人恭而有礼，四海之内，皆兄弟也。君子何患乎无兄弟也？"

司马牛真正发愁的是，"人皆有兄弟，我独亡"，非常孤独。他说他没有兄弟，其实并不是真的没有。他有四个兄弟，巢、魋（即司马桓魋）、子颀和子车。他之所以这样讲，是因为司马桓魋作乱，他们都参加，他不认这些兄弟为兄弟。

"商闻之矣"，是说下面的话都是子夏听来的，并不是他自己的话，朱熹说是"盖闻之夫子"。

"死生有命，富贵在天"，王充以为孔子语（《论衡》的《命禄》《辨祟》《问孔》）。

"四海之内，皆兄弟也"，《盐铁论·和亲》引和皇疏"皆"下有"为"字，其语与《大戴礼·曾子制言上》的"千里之外，皆为兄弟"相似，《说苑·杂言》引亦以为夫子之言。

其实，"商闻之矣"以下七句，除最后一句是子夏的话，全是孔子的话。（**四海之内皆兄弟**）

12.6 子张问明。子曰："浸润之谮，肤受之愬，不行焉，可谓明也已矣。浸润之谮，肤受之愬，不行焉，可谓远也已矣。"

这是讲对付小人。小人的武器是谗言、诬告。子张问明，孔子却答以明、远。"明"，是对小人看得清；"远"，是对小人躲得远。

"浸润之谮，肤受之愬"，这两句话都是形容说坏话。"谮"音zèn，是谗言；"愬"音sù，是诬告，含义差不多。浸润，是如水之渐，点点滴滴，无声无息，不断渗透；肤受，是贴近人的肌肤。

谣言的特点，就是在暗地里进行，悄悄地、慢慢地贴近你、包围你，让你甩都甩不开。君子应该从一开始就看明白，并迅速摆脱诽谤的包围，不让小人得逞。

这是针对子张的缺点吗？值得玩味。（**子张问明**）

12.7 子贡问政。子曰："足食足兵，民信之矣。"子贡曰："必不得已而去，于斯三者何先？"曰："去兵。"子贡曰："必不得已而去，于斯二者何先？"曰："去食。自古皆有死，民无信不立。"

子贡问政，孔子告他三条，足食、足兵、民信，即有充分的粮食储备，有充分的武器装备，取得人民的信任。孔子认为，这三条，民信第一重要，其次是足食，其次是足兵。为什么这么排列？他说，"自古皆有死，民无信不立"。这话，可以理解为"去食"的理由，也可理解为"去兵""去食"的理由。在他看来，自古，死人的事是经常发生的，"去兵"会被杀，"去食"会饿死，但如果不能取信于民，纵有武器，纵有饭吃，也无法维持统治。这个说法，有点残酷，现代观念，死人可不是小事。但历代统治者都认为，如果能取得人民的信任，这个信任不动摇，即使死上点人，甚至死很多人，天也塌不下来。（**子贡问政**）

12.8 棘子成曰："君子质而已矣，何以文为？"子贡曰："惜乎，夫子之说君子也，驷不及舌。文犹质也，质犹文也。虎豹之鞟犹犬羊之鞟。"

"棘子成"，卫大夫，仅见于此。

质是内在本质，文是外部装饰。孔子认为，对君子来说，文、质都很重要，文、质是相得益彰，如"质胜文则野，文胜质则史。文质彬彬，然后君子"（《雍也》6.18）。但棘子成却把二者对立起来，认为君子光有质就够了，何必还要文。子贡批评棘子成说，您这么讲君子，也太可惜了，这可是一言既出，驷马难追。文和质，其实同等重要，如果没有文，光有质，那就像虎豹之皮和犬羊之皮，如果把毛去掉，两者无法区别。

人，或称裸猿，毛最短，几乎有皮无毛，最符合质，但我们有衣冠，还发明各种时装，比谁都文。时装就是我们的文。（**文不可少**）

12.9 哀公问于有若曰："年饥，用不足，如之何？"有若对曰："盍彻乎？"曰："二，吾犹不足，如之何其彻也？"对曰："百姓足，君孰与不足？百姓不足，君孰与足？"

鲁哀公问有若，年成不好闹饥荒，粮食不够吃，怎么办？有若说，您何不用彻法来抽粮食税？"彻"，古训取，有别于贡法和助法，是从一夫授田百亩的粮食收成中抽取十分之一的税。哀公说，"二，吾犹不足，如之何其彻也"，意思是抽十分之二的税，我还嫌不够，您怎么还叫我用彻法，只抽十分之一的税？有若回答说，您少抽税，老百姓的粮食就多，老百姓的粮食多，您还愁不够吗？老百姓不够吃，您就是有再多的粮食，又怎么能说够？（**羊毛出在羊身上**）

12.10 子张问崇德辨惑。子曰："主忠信，徙义，崇德也。爱之欲其生，恶之欲其死。既欲其生，又欲其死，是惑也。'诚不以富，亦祇以异。'"

爱憎分明是美德，但不可走极端。好恶深，则偏见生。

子张的优点是正义感强烈，缺点是失之偏激。他问"崇德""辨惑"。"崇德"是提倡道德，"辨惑"是保持理智。"惑"，是不理智。人，一时冲动，不顾一切，失去理智，叫"惑"。"辨惑"就是要保持清醒，不让过于激动的情绪控制自己的头脑。

孔子说，固守"忠信"，一切以"义"为转移，就是提倡道德。这条，子张没问题。但一个人有正义感，不能太强烈，太强烈，发展到偏激、不理智的地步，就过分了。"爱之欲其生，恶之欲其死。既欲其生，又欲其死"，就是属于"惑"。

"诚不以富，亦祇以异"，是出于《诗·小雅·我行其野》，今本"诚"作"成"，应读为"诚"。该诗是描写弃妇之怨，这是最后两句。诗的意思是说，你之所以抛弃我，其实并不是因为她家比我家富，而只是因为你变了心。

这里是说，一个人好恶太深，就会像弃妇恨她的前夫，爱之深，也恨之切，完全失去理智，一会儿爱得要命，一会儿恨得要死，作寻死觅活状。

妇女，疼孩子，惯孩子，婆婆妈妈是源于生物本能，古人叫"妇人之仁"，疼男人，也这么疼。爱之深，必恨之切。孔子的爹死得早，他是跟妈长大的，对妇女

很有体会。（子张问崇德辨惑）

12.11 齐景公问政于孔子。孔子对曰："君君臣臣、父父子子。"公曰："善哉！信如君不君、臣不臣、父不父、子不子，虽有粟，吾得而食诸？"

孔子适齐在齐景公三十年，即前522年，当时孔子只有35岁。

"君君臣臣，父父子子"，这类说法，不是孔子的发明，而是成语。如《国语·晋语四》提到晋勃鞮语"君君臣臣，是谓明训"，就是这类说法。汉代有所谓"三纲五常"和"三纲六纪"，"三纲"的头两条，就是出自于此，缺的只是"夫妇"之纲。（齐景公问政）

12.12 子曰："片言可以折狱者，其由也与（欤）？"子路无宿诺。

孔子当过鲁国的大司寇（前500—前498年），和法律事务有过短暂接触。在断狱的事情上，他想到了子路。

"片言"，古代打官司，原告和被告叫"两造"，听讼必须兼听两造之辞，一面之辞叫"片言"或"单辞"。

"折狱"，即断狱，《古论》作"制狱"，《鲁论》作"折狱"。古文字，"制""折"经常用为通假字，如睡虎地秦简《日书》甲种就把"製衣"的"製"写成从衣从折，《孙子·计》的"曲制"其实就是"曲折"。[1]郑注是取《鲁论》，作"折狱"，解释为断狱。

"子路无宿诺"，子路称字，可见非孔子语，而是另外一句话。

子路快人快语，性情中人，他断狱极果断，承诺决不拖延。（片言折狱）

12.13 子曰："听讼，吾犹人也，必也使无讼乎。"

"听讼"，是听人告状。孔子当大司寇，听人告状是他的本职工作。但他老人

1　李零《〈孙子〉十三篇综合研究》，北京：中华书局，2006年，425—426页。

家并不怎么热爱这份工作。他说，他听讼判案的能力很一般，和普通人没什么两样，他的理想是根本就没人打官司。

天下讼息，是古人幻想的理想世界。孔子热爱这种理想，当然不会热爱打官司，也注定当不了法家。**（必也无讼）**

12.14 子张问政。子曰："居之无倦，行之以忠。"

子张问为政。"居之"，是居官位。"行之以忠"，是尽臣道。**（子张问政）**

12.15 子曰："博学于文，约之以礼，亦可以弗畔（叛）矣夫。"

此章重出，和《雍也》6.27一模一样。

12.16 子曰："君子成人之美，不成人之恶。小人反是。"

"君子成人之美，不成人之恶"，程树德说，这话是古代成语。《穀梁传》隐公元年："《春秋》成人之美，不成人之恶。"

"成人之美"是以正面表扬为主，"成人之恶"是以负面攻击为主。前者是君子，后者是小人。我觉得，现在的学术评论、文学评论、影视评论，见之正式的印刷品，多半是托关系、拉朋友、捧臭脚居多，经常和口碑拧着来。反之，网上的评论，则以批倒批臭为主，前者是伪君子，后者是真小人，都说不上厚道。**（君子成人之美）**

12.17 季康子问政于孔子。孔子对曰："政者，正也。子帅以正，孰敢不正？"

季康子问政。孔子说，为政的关键就是为政者自己首先要正派。"政"与"正"古代往往通用，这里是用音训。季氏为鲁国权臣，孔子对季氏一直不满，他说，你带头正派，谁敢不正派？这话是话中有话。**（季康子问政一）**

12.18 季康子患盗，问于孔子。孔子对曰："苟子之不欲，虽赏之不窃。"

季康子为盗的问题大伤脑筋。什么是盗？中国古代法律，是把财产侵犯罪叫"盗"，人身伤害罪叫"贼"。盗包括抢劫、盗窃、绑票。孔子说，如果您自己不那么多欲，您就是奖励他们去盗，也没人敢盗。这话也是话中有话。（**季康子患盗**）

12.19 季康子问政于孔子曰："如杀无道，以就有道，何如？"孔子对曰："子为政，焉用杀？子欲善而民善矣。君子之德风，小人之德草。草上之风，必偃。"

季康子问政，说杀坏人，亲好人，怎么样？孔子说，你干吗非得靠杀人来维持统治呢？您追求善，老百姓就会跟着学好，有如风从草偃，关键还是榜样的力量。（**季康子问政二**）

以上三章都是答季康子问，年代应在前484—前479年之间。《礼记》等书，还有上博楚简都有他们之间的谈话。

12.20 子张问："士何如斯可谓之达矣？"子曰："何哉，尔所谓达者？"子张对曰："在邦必闻，在家必闻。"子曰："是闻也，非达也。夫达也者，质直而好义，察言而观色，虑以下人。在邦必达，在家必达。夫闻也者，色取仁而行违，居之不疑。在邦必闻，在家必闻。"

这里的"闻""达"就是我们平常说的"不求闻达"的"闻""达"。"闻"是出名，这里指徒有虚名。"达"是练达，这里指名至实归。子张好名，把"闻""达"混为一谈，以为只要有政声，或以事君出名，或以事卿大夫出名，就是"达"。孔子告他说，你说的都只是"闻"，还不是"达"。"达"是立身端正，内心好义，一言一行都很谦虚，为人行事都很练达。"闻"是属于大奸似忠一类，表面上看，很仁义，实际作为，正好相反，还以名人自居，自以为是，不以为非。两者是不一样的。（**闻是闻，达是达**）

12.21 樊迟从游于舞雩之下，曰："敢问崇德、修慝、辨惑。"子曰："善哉问！先事后得，非崇德与（欤）？攻其恶，勿攻人之恶，非修慝与（欤）？一朝之忿，忘其身以及其亲，非惑与（欤）？"

这段话有谈话地点，地点是曲阜鲁故城以南的舞雩台。

樊迟跟老师在舞雩台下散步，问了三个问题："崇德""修慝""辨惑"。"崇德""辨惑"，见上12.10。樊迟的问题与子张类似，只是多了"修慝"。

"崇德"，是提倡道德，孔子说，"先事后得"不就是"崇德"吗？"先事后得"是先付出劳动，再指望收获，古人也叫"先难后得"。这是叫他不要急。

"修慝"，和"崇德"相反，"德"是善，"慝"音tè，是恶。李泽厚说，修慝的意思是"去恶念"。[1]孔子说，"攻其恶，勿攻人之恶"，不就是"修慝"吗？"攻其恶"，是批自己的错。"勿攻人之恶"，是不要计较别人的错。

"辨惑"，前已说明，不再重复。孔子说，"一朝之忿，忘其身以及其亲"，不就是"惑"吗？

人的优缺点总是形影相随，孔子的谈话都是因材施教。子张正义感强，但流于偏激。针对这一点，孔子跟他强调，主要是"辨惑"，即不要好恶过深，失去对人的理智判断。樊迟的优点是求知心切，说干就干，非常勇武，但缺点是性格外向，脾气急躁，缺乏耐心。孔子针对这一点，一是告他"先事后得"，即不要急于求成；二是告他不要对人心存恶念，最好多反省自己的过错，少计较别人的错误；三是告他不要逞一时之忿，随便发脾气，不顾自己，也不顾父母。（樊迟问崇德、修慝、辨惑）

12.22 樊迟问仁。子曰："爱人。"问知（智）。子曰："知人。"樊迟未达。子曰："举直错（措）诸枉，能使枉者直。"樊迟退，见子夏曰："乡也吾见于夫子而问知（智），子曰：'举直错（措）诸枉，能使枉者直。'何谓也？"子夏曰："富哉言乎！舜有天下，选于众，举皋陶，不仁者远矣。汤有天下，选于众，举伊尹，不仁者远矣。"

"皋陶"，音gāo yáo，舜的李官，掌刑狱。

1　李书，340页。

伊尹，辅佐成汤取天下的名臣。

樊迟问仁问智，孔子说，仁是"爱人"，即对别人好；智是"知人"，即理解别人。"知人"是什么意思，樊迟听不明白。孔子说，就是"举直错诸枉，能使枉者直"，即把直的摆在弯的上面，能把弯的扳成直的。樊迟还是不懂。他从屋里出来，问子夏说，刚才我向老师请教智，老师说，"举直错诸枉，能使枉者直"，这是什么意思？子夏说，老师的话，含义太丰富了，舜举皋陶、汤举伊尹，都是从人海中选出来的，他们把好人选出来，不仁者自然远去。

孔子的话到底是什么意思？深意何在？我猜，樊迟可能疾恶如仇，性格接近子张。孔子想把他扳一扳。他讲这番话，是要樊迟明白，知人在于善任，好人立，则坏人去。人不要好恶太深，如蝇逐臭，如蚊嗜血，光盯着坏东西，而要尽量发现好东西。只要把好的东西树立起来，坏的东西自然成不了气候。参看《为政》2.19："举直错（措）诸枉，则民服；举枉错（措）诸直，则民不服。"（**樊迟问仁**）

12.23 子贡问友。子曰："忠告而善道之，不可则止，毋自辱焉。"

子贡问交友之道。孔子主张，对朋友要好言相劝，劝他归善，如果不听就算了，不要死乞白赖，自讨没趣。（**子贡问友**）

12.24 曾子曰："君子以文会友，以友辅仁。"

曾子的话也是讲交友之道。辅仁大学是取名于此。（**以文会友，以友辅仁**）

附录：《〔君子为礼〕》篇第一章摘录（破读后的释文）

颜渊侍于夫子，夫子曰："回，君子为礼，以依于仁。"颜渊作而答曰："回不敏，弗能少居也。"夫子曰："坐，吾语汝。言之而不义，口勿言也。视之而不义，目勿视也。听之而不义，耳勿听也。动而不义，身毋动焉。"颜渊退，数日不出。〔□□问〕之曰："吾子何其惰也？"曰："然。吾亲闻言于夫

子，欲行之不能，欲去之而不可，吾是以惰也。"（简1—3）

案：《子罕》9.20："语之而不惰也，其回也与（欤）？"简文却说"吾是以惰也"，彼此矛盾。

子路第十三

本篇以论政之言居多。

13.1 子路问政。子曰："先之劳之。"请益，曰："无倦。"

子路问政，孔子只答四个字，"先之劳之"，两"之"字，均指民。"先之"的"先"和下面一章"先有司"的"先"一样，意思是说，"劳之"之前要"先之"，即当官的要先做出榜样，取得老百姓的信任，然后才能让老百姓卖力。《子张》19.10说，"君子信而后劳其民，未信则以为厉己也"，就是这个意思。老百姓信任，为信任的人卖力，乐意；如果不信任，光让他们卖力，他会觉得，你是虐待他们。

"请益"，是求教之后，请老师再说点什么。他可能心里想，老师，您的意思，不就是让我先来这么两下子吗？没问题。所以接着问，您还有什么教导？就这些了吗？前人说，子路性子急，"新官上任三把火"，容易，难的是坚持。所以，他再问，老师又给两个字，"无倦"，意思是你得一直如此，叫他不要懈怠，有始有终。（**子路问政**）

13.2 仲弓为季氏宰，问政。子曰："先有司，赦小过，举贤才。"曰："焉知贤才而举之？"曰："举尔所知，尔所不知，人其舍诸？"

孔子有三个学生当季氏宰。

仲弓为季氏宰，是在前498年之后，前492年之前。因为子路为季氏宰，是在孔子出仕后的前498年，这以前，孔子待在家里，没有学生出来当官。他当季氏宰，很短，只有这一年，第二年就跟老师出国了。

冉有为季氏宰，是在季康子执政之后，即前492年之后，他当的时间很长，孔子活着的时候，大概一直都在季康子家干事。

仲弓为季氏宰，只能在他们两个当季氏宰的中间，即前498—前492年之间。他当季氏宰，是代替子路。也就是说，季桓子时，是子路、仲弓为宰；季康子时，是冉有为宰。上博楚简有《仲弓》篇，有相同的内容，而比此章更详细。[1]简文一

1　马承源主编《上海博物馆藏战国楚竹书》（第三册），261—283页。

开头就说，"季桓子使仲弓为宰"，可以证明这一点。

仲弓为季氏宰，也向孔子问政。孔子说了三条：给下属官员做出表率，原谅他们的小过失，提拔优秀人才。

仲弓问的最后一条，孔子的回答，"举尔所知，尔所不知，人其舍诸"，最后三句，所有旧注都是分两截读：第一句是祈使句，意思是说，推荐你熟悉的人，点句号；后两句是反诘句，意思是说，至于你不熟悉的人嘛，难道别人会舍弃他？点问号。汉魏以来，大家一直这么理解。如《世说新语·贤媛》讲许允为吏部郎，他举用的都是自己的老乡，魏明帝把他抓起来，他的辩护辞就是这段话。他说，孔子都讲过了，我这叫"举尔所知"，您别问我是不是用人唯亲，关键要看他们是不是称职。这是察举制的弊病。

现在评审，还是察举制，我们的评委都是各举所知。甲专业的评委力荐说，我们专业的某某最优秀，非他莫属；乙专业的评委也力荐说，我们专业的某某最优秀，非他莫属，他们都是各举所知。而且这样讲，还很有理由，就是我不知道的人，我怎么推荐？但"尔所不知"怎么样，"人其舍诸"？人家确实就把他舍掉了。关键是看谁的势力大。可见今本的理解有问题。[1]

上博楚简的《仲弓》篇，也记这件事。仲弓问怎样举贤才，孔子的回答不一样，作"夫贤才不可掩也。举尔所知，尔所不知，人其舍之者"，从语法结构看，后三句话是连读，后面两句不是反诘的口吻，而是并列关系。简本和今本正好相反，它是说，只要是优秀人才，一个都不能埋没，你应举荐你熟悉的人，也应举荐你不熟悉的人，以及被别人忽略的人。这里的"知"，是"雅不相知"的"知"，即认识和熟悉，而不是听说没听说。比如司马迁讲李将军"悛悛如鄙人，口不能道辞。及死之日，天下知与不知，皆为尽哀"（《史记·李将军列传》）。"天下知与不知"就是说天下的人，不管认识不认识李将军，都为他伤心。

我看，简本和今本，简本的讲法才顺理成章。今本"舍诸"，是把"者"读为"诸"，再去掉"之"字。这个两千多年的误读，实在发人深省。（**仲弓问政**）

1　我们的学术委员会，经常是权术委员会。历史上的察举制，一直有这种弊病，不自今日始。

13.3 子路曰："卫君待子而为政，子将奚先？"子曰："必也正名乎！"子路曰："有是哉，子之迂也！奚其正？"子曰："野哉由也！君子于其所不知，盖阙如也。名不正，则言不顺；言不顺，则事不成；事不成，则礼乐不兴；礼乐不兴，则刑罚不中；刑罚不中，则民无所错手足。故君子名之必可言也，言之必可行也。君子于其言，无所苟而已矣。"

孔子曾两次出仕于卫：第一次是前495—前492年，事卫灵公；第二次是前488—前485年，事卫出公。这里的"卫君"，一般认为是卫出公。如此说可靠，则讲话时间应在前488年。否则，就在前495年。

孔子到卫国找工作，子路说，卫君正等您为他主事，一旦上任，您打算先干点什么？孔子说，如果让我选择，肯定就是"正名"。子路说，您真这么想吗？那也太迂了吧！干吗非得正名？公然顶撞老师。孔子大怒，骂他说，你这个家伙，也太放肆了吧！君子对自己不懂的东西，应搁置不论，让他闭嘴。下面的话，是孔子的施政纲领，强调礼乐刑罚必以正名为前提。"名不正，则言不顺"，是孔子的名言。
（名不正，则言不顺）

13.4 樊迟请学稼。子曰："吾不如老农。"请学为圃。曰："吾不如老圃。"樊迟出。子曰："小人哉，樊须也！上好礼，则民莫敢不敬；上好义，则民莫敢不服；上好信，则民莫敢不用情。夫如是，则四方之民襁负其子而至矣，焉用稼？"

樊迟比孔子小36岁，我们从他的年龄估计，这段话至少应在前495年之后。

古代隐者有个特点，就是放弃城市生活，回家种地。比如《微子》18.6—18.7的长沮、桀溺和荷蓧丈人，就是如此。当然，也有一些隐者是假装的，就像刘备种菜，只是韬晦之计。

孔子对种地没兴趣，他的兴趣是做官，当然得住在城里。

樊迟似乎是一位古代的重农派和民粹派。18世纪，法国有魁奈等人的重农派，反对重商派。19世纪，俄国有所谓民粹派，口号是"到民间去"，提倡到农村去教育民众，发动民众。契诃夫的小说《带阁楼的房子》（有电影），故事中的姐姐就是民粹派，不让她妹妹和主人公好。我国古代也有重农抑商，提倡躬耕的一派。天子每年要躬耕籍田，祭祀先农，先农是神农（或后稷）。神农就是重农的象征。《汉志》九流十家有农家，经典就是《神农》。管子、李悝、商鞅，战国时期流行的法家，也是重农主义者。孔子不喜欢这一套。

《孟子·滕文公上》说，滕文公即位，孟子向他推销井田制（孟子设计的井田制）。有个传神农之术的人，叫许行，听说此事，特意从楚国跑到滕国，请求到滕国落户，"受一廛而为氓"，亲自去种试验田。其实，他是借孟子在滕国推行井田，趁机传播主张。当时，有三个姓陈的，陈良、陈相和陈辛，本来是儒者，也从宋国跑来凑热闹，一见许行，就迷上了他，彻底背叛儒家，打算用许行的思想改造滕文公。他们跟孟子讲，许行的主张如何如何好，孟子很恼火，对许行狂批。他批许行，主要讲两条：第一，"自己动手，丰衣足食"，只能解决吃饭问题，其他不行，衣服帽子，煮饭的锅，耕田的犁，都得仰赖工商；第二，人人种地，根本办不到，"劳心者治人，劳力者治于人"，这是天下通义，有人靠种地吃饭，也有人不靠种地吃饭，尧、舜、禹替天下的人操劳，哪有工夫种地。前者是以商批农，后者是讲不劳动者也得食。

许行的主张对理解樊迟有帮助，孟子的批判对理解孔子有帮助。樊迟要跟孔子学种庄稼学种菜，是找错了人。孔子很不高兴，故意说反话，"吾不如老农"，"吾不如老圃"，等他走了，马上骂他为"小人"，原因是，他们政见不合。樊迟认为，只有躬耕力田，才有天下太平。孔子说，只要当领导的都喜欢"礼""义""信"，就能吸引民众，哪有种庄稼什么事。

我们都知道，毛泽东从小读《论语》（他自称"读了六年孔夫子的书"），对《论语》很熟。他对《论语》有褒有贬。樊迟学稼，被孔子骂，还有荷蓧丈人的话，"四体不勤，五谷不分，孰为夫子"（《微子》18.7），他不只一次提到，主要是贬。他不喜欢孔子，这是很重要的两条。[1]他很强调和脚上有牛粪的农民打成一片，"同吃同住同劳动"，"自己动手，丰衣足食"。孔子看不起庄稼汉和种庄稼，令他不快。知识分子牛，他不以为然。他说，读书还不如杀猪难，猪会跑，书不会跑。（**孔子为什么骂樊迟**）

1　许全兴《毛泽东与孔夫子》，174—175页。

13.5 子曰："诵《诗》三百，授之以政，不达；使于四方，不能专对。虽多，亦奚以为？"

古代诗歌很多，《诗经》305篇，传说是孔子选编。清孙洙编的《唐诗三百首》，为什么是三百首？就是模仿《诗经》。这些都是选萃。俗话说，"熟读唐诗三百首，不会作诗也会吟"，主要用途是作诗。但《诗经》不一样。孔子认为，诵诗是为了从政，在外交场合赋诗言志，如果背过三百篇，还不会活学活用，再多有什么用呢？

古代贵族在礼仪场合"登高能赋"是什么样？《左传》《国语》有一点记载。当时的"断章取义"，很庄严，也很可笑。"文革"时期，饭馆点菜，顾客和服务员用《毛主席语录》问答（好像码头上对切口），和这个有点像。姜昆、李文华的相声有生动描写。（诵《诗》）

13.6 子曰："其身正，不令而行；其身不正，虽令不从。"

《颜渊》12.17："政者，正也。""身"，与"人"相对。"身"是自己，"人"是他人。

司马迁为李广父子作《李将军列传》，描述李广这个人，嘴很笨，好像乡巴佬，但身先士卒，忠勇可感，其中就引了这段话。李广带兵，和程不识相反，靠的不是军法军令，严加管束，而是身先士卒，有个人魅力。这里有两个"令"字，用在李广身上，正好。（立身端正）

13.7 子曰："鲁、卫之政，兄弟也。"

鲁、卫两国都是姬姓国。鲁国是周公旦之后，卫国是卫康叔之后，周公旦和卫康叔是兄弟，所以说"鲁、卫之政，兄弟也"。

孔子周游列国（前497—前485年），主要是到卫国做官。这段话当与之有关。（鲁、卫之政）

13.8　子谓卫公子荆善居室，始有，曰苟合矣；少有，曰苟完矣；富有，曰苟美矣。

"卫公子荆"，即吴季札所称卫国六君子中的公子荆。他是卫献公的儿子，字南楚（《春秋世族谱》），前面要加"卫"字，是为了区别鲁哀公子，即鲁国的公子荆。

这段话，可能也是孔子仕卫时所讲。

"苟"，朱注说是"聊且粗略之意"，很对。俞樾说苟可训诚，以为这个字是相当诚然之诚（《群经平议》），不对。苟训诚的诚是表示假设，意思是假如，放在这里，完全讲不通。

"居室"，是居家过日子。孔子这段话，是赞美卫公子荆知足常乐。他对生活起居，能凑合就凑合，一点不挑剔。开始，刚有点东西，他说，这也凑合了；后来，再多一点，他说，这也足够了；最后，东西真的多起来，他说，这也太华丽了。（**有地儿住就得了**）

13.9　子适卫，冉有仆。子曰："庶矣哉！"冉有曰："既庶矣，又何加焉？"曰："富之。"曰："既富矣，又何加焉？"曰："教之。"

"仆"，驾车。孔子到卫国去，冉有给他赶车。一路上，孔子看见卫国人口众多，非常惊讶。冉有说，人口多了该干什么？孔子说"富之"。冉有说，富了以后该干什么？孔子说"教之"。古代社会，人力资源和土地资源最重要，人尤其重要，绝不搞计划生育。古人说"仓廪实则知礼节，衣食足则知荣辱"（《管子·牧民》），孔子主张"先富后教"。

冉有从孔子游，在前497—前492年之间。前492年，冉有为季氏宰，才离开孔子，回鲁国。这应是前497年孔子刚到卫国时的情形。（**先富后教**）

13.10　子曰："苟有用我者，期月而已可也，三年有成。"

这是孔子的政治广告。

"期月"，"期"音jī，是从今年某月到明年某月，整整一年的时间。楚占卜简经常使用这种计算方法，如说，"自某某之月以就某某之月……尽卒岁（或集岁）"如何如何，就是这里的"期月"。孔子的意思是，如果有人用我，我敢保证，一年之内就初见成效，三年之内就大获成功。（**孔子的政治广告**）

13.11 子曰："'善人为邦百年，亦可以胜残去杀矣。'诚哉是言也！"

"善人为邦百年，亦可以胜残去杀矣"，孔注说："古有此言，孔子信之。"这两句是孔子引用成语，叹赏之，应该加引号。"善人"，在《论语》中出现过五次，这是第三次。皇疏说，这里的"善人"是指"贤人为诸侯"。我们要注意，这里的"善人"不是一般人，而是统治者。

古代国家，酷刑和杀人少不了。古语说，善人治国，要花百年，才能制止，可见仁政难施。（**仁政难施一**）

13.12 子曰："如有王者，必世而后仁。"

"王者"，孔注说是"受命王者"，皇疏说是"革命之王"，不管"受命之王"还是"革命之王"，反正都是"王"。它比上面的"善人"要高一等。

"世"，一代，古人以三十年为一世。此章承上，意思是说，如果由王者推行仁政，虽然用不了百年，也要用三十年，即一代的时间。

过去，以"世仁"为名的人很多，电影《白毛女》里的老地主就叫"黄世仁"。（**仁政难施二**）

13.13 子曰："苟正其身矣，于从政乎何有？不能正其身，如正人何？"

"身"，与"人"相对。"身"是自己，"人"是他人。参看《颜渊》12.17、《子路》13.6。（**正人先要正自己**）

13.14 冉子退朝。子曰："何晏也？"对曰："有政。"子曰："其事也，如有政，虽不吾以，吾其与闻之。"

"退朝"，是从季康子的私朝回来。

"有政"，"政"和"事"不同，《左传》昭公二十五年"为政事、庸力、行务，以从四时"，杜预注："在君为政，在臣为事。"前者是国事，后者是家事。

孔门弟子在朝做官，有义务向老师汇报。这次，冉有下班晚了，孔子问，你怎么回来这么晚？冉有说，"有政"，即他在忙国君的公事。孔子说，是"其事"吧？即你忙的是季氏家的私事吧。如果真是国君的公事，你不告我，我也会打听到的。看来，冉有和季氏商谈过什么事，不便泄露，他没跟老师讲实话，孔子起了疑心。

冉有为季康子宰，在前492年之后，但前492年后，孔子一直在国外，前484年才返回鲁国。这段谈话应在孔子晚年居鲁时，即前484—前479年之间。（**跟老师也不说实话**）

13.15 定公问："一言而可以兴邦，有诸？"孔子对曰："言不可以若是。其几也，人之言曰：'为君难，为臣不易。'如知为君之难也，不几乎一言而兴邦乎？"曰："一言而丧邦，有诸？"孔子对曰："言不可以若是。其几也，人之言曰：'予无乐乎为君，唯其言而莫予违也。'如其善而莫之违也，不亦善乎？如不善而莫之违也，不几乎一言而丧邦乎？"

这里的"一言"，不是一个字，也不是一句话，而是一小段话。

鲁定公问孔子，"一言而可以兴邦"（一段话就可以让一个国家兴旺），有这种事吗？孔子说，恐怕不能这么讲。非说不可，只有一段话，就是大家说的"为君难，为臣不易"（当国君难，当臣子也不易）。如果知道当国君的难处，这不就是"一言可以兴邦"吗？鲁定公又问，"一言而可以丧邦"（一段话就可以让一个国家毁灭），有这种事吗？孔子说，恐怕不能这么讲。非说不可，只有一段话，就是大家说的"予无乐乎为君，唯其言而莫予违也"（我当国君没有其他乐趣，最大乐趣就是，我说的话，没人敢违抗）。如果他说的对，没人敢违抗，不也很好吗？但如果他说的不对，也没人敢违抗，这不就是"一言而可以丧邦"吗？

孔子仕鲁定公，在前501—前498年。这段谈话应在此四年之中。（**一言兴邦，一言丧邦**）

13.16 叶公问政。子曰："近者说（悦），远者来。"

"叶公"，《论语》中只出现过三次。一次见于《述而》7.19，两次见于此篇，都是同一人。

"近者说（悦），远者来"，就是《诗》《书》常讲的"柔远能迩"。西周金文也有这个词。（**叶公问政**）

13.17 子夏为莒父宰，问政。子曰："无欲速，无见小利。欲速则不达，见小利则大事不成。"

"莒父宰"，莒父见《春秋》定公十四年，郑玄引旧说云"莒父，鲁下邑"，不能确指。鲁国除称家臣之长为宰，邑长也叫宰。

"欲速则不达"，后世变成成语。

"见小利则大事不成"，只图眼前小利，大事就干不成。《三国演义》第二十一回，曹操说袁绍是"干大事而惜身，见小利而忘命，非英雄也"。（**子夏问政**）

13.18 叶公语孔子曰："吾党有直躬者，其父攘羊，而子证之。"孔子曰："吾党之直者异于是：父为子隐，子为父隐。直在其中矣。"

"直躬"，孔注以为"直身而行"，郑注以为"直人名弓"。

"证"，杨伯峻说，《说文·言部》训告，这里的"证"是检举、揭发之义，《韩非子·五蠹》述此事作"谒之吏"，是很好的证明，证验之证，古书一般用"徵"字为之。[1]

---

1 杨书，139页。

叶公跟孔子说，我家乡有个直率的人，他爸爸偷羊，被他检举。孔子说，我家乡也有个直率的人，可不一样：父亲为儿子隐瞒，儿子为父亲隐瞒，"直"在其中。

孔子是亲情至上主义者，他提倡的为尊者讳，在中国是个坏传统，至今仍很有市场。领导、父母、老师，干什么坏事都得遮着，居然以为美德。谁不遮，谁倒霉。（为尊者讳）

13.19　樊迟问（仁）〔行〕。子曰："居处恭，执事敬，与人忠。虽之夷狄，不可弃也。"

宋杨时《杨龟山文集》引胡德辉问，指出此章与《卫灵公》15.6的子张问行相似，"问仁"可能是"问行"之误，杨时加以否认，其实，胡德辉的怀疑很有道理。《卫灵公》15.6的原文是："子张问行。子曰：'言忠信，行笃敬，虽蛮貊之邦行矣。言不忠信，行不笃敬，虽州里行乎哉？立，则见其参于前也；在舆，则见其倚于衡也，夫然后行。'子张书诸绅。"[1]

樊迟问仁，孔子讲了三条待人处事的原则：在家有礼貌，干事很敬业，对人很忠诚，就是到了夷狄之地，这三条也不能丢。（樊迟问仁）

13.20　子贡问曰："何如斯可谓之士矣？"子曰："行己有耻，使于四方，不辱君命，可谓士矣。"曰："敢问其次。"曰："宗族称孝焉，乡党称弟焉。"曰："敢问其次。"曰："言必信，行必果，硁硁然小人哉！抑亦可以为次矣。"曰："今之从政者何如？"子曰："噫！斗筲之人，何足算也？"

士的本义是男人和武士，春秋以来，才逐渐演变成不论出身，以读书习礼取仕，偏重文学方术的士，类似后世读书人的士。士是可以从政做官的人才。

子贡问怎样才能算是士，即可以从政做官的人才。孔子也讲了三条：一是爱惜羽毛，有羞耻心，出使各国，不辱君命；二是在宗族乡党中有孝弟之名；三是讲信用。但言必信，行必果，是小人之信，信是比较次要的一条。他认为当时的从政

1　程书，第三册，926页。

者多半都是器量狭小的"斗筲之人"，根本达不到这种标准。

"斗筲"，斗，是斗勺形的量器，可容10升。秦量有1斗、1/2斗、1/3斗、1/4斗和1升等多种，都是做成方形或椭圆形。这是铜器。陶器，则往往是圆形。"筲"，音shāo，可容5升，字从竹，本来是竹器，但出土发现，只有楚铜器。楚国的铜量，都是用青铜制造的筒形杯，带环耳，有点像西人叫mug的那种水杯（我国也用，过去是洋瓷的，很薄；现在是磁的，很厚）。如1976年安徽凤台县出土的鄂大府铜量，有铭文"鄂大府之□筲（筲）"，就是以"筲"为名，容5升。汉代器物，杂用秦、楚。它的量器也有两种，一种是斗勺式，一种是环耳筒形杯式。此外还有一些是折衷二者。

最后，子贡问，今之从政者怎么样？孔子说，嗨！全是"斗筲之人"，何足挂齿。"斗筲"是只有几顿饭的器量。"斗筲之人"是"器小"的意思。参看《八佾》3.22。（子贡问士）

13.21 子曰："不得中行而与之，必也狂狷乎。狂者进取，狷者有所不为也。"

"中行"，是分寸合适的行为，即中庸之行。

"狂"，是行为偏激过分、锐意进取的人。

"狷"，是洁身自好，缩手缩脚，很多事都不敢干的人。

孔子说，如果不能和第一种人结交，难道只能和后两种人为伍吗？"狂"是过，"狷"是不及，过犹不及，他都不赞同，赞同的是中庸之行。刘宝楠指出，《孟子·尽心下》对这段话有解释。[1]孟子说，孔子的意思是，不能和中行之人交，就和狂者交，不能和狂者交，就和狷者交。杨伯峻说，孟子的话，未必符合孔子本意，但可备参考。[2]

张中行是取名于此。（中行不易）

1　刘书，下册，542页。

2　杨书，141页。

13.22 子曰："南人有言曰：'人而无恒，不可以作巫医。'善夫！不恒其德，或承之羞。"子曰："不占而已矣。"

孔子的话，恐怕是缩写，原来比较长。《礼记·缁衣》的最后一章（第二十三章），有类似的话，作"南人有言曰：人而无恒，不可以为卜筮。古之遗言与？龟筮犹不能知也，而况于人乎？《诗》云：'我龟既厌，不我告犹。'《兑命》曰：'爵无及恶德，民立而正事，纯而祭祀，是为不敬；事烦则乱，事神则难。'《易》曰：不恒其德，或承之羞。恒其德侦，妇人吉，夫人凶"。上博楚简、郭店楚简也有《缁衣》篇，[1]文字不太一样，一是"南人"作"宋人"，二是"巫医"作"卜筮"，三是引文只有《诗》《易》，没有《书》，《兑命》篇的引文是多出来的。

这些，都对阅读此章有帮助。

"南人有言曰"，什么是"南人"，比较费解，孔注说是"南国之人"，不能确指是哪一国。上博简和郭店简的《缁衣》都作"宋人"，很重要。宋在鲁的西南。所谓"南人"其实是宋人。宋是商人的后代。商人最热衷卜筮。《汉书·艺文志·数术略》著龟类有《南龟书》二十八卷，与《夏龟》二十六卷并列，可能就是宋人所传的卜法。

"人而无恒，不可以作巫医"，《缁衣》说，可能是"古之遗言"。"巫医"，《缁衣》篇的各个本子都作"卜筮"。卜筮是数术，巫医是方技，不一样。这里，还是以作"卜筮"更好。商代特重卜筮，卜筮的特点是连续性，天天占卜，前后相继，术语叫"习"。卜筮比方技使用更频繁。占卜和科学不同，科学讲究重复率，占卜不讲这套，这种手段不行，就换另一种，持之以恒。如《左传》中的占卜，种类很多，卜筮相习，卜不灵，就用筮，筮有三易，也是换着用。它的"恒"，主要就是表现在坚持不懈地进行占卜上。

"不恒其德，或承之羞"，出《易·恒》，意思是如果没有恒，就会招致羞辱。

"不占而已矣"，是说"不恒"的原因没有别的，只不过是没有恒心，自己不再占卜罢了。孔子认为，卜筮关天意，龟策是灵物，卜筮者用龟策反复占卜，还常常

1 荆门市博物馆《郭店楚墓竹简》，127—137页；马承源主编《上海博物馆藏战国楚竹书》（第一册），169—213页。

得不到答案，更何况是人呢？如果没有恒心，什么事都办不成。

孔子特别强调"有恒"，反对荒嬉怠惰，反对半途而废。如《述而》7.26："子曰：'善人，吾不得而见之矣；得见有恒者，斯可矣。亡而为有，虚而为盈，约而为泰，难乎有恒乎。'"

他对自己的勉励，对学生的教诲，到处都贯穿着这种精神。（**人贵有恒**）

13.23 子曰："君子和而不同，小人同而不和。"

《国语·郑语》引史伯语，曰"夫和实生物，同则不继"，古人认为，相异相反才能产生和谐，完全相同只会产生单调。比如五音谐和乃为律，如果全是同一个音符，根本听不下去。饭，也是五味调和才好吃，如果天天大鱼大肉，很快就腻了。腻了，当然也就吃不动了。

君子是上层，重视和谐胜于平等；小人是下层，重视平等胜于和谐。《礼运》大同是主于同，但那是理想。墨子尚同，孔子不尚同。他讲的礼，追求的是和，不是同。（**和而不同**）

13.24 子贡问曰："乡人皆好之，何如？"子曰："未可也。""乡人皆恶之，何如？"子曰："未可也。不如乡人之善者好之，其不善者恶之。"

政治家会煽动群众，商人会诱惑群众。煽动诱惑下的群众是洪水猛兽。水可载舟，亦可覆舟。知识分子不应跟着起哄。

民主的原则是从众。但群众也是人，不是神。

舆论是民意，民意是大杂烩。众口铄金的谣言，千夫所指的毁谤，也一样是舆论。孔子不迷信。

"乡人"，指乡党邻里。古代的群众关系主要是邻里关系。乡亲们说谁好就好，乡亲们说谁坏就坏。他们的眼睛，未必雪亮。群众的评价，古代叫舆论。舆论一律，就是是非标准吗？孔子说，不一定。人以群分，群众也分好坏人。我们与其跟舆论跑，还不如看看乡里的好人怎么说，坏人怎么说。如果乡里的好人说好，坏人说坏，那倒没准是好人。

民意是政治，不是真理。群众说了算，也不能滥用。（**如何对待舆论**）

13.25 子曰："君子易事而难说也。说之不以道，不说也；及其使人也，器之。**小人难事而易说也。说之虽不以道，说也；及其使人也，求备焉。**"

这是讲君子、小人之分。

"事""使"同源，从古文字材料看，都是从"吏"字分化。下奉上曰"事"，上使下曰"使"，两者相对。两"说"字，旧注皆读为"悦"，清毛奇龄指出，应读为言说之说（《论语稽求篇》）。[1]

孔子的意思是，事奉君子容易，但要说服他却难，因为讲得不对，就不敢说；他待下属宽容，总是知人善任。事奉小人难，但要说服他却容易，因为讲得不对，也敢说；他待下属苛刻，总是求全责备。（**君子和小人一**）

13.26 子曰："**君子泰而不骄，小人骄而不泰。**"

"骄泰"，古书连言，作为合成词，好像区别不大，骄是傲慢，泰是奢侈，都有负面含义，合起来，最像现在流行的"牛"，但孔子却说"君子泰而不骄，小人骄而不泰"，把骄当坏词，泰当好词，很奇怪。

我怀疑，孔子的话，是文字游戏、语言变形。我们都知道，古书中，"骄"完全负面，但"泰"却不一定，它的本义是大，引申义还有通、宽、安等意思，都是好词。孔子可能给泰字赋予了新的含义，如大或安，泰是自尊，而非自大，或泰然自若，自安其处。"君子泰而不骄"是有自尊，但对人并不傲慢。"小人骄而不泰"是对人傲慢，但没有自尊。（**君子和小人二**）

13.27 子曰："**刚、毅、木、讷，近仁。**"

"刚"，刚强，不为欲望所动。在《论语》里，"刚"和"欲"相反，是无欲的

1　程书，第三册，938页。

结果。如孔子评申枨，说"枨也欲，焉得刚"（《公冶长》5.11）。无欲，凡事求己不求人，则"富贵不能淫，贫贱不能移"（《孟子·滕文公下》）。

"毅"，坚毅，不肯在任何威胁下低头。孟子说："富贵不能淫，贫贱不能移，威武不能屈，此之谓大丈夫。"（《孟子·滕文公下》）"富贵不能淫""贫贱不能移"，是"刚"；"威武不能屈"，是"毅"。

"木"是目光呆滞，面无表情，和"令色""色庄"相反。"令色"是装模作样，"色庄"是故作深沉。

"讷"是言语迟钝，拙于表达，和"巧言"相反。"巧言"是花言巧语、能说会道，也叫"佞"（《公冶长》5.5）。

这四个字，刚、毅是一对，木、讷是一对，皆可连言。刚毅是好词，木讷不同，有负面含义，给人的印象是呆。但孔子讨厌"巧言令色"（《学而》1.3），喜欢木、讷，他用这两个字，是夸。

"仁"，对孔子来说，是很高的道德标准，孔子说，"刚、毅、木、讷，近仁"，这点不容忽视。我们要知道，他的得意门生，特别是德行科的学生，气质上，都有点呆头呆脑。**（老实巴交，才像君子）**

13.28 子路问曰："何如斯可谓之士矣？"子曰："切切偲偲，怡怡如也，可谓士矣。朋友切切偲偲，兄弟怡怡。"

上13.20，子贡也问过同样的问题。子贡是当外交官的材料，故孔子跟他讲的是"行己有耻，使于四方，不辱君命"。这里的回答不一样。子路脾气不好，孔子想扳一扳他的毛病，让他改改脾气，搞好群众关系，所以，给他讲的都是一团和气。

"切切偲偲"，是形容朋友之间的关系。《广雅·释训》把"切切"列入表示"敬"的一类词，王念孙《广雅疏证》以为"切切""偲偲"都是敬义。"偲"音sī。

"怡怡"，是和乐的意思，用来形容兄弟之间的关系。朋友之情是友情，兄弟之情是亲情，两者不能用错地方。朋友之间只能客客气气，兄弟之间才能亲亲热热。孔子认为，只有善于和朋友、兄弟相处的人才配称为"士"。

"朋友"，是同学、同事和同僚，属于社会关系，"兄弟"，是同族、同辈，属于血缘关系。古代的这类词，"切切""偲偲""怡怡"本来都是很普通的词，但

现在读起来，却莫名其妙，要查雅书的释训部分和经传注疏。（**子路问士**）

13.29 子曰："善人教民七年，亦可以即戎矣。"

"善人"，这里也是指统治者。

"即戎"，把人民投入战争。

《公羊传》桓公六年提到秋八月壬午，鲁国举行大阅，何休注解释说，"故比年简徒谓之蒐，三年简车谓之大阅，五年大简车徒谓之大蒐"，即步兵训练要每年一次，车兵训练要三年一次，步兵和车兵混合在一起训练要五年一次。当时，训练军队很费时间，为使参加训练的人达到实战要求，孔子说要用七年。这段话很有史料价值。下面一段也是讲教民作战。（**孔子论兵一**）

13.30 子曰："以不教民战，是谓弃之。"

"以不教民战"，应读"以/不教民/战"，"以"是用的意思，"不教民"是一个词，指没有受过军事训练的老百姓。有训练的士卒，叫"练士""教卒"，没训练的叫"驱众""白徒"。古书引文，有时把"以"字去掉，作"不教民战"，意思就完全变了，成了不教老百姓作战。古人有"三时务农而一时讲武"的说法，通常是在冬季农闲的时候，用打猎的方式教民作战。孔子对军事训练很重视，认为用未经训练的老百姓打仗，等于白白让他们送死。这样做，是"不仁"。"善人"是仁人，当然不能这么干。（**孔子论兵二**）

这两章是讲军事。

宪问第十四

本篇以品评人物为主。孔子品评人物，学生，多见于《公冶长》和《先进》；政要，多见于此篇。这些政治人物，多生活于春秋时期，有些与孔子同时，有些早于孔子。

14.1 宪问耻。子曰："邦有道，谷；邦无道，谷，耻也。""克、伐、怨、欲不行焉，可以为仁矣？"子曰："可以为难矣，仁则吾不知也。"

"宪"，原宪，字子思，即《雍也》6.5的"原思"。《雍也》6.5是以字称，这里是以名称，前人说，这是原宪自己记录的话，不一定。

原宪有两个问题，一问耻，二问仁。

问耻，孔子的回答是，不问世道好坏，光知道当官拿俸禄，可耻。

孔子的处世之道是，能当官，一定要当官，不能当官，才退隐。机会不能丢，原则不能丢，老命也不能丢。失节不行，饿死不行，蹲监狱也不行。他认为，世道好，出来做官，拿俸禄，理所当然；不好，和当权者合作，也拿俸禄，可耻。他老人家一点都不傻，世道好不好，先得试一试，只要有从政的机会，绝不放弃。试过，感觉不对，也别豁出命来硬拼，而是不抛头，不露面，说话小心，把自己保护得好好的。如谨小慎微的南容，天天背"白圭之玷"，"邦有道，不废；邦无道，免于刑戮"，孔子就很欣赏，把他哥哥的女儿嫁给了他（《公冶长》5.2）。

《论语》中，同类说法还有：

> 危邦不入，乱邦不居。天下有道则见，无道则隐。邦有道，贫且贱焉，耻也；邦无道，富且贱焉，耻也。（《泰伯》8.13）
>
> 邦有道，危言危行；邦无道，危行言孙（逊）。（下14.3）
>
> 邦有道则仕，邦无道则可卷而怀之。（《卫灵公》15.7）

问仁，原宪说，克服四大毛病：克、伐、怨、欲，就可以叫仁了吗？孔子说，这只能叫难，还不能叫仁。克是好胜，伐是自吹，怨是牢骚，欲是贪心。克服这四大毛病，难，但都属于不为不善，还不是善，所以孔子说，还够不上仁。

我读此章，对"谷"字最感兴趣，知识分子靠什么吃饭，非常重要，顺便说几句。

"谷"就是俸禄，后世叫"薪水"（萧统《陶渊明传》已有这个词），现在叫工资。中国古代，在政府当差，付酬都是禄米制，挣的是小米，不是钱。后来才发展为半钱半谷，也还是拿米计算。我国1950年代，军队干部和军队转业到地方的干部，都是实行供给制，很像秦汉。当时，钱很毛，一万块才等于后来的一块，金子、粮食最值钱。干部挣的是小米，捐献文物，奖励也是小米。如现在藏于中国国家博物馆的虢季子白盘，1950年捐献，当时，就是奖了一大堆小米。后来实行工资制，军转干，干转其他，或其他转干，有30级，和秦汉的二十等爵相似。秦汉的二十等爵，是从军队发源，推广于文吏。这种制度，基础的基础是士兵的口粮。古代士兵，每顿饭，标准分五等：1/2斗（半食）、1/3斗（参食）、1/4斗（四食）、1/5斗（五食）、1/6斗（六食），每天两顿饭，一天顶多吃一斗（《墨子·杂守》）。俸禄，也是以斗为基础，采取月薪制，古人叫"月食"。官吏，最低一级叫"斗食吏"，每天一斗二升，月俸36斗，一年下来，还不满百石。地位高的，月俸，从百石起步，最高可达万石。他们的俸禄都是用石（衡制单位）来计算。一石二斛，一斛十斗，百石是2000斗。陶渊明，当彭泽令，不肯为五斗米折腰。五斗米道，会员费也是五斗米。道友聚一块儿，只能请十个人撮一顿，而且还是光吃饭不吃菜。伯夷、叔齐不食周粟，其实是不当官。体面人不当官，吃什么？如果没有积蓄，或额外收入，或别人接济，只有饿死。

孔子的收入怎么样？也是有趣的问题，我们可以研究一下。我们都知道，当年，他到齐国找工作，齐景公曾考虑，待之以"季、孟之间"（《微子》18.3），即给他个上卿和下卿之间的官当当，实际上是托辞。孔子在鲁国当大司寇，是大夫一级，他的收入是多少，司马迁在《孔子世家》中有一个说法。据说，孔子见卫灵公，卫灵公向孔子打听，他在鲁国挣多少，孔子说，"奉粟六万"，卫国就付他六万。这"奉粟六万"是多少？前人猜测，恐怕是60000斗小米。60000斗小米是个什么概念？按汉代标准，就是三千石。汉代官秩，最高一级是万石，万石下面是二千石。这个待遇不低。但这是孔子当官时的待遇，不当官，吃什么？靠学生的见面礼（30000条干肉）？学生的捐献（有些家里有钱，有些当官有俸禄）？自己当官攒下的钱？官方的资助？不知道。[1]**（原宪问耻与仁）**

1　参看：牛书，"办学赞助"条，278—279页。

14.2 子曰："士而怀居，不足以为士矣。"

孔子是非常入世的人，他做学问，教书育人，都是围绕做官，而且不像贵族子弟，等家里直接给他个官做，而是凭本事，自己找工作。

战国时期的士，很多都是"游士"，特点就是"游"，游学，游说，到处乱跑，而且是国际性的乱跑。他老人家自己，也是周游列国，到处流浪。《庄子·天运》说，孔子"以奸（干）者七十二君"，这是夸大。古代旅行不易，他这一辈子，足迹不出于今山东、河南二省，除鲁国，只到过周、齐、宋、卫、曹、郑、陈、蔡、楚。当过官的国家，更只有鲁、卫、陈。虽然，找呀找呀找工作，齐国没位子，鲁国很可气，卫国和陈国更令人失望，转了一圈还是回到原地，但这个自己找工作的风气，还是被他提倡起来。《汉书·儒林传》说，孔子死后，"七十子之徒散游诸侯，大者为卿相师傅，小者友教士大夫，或隐而不见"，他的学生，除"隐而不见"，没法出名，其他两类，与世俯仰，很吃香。

孔子提倡人才流动。他说，"士"如果"怀居"，以为"好出门不如歹在家"，就不配称为"士"了。但上面说过，他找工作，不是无条件，不合适了，抬脚就走。他比他的学生倔，转了一辈子，都没找到合适的工作。68岁后，彻底放弃。

（游士）

14.3 子曰："邦有道，危言危行；邦无道，危行言孙（逊）。"

"危"，从文义看，显然和"孙"（读逊）相反。包注训厉，郑注训高，朱注则以"危"为高峻，"孙"为卑顺。一般认为，前者是形容言行激烈，后者是婉顺之义。但《广雅·释诂一》把"危"字与"端""直""公""正"等字列在一起，训为"正也"，王念孙《广雅疏证》卷一上引此，以为"危"是正的意思。我以为，更准确地说，这里的"危"是直的意思。如《卫灵公》15.7"邦有道如矢，邦无道如矢"，就是用"矢"来比喻直，《汉书·贾捐之传》颜师古注、《后汉书·党锢传》李贤注也把"危言"解释为直言。

古人说，乱世，"直如弦，死道边；曲如钩，反封侯"（《续汉书·五行志》引童谣），今语叫"溜沟子走遍天下，老实人寸步难行"。孔子的处世哲学是，人应该以直道事人，但天下有道和无道，不一样。天下有道，可以直言直行；无道，行可以直，但言不行，说话一定要小心谨慎，尽量往回缩。孔子对乱世，态度很现实，同流合污，与时俯仰，他不肯。但挺身而出，赌气饿死、蹲大狱，他也不赞成。**（乱世要慎言）**

14.4 子曰："有德者必有言，有言者不必有德。仁者必有勇，勇者不必有仁。"

鲁叔孙豹和晋范宣子曾讨论什么叫"死而不朽"。范宣子以为，贵族世禄就是不朽，叔孙豹不同意，说"豹闻之：'大上有立德，其次有立功，其次有立言。'虽久不废，此之谓不朽"（《左传》襄公二十四年）。孔子把"德"放在"言"的前面。"仁"和"勇"的关系，也是"仁"在"勇"前。**（德、言、仁、勇）**

14.5 南宫适问于孔子曰："羿善射，奡荡舟，俱不得其死然。禹、稷躬稼而有天下。"夫子不答。南宫适出，子曰："君子哉若人！尚德哉若人！"

"南宫适问于孔子曰"，"南宫适"，字子容，即《公冶长》5.2的南容，这里称名，未必有什么深意。他是个谨小慎微的人，当然不喜欢逞能的人。"问"，古代所谓问，不一定是问句。比如，这里的问，就不是问句。所谓问，只是把自己的判断说出来，征求一下孔子的意见，听听孔子对他说的这四个人有什么看法。这是问题，不是问句。

"羿善射，奡荡舟"，南宫适所议，都是传说夏史上的人物。"羿"是穷国（有穷氏）的国君，以善射名；"奡"音ào，是过国的国君，字亦作"浇"，据说孔武有力，能陆地行舟（在陆地上拖泥橇或冰橇）。顾炎武《日知录》卷七，据今本《竹书纪年》和《楚辞·天问》所记浇伐斟，覆其舟而灭之事，以为"荡（原作盪）舟"即覆舟。他们联手篡夏，被少康消灭。禹是夏代的开国之君，稷是禹的农官。南宫适的判断是，羿、奡都是强梁不得好死，不像禹、稷默默耕耘，反而得到天下。

南宫适的问题，孔子不回答，等他走了，反而赞美他，夸他是君子，道德高尚。这是为什么？我想，他对南宫适的话并不一定完全赞同。南宫适谨小慎微，反对逞强好胜，孔子很欣赏，禹、稷是古昔圣贤，他也不反对，但"禹、稷躬稼而有天下"这话，毕竟有点樊迟的味道，孔子不爱听。孔子欣赏南宫适的人生态度，所以赞美他，但对他的话又有所保留。因为话不好讲，所以干脆不说话。（**南宫适是君子**）

14.6 子曰："君子而不仁者有矣夫，未有小人而仁者也。"

在孔子的价值体系中，仁人比君子要高。孔子严于君子、小人之分。他说的这两类人，有两种不同含义，一种是身份地位的高下，一种是道德教养的高下，两套概念有矛盾。孔子认为，身份君子未必是道德君子，君子也有不仁者，不能一概而论，但身份小人和道德小人却基本上是重合概念，身份地位低，道德教养肯定也低，只能一概视为不仁。（**君子和小人**）

14.7 子曰："爱之，能勿劳乎？忠焉，能勿诲（谋）乎？"

"爱之，能勿劳乎"，"爱之"是仁；"劳"，这里指为人尽力。
"忠焉，能勿诲乎"，"忠焉"，是为人尽心；"诲"，这里应读谋，不是教诲之义，而是谋虑之义，替人着想，替人出主意。
战国文字，谋字的写法，最常见，是从心从母，相当悔（如中山王鼎和郭店楚简）。《说文·言部》，谋字的古文写法，也是从口从母或从言从母，相当诲。参看：《学而》1.4"为人谋而不忠乎"。（**尽心尽力**）

14.8 子曰："为命，裨谌草创之，世叔讨论之，行人子羽修饰之，东里子产润色之。"

这是讲郑国如何起草政令。子产的写作班子，一共有四个人：
"裨谌"，音pí chén，郑大夫，也叫裨灶。谌，从下文看，估计是字。他对郑都以外的农村非常了解，是个善于出谋划策的人。裨谌负责文件起草，先写初稿，叫"草创之"。

"世叔"，即游吉，字子大叔。世叔是子大叔的另一种叫法。他很有文采，负责初稿的审阅和加工，叫"讨论之"。

"行人子羽"，即公孙挥，子羽是他的字。行人，负责外交，是他的官职。他善为辞令，负责二稿的审阅和加工，特别是辞令的修饰，叫"修饰之"。

"东里子产"，即公孙侨，他住在东里，属于郑国七大贵族（七穆）之一的国氏。上述文件，要三易其稿，由他作最后的审阅和加工，叫"润色之"。

子产当政，有四臣襄助：一是冯简子，名、字不详，特点是能为大事拿主意，这里没提到；二是子大叔，即这里的世叔；三是公孙挥，即这里的行人子羽；四是这里的裨谌（《左传》襄公三十一年）。

孔子称赞的是，郑国发布政令，一定要由后面三位和子产共同起草，裨谌了解基层，先写草稿，然后交世叔讨论，然后交子羽修饰，最后由子产定稿。四人各有所长，配合得很好。

子产是郑国最有名的执政大臣，始见于《左传》襄公八年（前565年）。前554年，子展当国，子产任少政，始立为卿。前544年，子皮当国。次年，子皮授政子产。他当政时间较长，前522年才死。子产当政时，孔子才8岁；死时，孔子才30岁。这批人，对孔子来说，是上一代人。此章的年代不易判定，估计是在子产死后，即孔子30岁以后。（**裨谌、世叔、行人子羽和东里子产**）

14.9 或问子产。子曰："惠人也。"问子西。曰："彼哉彼哉！"问管仲。曰："人（仁）也。夺伯氏骈邑三百，饭疏食，没齿无怨言。"

这也是孔子品评政界前辈的话。一评子产，二评子西，三评管仲。

"子产"，孔子说，他是个"惠人"，即施惠于民的人。子产不毁乡校，孔子说，"人谓子产不仁，吾不信也"（《左传》襄公三十一年），就是赞扬他的惠民。子产临终前，托付后事于游吉（即上一章的世叔），劝他当政后，一定要以猛济宽，怕他未树德威，政宽则乱。子产死后，游吉当政，不忍施猛，仍行宽政，导致郑国多盗，不得不派兵镇压。孔子对子产的临终遗言也是高度赞赏，认为它体现的仍是仁爱，称得上是"古之遗爱"（《左传》昭公二十年）。

"子西"，即楚昭王的令尹公子申（其实，据古文字材料，应是王子申）。子西是吴兵入楚后，辅佐昭王复国的功臣，两度让政，亦有令名，但他不听叶公之劝，引发白公之乱，死于难，孔子对他看不上，说"彼哉彼哉"。"彼哉彼哉"，含有轻蔑之义，犹今语"就他呀，就他呀"。

"管仲"，孔子对他是有褒有贬，这里是赞扬。"人也"，清朱彬认为，应读"仁也"（《经传考证》）。程树德说："《论语》人、仁通用，如'井有仁焉''孝弟为仁之本'之类，其例甚多。朱氏义为长。《家语·教思篇》子路问管仲之为人。子曰：'仁也。'是魏晋人旧说如是，似可从。"[1] 管仲把伯氏在骈地的食邑统统剥夺，伯氏只好吃粗食，但到死都没怨言，可见管仲是个铁腕人物，很有权威。《荀子·大略》："子谓子产惠人也，不如管仲。"也是旧说，必有所见。

"伯氏"，皇疏说"名偃"，不详何据。

我理解，孔子这段话，重点是讲仁政。他认为，仁政必宽猛相济，不能一味宽。上述三人，孔子的评价，管仲最高，虽猛而不失其仁。子产有惠名，临终遗言，犹知以猛济宽，也还不错。子西之仁是妇人之仁，最后把命都搭进去了，最下。

此三人，管仲最早，子产其次，子西最晚。或说楚昭王欲召孔子，就是被子西否定（《说苑·杂言》），不一定可靠。子西，马融以为郑子西，即公孙夏。朱注以为楚子西，即公子申。学者多从马注，不对。孔子所举都是当国的名臣，郑国已有子产，不必再举子西，郑国的子西也从未当国，更无政声。此从朱注。（**子产、子西和管仲**）

14.10 子曰："贫而无怨难，富而无骄易。"

人生有很多难过的关，穷是一大关。古人说，"由俭入奢易，由奢入俭难"（宋王素《世范》卷中引）。但这个"易"也恰恰埋伏着"难"。穷人，穷则思变，急于致富，当然有强烈冲动。但富家子看破钱，还容易一点；苦孩子看破钱，就难了，因为他没见过钱。（**贫而无怨难，富而无骄易**）

1　程书，第三册，964页。

14.11　子曰："孟公绰为赵、魏老则优，不可以为滕、薛大夫。"

孟公绰，鲁大夫，出孟氏一族，据《史记·仲尼弟子列传》，是"孔子之所严事"，属于孔子称道的前贤。此人见于《左传》襄公二十五年，即前548年，当时，孔子才4岁。

孔子说，孟公绰给晋国的赵氏和魏氏当"老"（家臣），那是绰绰有余。但不能到滕国和薛国当大夫。晋国是大国，滕、薛是鲁国附近的小国。孔子为什么这么说，孔注的解释是："公绰性寡欲，赵、魏贪贤，家老无职，故优。滕、薛小国，大夫职烦，故不可为。"他的意思是，孟公绰是个清心寡欲的人，他在大国当小官比较轻松，胜任有余，但不适合在小国当大官，那样他会很累。**（孟公绰）**

14.12　子路问成人。子曰："若臧武仲之知（智），公绰之不欲，卞庄子之勇，冉求之艺，文之以礼乐，亦可以为成人矣。"曰："今之成人者何必然？见利思义，见危授命，久要不忘平生之言，亦可以为成人矣。"

"成人"，犹言完人（《集注》）。

"臧武仲之知（智）"，"臧武仲"，鲁大夫，即臧孙纥，武是谥，仲是行，纥是名，看来他是个很聪明的人。

"公绰之不欲"，"公绰"，即上孟公绰，看来他是个清心寡欲的人。

"卞庄子之勇"，"卞庄子"，集解周生烈注谓鲁卞邑大夫，战国秦汉时期，关于他的传说很多。《荀子·大略》："齐人欲伐鲁，忌卞庄子，不敢过。"《左传》襄公十六年："齐侯围郕，孟孺子速徼之。齐侯曰：'是好勇。去之以为之名。'"前人怀疑，前文的"卞庄子"就是后文的"孟孺子速"，孟孺子速，即孟庄子，也叫仲孙速。孟庄子，因食采于卞，也叫卞庄子，但程树德认为证据不足。[1]

"冉求之艺"，冉求，擅长政事，多才多艺。

孔子说，有此四德，再加礼乐的修养，就可以算"成人"。这是孔子的回答。第二个"曰"字以下，有人认为是孔子的话（《集注》），有人认为是子路的话（《集

1　程书，第三册，970页。

注》引胡氏说）。从语气看，我认为是子路的话。孔子说的，主要是前辈（冉求是例外）。子路喜欢顶嘴抬杠，他是以"今之成人"修正孔子的标准。子路的标准，只有三条，一是"见利思义"，这是"不欲"；二是"见危授命"，这是"勇"；三是"久要不忘平生之言"，"要"读"约"，则是虽处困境而不改其志，仍恪守诺言。这三条，都符合子路的性格。其中没有"智""艺"，也没有"礼乐"。

仲由也是卞邑人，正以仲为氏，他和仲孙氏有什么关系，哪怕祖上有什么关系，值得思考。孔子所称，臧武仲和孟公绰，年代都早于孔子，卞庄子可能也是，只有冉求比孔子小29岁。这段话，说话时间不详。（**臧武仲、孟公绰、卞庄子**）

14.13　子问公叔文子于公明贾曰："信乎夫子不言、不笑、不取乎？"公明贾对曰："以告者过也。夫子时然后言，人不厌其言；乐然后笑，人不厌其笑；义然后取，人不厌其取。"子曰："其然？岂其然乎？"

"公叔文子"，出献公之子成子当，即吴季札所称卫国六君子中的公叔发（《左传》襄公二十九年）。公叔是氏，文子是谥，其名为发。

"公明贾"（生卒不详），也是卫臣，公明是氏，贾是名。

公叔文子是卫国的贤达，很有风度，孔子听说，他的特点是"不言、不笑、不取"，于是向公明贾打听是不是如此。公明贾说，这是传话的人把话传错了，公叔文子只是举止得体罢了。他是该说的说，不该说的不说；高兴才笑，不高兴不笑；该拿的拿，不该拿的不拿，所以别人对他的言、笑、取一点也不讨厌。孔子说，是吗？真是这样吗？

这段话应在孔子两次仕卫期间，即前495—前493年和前488—前485年。（**公叔文子**）

14.14　子曰："臧武仲以防求为后于鲁，虽曰不要君，吾不信也。"

"臧武仲以防求为后于鲁"，"防"，在今山东曲阜市东，是臧氏的私邑。此事见《左传》襄公二十三年。

臧氏是鲁三桓以外的另一支重要贵族。臧武仲本来是臧宣叔继室所生的幼子，宣叔废长立幼，即位不合法，而他又参与季氏的废立，同样是废长立幼，既得罪被废的季氏长子，又得罪孟氏，在孟氏和季氏的矛盾中，无法立足，遭诬陷和围攻，最后逃到齐国。

　　孔子说他聪明，主要是两条：第一，他很清楚，季氏喜欢他，其实是害了他，孟庄子死后，必然有杀身之祸；第二，他逃跑后，请被废的哥哥回来继承臧氏，并以自己的私邑防作交换条件，请鲁襄公批准此事。

　　传文末尾，孔子有一段评价，有助于了解臧武仲。他说："知之难也。有臧武仲之知，而不容于鲁国，抑有由也，作不顺而施不恕也。《夏书》曰：'念兹在兹。'顺事，恕施也。"意思是，他这个人很聪明，但不容于鲁国，还是事出有因：废长立幼，是属于"作不顺"；得罪被废人，是属于"施不恕"。孔子认为，他把防邑交出来是带有要挟的成分。（**臧武仲**）

14.15 子曰："晋文公谲而不正，齐桓公正而不谲。"

　　"谲"，音jué，诡诈，和"正"相反。

　　齐桓公、晋文公是孔子之前的两大霸主。他对这类霸主，并不一概否定，不像孟子，尊王必贱霸。但这两个人，孔子更欣赏齐桓公，因为他尊王攘夷，霸是放在王下，完全合法，绝无邪招，这是"正而不谲"。晋文公不同，他的尊王，让人觉得有点"挟天子以令诸侯"的味道，这是"谲而不正"。《左传》襄公二十八年讲，城濮之战后，他把周天子召到河阳，举行践土之盟，借此大会诸侯。这种尊王和齐桓公不同，孔子不赞成。他对晋文公的评价基本上是负面的。传文有孔子对此事的一段评论。孔子说："以臣召君，不可以训。故书曰：'天王狩于河阳。'言非其地也，且明德也。"（**晋文公、齐桓公**）

14.16 子路曰："桓公杀公子纠，召忽死之，管仲不死。"曰："未仁乎？"子曰："桓公九合诸侯，不以兵车，管仲之力也。如其仁！如其仁！"

　　孔子对齐桓公非常欣赏，因而对管仲也非常欣赏。他的学生子路，对此有不同意见。子路是性情中人，临难不苟，宁肯死节。他觉得，管仲、召忽共佐公子纠，争政失败后，召忽死节，是好样的，管仲活着，是耻辱，他恐怕没有达到"仁"。但孔子不同意，他认为，桓公九合诸侯，是衣裳之会，非兵车之会，这是管仲之力，他对尊王攘夷有大功，完全当得起这个"仁"字。

孔子对人的评价，无论时人，还是前人，都很少使用"仁"字，但对管仲，他用了"仁"字。（**管仲一**）

14.17 子贡曰："管仲非仁者与（欤）？桓公杀公子纠，不能死，又相之。"子曰："管仲相桓公，霸诸侯，一匡天下，民到于今受其赐。微管仲，吾其被发左衽矣。岂若匹夫匹妇之为谅也，自经于沟渎而莫之知也。"

"被发左衽"，"被"同披，披头散发，衣襟向左，是夷狄的特点；华夏，是束发右衽。

"匹夫匹妇之为谅也"，"匹夫匹妇"是普通百姓，"谅"，是周南、召南和卫地表示守信的方言字（《方言》卷一）。这里指小信。"谅"亦作"亮"，《孟子·告子下》："孟子曰：'君子不亮，恶乎执。'"孔子和孟子都认为，义之所在，是大信，大信必须守；小信可以变通，不知变通，一味固守，属于谅。

"自经于沟渎而莫之知也"，自己把自己勒死在沟渠中，没人知道。

孔子对管仲的评价非常高，子贡也有异议。他认为，齐桓公杀了管仲的主子，管仲不能死节，还背叛主子，反过来辅佐齐桓公，帮自己过去的敌人，不像话。但孔子还是念叨管仲的好处，说大家都应感谢他。如果没有管仲，咱们就会披发左衽，沦为夷狄。他不认为，管仲应该像匹夫匹妇，为了小信，随随便便自杀。（**管仲二**）

14.18 公叔文子之臣大夫僎，与文子同升诸公。子闻之，曰："可以为'文'矣！"

"公叔文子之臣大夫僎"，"僎"音zhuàn，公叔文子的"文"是谥号，其家臣，名叫僎，书传未闻，仅见于此。

这里，为什么公叔文子与大夫僎一起到朝中做官，就配得上"文"的谥号，不太清楚。孔子曾回答子贡的问题，即孔文子为什么谥文，孔子的回答是"敏而好学，不耻下问，是以谓之文也"（《公冶长》5.15），也许他"敏而好学，不耻下问"，就是向大夫僎请教。孔子谈论此事，可能在孔子仕卫灵公的三年里，即前

495—前493年。他既然谈到公叔文子的谥，说明公叔文子已经死了，或者就是追叙。(公叔文子之臣大夫僎)

14.19 子言卫灵公之无道也，康子曰："夫如是，奚而不丧?"孔子曰："仲叔圉治宾客，祝鮀治宗庙，王孙贾治军旅。夫如是，奚其丧?"

孔子和季康子议论卫灵公。孔子说卫灵公无道。季康子问，那为什么不垮台?孔子说，因为卫国有三位贤臣：仲叔圉，即孔文子，擅长接待宾客，有外交才能;祝鮀，字子鱼，卫灵公的太祝，擅长宗庙祭祀;王孙贾，擅长军事。《雍也》6.16，孔子以"佞"评祝鮀，他是一位能说会道的人。

此三人比吴季札盛赞的六君子(蘧瑗、史狗、史鰌、公子荆、公叔发、公子朝)似乎要晚。孔子和季康子的这段谈话，估计是在前484年孔子返鲁之后。(仲叔圉、祝鮀、王孙贾)

14.20 子曰："其言之不怍，则为之也难。"

"怍"，羞愧。说大话，不脸红，能把事情办好，难。孔子不喜欢只说不练的家伙，大言不惭，他更讨厌。(慎言)

14.21 陈成子弑简公。孔子沐浴而朝，告于哀公曰："陈恒弑其君，请讨之。"公曰："告夫三子。"孔子曰："以吾从大夫之后，不敢不告也。君曰'告夫三子'者。"之三子告，不可。孔子曰："以吾从大夫之后，不敢不告也。"

"陈成子"，名恒，是齐国贵族陈僖子的儿子，他弑齐简公，在前481年，事见《左传》哀公十四年。当时，孔子"请伐齐三"，希望鲁君能派兵讨伐。鲁君让孔子告三桓执政者，他们拒绝了孔子的请求。

"公"，是鲁哀公。

"三子"，从年代上推算，应即孟懿子、叔孙武叔和季康子。

"以吾从大夫之后"，见《先进》11.8，是孔子自称其身份，表示自己是一位前官员。

是年，孔子绝笔《春秋》，颜渊卒。（**陈成子弑齐简公**）

14.22 子路问事君。子曰："勿欺也，而犯之。"

子路问事君，孔子叫他不要说假话，而是犯颜直谏。（**事君**）

14.23 子曰："君子上达，小人下达。"

"君子上达"是达于天命，"小人下达"是达于眼前的利益。参看下14.35。

14.24 子曰："古之学者为己，今之学者为人。"

学习应该是为自己而学习，而不是为别人而学习。我理解，为自己学习，就是为了自己的兴趣爱好而学习；为了找工作找饭碗，表面上也是为了自己，其实是为了别人。（**古之学者为己，今之学者为人**）

14.25 蘧伯玉使人于孔子，孔子与之坐而问焉，曰："夫子何为？"对曰："夫子欲寡其过而未能也。"使者出，子曰："使乎使乎！"

"蘧伯玉"，"伯玉"是蘧瑗的字。《左传》襄公二十九年记吴季札适卫，盛赞"卫多君子"，他举的六君子，有蘧瑗、史狗、史鳅、公子荆、公叔发、公子朝。

蘧伯玉的特点是喜欢自我检讨，活60岁，觉得59年错（《庄子·则阳》）；活50岁，觉得49年错（《淮南子·原道》）。孔子在卫国，他派人看孔子。孔子问使者，蘧伯玉在干什么，使者说，他想少犯错误，但办不到。孔子大为感动，连说，好一位使者，好一位使者。（**蘧伯玉**）

14.26 子曰："不在其位，不谋其政。"曾子曰："君子思不出其位。"

"不在其位，不谋其政"，已见《泰伯》8.14，现在是成语。曾子的话也是说，人不能超出自己的权限来考虑政事的处理。（**不在其位，不谋其政**）

14.27 子曰："君子耻其言而过其行。"

说的比做的好听，孔子认为可耻。参看《里仁》4.22："子曰：'古者言之不出，耻躬之不逮也。'"（**言过其行可耻**）

14.28 子曰："君子道者三，我无能焉：仁者不忧，知（智）者不惑，勇者不惧。"子贡曰："夫子自道也。"

仁慈者不发愁，聪明人不糊涂，勇敢者不害怕，孔子说，这三条属于"君子道"，可惜我没做到。子贡会说话，他说，老师说的正是老师自己。（**君子道**）

14.29 子贡方人。子曰："赐也贤乎哉？夫我则不暇。"

"方人"，是好与人比（《集注》）。俗话说，人比人，气死人。动物行为学家说，不光人，两只老鼠搁一块儿，都有这类问题。子贡喜欢与人攀比。孔子说，你真比人家强吗？要是我，我才没工夫操这个心。（**人比人，气死人**）

14.30 子曰："不患人之不己知，患其不能也。"

类似表达在《论语》中很多，如《学而》1.1"人不知而不愠"，1.16"不患人之不己知，患不知人也"，《卫灵公》15.19"君子病无能焉，不病人之不己知也"。

孔子老说，他不怕人家了解他。他这么说，如果是自己给自己打气，还可以理解，但总是念念叨叨，就让人有点怀疑。因为至爱就是不自知其为爱，至高就是不自知其为高，忘者得之，好像生物本能一样。动物行为学家说，动物比人更真诚，对人的报答也超过人，主要就是，它们的感情是发自本能。一个人如果真的不在乎名，就不必老挂在嘴边。挂在嘴边，就还是放不下。其实，从内心世界看，孔子对生前身后之名，特别是身后的名，还是非常看重。人家不了解他，让他备感孤独。参看下14.35和下篇15.20。（**不怕人不知，就怕己不能**）

14.31 子曰："不逆诈，不亿（臆）不信，抑亦先觉者，是贤乎！"

"不逆诈"，是不逆料别人是不是欺诈。

"不亿不信"，是不猜测别人是不是不讲信用。"亿"读臆，是猜测的意思。

孔子说，如果你不这样做，也能预先觉察对方的阴谋，算你高明。（**怎样才能不上当**）

14.32 微生亩谓孔子曰："丘何为是栖栖者与（欤）？无乃为佞乎？"孔子曰："非敢为佞也，疾固也。"

"微生亩"，生卒不详。《汉书·古今人表》作"尾生畮"，《通志·氏族略》云"鲁武城人"。孔注谓此人即尾生高，但《古今人表》另有"尾生高"，是战国古书盛称的守信者。

"栖栖"，即"恓恓遑遑"（遑亦作惶）的"恓恓"，意思是忙碌不安。他对孔子说，你这么颠沛流离，到处游说，不是属于"佞"吗？孔子辩解说，不是我爱卖弄口舌，而是这些家伙太顽固。（**唇焦口燥为哪般**）

14.33 子曰："骥不称其力，称其德也。"

"骥"是千里马，"称"是称谓之称。"骥不称其力，称其德也"，马有什么"德"可称？郑玄以为"调良"，即训练得好。但"德"可训得（古音都是端母职部），也可能是指它跑的结果到底怎么样，即是骡子是马，拉出来遛遛看。跑到终点的马才叫好马。（**跑到终点的马才是好马**）

14.34 或曰："以德报怨，何如？"子曰："何以报德？以直（值）报怨，以德报德。"

"或说"是有人说。他问孔子，以德报怨怎么样？孔子说，如果以德报怨，那德该用什么报呢？——难道用怨来报吗？总不行吧？还是"以直（值）报怨，以德报德"吧。"以直报怨"，就是以和怨对等的东西报怨，也就是"以怨报怨"，和"以德报德"是一样的。

这段话很重要。《老子》第六十三章有"报怨以德"的说法。过去，大家认为，老子既然比孔子年纪大，他的书就比《论语》早，这话是孔子回应《老子》的。我说，这种看法不可信。老子，人可能比孔子早，书不一定，恐怕相反。《老子》《论语》和《墨子》，谁早谁晚，我有一个标准，就是看谁反对谁。《墨子》批孔，最明显。他的《尚贤》《尚同》等十篇，篇篇批孔。《老子》，"正言若反"（第八十章），和什么反？也是和孔子反。[1]孔子批谁？批墨吗？不批，也不可能批。批老吗？除这条可讨论，也是毫无对话。批别人，必须先有被批的东西才能批，《论语》和《老子》，谁早谁晚，不是很清楚吗？我不认为，这是《论语》回应《老子》。

"以直报怨"，朱注说是以"至公而无私"报答怨，这种解释有问题。我理解，它不是说用正直之直报答怨，而是说以对等的东西报答怨。这里的"直"，其实应读为"值"，是以怨报怨。

这里有两组对称。一组是"以德报怨"和"以怨报德"，一组是"以德报德"和"以怨报怨"。孔子的态度到底是什么？我们可以看一下《礼记·表记》。《表记》正好谈到这两组对称。一组是"以德报德，则民有所劝。以怨报怨，则民有所惩"，一组是"以德抱怨，则宽身之仁也。以怨报德，则刑戮之民也"。孔子认为，以德报德是劝民向善，以怨报怨是惩民为恶。这是他的基本态度。"以德报

1　如"不尚贤，使民不争"（第三章），"故大道废，焉有仁义；智慧出，焉有大伪；六亲不和，焉有孝慈；邦家昏乱，焉有贞臣"（第十八章），"绝圣弃智，民利百倍；绝仁弃义，民复孝慈；绝巧弃利，盗贼无有"（第十九章），"绝学无忧"（第二十章），"故失德而后仁，失仁而后义，失义而后礼。夫礼者，忠信之薄也，而乱之首也"（第三十八章）。其中"绝仁弃义"，虽然郭店楚简作"绝伪弃诈"，却无法改变我们对全书的基本印象。

怨""以怨报德"，在他看来，都不是"礼之常"，前者是上对下过于宽厚，后者是下对上过于凶恶（参看《孔疏》）。

另外，孔子为什么不直接说"以怨报怨"，而说"以直报怨"，这个问题也值得讨论。我怀疑，这恐怕是一种文字游戏。因为"德"字的古文字写法有三种，或从彳从直，或从直从心，或从直从心再加彳旁，无论哪种，都是从直得声。**（以直报怨，以德报德）**

14.35 子曰："莫我知也夫！"子贡曰："何为其莫如知子也？"子曰："不怨天，不尤人，下学而上达，知我者其天乎！"

"下学而上达"，孔注说："下学人事，上达天命。"

孔子认为，他的为人所知或不被人知，是自己决定不了的。他只能尽人事，听天命。

请注意，孔子经常说，别在乎别人知不知道自己，但这段话却透露出，他对自己不为人知还是非常在乎的，而且有点酸酸的无奈。他虽说"不怨天，不尤人"，但还是慨叹，知他者只有老天。**（老天了解我）**

14.36 公伯寮愬子路于季孙。子服景伯以告，曰："夫子固有惑志，于公伯寮，吾力犹能肆诸市朝。"子曰："道之将行也与（欤），命也；道之将废也与（欤），命也。公伯寮其如命何！"

"公伯寮愬子路于季孙"，"公伯寮"，鲁人，字子周，见《史记·仲尼弟子列传》，但《孔子家语·七十二弟子解》没有他。"愬"音sù，诽谤。他到季氏那里说子路的坏话，出卖孔子，前人怀疑，他不是孔子的学生，是也是个犹大，卖师求荣的人，所以明朝有个叫程敏政的，请罢其从祀，最后，把他赶出了孔庙。

"子服景伯"，也是鲁人，子服是氏，景是谥，伯是行，其名为何。子服氏是仲孙氏的一个分支，从称呼看，他应当是贵族。《仲尼弟子列传》和《七十二弟子解》没有这个学生，但他给孔子通风报信，还要亲手杀掉公伯寮，简直比弟子还弟子。

"夫子固有惑志,于公伯寮,吾力犹能肆诸市朝",这三句怎么断句?朱注作"夫子固有惑志于公伯寮,吾力犹能肆诸市朝",但《史记》《集解》皆于"志"下出注,这里断为三句。"夫子"指季氏,这三句话的意思是,季氏虽有很多糊涂想法,但说到公伯寮这个家伙,我还有把子力气,足以干掉他,让他伏尸街头。古代杀人,一般要陈尸于市或陈尸于朝三天,是谓"肆诸市朝"。

子服景伯对孔子这么好,杀人的事都敢干,前人宁愿相信,他才是孔子的弟子。好在孔子仁慈,制止了这一恐怖活动。他说,我的道行得通行不通,还是听天由命吧,公伯寮能拿天命怎么着。

这里讲的故事,没头没尾。我们并不清楚,公伯寮到季氏那里说了什么,也不知道子服景伯为什么要杀他。这里的"季氏"是季桓子还是季康子,不能肯定。子路为季桓子宰,在前498年。前484年,他随孔子返回鲁国后,也在季氏那里做过事。前后两事季氏。但前480年,子路死卫。这段话有可能在前498年,或前484—前480年之间。(**公伯寮其如命何**)

14.37　子曰:"贤者辟(避)世,其次辟(避)地,其次辟(避)色,其次辟(避)言。"子曰:"作者七人矣。"

"辟"同避。孔子主张,天下无道,要知"四避"。

"辟世"是避乱世,世是时代,是时间,谁也躲不过,这条最难。一定要避只能自杀。郑玄注说,伯夷、叔齐、虞仲是避世者。

"辟地"是避危地,孔子说,"危邦不入,乱邦不居"(《泰伯》8.13),最好躲在一个比较安全的地方。郑玄注说,荷蓧、长沮、桀溺是避地者。

"辟色",是避不好的脸色。郑玄注说,柳下惠、少连是避色者。

"避言",是避恶言。郑玄注说,荷蒉、楚狂接舆是避言者。避色和避言,其实是避人(避坏人)。乱世,坏人很多。

"作者七人",应该是带头搞四避的人。郑玄注说是上面提到的十人,"七人"是"十人"之误(《邢疏》引)。包咸注说是长沮、桀溺、丈人、石门、荷蒉、仪封人、楚狂接舆(《集解》引)。王弼注说是伯夷、叔齐、虞仲、夷逸、朱张、柳下惠、少连(《皇疏》引)。这些都是猜测。相比之下,王弼注更合理一点。第一,他举七个人，不改字；第二，他举的七个人，好像都是孔子以前的人，说是"作者"，比较合适。郑玄注，人太多，改字不好。包咸注，全是孔子碰到的人，不是最早的人。

读《论语》，我们要注意，孔子重视的人，除政界要人，古昔圣贤，还有不少是怪人。这些人，《庄子》当中有不少，有些是古代的怪人，有些是当代的怪人。当代的怪人，尽跟孔子抬杠，孔子不急也不恼。因为他知道，怪人不是坏人。坏人多在权位上。下面是个怪人名单：

（1）古异见者（持不同政见者），如殷代的三大仁人：微子、箕子、比干（《微子》18.1）；周代的两大仁人：伯夷、叔齐。伯夷、叔齐，"耻食周粟"，工资不要且不说，连命都不要了。古人讲道德高尚，冰清玉洁，他俩是代表。

（2）古逸民（前朝的遗老遗少，或辞官不做，从官位上逃跑的人），如伯夷、叔齐、虞仲、夷逸、朱张、柳下惠、少连（《微子》18.8）。《微子》18.9的大师挚等八人，也应归入这一类。

（3）古隐者（隐逸山林，躬耕垄亩者），见于《论语》，主要是四个人：楚狂接舆（《微子》18.5）、长沮（《微子》18.6）、桀溺（《微子》18.6）、荷蓧丈人（《微子》18.7），还有个荷蒉者（下14.39），古人说他也是个避世的贤人或隐者。

（4）古狂士。一是楚国的子桑伯子（《雍也》6.2），经常光膀子；二是孔子的老熟人原壤（《宪问》14.43），也是放浪形骸，不拘礼节。

（5）还有仪封人（《八佾》3.24）和石门晨门（下14.38）。这两个人，都是小官，不是上面的哪一种，但古人老把他俩捎上。

这一干人，全是古代的怪人，主动边缘化，主动疏离主流社会。你别看，孔子碰到的隐者，他们对孔子，都是冷嘲热讽，孔子对他们，却是敬佩之极。孔子知道，他所在的世界，这些人才是清，他们看不起的才是浊。他想跟他们谈话，都被拒绝了。因为他奔走呼号的劝说对象，在他们看来，都是十足的坏蛋，费那个劲儿干什么？何苦来哉！孔子站在清浊二道之间，举目无亲，彷徨无地。爱清，却不肯厝身于清；恨浊，又不能忘情于浊，好像《夜奔》的林冲，"专心投水浒，回首望天朝"。（四避）

14.38　子路宿于石门。晨门曰："奚自？"子路曰："自孔氏。"曰："是知其不可而为之者与（欤）？"

"石门"，鲁城的外郭门。"晨门"是管早晨开城门的小吏。他对孔子的评语很对。孔子的一生是"知其不可而为之"。他和隐者不同，隐者是"知其不可而避之"和"知其不可而逃之"。（**知其不可而为之**）

14.39　子击磬于卫，有荷蒉而过孔氏之门者，曰："有心哉，击磬乎！"既而曰："鄙哉，硁硁乎！莫己知也，斯已而已矣。深则厉，浅则揭。"子曰："果哉！末（蔑）之难矣。"

"磬"，孔子学习音乐，老师是鲁国的乐官击磬襄，即师襄子。《孔子家语·辨乐》："孔子学琴于师襄子，襄子曰：'吾虽以击磬为官，然能于琴。'"孔子不仅会鼓瑟，还会击磬，都是跟他学的。磬是用石板制成，往往像编钟一样，编联成组，悬挂而击之。

"荷蒉而过孔氏之门者"，传统解释，都说这是一位古隐者。隐者的传统形象，不是老农，就是渔父。"荷"是肩挑手扛，"蒉"音kuì，是草编的筐子。

"鄙哉，硁硁乎"，"鄙"是俗气，"硁硁"音kēngkēng，是击磬的声音，硁与磬古音相同。

"深则厉，浅则揭"，出《诗·邶风·匏有苦叶》。"厉"是穿着衣裳过河，"揭"是撩起衣裳过河。涉世如涉水，当知深浅。

"果哉！末（蔑）之难矣"，"果"是果决；"末之"，是一个固定的词，末通蔑，是没有办法的意思；"难"是辩难。

这是讲，孔子仕卫，不得意，在家击磬，有个担草筐的人从门口经过，一听，就知道孔子有心事。他说，你这么击磬，是有心事吧。过一会儿又说，你这么硁硁作响，也太俗气了吧。人家不理解你，不就是你那点心事嘛。《诗经》上说，河水深，就穿着衣裳过河；河水浅，就撩起衣裳过河——世事深浅，你该知道呀。他的意思是说，世道这么坏，你又不是不知道，干吗非死乞白赖，一定要人家理解你。孔子听了，只好说，您要说得这么绝，我就无话可说了（没法跟您辩论了）。

此章足以说明，孔子说不患人不知，其实他还是非常在乎的。（**孔子击磬**）

14.40 子张曰："《书》云；'高宗谅阴，三年不言。'何谓也？"子曰："何必高宗，古之人皆然。君薨，百官总己以听于冢宰三年。"

"高宗"，殷高宗，即武丁。"高宗谅阴，三年不言"，见《书·无逸》。"谅阴"，《礼记·丧服四制》作"谅闇"，《尚书大传》作"梁闇"。旧有二说，一说训谅为信，读闇为暗，指守信不言（《尚书大传》和孔注、马融注）；一说读谅为凉，读闇为盦或庵，指孝子服丧所居的凶庐，即遮凉的草庵（郑玄注）。子张所问，即"三年之丧"，孔子的解释是，旧君死了，新君要服丧三年，三年不说话，三年不听政。百官之事都交给冢宰代理。子张年龄小，这段话应是孔子晚年讲的。（**三年不言**）

14.41 子曰："上好礼，则民易使也。"

类似的话，可参看《子路》13.4。那段话是："上好礼，则民莫敢不敬；上好义，则民莫敢不服；上好信，则民莫敢不用情。夫如是，则四方之民襁负其子而至矣。"但这段话并不是说，为上者是用礼来使民。礼是用于君子大人，和老百姓无关。（**上好礼，民易使**）

14.42 子路问君子。子曰："修己以敬。"曰："如斯而已乎？"曰："修己以安人。"曰："如斯而已乎？"曰："修己以安百姓。修己以安百姓，尧、舜其犹病诸。"

这段话很重要，涉及孔子定义的三种最高的人。大家读这段话，一定要和《雍也》6.30对照参看。

《雍也》6.30："子贡曰：'如有博施于民而能济众，何如？可谓仁乎？'子曰：'何事于仁，必也圣乎！尧、舜其犹病诸！夫仁者，己欲立而立人，己欲达而达人。能近取譬，可谓仁之方也已。'""博施于民而能济众"是圣，"己欲立而立人,己欲达而达人"是仁。比仁更低是什么? 他没讲。

这里,子路问孔子,三问三答,是讲人的三种境界,一层比一层高。

第一层,子路问孔子,什么是君子? 孔子答,把自己的修养搞好,也敬重别人,就是君子。"以"是而的意思。

第二层,子路问,到此为止了吗? 孔子答,更高的要求是,把自己的修养搞好,也能安定别人。这个层次,当然也是君子,但已超出一般的君子,狭义的君子,对比《雍也》6.30可知,其实是仁人。

第三层,子路问,到此为止了吗? 孔子答,更高的要求是,把自己的修养搞好,也能安定天下的百姓。但这件事,就连尧、舜都头疼。这个层次,也是君子,但比仁人更高,对比《雍也》6.30可知,其实是圣人。尧、舜就是圣人。

这里值得注意的是,"人"与"众"或"百姓"不一样。"人"是上流君子,"众"或"百姓"是下层大众。(**子路问君子**)

14.43 原壤夷俟。子曰:"幼而不孙(逊)弟,长而无述焉,老而不死,是为贼。"以杖叩其胫。

"原壤",生卒不详。鲁有原氏,此人与原宪同氏。

"孙弟",亦作"逊弟"或"逊悌",是敬顺长者的意思。

《礼记·檀弓下》说,原壤是孔子的老朋友,从小就熟。原壤的妈妈死了,孔子帮他料理后事,他却登上棺木,若无其事地唱歌。孔子不高兴,但从旁经过,假装没听见。同行者劝孔子取消此事,孔子说,我俩打小就熟,这点面子,不能不给。皇疏说,原壤是"方外之圣人也,不拘礼教",孔子是"方内圣人,恒以礼教为事"。看来,原壤是个放浪形骸、不拘礼节的人。

这段话很有意思,原壤在家等孔子,他不是跪坐,而是两腿平伸。我在美国的大学,经常看到学生在楼道里这么坐。他一人在家,休息时这么坐,倒也罢了,孔子到他家,他用这种姿势迎客,就不礼貌了。古人所谓坐,都是跪坐,屁股放在脚跟上,这叫正襟危坐。危坐是跪坐。他这么坐,古人叫"箕踞",也叫"夷",两条腿是平放。"俟"是等待。他心里想,来人又不是别人,不就是我打小就认识的孔小二嘛。孔子到了,一看他是这副模样,太不像话,破口大骂,说你这个家伙，小时候小时候你不乖，长大了长大了提不起来，活到这把年纪你还不死，简直就是个老混蛋。孔子一看见原壤平伸的那两条腿，真是气不打一处来，使劲拿棍子打。"胫"音jìng，是小腿。

"老而不死，是为贼"，台湾人爱讲，他们常把最后一字隐去，只说"老而不"，并呼政敌为"老贼"。我们这儿的老太太也爱骂自己的老伴儿是"老不死的东西"。但《释名·释长幼》说，"老而不死曰仙"，神仙也是老而不死。

孔子讨厌不讲礼貌的人。原壤是他的发小儿，两人太熟。他跟孔子不客气，孔子也跟他不客气，连棍子都用上了。（**孔子动手打人**）

14.44 阙党童子将命。或问之曰："益者与（欤）？"子曰："吾见其居于位也，见其与先生并行也，非求益者也，欲速成者也。"

"阙党童子"，阙党是住在阙里的乡党组织。阙里是孔子故里，大家到曲阜，都会去阙里孔庙和孔府。阙里是里名，古代就有这个里名（如《荀子·儒效》）。孔子幼年丧父，跟他妈妈搬回姥姥家住，这里是他姥姥家，即颜氏聚居的地方。"童子"，是20岁以下的未成年者，但不是小小孩儿，而是半大小子。这个年轻人，是个爱出风头的人，他在礼仪场合负责传达辞命。有人问，他是个追求上进的人吗？孔子说，我见他，坐敢与长者平起平坐，行敢与长者并肩而行，绝不是上进之人，而只是躁进之人，显然看不惯。在他看来，这个人是少调失教，不懂规矩，不懂礼貌。躁进和上进不一样，差别在这里。

《孟子·告子下》："徐行后长者谓之弟，疾行先长者谓之不弟。"阙党童子的行为就是属于"不弟"，即上一章说的"不孙（逊）弟"。（**阙党童子**）

卫灵公第十五

本篇多短章格言，有些话，我喜欢，如"君子矜而不争，群而不党"（15.22），"君子不以言举人，不以人废言"（15.23），"当仁不让于师"（15.36）。

15.1 卫灵公问陈于孔子。孔子对曰："俎豆之事，则尝闻之矣；军旅之事，未之学也。"明日遂行。

"陈"，同阵。陈是古体，阵是后起的俗体。隋唐时期，行陈之陈多作阵，但先秦两汉皆作陈。东汉许慎以陈为陈国之陈，加攴旁之陈为陈列之陈，想区别这两个字。当时，仍无阵字（《说文》的《攴部》和《自部》）。[1]北齐颜之推说，行陈之陈，《六韬》《论语》《左传》皆作陈，"俗本多作阜傍车乘之车"，"《苍》《雅》及近世字书皆无别字，唯王羲之《小学章》，独阜傍作车"（《颜氏家训·书证》）。《小学章》即《隋书·经籍志》著录的王羲之《小学篇》。据颜氏考证，后世流行以阵为陈，可以追溯到晋。

卫灵公问陈，是请教军事，不限阵法。如上博楚简《曹沫之陈》，就是鲁庄公向曹沫问陈的兵书，内容也是泛论军事。

"俎豆"，俎是切肉的小几，豆是盛羹酱的器物。两者都有铜制的，也有木制的，这里代指祭器。

"军旅"，古代军队编制有很多级，古人是以"卒伍"代指低层的编制，"军旅"代指高层的编制（参看《孙子·谋攻》），这里指军队。

《左传》哀公十一年，孔文子将攻大叔疾，向孔子请教，孔子说，"胡簋之事，则尝学之矣。甲兵之事，未之闻也"，"胡"即瑚，瑚、簋都是盛谷类食物的祭器，两段话如出一辙。孔子以知礼著称，认为知礼才配谈兵，灵公无道，不配。苏辙说，夹谷之会，齐臣犁弥言于齐侯曰："孔丘知礼而无勇，若使莱人以兵劫鲁侯，必得志焉"（《左传》定公十年），卫灵公对孔子也有这种印象，他认为孔子擅长的是礼，不是军事，问陈是故意刁难孔子，孔子明白他的用意，所以第二天离开了卫国（《古史》）。这种猜测不一定对。

孔子仕卫公，是卫灵公在位的最后三年，即前495—前493年。他离开卫国

1　其实，在古文字材料中，陈国之陈，两种写法都用，并无区别。

是前493年。这里所记是孔子离开卫国的前一天，可以精确到天。（**孔子不爱谈军事**）

15.2 在陈绝粮，从者病，莫能兴。子路愠见曰："君子亦有穷乎？"子曰："君子固穷，小人穷斯滥矣。"

古代僧侣，很多都是苦行僧，没有工作，没有收入，到处流浪，靠乞讨为生。圣人也是如此。他们和叫花子有不解之缘。知识分子，原来是自由职业者。自由职业的特点就是靠人施舍，有人养他。圣人故事，少不了蒙难，唐僧取经，历九九八十一难，饿肚子是家常便饭。

孔子周游列国，主要有三次大难：一次是过匡被围（前496年），见《子罕》9.5；一次是宋司马桓魋要杀他（前492年），见《述而》7.23；一次是在陈断粮（前489年），即此所述。这是第三次大难。

"在陈绝粮"，即在陈断粮。"粮"，《释文》引郑注本作"粻"，字不同，意思一样。孟子说"君子之厄于陈、蔡之间，无上下之交也"（《孟子·尽心下》），把断粮地点说成陈、蔡之间。《荀子·宥坐》也提到此事，说"七日不火食，藜羹不糁，弟子皆有饥色"，即七天没起火做饭，光吃野菜，粒米未进，饿得够呛。当时，子路想不通，孔子给他讲了很多大道理，说你怎么知道，我不会从"桑落之下"发迹呢？杨倞注："桑落，九月时也，夫子当时盖暴露，居此树之下。"情况更具体，他们是在一棵树叶飘零的桑树下饿肚子。

这次饿肚子，可把大家饿惨了，"从者病，莫能兴"，大家都饿得爬不起来了。

"固"，旧注都以为是固然之义，包括朱注，但朱注引程子说，却把"固穷"解释为"固守其穷"，后说不可取。

当时，子路气得直跳脚，说"君子亦有穷乎"，即君子也该这么饿肚子吗？孔子说"君子固穷，小人穷斯滥矣"，即君子当然会受穷，但不像小人耐不住穷，一穷就歇斯底里。

这里，同是"君子"，理解不一样。

子路认为，君子是体面人，不但一定有饭吃，而且还吃得很好，就像有些怀旧者说，过去当教授的，即使乱离之世，也有四菜一汤。他说的是"身份君子"。

"身份君子"是贵族。

孔子说的君子不是这种君子。他说的是"道德君子"。"道德君子"，有君子风度，但不一定有钱有势，弄得不好，难免饿肚子。君子穷，也要穷得有风度。他在上一篇说过，"贫而无怨难，富而无骄易"（《宪问》14.10），小人的特点就是受不了穷，穷了就会发牢骚，甚至大发脾气。孔子的意思是，像你这样，就是属于"穷斯滥矣"。**（君子免不了饿肚子）**

15.3 子曰："赐也，女（汝）以予为多学而识之者与（欤）？"对曰："然，非与（欤）？"曰："非也，予一以贯之。"

孔子强调执简驭繁。他不但不承认自己特别聪明，连知识多、记性好都不承认。

"识"，有两种读法：一种是表示记忆，读zhì；一种是表示认识，读shí。这里指前者。

人的记忆分两种：一种是死记硬背，机械记忆；一种是在理解的基础上记忆，靠联想来记忆。孔子跟子贡讲的话，意思是说，你以为我是博闻强记啥都记得住吗？不是。其实，我是靠"一以贯之"。

这种"一以贯之"的"一"，不是提示性的线索，如关键词或关键的例子，而是贯穿性的线索，如原理、原则。清李中孚说，"刘文靖谓丘文庄博而寡要，尝言丘仲深虽有散钱，惜无钱绳贯钱。文庄闻而笑曰：'刘子贵虽有钱绳，却无散钱可贯。'"（《四书反身录》）散钱和钱绳，比喻很形象。"一以贯之"的东西，就是像钱串子那样可以把零散记忆串连起来的东西。

中国学术，研究自己，人很多，文章和书也很多，毛病是鸡零狗碎，缺乏理论穿透力和内容的整体把握，只有散钱，没有钱绳，让欧美学者和日本学者看不起，碰到别人批评，还反唇相讥，说我有的是钱，比你阔多了。

《里仁》4.15，孔子说"吾道一以贯之"，曾子说，孔子的"道"是"忠恕"。

1950年代，中国取缔和镇压各种"反动道会门"，其中一种，叫"一贯道"。"一贯道"在台湾有不少信徒。**（一以贯之）**

15.4 子曰:"由,知德者鲜矣。"

孔子跟子路说,懂得道德的人太少了。他很孤立。(**懂道德的很少**)

15.5 子曰:"无为而治者,其舜也与(欤)?夫何为哉?恭己正南面而已矣。"

"无为而治",是道家推崇的治术。道家讲无为而治,黄老之术,是以黄帝为榜样。这种说法,道家讲得最多,但别人也不是不讲。这种理想,大家都讲,儒家也讲,他们对早期传说中的无为而治,也是抱欣赏态度。只不过,孔子强调的是圣王立身端正,先从自己做起,他的榜样是尧、舜。

黄帝垂衣裳而天下治,主要是专家治国,所谓"七辅""六相""四史",就是讲专家治国。战国秦汉流行的黄帝书就是依托这类故事。

《尚书》有《尧典》《舜典》,也讲群臣分工,各司其职,是儒家所本,司马迁讲舜臣二十二人(《史记·五帝本纪》),也是一个强有力的领导班子。

道家也好,儒家也好,所谓无为,其实是无不为。当头的不是专家内行,但他会选会管会用专家内行,"一个大笨蛋管一堆聪明人",当然省心省力。(**无为而治**)

15.6 子张问行。子曰:"言忠信,行笃敬,虽蛮貊之邦行矣。言不忠信,行不笃敬,虽州里行乎哉?立,则见其参于前也;在舆,则见其倚于衡也,夫然后行。"子张书诸绅。

"行",指出行,出远门。古代日书,问行是专门一类。

"蛮貊之邦",野蛮国家。古代多以"蛮"指中国南方的少数民族,"貊"音mò,指中国东北的少数民族。"貊",古书亦作"貉"。这里泛指古代的野蛮地区。

"州里",和前者相反,是指开化地区。古代的国野制度,城郊是编为州里。

"立",立于地,步行立于地,与"在舆"相反。"在舆"是乘车而行。

"参于前","参"应读为参照之参,王引之说是"相直于前"的意思(《经义述闻·通说上》"参"),即好像有字书在前,正对着自己的脸。

"倚于衡"，是说好像有字横于车轭。

子张问出行，孔子的回答是两条，"言忠信，行笃敬"。他要子张记住这两条，走到哪里都不要忘记。步行时，眼前有这六个字；坐车时，眼前也有这六个字，凭这六个字，走遍天下。子张没带简册，赶紧把这六个字记在绅上。

"绅"是腰间大带下垂的部分。当官的人和儒者，要把笏搋在腰带上。这种打扮的人，叫搢绅之士，现在简称为绅士。绅士的绅，前面有一截，垂在下面，好像西服的领带。领带，据说起源于军队，罗马时代就有，但现在的西服是19世纪的东西。他们的gentlemen是脖子上挂这么一根，我们是腰上挂这么一根。我们可以想象，子张是用左手把领带式的这一截撩起来，捧在手里，好像版牍，然后用右手在上面写字。这是急中生智。换了现在，如果没带笔记本，可以写在领带上。

"子张书诸绅"这句话，有人说，和帛书的发明有关。中国的帛书是什么时候发明？做纺织史的和书籍史的都很关心。钱存训先生说，帛书的发明不晚于公元前6、7世纪，主要就是根据这段话。[1]

其实，这个证据并不过硬，因为子张把老师的话记在腰带上，这只是偶然的行为，我们不好说，腰带就是帛书。

子张年龄小，孔子自卫返鲁，子张才20岁，这段话应是孔子晚年讲的。（**子张书绅**）

15.7 子曰："直哉史鱼！邦有道如矢，邦无道如矢。君子哉蘧伯玉！邦有道则仕，邦无道则可卷而怀之。"

"史鱼"，即史鰌，字子鱼，《论语》仅见于此。
"蘧伯玉"，已见《宪问》14.25。
这两个人都是卫国的名臣。他们曾历事卫献公、殇公、亡而复入的献公、襄公、灵公。孔子见过卫灵公，他曾跟季康子数落"卫灵公之无道"（《宪问》14.19）。灵公无道，肯定没跑。但灵公以前呢，什么时候"邦有道"？不知道。

1　钱存训《书于竹帛》，上海：上海书店出版社，2002年，95—96页。

　　孔子的处世哲学是，什么时候都应当以直道事人，邦有道，应该出来做官；邦无道，则应退隐。原则要坚持，命也不能丢。

　　这段话可能是孔子仕卫期间所讲，即前495—前493年或前488—前485年。（**史鱼和蘧伯玉**）

　　15.8 子曰："可与言而不与言，失人；不可与言而与之言，失言。知（智）者不失人，亦不失言。"

　　孔子慎言，对说话很讲究。他认为，该跟人交谈而不交谈，是"失人"；不该跟人交谈而交谈，是"失言"；真正聪明的人，既不"失人"，也不"失言"。"可与言而不与言"是属于隐瞒，"不可与言而与之言"是属于急躁。（**失人和失言**）

　　15.9 子曰："志士仁人，无求生以害仁，有杀身以成仁。"

　　孔子热爱生命，决不轻易玩命。但生命诚可贵，仁义价更高。他说，志士仁人，不会为了苟活而损害仁，只会为了仁而毅然献身，这叫"杀身成仁"。（**杀身成仁**）

　　15.10 子贡问为仁。子曰："工欲善其事，必先利其器。居是邦也，事其大夫之贤者，友其士之仁者。"

　　子贡问为仁，即如何做符合仁的事。孔子认为，首先是和该国的精英，最优秀的大夫，最讲仁的士，和他们搞好关系。这就像工匠要把活做好，先要把工具准备好。

　　这里，我们要注意的是，孔子提到"其大夫之贤者"是用"事"字，提到"其士之仁者"是用"友"字。可见，他是把子贡的身份看成"士"。"友"和"侑"有关，基本上是平行关系。西周金文，讲册命仪式，总有"右者"陪受命者出席，这种右者就是"友"。（**子贡问仁**）

15.11 颜渊问为邦。子曰："行夏之时，乘殷之辂，服周之冕，乐则《韶》《舞（武）》。放郑声，远佞人。郑声淫，佞人殆。"

颜渊问如何治理国家，孔子答了四条：

（1）"行夏之时"，是实行夏代的时令。古有"三正"之说，夏正建寅（孟春正月），殷正建丑（季冬十二月），周正建子（仲冬十一月）。春秋之世，晋用夏正，鲁用周正。今《大戴礼》有《夏小正》篇，原本别行，传说是夏代的月令。

（2）"乘殷之辂"，"辂"，古书亦作"路"，是一种比较高级的马车。驯化马和马车的发明，中亚和西亚都比中国早。《世本》说"奚仲作车"，似乎夏代已有马车。但中国最早的马车，从考古发现看，目前只有商代晚期的例证。

（3）"服周之冕"，周人讲究穿戴，冠冕堂皇，帽子做得特别好。

（4）"乐则《韶》《舞（武）》"，古人说的"乐"，包括声乐、器乐、舞蹈，是合三者而言之。俞樾考证，这里的"舞"当读为"武"（《群经平议》）。[1]司马迁说，"三百五篇，孔子皆弦歌之，以求合《韶》《武》《雅》《颂》之音"（《史记·孔子世家》），也是《韶》《武》并言。孔子喜欢古典音乐。西人常以"古典"称美希腊、罗马，但他们的古典音乐，其实并不古老，只是18世纪末、19世纪初的音乐。孔子时代，最有名的古典音乐有六种，一曰《云门》，为黄帝的音乐；二曰《咸池》，为唐尧的音乐；三曰《大韶》，为虞舜的音乐；四曰《大夏》，为夏禹的音乐；五曰《大濩》，为商汤的音乐；六曰《大武》，为周武王的音乐。六种音乐，孔子最喜欢《韶》，其次是《武》（《八佾》3.25）。他在齐国听《韶》乐，说"三月不知肉味"（《述而》7.14）。

这四条，都属于制礼作乐。

另外，孔子还补充说，有些坏东西，必须清除：

一是"放郑声"。"放"是驱逐，这里指消除；"郑声"是流行音乐，和雅乐相反。当时的流行音乐，主要是郑、宋、卫、齐等国的通俗音乐，特别是与男欢女爱有关的音乐（《礼记·乐记》），孔子的评价是"淫"。"淫"是淫荡。古典音乐太高雅，老百姓听不懂也听不见，即使男欢女爱，也不是"淫"，君子听见的都

1　程书，第四册，1086页。

是道德之音。流行音乐不一样，谁都心领神会，孔子讨厌，说这都是"淫"，不灭不行。

二是"远佞人"。"远"是躲避，"佞人"是能说会道、花言巧语的人，孔子也讨厌，他的评价是"殆"。"殆"是危险。

过去有四句话，住美国房，开德国车，娶日本老婆，吃中国菜（异说多，不备举）。孔子说，历法是夏代的好，车子是商代的好，帽子是周代的好，音乐是古典的好，最好把不同时期的好捏一块儿。现在，中国的历法、车子、帽子已经全盘西化，音乐也被打得落花流水，中国自己的宝贝，或曰国粹，只剩中医、京剧、方术、武术、中国菜等不多几种了，还有就是中国话、中国字和中国人。但就连这些，也都是变了味的东西。（**颜渊问为邦**）

15.12 子曰："人无远虑，必有近忧。"

"远"和"近"，可以是时间上的，也可以是空间上的。此话已成成语。（**人无远虑，必有近忧**）

15.13 子曰："已矣乎！吾未见好德如好色者也。"

此与《子罕》9.18重。孔子说，算了吧，我还没见过谁能像好色一样好德。

司马迁说，卫灵公与夫人南子同车，命孔子在后一辆车上跟着，招摇过市，然后孔子讲了这段话，因此去卫（《史记·孔子世家》）。但本篇第一章说，孔子去卫是因为灵公问陈。也许两个原因都有。这里的"已矣乎"是表示彻底绝望。如果司马迁的说法可靠，则这段话应在前493年。（**吾未见好德如好色者也**）

15.14 子曰："臧文仲其窃位者与（欤）！知柳下惠之贤而不与立（位）也。"

"臧文仲"，即臧孙辰，已见《公冶长》5.18。

"立"，与"位"同源。

"柳下惠"，是鲁国的贤人。旧注都说，此人即《左传》僖公二十六年和文公二年的展禽。展禽，名获字禽，排行为季，也叫展季。柳下，是以居于柳树下为号，古代邑里，往往以树而名。惠是谥。其官职是士师。士师管贵族狱讼。

臧文仲知柳下惠贤，却放着位子不给柳下惠，孔子骂他是"窃位者"。"窃位"即俗话说"占着茅坑不拉屎"。我们的很多教授都有退休恐惧症，就像有些当官的，一旦从岗位上退下来，马上身心崩溃，甚至一命呜呼。他们常常找各种借口，赖着不走；不但不走，还嫉贤妒能，不是贴心人，绝不让位。这种人就是属于"窃位者"。**（窃位者）**

15.15 子曰："躬自厚而薄责于人，则远怨矣。"

"躬自厚"是"躬自厚责"的省言，和"薄责"相对。**（远怨）**

15.16 子曰："不曰'如之何，如之何'者，吾末（蔑）如之何也已矣！"

"末"，读蔑。

一往无前，也一往无后，不计代价，也不问后果，没头没脑，也没心没肺，这种人，你该拿他怎么办？孔子说，不念叨"怎么办，怎么办"的人，我不知道该拿他怎么办。**（如之何）**

15.17 子曰："群居终日，言不及义，好行小慧，难矣哉！"

这是讲小人扎堆的情况。

"小慧"，是小聪明。

"难矣哉"，是形容自己很难这样做。类似的感叹也见于《阳货》17.22。《阳货》17.22说，"子曰：'饱食终日，无所用心，难矣哉。'"认为下棋都比这强。这段话与之非常接近。

孔子认为，对君子来说，整天扎堆聊天，飞短流长，言不及义，对他来说，简直不可想象。现在，我们称为"单位"的地方，经常是这种气氛，唧唧喳喳，拉拉扯扯。我叫"小人国里尽朝晖"。**（小人堆）**

15.18　子曰："君子义以为质，礼以行之，孙（逊）以出之，信以成之。君子哉！"

"君子以义为质"，义是藏在心里的东西，属于质。质是内在的东西，他要把这样的东西展示给别人，不能张牙舞爪，一定要谦逊，叫"孙（逊）以出之"。而"礼以行之"，是把礼当作执行义和维护义的标准，怎么执行，怎么维护？靠的是信，说到做到。孔子认为，能做到这四点，才算君子。（**君子**）

15.19　子曰："君子病无能焉，不病人之不己知也。"

这是孔子反复强调的思想，即不怕人不知，就怕己无能。参看《宪问》14.30。（**不怕人不知，就怕己无能**）

15.20　子曰："君子疾没世而名不称焉。"

我在前面说过，孔子不是不要名，不是不怕别人不知道。人有生前之名和身后之名，他对名看得很重，特别是身后之名。孔子对利也不是不要，他对禄也看得很重。

我记得，杰克·伦敦说过，名和利，两样挑一样，他要利，如果有了利，他要名。现在的学术界，名，又臭又滥，所谓"名师"几乎和骂人差不多。虚名和实利，我宁肯选择利。（**就怕死无闻**）

15.21　子曰："君子求诸己，小人求诸人。"

孔子认为，只有"无欲"，才配称为"刚"（参看《公冶长》5.11）。"无欲"的意思不是清心寡欲，而是无求于人。朱注引杨氏说，把上面三章解释为意义关联的一组，如果是这样，这三章的意思就是："不怕人不知"（15.19）、"就怕死无闻"（15.20）、"还得靠自己"（15.21）。（**君子求己，小人求人**）

15.22 子曰："君子矜而不争，群而不党。"

"矜而不争"，是自爱自尊，不与人争。

"群而不党"是合群，拿自己当普通人，甘当群众一分子，并不拉帮结派，搞小集团。我特别喜欢这句话。参看《述而》7.31的"君子不党"。

填表，"政治面目"栏，我填"群众""无党派"。我一直说，我就是"群而不党"。

但有人告我说，你别臭美了，"无党派人士"，就像"爱国人士"或"民主人士"，只是年纪一大把，享有某种特殊身份的人才可以叫，你也配？你只是群众。

我有点糊涂，如果我这样的人既不属于"有党派人士"，也不属于"无党派人士"，我算什么东西？还有"爱国人士"和"民主人士"，我也不明白，难道还有"不爱国人士"或"不民主人士"吗？

群众当然是糊涂的。**（矜而不争，群而不党）**

15.23 子曰："君子不以言举人，不以人废言。"

"举"和"废"相反，举是不废，废是不举。

人和言不同。好人可能说坏话，坏人可能说好话，同一个人的话也有好有坏，所以不能以言举人，也不能以人废言。当年新民学会的成员定期做自我批评，毛泽东说，他自己的毛病就是好以人废言，以言废人。

"不以言废人"和"不以言举人"还不太一样。"不以言举人"，是不凭你讲了几句正确的话，就全面肯定你，极力推举你；"不以言废人"，是不凭你说了几句错误的话，就全盘否定你，从此不用你。**（不以言举人，不以人废言）**

15.24 子贡问曰："有一言而可以终身行之者乎？"子曰："其恕乎！己所不欲，勿施于人。"

孔子用一句话赠送子贡，就是"己所不欲，勿施于人"。这句话属于恕道，也见于《颜渊》12.2。**（己所不欲，勿施于人）**

15.25 子曰："吾之于人也，谁毁谁誉？如有所誉者，其有所试矣。斯民也，三代之所以直道而行也。"

"试"，同《子罕》9.7"吾不试，故艺"的"试"，这里指考察。

孔子自问自答说：我骂过谁？我夸过谁？骂谁，他没讲，怎么骂，不知道。夸谁，他说都是"有所试"，即经过亲自检验，有根有据，并非虚誉。他是夸必有据。

孔子是复古主义者，他认为上古三代就是靠这种人推行直道。（**直道**）

15.26 子曰："吾犹及史之阙文也。有马者，借人乘之。今亡矣夫！"

孔子主张多闻阙疑，认为自己不懂的东西，最好留下来。他说，他还见过史官记录中的"阙文"。这种"阙文"留下来，是让后来者补正，就像自己有马，借给别人骑。他说这种精神，现在已经没有了。（**阙疑**）

15.27 子曰："巧言乱德，小不忍则乱大谋。"

孔子反对"佞"，也反对"小不忍"，认为花言巧语，会败坏道德；一点小委屈都受不了，会扰乱大的部署，坏大事。（**小不忍则乱大谋**）

15.28 子曰："众恶之，必察焉；众好之，必察焉。"

孔子对舆论抱怀疑态度，认为舆论全都说好，或全都说坏，反而可疑，我非常欣赏这种态度，参看《子路》13.24。（**群众的评价，未必可靠**）

15.29 子曰："人能弘道，非道弘人。"

道是人追求的目标，不是帮助人出名的。（**人能弘道，非道弘人**）

15.30 子曰："过而不改，是谓过矣。"

有错不改是最大的错，但天下的错误很多，自己的错误很多，改起来很累。光自己的错误就改不过来。比如写文章，就是校过多少遍，也还出错。（**有错不改是最大的错**）

15.31 子曰："吾尝终日不食，终夜不寝，以思，无益，不如学也。"

《大戴礼·劝学》："孔子曰：'吾尝终日而思矣，不如须臾之所学。'"《荀子·劝学》也有同样的话，但没有"孔子曰"。《为政》2.15："子曰：'学而不思则罔，思而不学则殆。'"这里讲的就是"思而不学则殆"。（**终日思，不如须臾学**）

15.32 子曰："君子谋道不谋食。耕也，馁在其中矣；学也，禄在其中矣。君子忧道不忧贫。"

人类社会，自有贫富分化，就有劳心劳力、治人治于人的矛盾，孔子看得很清楚。

人，越是土里刨食，越是饿肚子，不如读书有前途。孔子知道，即使饿着肚子读书，也没关系，只要把书读好，将来有官做，就有禄米，以前的亏空，也可以补回来。所以，他才说"谋道不谋食""忧道不忧贫"。

后世《劝学文》，"书中自有黄金屋，书中自有千钟粟，书中自有颜如玉"，就是滥觞于此。孔子反对躬耕，讨厌种菜种庄稼，道理就在这里（他才不讲"耕读传家"）。他老人家觉得，种菜种庄稼，一是丢份儿，二是不划算。（**君子忧道不忧贫**）

15.33 子曰："知（智）及之，仁不能守之，虽得之，必失之。知（智）及之，仁能守之，不庄以莅之，则民不敬。知（智）及之，仁能守之，庄以莅之，动之不以礼，未善也。"

"不庄以莅之，则民不敬"，参看《为政》2.20"临之以庄则敬"，"莅"就是

"临"。这里是说，不摆出一副庄重的样子给下面的老百姓看，老百姓就不敬。

孔子讲了四条，"知（智）""仁""庄""礼"，最后落实在礼。（**动之以礼**）

15.34 子曰："君子不可小知而可大受也，小人不可大受而可小知也。"

这段话是说，君子不可用小事考验，但可委以重任；小人不可委以重任，但很容易了解。（**君子和小人**）

15.35 子曰："民之于仁也，甚于水火。水火吾见蹈而死者矣，未见蹈仁而死者也。"

马融和朱熹都说，仁和水火一样，是人民赖以为生的东西，人跳到水里会淹死，跳到火里会烧死，但跳到仁里不会死人。但我理解，这并不是表达人民对仁的依赖有甚于水火，而是说人民避仁唯恐不及，有甚于水火。这话表达了孔子的失望。孔子不仅对统治者失望，对老百姓也失望。他的意思是，老百姓对他的"仁"都是躲着走，绕着走，如避水火。

人人都说好人好，但在现实生活中，他们却往往避之唯恐不及，谁都不想当好人，这不光是几千年的事。（**民之于仁也，甚于水火**）

15.36 子曰："当仁不让于师。"

我喜欢这句话。亚里士多德说，"吾爱吾师，吾更爱真理"，也是类似表达。有的学生很油滑，他是"吾爱吾师，吾亦爱真理"，或"吾爱吾师，吾只爱吾师之真理"。现在，更有甚者，老师也是工具，他什么都不爱。（**当仁不让于师**）

15.37 子曰："君子贞而不谅。"

"贞"，孔注、皇疏训正。贞可训正，见《广雅·释诂一》。贞字，古文字本来是假鼎字为之，在古书中经常假为定字，后来则加卜于上，则又用作表示卜问之义的贞字。卜辞命辞常用"贞"字引出待定之事，有些是问句，有些不是。西方学者说贞与问无关，统统不是问句，我不同意。古文字的问与闻本来都作闻，只是搞清事实，取得可靠消息，是否为问句并不重要，训定与训问毫无矛盾。定字从宀正声，又与正通。贞、鼎是端母耕部字，定是定母耕部字，正是章母耕部字。它们是古音相近、意义相关的一组同源字。这里的"贞"是守信的意思，守信的含义是从定引申。

　　"谅"，见《宪问》14.17。"贞"和"谅"都是信，但信和信不一样。"贞"是遵守原则的信，只要不违反原则，可以有所变通。"谅"不同，它是拘泥小信，死守诺言。孔子说"言必信，行必果"是"硁硁然小人哉"（《子路》13.20），孟子也说"大人者，言不必信，行不必果，唯义所在"（《孟子·离娄下》）。死守"言必信，行必果"，流于偏执，不知变通，就是这里的"谅"。（**君子贞而不谅**）

15.38 子曰："事君，敬其事而后其食。"

　　"敬其事"，即"敬事"，参看《学而》1.5。"敬事"是古代常用语，是忠于职守、恪尽职守的意思。这里是说，君子无功不受禄，事君，要先把事情办好，然后再谈俸禄问题。（**敬事**）

15.39 子曰："有教无类。"

　　这是孔子的教学原则，众所周知。它的另一面是"因材施教"。"有教无类"是《论语》中语，"因材施教"不是。后者是程颐、张栻的话（见《为政》2.7—2.8和《雍也》6.21两章朱熹注引）。（**有教无类**）

15.40 子曰："道不同，不相为谋。"

　　这段话，现在是成语。
　　信仰是最容易引起争论的问题，也是最不能讨论的问题。

"道不同"，是根本原则不同，如政治立场不同，宗教信仰不同，学术见解不同。这里面，宗教禁忌最多，排他性最强。宗教信徒，信仰不同，根本说不到一块儿去，只好"不相为谋"。但我们不要忘记，虽然信教的是一类，不信教的是一类，信教的却最容不得其他信仰，不信教的反而是他们争取的对象。

以前，在美国，有些传教的，好像上门推销。碰到这类人，出于客气，我总是说，对不起，我不信教。美国朋友告诉我，错，大错，如果你想彻底摆脱他们的骚扰，最好的答复是，你已加入另一宗教。（**道不同，不相为谋**）

15.41 子曰："辞达而已矣。"

"辞"，可以是言辞，也可以是文辞。

"达"是表达思想，把想说的意思说清楚，写明白。

翻译讲究信、达、雅。写文章，也讲究信、达、雅。信是准确，达是通畅，雅是漂亮。

我年轻时，特别迷信雅，花团锦簇，为文造情，文学性第一，后来从事学术，又想把文章写得老气横秋，甲乙丙丁，开中药铺，好像特有学问。后来，我才知道，写字应该跟说话一样，自然、流畅，把话说得简简单单、明明白白，让人一看就懂，才最重要，也最不容易。

现在，我很赞同孔子，"达"确实很重要。（**把话说明白**）

15.42 师冕见，及阶，子曰："阶也。"及席，子曰："席也。"皆坐，子告之曰："某在斯，某在斯。"师冕出，子张问曰："与师言之道与（欤）？"子曰："然，固相师之道也。"

孔子热爱音乐，和音乐界的人士有来往，他们多半是盲人。

"师冕"，是一个名叫冕的乐师。古代的师有很多种：一类是乐官之师，即《周礼·春官》的乐师、大师、小师、磬师、钟师等等，《微子》18.9的"大师""少师"，就是这类师；一类是师保之师，即《周礼·地官》的师氏，这种师，从西周铜器的铭文看，其实是一种军事教官，如西周铜器常见的"师某"，就是这类教官。这里的"师冕"是乐官，他是盲人。

　　"某在斯，某在斯"，"某"是代指坐在席上的每个人的名字，尊者称字，卑者称名。上博楚简《容成氏》说，上古盛世，所有残疾人都会得到合理安排。这当然是理想之辞，但也不完全是虚构。比如古代经常用盲人当乐师，跛脚之人看大门，就是传统。我们山西，盲人拉胡琴吹唢呐的乐队很多，路上，一个牵一个，《老井》里面演过。阿炳也是盲人。孔子对师冕照顾很周到，很耐心，凡台阶、席位，一一指示，这是对待盲人乐师的礼貌，孔子叫"相师之道"。**（相师之道）**

季氏第十六

本篇第一章和第十三章比较长。各章记孔子言，多用"孔子曰"，如16.1—16.7和16.9—16.11，但16.8用"子曰"，16.13用"曰"，16.12和16.14不记说话人。"孔子曰"多见于《论语》后半部，而以此篇最集中。

16.1 季氏将伐颛臾。冉有、季路见于孔子曰："季氏将有事于颛臾。"

孔子曰："求，无乃尔是过与（欤）？夫颛臾，昔者先王以为东蒙主，且在邦域之中矣，是社稷之臣也。何以伐为？"

冉有曰："夫子欲之，吾二臣者皆不欲也。"

孔子曰："求，周任有言曰：'陈力就列，不能者止。'危而不持，颠而不扶，则将焉用彼相矣？且尔言过矣，虎兕出于柙，龟玉毁于椟中，是谁之过与（欤）？"

冉有曰："今夫颛臾，固而近于费。今不取，后世必为子孙忧。"

孔子曰："求，君子疾夫舍曰欲之而必为之辞。丘也闻有国有家者，不患寡而患不均，不患贫而患不安。盖均无贫，和无寡，安无倾。夫如是，故远人不服，则修文德以来之；既来之，则安之。今由与求也，相夫子，远人不服，而不能来也；邦分崩离析，而不能守也；而谋动干戈于邦内。吾恐季孙之忧，不在颛臾，而在萧墙之内也。"

此章是记冉有、季路共仕季氏时发生的事情。文中的"季氏"和"季孙氏"，是季康子。

"颛臾"，音zhuān yú，在蒙山西，今山东平邑县东北，是个风姓古国。齐鲁是古国博物馆。山东古国，多出东夷系统，尤其是风、嬴二姓。风姓古国传出太昊，嬴姓古国传出少昊。《左传》僖公二十一年："任、宿、须句、颛臾，风姓也，实司大皞与有济之祀，以服事诸夏。"这四个小国都在鲁故城附近，任在西南，宿、须句在西北，颛臾在东而偏南。孟子说，方不足50里（长宽不足50里）的小国不能上达天子，只能附属于邻近的大国，叫做"附庸"（《孟子·万章下》）。这些小国都是鲁国的附庸。此时，三桓四分公室，季氏有其二，势力最大。颛臾在季氏封邑费的西北，离费（今山东费县西北）只有80里，季氏谋伐颛臾而吞并之，冉有、季路向孔子报告此事，孔子大发脾气，把他俩训了一顿。

"无乃尔是过与"，意思是，你们这么干，也未免太过分了。句中的"是"字，俞樾认为，应读"寔"或"实"（《群经平议》），[1]是实在的意思。

"夫颛臾，昔者先王以为东蒙主"，"先王"指周天子；"东蒙"，即蒙山，因在鲁东，故称东蒙。《汉书·地理志》说，泰山郡有蒙阴县（今山东蒙阴县西南），县西南有蒙山（在今蒙阴、平邑两县交界处），蒙山有祠。该祠是后世祭祀此山的祠庙，早先由颛臾负责祭祀，是为"东蒙主"。

"邦域之中"，"邦"，《释文》引或本作"封"。"邦""封"同源。这里是说，颛臾在鲁国的国土或封土范围之中。

"社稷之臣"，是说颛臾以附庸的身份臣事于鲁。

"周任"，见《左传》隐公六年，马融注说是"古之良史"，年代不可考。

"陈力就列，不能者止"，原来的讲话背景已不太清楚，这里的意思，大概是指为臣者就任某种官职，先要考虑自己能不能胜任，不能胜任，趁早别干。

"危而不持，颠而不扶，则将焉用彼相矣"，意思是，如果你的主子有从高处摔下去的危险，你都不拉他一把，或有跌倒的危险，你都不扶他一下，还要你们帮他干什么？

"虎兕"，"虎"是老虎，"兕"音sì，古人说法不一，归纳诸说，特点是：似牛，色青，一角，皮革可作铠甲，显然就是今天说的犀牛。但古书另有犀字，犀、兕还有所不同。《尔雅·释兽》分兕、犀为二，兕的特点是"似牛"，犀的特点是"似豕"，同属今之犀牛，仍有两种。动物学家考证，甲骨文和古书中的"兕"是印度犀（*Rhinoceros unicornis*），体形较大，而"犀"是爪哇犀（*Rhinoceros sondaicus*），体形较小。

"柙"，音xiá，兽笼，《释文》引旧本或作"匣"。这两个字，古书常用为通假字。柙的古文字写法是从虎从㚔（音niè），象老虎戴着手铐，本指关押老虎或关押老虎的笼子。

"龟"，这里指占卜的龟壳、龟版，古代从远方贡输者，在古代是宝物。出土发现，红山玉器和商周玉器，都有玉制的仿品。

"椟"，参看《子罕》9.13。前面，我们说过，这类器物的铜制品，考古发现很多，一般是出土于女性墓中。过去，晋侯墓地63号墓出土过一件压碎的铜方

1　程书，第四册，1130—1131页。

盒，内盛玉器，其中就有玉龟壳。这种盒，林梅村教授考为匦，[1]其实叫匵更合适。匵就是椟。[2]

"君子疾夫舍曰欲之而必为之辞"，"疾"，是讨厌；"舍曰欲之"，是故意不说自己想干什么；"必为之辞"，是非要找个说法作借口。

"有国有家"，本来应作"有邦有家"，"国"是避汉高祖讳改字。

"不患寡而患不均，不患贫而患不安"，上句，《春秋繁露·度制》《魏书·张普惠传》引作"不患贫而患不均"，清俞樾据《春秋繁露》，把它改为"不患贫而患不均，不患寡而患不安"，认为"寡""贫"二字应倒过来，下文"均无贫"是承"不患贫而患不均"，"和无寡""安无倾"是承"不患寡而患不安"（《群经平议》）。[3]这样改动，似乎很有道理，但"贫"与"寡"同义，即使调换位置，也不影响文义。下面三句，"均"固对"贫"，但"寡"却并不对"安"，而是作"和无寡""安无倾"，其实不改也读得通。

这两句，很重要，今天仍有意义。"寡""贫"是财富少，属于经济发展问题，"均"是贫富差距小，属于社会公平问题。"和"是和谐，"安"是安定，属于国家安全问题。发展当然是硬道理，但先使一部分人富起来容易，共同富裕难，普降甘露，成本太高，所以说"不患寡而患不均"。"不患贫而患不安"也是难题。富人的最大问题是缺乏安全感。比如作为世界第一富国的美国，穷兵黩武，成天反恐，就是缺乏安全感。穷光蛋怕什么！

"盖"字以下的三句，是插入解释的部分。"夫如是"，指这三句前面的"患不均""患不安"。怀柔远人是中国古代的政治理想。孔子认为，一个国家，如果不能解决公平问题和安全问题，远人就会不服。不服怎么办？只能自修文德，而不是自修武德，一通乱打，不服也得服。

"既来之，则安之"，意思是既然把他们吸引来了，就要好好安抚他们，让他们安心住下去。现在的用法有点变，成了您既然来了，就好好待着吧。我国古代，边疆地区，特别爱用威、化、镇、抚、安、宁、怀、归一类字眼作地名，如辽宁的宁

1　林梅村《中国古代藏书考》，北京大学考古文博学院编《考古学研究》（五），下册，北京：科学出版社，2003年，1013—1024页。

2　李零《读小邾国铜器的铭文》，收入政协枣庄市山亭区委员会编《小邾国文化》，173—189页。

3　程书，第四册，1137页。

远，北京的怀柔，河北的怀来和宣化，内蒙古的绥远，陕西的定边、靖边，甘肃的安化、靖远，等等。所谓"来之"，所谓"安之"，都是软硬兼施。

现代的怀柔远人，也是如此。远人来服，主要看移民局，世界各国的人都往哪儿跑。移民局也叫归化局，就是专管远人来服的。欧洲各国和日本，都害怕远人来服。美国有立国原则，表面上欢迎移民，骨子里也害怕移民。全世界的难民都投奔"自由世界"，"自由世界"会吓得发疯。

"萧墙之内"，指鲁君所在。萧墙是一种遮蔽来人视线的短墙。古代宫室，常于入口处设屏帷，如同后世的影壁和屏风。天子在门外设屏，叫外屏；诸侯于门内设屏，叫内屏。大夫有帘，士有帷，也是类似的东西。这种屏，就叫萧墙。孔子的意思是，季孙氏担心的根本不是颛臾，而是鲁君。他是怕鲁君收拾自己，颛臾为其内应。当时，孔子生气，主要是生冉有的气。因为二子俱仕季孙，冉有是季氏宰，责任比子路大。他认为，季氏伐颛臾，目的是削弱公室，冉有、子路明知不对，却不加劝阻，还要辩解说，这不是他俩的主意，是季氏要这样干，甚至说颛臾城池坚固，离费这么近，不吞并它，将来必定是季氏的后患，这是助纣为虐。

此事，史书毫无记载，《论语》是唯一线索。冉有为季氏宰在前492年，即季康子执政后。他担任此职，时间很长。子路为季氏宰在仲弓和冉有之前，即前498年，旋辞职，随孔子周游列国。他随孔子返回鲁国在前484年，再事季康子当在此年之后。而子路死卫在前480年。由此，我们估计，季氏谋伐颛臾，当在前484—前480年之间。（**季孙之忧，不在颛臾**）

16.2 **孔子曰："天下有道，则礼乐征伐自天子出；天下无道，则礼乐征伐自诸侯出。自诸侯出，盖十世希不失矣；自大夫出，五世希不失矣；陪臣执国命，三世希不失矣。天下有道，则政不在大夫；天下有道，则庶人不议。"**

整个东周史，是一部礼坏乐崩的历史。孔子对这一历史过程有一个总体评价，负面的评价。

"礼乐征伐"，指对内对外的各种政令。"礼乐"，是代表对内的权力；"征伐"，是代表对外的权力。这些政令是从天子出，还是诸侯出，还是大夫出，还是由大夫的家臣把持，可以反映政治权力的下替过程。下替的结果，是"希不失"，即少有不完蛋的。

完蛋，要多少时间？"十世""五世""三世"，该怎么看？这里可以讨论一下。

"十世"，古代所谓"世"，作为世代交替的平均数，是30年。"十世"是300年。平王东迁（前770年）到孔子卒（前479年）共291年，近于这个数字。这里，"十世"应指周天子，而不是齐、晋、鲁等国的诸侯。但平王东迁到孔子卒有13个王，似乎多了一点。东周时期，"礼乐征伐自诸侯出"，其实是从齐桓公开始。从齐桓公到孔子卒，这期间的周王倒正好是10个，即僖、惠、襄、顷、匡、定、简、灵、景、敬十王。这10个王，也许就是孔子所说的"十世"。

"五世"，是指"大夫"，也包括卿，其实是卿大夫，当时各国都有一批出自强族的执政大臣，如齐有高、国、鲍、陈，鲁有孟、叔、季三桓，郑有七穆，晋有六卿，等等。但孔子所指，是鲁国的季氏，即文子、武子、平子、桓子、康子五世。

"三世"，则指"陪臣执国命"，即卿大夫的家臣，如阳货和公山弗扰。阳货可能历事平、桓，武子时已执季氏之政，正好是"三世"。

孔子说的"五世"和"三世"都是讲鲁国国内。

孔子说，"天下有道，则庶民不议"，这和现代民主制，正好相反。（**天下无道一**）

16.3 孔子曰："禄之去公室五世矣，政逮于大夫四世矣，故夫三桓之子孙微矣。"

还是讲上面的事，即季专鲁政。两条都是孔子自卫返鲁以后的话。

"禄之去公室五世矣，政逮于大夫四世矣"，国君丧失爵禄的控制权已经五代了，政令落在大夫的手里已经四代了。郑注说，"五世"是鲁国的宣、成、襄、昭、定五公；"四世"是李氏的武子、平子、桓子、康子。

"故夫三桓之子孙微矣"，是说照这种趋势发展下去，可以预言，三桓的后代一定会衰亡。（**天下无道二**）

16.4 孔子曰："益者三友，损者三友。友直，友谅，友多闻，益矣。友便辟，友善柔，友便佞，损矣。"

这是讲交友之道，里面有经济学。

前面，孔子两次提到"无友不如己者"（《学而》1.8和《子罕》9.25），就是考虑到投入产出和成本计算。

这里，孔子说，有三种朋友交了划算，有三种朋友交了吃亏。即跟正直、守信、见多识广的人交朋友，有益；跟谄媚、虚伪、能说会道的人交朋友，有损。这叫"益者三友，损者三友"。

"直"是正直的人。"便辟"音piánbì，是谄媚事上，喜欢拍马逢迎的人。"便"是利于、工于什么的意思。"辟"读"嬖"，是"宠嬖"的意思。

"谅"是守信的人，特别是死守信用的人。"善柔"是表面恭顺、口是心非、笑里藏刀的人。

"多闻"是见多识广的人。"便佞"是能说会道的人。"便"的意思同上。

"善柔"和"便佞"，也就是"巧言令色"。（**益者三友，损者三友**）

16.5 孔子曰："益者三乐，损者三乐。乐节礼乐，乐道人之善，乐多贤友，益矣。乐骄乐，乐佚游，乐宴乐，损矣。"

这是讲君子的嗜好，里面也有经济学。

孔子说，喜欢用礼乐节制自己的行为，喜欢讲别人的好话，喜欢多交好朋友，有益；喜欢纵情极欲，喜欢闲游闲逛，喜欢吃喝玩乐，有损。这叫"益者三乐，损者三乐"。

这两章与郭店楚简《语丛三》的一段话形式相似。这段话是"与为义者游，益。与庄者处，益。起习文章，益。与亵者处，损。与不好学者游，损。处而无辩习也，损。自示其所能，损。自示其所不足，益。游佚，益。崇志，益。在心，益。有所不行，益。必行，损"（简9—16）。有趣的是，《论语》说"乐佚游"属于"损"，但简文却说"游佚，益"。（**益者三乐，损者三乐**）

16.6 孔子曰："侍于君子有三愆：言未及之而言，谓之躁；言及之而不言，谓之隐；未见颜色而言，谓之瞽。"

参看《卫灵公》15.8："可与言而不与言，失人；不可与言而与之言，失言。"

"三愆"，是三种不得体的行为，"愆"音qiān，本指过失。这里的三种不得体是：君子还没说，就抢着说，叫"躁"（急躁）；君子已经说，还不接话，叫"隐"（隐藏）；不看君子的脸色，就随便开口，叫"瞽"（瞎眼）。

古书有类似说法，如《荀子·劝学》："未可与言而言谓之傲（躁），可与言而不言谓之隐，不观气色而言谓之瞽。"《盐铁论·孝养》："言不及而言者，傲也。"

《释文》："鲁读躁为傲。""躁"与"傲"，古音都是宵部字，声母接近，可通假。《鲁论》作"傲"，是属于假读的异文。但这种异文却带来了意义上的不同。两种读法，《古论》作"躁"更好。（**侍于君子有三愆**）

16.7 孔子曰："君子有三戒：少之时，血气未定，戒之在色；及其壮也，血气方刚，戒之在斗；及其老也，血气既衰，戒之在得。"

《淮南子·诠言》有类似的话，作"凡人之性，少则猖狂，壮则暴强，老则好利"。皇疏说，"少之时"是20岁以下，"及其壮也"是30岁以上，"及其老也"是50岁以上。古人对"少""壮"的讲法比较统一。但"老"的概念不太确定，50岁是老，60岁是老，70岁也是老。这段话是说，君子有三戒：20岁以下，血气未定，要戒好色；30岁到40岁，血气正盛，要戒好斗；50岁以上，血气衰竭，要戒贪得（贪财）。

古人认为，人的好色、好斗和贪财，全都和血气有关。特别是好斗，我们的动物界老前辈就是这样。如：（1）"怒者，血气也。争者，外脂（肌）肤也。怒若不发，浸廪（淫）是为痈疽"（马王堆帛书《经法·五政》）；（2）"夫天之所覆，地之所载，包于六合之内，托于宇宙之间，阴阳之所生，血气之精，含牙戴角，前爪后距，奋翼攫肆，蚑行蛲动之虫，喜而合，怒而斗，见利而就，避害而去，其情一也。"（《淮南子·修务》）

希腊医生加伦于公元2世纪提出四体液说，认为人的气质是由体液决定。我国医学则讲血气，以血为阴，以气为阳。现代医学认为，人的性冲动和应急反应与内分泌产生的激素（也叫荷尔蒙，即hormone）水平有关。好色与雄激素有关，好斗和肾上腺素有关。

年轻人，气血旺盛，好色好斗，这类冲动，可以转移。太监被阉，据说好吃，嘴头特别壮。人老了，豪放不起来，"了不起"变成"老不起"（马王堆帛书《养生方》的术语），好色、好斗的劲儿歇了，没关系。老头、老太太，另有爱好，比如买股票、买彩票。这种游戏特刺激，花甲老人也似脱缰野马。但孔子说了，"戒之在得"，如果志在必得，心脏、血管受不了。**（君子有三戒）**

16.8 孔子曰："君子有三畏：畏天命，畏大人，畏圣人之言。小人不知天命而不畏也，狎大人，侮圣人之言。"

这段话的意思是说，有三样东西，是君子所敬畏，也是孔子所敬畏，一是"天命"，二是"大人"，三是"圣人之言"。

孔子敬天命，不顺心的时候，或蒙难之际，急了就呼天。

"大人"和"小人"相反，是有身份地位的人。这个词，《易经》频见，其中《师》上六有"大君"一词，上博楚简作"大君子"，马王堆本作"大人君"，双古堆本同今本，我怀疑，都是指"大人君子"。大人和君子是类似的词。但这里的"大人"是君子所畏，则是官长，比一般的君子要高。

"圣人之言"是古代圣王留下的教训。

小人不论这些，天命不敬，大人不怕，圣人的话也敢亵渎。"狎"的本义是习惯，但仆役眼中无英雄，习惯常常导致轻侮，引申义有轻侮的意思在内。

马克思说，无产者无畏，其实无知者也无畏。王朔说，"我是流氓我怕谁"，他写过一本书，叫《无知者无畏》。**（君子有三畏）**

16.9 孔子曰："生而知之者，上也；学而知之者，次也；困而学之，又其次也；困而不学，民斯为下矣。"

孔子品评人物，以智力论高下，有此四等。"生而知之"，是天生聪明，不学就会，为第一等。"学而知之"，是通过后天学习才会，是第二等。"困而学之"，是碰到麻烦，绕不过去了，才学一下，是第三等。"困而不学"，是碰到麻烦，也不学，是第四等。

孔子说，"唯上知（智）与下愚不移"（《阳货》17.3），"中人以上，可以语上也；中人以下，不可以语上也"（《雍也》6.21）。这四等，第一等是上智，只有圣人才能达到。它和血统论的概念有关。贵族，得天独厚，比一般人有知识，有教养，有天生的优越感，孔子不可能，他从不承认自己是这一等。第二、第三等，大体相当中人，不管主动学，被动学，总要学，他只承认自己是第二等，即属于求知若渴，勤勉努力，拼命学习，并能持之以恒的一类。第四等是下愚，不可施教，没法改造，只能让他傻下去。（**智有四等**）

16.10 孔子曰："君子有九思：视思明，听思聪，色思温，貌思恭，言思忠，事思敬，疑思问，忿思难，见得思义。"

这里的"思"是考虑的意思。"色"和"貌"不同，色是"颜色"。"颜色"是脸色；貌是仪态，是身体的样子。"言思忠，事思敬"，是说话算话，干事敬业。敬事就是敬业。

这几句话，意思是，君子有九件事要考虑：观察，是不是看明白了；倾听，是不是听清楚了；脸色，是不是和蔼；体态，是不是恭顺；说话，是不是诚实；办事，是不是牢靠；有疑问，该向谁请教；发脾气，有什么后患；有机会拿，是不是该拿。

古人如史思明，近人如何思敬、马思聪，都取名于孔子"九思"。（**君子有九思**）

16.11 孔子曰："见善如不及，见不善如探汤，吾见其人矣，吾闻其语矣。隐居以求其志，行义以达其道，吾闻其语矣，未见其人也。"

这是孔子对隐者的批评。

"见善如不及，见不善如探汤"，看见好的，唯恐赶不上；看见不好的，就像害怕把手放进滚水里。这是形容隐者洁身自好，爱惜羽毛。孔子说，这种人我见过，话也听过，没什么了不起。

"隐居以求其志，行义以达其道"，才是孔子赞成的做法，即在隐居中坚持信念，尽一切可能，推行自己的主张。他说，这种话我听过，人没见过，大家说说容易做着难，没人当真要这么干。

孔子的特点，是重在掺乎。他对他当代的政治，不满归不满，决不放弃从政的机会。他批评鲁侯，批评季氏，批评阳货，但还是想应他们的召，出来做官。国内不行国外，自己不行就派学生。比如仲由、冉雍、冉求到季氏那里做官，就是他派去卧底，希望通过他们，影响季氏，改变季氏。阳货和公山弗扰，按孔子的标准，是坏蛋中的坏蛋，但他们打招呼，孔子也动心。他派学生，想打入敌人心脏，给他来个黑虎掏心，但效果不理想，被改造的反而是儒门自己，胳膊拧不过大腿。（**孔子对隐者的批评**）

16.12 齐景公有马千驷，死之日，民无德（得）而称焉。伯夷、叔齐饿于首阳之下，民到于今称之。其斯之谓与（欤）？

"齐景公有马千驷"，齐国是大国，属于"千乘之国"，战车多，马自然多。"民无德而称焉"，"德"读得，同《泰伯》16.12的"民无得而称焉"，是说老百姓不知该用什么话去形容。

"伯夷、叔齐"，是孤竹国国君的两个儿子。周灭殷后，耻食周粟，采薇充饥，饿死首阳山下。

"首阳"，旧有蒲坂说、岐山西北说、陇西说、辽西说、偃师说。其中应以蒲坂说较有来历。首阳山，在今山西永济市西南的蒲州镇，也叫雷首山、首山，汉代设有首山宫。旧说伯夷、叔齐不食周粟，逃隐首阳山下，靠吃野豌豆活命。有个女人说，你们不食周粟，但地里的一草一木不也是周朝的吗？他们赌气，连野豌豆也不吃，最后饿死了（谯周《古史考》）。

司马迁在《史记》中拿卫青、霍去病与李广作对比，曾引用苏建的大实话，"大将军至尊重，而天下之士大夫毋称焉"（《卫将军骠骑列传》），不像李将军，"恂恂如鄙人，口不能道辞"，但"及死之日，天下知与不知，皆为尽哀"（《李将军列传》）。

后人同情的，经常是倒霉蛋，越是含冤抱恨，越有美感。（**齐景公和伯夷、叔齐**）

16.13 陈亢问于伯鱼曰："子亦有异闻乎？"对曰："未也。尝独立，鲤趋而过庭，曰：'学诗乎？'对曰：'未也。''不学诗，无以言。'鲤退而学诗。他日又独立，鲤趋而过庭，曰：'学礼乎？'对曰：'未也。''不学礼，无以立。'鲤退而学礼。闻斯二者。"

陈亢退而喜曰："问一得三，闻诗闻礼，又闻君子之远其子也。"

"陈亢"，字子禽，这里称名。他在《论语》中出现过三次，除去此章，还见于《学而》1.10和《子张》19.25。

"伯鱼"，即孔子的儿子孔鲤，他比陈亢大21岁，是陈亢的长辈，这里称字。参看《颜渊》11.8、《阳货》17.10。

这段对话，奥妙是，陈亢好奇，他想，孔鲤是孔子的儿子，一般人听不到的教诲，没准从他可以打听到。但他问了半天，孔鲤说，他没听到过什么特殊的东西，只有两次是例外。一次，孔子一人在院里站着，他噌噌噌打院里穿过，被孔子叫住。孔子问，你学过诗没有，孔鲤说，没有，孔子说，不学诗，就没法说话。所以，他就回去学诗。另一次，他又噌噌噌打院里穿过，孔子又正好在院里站着，也是独自一人。孔子问，你学过礼没有，孔鲤说，没有，孔子说，不学礼，就无法立身。所以，他就回去学礼。他说，他听孔子教诲，就这么12个字。陈亢从孔鲤那儿回来，非常高兴。他说，我只问了一个问题，竟有三个收获，一是赶紧学诗，二是赶紧学礼，三是君子和儿子也保持距离，和普通学生没什么两样。

过去，有些老先生，想法和手艺人差不多，一定要把绝活留家里，传子不传媳，更别说传学生了。有人甚至招儿子当研究生，或把研究生招为乘龙快婿。孔子对自己的儿子不是这样。

后人以父教为"庭训"或"庭闻"，就是出典于此。唐代写《书谱》的孙过庭就是取名于此。原文"诗""礼"是泛言，这里不用书名号。（问一得三）

16.14 邦君之妻，君称之曰夫人，夫人自称曰小童，邦人称之曰君夫人，称诸异邦曰寡小君，异邦人称之亦曰君夫人。

这段话，说话人不详，内容很像《春秋》凡例。它是讲国君夫人的五种称呼，即国君管她叫"夫人"，她管自己叫"小童"，国内的人管她叫"君夫人"，她对国外的人自称"寡小君"，其他国家的人管她也叫"君夫人"，一共是五条。

《礼记·曲礼下》："公侯有夫人，……夫人自称于天子曰老妇，自称于诸侯曰寡小君，自称于其君曰小童。""夫人自称于天子曰老妇"，这里没有，加上这一条，一共是六条。《礼记·杂记上》"君讣于他国之君，……夫人，曰寡小君不禄"，是讣告用的称呼，同此"称诸异邦"例。

"夫人"的原意，是"那口子"。天子的第一配偶叫后，其他配偶叫夫人。中山王墓出土过一个铜版，上面刻着《兆域图》，即王墓的规划图。图上，王墓居中，左边（东边）两座墓，一座是已故老王后的，一座是夫人的，右边（西边）两座墓，一座是新王后的，一座是夫人的。中山称王，拟于天子，有一后二夫人。诸侯第一夫人，[1]普通称呼是夫人，但不同场合，叫法不一样。

这里有意思的是，诸侯的配偶，对天子是自称"老妇"，等于老太婆；对丈夫是自称"小童"，等于小丫头。"寡小君"的称呼也很有意思，诸侯是君，其配偶也是君，这和天子的配偶称后，天子本身也称后，两者是一样的。东周铜器铭文中的"君"有些是女君，如擂鼓墩二号墓出土的盛君蒢瑚和和尚岭二号墓出土的曾仲化君䣄镇墓兽座，其铭文所见"盛君"是曾侯的配偶，"曾君"是楚芍氏（楚国称王，芍氏的地位实相当于公卿）的配偶，就都是女君，盛和曾是其母氏。（**君夫人的五种称呼**）

1　现在所谓的"第一夫人"，如美国总统的夫人，我头一次听说，曾大惑不解：有第一夫人，难道还有第二夫人？这个翻译太滑稽。

阳货第十七

本篇最值得注意，是17.1、17.5、17.7三章。孔子是个拙于谋生、急于用世的人。他受做官诱惑，跃跃欲试，主要是这三章。研究孔子人格的复杂性，不可不读。另外，17.25讲女子、小人难养，也很著名，研究中国的性别问题和妇女问题，也不可不读。

17.1 阳货欲见孔子，孔子不见，归（馈）孔子豚。孔子时（待）其亡也，而往拜之。遇诸塗（途）。谓孔子曰："来！予与尔言。"曰："怀其宝而迷其邦，可谓仁乎？"曰："不可。""好从事而亟失时，可谓知（智）乎？"曰："不可。""日月逝矣，岁不我与。"孔子曰："诺，吾将仕矣。"

"阳货"，即阳虎，虎和货，哪个是名，哪个是字，还不太清楚。他在《论语》中仅见于此。他是季氏的家臣，曾历事季平子、季桓子，主要活动于前515—前486年。他是个吃主子，喝主子，又叛主子的家伙。前502年，他勾结三桓的家臣，欲除去三桓，不克。前501年，先奔齐，后奔晋，最后投靠赵简子。《史记·孔子世家》说，孔子丧母（孔子还不到17岁），季氏享士，孔子要绖而往，遭阳虎呵斥。这事不可靠，但他的年龄可能比孔子大。

"归孔子豚"，归，《鲁论》作归，《古论》和郑注本作馈。

"时其亡也"，"时"读待。

"怀其宝"，清胡绍勋以为"宝"是身体，如《老子》第七十一章"无敌近丧吾宝矣"（今本第六十九章），《吕氏春秋·先己》"啬其大宝"（《四书拾义》），[1]但解"怀其宝"为怀其身，不通。皇疏以为"宝"指道，是对的。"宝"训道，见《广雅·释诂三》，这里指孔子身怀的本领。

此章是讲阳货召孔子出仕。阳货想见孔子，孔子不见，他留下礼物，一只小猪。按当时的礼节，孔子应该到阳货家回拜，他故意找个阳货不在的时候拜会他，没想到，在路上撞个正着。阳货知道孔子喜欢讲仁讲智，故意问他，你一身本事，不肯出仕，看着国家混乱也不管，能算仁吗？不能；你想做官，却老是错过机会，能算智吗？不能；时光飞逝，年龄不饶人呀。孔子只好说，好好，我会出来做官的。

---

[1] 程书，第四册，1176页。

这里的三个"曰"字，后面的话都是阳货的话，不是孔子的话。孔子的话只有"孔子曰"后面的五个字。明郝敬已指出，阳货的话是自问自答，形式和《史记·留侯世家》张良讲的"八不可"一样（毛奇龄《论语稽求篇》引）。[1]张良的话有七个"曰"字，作：

> "今陛下能制项籍之死命乎？"曰："未能也。""其不可一也。武王伐纣封其后于宋者，度能得纣之头也。今陛下能得项籍之头乎？"曰："未能也。""其不可二也。武王入殷，表商容之闾，释箕子之拘，封比干之墓。今陛下能封圣人之墓，表贤者之闾，式智者之门乎？"曰："未能也。""其不可三也。发钜桥之粟，散鹿台之钱，以赐贫穷。今陛下能散府库以赐贫穷乎？"曰："未能也。""其不可四矣。殷事已毕，偃革为轩，倒置干戈，覆以虎皮，以示天下不复用兵。今陛下能偃武行文，不复用兵乎？"曰："未能也。""其不可五矣。休马华山之阳，示以无所为。今陛下能休马无所用乎？"曰："未能也。""其不可六矣。放牛桃林之阴，以示不复输积。今陛下能放牛不复输积乎？"曰："未能也。""其不可七矣……"

郝氏之后，清王引之《经传释词》卷二也说，古书"有一人之言而自为问答，则加曰字以别之"的条例，所举即有此例。[2]

这段对话，时间应在前505年。前509年，鲁定公即位。前505年，季桓子执政，阳货执季桓子。此年，他往见孔子，欲其出仕，但孔子出仕是在前501年阳货奔晋后。他只说会出来当官，并没马上出来当官。（**孔子动心一**）

17.2　子曰："性相近也，习相远也。"

《三字经》的"性相近，习相远"本此。

孔子很少谈到性，孔子认为，人和人在本性上是彼此接近的。他们的不同主要是后天培养的习惯不同。这是一般情况。下节的话是必要补充。

1　程书，第四册，1176页。
2　程书，第四册，1176页。

"性"和"生"字有关，是生而具有的东西。生而具有，人曰潜质、天赋的东西，其实是很低级的东西，生物本能的东西，但被说得很神秘。上博楚简有《恒先》篇，一先一后的"先"，后面还有"先"，我们常把稍微早一点的"先"说成潜质和天赋。郭店楚简和上博楚简有《性自命出》篇，它的说法是"性自命出，命自天降"。（**性相近，习相远**）

17.3 子曰："唯上知（智）与下愚不移。"

孔子认为，人性相近，仍有差别。

"上知"，即上智，是生而知之，绝顶聪明。"下愚"，是困而不学，绝顶愚蠢。介于二者之间，是所谓"中人"（《雍也》6.21、《季氏》16.9），多数普通人，都是这一种。孔子认为，上智和下愚都是无法由后天教化改变，可以改变的只是中人。上文说的一般情况，就是对中人而言，上智和下愚是例外，他们的性并不相近。（**上智和下愚**）

17.4 子之武城，闻弦歌之声。夫子莞尔而笑，曰："割鸡焉用牛刀？"子游对曰："昔者偃也闻诸夫子曰：'君子学道则爱人，小人学道则易使也。'"子曰："二三子！偃之言是也。前言戏之耳。"

这是子游任武城宰时孔子跟子游的谈话。

"武城"，在今山东平邑南魏庄乡，是鲁都曲阜附近的小邑。

"弦歌之声"，孔门习礼乐，有鼓瑟歌诗之教，这里指子游在当地推行的教化。

"莞尔而笑"，"莞"音wǎn，《释文》所见本作"莧"。"莧"即宽字所从，二者相通。

孔子到武城参观，大概觉得武城是个小地方，不是推行教化的理想地点，子游有点小题大做，所以跟他说，"割鸡焉用牛刀"。

子游说，我曾听您教导，"君子学道则爱人，小人学道则易使也"，君子学道，推己及人，施惠于人，是属于"爱人"；小人学道，变得驯顺，便于使唤，也是好事。他的意思是，我在武城的所作所为，不正是体现这种"爱人"的精神吗？老百姓接受教化,不正有"易使"的效果吗?

孔子说,同学们,言偃的话是对的,我刚才的话是开玩笑。**（割鸡焉用牛刀）**

17.5 公山弗扰以费畔（叛），召，子欲往。子路不说（悦），曰:"末（蔑）之也已，何必公山氏之之也?"子曰:"夫召我者，而岂徒哉?如有用我者，吾其为东周乎!"

"公山弗扰以费畔（叛）"，"公山弗扰"，皇疏本作"公山不扰"，即《左传》的公山不狃。这是鲁国的另一个叛臣。前505年，公山弗扰已是季氏的费邑宰。他曾参与阳虎废黜三桓的政变。但阳虎奔晋后，他仍留在鲁国。此事，《史记·孔子世家》系于定公九年，当前501年，即阳虎奔晋的同一年，但《左传》不载，它只提到前498年，孔子派仲由为季氏宰，奉命堕三都，公山不狃、叔孙辄率费人袭鲁，阻止堕费。当时，鲁定公退守于季氏之宫的武子之台，孔子保护他，命申句须、乐颀下台反击，打败公山不狃、叔孙辄，二子奔齐，后奔吴。

"末之也已"，"末"通"蔑"，"之"是往的意思。

这里值得注意的是，公山弗扰召孔子，孔子动过心。孔子之所以动心，原因是，当时的乱局，卿大夫陵诸侯，陪臣陵卿大夫，彼此是三角关系，很微妙。孔子的时代，是"洪洞县里无好人"，诸侯、卿大夫和陪臣，都不是好东西，但三种坏蛋，一物降一物。当时，公室弱，问题不在君，而在臣。孔子的原则是维护公室。他要出来做事，只有两个选择:一种是自上而下，支持权臣，打击陪臣，维护公室;一种是自下而上，支持陪臣，打击权臣，维护公室，他曾考虑后一选择，但最终还是选择了前者。

孔子动心，子路加以反对，说您什么地方不好去，非上公山氏那里做事?

公山弗扰之召，崔述《洙泗考信录》、赵翼《陔余丛考》皆以为断无此事，程树德以为还是存疑更好。[1]

说句题外话。孔子的犹豫，对我很有启发。坏蛋有大、中、小，策略有支、联、反，排列组合，有六种可能。大坏蛋当然可以联合或反对中坏蛋或小坏蛋，中坏蛋和小坏蛋也可以联合或反对其他两种。你不能因为反对其中的一种坏蛋，

---

1 程书，第四册，1190—1194页。

就说其他坏蛋肯定是好人。特别是政治家，他们的敌友成天变。昨天的坏蛋，没准今天就是好蛋。反过来也一样。萨达姆和拉登都曾经受美国支持，敌友变得太快。

在一个没有好人的世界里，我们总想挑一个坏蛋当好人。就像一个无路可走的人，会拿任何一条路当出路。

孔子的苦恼在这里。（**孔子动心二**）

17.6 子张问仁于孔子。孔子曰：“能行五者于天下为仁矣。”请问之。曰：“恭、宽、信、敏、惠。恭则不侮，宽则得众，信则人任焉，敏则有功，惠则足以使人。”

子张问仁，孔子答以恭、宽、信、敏、惠。这五条，子张所缺是宽。其中前三条也见于后面的《尧曰》20.1。

程树德认为，此章是《齐论·子张》篇文，错简在此，体裁与《尧曰》20.2讲“五美四恶”的一段相同，不应阑入此篇。[1]其实，《论语》编次本无条理，相关章句不在一处，重出重见多有之，这些都是正常现象，不可以后世文章的条理绳之，更不应称为错简。我们从出土发现的简册制度看，错简不是这个意思。[2]（**恭、宽、信、敏、惠**）

17.7 佛肸召，子欲往。子路曰：“昔者由也闻诸夫子曰：‘亲于其身为不善者，君子不入也。’佛肸以中牟畔（叛），子之往也，如之何？”子曰：“然，有是言也。不曰坚乎，磨而不磷；不曰白乎，涅而不缁。吾岂匏瓜也哉？焉能系而不食？”

“佛肸”，音bì xī，《汉书·古今人表》作“茀肸”，晋卿赵简子的家臣。

“亲于其身为不善者”，就是出尔反尔，自己叛自己，如《史记·孔子世家》就是用“今佛肸亲以中牟畔”解释这句话。

“中牟”，是赵简子的封邑，在今河南鹤壁市西。

“磨而不磷”，“磷”音lìn，是薄的意思。这里是说，磨而不薄。

---

1 程书，第四册，1199页。
2 李零《〈孙子〉十三篇综合研究》，364—367页。

"涅而不缁"，涅，即矾石，是一种黑色染料；"缁"音zī，是黑色的帛。这里是说，染而不黑。

"匏瓜"，"匏"音páo，葫芦。

佛肸为赵氏的中牟宰，却以中牟叛赵。这次叛乱，和上文的公山弗扰之叛一样，也是属于陪臣叛卿大夫。佛肸召孔子，孔子也动过心。子路说，您不是教导我们说，"亲于其身为不善者"，君子决不能参加，现在佛肸叛乱，您非去，这算怎么回事？孔子说，真正坚硬的东西，磨也磨不薄；真正洁白的东西，染也染不黑。他说，我总不能像挂在墙上的葫芦，只中看，不中吃吧？

这两次动心，孔子的形象，引起过争议，前人曲为辩解，维护其伟大，很可笑。

一种说法是，夫子哪里真的是应公山弗扰、佛肸之召，他只是想借此试探探学生的想法罢了（《皇疏》引江熙说）。一种说法是，夫子动心，是因为他为人厚道心肠好，认为天下无不可变之人，无不可为之事，但凡有一线希望，也要想方设法试一试，应召是为了劝他们改正（《集注》引张栻说）。还有一种说法是，夫子对公山弗扰、佛肸之召，只是不拒绝，并没真去，子路浅见薄识，哪里晓得夫子深意，这两个家伙虽然不是好东西，但所叛者大夫，所张者公室，于存鲁、存晋有功，自有大快人心之处（清刁包《四书翼注》）。[1]

佛肸以中牟叛，见《史记·孔子世家》《说苑·立节》《新序·义勇》等书，其事在前490年，与《左传》哀公五年记赵鞅围中牟为同一事。（**孔子动心三**）

17.8 子曰："由也，女（汝）闻六言六蔽（弊）矣乎？"对曰："未也。""居，吾语女（汝）。好仁不好学，其蔽（弊）也愚；好知（智）不好学，其蔽（弊）也荡；好信不好学，其蔽（弊）也贼；好直不好学，其蔽（弊）也绞；好勇不好学，其蔽（弊）也乱；好刚不好学，其蔽（弊）也狂。"

"六言"，指下面的六句话。

"六蔽"，六种不学之弊。"蔽"读弊，指毛病。

"居"，指坐，孔子叫子路别走，再坐一会儿。

1　程书，第四册，1206—1208页。

下文是孔子对子路讲的话，主要是针对的子路的"好德不好学"。孔子认为，光有德不行。"好仁不好学"，其弊是愚昧无知；"好知（智）不好学"，其弊是漫无所守（知识无系统）；"好信不好学"，其弊是害人不浅（容易被人利用，反而害了自己）；"好直不好学"，其弊是偏激好斗；"好勇不好学"，其弊是犯上作乱；"好刚不好学"，其弊是狂妄自大。（**六言六蔽**）

17.9　子曰："小子何莫学夫诗？诗，可以兴，可以观，可以群，可以怨。迩之事父，远之事君。多识于鸟兽草木之名。"

这是孔子论学诗的好处。

孔子称弟子为"小子"，这种称呼也见于西周金文。

好处有六条："兴"是引出话题，"观"是观察风俗，"群"是处理人际关系（社会学旧译"群学"），"怨"是讥刺时弊，这是前四条。"迩之事父"是近可孝养其父，"远之事君"是远可侍奉其君，父与子是属于近，君与臣是属于远，这是第五条。"多识于鸟兽草木之名"，则属于雅学、地学、博物学和本草学的范围，这是第六条。（**学诗**）

17.10　子谓伯鱼曰："女（汝）为《周南》《召南》矣乎？人而不为《周南》、《召南》，其犹正墙面而立也与（欤）！"

"伯鱼"，即孔子的儿子孔鲤，这里称字，是用叙述者的口气，不是孔子的口气。

孔子叫孔鲤学诗，见上《季氏》16.13，这里是叫他学《周南》《召南》。

"《周南》《召南》"，简称"二南"。今《诗》风、雅、颂，风在雅、颂之前，而十五国风又以"二南"为首，《仪礼》称为"正歌"。"南"，对"夏"而言，指成周以南的楚、邓等国，"周南"和"召南"是周公、召公分治的南国，怎样划分不清楚。这事与周召二公分陕而治，以及周、召原来封在哪里无关。孔子说，学诗不学《周南》《召南》，就像前面横着堵墙，后面的东西，什么也看不到。（**二南**）

17.11 子曰:"礼云礼云,玉帛云乎哉? 乐云乐云,钟鼓云乎哉?"

"玉帛",玉器和丝绸。这两样东西是古代礼仪往还最常用的礼物。

"钟鼓",两种打击乐器,前者用金(青铜),后者用革(皮革)。钟鼓是礼仪场合演奏音乐最常用的乐器。

孔子认为,礼乐的精神实质、规范作用比它依托的物质形式更重要。他强调,礼并不是礼物,乐并不是乐器。(**礼乐**)

17.12 子曰:"色厉而内荏,譬诸小人,其犹穿窬之盗也与(欤)!"

"色厉而内荏",外表很厉害,内心很虚弱。

"穿窬之盗","窬"音yú,穿墙打洞的小偷。孔注、皇疏读窬如逾,把穿解释为穿壁,窬解释为逾墙,其实窬本身就有打洞的意思,不烦改读为逾,元陈天祥已深为致疑(《四书辨疑》)。[1]小偷善于打洞,老鼠也善于打洞,我们称为"鼠窃"。鼠窃狗偷之辈,都是色厉内荏。(**色厉内荏**)

17.13 子曰:"乡原(愿),德之贼也。"

"乡原",亦作乡愿,即一乡之中貌似忠厚,并以这种假象取悦于众的好好先生。参看《孟子·尽心下》。愿的本义是谨厚,但这里的"乡愿"含有贬义。孔子反对这种人,称之为"德之贼也",即窃居有德者之位的人。"贼"和"盗"不一样。"贼"是人身伤害罪(如杀人、伤人等),"盗"是财产侵犯罪(如盗窃、抢劫等)。(**乡愿**)

17.14 子曰:"道听而塗(途)说,德之弃也。"

"塗",同途,是道路的意思。"德之弃也",究竟是弃德不为还是德者弃

---

1 程书,第四册,1218—1219页。

之，前人有争论（《皇疏》是两存其说）。其实，此句和上文的"德之贼也"是同一句型，还是以前说更为合理。因为"德之贼"，总不能解释为有德者贼之。孔子认为，道听途说，听信谣言，是弃德不为。（**道听途说**）

17.15 子曰："**鄙夫可与事君也与（欤）哉？其未得之也，患〔不〕得之；既得之，患失之；苟患失之，无所不至矣。**"

"鄙夫"，乡巴佬。鄙是都县一类次级城邑的乡下，住在那里的人当然是乡巴佬。

"患得之"，苏东坡认为，当作"患不得之"（宋沈作喆《寓简》），[1]《荀子·子道》《潜夫论·爱日》正作"患不得之"，可见应于此句补"不"字。

乡巴佬是苦孩子，本来的优点是淳朴可爱，埋头苦干，干劲特别大，但皦皦者易污，他们受利益驱动，见利忘命，干起坏事来，劲头也特别大。村气，不开眼，最应见世面，但钱关、权关、美人关难过，阶级仇、民族恨一时难报，憋得慌。没见过钱，当然看不开钱。没有，唯恐得不到；有了，难免舍不得；舍不得，就会不择手段，什么烂事都干。这是苦孩子的悲剧。（**苦孩子的悲剧**）

17.16 子曰："**古者民有三疾，今也或是之亡也。古之狂也肆，今之狂也荡；古之矜也廉，今之矜也忿戾；古之愚也直，今之愚也诈而已矣。**"

"狂"分两种：一种是自己放得开，自由自在，无拘无束；一种是无法无天，放到别人头上去了。

"矜"也分两种，这个字的训诂，既有庄重、敬谨之义，也有急躁、急切之义，孔子认为，"君子矜而不争"（《卫灵公》15.22），"矜"是庄重、敬谨，"争"是急躁、急切，这里称为"忿戾"。

"愚"则有真假之分，假装的直，骗人的直，古人叫"卖直"。

孔子说，古人有三种毛病：狂（狂放）、矜（矜持）、愚（愚直）。现在就连这些毛病都没有了：古代的狂是直言无讳，现在的狂是放荡不羁；古代的矜是严以

1　程书，第四册，1222页。

律己，现在的矜是对人粗暴；古代的愚是过于直率，现在的愚是假装直率。（**古人天真**）

17.17 子曰："巧言令色，鲜矣仁。"

此章已见《学而》1.3。

17.18 子曰："恶紫之夺朱也，恶郑声之乱雅乐也，恶利口之覆邦家者。"

这是孔子讨厌的三件事，第一是讨厌"紫"，认为紫衣抢了朱衣的位子，不好；第二是讨厌"郑声"，认为郑声抢了雅乐的位子，不好；第三是讨厌"利口"，认为能说会道会颠覆国家，也不好。他讨厌的东西都是当时的时髦。

据说齐桓公和鲁桓公都喜欢紫色，当时紫色的衣服很贵，但孔子认为红色才是正色，这种时髦很讨厌。郑声是当时的流行音乐，它和当时的古典音乐即雅乐很不一样，孔子也不喜欢。"利口"，是当时的政治时髦，战国以来，更是势不可挡，嘴皮子不行，无法找官做，孔子更反对。反对时髦是孔子的特点。（**孔子三恶**）

17.19 子曰："予欲无言。"子贡曰："子如不言，则小子何述焉？"子曰："天何言哉？四时行焉，百物生焉，天何言哉？"

孔子生气，说他实在不想说话了。大概他对政治很绝望吧。子贡说，您不说话，我们这些当学生的还有什么用？当学生的就是往下传述老师的道。孔子以天自况，说老天就不会说话，四时照样运转，万物照样生长。（**孔子不想说话**）

17.20 孺悲欲见孔子，孔子辞以疾。将命者出户，取瑟而歌，使之闻之。

"孺悲"，生卒不详。集解以为鲁人。《礼记·杂记下》："恤由之丧，哀公使孺悲之孔子学士丧礼，《士丧礼》于是乎书。" 前人或以孺悲为孔门弟子。

　　此人拜会孔子，吃了个闭门羹。孔子明明在家，却托辞有病，不见，让通报者出去告诉他。不见就不见吧，还要让孺悲知道他是故意不见，所以把瑟搬出来，故意鼓瑟高歌，让孺悲知道，我就在家，我就不见你。不见的原因是什么？不知道，可能是无人介绍，或孔子对他不待见。这段话很有意思。西方人读了，会非常奇怪。比如英国新教牧师高大卫（David Collie）翻译过"四书"，他说中国人心中只有君父没有上帝，中国人是喜欢撒谎的民族，孺悲见孔子就是典型例子。

　　我们中国人喜欢礼，俗话说，"礼多人不怪"，"当官的不打送礼人"，但我们的礼，很多都是虚礼。比如，我们老家，中午，老乡都端着大碗，一蹲一大排，你从街心过，他们照例会说，"吃上俺些饭哇"，这是客气。你呢，也要左右点头，一一答礼，"吃哇吃哇"，绝不能说我不吃，也不能说我吃过了，更不能真的去吃。我在内蒙那阵儿，老乡常说一句话，"请客吃饭是个礼，锅中没下你的米"。

　　（故意不见）

　　17.21 宰我问："三年之丧，期已久矣。君子三年不为礼，礼必坏；三年不为乐，乐必崩。旧谷既没，新谷既升，钻燧改火，期可已矣。"子曰："食夫稻，衣夫锦，于女（汝）安乎？"曰："安。""女（汝）安，则为之。夫君子之居丧，食旨不甘，闻乐不乐，居处不安，故不为也。今女（汝）安，则为之。"宰我出。子曰："予之不仁也！子生三年，然后免于父母之怀。夫三年之丧，天下之通丧也。予也有三年之爱于其父母乎？"

　　"期"，即《子路》13.10的"期月"，是从今年某月至明年某月一整年的时间。

　　"旧谷既没，新谷既升"，是指每年秋天的"登"礼，即新粮入库的仪式。

　　"钻燧改火"，"钻燧"指钻木取火和用燧石取火。古代以特制的铜镜反射阳光取火，这种铜镜叫阳燧。"改火"，古代月令（如《逸周书·月令》《礼记·月令》等书）对四时用什么木材取火有不同规定，叫改火。如春取榆柳，夏取枣杏，秋取柞栖，冬取槐檀。

　　孔子提倡"三年之丧"，宰我不赞同。他说，服丧，一年就够了，如果非三年不可，必然导致"礼坏乐崩"。孔子很生气，跟他说，难道服丧期间，吃稻米，穿丝绸，你心里不难受吗？宰我说，不难受。孔子说，君子服丧，好吃的东西，吃也吃不下，好听的音乐，听了也不快乐，你要心安，你就那么办。宰我一声没吭就走了。孔子很生气，骂他不仁，说小孩生下来，要三年才能脱离父母的怀抱，宰予呀宰予，难道你就这么报答你父母吗？这是他们师徒二人之间很不愉快的事。

这里，"君子三年不为礼，礼必坏；三年不为乐，乐必崩"，就是"礼坏乐崩"一词的出典。《汉书》的《武帝纪》《艺文志》《楚元王传》皆作"礼坏乐崩"，后世则多作"礼崩乐坏"。（**礼坏乐崩**）

17.22 子曰："饱食终日，无所用心，难矣哉！不有博弈者乎？为之犹贤乎已。"

"博弈"，中国古代的两种棋艺。"博"是六博，战国秦汉时期非常流行，失传已久（估计在唐以后）。其棋具有不少出土实物，行棋路线也已知道（通过尹湾汉简《博局占》），但具体下法还是不知道。"弈"是围棋，现在还下。这两种棋艺到底是什么时候发明，不清楚。《左传》襄公二十五年提到"弈棋"，但未及博戏。此章同时提到"博""弈"，是年代较早的记录，特别是"博"，这是最早的记录。

孔子说，整天吃饱喝足没事干，一点脑筋都不动，其实是很难受的事。他说，下棋都比这么混日子强。（**博弈**）

17.23 子路曰："君子尚勇乎？"子曰："君子义以为上。君子有勇而无义为乱，小人有勇而无义为盗。"

"尚"，以什么为上。

"盗"，古人把财产侵犯罪叫"盗"，如盗窃、抢劫。盗窃、抢劫的人也叫"盗"。

子路以勇著称。他问孔子说，君子以勇为上吗？孔子反对有勇无义。孔子说，君子是以义为上。君子有勇无义就会犯上作乱，小人有勇无义就会当小偷强盗，特意告诫他。（**义在勇上**）

17.24 子贡曰："君子亦有恶乎?"子曰："有恶。恶称人之恶者,恶居下(流)而讪上者,恶勇而无礼者,恶果敢而窒者。"曰："赐也亦有恶乎?""恶徼以为知(智)者,恶不孙(逊)以为勇者,恶讦以为直者。"

这里,"恶"与"好"相反,"好"是喜欢,"恶"是憎恶。

"居下流",汉石经作"居下",没有"流"字,"流"字应删。

"讪",音shàn,诽谤。

"窒",一说是壅塞之义,一说是忿戾之义。

"徼",音jiǎo,孔注说是抄袭之义。

"讦",音jié,是当面攻击,攻人之短,揭人隐私,让对方下不来台,汉代也叫"面折"(《史记·汲郑列传》)。

孔子说,君子憎恶四种人,一种是说人坏话的人,一种是诽谤上级的人,一种是勇而无礼的人,一种是顽固不化的人。

子贡说,他也憎恶三种人,一种是以抄袭为聪明的人,一种是以无礼为勇敢的人,一种是以当面攻击为直爽的人。(**君子有恶**)

17.25 子曰："唯女子与小人为难养也,近之则不孙(逊),远之则怨。"

"唯女子与小人为难养也",这是孔子的名言,现在受批判。"女子",是泛称广大妇女同胞。"小人",朱注以为"仆隶下人也",并把"女子与小人"解释为"臣妾"。有人说,男人只是部分和曾经当奴隶,妇女却是全部和永远当奴隶。妇女才是原始意义上的奴隶。

现在,世界上还有两千万奴隶,主要是没有人身自由的妓女和童工。据说,妓女是最早的职业工作者。

钱穆沿袭朱注,说孔子讲的是"善御仆妾,亦齐家之一事",[1]好听一点。似乎家是社会实验室,女子、小人都是供国家栋梁(当然是男的)练本事的。苏老泉也说过,"治兵如御仆妾"(《嘉祐集》),管好小老婆和丫环、下人,没准能指

1　钱书,464页。

挥千军万马。

"近之则不孙（逊），远之则怨"，"孙"，在《论语》中多读为"逊"。《左传》僖公二十四年富辰语说："女德无极，妇怨无终。"杜注："妇女之志，近之则不知止足，远之则忿怨无已。"与这段话相似。我发现，孔子对女人很有体会，比如《颜渊》12.10的"爱之欲其生，恶之欲其死。既欲其生，又欲其死"，就是很敏锐的观察，他引用的《诗经》，"诚不以富，亦祇以异"，也是形容弃妇。"妇人之仁"，是拿男人当孩子疼，当然会有寻死觅活状。

这段话挨批，是因为它包含性别歧视，女权主义者不答应，广大妇女同志不答应。有人打圆场，说这不算性别歧视，因为他还提到小人，小人总是男的吧？但孔子说的女子是全称，小人只是男性的一部分，他对女子是全面否定，歧视是无法否认的。孔子那个时代，歧视妇女是理所当然，不歧视反而是咄咄怪事。比如孔门弟子，七十子也好，三千弟子也好，都是男的，女生一个没有，有了倒是怪事，别人会说，伤风败俗耍流氓。别说孔子的时代，就是"五四"或民元以前，都不可能。

刘东说，孔子这么讲，没什么不对，因为它是"现象描述"，不是"价值判断"，也为孔子做辩护。他说，女子、小人是不是靠君子供养？是。女子、小人是不是没教养？是。他们是不是"近之则不孙（逊），远之则怨"？是。既然是，那不就是"难养"吗？孔子虽有历史局限性，但他老人家有"泛爱大同之心"、"根深蒂固的普泛人本理想"，他那么爱人，那么爱教人，"假如孔子能活到女性已经有权平等受教育的今天，他很可能第一个就要修正自己的'难养论'"。对现代读者，他有一个建议，就是男的别把"孔子当时的某种'现象描述'误解为永世不移的'价值判断'"；女的也别"总是对孔子当年对妇女的鄙视态度表示恨恨不平"，他们与其如此，"还不如充分利用目前业已相对平等的受教育权力，以图空前地发展女性的人格"。总之，赶紧提高自己的教养。[1]

李泽厚有类似看法，"这章最为现代妇女所诟病。好些人写文章来批评，好些人写文章来辩说，其实都不必要。相反，我以为这句话相当准确地描述了妇女性格的某些特征。对她们亲密，她们有时就过分随便，任意笑骂打闹。而稍一疏

1　刘东《"难养论"释正》，收入所著《浮世绘》，沈阳：辽宁教育出版社，1996年，164—170页。

远，便埋怨不已。这种心理性格特征本身无所谓好坏，只是由性别差异产生的不同而已；应说它是心理学的某种事实，并不包含褒贬含义。至于把'小人'与妇女连在一起，这很难说有什么道理。但此'小人'作一般人解，或作修养较差的知识分子（见13.20）解，亦可说通。中国传统对妇女当然很不公平和很不合理，孔学尤然。但比欧洲中世纪基督教认妇女没灵魂，以及大烧'女巫'之严重迫害等等，仍略胜一筹"。[1]

我同意，"难养论"是一种现象描述，但不同意它仅仅是一种现象描述。性别差异，不是心理问题，而是社会历史问题。既云鄙视，自属褒贬。这当然是价值判断。孔子看不起妇女和小人，这事是不必为之辩解的。今人美圣，竟有把"女子"读为"汝子"，"小人"解为"小孩"的，实在荒唐。（**唯女子与小人为难养也**）

17.26 子曰："年四十而见恶焉，其终也已。"

"见恶"，被人骂。

古人寿命短，四十、五十就活够本了，六十、七十就捡便宜了。王国维，51岁跳昆明湖，说"五十之年，只欠一死"。孔子说，"四十、五十而无闻焉，斯亦不足畏也"（《子罕》9.23）。

这段话，无主语，是指别人，还是自嘲，有两种意见。集解、朱注主前说，清俞樾《诸子平议》主后说。[2]

不管哪一种，有一点可以肯定，孔子认为，如果四十以后还遭人骂，这一辈子就完蛋了。（**四十岁**）

1　李书，491—492页。
2　程书，第四册，1245页。

微子第十八

此篇是拈篇首语为之，和其他各篇一样，但主题相对集中，主要是讲弃官不做、逃隐山林的人，包括隐士和逸民。孔子受做官诱惑，跃跃欲试，主要见于上篇。此篇则讲隐士对孔子的鄙视和嘲笑，孔子的委屈和难言之隐。它和上篇正好相反。《庄子》也有这类嘲笑，可以代表隐士的思想。古代非孔，《庄子》是代表，"文革"批孔，也利用《庄子》，两者可以对照参看。

《阳货》《微子》都是研究孔子处世之道的重要文献。孔子对其当世是取半合作半批判的态度，与隐士的彻底不合作有所不同。一方面，他坚持自己的政治理想，不能见容于当时的统治者；一方面，又要寻找开明君主，拼命兜售自己的政治主张。他对当时的社会政治非常不满，因而对隐士的不合作非常欣赏，但又害怕不合作，就无法推行自己的政治主张，过于消极无为，所以仍然不肯放弃对政治生活的参与。

隐士的态度是"知其不可而逃之"，他的态度是"知其不可而为之"。他以为最好的选择是"无可无不可"。但其实是清、浊二道两面不讨好，庙堂和江湖都不见容，悲夫！

18.1 微子去之，箕子为之奴，比干谏而死。孔子曰："殷有三仁焉。"

"微子"，封于微，名启，是商王纣的庶兄。"箕子"，商王纣的叔叔。"比干"，也是商王纣的叔叔。他们都是商王纣的亲属，即所谓同姓之臣，但不赞同商王纣的暴政，采取不合作主义。其方式不一样，微子是逃而去之，箕子是佯狂避世，比干是强谏而死。孔子对他们皆表理解、尊重和赞赏。

"仁者"是孔子的最高道德评价，绝不轻易许人。孔子称他们为"殷有三仁"，可见评价极高。这三个人，比干最勇敢，按宋以来的道德标准，最有气节，但力不足以谏之，被纣剖心而死，下场最惨。

前人曾争论，微子逃跑，箕子佯狂，算不算有气节。特别是微子，逃跑算什么英雄，争论更大。可是，这里的麻烦是，孔子他老人家说了，这三个人都是好样的，怎么办？大家只好拐弯抹角说，微子身为大哥，有保存宗祀的大任，不能死，也不能留，逃跑是对的；比干死，微子去，箕子不去父母之邦，宁肯佯狂，忍辱负重，"仁兼先后，得圣人之中焉"，更难能可贵（唐韩愈、李翱《论语笔解》，清李中孚《四书反身录》)。[1]

其实,我们读这段话,完全不必拿宋人理解的道德作标准,以为只有投缳赴水、一死了之,才算完人。[2]我们要知道,孔子的处世态度和隐逸之民有共同点,就是他并不主张做毫无意义的抵抗。微子、箕子的态度,其实就是隐逸之民的态度。孔子对他们的不合作主义和不抵抗主义完全赞同。

无道之世怎么办?有兵法和道德的矛盾。

兵法有战、和、降、走,选择要看实力对比。《孙子·谋攻》说,"敌则能战之,少则能逃之,不若则能避之",就是讲实力对比:实力相当,可以一战;实力悬殊,只能逃跑;实力不如,只能躲避。

比干是战,箕子是避(佯狂避难),微子是逃,他们都不选择和或降,不和不降,是不合作主义。前人说,要论道德,比干最高,值得旌表。但箕子、微子,折衷道德和兵法,也是不降其志,不辱其身。只要不合作,就是好样的。

孔子的一生,是"知其不可而为之",半合作,半不合作。战、走、避、和、降。战是一端,降是一端,中间状态是走、避、和。孔子的态度是游移于走、避、和之间。他和隐逸之民的共同点,是不合作主义和不抵抗主义,不同点是他还不死心,一直想用自己的理想打动人主,奔走呼号,其实是欲走不走,欲避不避,欲和不和,走来走去,走投无路,四处碰壁,好像丧家狗。

隐逸,隐是躲,逸是逃,这是中左。

孔子,似躲不躲,似逃不逃,似和不和,属于中右。

《论语》一书,"仁"或用为"人",这里的"三仁",是读如本字。若读为"三人",等于废话。

三仁之序,古书引用或不同,谁先谁后,不必争,因为孔子的叙述是并列关系。(**殷有三仁**)

1　程书,第四册,1251—1254页。
2　上引《四书反身录》曾辩论这样的问题:"后世德非微子,固不可以俛首异姓,若德如微子,便可借口宗祀,俛首异姓乎?"答案是,如果碰不上武王这样的明君圣主,还是死了好。

18.2 柳下惠为士师，三黜。人曰："子未可以去乎？"曰："直道而事人，焉往而不三黜？枉道而事人，何必去父母之邦？"

这是讲"留"。上面说过，逃跑是不合作的一种办法。如果不逃跑，就只能留下来。留下来，难免受委屈。

"柳下惠"，已见《卫灵公》15.14，其官职是士师。士师管贵族狱讼。

柳下惠担任士师，太讲原则，得罪过不少人，三次遭罢免。有人劝他，你难道不可以离开鲁国，到别的国家去吗？他说，如果我讲原则，坚持以直道待人，跑到哪儿不遭罢免？如果我不讲原则，左右逢源，为人圆滑，待在这儿也舒舒服服，又何必非离开自己的祖国？

柳下惠反对逃跑，宁肯留在自己的祖国受委屈，道德很高尚。这也是古逸民的一种。孔子佩服他，但不肯效法。他在鲁国不得意，曾周游列国。周游列国就是"去父母之邦"。

春秋战国，士，流动性很强，祖国的概念被撕得粉碎，但越是人世飘萍，举目无亲，越是容易引动乡愁。

今天和古代一样。盛成先生侨居法国。他用法语写了《我的母亲》，在法国文学界影响很大，和巴金一起获法国荣誉军团勋章。他一辈子待在外国，最后以垂老之年回到祖国，一进国门，热泪千行。钱钟书负笈海外，回国后，从未踏出国门一步。杨绛说，他们反对拒绝学习外国，但也"不去父母之邦"。"不去父母之邦"，算不上什么丢脸的事。

现在有些人，总是喜欢乱骂民族主义。西语的民族主义是国家主义，和汉语的意思不完全一样。民族主义有很多种。国家至上，到处欺负人的帝国主义，当然要反对；弱小国家遭人欺凌侮辱，不得不强化其国家，自强自卫，当然要同情。我们不能把前者叫国际主义，后者叫民族主义，用大国沙文主义反对小国沙文主义。

热爱自己的乡土，热爱自己的同胞，热爱自己的文化，热爱自己的生活习惯，是人类共通的感情。我喜欢吃中国饭，说中国话，和中国人待一块儿，享受中国文化，自娱自乐，谁的气也不受，也不欺负人，哪一样都无可指责。（**不去父母之邦**）

18.3 齐景公待孔子曰："若季氏则吾不能，以季、孟之间待之。"曰："吾老矣，不能用也。"孔子行。

这是讲"去"。不是"去父母之邦"，而是从外国回本国。

"待"，古代训诂，有留止之义，也有待遇之义。这里有两个"待"字，《史记·孔子世家》转述此节，上面的"待"字，司马迁换作"止"字，意思是留止，下面的"待"字，司马迁换作"奉"字，则指付给孔子的俸禄待遇。这是他的白话转述。其实，从文义看，这两个"待"字，还是统一起来好，都是讲给孔子付薪酬。

这段话，齐景公跟孔子讲，用他做官，待遇有多高。他说，你要想像季氏一样，在我这儿当上卿，恐怕不行，太高；像孟氏一样，在我这儿当下卿，又委屈你；最好，还是介于二者吧。这是最初的说法。后来，他又说，我太老了，无法安排你。孔子只好走人。这里，两个"曰"字后面的话，都是齐景公说的。第二段话不是孔子讲的。

孔子到底为什么不受重用？据说是受晏婴排挤，晏婴好像白衣秀士王伦。比如《墨子·非儒下》就有这种讲法。他说，齐景公问，孔子为人如何？晏婴不答，再问，则说孔子参与白公之乱，和白公是一路货色。齐景公封孔子于尼溪，他也反对。但这只是故事，孔子适齐在前517年，齐景公之卒在前490年，晏婴之卒在前506年前，孔子适楚在前489年，白公之乱在前479年，孔子不可能参与白公之乱，齐景公也不可能听晏婴讲这一事件。

孔子离开齐国，是在齐景公三十一年，当前517年，当时孔子才35岁，不能说老，景公比他大20多岁，说老的只能是景公。景公55岁，按古代的标准可以说老，但景公老不老，工资高不高，都是借口。**（孔子枉遇齐景公）**

18.4 齐人归女乐，季桓子受之，三日不朝，孔子行。

这也是讲"去"，即孔子离开鲁国的原因。孔子周游列国，不是消极躲避，而是到外国游说，找官做。

"齐人归女乐"，"归"，和上篇17.1的"归"字一样，也是读为"馈"或

"遗"，是赠送的意思；"女乐"，是歌舞伎。当时，齐国送歌舞伎给鲁定公，季桓子受之，三日不朝，孔子大为不满，因此离开鲁国。

孔子去鲁，在鲁定公十四年，当前497年，即孔子55岁。**（孔子去鲁）**

18.5　楚狂接舆歌而过孔子，曰："凤兮凤兮，何德之衰！往者不可谏，来者犹可追。已而已而！今之从政者殆而！"孔子下，欲与之言。趋而辟（避）之，不得与之言。

疯子被排斥在正常社会之外。佯狂也是一种避世之法。

"接舆"，是楚国有名的狂人，很多古书提到他。古代佯狂，有把身体涂上漆，假装麻风病患者的，也有披头散发或把头发剃光好像犯人的。据说，他就是这种形象（《战国策·秦策三》《楚辞·九歌》）。

接舆也见于《庄子》的《逍遥游》和《人间世》。后者作"孔子适楚，楚狂接舆游其门曰：'凤兮凤兮，何如德之衰也！来世不可待，往世不可追也。天下有道，圣人成焉；天下无道，圣人生焉。方今之时，仅免刑焉。福轻乎羽，莫之知载；祸重乎地，莫之知避。已乎已乎，临人以德！殆乎殆乎，画地而趋！迷阳迷阳，无伤吾行！吾行却曲，无伤吾足。'"歌词比这里更详细。

"凤兮凤兮"，凤鸟见，是古代的祥瑞。孔注说，接舆"比孔子以凤鸟"，是因为"凤鸟待圣君乃见"。接舆认为，当时的政治已坏到极点，无可救药。他说，你孔丘怎么这样丢人现眼！过去的错就随它去吧；将来的事还来得及。算了吧，算了吧！现在的从政者都很危险，你还理他们干吗？

这类隐者对时政的批判，孔子很欣赏。照理说，两者应该有共同语言，但他想和接舆谈话，接舆却不想和他谈话，扭头就走了。

《人间世》说孔子是在楚国见到这位狂人。如此说可靠，则事在前489年。

李白《庐山谣寄卢侍御虚舟》："我本楚狂人，凤歌笑孔丘。"他是有名的大诗人，居然以接舆自况，对孔子直呼其名，"凤歌"就是指接舆的歌。**（楚狂接舆）**

18.6 长沮、桀溺耦而耕，孔子过之，使子路问津焉。长沮曰："夫执舆者为谁？"子路曰："为孔丘。"曰："是鲁孔丘与（欤）？"曰："是也。"曰："是知津矣。"问于桀溺。桀溺曰："子为谁？"曰："为仲由。"曰："是鲁孔丘之徒与（欤）？"对曰："然。"曰："滔滔者，天下皆是也，而谁以易之？且而（尔）与其从辟（避）人之士也，岂若从辟（避）世之士哉？"耰而不辍。子路行以告。夫子怃然曰："鸟兽不可与同群，吾非斯人之徒与而谁与？天下有道，丘不与易也。"

隐者避世，总要吃饭，不吃饭，下场就是伯夷、叔齐。所以，他们往往躬耕于垄亩。"长沮""桀溺"就是这样的隐者。

"耦耕"，是一种两人并耜而耕的耕作方法。"耦"音ǒu。

"执舆"，即执辔（拉马的缰绳）而驾。

"滔滔"，今本如此，郑玄本作"悠悠"。

"耰"，音yōu，是用一种叫耰的农具，耕种之后，覆土盖种。

"怃然"，"怃"音wǔ，怅然若失。

"斯人之徒"，"徒"是类属之义，如《老子》第五十章"出生入死，生之徒十有三，死之徒十有三，而民生生，动皆之死地十有三"，银雀山汉简《奇正》"故有形之徒，莫不可名；有名之徒，莫不可胜"，其中的"徒"都是这个意思。

这里的故事是，长沮和桀溺在田里耕地，附近有条大河。孔子打这儿经过，想渡河。他把车停下来，派子路向他们打问渡口在哪儿。长沮说，那个执辔而驾的人是谁？子路说，是孔丘。他对孔子直呼其名，当时向长者介绍他人，可以这么叫。长沮说，你是说那个鲁孔丘吗？子路说，是。长沮说，那他应该知道渡口在哪里。他是话里有话，意思是说，孔丘不是有名的聪明人吗？应知道天下的出路在哪里，干吗来问我？他是以津指天下的出路。子路没趣，只好再问桀溺。桀溺问，你是谁？他说，我是仲由（自称其名）。桀溺问，就是孔丘的徒弟吗？他说，是。桀溺指着旁边的河流说，现在举世滔滔，就像这宽阔的河面，有谁能改变它？你与其跟着"避人之士"跑，还不如跟着"避世之士"跑。说完，只顾埋头覆土盖种，不再搭理子路。桀溺说的"避人之士"，只是拒绝和坏人合作，孔子是这样的人。"避世之士"则是根本弃绝人世，他和长沮是这样的人。他们希望有更多的人加入他们的队伍，一起来抵制这个举世滔滔的世界。子路回来，把听到的话告诉孔子，孔子很失落，怅然久之。他说，我总不能像他们，遁迹山林，与鸟兽为伍吧？我不跟人这种东西在一起，又跟什么在一起呢？如果天下有道，我干吗非要改变它呢？他的观点是，天下越乱才越要掺乎。（**长沮、桀溺**）

18.7 子路从而后，遇丈人，以杖荷蓧。子路问曰："子见夫子乎？"丈人曰："四体不勤，五谷不分，孰为夫子？"植其杖而芸。子路拱而立。止子路宿，杀鸡为黍而食之，见其二子焉。明日，子路行以告。子曰："隐者也。"使子路反（返）见之。至，则行矣。子路曰："不仕无义。长幼之节，不可废也；君臣之义，如之何其废之？欲洁其身，而乱大伦。君子之仕也，行其义也。道之不行，已知之矣。"

这里的荷蓧丈人也是一位隐者，同样是躬自耕稼的老农民。古代绘画常把隐逸山林的高士画成农夫、渔夫或樵夫。《儒林外史》第一回的王冕也是农民。

"从"，同纵、踪，有跟踪之义。

"蓧"音diào，是田中除草的工具。

"拱而立"，古人以垂手为倨，拱手为敬。《礼记·曲礼上》："遭先生于道，趋而进，正立拱手。"这是子路对长者表示尊敬的样子。

原文是讲，孔子在前面驾车走，子路在后面步行走，步子撵不上轮子，掉了队（孔子和他的弟子，经常相失于道）。路上，他碰见个老头，用拐杖挑着除草的工具。子路说，您看见我的老师了吗？老头说，你们这些人，四体不勤，五谷不分，谁是你的老师？老头把拐杖插在地上，只顾除草。子路拱手敬立，对他很客气。大概是受感动了吧，老头留他过夜，杀鸡煮饭，招待他，还让他见过他的两个儿子。第二天，子路赶上孔子，把这事告诉孔子。孔子说，这肯定是一位隐者，让他赶紧回去找老头。但等他到了，老头已经出门。故事中的老头是干农活的隐者。在他看来，孔子这些人，不爱劳动爱做官，跟他不是一路人，所以语含讥讽。这节的最后一段，子路说，不做官是不义之事。长幼之序不可废，君臣之义怎么可以废？如果洁身自好，放弃做官，那是属于"乱大伦"，君子做官是为了推行主张，至于这些主张行不通，早在预料之中，有什么值得大惊小怪。子路的话，是对谁而讲，旧注说是对荷蓧丈人的两个儿子讲，让他们等荷蓧丈人回来向他转述。

子路的意思是，您老人家让您的两个孩子出来见礼，是懂得长幼之序，既然懂得长幼之序，就该明白君臣之义，做官就是君臣之义，国君不好，你只有一个责任，就是劝谏，放弃这种努力是不对的。他们认为，这是子路转述孔子的话，但原文没有这类话，只有宋初的一个福州刻本，把"子路曰"刻成"子路反，子曰"（见《集注》），干脆把这段话当成孔子的话。其实，子路的做官冲动比老师还强，这话出自子路之口，不值得奇怪。（荷蓧丈人）

18.8 逸民：伯夷、叔齐、虞仲、夷逸、朱张、柳下惠、少连。子曰："不降其志，不辱其身，伯夷、叔齐与（欤）！"谓"柳下惠、少连，降志辱身矣。言中伦，行中虑，其斯而已矣"。谓"虞仲、夷逸，隐居放言，身中清，废中权。我则异于是，无可无不可"。

"逸民"，是隐逸山林不肯出仕做官的人，不少是前朝的遗老遗少。古人说，"不事王侯，高尚其事"（《易·蛊》），"志意修则骄富贵，道义重则轻王侯"（《荀子·修身》），就是这类人的特点。"隐居放言"，"放言"是废弃言论的意思。这里的七个人，都是古代最有名的"逸民"。

"伯夷、叔齐"，即孤竹君二子。武王克商后，他们不合作，拒食周粟，靠吃野豌豆充饥，结果饿死在首阳山下。《史记》有《伯夷叔齐列传》，位居七十列传之首，是人品中的顶级。《后汉书》始有《逸民传》，《晋书》以下则称《隐逸传》，就是专门为这类人立传。

"虞仲、夷逸"，虞仲是吴仲雍之后，虞国的始封之君。虞从吴，字与吴通。《史记·吴太伯世家》说太伯、仲雍二人知太王欲立季历与昌，乃奔荆蛮，自号句吴。太伯先立，为句吴之君，"太伯卒，无子，弟仲雍立，是为吴仲雍。仲雍卒，子季简立。季简卒，子叔达立。叔达卒，子周章立。是时周武王克殷，求太伯、仲雍之后，得周章。周章已君吴因而封之。乃封周章弟虞仲于周之北故夏虚，是为虞仲，列为诸侯"。虞仲是武王访求而得，才举为虞君，自属"逸民"；夷逸见《尸子》，事迹不详。

"朱张"，《释文》引王弼注，谓"朱张字子弓，荀卿以比孔子"。

"柳下惠、少连"，柳下惠已见上18.2，还有前面的《卫灵公》15.14，在《论语》中一共出现过三次；"少连"见于《礼记·杂记》，据说是"东夷之子"，孔子说他善居丧。

孔子对这七个人的评价是：伯夷、叔齐为一类，彻底不合作，既不屈服，也有尊严，最高尚；柳下惠、少连为一类，不肯走，也不肯死，只好受委屈，但言行于节无亏，也值得称道；虞仲、夷逸，隐居山林，什么话也不讲，立身清白，也合乎策略。朱张，他没讲，原因是什么，前人有很多猜测，不一定可靠。他自己的态度，和这些隐士不一样，是"无可无不可"，既不合作，也不拒绝出来做事。**（逸民）**

18.9 大师挚适齐，亚饭干适楚，三饭缭适蔡，四饭缺适秦，鼓方叔入于河，播鼗武入于汉，少师阳、击磬襄入于海。

"大师挚"，即《泰伯》8.15的"师挚"；"击磬襄"，即《孔子家语·辨乐》中的"师襄子"。《辨乐》说："孔子学琴于师襄子，襄子曰：'吾虽以击磬为官，然能于琴。'"孔子学琴学磬，就是以师襄为老师。程树德推断，这批乐官是孔子同时代的人，很有道理。

"鼗"，音táo，是一种手摇的拨浪鼓。

这里讲的八人，是什么时候、哪个国家的乐官，前人有各种猜测。上面说，大师挚就是师挚，击磬襄就是师襄子。如果这两人是鲁乐官，其他人也是。"大师"是八人之长。其他七人都是他的属官。乐官而以"饭"称，原因何在？原来，古代天子、诸侯，吃饭要有乐队伺候。古人吃饭，老百姓只吃两顿，天子比较讲究，一天四顿，每顿都有乐官奏乐，为吃饭增添气氛。现在，欧美各国，豪华大宴，也经常有乐队伴奏。"鼓"是击鼓的乐官。"播鼗"是击鼗的乐官。"少师"是"大师"之佐。"击磬"是击磬的乐官。官职后面跟着的都是乐官的私名。

当时，不仅"礼坏"，而且"乐崩"，这些乐官四散逃跑，有到齐国的，有到楚国的，有到蔡国的，有到秦国的，有到黄河流域的，有到长江流域的，有到海边的。古人说，周道既衰，畴人星散，这批乐官也是属于逸民的范畴。**（逃跑的乐官）**

18.10 周公谓鲁公曰："君子不施（弛）其亲，不使大臣怨乎不以。故旧无大故，则不弃也。无求备于一人。"

　　"周公谓鲁公曰"，"周公"指周公旦，"鲁公"指鲁公伯禽，即周公旦的长子。这里是记周公封伯禽于鲁的命辞。清顾炎武《日知录》引孙宝侗说，谓《左传》定公四年祝佗之言提到周封伯禽于鲁的命辞叫《伯禽》，不在《书》百篇内。[1]这里的命辞可能就是《伯禽》的遗文。

　　"施"通"弛"，古本或作"弛"。

　　"故旧无大故，则不弃也"，"故旧"，一般以为是老朋友、老交情。但此篇所述，全与弃官不做有关。我怀疑，这里的"故旧"不一定指老朋友、老交情，而是指伯禽封鲁接收的殷民六族，特别是前朝的旧官员。这里所述，即《尧曰》20.1的"举逸民"。"大故"，指恶逆，孔注："大故，谓恶逆之事也。"《礼记·檀弓上》"是故君子非有大故"，郑玄注："大故谓恶逆之事。"恶逆是古代所谓"十恶不赦"的"十恶"之一，指殴打或谋杀亲人，如自己的爷爷、奶奶、爸爸、妈妈等。参看《唐律疏议》卷一"十恶"条。

　　命辞讲了四条，第一，不要放着自己的同宗不用，首先要用周人；第二，不要让大臣埋怨得不到重用；第三，前朝官员，只要没有恶逆之罪，也不要弃而不用；第四，不要对个人求全责备，要求他什么本事都有。这四条，都和组建鲁国的政府有关。（**周公谓伯禽**）

18.11 周有八士：伯达、伯适、仲突、仲忽、叔夜、叔夏、季随、季骗。

　　这个名单的八个人，都是属于殷遗民。

　　"骗"，音guā。

　　"周有八士"，《国语·晋语四》说周文王"询于八虞，而谘以二虢"，韦昭注引贾、唐说，谓"八虞"，就是这里的"八士"，皆在虞官。《逸周书》的《和寤》《武寤》说武王克商，有"尹氏八士"，前人认为，"尹氏八士"也是指这八个人。

---

[1]　程书，第四册，1293页。

这里的"伯达""仲突"，前人认为，就是《逸周书·克殷》的"南公百达"和"南宫忽"；"伯适"，前人认为，就是《墨子·尚贤》《尚书大传》卷一和《史记·周本纪》等书中的"南宫括"或"南宫适"。《论语·泰伯》8.20提到"武王曰'予有乱臣十人'"，据马融注和郑玄注，其中也有南宫适。这些都是周初的名臣，特别是南宫适。[1]

这八个人，两个伯字辈，两个仲字辈，两个叔字辈，两个季字辈，如果说，他们是出于两支，分别有伯、仲、叔、季各二，还可理解，但包注说，他们是四对双胞胎（说本《春秋繁露·郊祭》），完全不可信。[2]

尹氏，一种可能是作册尹氏，为史官之长；一种可能是周世族，即西周金文中的姞姓尹氏（如尹叔鼎）。南宫氏，是以所居宫室为名，西周铜器中的盂鼎就出于南宫氏。有学者认为，南宫氏是姬姓。[3]（周有八士）

1　程书，第四册，1295—1300页。

2　牛书，519页"董生奇言"条。

3　朱凤瀚《商周家族形态研究》（增订本），天津：天津古籍出版社，2004年，339页。

子张第十九

此篇，主题相对集中，主要是记孔门弟子接闻于夫子之言。其特点是，所有话都是学生的话，没有一句是孔子的话，但反映的却是老师的思想，很多都是转述孔子的话（汉人引《论语》，多把弟子语也当孔子言）。弟子各记所闻，有时互相矛盾，其实是孔子针对学生的弱点而发，很能体现"因材施教"。其中包括子张语（19.1—19.3）、子夏语（19.4—19.13）、子游语（19.14—19.15）、曾子语（19.16—19.19）、子贡语（19.20—19.25），基本上都是孔门后进讲的话。他们往往是转述孔子的话，但没有一句是孔子直接说的。

19.1 子张曰："士见危致命，见得思义，祭思敬，丧思哀，其可已矣。"

这是撮述孔子之言，语句多见于以前各篇。

"士见危致命"，"士"即君子。"见危致命"，是面临危险，敢不敢豁出性命。《宪问》14.12作"见危授命"。下面几句不同，都有"思"字。"思"是表示愿望，但求如何。

"见得思义"，是面临好处，要考虑该不该得。同样的话，也见于《宪问》14.12、《季氏》16.10。

"祭思敬，丧思哀"，也是孔子的思想，参看《八佾》3.12、3.26，《颜渊》12.2。

这四条，都是前面讲过的话。（**见危致命**）

19.2 子张曰："执德不弘，信道不笃，焉能为有，焉能为亡。"

子张强调执德和信道，认为不如此，不为人。

"执德不弘，信道不笃"，《颜渊》12.10、12.21，子张、樊迟问"崇德"，"崇德"即"弘德"。这些都和孔子的教导有关。

"焉能为有，焉能为亡"，意思是有这个人不多，没这个人不少，无足轻重。

（**执德信道**）

19.3　子夏之门人问交于子张。子张曰："子夏云何？"对曰："子夏曰：'可者与之，其不可者拒之。'"子张曰："异乎吾所闻：君子尊贤而容众，嘉善而矜不能。我之大贤与，于人何所不容？我之不贤与，人将拒我，如之何其拒人也？"

"子夏之门人"，子夏长于文学，是孔门弟子中对后世影响很大的人物，特别是在学术方面。孔子死后，他居西河教授，学生很多，如魏文侯、田子方、段干木、李克、曾申、吴起、禽滑离、公羊高、穀梁赤、高行子，都是他的学生。汉代经学，和他关系最大。

"君子尊贤而容众，嘉善而矜不能"，据《韩诗外传》卷九，子贡也有此语，估计也是接闻于夫子。

子夏和子张交友之道不同，似乎矛盾，前人说子张比子夏高，不对。他们所说，都是接闻于夫子。子夏听来的话，是针对子夏的毛病；子张听来的话，是针对子张的毛病，各有所指。我们都知道，孔子说"师也过，商也不及"（《先进》11.16）。这两个人的毛病，子张是过，子夏是不及。东汉蔡邕说，"子夏之门人问交于子张，而二子各有所闻于夫子。然则其以交诲也，商也宽，故告之以距人；师也褊，故告之以容众。各从其行而矫之，若夫仲尼之正道，则汎爱众而亲仁。故非善不喜，非仁不亲，交游以方，会友以仁，可无贬也"（《正交论》），这个说法最合理。子夏待人宽，所以孔子的忠告是，可交者交之，不可交者拒之，让他有所区别，别来者不拒。子张待人苛，所以孔子的忠告是，比你强的人要尊，比你差的人要容，人家的优点要欣赏，人家的不足要同情，让他宽容一点。两种答案，彼此撞车，原因在这里。这段话很能体现孔子的因材施教。孔子的话多半是针对学生的缺点，同样的问题往往有不同的答案。比如，同样是吃饭，一个胖子，一个瘦子，如果都来问吃什么好，对胖子，他会说"少吃多动"，对瘦子，他会说"大鱼大肉"，不能说哪个对，哪个不对。

此章是以子夏作对比，和下面有交叉，但主要是讲子张。（拒人）

以上三章是子张接闻于夫子。

19.4 子夏曰："虽小道，必有可观者焉，致远恐泥，是以君子不为也！"

以下十章以论学为主。

这段话，出自子夏之口，但《汉书·艺文志·诸子略》小说家序和《汉书·蔡邕传》却说是孔子的话。看来这也是孔子的话。至少汉代经师认为，这是子夏接闻于夫子。

为什么孔子对子夏要讲这番话，请参看下19.12。子夏长于经艺，学问最好，但缺点是拘泥细节，孔子说，小道当然有可观之处，但用于长远的事，却恐怕会有妨碍，所以君子不为！（**小道**）

19.5 子夏曰："日知其所亡，月无忘其所能，可谓好学也已矣。"

治学，要温故知新，不能像狗熊掰棒子，因为没兜装，全都夹在胳肢窝里，一边掰，一边丢。

此章即《为政》2.11的"温故而知新"义义。"日知其所亡"是"知新"，"月无忘其所能"是"温故"。前者是"知"（认识），后者是"识"（记忆和消化）。话的来源，可能是孔子。（**知与识**）

19.6 子夏曰："博学而笃志，切问而近思，仁在其中矣。"

学问学问，一方面是学，一方面是问。学，眼界要宽，精神要专，这是"博学"和"笃志"。问，一是问别人，二是问自己。"思"就是自己问自己。问和思，最大忌讳，是不着边际，"切"和"近"都有近的意思，可以互训，都是紧扣问题。

我认为，学术有两个层次，高低不同。学，学知识，分疆划界，只管自己这一行，一切以知识生产为中心，分工体系下的人，紧跟学术主流，亦步亦趋，书皮熟，资料熟，学界人头熟，学术动态熟，不是人做学问，而是学问做人，这只是预流、入流而已。问才是更高层次。它是以问题为中心，知识是工具和资料，研究是多学科会诊，分疆划界失去意义。

这话，可能也是孔子所讲，怕子夏堕入小道。（**学与问**）

19.7　子夏曰："百工居肆以成其事，君子学以致其道。"

"百工居肆以成其事"，"百工"是匠人；"肆"可以是商店，也可以是作坊，或前店后厂的作坊。百工制造各种器物，特点是分工协作，专业化。

"君子学以致其道"，和匠人不一样，特点是博学笃志，切问深思，有整体感，有想象力。

子夏的优点是细，缺点也是细。这话，可能也是孔子告诫他。

知识生产，有赖于学术分工和专业化，19世纪，特别是20世纪以来，成就很突出，毛病也很突出，人文学术，尤其明显。流弊是越来越匠气，没有宏大视野和艺术想象力。（**学术工厂化**）

19.8　子夏曰："小人之过也，必文。"

子夏说，小人犯错误，一定会文过饰非。（**文过饰非**）

19.9　子夏曰："君子有三变：望之俨然，即之也温，听其言也厉。"

子夏说，君子给人的感觉是，远远望去很有派头，近距离接触却很温和，听他说话又很严厉。现在，这话已变味儿，常被用来吹捧各种大师和小师，特别是自己的老师，读之令人肉麻。（**君子有三变**）

19.10　子夏曰："君子信而后劳其民，未信则以为厉己也；信而后谏，未信则以为谤己也。"

动物都有警惕性，唯恐别人伤害它，人也一样。

子夏说，君子劳民必先取信于民，否则，他们会认为你是虐待他们；君子谏君必先取信于君，否则，他会认为你是诽谤他。

这是讲"信"的重要性。（取信于先）

19.11 子夏曰："大德不逾闲，小德出入可也。"

子夏泥于小道。这里说，大节不能出格，小节可以通融，可能也是孔子的教导。（大德和小德）

19.12 子游曰："子夏之门人小子，当洒扫应对进退则可矣，抑末也。本之则无，如之何？"子夏闻之，曰："噫！言游过矣！君子之道，孰先传焉？孰后倦焉？譬诸草木，区以别矣。君子之道，焉可诬也？有始有卒者，其惟圣人乎！"

"洒扫应对进退"，指接待宾客的各种礼仪细节。"洒扫"是洒水扫地，清洁房屋；"应对"是接待宾客时的一问一答；"进退"是接待宾客时的一进一退，说话要得体，动作要得体。

"孰先传焉？孰后倦焉"，是问谁先传道，谁后疲倦。俗话说，万事开头难，但结束也不容易。古人说，"靡不有初，鲜克有终"（《诗·大雅·荡》），也是说，开头容易，坚持到最后难。

"譬诸草木，区以别矣"，就像草木，要一样样分类，从细节差异入手。

"有始有卒者，其惟圣人乎"，有始有终，只不过是有恒者，根本不是圣人。子夏这么讲，是有违夫子之道的。

子游和子夏皆长于文学，但彼此不和。

子游批评子夏，认为他是有末无本。他的学生太注意礼仪的微末细节，失去了礼仪的根本，也就是道，拣了芝麻，丢了西瓜。子夏的特点是细，因为细，所以行动迟缓，孔子说"商也不及"（《先进》11.16），原因在这里。

孔子批评子夏，他不敢不服；子游批评他，他不以为然，他说，学道是循序渐进，贵在有始有终。没有始，焉有终。人都是从小事做起，没有小，焉有大。学道就要从"洒扫应对进退"这些小事做起。

子夏重小道，子游重大道，这是两者的不同。

此章是以子游作对比，和下面的子游语有交叉，但主要是讲子夏。（本末和始终）

19.13 子夏曰："仕而优则学，学而优则仕。"

"仕而优则学"，"优"是裕如之义，不是优秀之义。《宪问》14.11 ："子曰：'孟公绰为赵、魏老则优，不可以为滕、薛大夫。'"其中的"优"字也是这个意思。集解、皇疏都说，此句是"行有余力"的意思。参看《学而》1.6"行有余力，则以学文"。

"学而优则仕"，"优"也是同样的意思。

这段话的意思不是说，当官当好了就去做学问——像现在的官员，官当大了，还得弄个教授当当，或学问做好了就去当官——像过去的读书人，靠科举考试当官。它是说，当官如果有余力，要学习；学习如果有余力，要当官。

现在的高校管理层，"学问大了"，则可入选其中，或相反，当大官，必为大教授——不是小的，而是大的，不是选的，而是批的。谁说中国传统中断了？（**仕而优则学，学而优则仕**）

以上十章是记子夏语。

19.14 子游曰："丧致乎哀而止。"

"哀"，不同于恸，只是淡淡的悲伤。子游说，丧事，悲伤，悲到"哀"也就够了。（**哀**）

19.15 子游曰："吾友张也，为难能也，然而未仁。"

"难能"，是不容易。《宪问》14.1，孔子说，"可以为难矣，仁则吾不知也"，其中的"难"字，与此类似。孔子认为，不为不善，只能算是不容易，还算不上仁。（**子张还没达到仁一**）

以上两章是记子游语。

19.16 曾子曰："堂堂乎张也，难与并为仁矣。"

"堂堂"本来是好词，但不能太过分。太过分，就成了北京话说的"牛牛的""劲儿劲儿的"。子张一本正经, 老拿着股劲儿, 让人难以接近, 这是他的缺点。

曾子对子张的评价是, 他看上去挺威风, 但一点不随和, 难以相处, 没法和他一块儿追求仁。《列子·仲尼》也说, "师能庄而不能同"。

这段话, 旧注都说, 是批评子张相貌堂堂, 仁行浅薄, 但清王闿运正好相反, 说这是夸子张, 谓子张高不可及, 根本没法比(《论语训》)。[1]

我看, 这话是褒贬都有。曾子认为, 子张还没达到仁。(**子张还没达到仁二**)

19.17 曾子曰: "吾闻诸夫子: 人未有自致者也, 必也亲丧乎! "

人, 从小就要学会控制自己的情绪, 往往很压抑。

孔子说, 人很难有尽情发泄的机会, 有之, 一定是在亲人去世的时候。

这是曾子转述孔子的话。(**丧亲之痛**)

19.18 曾子曰: "吾闻诸夫子: 孟庄子之孝也, 其他可能也; 其不改父之臣与父之政, 是难能也。"

这也是转述孔子的话。

"孟庄子", 即仲孙速, 事鲁襄公, 为孔子的前辈。他是有名的孝子。

孔子说, 孟庄子的孝, 别的好学, 旁人也做得到, 最难的是, 他父亲留下的家臣和他父亲为政的规矩, 一点都不变。他父亲是孟献子, 即仲孙蔑。

孔子说, "三年无改于父之道, 可谓孝矣"(《学而》1.11), 孟庄子正符合这一点。(**孟庄子**)

19.19 孟氏使阳肤为士师, 问于曾子。曾子曰: "上失其道, 民散久矣。如得其情, 则哀矜而勿喜。"

"孟氏使阳肤为士师", 这里的孟氏是孟敬子, 马融注: "孟敬子, 鲁大夫仲

---

1   程书, 第四册, 1328页。

孙捷。"他比孔子小46岁,和曾子同岁。《礼记·檀弓下》也提到他,郑玄注:"敬子,武伯之子,名捷。"他推荐阳肤当士师。当时,曾子已开门授徒,阳肤是曾门七弟子之一。

孟敬子,又见《泰伯》8.4,作"曾子有疾,孟敬子问之"。孟敬子使阳肤为士师,问于曾子。此事当在问病之后,即前480年后。

孟氏推荐阳肤当士师,士师是典狱之官。曾子告诫他,现在上失其道,民心涣散,已经很久了,如果你审问案情,发现犯罪事实,你应感到悲哀和可怜,而绝不是高兴。(**哀矜勿喜**)

以上四章是记曾子语。

19.20 子贡曰:"纣之不善,不如是之甚也。是以君子恶居下流,天下之恶皆归焉。"

小孩爱听好人和坏人的故事,大人也一样。这样的故事,线条明快。如尧、舜和桀、纣,就是代表。前者成了好人的符号,后者成了坏人的符号,任何持平之论都很难立足。道德和舆论是放大器,好,越说越好,坏,越说越坏,为了把好说得更好,坏就得说得更坏。

子贡说,"纣之不善,不如是之甚也",未必像大家丑化的那样。他敢为坏人说公道话,实在了不起。

"是以君子恶居下流,天下之恶皆归焉",是说君子最怕处于纣那样的不利地位,什么坏事都堆到他一人的头上,就像地势低下的污水池,什么脏水都朝那儿泼。

古人说,"众口铄金"(《国语·周语下》)。今语云,破鼓乱人捶,墙倒众人推。这些都是讲舆论的可怕。此章和下面五章可能有关。这六章,钱穆说,19.22—19.25都是孔子死后的事,[1]我看,19.20、19.21也是。孔子死后,不知怎么回事,有一股潮流,贬孔子而抬子贡。子贡是有感于此吧?(**君子恶居下流**)

1　钱书,496页。

19.21 子贡曰："君子之过也，如日月之食焉：过也人皆见之，更也人皆仰之。"

这段话是讲谁？恐怕也是孔子。

子贡说，君子有过错，如日月之食，他的过错，大家都会看到，但只要改掉，大家还会尊重他，就像光明被遮盖，只是暂时，黑暗过去，大家还是仰视其明。

孔子死后，子贡有贤名，当时的流言，可能是抓住孔子的某些过失，攻其一点，不计其余。子贡挺身而出，替老师辩护。这样的话，下面还有。（**君子之过，如日月食**）

19.22 卫公孙朝问于子贡曰："仲尼焉学？"子贡曰："文武之道，未坠于地，在人。贤者识其大者，不贤者识其小者，莫不有文武之道焉，夫子焉不学，而亦何常师之有？"

"卫公孙朝"（生卒不详），仅见于此。《左传》有两个公孙朝，一为鲁臣（昭公二十六年），一为楚臣（哀公十七年），此加"卫"字，可见是另一人。

此人的问题，可能也来自流言，关于孔子学历的流言。他问子贡，孔子是从哪儿学来的，他的老师到底是谁。他大概想，孔子盛称文武之道，文王、武王是古人，距离当时已很远（起码有500多年），他怎么知道当时的情况，说不定都是他自个儿编出来的吧。子贡说，文王、武王不在，但文武之道还在，贤者懂得其中的大道理，不贤者懂得其中的小道理，谁都可能接触到这类道理，我的老师从哪儿不能学，为什么非得有固定的老师？

讲门户的人，喜欢言必称师，但老师的老师是谁，有时是大问题。孔子是自学成才，学无常师。学无常师，才叫大师。（**学无常师**）

19.23 叔孙武叔语大夫于朝曰："子贡贤于仲尼。"子服景伯以告子贡。子贡曰："譬之宫墙，赐之墙也及肩，窥见室家之好。夫子之墙数仞，不得其门而入，不见宗庙之美，百官（馆）之富。得其门者或寡矣。夫子之云，不亦宜乎！"

"叔孙武叔"，出叔孙氏，谥武，行叔，名州仇，也叫武叔懿子。诋毁孔子，他最卖力。

"子贡贤于仲尼"，这是抬子贡，贬孔子。

"子服景伯"，见《宪问》14.36。《宪问》14.36说公伯寮到季孙氏那里告子路，子服景伯要杀公伯寮。那是孔子生前，这是孔子死后。他对孔子非常好。

"百官之富"，"官"是古馆字，这里读馆。[1]馆是屋舍，富是多的意思。

"夫子之云，不亦宜乎"，夫子指叔孙武叔。

孔子死后，叔孙武叔在朝臣中散布流言，说子贡比孔子还强，所有有头有脸的贵族，差不多都听到了。子服景伯也在场。他把这话告给子贡。子贡说，我和孔子怎么比？咱们以房屋的院墙打比方吧。我的院墙，不过是齐肩矮墙，因为墙矮，很容易看见院子里有什么好房子。孔子的院墙不一样，它有数仞之高，你如果找不到它的门，从门进入院子，就看不见院里的宗庙有多美，院里的房子有多多。叔孙武叔懂什么，他连孔子的门都不知在哪儿，难怪会这么说。（**夫子之墙**）

19.24　叔孙武叔毁仲尼。子贡曰："无以为也！仲尼不可毁也。他人之贤者，丘陵也，犹可逾也；仲尼，日月也，无得而逾焉。人虽欲自绝，其何伤于日月乎？多见其不知量也。"

"叔孙武叔毁仲尼"，上面是抬子贡，这里是毁孔子。他到底说了什么坏话，这里一个字没说。

"无以为也"，是不要这么干。

"仲尼，日月也"，参上19.21，这里也是以日月为喻，也许是一回事。

"多见其不知量也"，《集解》说，此句的意思是"适足自见其不知量也"。"多"，伏虔本作"祇"，解云："祇，适也。"王引之《经传释词》卷九有"古人多、祇同音"说，其中就有这个例子。上古音"多"是端母歌部字，"祇"是章母支部字，"适"是书母支部字。罗常培、周祖谟先生说，"歌部和支部在《诗》韵里是分划很清楚的两部……但是在晚周的时候歌部字已经有跟支部相通的例子……到西汉时期歌支两部相叶更为普遍"。[2]

这段话，是讲叔孙武叔诋毁孔子。子贡再次提到"日月"。他用日月比喻孔

1　杨书，205页。

2　罗常培、周祖谟《汉魏晋南北朝韵部演变研究》（第一分册），北京：科学出版社，1958年，24—28页。

子，说普通人再高，也不过如丘陵，只要你想爬，就能翻越它，但孔子不同，他的高明，如同日月，诋毁孔子是不自量力。（**仲尼如日月**）

19.25 陈子禽谓子贡曰："子为恭也？仲尼岂贤于子乎？"子贡曰："君子一言以为知，一言以为不知，言不可不慎也！夫子之不可及也，犹天之不可阶而升也。夫子之得邦家者，所谓立之斯立，道（导）之斯行，绥之斯来，动之斯和。其生也荣，其死也哀，如之何其可及也？"

"犹天之不可阶而升也"，见《周髀算经》。

"得邦家"，孔注说，"谓为诸侯及卿大夫"。

"其生也荣，其死也哀"，说明孔子已不在人世。

孔子死，除叔孙武叔说子贡比孔子强，还有陈国的子禽。

子禽即陈亢，除本章，还见于《学而》1.10和《季氏》16.3。这里是以字称。

前人怀疑，子禽是子贡的弟子，很可能。他这样拍子贡，让人想起公孙丑拍孟子（《孟子·公孙丑上》），孟子还没死，他就想树孟子为圣人。我从我的生活经验体会，他太有可能是子贡的学生了。现在，大学讲尊师重道，尊师往往被理解为拍师。很多胡萝卜兔崽子，特能拍老师，而且一代一代往下传。他们心里和明镜似的：老师不拍拍谁？拍老师的，多半都是学生。

子禽跟子贡说，您也太客气了吧，仲尼真比您强吗？子贡说，君子只凭一句话，就能看出你懂什么，不懂什么，你说话可不能不小心。他明确告诉子禽，孔子是高不可及的。他如果当诸侯之政、管大夫之事，肯定该立的立，该行的行，远人来服，一呼百应。他活得很光荣，死得很悲哀，我怎么赶得上他。

子路死卫，孔子病，子贡赶回鲁国看老师，孔子说，"赐，尔来何迟也"（《礼记·檀弓上》），他知道，回死由亡后，子贡最重要。孔子死后，弟子皆服丧三年，"三年心丧毕，相诀而去，则哭，各复尽哀；或复留。唯子赣庐于冢上，凡六年，然后去"（《史记·孔子世家》）。

孔子死后，叔孙武叔带头，群非孔子，以为不如子贡贤，子贡捍卫了他的老师。（**其生也荣，其死也哀**）

以上六章是记子贡语。

　　这是今本《论语》的最后一篇，形式与前面的19篇都不一样。它只有三章，前两章是两大段，比较冗长。第一章分前后两截：前半截分三节，都是抄古本《尚书》，讲古天子受命于天，系天下安危于一身，无论出了什么问题，责任都在自己头上，要勇于罪己；后半截分四节，可能是孔子自己的话，则是讲治国治民，内容与为政有关。第二章是子张向孔子请教从政。第三章很短，只有孔子的几句话，则与君子的修养有关。这三章，《齐论》《鲁论》是合在一起，同于今本，《古论》则把后面两章分出，列为第二十一篇，题为《从政》，古人称为"两《子张》"（《汉书·艺文志》如淳注）。前人讨论此篇，往往刻意求深，以为第一章是全书的后序或补遗，后面所谓"两《子张》"的第二章和带"孔子曰"的第三章，又缀在序后（清翟灏《四书考异》）。[1]其实，古书的缀辑成篇，多由零章碎句杂凑，不可以后世文章的写法要求之。古书缀序于后，例子很多，但《论语》由短章杂凑，本无条理，必指此篇为序，大可不必。

　　此篇文字艰涩，内容枯燥，文本上的问题很多，我的解释，难免啰唆，请大家耐心读，细心读。

　　20.1 尧曰："咨！尔舜！天之历数在尔躬，允执其中。四海困穷，天禄永终。"舜亦以命禹。

　　曰："予小子履，敢用玄牡，敢昭告于皇皇后帝：有罪不敢赦。帝臣不蔽，简在帝心。朕躬有罪，无以万方；万方有罪，罪在朕躬。"

　　"周有大赉，善人是富。虽有周亲，不如仁人。百姓有过，在予一人。"

　　谨权量，审法度，修废官，四方之政行焉。

　　兴灭国，继绝世，举逸民，天下之民归心焉。

　　所重民食、丧、祭。

　　宽则得众，信则民任焉，敏则有功，公则说（悦）。

　　此章可分为七节，其实相当于七章。

　　第一节是抄古书，内容是尧命舜之辞。此节显然与《尚书》有关，和今本《舜典》的内容大致对应，属于古《虞书》之类。旧说此节是抄今本《书·大禹谟》，当

――――――――――――

1　程书，第四册，1345页。

然不对，但辨伪学家说，今本《大禹谟》是抄《论语》，也不对。今本《大禹谟》有类似的话，作"天之历数在汝躬，汝终陟元后。人心惟危，道心惟微。惟精惟一，允执厥中。无稽之言勿听，弗询之谋勿庸。可爱非君？可爱非民？众非元后何戴？后非众罔与守邦？……天禄永终"，相同的只是头尾两句。其他部分，来源不清楚。前人说"人心惟危，道心惟微"是抄《荀子·解蔽》引《道经》的"人心之危，道心之微"，[1]不一定。"允执厥中"，他书未见，但宋代出土的战国鸟书箴铭带钩，上面有这句话，肯定不是后人伪造。《大禹谟》是《古文尚书》，辨伪学家斥为伪书，以为肯定抄自这一节，其实魏晋之际，人们能看到什么，我们并不清楚。汉代和战国的古本是什么样，我们也不清楚。过去，《尚书》辨伪主要靠查古书引文，查证的结果，本来证明，这些引文是来自古本《尚书》，肯定很有来头，但却被用来反推，今本就是凭这些引文拼凑。这在方法上很有问题。如《六韬》一书，宋本和唐本不同，唐本和汉代的简本也不同，主要原因是不断被改编，不但文句不同，结构也不同，并不一定都是用引文拼凑。更何况，此节既说"舜亦以命禹"，可见类似的话还见于舜命禹的另一篇，如果说今本《大禹谟》是抄这段话，也是对应于《夏书》的某一篇，而不一定就是这一篇。下面的引文也说明，同样的话，不一定光是《论语》引，其他古书也引，我们不能肯定它就是抄《论语》。

　　第二节也是抄古书。"曰"上有缺文，说话人是汤。"予小子履"，是汤自呼其名。《世本》说汤名天乙，前人猜测，汤本名履，后改名天乙，不对。其实，商代取名之法不同于周，据甲骨卜辞，天乙是汤的日名。履和汤，可能是名、字关系或一人二名，就像受亦称纣，日名为帝辛一样。这段话，孔注说"履，殷汤名"是对的，郑注连上文"舜亦以命禹"，作"舜亦以命禹曰"则谬。又孔注说"此伐桀告天之文"，今本《汤誓》是伐桀以前所誓，《汤诰》是伐桀以后所告，彼此对应，应是《汤誓》，但《汤誓》并没有"简在帝心"至"罪在朕躬"这一段，这段话反而见于《汤诰》，作"惟简在上帝之心。其尔万方有罪，在予一人；予一人有罪，无以尔万方"。《汤诰》亦属古文，辨伪学家断定，它的这段话是抄《论语》，根本不对。其实，这段话，他书也引，并不能肯定就是抄《论语》。证据是：

　　（1）《国语·周语上》："在《汤誓》曰：'余一人有罪，无以万夫；万夫有罪，

1　屈万里《尚书集释》（收入《屈万里全集②》），台北：联经出版事业公司，1983年，附编三：伪古文尚书袭古简注，309页。

在余一人。'"

（2）《墨子·兼爱下》："惟予小子履，敢用玄牡，告于上天后曰：今天大旱，即当朕身。履未知得罪于上下，有善不敢蔽，有罪不敢赦，简在帝心。万方有罪，即当朕身。朕身有罪，无及万方。"

（3）《吕氏春秋·顺民》："昔者汤克夏而正天下。天大旱，五年不收，汤乃以身祷于桑林，曰：'余一人有罪，无及万夫。万夫有罪，在余一人。无以一人之不敏，使上帝鬼神伤民之命。'于是翦其发，酈其手，以身为牺牲，用祈福于上帝。民乃甚说，雨乃大至。"

（4）《论衡·感虚》："传《书》言：'汤遭七年旱，以身祷于桑林，自责以六过，天乃雨。'或言：'五年。祷辞曰：余一人有罪，无及万夫。万夫有罪，在余一人。（天）〔无〕以一人之不敏，使上帝鬼神伤民之命。'于是剪其发，丽其手，自以为牲，用祈福于上帝。上帝甚说，时雨乃至。"

上面四条证明，此文或者出自汤伐桀告天的古本《汤誓》，或者出自汤祷桑林的另一篇佚文，二者都是古本《商书》。孔注说"《墨子》引《汤誓》，其辞若此"。他并不说这条是抄《汤诰》，也不说这条是抄《汤誓》，这是非常慎重的态度。因为《论语》所见本是先秦古本。这种古本应和《国语》《墨子》等书引用的本子相近，和后世的本子不一样。上述引文，似乎是汤祷桑林之文，而非汤伐桀告天之文，孔注说"此伐桀告天之文"，可能记述有误，或二者都有这段文字。我们真正能够肯定的是，《论语》此节是古本《尚书》的佚文。上节也一样。

第三节也是抄古书。"周有大赉，善人是富"，"赉"音lài，今本《尚书·武成》有"大赉于四海，而万姓悦服"，是类似的句子。"虽有周亲，不如仁人。百姓有过，在予一人"，今本《尚书·泰誓中》有"虽有周亲，不如仁人。天视自我民视，天听自我民听。百姓有过，在予一人"也是类似的句子。今本《武成》是古文，《泰誓》亦后出，辨伪学家认为，它们的对应文句也是抄《论语》，同样没有根据。其实，类似的话，不仅《尚书大传》《淮南子·主术》《韩诗外传》《说苑·贵德》引之，也见于《墨子·兼爱》。参考上文，我们同样认为，这段话是引自古本《周书》。"善人"，前面出现过四次（《述而》7.26、《先进》11.20、《子路》13.20、《子路》13.29），我们已讨论过它的复杂含义。

上面三节是抄古本《尚书》，共同点是讲罪己。尧命舜，舜命禹，汤、武告天，都是如此。我想指出的是，过去辨伪学家常用"引文反推法"，表面很有道理，其实很有问题。史料审查，谨慎也好，怀疑也好，本来是为了合理地利用史料。如果只是为了取消，今本不敢用，古本也不敢用，审查就失去了意义。

第四节，"权量"，属于度量衡制度。"法度"，是法律和规章制度。"修废官"，是恢复已经荒废的官制。这些都属于古人所说的"政"。

第五节，句型结构与上节相同。古代征服，最头疼的事，是种族不同，信仰不同，语言不同，文化不同。历史上，最简单也最普遍的办法，是种族灭绝，宗教灭绝，语言灭绝，文化灭绝。这些都是笨办法。我国的政治传统是"大一统"，即偏爱所谓"大地域国家"。大地域国家，何以成其大？主要靠兼容并包，"得人心者得天下，失人心者失天下"。我们的政治传统是"五族共和"。战国秦汉流行的五帝并祀就是早期的"五族共和"。我们的办法是种族共存，宗教共存，语言共存，文化共存，特别是"杀小留大"，优待被征服民族的贵族和其后裔，以夷制夷。这是最聪明的办法。"兴灭国"，是恢复被灭亡的国家。"继绝世"，是接续它的祭统。"举逸民"，是重用它的遗臣。如孔子做梦都想恢复的西周，周灭商，虽然砍了商纣的头，但仍封纣子禄父，优待殷遗民，下车之始，即表商容之闾，封比干之墓，甚至连商朝的军队，即所谓殷八师，也全盘接收。神农、黄帝、尧、舜、禹，他们的后代，也各有封地。这是从收拾人心上解决问题，所以说"天下之民归心焉"。"文革"批孔，这段话被用来批资本主义复辟，最有名。孔子推崇西周，对西周的"柔远能迩"很欣赏，这是政治家的发明，不是孔子的发明。他只是推崇文、武、周公的办法而已。

第六节，"所重民食、丧、祭"，过去有两种读法，一种是民、食、丧、祭并列，孔注是这种读法；一种是以食、丧、祭并列，为民之三事，朱注是这种读法。朱注是据今本《武成》的"重民五教，惟食、丧、祭"，《武成》是古文，大家不敢信，但如果我们不是像辨伪学家那样先入为主，非把《武成》说成是抄《论语》，则未尝不是一种理解，而且是更顺畅的理解。

第七节，《阳货》17.6有类似的话，是作"子张问仁于孔子。孔子曰：'能行五者于天下为仁矣。'请问之。曰：'恭、宽、信、敏、惠。恭则不侮，宽则得众，信则人任焉，敏则有功，惠则足以使人。'"这里没有"恭则不侮""惠则足以使人"，多出"公则说"。这四句话，"信则民任焉"，汉石经等古本多无此句，前人怀疑，此句是后人根据《阳货》17.6加进去的（清陈鳣《论语古训》）。[1]对比《阳货》17.6，可见这段话是讲何谓仁政。

从谈琐语，杂辑成编，是古书的原始面貌。古书多有重复，原因有二，一是记录出自众手，又非成于一时，二是整理兼存异说，并不强求一致。（**古本《尚书》及其他**）

20.2 子张问于孔子曰："何如斯可以从政矣？"子曰："尊五美，屏四恶，斯可以从政矣。"

子张曰："何谓五美？"子曰："君子惠而不费，劳而不怨，欲而不贪，泰而不骄，威而不猛。"

子张曰："何谓惠而不费？"子曰："因民之所利而利之，斯不亦惠而不费乎？择可劳而劳之，又谁怨？欲仁而得仁，又焉贪？君子无众寡，无小大，无敢慢，斯不亦泰而不骄乎？君子正其衣冠，尊其瞻视，俨然人望而畏之，斯不亦威而不猛乎？"

子张曰："何谓四恶？"子曰："不教而杀，谓之虐。不戒视成，谓之暴。慢令致期，谓之贼。犹之与人也，出纳之吝，谓之有司。"

"尊五美，屏四恶"，《后汉书·祭遵传》作"遵美屏恶"，《汉平都相蒋君碑》作"遵五进（屏）四"。"遵"是遵循。"屏"是去除。其用法略同于古书常说的"释某任某"，"释"是放弃，"任"是依赖。

子张问从政的道理，孔子告以"尊五美""屏四恶"，五条是应当遵循的东西，四条是应当去除的东西。

"五美"是什么？

（1）"惠而不费"，是看什么对人民有利，才给他们什么好处，施惠于民却无须破费。

（2）"劳而不怨"，是选择人民可以胜任的事而役使之，民竭其力却毫无怨言。

（3）"欲而不贪"，是尽量满足人民的正常需求，让他们觉得求仁得仁，又不至于引起他们的贪欲，民遂其愿却并不贪心。

（4）"泰而不骄"，是无论人多人少，事大事小，都不敢怠慢，很有自尊却并无骄态。

（5）"威而不猛"，是衣冠整齐，仪态端庄，让人看上去肃然起敬，威风凛凛却并不可怕。

这五条，是讲仁政。（1）—（3）是"政"，（4）（5）是"正"。"劳而不怨"，见《里仁》4.18；"泰而不骄"，见《子路》13.26；"威而不猛"，见《述而》7.38。

"四恶"是什么？

（1）"不教而杀"，是弃民不教，而以杀人为禁。

（2）"不戒视成"，是不提要求，只问结果。

（3）"慢令致期"，是督办不力，刻期以求。

（4）"犹之与人也，出纳之吝，谓之有司"，这三句，是以吝喻苛，它的意思是，上面三条，要求太苛刻，就好像一个管财物的官员，给人东西，却又舍不得，不抠门，不叫负责。

这四条，是讲苛政。前三条叫"虐""暴""贼"。"虐"是残忍，"暴"是暴躁，"贼"是害人，都是坏词。第四条，和前面三条不同，是对它们的总结。（**五美四恶**）

20.3 孔子曰："不知命，无以为君子也；不知礼，无以立也；不知言，无以知人也。"

孔子强调，君子有"三知"：知命、知礼、知言。

"知命"，命是天命，在人事之上，最不可测。郭店楚简《性自命出》："性自命出，命自天降。"（简2—3）。命有两种：一是死生寿夭，即性命之命，"死生有命"的"命"；二是穷达祸福，即命运之命，"富贵在天"的"命"（参看《颜渊》12.5）。虽然古代的术家和医家，现在的科学家，他们相信，人对命，多少还是有一点影响力，可以预测或改变它们。比如现在，人的平均寿命提高了，刮不刮风，下不下雨，也可以预报了，但归根结底，这两种命，都是穷人力，竭智巧，而最终不能操控的东西。孔子敬畏天命，认为不知命，不能做君子。

"知礼"，礼是社会性的纲常伦纪，行为规范。孔子认为，立身做人，要合乎礼。要做君子，这一条也不能少。

"知言"，言是人类交往的工具，不管是写下来，还是说出来，人和人，彼此交流，舍言而莫从。要做君子，这一条也不能少。

后面两条，"不知礼，无以立也"，"立"是自立；"不知言，无以知人也"，"知人"是了解他人，理解他人。在人事的范围里，这两条，一样不能少。（**三知**）

总结一 孔子教导我们说，他不是圣人

读完《论语》各篇，我们可以做一点总结，看看孔子都讲了些什么，把所有印象归纳一下。

我这个人，"文革"受刺激，比较多疑，凡是热闹的东西，我都怀疑。比如现在的"孔子热"，我就怀疑。我读《论语》，是为了破除迷信。第一要破，就是"圣人"。

研究孔子，我们不要忘记，他本人出身寒微，但祖上非常荣耀，是宋国的大贵族。他的学生，很多都是穷孩子，但他教他们读古书，习古礼，却完全是贵族标准。他想借此挽救早已丧失理想的上流社会，让他们瞧瞧，什么才是真君子。他对所有问题的看法，都贯穿着这一点。圣人是贵族标准的顶点，孔子追求的理想。

一、孔子对天命的看法

孔子说，"唯天为大"（《泰伯》8.19），人事是根据天道。[1]但子贡说，他很少听老师说起天道（《公冶长》5.13）。过去，大家有个印象，孔子是不讲天道的。郭店楚简《穷达以时》发表后，大家反过来说，不，孔子很关心天道，不然，他干吗讲"天人之分"呢？[2]

天人关系，是宗教问题，也是哲学问题，所有思想家都关心。商周时期，天子以天命为合法性，谁敢怀疑？大家都承认这个大前提。但同是这个大前提，学者的想法不一样。

孔子敬畏天命（《季氏》16.8），敬畏鬼神（《雍也》6.22），这在古代社会，很正常，不敬，反而不正常。他，使命感很强。别人说，"天下之无道也久矣，天将以夫子为木铎"（《八佾》3.24），他自己也这么认为。难怪一碰上倒霉事，他就呼天吁命。司马桓魋之难和匡之难，他说，老天不要我死，他们能拿我怎么样（《述而》7.23、《子罕》9.5）。冉耕病，他叹命（《雍也》6.10），颜渊死，他呼天（《先进》11.9）。他对天命很重视。

---

[1] 鲁迅说，"孔墨都不满于现状，要加以改革，但那第一步，是在说动人主，而那用于压服人主的家伙，则都是'天'"。见鲁迅《流氓的变迁》，收入《鲁迅全集》第4卷，北京：人民文学出版社，1957年，123—124页。

[2] 注意，"天人之分"并不是天人合一，反而是指天人的界限。

"不知命，无以为君子也"（《尧曰》20.3），孔子晚而学《易》，韦编三绝，就是为了知天命（《为政》2.4、《述而》7.17）。

孔子重天命，但对天地、鬼神，是敬而远之（《雍也》6.22），宁可先人后鬼，重视活人超过死人（《先进》11.12）。他不像当时的人那么迷信，"怪、力、乱、神"，他不讲（《述而》7.21）。他重天命，不是重天命的"天"，而是重天命的"命"，即天对人事的影响。天是什么，天道是怎么回事，他很少谈到。

孔子说的命分两种：一种是死生寿夭，即性命之命；一种是穷达祸福，即命运之命。孔子说，"死生有命，富贵在天"（《颜渊》12.5），就是讲这两种命。"文革"批孔，说孔子是宿命论，一点没错。死生寿夭，怎么改变？即使医学发达的今天，也无法改变（至少是无法彻底改变），不宿命怎么办？穷达祸福，贵族社会，也是一生下来就命中注定，让人无可奈何。

当然，这后一条，孔子的时代，已有所松动，当时的知识分子，即所谓士，毕竟可以自由流动找工作。但孔子的态度很古板。他强调，读书干禄，靠本事吃饭，可以致富贵，但富贵不可求（《述而》7.12），只能等着天上掉馅饼，没有官做，要耐得住贫饿和寂寞，保持君子风度。这和他的贵族态度有关。

《墨子》对此很不满，该书《非命》，就是批判这种命。《非命》说，老百姓凭什么要认这个命。还有《明鬼》，是讲鬼神的重要性，古往今来，老百姓对宗教的需求很强烈，没有宗教管不了。他更认同下层，和孔子不一样。在这个问题上，他也唱反调。

《老子》和孔子也不同，它才不讲以人为本。它强调的是，"人法地，地法天，天法道，道法自然"（第二十五章），人后面还有本。对天本身，它比《论语》更关心。

二、孔子对人性的看法

孔子关心人，但并不关心人的身体。他对人的关心，不是生物学和医学的关心，像道家那样，强调养性命，通神明。他更关心的是人性。人性是什么？孔子没说。后儒出来别善恶，就是填补这个空白，但他们的着眼点不一样。孟子讲性善，是着眼于教化；荀子讲性恶，是致力于礼法。[1]

《论语》讲人性，只有两次：

> 子贡曰："夫子之文章，可得而闻也；夫子之言性与天道，不可得而闻也。"（《公冶长》5.13）
> 子曰："性相近也，习相远也。"（《阳货》17.2）

郭店楚简《性自命出》说，"性自命出，命自天降"。人性来自天命。

孔子认为，人，特别聪明特别傻，特别善良特别坏，只是少数。人和人，大体水平差不多，只是后天的习染，才让他们不一样。这是他讲教化的依据。

根据智力，他把人分为三种：一种是"上智"，即特别聪明的人；一种是"下愚"，即特别愚蠢的人（《阳货》17.3）；一种是"中人"，介于两者之间（《雍也》6.21）。上智是"生而知之者"（《季氏》16.9），他说，他不是（《述而》7.20）。下愚，是天生的傻瓜，他也不是（他没说，我们可以替他说）。他对自己，评价并不高，"吾犹人也"（《述而》7.33、《颜渊》12.13），也就是一普通人。普通人，又分两种：一种是"学而知之者"，即主动好学，通过学习才变得聪明起来的人；一种是"困而学之者"，即由于困惑，被迫学习的人。这两种人，都是需要学习的人。另外两种，不需要学习。上智是"生而知之者"，不需要学习，下愚是"困而不学者"，也不需要学习（《季氏》16.9）。孔子是需要学习的人，而且是其中的前一种。"性相近也，习相远也"，是针对中人。

在《论语》一书中，孔子对人的评论很有意思。过去讲道德，大家都说，谁人背后无人说，哪个人前不说人。口不臧否人物，那是修养到家。但有趣的是，孔子特爱评论人，有褒有贬，包括活人，也包括死人；包括当权者，也包括隐士；还有他自己的学生。[2]

孔子论人，有品级。他把古往今来的人分成很多种，品级最高，要属圣人。我们先说圣人。

1　法家也讲性恶，并把人的缺点和弱点（如贪财好色、好利好名、怕苦怕死等等）当宝贝，当作制定政刑法令的直接依据，驱民耕战。

2　《世说新语》有《品藻》篇。当时，以言贾祸，危险很大，但风气还是喜欢品评人物。

三、什么叫圣人

圣人也叫圣者，其实是圣王，先秦古书都这么讲。翻成现代话，就是英明领袖。

孔子说，"君子有三畏：畏天命，畏大人，畏圣人之言"（《季氏》16.8）。圣人，谁敢不敬？《论语》《墨子》《老子》都敬。《老子》讲圣人，比孔子还多，八十一章，三分之一都是拿圣人说事。他们都相信圣人，圣人是好人中的大好人。俗话说，好人总是多数。只有庄子说，坏人才是多数，甚至说"圣人不死，大盗不止"（《庄子·胠箧》）。圣人一级的好人，几百年才出一个，那可不是闹着玩的。

圣人是带有复古色彩的概念。圣人是什么人？都是死人，没有一个是活人。孔子说，他见不着（《述而》7.26）。当圣人，要有两个条件：一是聪明，天生聪明；二是有权，安民济民。

没有这两个条件，不能当圣人。

首先，我们要注意的是，圣的意思是聪明。古文字，圣人的圣，本来写成左耳右口，和听是同一个字，圣人是听天下之政的人，要特别聪明。古语所谓聪明，聪是耳朵灵，明是眼睛明。俗话说，眼见为实，耳听为虚，其实听比看，知道的事要多得多。古人更强调耳朵。

天生聪明、绝顶聪明，是贵族血统论的概念。"文革"批孔，批天才论，没错。圣人是天才，天生的聪明蛋。孔子相信这一点，古人都相信这一点。但他没说，自己就是天才，反而一再声明，我可不是这种人（《述而》7.20）。

第一个条件，他说他没有。

其次，我们要注意的是，孔子说的圣人，都是古代的圣王。宋人讲道统，孔子以上，尧舜禹汤、文武周公，这些圣人都是有权力的人，可以听天下之政的人，没问题。孔子崇拜这些人。但他说的圣人，就《论语》而言，主要是尧、舜。

孔子提倡仁，仁当然是很高的要求，但圣比仁高。

有一次，子贡问孔子，如果有人能"博施于民而能济众"，这算不算仁？孔子说，这何止是仁，简直就是圣，即便尧、舜在世，都很难做到。他说，仁者只能推己及人，"己欲立而立人，己欲达而达人"，虽然和圣人有相似处，但还不等于圣人（《雍也》6.30）。孔子说的人，与民对言，含义有别。人是君子，上流社会；民是百姓,下层大众。[1]

我们要知道,只有全国人民的大救星,才叫圣人,这是孔子心里的一把尺。

还有一次,子路问孔子,本来是问君子。孔子的答案是"修己以敬",即把自己的道德搞好,显得很恭敬。子路问更高的要求是什么,孔子说"修己以安人",即不但把自己的道德搞好,还能安定上流君子。这种比君子更高的人,从各方面看,显然是仁人。子路又追问更高的要求是什么,孔子说"修己以安百姓"。他说,"修己以安百姓,尧、舜其犹病诸",显然就是圣人(《宪问》14.42)。这充分说明,孔子讲的三种人,圣人最高,仁人其次,君子最低。

圣人的第二个条件,孔子也没有。

我们称他为圣人,等于骂他。

他绝不会自比于尧、舜。

四、孔子是怎么变成圣人的

孔子绝不承认自己是圣人,他说过,"若圣与仁,则吾岂敢"(《述而》7.34)。原因已如上述。

孔子是怎么变成圣人的?是靠学生。他是靠学生出名。

请看《孟子·公孙丑上》:

宰我说,老师,比尧、舜强多了("以予观于夫子,贤于尧、舜远矣")。

子贡说,自有人类,没人比得上他老人家("见其礼而知其政,闻其乐而知其德,由百世之后,等百世之王,莫之能违也。自生民以来,未有夫子也")。

有若说,何止人有高下?哪一类东西都如此。圣人和百姓都是人,但老师出类拔萃,自有人类以来,没人比孔子更伟大("岂惟民哉?麒麟之于走兽,凤凰之于飞鸟,太山之于丘垤,河海之于行潦,类也。圣人之于民,亦类也。出于其类,拔乎其萃,自生民以来,未有盛于孔子也")。

这些吹捧,不但肉麻,而且反孔子,孔子根本想不到。

大树特树,子贡最卖力。

1　赵书上部是专门讨论这一问题,杨书4页也指出过这一点。

子贡是孔子晚年的得力弟子。他对老师，无限忠诚，无限热爱，无限信仰，无限崇拜。

有一次，鲁太宰问子贡，你的老师是"圣者"吗？为什么这么多才多艺？子贡说，"固天纵之将圣，又多能也"。我们要注意，"天纵聪明"这个词，可是后世当官的给皇上拍马屁的话。子贡的意思是说，我的老师是天生的圣人，那当然了。但孔子听说，却不以为然，说这位太宰哪里了解我，我是因为小时候苦，出身卑贱，所以才有这些本事，君子（上等人）有这些本事吗？没有（《子罕》9.6）。他当场否认了子贡的颂扬。

后来，孔子死了，有人攻击孔子，说他如何如何不好，比子贡差远了，子贡多次站出来讲话，坚决捍卫他的老师，好样的。但他说什么呢？他说，你们的攻击也太不知高深，我哪比得了我老师，"仲尼，日月也，无得而逾焉"（《子张》19.24），"夫子之不可及也，犹天之不可阶而升也"（《子张》19.25）。

大树孔子，他的声音最有力。他把老师吹上了天。

子贡树孔子，给孟子留下深刻印象。

孟子的弟子公孙丑吹捧老师，说您已经是圣人了吧？孟子说：

> 恶！是何言也？昔者子贡问于孔子曰："夫子圣矣乎？"孔子曰："圣则吾不能，我学不厌而教不倦也。"子贡曰："学不厌，智也。教不倦，仁也。仁且智，夫子既圣矣。"夫圣，孔子不居，是何言也。（《孟子·公孙丑上》）

虽然，他并不承认自己是圣人，就像孔子当年一样。但对子贡的话，他完全接受。后来，他自己也当了圣人。

孟子说，孔子是"圣之时者也"（《孟子·万章上》），等于说，活人也可以是圣人。这是第一个修正。

荀子说，孔子是"圣人之不得执（势）者也"（《荀子·非十二子》），等于说，孔子虽无权势，仍然是大救星。这是第二个修正。

他们都接受子贡的说法，把孔子称为圣人。

孔子一生的遗憾，都是通过追封来弥补，生前没有的，后来都有。

历代帝王褒封孔子，除去圣，还有很多头衔（如王、侯、公）。比如唐代，就称孔子为文宣王，但当皇上的，听了总不太舒服，天无二日，人无二主，在他们看来，还是把王字去掉更好。

其实，孔子的头衔，除了师，没一个是真的。

这些死后的追认，孔子想不到。

孔子不是圣人。

五、什么叫仁人

仁是孔子思想的中心概念，但不是最高概念。

仁是什么？简单讲，就是拿人当人，先拿自己当人，自己爱自己，自尊自爱，然后，生爱人之心，推己及人，也拿别人当人。这个概念，后面还要说。

仁人也叫仁者，就是有仁德的人。

什么叫仁人？上面说过，孔子的解释是，"修己以安人"（《宪问》14.42），"己欲立而立人，己欲达而达人"（《雍也》6.30）。这里的"人"，范围比较小，不等于"民"。

孔子说的仁人，其实很高，上面说过，比圣人低，比君子高。这个头衔，他很吝啬，绝不轻易许人，哪个人有这种资格，他可不松嘴。

比如，孔门弟子，仲由、冉求有政事之材，公西赤谙习礼仪，都是他的得意弟子。孟氏家族的孟武伯问他，这三个人够得上仁吗？孔子说，"由也，千乘之国，可使治其赋也，不知其仁也"，"求也，千室之邑，百乘之家，可使为之宰也，不知其仁也"，"赤也，束带立于朝，可使与宾客言也，不知其仁也"（《公冶长》5.8）。

还有，楚国的令尹子文，齐国的陈文子，二子皆有令名。子张问孔子，"令尹子文三仕为令尹，无喜色；三已之，无愠色。旧令尹之政，必以告新令尹"，是不是够得上仁？孔子说，这只能算忠，哪里够得上仁。子张又问孔子，"崔子弑齐君，陈文子有马十乘，弃而违之。至于他邦，则曰：'犹吾大夫崔子也。'违之。之一邦，则又曰：'犹吾大夫崔子也。'违之"，是不是够得上仁？孔子说，这只能算清，哪里够得上仁（《公冶长》5.19）。

从这些例子，我们可以看出，孔子说的仁，不是本事，而是德行；不是一般的忠诚或清高，而是更高的东西。这些人都够不上仁。

那么，孔子说的仁者到底有谁？我们从《论语》看，明确有证据，主要是六个人：微子、箕子、比干、伯夷、叔齐、管仲。这些都是孔子时代的死人。

微子、箕子、比干，是商代的不合作者，为了抗议商纣的暴政，微子愤而出国，箕子佯狂为奴，比干强谏被杀，孔子称为"三仁"（《微子》18.1）。

伯夷、叔齐，是商周之际的不合作者，为了抗议武王的以暴易暴，不食周粟，饿死于首阳山下，孔子称为"求仁而得仁，又何怨"（《述而》7.15）。伯夷，无权无位，不可能安民济民，按孔子的标准，不能算圣人，但孟子另立标准，把伯夷，还有伊尹、柳下惠和孔子列入圣人（《公孙丑上》），根本不听老师的话。

管仲离孔子近一点，这个人比较复杂，孔子对他不太满意，但对他的尊王攘夷，九合诸侯，一匡天下，却感恩不尽，称他为"如其仁！如其仁"（《宪问》14.16—17）。

孔门弟子，他的好学生，还有很多人，如德行科的颜回、闵损、冉耕、冉雍，还有有若和曾子，他们是不是够得上仁？孔子没说，但上文提到，他自己说了，"若圣与仁，则吾岂敢"（7.34），他自己都不敢当，谁还敢当？

孔子说不敢当，照我看，绝非谦虚。"修己安人"，虽然还不是安定天下，但就是这四个字，对他来说，分量也不轻。把上流社会搞好，那是谈何容易？

六、什么是有恒者

孔子说，若圣与仁，他是不敢当的（《述而》7.34）；圣人和善人，他是见不着的。他能见着的，只是有恒者（《述而》7.26）。

有恒者是持之以恒的人。孔子说，他并不聪明，更不是天生聪明，只是"学而不厌，诲人不倦"（《述而》7.2、7.34）。"学而不厌，诲人不倦"，就是有恒。孔子本人就是有恒者。

上引《孟子》，子贡树孔子，正是以此为根据。他拿有恒者顶圣人，这是降低了孔子的标准。

同样，子游批评子夏的学生，子夏也说过一句话，"有始有卒者，其惟圣人乎"（《子张》19.12）。这也降低了孔子的标准。

有恒者只是中人之上等，和圣人绝对不一样。

七、几个模糊字眼：善人、贤人和成人

在孔子的语汇中，有几个词比较模糊。

（一）善人

善人，从字面含义看，是好人。好人是模糊字眼。

孔子说，不仅圣人，他见不着，就是善人，他也见不着（《述而》7.26），可见这是个很高的头衔。庄子倒是说过，世上善人少而不善人多（《庄子·胠箧》），难道孔子也这么愤世嫉俗吗？恐怕不是。我怀疑，《论语》的用法，善人和仁人差不多。

《论语》讲善人，只有五条，话不是很清楚，但我们从下面两条看，他说的善人，也是属于有权有位，可以施展政治才能的人：

　　13.11 子曰："'善人为邦百年，亦可以胜残去杀矣。'诚哉是言也！"
　　13.29 子曰："善人教民七年，亦可以即戎矣。"

（二）贤人

贤人，也叫贤者，大概的意思，一是道德高，二是本事大。这个词，也是模糊字眼，在《论语》一书中，孔子所称贤人，有死人，也有活人。

伯夷、叔齐是死人，孔子称为"古之贤人"，而且是"求仁得仁"（《述而》7.15），可见仁人属于贤人。

柳下惠，是离孔子比较近的一位贤人。臧文仲，占着茅坑不拉屎，明知柳下惠贤，却不肯给他一个位子（《卫灵公》15.14）。这也是死人。

颜回，孔子说，"贤哉回也"（《雍也》6.11），这是活人。

贤人和善人，好像还不太一样，比起善人，好像尺度松一点。

子夏说，"贤贤易色"（《学而》1.7）。

孔子也说，"吾未见好德如好色者也"（《子罕》9.18、《卫灵公》15.13）。

儒、墨都尚贤，但道家不尚贤。

（三）成人

《老子》第四十五章："大成若缺"，成与缺相对，是完满的意思。成人，就是完人。这个词，见于《论语》，只有一条。子路问孔子，什么叫成人，孔子有两种答案。一种是，"若臧武仲之知（智），公绰之不欲，卞庄子之勇，冉求之艺，文之以礼乐，亦可以为成人矣"，即道德或才能，某一方面很完美；还有一种，标准低一点，"今之成人"不一定非如此，只要能"见利思义，见危授命，久要不忘平生之言"，也可以算成人（《宪问》14.12）。

八、君子：相对于小人和相对于野人、鄙人（附：士和大人）

在孔子的语汇中，君子比圣人、仁人、善人低。孔子的理想在古代，好人、能人，尽是死人。孔子培养学生，目标是君子（也叫士）。在《论语》中，君子一词，出现很频繁。

孔子说的君子，是指贵族。

君子是什么？本来是贵族。古君子，有身份，也有道德、学问，名实统一，但今君子不一样，名实不一定统一。当时的统治者，很多人，徒有贵族身份，却没道德，也没学问，是伪君子；还有一些人，像他本人，还有他的学生，没有贵族身份，平民贱民苦孩子，但有道德，也有学问，比上述贵族更像他们的前辈，是真君子。他的标准，虽然是古君子，但培养对象，很多是苦孩子，不一定有身份。

孔子论君子，有两种含义：

（一）与小人相对

孔子别君子、小人，主要是讲给学生听。这种君子，特点是有修养，道德学问好，"修己以敬"（《宪问》14.42），小人是反义词。如：

> 子曰："君子喻于义，小人喻于利。"（《里仁》4.16）
> 子曰："君子坦荡荡，小人长戚戚。"（《述而》7.37）
> 子曰："君子求诸己，小人求诸人。"（《卫灵公》15.21）

孔子所称君子有宓不齐（《公冶长》5.3）、子产（《公冶长》5.16）、南宫适（《宪问》14.5）和蘧伯玉（《卫灵公》15.7）。

（二）与野人、鄙人相对

孔子经常挂在嘴边上的君子，是上述意义的君子。但当时还有一种君子，是有贵族身份的，本来意义上的君子。比如他说，我小时候很卑贱，所以有很多贱本事，君子有这些本事吗？没有（《子罕》9.6），这种君子，就是后一意义上的君子。还有他说，早年跟他学礼乐的，很多都是野人，后来跟他学礼乐的，很多都是君子（《先进》11.1），这种君子，也是后一意义上的君子。在《论语》中，和这种君子相对，孔子说的是野人。

在《论语》中，和野人类似，还有一个词，是鄙夫（《子罕》9.8、《阳货》17.15）。

野人住在乡下，等于今语的乡巴佬。鄙夫住得更远，是穷乡僻壤的愚夫愚妇。

鄙人比野人，地位更低，智力更差。

这些都是本来意义上的小人。

君子，分真君子、伪君子，孔子有两套标准，小人没有。

小人不用伪装，全是真小人。

妇女，在孔子看来，是与小人类似的一种人。他说，"唯女子与小人为难养也，近之则不孙（逊），远之则怨"（《子罕》17.25）。歧视妇女、贱视妇女、忽视妇女，在过去算什么事？今天，有男女平等和女性主义、女权主义，学者感到，孔子的话，有损孔子形象，不惜口舌，曲为之辩。何必。

附：士和大人

《论语》中的士和孔子强调的第一种君子大体对应。《论语》中，专门论士，主要有八章，孔子论士有六章（《里仁》4.9、《颜渊》12.20、《子路》13.20、13.28、《宪问》14.2和《卫灵公》15.9），曾子论士有一章（《泰伯》8.7），子张论士有一章（《子张》19.1）。另外，《论语》中提到"士"字的地方还有六章。

古代，与君子有关，还有一个词，是大人。大人与小人相反，是指有身份的人，特别是官长。孔子说，"君子有三畏：畏天命，畏大人，畏圣人之言。小人不知天命而不畏也，狎大人，侮圣人之言"（《季氏》16.8），其中的"大人"就是官长。

九、孔子是个复古主义者

孔子是个复古主义者。他说，他是个"述而不作，信而好古"的人，就像传说中的彭祖（《述而》7.1）。

孔子的理想是圣人。他赞美的古代，是圣人生活的时代。他讨厌的现代，是没有圣人的时代。圣人生活的时代，主要是唐、虞、三代。

（一）孔子称美，首先是唐、虞

唐、虞不是两个朝代。尧、舜禅让只是两个人之间的关系，舜、禹也是。他夸尧、舜，两言"巍巍乎"（《泰伯》8.18—19），意思是高得不得了。夸尧，主要是夸"唯天为大，唯尧则之"（《泰伯》8.19）。这是根据古本的《尧典》。今本《尧典》说，尧命羲、和，"钦若昊天，历象日月星辰，敬授民时"，就是讲这一点。夸舜，是夸他有五大贤臣，无为而治（《泰伯》8.20、《颜渊》12.22和《卫灵公》15.5）。这也是根据古本的《舜典》。

（二）其次，孔子推崇三代

夏的大圣人是禹。禹是分界线。禹以前是禅让，禹以后是世袭和革命。孔子夸禹，主要是夸他的治水业绩和勤苦俭朴（《泰伯》8.21），这也是根据古本的《禹贡》。

商的大圣人是汤。

周的大圣人是文、武、周公。

孔子以为三代之礼相袭，损益可知，都是榜样，但他更热爱，还是西周。

（三）孔子想挽救东周

西周灭亡后，是东周时期。春秋晚期，周天子已无法号令天下。他想复兴西周，是从挽救东周入手。他说过，"如有用我者，吾其为东周乎"（《阳货》17.5），即不管在哪个国家做事，都是为了挽救东周。他找工作，主要是三个国家：鲁、齐、卫。他说，"齐一变，至于鲁；鲁一变，至于道"（《雍也》6.24），"鲁、卫之政，兄弟也"（《子路》13.7）。这是他的改革路线图。但齐国让他失望，鲁国让他失望，卫国也让他失望。

他是对牛弹琴，与虎谋皮，抽刀断水，向风车开战。

十、怎样做人

做人，包括谋生和处世。

我们先讲谋生。

中国的知识分子，拙于谋生，急于用世（李敖语）。这是孔子的遗产。《论语》一书，从来不讲谋生，除了做官食禄（《卫灵公》15.38），其他营生，都不干，尤其是种地，绝对不考虑（《子路》13.4）。他培养的君子，在无官可当的情况下，一定要准备挨饿，宁肯粗衣恶食、住破房子，不改其乐（《学而》1.14、《里仁》4.9、《雍也》6.11、《子罕》9.14、《卫灵公》15.2）。他的典型说法是，"君子谋道不谋食""君子忧道不忧贫"。在他看来，种地，只会饿肚子；读书，才能吃官饭。长远看，吃官饭，肯定比种地划算（《卫灵公》15.32）。孔子才不讲耕读传家。

处世，要看有道无道。什么叫有道，什么叫无道，孔子的定义是，"天下有道，则礼乐征伐自天子出"，"天下有道，则政不在大夫"，"天下有道，则庶人不议"；"天下无道，则礼乐征伐自诸侯出。自诸侯出，盖十世希不失矣；自大夫出，五世希不失矣；陪臣执国命，三世希不失矣"（《季氏》16.2）。

孔子的时代，按他的定义，当然是无道。

孔子认为，危险的国家，混乱的国家，不能待（《泰伯》8.13）。邦有道，一定要出来做官，不做官，守贫贱，是耻辱；邦无道，一定要躲起来，出来做官，求富贵，也是耻辱（《泰伯》8.13、《宪问》14.1）。他还告诫，邦有道，要直言直行，但邦无道，说话要小心，无原则的事不能干，但有原则的话也不能讲（《宪问》14.3）。有一次，孔子跟颜渊说，这叫"用之则行，舍之则藏"，谁能做得到？就咱俩。子路听了不服气，说打仗，您和谁在一块儿（意思是碰到危险，谁来保护您），被孔子臭骂。他太莽撞，哪里会玩这一套（《述而》7.11）。

对于乱世，孔子的基本态度是，既不合作，也不抵抗。或者用王世襄先生的说法，是"既不自寻短见，也不铤而走险"。这是孔子的处世之道。

孔子的处世哲学，有两面，其中一面是"无道则隐"，这和当时的隐者有共同点。

《论语》多次谈到隐者，如楚狂接舆、长沮、桀溺、荷蓧丈人（《微子》18.5—7）。隐者藏也，避世、避地、避人，什么都躲。孔子说，"贤者辟（避）世，其次辟（避）地，其次辟（避）色，其次辟（避）言"（《宪问》14.37）。照理说，不合作，莫过避世，但整个时代都拒绝，只有自杀；其次是避地，城里不行，到乡下去；本国不行，到外国去；再不然，不露脸，不说话，谁都不见。隐士，道德高尚，孔子做不到，他不但敬重，还打心眼儿里佩服。但隐士却看不起他，嘲笑他。分歧在于，隐士彻底不合作，而孔子却不能忘情于世，忘情于人，特别是有权力的人。他总想在坏人里面找好人，不肯放弃最后的努力（《微子》18.6）。

还有逸民（后世叫逸士），有些是遗老，有些是老牌的不合作者。这些死人，也是孔子所佩服和称道（《微子》18.8）。如比干拼命，箕子装傻，微子逃跑（《微子》18.1），他很欣赏；周有伯夷、叔齐，不食周粟，"求仁得仁"（《述而》7.15），他也欣赏。

但欣赏归欣赏，他绝不效仿。

他说过，伯夷、叔齐，以死明志，"不降其志，不辱其身"，了不起；柳下惠、少连，委曲求全，"降志辱身"，也很棒；虞仲、夷逸，"隐居放言"，同样是好样的。这些，他都做不到。他自我解嘲说，"我则异于是，无可无不可"（《微子》18.8）。"无可无不可"，就是全都欣赏，全不效仿。

在《论语》一书里，孔子说起几个人，可以反映他的处世哲学：

（1）他的学生，南容，成天背"白圭之玷，尚可磨也。斯言之玷，不可为也"，是个谨小慎微的人（《先进》11.6）。他是邦有道，不放弃做官；邦无道，能躲过坐牢。孔子觉得这种人才可靠，干脆把侄女嫁给了他（《公冶长》5.2）。

（2）孔子说，宁武子，邦有道，是明白人；邦无道，就装糊涂。他的明白好学，糊涂不好学（《公冶长》5.21）。这种人，类似箕子，孔子说不好学，其实是不学。

（3）他拿史鱼、蘧伯玉做比较。史鱼，"邦有道如矢，邦无道如矢"（《卫灵公》15.7），直戳戳，好像笔直的箭，这怎么行？汉代童谣说，"直如弦，死道边；曲如钩，反封侯"（《续汉书·五行志》引童谣），今语叫"老实人寸步难行，溜沟子走遍天下"。这种人，类似比干，道德高尚，但孔子说，只配叫"直"，其实是不值，蘧伯玉不一样，"邦有道则仕，邦无道则可卷而怀之"，孔子夸他"君子哉"（《卫灵公》15.7）。"卷而怀之"是什么意思？一是要曲着点，二是要藏着点。

（4）柳下惠为士师，三次罢官，都不肯离开自己的祖国。他说，"直道而事人，焉往而不三黜？枉道而事人，何必去父母之邦"（《微子》18.2）。这种人，孔子也欣赏，但上面说了，他认为，乱世不能用直道，在他看来，乱世还是曲着点好。

孔子的处世态度，有句话，最能概括，就是"知其不可而为之"（《宪问》14.38）。

"知其不可而为之"，可以有两种理解：一种是明知不可行，硬干，这是直道；一种是既然不可行，不妨拐着弯儿干，这是曲道。孔子属于后一种。

孔子是个失败者，但不撞南墙不回头，曲里拐弯也要干，他很执着。

他是个堂吉诃德。

总结二　什么是真君子？孔子如是说

　　前面，我们讲过，孔子的理想目标是圣人和仁人，现实目标是培养君子和有恒者，培养君子和有恒者是为了让他们当官，垂声名于当世或后世。我们要总结的第二点，是他的现实目标。孔子怎样教人（也是他自己怎样做人）？他的道德遗产和学术遗产是什么？我们也要总结一下。

　　下面分七个方面来谈。

一、修行

　　孔子是道德先生，修行最重要。他讲德行，主要是十大概念：

（一）仁

　　什么叫仁？弟子问仁，孔子的回答不一样，各有针对，很多不是定义。

　　比如他说，"巧言令色，鲜矣仁"（《学而》1.3、《阳货》17.17），"刚、毅、木、讷，近仁"（《子路》13.27）。他很讨厌花言巧语的人，喜欢沉默寡言的人，司马牛问仁，孔子嫌他多嘴，就说"仁者，其言也讱"（《颜渊》12.3），叫他有话憋着点。

　　孔子讲仁，经常东拉西扯，表面是回答仁，其实是讲其他范畴。如：

　　（1）颜渊问仁，他说"克己复礼为仁"（《颜渊》12.1），就是讲礼，强调个人和礼的关系。

　　（2）仲弓问仁，他说"己所不欲，勿施于人"（《颜渊》12.2），就是讲恕，强调个人和他人的关系。

　　（3）樊迟问仁，他说"居处恭，执事敬，与人忠"（《子路》13.19），则把仁分解为三种德。

　　（4）子张问仁，他说"恭、宽、信、敏、惠"（《阳货》17.6），则把仁分解为五种德。

　　另外，孔子论仁，常以智、勇为器用，与智、勇并说。如：

　　（1）"知（智）者乐水，仁者乐山"（《雍也》6.23）。

　　（2）"知（智）者不惑，仁者不忧，勇者不惧"（《子罕》9.29）。

　　（3）"仁者必有勇，勇者不必有仁"（《宪问》14.4）。

（4）"知（智）及之，仁不能守之，虽得之，必失之。知（智）及之，仁能守之，不庄以莅之，则民不敬。知（智）及之，仁能守之，庄以莅之，动之不以礼，未善也"（《卫灵公》15.33）。

这些都不是答案。

孔子的标准答案，是下面两条：

（1）樊迟问仁，孔子回答说"爱人"（《颜渊》12.22）。

（2）前面讲仁人，我们已提到，孔子的解释是，"己欲立而立人，己欲达而达人"（《雍也》6.30）。"修己以安人"（《宪问》14.42），也是指仁人。

这里，仁字和人字有关。第一，他是一种"人其人"的概念。[1]用最通俗的说法，就是拿人当人：首先是"修己"，拿自己当人；其次是"安人"，拿别人当人。第二，人，范围比较小，不等于民，人是上流，民是大众。前面已经谈过，这里不再啰唆。

（二）义

义字，古人的解释是宜，[2]即应该怎么做，它是道德自律，对人有一定的约束力。

义和礼不同，礼是外部规定，义是内心约束。礼比义，更多强制。

孔子讲君子小人，有义利之辨。君子以义为准，不义之物不取，不义之得不居，小人不同，唯利是图，一切以利为转移。如：

（1）"君子之于天下也，无适也，无莫也，义之与比"（《里仁》4.10）。

（2）"君子义以为质"（《卫灵公》15.18）。

（3）"君子喻于义，小人喻于利"（《里仁》4.16）。

（4）"不义而富且贵，于我如浮云"（《述而》）7.16）。

（5）"见利思义"（《宪问》14.12）、"见得思义"（《季氏》16.10）。[3]

孔子论义，有三点值得注意。

---

1 宗福邦等主编《故训汇纂》，83页。

2 宗福邦等主编《故训汇纂》，1805—1807页。

3 类似说法还有：（1）公明贾谓公叔文子"义然后取，人不厌其取"，孔子表示欣赏，说"其然? 岂其然乎"（《宪问》14.13）；（2）子张也提到"见得思义"（《子张》19.1），应即出于孔子。

第一，义和勇有很大关系。如：

（1）孔子说，"见义不为，无勇也"（《为政》2.24），勇是出于义。

（2）子路问"君子尚勇乎"，孔子说，"君子义以为上。君子有勇而无义为乱，小人有勇而无义为盗"（《阳货》17.23）。勇要受义的制约。

第二，君使臣是义，官使民也是义。如：

（1）子路批评荷蓧丈人，说"君臣之义"不可废，做官是行义，隐而不仕是无义（《微子》18.7）。

（2）孔子说，"君子之道"有四条，其中一条是"使民也义"（《公冶长》5.16）。

第三，孔子把改过向义叫"徙义"或"之义"。如：

（1）"务民之义，敬鬼神而远之，可谓知（智）矣"（《雍也》6.22）。

（2）"德之不修，学之不讲，闻义不能徙，不善不能改，是吾忧也"（《述而》7.3）。

（3）"主忠信，徙义"（《颜渊》12.10）。

（三）孝（包括弟、孝弟）

孝与考、老同源，和养老的概念有关。人子事父母，为人伦之本。在孔子看来，也是治道之本。它是社会关系的基础，也是君臣关系的基础。他讲孝，常说父，其次是父母，单说母，一次没有。

孔子论孝，有五点值得注意。

第一，孝的基本含义，是孝顺、孝敬，事事顺父母，敬父母，活着死了，都要孝顺、孝敬。不但父母在，绝不违背；死了，服丧三年，也不改父之道，孔子叫"无违"。如：

（1）孟懿子问孝，孔子的定义是"无违"，即"生，事之以礼；死，葬之以礼，祭之以礼"（《为政》2.5）。

（2）孔子说，劝父母，必须委婉，不听，只能照着办（《里仁》4.18）。

（3）孔子说，父亲活着，要看儿子怎么想，父亲死了，要看儿子怎么做。最关键的考验，是父亲刚走，服丧期间，他怎么样。服丧，只有"三年无改于父之道"，才能叫做孝（《学而》1.11、《里仁》4.20），改弦更张，那可不行。

第二,孝是孝养,父母老了,总得有人养,但只养不敬,无异养牲口。如:

(1)子游问孝,孔子说,"今之孝者,是谓能养。至于犬马,皆能有养。不敬,何以别乎"(《为政》2.7)。

(2)子夏问孝,孔子说,脸上有没有敬意,才是难事,光是为长者操劳,有吃喝,先紧着老人,还不能说是孝(《为政》2.8)。

第三,当儿子的,要留心父母的年龄,他们天增岁月人增寿,既令人高兴,也令人操心(《里仁》4.21)。生病,更是令人发愁(《为政》2.6)。只要父母还健在,绝不出门远游(《里仁》4.19)。这些都体现孝。

第四,孝是连续体,父母死后,服丧很重要。孔子讲三年之丧:

(1)子张问,《尚书》上讲,"高宗谅阴,三年不言",是什么意思? 孔子说,何止是高宗,古人全都这样。旧君去世,新君即位,都是三年不听政,一切政事,全交给冢宰(《宪问》14.40)。

(2)孔子讲三年之丧,宰予认为太长,"君子三年不为礼,礼必坏;三年不为乐,乐必崩",一年就够了。孔子很生气,骂宰予太没良心,说小孩生下来,三年才能脱离父母的怀抱,你怎么不知回报,"夫三年之丧,天下之通丧也",难道就你特殊,竟没有从父母那里得到过这种爱吗(《阳货》17.21)?

(3)曾子听孔子说过,孟庄子之孝,最难能可贵,父亲死后,他仍"不改父之臣与父之政"(《子张》19.18)。

第五,孝和慈是双向关系。父母爱子女叫慈,子女爱父母叫孝。"孝慈"见于《为政》2.20。

另外,和孝有关,还有弟(亦作悌),也可顺便讲一下。

古代宗法制是长子继承制,孝敬大哥,就是孝敬父亲的继承人。孝是子事父,弟是弟事兄,两者密切相关,经常连言。如:

(1)有子说,"其为人也孝弟,而好犯上者,鲜矣","孝弟也者,其为仁之本与(欤)"(《学而》1.2)。

(2)孔子说,"弟子入则孝,出则弟"(《学而》1.6)。

(3)子贡问怎样才可以叫士,孔子的回答有三条,其中第二条,是"宗族称孝焉,乡党称弟焉"(《子路》13.20)。

(4)孔子骂原壤,说他"幼而不孙(逊)弟"(《宪问》14.43)。

（四）友（朋、朋友）

友是同僚、同事、同学。友道是弟道的推广，两者常连言。如有人跟孔子说，您干吗不出来搞政治？孔子说，《尚书》上说，"孝乎惟孝，友于兄弟，施于有政"，这不也是搞政治吗（《为政》2.21）？《诗·小雅·六月》"张仲孝友"，《尔雅·释训》解释这句话，说"善父母为孝，善兄弟为友"。"孝友"也可以当"孝弟"讲。

孔子尚贤，"乐多贤友"（《季氏》16.5）。他的名言是：

（1）"无友不如己者"（《学而》1.8）或"毋友不如己者"（《子罕》9.25）。

（2）"见贤思齐焉，见不贤而内自省也"（《里仁》4.17）。

（3）"三人行，必有我师焉：择其善者而从之，其不善者而改之"（《述而》7.22）。

孔子讲友道，有两种不同说法：一说传自子夏，叫"可者与之，其不可者拒之"，别什么人都乱答理，标准高一点；一说传自子张，叫"君子尊贤而容众，嘉善而矜不能"（《子张》19.3），对不如己者要宽容，心眼大一点。二说看似矛盾，其实各有针对性。前说主于严，后说主于宽。

友的另一种说法是朋（《学而》1.1），两者常连言，也叫朋友（《学而》1.4、1.7，《里仁》4.26，《公冶长》5.26，《乡党》10.20、10.21）。

古书常以"朋友"和"兄弟"并说（《子路》13.28）。司马牛，有兄弟，皆不肖，说"人皆有兄弟，我独亡"，子夏安慰他，说"四海之内，皆兄弟也"（《颜渊》12.5），就是以朋友代兄弟。

（五）忠

忠，简单说，是尽心尽意。忠和衷心有关，古人拆字为解，有"中心为忠"之训。[1]孔子强调，为人谋事，一定要全心全意、真心真意。

忠是事人之道，为人谋事之道。孔子说，"与人忠"（《子路》13.19）。

人，首先是国君，如孔子说，"君使臣以礼，臣事君以忠"（《八佾》3.19）；其

---

1 宗福邦等主编《故训汇纂》，773—774页。

次是官长, 如孔子说, 楚令尹子文, 三次当令尹, 三次被罢免, 每次下台前, 都要向新令尹交待工作, 这也叫忠 (《公冶长》5.19); 最后, 是泛指一般人, 如曾子三省, 第三条是 "为人谋而不忠乎" (《学而》1.4)。

忠和好几个概念有关。

一是孝。孝是忠的基础。孔子说, "孝慈则忠" (《为政》2.20)。

二是信。参下节。孔子常以忠、信并说, 频率很高。忠者, 主于心; 信者, 主于言。

三是恕。忠是尽心, 恕是将心比心, 两者相通。孔子说, "吾道一以贯之", 这个道是什么? 曾子说, "夫子之道, 忠恕而已矣" (《里仁》4.15)。

四是敬。忠者事人, 敬者敬事, 也分不开。如:

(1) 季康子问, 怎样才能 "使民敬忠以劝", 孔子说, "临之以庄则敬, 孝慈则忠, 举善而教不能则劝" (《为政》2.20)。

(2) 樊迟问仁, 孔子说, "居处恭, 执事敬, 与人忠。虽之夷狄, 不可弃也" (《子路》13.19)。

(3) 孔子说, "君子有九思", 其中有 "言思忠, 事思敬" (《季氏》16.10)。

(六) 信 (包括忠信)

信, 简单说, 就是说话算话。信和说话有关, 古人拆字为解, 有 "人言不欺" 之训。[1]

孔子重信, 唯恐说了做不到, 宁肯少说不说, 先干后说, 干完了再说, 他说:

(1) "人而无信, 不知其可也" (《为政》2.22)。

(2) "古者言之不出, 耻躬之不逮也" (《里仁》4.22)。

(3) "以约失之者鲜矣" (《里仁》4.23)。

(4) "君子欲讷于言而敏于行" (《里仁》4.24)。

(5) "始吾于人也, 听其言而信其行; 今吾于人也, 听其言而观其行" (《公冶长》5.10)。

孔子讲信, 有三点值得注意:

1　宗福邦等主编《故训汇纂》, 124—126页。

第一，为政不可无信，如子贡问政，孔子答以足食、足兵和民信，他说，三者去一，首先是兵，其次是食，唯信不可去，理由是，战死、饿死，不过是死，"自古皆有死，民无信不立"（《颜渊》12.7）。统治者使民，必先取信于民。为臣的谏君，也要先取信于君（《学而》1.5、《子路》13.4、《阳货》17.6、《微子》19.10、《尧曰》20.1）。

第二，交友不可无信，如曾子、子夏都强调，"与朋友交"，一定要"言而有信"（《学而》1.4、1.7），子路也说，"朋友信之"（《公冶长》5.26）。

第三，信有大信和小信，大信是君子讲的信，说话算话，是在"信近于义"的前提下（《学而》1.13）。不合于义，"言必信，行必果"（《子路》13.20），只是小信，小人讲的信。后者也叫"谅"（《宪问》14.17、《卫灵公》15.37、《季氏》16.4）。

在《论语》一书中，忠、信不仅被并举（《述而》7.25），还常连言（《学而》1.8、《公冶长》5.28、《子罕》9.25、《颜渊》12.10、《卫灵公》15.6）。战国，"忠信"印很流行。

（七）宽

宽，是宽容、宽恕，容纳别人，原谅别人。如：

（1）孔子说，"伯夷、叔齐不念旧恶，怨是用希（稀）"（《公冶长》5.23）。

（2）孔子说，"躬自厚而薄责于人，则远怨矣"（《卫灵公》15.15）。

（3）孔子说，"宽则得众"（《阳货》17.6，《尧曰》20.1也有这句话）。

（4）子张听老师说，"君子尊贤而容众，嘉善而矜不能。我之大贤与（欤），于人何所不容？我之不贤与（欤），人将拒我，如之何其拒人也"（《子张》19.3）。

这种品质，是居上位者不可缺。孔子说，"居上不宽，为礼不敬，临丧不哀，吾何以观之哉"（《八佾》3.26）。

（八）恕

曾子说，"夫子之道，忠恕而已矣"（《里仁》4.15），可见在孔子的思想中，恕很重要。

什么是恕？

孔子的定义是"己所不欲，勿施于人"（《卫灵公》15.24）。这是讲，我不应把我的想法强加于人。同样，别人也不应把他的想法强加于我。恕，很不容易做到。子贡说，"我不欲人之加诸我也，吾亦欲无加诸人"，孔子说，"赐也，非尔所及也"（《公冶长》5.12）。

恕，是将心比心。俗话说，半斤换八两，人心换人心，古人拆字为解，有"如心为恕"之训。[1]这是恕的本义。

恕与仁有关，两者密不可分。有个例子可以证明这一点。仲弓问仁，孔子的回答是"己所不欲，勿施于人"（《颜渊》12.2）。但严格讲，这是恕，不是仁（对照《卫灵公》15.24）。

我们要注意，古人所谓恕，不是今语的宽恕。今语宽恕，强调的是宽。原谅之义是从宽引申，和恕无关。我们要注意，拿人当人是仁，将心比心是恕，仁、恕都含对等原则。

有人问，"以德报怨"怎么样？孔子不以为然，他说，那德该用什么报？在他看来，正确的做法，是"以直（值）报怨，以德报德"。"德"字是从直得声，孔子玩文字游戏，故意把"以德报怨"读成"以直（值）报怨"，他的意思是，"用和怨对等的东西报怨"，其实是以怨报怨（《宪问》14.34）。孔子不讲"以德报怨"，《老子》才有这种说法。它的特点是贵柔贵弱贵下，什么事都往后捎，往下出溜。它不讲对等，当然可以这么讲。

（九）恭

恭和礼有关，属于礼貌的貌。如：

（1）有子说，"恭近于礼，远耻辱也"（《学而》1.13）。

（2）孔子说，"巧言令色足恭，左丘明耻之，丘亦耻之"（《公冶长》5.25）。

（3）孔子的外貌，是"温而厉，威而不猛，恭而安"（《述而》7.38）。

（4）孔子说，"恭而无礼则劳"（《泰伯》8.2）。

（5）孔子说，舜"恭己正南面而已矣"（《卫灵公》15.5）。

1　宗福邦等主编《故训汇纂》，786页。

恭、敬，后世常连言，它们在《论语》中常同时出现，但含义有别。如：

（1）孔子讲子产，"其行己也恭，其事上也敬"（《公冶长》5.16）。

（2）子夏说，"君子敬而无失，与人恭而有礼"（《颜渊》12.5）。

（3）孔子说，"居处恭，执事敬"（《子路》13.19）。

（4）孔子说，"君子有九思：……貌思恭，……事思敬"（《季氏》16.10）。

恭和敬的区别主要是：恭与自己有关，与自己的外貌和仪态有关，而敬与事奉他人，为他人办事有关。

（十）敬

敬有多种用法。

一是敬天地、敬鬼神。如：

（1）樊迟问智，孔子说，"务民之义，敬鬼神而远之"（《雍也》6.22）。

（2）子夏说，他听老师说"死生有命，富贵在天"，君子的态度是"敬而无失"（《颜渊》12.5）。

二是敬国君、敬上级。如：

（1）孔子说，"临之以庄则敬"（《为政》2.20）。

（2）孔子说，"其事上也敬"（《公冶长》5.16）。

（3）孔子说，"上好礼，则民莫敢不敬"（《子路》13.4）。

（4）孔子说，"知（智）及之，仁能守之，不庄以莅之，则民不敬"（《卫灵公》15.33）。

这四条都是讲事上要敬，下对上是"敬"，上对下是"庄"。

三是敬父母。如：

（1）子游问孝，孔子说，养父母和养犬马不同，"不敬，何以别乎"（《为政》2.7）。

（2）孔子说，劝父母，要委婉，父母不听，"又敬不违"（《里仁》4.18）。

四是敬一般人。如：

孔子说，"晏平仲善与人交，久而敬之"（《公冶长》5.17）。

五是为人谋事、替人办事要敬。如：

（1）孔子说，"敬事而信"（《学而》1.5）。

（2）孔子说，"执事敬"（《子路》13.19）。

（3）孔子说，"事君，敬其事而后其食"（《卫灵公》15.38）。

（4）孔子说，"事思敬"（《季氏》16.10）。

战国，流行"敬事"印，意思有点接近今语的"敬业"。

（十一）其他

一是让。

让，和礼有很大关系。礼让礼让，一定要让。孔子说，"能以礼让为国乎，何有? 不能以礼让为国，如礼何"（《里仁》4.13）。泰伯"三以天下让"，孔子颂之（《泰伯》8.1），子路其言不让，孔子哂之（《先进》11.26）。"君子无所争，必也射乎"（《八佾》3.7），但就连射礼，升降之际，也要讲揖让。只有一样不让。孔子说，"当仁不让于师"（《卫灵公》15.36）。

二是敏。

敏是办事勤快。孔子强调"敏于事而慎于言"（《学而》1.14）、"讷于言而敏于行"（《里仁》4.24）、"敏而好学"（《公冶长》5.15）、"敏以求之"（《述而》7.20）、"敏则有功"（《阳货》17.6）。

三是惠。

惠是利他，特别是利民。孔子说，"小人怀惠"（《里仁》4.11）、"小人喻于利"（《里仁》4.16），"养民""使人"都是靠"惠"（《公冶长》5.16、《阳货》17.6），君子能"因民之所利而利之"，"惠而不费"（《尧曰》20.2）。他夸子产是"惠人"（《宪问》14.9）。

四是中庸。

中庸是执两用中。《论语》节《尚书》旧文，有"允执其中"一语（《尧曰》20.1），孔子说，"中庸之为德也，其至矣乎! 民鲜久矣"（《雍也》6.29）。

五是为尊者讳。

礼的要义是不平等，长幼尊卑不可少。孔子是讲臣为君讳，子为父隐的，如鲁昭公娶吴孟子，违反同姓不婚的礼，陈司败问他"昭公知礼乎"，孔子明明知道昭公无礼，却公开撒谎，说他"知礼"（《述而》7.31）。还有，叶公说，他们家乡有个直人，父亲偷了羊，他去告官，孔子不以为然。他说，我们家乡，不能这么干。

老子犯事，儿子得替老子瞒着；儿子犯事，老子得替儿子瞒着，直是体现在包庇中（《子路》13.18）。这是孔子的忠孝概念。从道德原则讲，他是前后一致，我能理解，但有人说，这种谎，今天也得撒，我不同意。[1]

六是反对乡愿。

乡愿是一乡之内，谁都说好的好好先生。所谓好好先生，是曲阿于俗，一切听舆论，不问是非曲直。大家说好，他就说好，因此大家说他好。孔子说，"乡原（愿），德之贼也"（《阳货》17.13）。别人都夸，他敢骂。他说，谁都说坏，要小心；谁都说好，也要小心（《卫灵公》15.28）。乡人都说好，未必就好；乡人都说坏，也未必就坏。与其如此，还不如看什么人说好，什么人说坏。好人说好，坏人说坏，反而可能是大好人（《子路》13.24）。这种精神很可贵。孔子说，"三军可夺帅也，匹夫不可夺志也"（《子罕》9.26），这是《论语》中最精彩的话，[2]也是《论语》中最难学也最没人学的话。知识分子，有种没种，全看这一条。

二、习礼

孔子修行，是纳德于礼，用礼规范人的行为。

（一）不学礼，无以立

（1）孔子跟自己的儿子说，"不学礼，无以立"（《季氏》16.13），此语又见《尧曰》20.3。

（2）孔子说，"恭而无礼则劳，慎而无礼则葸，勇而无礼则乱，直而无礼则绞"（《泰伯》8.2）。孔子说，他有四大"讨厌"，其中一条就是"勇而无礼"（《阳货》17.24）。子路之勇，他不待见。

---

1 有一次，开学术会，我说，这次会议开得好，真是"人不分长幼尊卑，学不分古今中外"。大会总结，有位先生说，李零讲得好，我们这个会，真是"人不分男女老少，学不分古今中外"。他是好意修改，怕我犯错误，但意思完全变了。其实，男女老少还要分，起码厕所，目前还不能混着上。

2 这两句话，叶挺喜欢，梁漱溟喜欢，我也喜欢。鲁迅一生，"横眉冷对千夫指，俯首甘为孺子牛"，也体现了这种精神。

（二）博学于文，约之以礼

孔子教学生，有所谓"博学于文，约之以礼"（《雍也》6.27、《子罕》9.11。《颜渊》12.15稍异）。一般人都以为，繁礼君子，就是儒家。但孔子对礼，强调的却是简单。

（三）三代三代，孔子所爱

（1）子张问，"十世"（300年）的事可以知道吗? 孔子说，"殷因于夏礼，所损益可知也; 周因于殷礼，所损益可知也"，只要根据三代之礼的损益，就可以预知将来，将来代替周代的国家，哪怕"百世"（3000年），都可以预知（《为政》2.23）。

（2）孔子说，"夏礼吾能言之，杞不足征也; 殷礼吾能言之，宋不足征也。文献不足故也，足则吾能征之矣"（《八佾》3.9）。

孔子看历史，只有一个标准，就是礼。

（四）礼是为了和，不是为了同

（1）有子有一段话很有名，"礼之用，和为贵; 先王之道，斯为美。小大由之。有所不行: 知和而和，不以礼节之，亦不可行也"（《学而》1.12），这很符合孔子的想法。

（2）孔子说，"君子和而不同，小人同而不和"（《子路》13.23）。

礼是三代所设，三代是什么? 只是小康，不是大同。孔子不讲平等，只讲和谐。他说的"和"是和谐，"同"是平等。所谓和谐，是把事实上的不平等，纳入礼的秩序，防乱于未然。比如阔佬和穷措大，怎么搁一块儿，相安无事。君子讲和谐，小人讲平等，这是必然的。礼的目标，只是和谐，不是平等。它把人分成三六九等，借等级，立秩序，这叫和。孔子也向往"大道之行也，天下为公"的大同世界（《礼记·礼运》），所谓大同，只属于唐虞，不属于三代，三代是以家庭、私有制为立国之本的小康社会。小康社会，不讲同，只讲和。所谓和谐，不是为和而和，让穷人和富人一起乐和，而是靠礼来节制和维持不平等。这是礼的实质。《墨子》讲尚同、兼爱，是针对孔子。孔子的礼，讲究的是别，仁也是爱有差等，并不是平等、博爱。

（五）贫而乐，富而好礼

子贡说，"贫而无谄，富而无骄"，怎么样？孔子说，可以，但不如"贫而乐，富而好礼者也"（《学而》1.15）。语云，"仓廪实则知礼节，衣食足则知荣辱"（《管子·牧民》），穷人不知礼，本在情理之中。谁都以为，礼和他们无关。可惜的是，富人富到流油，都不一定知礼。孔子讲礼，给谁听？主要还是阔人，希望他们收敛一点。

礼的功能是节，下层，勇而无礼，乱起来，礼节不了。它是管君子的。

（六）礼与德

在孔子的思想中，礼与德是互为表里。

比如礼与仁，孔子认为，仁是礼的前提，没有仁，礼也就失去意义，"人而不仁，如礼何？人而不仁，如乐何"（《八佾》3.3），但什么是仁呢，又离不开礼，"克己复礼为仁。一日克己复礼，天下归仁焉"（《颜渊》12.1）。他说，为上者，"知（智）及之，仁能守之，庄以莅之，动之不以礼，未善也"（《卫灵公》15.33）。

比如礼与孝，孟懿子问孝，孔子答以"不违"，即不违背父母，樊迟问是什么意思，孔子说，是"生，事之以礼；死，葬之以礼，祭之以礼"（《为政》2.5）。

比如礼与忠，孔子说，"君使臣以礼，臣事君以忠"（《八佾》3.19）。

（七）礼与乐

礼、乐，古书常连言，二者有密切关系。

贵族社会，礼、乐都是礼仪的一部分。礼和交往有关，它的外在形式是礼物，在仪式上往往不可少；乐和娱乐有关，但在仪式上，却不只是娱乐，还是礼仪程序的一部分，它的外在形式是乐器。

孔子说，"礼云礼云，玉帛云乎哉？乐云乐云，钟鼓云乎哉"（《阳货》17.11），他看重的，不是礼、乐的外在形式，而是它的精神实质。孔子说，"兴于诗，立于礼，成于乐"（《泰伯》8.8）。诗、礼、乐，都是仪式的一部分。

（八）礼与政、刑

孔子说，"道（导）之以政，齐之以刑，民免而无耻；道（导）之以德，齐之以礼，有耻且格"（《为政》2.3）。他主张以德治国，以礼治国，但不是不要政、刑，而是把德、礼放在政、刑之上。

（九）礼宁俭，丧宁戚

（1）林放问礼之本，孔子说，"礼，与其奢也，宁俭；丧，与其易也，宁戚"（《八佾》3.4）。

（2）孔子说，"麻冕，礼也，今也纯，俭，吾从众。拜下，礼也，今拜乎上，泰也，虽违众，吾从下"（《子罕》9.3）。

《墨子》提倡节用、节葬，也是求俭，但"三年之丧"，在墨子看来，还是太奢侈。《老子》也反对奢侈。

（十）礼坏乐崩

宰予反对三年之丧，说一年也就够了。他有一句名言，"君子三年不为礼，礼必坏；三年不为乐，乐必崩"（《阳货》17.21）。这段话，是"礼坏乐崩"的出典。

一个时代好不好，孔子说，要看礼乐。他说，"天下有道，则礼乐征伐自天子出；天下无道，则礼乐征伐自诸侯出。自诸侯出，盖十世希不失矣；自大夫出，五世希不失矣；陪臣执国命，三世希不失矣。天下有道，则政不在大夫；天下有道，则庶人不议"（《季氏》16.2）。

春秋，是礼坏乐崩。

孔子对他的时代，对当时的政治家经常批评。批评什么？就是两个字，"非礼"。他不但批评鲁国的国君，批评三桓，特别是季氏，也批评其他国家的政治家。就连他很佩服的政治家，管仲，他也会说，"管氏而知礼，孰不知礼"（《八佾》3.22）。

三、治学

孔子治学，主要是学文。学文，主要是学六艺类的经典，特别是《诗》《书》。

六艺是人文学术，古人叫"文学"。

（一）孔子论六艺

（甲）诗、书

（1）孔子诵引《诗》《书》，都是用雅言（《述而》7.18）。

（2）孔子说，"兴于诗，立于礼，成于乐"（《泰伯》8.8）。

（3）孔子跟他的学生说，你们怎么都不学诗呀？"诗，可以兴，可以观，可以群，可以怨。迩之事父，远之事君。多识于鸟兽草木之名"（《阳货》17.9）。

（4）孔子说，熟读《诗经》三百首，授以政事，不能全面处理；出使国外，不能单独应对，学得再多，有什么用（《子路》13.5）。

（5）孔子问孔鲤，你学过诗吗？孔鲤说，没有。孔子说，"不学诗，无以言"（《季氏》16.13）。

（6）孔子对孔鲤说，你学过《周南》《召南》了吗？不学《周南》《召南》，就像面前横着一堵墙（《阳货》17.10）。

（7）孔子说，"吾自卫反（返）鲁，然后乐正，《雅》《颂》各得其所"（《子罕》9.15）。

诗关礼仪，简直无所不用，内政、外交都离不开。孔子特别看重诗。他对诗（包括它的配乐）进行整理，是他自卫返鲁之后，即他的晚年。

（乙）礼、乐

（1）孔子在齐国听《韶》乐，"三月不知肉味"，他说，我真没想到，有人能把音乐演奏到这种地步（《述而》7.14）。

（2）孔子和人唱歌，如果觉得这人唱得好，一定要叫他再唱一遍，和着他的歌声一起唱（《述而》7.32）。

（3）孔子说，"师挚之始，《关雎》之乱，洋洋乎盈耳哉"（《泰伯》8.15）。

（4）孔子说，"恶郑声之乱雅乐也"（《阳货》17.18）。

礼乐，主要是从演礼奏乐学，不一定靠书。《论语》并未提到礼书。但乐与诗有关，还是和书有点关系。孔子喜欢古典音乐，讨厌通俗音乐，恨郑声乱了雅乐。他最喜欢的音乐是所谓舜的音乐：《韶》。孔子晚年，整理过音乐（和诗一起）。他是在音乐声中告别人世。

（丙）《易》《春秋》

孔子说，"加我数年，五十以学《易》，可以无大过矣"（《述而》7.17）。

《论语》没提到《春秋》。

（二）孔子论学

（1）"十室之邑，必有忠信如丘者焉，不如丘之好学也"（《公冶长》5.28）。

（2）"古之学者为己，今之学者为人"（《宪问》14.24）。

（3）"三人行，必有我师焉：择其善者而从之，其不善者而改之"（《述而》7.22）。

（4）卫公孙朝问子贡，孔子是跟谁学? 子贡曰："文武之道，未坠于地，在人。贤者识其大者，不贤者识其小者，莫不有文武之道焉，夫子焉不学，而亦何常师之有"（《子张》19.22）。

（5）"博学于文，约之以礼"（《雍也》6.27、《颜渊》12.15。《子罕》9.11稍异）。

（6）"知之者不如好之者，好之者不如乐之者"（《雍也》6.20）。

（7）"行有余力，则以学文"（《学而》1.6）。

（8）"温故而知新，可以为师矣"（《为政》2.11）。

（9）"知之为知之，不知为不知，是知也"（《为政》2.17）。

（10）孔子跟子贡说，你和颜回谁强? 子贡说，我哪敢跟他比? "回也闻一以知十，赐也闻一以知二"，孔子说，"弗如也。吾与女（汝），弗如也"（《公冶长》5.9）。

（11）"盖有不知而作之者，我无是也。多闻，择其善者而从之，多见而识之，知之次也"（《述而》7.28）。

（12）"君子于其所不知，盖阙如也"（《子路》13.3）。

（13）"学而不思则罔，思而不学则殆"（《为政》2.15）。

（14）"吾尝终日不食，终夜不寝，以思，无益，不如学也"（《卫灵公》15.31）。

（15）达巷党人说，"大哉孔子! 博学而无所成名"，孔子听说了，对他的学生说，"吾何执? 执御乎，执射乎? 吾执御矣"（《子罕》9.2）。

（16）孔子跟曾子说，"吾道一以贯之"，别的学生问曾子，这是什么意思，曾子说，"夫子之道，忠恕而已矣"（《里仁》4.15）。

（17）孔子跟子贡说，他并不是靠"多学而识之"，而是靠"一以贯之"（《卫灵公》15.3）。

（18）孔子认为，有四种毛病，绝对不能有："毋意，毋必，毋固，毋我"（《子罕》9.4）。

附: 子夏论学

（1）"虽小道，必有可观者焉，致远恐泥，是以君子不为也"（《子张》19.4）。

（2）"日知其所亡，月无忘其所能，可谓好学也已矣"（《子张》19.5）。

（3）"博学而笃志，切问而近思，仁在其中矣"（《子张》19.6）。

（4）"百工居肆以成其事，君子学以致其道"（《子张》19.7）。

（5）"仕而优则学，学而优则仕"（《子张》19.13）。

这些话，很多可能都是来自孔子。比如第一条，汉儒就当作孔子的话（《汉书·艺文志·诸子略》）。

四、施教

孔子教学生，从《论语》看，主要有四个特点：

（一）有教无类，不讲出身

（1）孔子说，"自行束脩以上，吾未尝无诲焉"（《述而》7.7）。

（2）孔子说，"有教无类"（《卫灵公》15.39）。

孔子的学生，很多都是穷孩子，他自己，原来也是。孔子说，只要交一捆干肉，他都肯教。但他的学生很多，不一定都能亲自教。我们从《论语》看，陪他聊天，随侍左右，主要是十几个学生，每次谈话，人更少，只是"二三子"而已，其他学生只能在门外，听这几个人传达。

（二）孔子对学生无所隐瞒

孔子说，"二三子以我为隐乎？吾无隐乎尔。吾无行而不与二三子者，是丘也"（《述而》7.24）。

（三）启发式教学

（1）孔子说，"默而识之，学而不厌，诲人不倦，何有于我哉"（《述而》7.2）。

（2）孔子说，"不愤不启，不悱不发，举一隅不以三隅反，则不复也"（《述而》7.8）。

（3）颜渊说，"仰之弥高，钻之弥坚。瞻之在前，忽焉在后。夫子循循然善诱人，博我以文，约我以礼，欲罢不能。既竭吾才，如有所立，卓尔，虽欲从之，末（蔑）由也已"（《子罕》9.11）。

孔子本人，博闻强记，学而不厌，诲人不倦。他教学生，"循循善诱"。"循循"是有条有理，有板有眼；"善诱"，是善于引导学生提问，针对问题讲话。学生如果不提问，或提不出问题，"举一隅不以三隅反"，就不再重复。学分两方面："文"是书本知识，要广泛；"礼"是行为规范，要简单。

（四）针对学生的缺点，因材施教

这一条，是宋人从《论语》中总结出来的，《子张》篇的对话最典型。"因材施教"，不是《论语》的话。

五、干禄

孔子是个热衷政治的人。他培养学生，目标很明确，就是让他们干禄，找官做。通过做官，实现自己的政治主张。在《论语》一书中，当官叫"从政"，实行政治主张叫"为政"。

（一）从政：读书为了做官

（1）孔子说，"君子谋道不谋食"。种地，只会挣到饥饿；学习，才能挣到俸禄。"君子忧道不忧贫"（《卫灵公》15.32）。

（2）孔子说，学习三年，还没干禄（或不想干禄），这种人可不容易找呀（《泰伯》8.12）。

（3）孔子说，国家有道，出来干禄；国家无道，也出来干禄，是可耻的（《宪问》14.1）。

（4）孔子说，事奉国君，要把本职工作做好，才心安理得拿俸禄（《公冶长》15.38）。

（5）子贡说，假如有美玉在这里，我是应该把它藏在匣子里呢，还是讨个好价钱把它卖了？孔子说，卖了吧，卖了吧，我就是个待价而沽的人（《子罕》9.13）。

（6）佛肸以中牟叛，召孔子前往，孔子动心，想动身。子路说，我听老师说过，自己背叛自己的事，君子不参加，现在他就是这么干，您去，算怎么回事？孔子说，是的，我说过这样的话，但不是有这种话吗？真正坚硬的东西，磨也磨不薄；真正洁白的东西，染也染不黑。我难道是挂在墙上的匏瓜，只中看不中吃吗？（《阳货》17.7）

"文革"批孔，批"读书做官"论，并不冤枉。孔子认为，种地只会饿肚子，当官才能脱贫致富，学习就是为了干禄（当然，前提是国家有道），如果学了半天，没官做，是终生遗憾。他说，美玉应待价而沽，自己不想当匏瓜，都是表达这种想法。他在民间混过，多能鄙事，但看不起这类本事，特别是种地。他向往的是贵族生活，不是武士的打打杀杀，而是其前辈留下来的古代文化。对他说来，文德重于武功。

《论语》提到子张学干禄（《为政》2.18）、子使漆彤开仕（《公冶长》5.6）。孔子派学生当官，除子路、仲弓、冉求和子贡，还有很多人。

（二）为政：孔子的施政精神

（1）孔子说，"不在其位，不谋其政"（《泰伯》8.14、《宪问》14.26）。

（2）孔子说，"名不正，则言不顺；言不顺，则事不成；事不成，则礼乐不兴；礼乐不兴，则刑罚不中；刑罚不中，则民无所错手足"（《子路》13.3）。

（3）齐景公问政，孔子的答复是"君君、臣臣、父父、子子"（《颜渊》

12.11)。

（4）孔子说，"道（导）之以政，齐之以刑，民免而无耻；道（导）之以德，齐之以礼，有耻且格"（《为政》2.3）。

（5）有人对孔子说，您干吗不出来当官为政? 孔子说，《尚书》讲了，"孝乎惟孝，友于兄弟，施于有政"，这也是为政呀，干吗非得当官，才叫为政（《为政》2.21）?[1]

（6）仲弓为季氏宰，问如何为政。孔子说，"先有司，赦小过，举贤才"。仲弓说，我怎么知道谁是贤才呢? 孔子说，"举尔所知，尔所不知，人其舍诸"（《子路》13.2）。

（7）孔子去卫国，冉有赶车。孔子说，人好多呀。冉有说，人多了，该做什么? 孔子说，让他们富起来。冉有说，富起来了，该做什么? 孔子说，教育他们（《子路》13.9）。

（8）孔子说，"民可使由之，不可使知之"，即只能让他们照办，不能让他们知道为什么要这么干（《泰伯》8.9）。

（9）孔子说，"丘也闻有国有家者，不患寡而患不均，不患贫而患不安。盖均无贫，和无寡，安无倾。夫如是，故远人不服，则修文德以来之；既来之，则安之"（《季氏》16.1）。

（10）子贡问政，孔子说，有三条，"足食""足兵"，还有"民信之"。子贡说，如果迫不得已，非去掉一条，是哪一条? 孔子说，是兵。子贡说，剩下两条，非去掉一条，是哪一条? 孔子说，是食。道理是什么? 孔子说，"自古皆有死，民无信不立"，战死饿死，都是自古有之，但没有人民的信任，就没法保住自己的位子（《颜渊》12.7）。

（11）卫灵公问陈（阵法）于孔子，孔子说，"俎豆之事，则尝闻之矣；军旅之事，未之学也"，第二天就离开了卫国（《卫灵公》15.1）。

（三）孔子的政治理想是三代圣王

主要见于《尧曰》20.1。这段话里，有"兴灭国，继绝世，举逸民"九个字，是

---

[1] 《学而》1.2："有子曰：'其为人也孝弟，而好犯上者，鲜矣；不好犯上，而好作乱者，未之有也。君子务本，本立而道生。孝弟也者，其为仁之本与（欤）！'"可以作为这段话的参考。

"文革"批孔的重点。其实，这段话才是中国最宝贵的政治遗产。

（四）孔子的政治广告

孔子说，"苟有用我者，期月而已可也，三年有成"（《子路》13.10）。

六、闻达

俗话说，人活脸，树活皮；雁过留声，人过留名。知识分子，比谁都好名，孔子并不例外。

（一）什么是闻？什么是达？

（1）孔子说，"赐也达"（《雍也》6.8）。

（2）孔子说，"夫仁者，己欲立而立人，己欲达而达人"（《雍也》6.30）。

（3）子张问，士，我们这类人，怎么样才能叫达？孔子说，你说的达是什么意思？子张说，"在邦必闻，在家必闻"，即在国君面前和卿大夫的家里出名。孔子说，这只是闻，并不是达。达是"质直而好义，察言而观色，虑以下人。在邦必达，在家必达"，闻是"色取仁而行违，居之不疑。在邦必闻，在家必闻"（《颜渊》12.20）。

闻和达，都是出名。但名有俗名和真名，俗名是闻，真名是达。闻是虚名在外，达是名至实归。

（二）孔子无名，但希望出名

（1）达巷党人说，"大哉孔子，博学而无所成名"（《子罕》9.2）。

（2）孔子说，"君子去仁，恶乎成名"（《里仁》4.5）。

（三）孔子说，他不怕别人不了解他

（1）孔子说，"人不知而不愠，不亦君子乎"（《学而》1.1）。

（2）孔子说，"不患人之不己知，患不知人也"（《学而》1.16）。

（3）孔子说，"不患人之不己知，患其不能也"（《宪问》14.30）。

（5）孔子说，"君子病无能焉，不病人之不己知也"（《卫灵公》15.19）。

（四）孔子抱怨无人知，唯恐死后不留名

（1）孔子说，"莫我知也夫"。子贡说，"何为其莫如知子也"。孔子说，"不怨天，不尤人，下学而上达，知我者其天乎"（《宪问》14.35）。

（2）子曰："君子疾没世而名不称焉。"（《卫灵公》15.20）

七、富贵

孔子想做官，不肯逃隐，终老林下，没机会怎么办? 这是问题。隐士为了活命，还会躬耕垄亩，他却反对种地，如果没有外快或积蓄，只能高高兴兴饿肚子，富贵于我如浮云。这叫安贫乐道。当学生的，必须有这个准备。

（1）子贡问，穷不巴结，富不傲慢，怎么样? 孔子说，"可也。未若贫而乐，富而好礼者也"（《学而》1.15）。

（2）孔子说，"富与贵是人之所欲也，不以其道得之，不处也。贫与贱是人之所恶也，不以其道得之，不去也"（《里仁》4.5）。

（3）孔子说，"富而可求也，虽执鞭之士，吾亦为之。如不可求，从吾所好"（《述而》7.12）。

（4）孔子说，"饭疏食，饮水，曲肱而枕之，乐亦在其中矣。不义而富且贵，于我如浮云"（《述而》7.16）。

（5）孔子说，"贫而无怨难，富而无骄易"（《宪问》14.10）。

（6）孔子在陈绝粮，把学生们饿得爬不起来，子路气坏了，跟孔子说，君子也该受穷吗? 孔子说，"君子固穷，小人穷斯滥矣"（《卫灵公》15.2）。

古人说，"衣食足而知荣辱"（《管子·牧民》）。其实，衣食足了，也未必知荣辱，比如现在。

学《论语》，从哪儿学? "食不厌精，脍不厌细"（《乡党》10.6），不学也会。

前面说，"三军可夺帅也，匹夫不可夺志也"，这条最难学。还有一条，也不好学，是这里的"贫而乐""不义而富且贵，于我如浮云"。现在，哭着闹着学《论语》的，不妨先学这两条（当然是抽象着学）。

试试看!

总结三　孔子的遗产：从乌托邦到意识形态[1]

1　此节是以杂感的形式写成。

现在读古书，有个坏毛病，就是束书不读，光问有什么用。孔子离我们很远，距今两千多年，他做梦都想不到（他只梦周公），我们会拿他干什么用。

后人说，《论语》有大用，主要是两条，一条是可以治天下，一条是可以学道德，被治天下者治。这两大用途，也可以说是一个用途，用道德治天下——不但救中国，而且救世界。

神圣化的孔子和道德化的政治，是传统的"中国意识形态"。

一、半部《论语》可以治天下吗

孔子最神气，是宋以来。

赵匡胤是丘八，朱元璋是农民，元代和清代，都是以骑射夺天下的异族王朝。"宰相须用读书人"，他们比以前的帝王更明白。

现在讲孔子，主要是程朱陆王；说《论语》，主要是道德修养，根子是宋学。宋代是尊孔的黄金时代。

宋代有个著名传说，赵普，宋太祖、宋太宗的宰相，是靠"半部《论语》治天下"，而且说得有鼻子有眼，他是以"半部佐太祖（宋太祖）定天下，以半部佐陛下（宋太宗）致太平"，二十篇，全能派上用场。据说，普平生只读一本书，就是《论语》。他是马上学，马上用，24小时内，立刻见效（"次日临政，处决如流"）。

洪业，小时候读《论语》，也碰到过这一传说。他说：

> 家塾老师教我开始读《论语》，大约在我十岁左右。当时老师说："这是了不得的好书。宋初的宰相赵普用了半部治天下。"我觉得很兴奋；没有几个月，全部《论语》，竟能背诵。稚年自豪的思想：赵普才得半部，而我有其全；一匡天下，敢不勉乎！

但是，此说见于南宋中叶的《乐菴语录》，上距赵普200年，更早的线索，似乎没有。洪业考证，"半部《论语》治天下"，只是后人的传说。他说，此说就像小华盛顿砍樱桃树的故事，不过是后人的想象和编造，根本不可信。[1]

1　洪业《半部〈论语〉治天下辨》，收入《洪业论学集》，北京：中华书局，2005年，405—426页。

《论语》是部杂乱无章的书，赵普怎么用半部定天下，半部治天下？谁也不知道，原书也没法按用途一分两半。但很多人还是乐于相信，《论语》一书，肯定可以治天下。

崔述，顾颉刚推崇的崔东壁先生，他就说过：

> 孔子答门弟子问政多矣。而答仲弓之语（《子路》13.2），最为精要。……昔人以半部《论语》治天下。果能熟读此章而力行之，即为宰相，亦绰乎有余裕；岂待半部也哉？（《论语余说》）[1]

洪业虽绝不相信，赵普说过什么"半部《论语》治天下"，但《论语》可以治天下，他却深信不疑。他相信，夫子之言，哪怕一章一节，一字一句，也足以治天下。他举《论语》的许多名言佳句为例，说光是一个"信"字，已经足够。[2]

宋以来，学者好疑古书，但疑心最重的学者，对这类效果却深信不疑，因为什么都可怀疑，圣人是不能怀疑的。

孔子的神圣受到挑战，是到了五四运动。

全盘西化论的代表胡适，他的话，即使放到今天，也很公允：我们要废黜的只是孔子的神圣性，恢复的反而是孔子的本来面目——作为先秦诸子的一员。[3]

《古史辨》是这一运动的直接产物。胡适的学生顾颉刚，他连圣人（孔子）的圣人（三皇五帝、尧舜禹）都敢怀疑。

中国的意识形态第一次受到强有力的挑战。

天风扑面，风从海上来。

1　崔述疑古，是为尊孔。顾颉刚对他有批评。我们在导读一已经提到（见《古史辨》第一册自序）。

2　同上页注1。

3　他说，"我相信中国哲学的将来，有赖于从儒学的道德伦理和理性的枷锁中得到解放。这种解放，不能只用大批西方哲学的输入来实现，而只能让儒学回到它本来的地位；也就是恢复它在历史背景中的地位。儒学只是盛行于古代中国的许多敌对学派中的一派，因此，只要不把它看作精神的、道德的、哲学的权威的唯一源泉，而只是在灿烂的哲学群星中的一颗明星，那么，儒学的被废黜便不成问题了"。参看：胡适《先秦名学史》，上海：学林出版社，1983年，9页。

我在北大讲《论语》，讲完最后一课，问学生，"半部《论语》治天下"，你们相信这个说法吗？如果相信，请具体告诉我，你怎么用《论语》治天下——用哪些话，怎么治，治什么？当然，假设前提，是他已经当了国家领导人。他们都答不出。只有一个学生说，我爸爸从小跟我讲，夫子之言不可违。

有人（当然是知识分子）说，他最想生活在宋代。

我想，他说的宋代，肯定是东挑一块儿，西挑一块儿；上挑一段儿，下挑一段儿——没有宋江、方腊，没有辽、金、西夏。

苏东坡，只看他游山玩水，做诗文。

宋徽宗，只看他写字画画，玩古董。

当时的天下怎么样？一部宋史有分教，不用我来多说。

"半部《论语》治天下"，象征意义大于实际意义。

用《春秋》断狱，用《河渠书》打井，都是老故事。姜昆、李文华的相声《如此照相》：小红书，人人背。它的万能，大家都领教过，当年是绝无异辞。

用《论语》代替《语录》，有意义吗？[1]

治天下是谁的事？孔子说，"不在其位，不谋其政"（《泰伯》8.14）。你又不是宰相。做百姓的治于人，责任只在配合（学道德）——除非准备往上爬，全是咸吃萝卜淡操心。

文雅的说法是"干卿底事"，不文雅的说法是"关你屁事"。

二、周公之梦是乌托邦，浮海居夷是赌气话

孟子说，孔子是"圣之时者也"（《孟子·万章下》）。鲁迅说，如果翻成现代话，除了"摩登圣人"，实在没有更好的词。"孔夫子的做定了'摩登圣人'是死了以后的事，活着的时候却是颇吃苦头的"，"孔夫子之在中国，是权势者们捧起

1　参看：Leonel M. Jesen, *Manufacturing Confucianism, Chinese Traditions and Universal Civilization*, Durham and London: Duke University Press, 1997, p.13, fig.3（两种小红书：左为《毛泽东选集》，右为曲阜县文管会仿《毛主席语录》印的《论语》）。

来的，是那些权势者或想做权势者的圣人，和一般的民众并无什么关系"。他还一针见血地指出，孔子死后，总是被人当作"敲门砖"。[1]

活孔子是乌托邦，死孔子是意识形态。

孔子的时代，礼坏乐崩，不理想。他是个理想主义者。

古代的理想主义，往往是复古主义，道理很简单：古代虽为过去，毕竟有文献记载和故老传闻，实实在在；将来是什么玩意儿，虚无缥缈。古人才不会"相信未来"。更何况，他们都是循环论者，古往今来，治乱盛衰，有如寒来暑往，秋收冬藏，一轮接一轮。冬天太冷，人们会怀念夏天，很自然。生于东周季世的他，一心要回到西周盛世，也顺理成章。

先秦诸子，是持不同政见者。共同点，只在不满现实。当时是乱世，谁都批，批是绝对有理。

批判现实，古代是利器，当时的诸子，几乎都用它，谁都以古非今。

以古非今，古是什么古？不是远古是近古。

孔子的"古"分两层，大同社会是一层，小康社会是一层。唐虞盛世，过于遥远，他夸归夸，并不追；夏、商、周，三挑一，他从周，也不是越古越好。他所从的周，不是东周是西周；西周，不是晚期是早期。他生于鲁，长于鲁，谁都说，周礼尽在于斯。他做的是"周公之梦"。

可惜，这个理想是幻想，从来就没实现过，也不可能实现。

孔子的现实目标，是挽救东周。

但这个世界，上下陵替，叛变成风：诸侯执天子之命，卿大夫执诸侯之命，陪臣执卿大夫之命，头顶长疮，脚底流脓，怎么救？

他的原则是：天子和诸侯，我尊天子；公室和大夫，我尊公室。顾头不顾腚。

---

[1] 鲁迅《在现代中国的孔夫子》，收入《鲁迅全集》第6卷，北京：人民文学出版社，1958年，248—254页。案：拿孔子当"敲门砖"，他提到袁世凯、孙传芳和张宗昌。其实，还有孔教会长康有为，宋明理学加基督教的崇奉者蒋介石。

理想主义者的脑瓜，总是善恶分明。然而困境在于，如果举世浑浊，并没光明黑暗可以对着干，你将做何选择？比如鲁国，周礼最多，但当时的上流君子，谁都很无礼：鲁公是大坏蛋，三桓是中坏蛋，阳货是小坏蛋，你该跟谁对着干？

他这一生，到处奔波，鲁国不行奔卫国，卫国不行奔陈国，楚国他也去过，全都令他失望。

如果放弃选择，只能当隐士，他又不肯。

周公之梦是乌托邦，浮海居夷是赌气话。

三、孔子的因祸得福

校园里有句名言：学生是靠老师出名，老师是靠学生出名，但归根结底，是老师靠学生出名。

孔子的时来运转，就是先例。

孔子死后，学生很出息，"大者为卿相师傅，小者友教士大夫"（《汉书·儒林传》）。[1]

知识分子，全都朝从政的大道狂奔。这条道，是他老人家指出，后人趋之若鹜。

从政提高了儒学的影响，也改变了儒学的方向。

战国晚期，儒学是显学，韩非这么说（《韩非子·显学》）。《庄子·天下》《荀子·非十二子》，也把儒学摆在头一位。出土发现，儒籍最多，可以证明这一点。

但他们离现实越近，离理想越远。

儒家也不是一成不变，从子夏居西河到李斯为秦相，他们的归宿是法家。

战国晚期，荀卿"最为老师"（《史记·孟子荀卿列传》），他是儒家的集大成者。荀卿有两个学生，韩非和李斯。他们一边习儒籍，一边读《老子》，所学帝

---

1 《史记·儒林列传》特别提到他的五个学生：子路、子张、澹台子羽、子夏、子贡，其中子路是死于孔子前。

王术，所干秦王政。秦王政，就是后来的秦始皇。

学生比老师讲实际，这是一般规律。

秦汉大一统，是政治家的杰作。

秦始皇，制度大一统、宗教大一统、学术大一统，头一条成功，第二条可观，[1]最不成功，是第三条。

当年，秦始皇混一海内，尽收天下之书，悉召艺能之士，设博士之官，请他们献策献药兴太平，也有短暂的蜜月（其实也不短，有九年的时间）。他一心想跟知识分子交朋友，却不欢而散，跟身边的两种士，全都闹翻了。文学士（简称文学），是文科的知识分子（以儒生为主的人文学者）；方术士（简称方士），是理科的知识分子（当时的科研人员，也是迷信家）。大家都来凑热闹。

公元前213年，"备员弗用"的文学士终于有了用——他们给秦始皇祝寿。可惜，机会方来，他们就闹内讧，周青臣面谀，淳于越拆台，导致禁书和焚书，主意出自李斯，并非秦始皇。李斯是前儒生，最懂收拾同行。[2]

方术士，占星候气的不敢讲话，求仙访药的携款逃跑。秦始皇大怒，非要查办他们，才殃及儒生。当时，知识分子窝里斗，互相揭发，导致460多人被活埋。我们要知道，所谓"坑儒"，未必都是儒，其中还有方术士，检举有功、侥幸漏网、没有活埋的也大有人在，汉初又被请出来。[3]

古人说，"天下非一人之天下也，乃天下之天下也"（《六韬·文韬·文师》）。得人心者得天下，失人心者失天下。

秦灭六国，伤了六国的心，也伤了儒家的心：

及至秦之季世，焚《诗》《书》，坑术士，六艺从此缺焉。陈涉之王也，而

---

1 宗教大一统，是他开的头，他立过的国家级祠畤，估计有200个左右。

2 参看《史记·秦始皇本纪》。秦取六国，以吏治为重，儒术不过为缘饰。他请知识分子兴太平，"别黑白而定一尊"，只是为了统一思想，和汉武帝并无不同。其禁书、焚书，也和清初类似，只是为了消除民族记忆。李斯熟悉知识分子，也懂政治，下手特别狠。知识分子整知识分子，是老传统，李斯害死韩非，已经开了头。

3 这两件事，焚书是焚书，坑儒是坑儒，相距有两年。

鲁诸儒持孔氏之礼器往归陈王。于是孔甲为陈涉博士，卒与涉俱死。陈涉起匹夫，驱瓦合适戍，旬月以王楚，不满半岁竟灭亡，其事至微浅，然而缙绅先生之徒负孔子礼器往委质为臣者，何也？以秦焚其业，积怨而发愤于陈王也。（《史记·儒林列传》）

秦失其鹿，天下共逐之。孔鲋（孔子的七世孙）投了农民军，死于陈下。他是反秦战争的烈士，也是秀才造反的先驱。

迫害成就英雄。

汉代大平反，一切翻烙饼。六国的后代，全都找出来，置守冢，血食天下，造反的陈胜也在其中，视同六国诸侯。孔子沾了这个光。[1]

儒家作为受害者，终于打了翻身仗，重新扬眉吐气。当时的文化融合，物质文化主要是楚文化和秦文化的融合，精神文化主要是齐鲁文化和秦文化的融合。山东人都往陕西跑。

汉高祖吊封孔子，孔子故居，成了博物馆。司马迁访之，流连不忍去。

汉唐以来，孔子拟于王侯，从一介布衣，变世袭贵族。皇帝还改朝换代，他却是万世师表。

当初想不到。

四、孔子与大一统

古往今来，全世界，统治者治天下，都靠三大法宝，一是国家（管制度），二是宗教（管灵魂），三是学术（管思想）。中国也不例外。各大文明，取径不同，只是配方不一样。

大地域国家，行政效率高的国家，中国最典型。它是大国家，小宗教，国家大一统，宗教多元化。亚述帝国、波斯帝国、亚历山大的马其顿帝国，还有后来的罗马帝国，都不如它命大祚长。与之相反，中世纪欧洲，小国林立，至今书不同

---

[1] 司马迁作三十世家，是以《孔子世家》与《陈涉世家》并列，他称陈胜为陈涉（涉是其字），属于尊称。

文，车不同轨，唯一统一，是基督教。历史上的草原帝国，还有阿拉伯世界，也都是宗教大一统压倒国家大一统。翻毛大衣里外穿，结构不一样。

中国没有宗教大一统，但有学术大一统。国家大一统，是靠学术大一统。

学术大一统，宗教大一统，秦始皇都试过，汉武帝是继承者。

汉武帝，罢黜百家、独尊儒术，是学术大一统；整齐六国宗教，是宗教大一统。前者可安定社会精英，后者可安定天下百姓，全是为了收拾人心。

先秦六家，传到汉代，主要是两家，儒家和道家，墨家绝无后，其他三家，名、法、阴阳，都是技术和工具（名、法是刑名法术之学，阴阳是数术方技之学），没有独立地位。战国晚期，道家融名、法、阴阳于一身，势力相当大，汉初仍如此。汉武帝整齐学术，两者换位，名、法、阴阳被儒家接收（酷吏是法家的嫡脉），如同翦其羽翼。但道家仍有余威，不绝统绪，后来发展为道教，成为长期的竞争对手。这是学术大一统。

秦代有200个祠畤，西汉有700个祠畤，都是领国家津贴。汉武帝的郊祀系统，分东西两大块，西土以甘泉泰畤、汾阴后土祠和雍五畤为中心，东土以八主祠为中心。太一崇拜（太一加三一）是所有崇拜的中心，最像普世宗教。[1]这是宗教大一统。

秦汉大一统，汉武帝是顶峰。到他为止，似乎万事大吉。

然而，他万万想不到的是，事情并未到此结束。他最后的杰作，还会大翻盘。

汉武帝死后，贡禹、韦玄成毁庙，匡衡、张谭废祠，王莽用小郊祀代替大郊祀（只在长安四郊设祭），是秦汉大一统的后续事件。他们推翻了汉武帝的宗教大一统。西汉的700个祠畤，被他们搞了个一风吹。这件事，意义非同小可，可惜史家不重视。

史家说，王莽行事，多凭幻想，他的改革全都破产，其实不尽然。

1　注意，太一是道的别名，既是哲学本体，也是宇宙中心。汉代学术，虽定儒学于一尊，但宗教，却和道家关系更大。汉武帝后，道家在政治上丢了阵地，但在下层社会，在宗教方面，影响比儒家大，足以同儒家作长期抗衡。东汉晚期，道家变道教，接收了两汉宗教的所有遗产，仍然保持着这种优势，儒道之争是古代思想的两极，延续时间最长。

王莽有恶名。他以外戚篡汉，从王朝正统看，罪该万死。可是我们不要忘记，他可是正统儒生、大学者。他是根据孔子的梦想，来推翻武帝的宗教大一统。后世的郊祀，就是王莽的遗产。

王莽的郊祀制度，既解决了皇家祭祀大典的正统性，也确立了儒家对宗教信仰的领导地位，这是他的胜利。但他满足的只是上层精英，失去的却是下层大众。

东汉时期，民间信仰失控，导致借术立教，立教的结果，是宗教多元化，国家瓦解，社会颠覆。释之入，道之立，大教领小教，正好填补了这个空白。

这是结构性的大变化。

秦汉两朝，积400多年的社会剧变和制度创设，至此才画上句号。

上述背景，对了解孔子的历史地位很重要。

孔子的遗产，主要是三条：

（1）它保留了孔子时代的古典教育，以人文学术为主的教育。后世读书人，读什么，怎么读，都和这种教育有关。

（2）孔子强调"学而优则仕"，读书一定要做官。它把读书人和中国的选官制度紧紧拴在一起。中国的文吏，都是阳儒阴法，产供销一条龙。科场不利，入幕坐馆、行医卖卜，都不是正途。

（3）孔子提倡忠孝，对中国的道德有影响，特别是孝悌，对民间的影响也很深。以德治国是中国的意识形态。

中国的意识形态是人文学术和家庭伦理——不是哲学，不是宗教。

这三大遗产，决定了中国的文化结构：

（1）重文轻武、重文轻理。这从图书分类可以看得很清楚。《汉书·艺文志》把图书分为六类，六艺、诸子、诗赋为人文类，兵书、数术、方技为技术类，还是各占一半；《隋书·经籍志》把图书分为四类，兵书、数术、方技沦为子部的附庸，连四分之一的地位都没有。所谓学术，是人文学术一统天下。

（2）重当官，轻产业。中国的文人士大夫或所谓儒林，汉学家把它翻成

official-scholar，他们是已经当官的学者，或准备当官的学者，机会不同，目标一致。读书人，拙于谋生，急于用世，除了当官，什么都不屑为。秦始皇还重视农战，虽有焚坑，医卜农桑之书不禁，但汉唐以下，宋明以来，士农工商，只有士（不是武士，而是文士）才是正经出身，万般皆下品，唯有读书高。实用之学，一直走下坡路，始终处于颓势。

（3）重道德，轻宗教。中国的愚夫愚妇，和全世界的老百姓一样，对宗教的需求很强烈，但秦汉以来，从来都是国家在儒学之上，儒学在释、道之上，大教在小教之上。王莽以下，国家大典是国家大典，民间信仰是民间信仰，二元化，宗教本身，多元化。这一直是政治上的不安定因素。孔子，地位虽高，和百姓有距离感，他们是敬而远之。道教、佛教和其他小教，对民间更有影响力。宗教是儒家的软肋。

五、"人造孔教"和"孔教乌托邦"

孔子不是工具，也不是道具。后学不仁，以"圣人"为刍狗。

西化派和本土派是欢喜冤家，表面上水火不容，实际上相互学习。

孔子的遗产，是人文主义，但受西化刺激，本土派的条件反射，首先是模仿西方，将孔子宗教化。如辛亥革命第二年成立孔教会，会长是康有为。他的《孔子改制考》，不但把儒家说成教，先秦诸子都是教。近代，国人目睹西方用武力传教，才有把儒学变成世界宗教（或准宗教）的强烈冲动。弘扬家，动言传统中断，其实这才是最大的传统中断。

中国的传统，是只取经，不传教。

孔子的学派，本来叫儒家。儒家是思想流派，并不是僧团教派，就像当时的道家或其他家，本来也不是教派。但孔子有一套救世主张，喜欢聚合徒众，到处宣传，还有点蒙难的经历，作为思想正统，作为意识形态，又颇有几分宗教的味道。特别是与道教、佛教并立，为了保持对称，也被称为教，而且很早就有这种说法。[1]

1　西文Confucianism，既可以是儒家，也可以是儒教，就像Taoism，既可以是道家，也可以是道教。

儒家是宗教吗？这个问题，对宗教第一的西方是大问题。当年的礼仪之争，就是争这个问题。中国人，烧香磕头，拜天地君亲师，是宗教不是宗教，对罗马教廷是无法绕过的大问题。他们不但向中国传教，还把中国介绍给欧洲。我们要知道，最早输出"孔教"，不是我们是他们。他们引进孔子，前后反差非常大。这事，对反省中国有帮助。

中国是一面镜子，照见的是欧洲自己。

西方初遇中国，孔子是代表"中国形象"。这个形象，是由宋明理学塑造，有我们自己的标准，但在欧洲人的心中，却经常改变。17世纪，充满神秘；18世纪，狂热崇拜；19世纪，骂声一片；20世纪，臧否不一。中国制造的孔子，西方制造的孔子，都是人为制造的孔子，作为过程和连续体，有人叫"人造孔教"。[1]

孔子的以德治国，曾经是启蒙时代的福音。有人叫"孔教乌托邦"。[2]

乌托邦的本义，是到处找不着又说不定在哪儿撞见的好地方。"在那遥远的地方，有位好姑娘"，"众里寻他千百度，蓦然回首，那人却在，灯火阑珊处"。地理大发现，使他们逼近了这类幻想。

17世纪，传教士把遥远、古老的中国介绍给欧洲，西方突然发现，中华帝国，就是他们苦苦追寻的乌托邦。

乌托邦，是西方的古老传统。这个传统，可推始于柏拉图的《理想国》，中国以道德文章选官，君王也饱读诗书，曾使西人误解，这就是文艺复兴以来，他们朝思暮想，想在海外发现的哲学王。[3]

18世纪，启蒙时代，是"孔教乌托邦"的黄金时代："哲人王（中国皇帝）统治下的人民最幸福"，"中国的儒教是令人钦佩的"，"人类肯定想象不出一个比这更好的政府"。他们真是赞不绝口。

1　上引Leonel M.Jesen的书。

2　周宁《孔教乌托邦》，北京：学苑出版社，2004年。

3　当时人，喜欢把什么学问都说成是哲学，他们把中国的人文学术叫哲学，把中国的文人叫哲学家。

康熙皇帝、乾隆皇帝，被启蒙思想家吹上了天。与之并世的欧洲君王，路易十四、路易十五、腓特烈大帝、彼得大帝、叶卡捷琳娜二世，在他们的游说下，皆奉中国为榜样。"孔教乌托邦"，一度成为反迷信和暴政的工具。

用孔子的理性哲学代替宗教，用中国的开明君主代替他们的专制君主，当时很时髦。

这是中国和欧洲的蜜月期，国人最乐道。

然而，好景不长。理性变成疯狂，哲学变成荒唐。

18世纪末，法国大革命，群众的激情，有如洪水猛兽，他们埋葬了启蒙时代，也埋葬了"孔教乌托邦"。

革命废止教会，把国王送上断头台，却创造了另一个专制君主，拿破仑。他不但恢复了法国的教会，还请罗马教廷加冕他为皇帝。这个"革命的皇帝"，把欧洲拖入了十多年的血腥战争。

人们终于发现，欧洲君主，都是穷兵黩武，极端专制，美好的理想，只存在于哲学家的头脑中。中国的皇帝也一样。

19世纪，人们不再相信"孔教乌托邦"。康德说，不能指望国王变成哲学家，或哲学家变成国王。

虽然，法国恢复了共和，国王没有了，政教分离了，文官考试被制度化，但和最初的理想，完全不一样。

中国被西方打败，陷入长期的混乱之中，也暴露了真实面貌。真实的中国，让他们越来越失望。

他们宁肯待在自己的浪漫幻想中，或在中国的边疆地区，另外寻找新的乌托邦，也决不愿看到这个腐败、堕落、停滞、专制、邪恶、黑暗的鸦片帝国。

中国的形象跌入谷底。

幻想的孔子本不存在：道德不是政治，理想不是现实。[1]

---

1 上引周宁书，123页。

真实的中国平淡无奇：过去不是天堂，现在不是地狱。[1]

六、东方之道德不能大行于天下

近代有一种说法，"东方之道德将大行于天下"。[2]

亚洲，只是东方的一部分；东亚，只是亚洲的一部分；我们，只是东亚的一部分。中国即东方，是大言不惭。[3]

文明是传染病。西方的病是世界通病：第一是穷兵黩武，第二是疯狂开发，没问题，都该批判。但这类病，发达国家得的早，急性转慢性，一时半会儿要不了命；不发达国家得的晚，一般都是急症。

一个经常上急救室的病号，自救之不暇，还要救别人，可笑。读《新儒家宣言》，我的感觉，一是空洞，二是滑稽。[4]

古今中外，人心同理。

古人说，"非我族类，其心必异"（《左传》成公四年），这是种族偏见。孔子说，"性相近，习相远"（《阳货》17.2），推广于世界，是同样的道理。

道德多是老生常谈，古今中外差不多。孔子教我们学好，人家也没教他们

1　上引周宁书，128页。

2　王国维《致狩野直喜》(1920年)："世界新潮颎洞澎湃，恐遂至天倾地折。然西方数百年功利之弊非是不足一扫荡，东方道德政治或将大行于天下，此不为浅见者道也。"收入《王国维全集（书信)》，北京：中华书局，1984年，311页。

3　东方，是道地的西方概念。西人所谓东方，概念很笼统，就像一切非基督教文化，全叫异教文化，不是西方，就是东方。欧洲人的地理视野，是随欧洲势力的扩张，由近及远。他们所谓的东方，本指北非、西亚。后来，扩大到中亚、南亚、东南亚、东亚。所谓亚细亚生产方式或东方专制主义，就是他们的笼统印象。

4　牟宗三、徐复观、张君劢、唐君毅《为中国文化敬告世界人士宣言》，《民主评论》第九卷合订本（上册），香港：民主评论社，1958年。案：此文所说的"世界人士"是西方人。他们向这些人提出要求，你们"应向东方人学习"五件事，第一是"'当下即是'之精神，与'一切放下'之襟抱"，第二是"一种圆而神的智慧"，第三是"一种温润而恻怛或悲悯之情"，第四是"如何使文化悠久的智慧"，第五是"天下一家之情怀"，全是昏话。

学坏。

西方重个人，未必轻集体；重物质，未必轻精神；重技术，未必轻人文。我们的推论是自欺欺人，"他们，人和自然，关系太紧张，不像我们，天人合一"，是完全说反了；"他们不养父母，无孝心"，更是不懂人家的国情。

我国，大家庭早已解体，养老院正在兴办，啃老族日益增多。道德是生存策略。以前不理解，现在该明白。

四世同堂，孝养父母，是生存策略。小孩独立，老人自尊，也是生存策略。

俗话说，老婆是人家的好，孩子是自己的好。

科技是人家的老婆，道德是自己的孩子。

中国近代争体用，老是喜欢说，"西洋科技好，中国道德高"。这话经不起推敲。中国的道德，哪点比人高？特别是社会公德。说话不算话，拿人不当人，此国之所以不昌也。愚见以为，道德也应进口。

有人说，"现在道德差，祖宗水平高"。我也不相信。比如孔子大讲道德那阵儿，就是社会太缺德——哪朝哪代，盛极而衰，都有这一段儿。[1]

道德的供求定律是：越没道德才越讲道德。我相信，什么时候，中国人不再满口仁义道德，道德水平就提高了。

七、国学和国粹，从骂祖宗到卖祖宗

上世纪80年代骂祖宗，上世纪90年代爱祖宗，现在的时髦是卖祖宗，就像脱了棉袄换单衫，气候变了。但天不变，道亦不变，怎么说，怎么有理。

孔夫子是中国传统的符号，但中国传统并不等于孔夫子。中国文化，博大精深，岂是一个儒字所能概之，特别是在"五四"之后的视野下。

1　汉以来，"举秀才，不知书。察孝廉，父别居。寒素清白浊如泥，高第良将怯如鸡"（《抱朴子外篇·审举》）。宋以来，以忠孝治国，也很失败。

　　什么叫国学？我说过，国学就是"国将不国之学"。第一，西学不入，无所谓国学，它是成心跟西学拧着来。第二，所谓国学，都是不中不西之学。太中不算，太西也不算。比如传统考据，太旧，应归入清代学术；考古学和比较语言学，太新，是地地道道的西学。我所认可的国学大师，都是以新材料、新思想或新学术改造旧学的大师。

　　大师，都是另起炉灶，足以转移风气的人。完全拒绝新学而名重一时的大师，好像还没有。有，也是徒有虚名。

　　什么叫国粹？国粹，也是因西化而起。西化，从海边向内陆推，从城市向乡村推，凡是西化推不到的地方，还剩下点什么化不掉，便是所谓国粹。武术方术、中医中药，穷乡僻壤唐人街，老人爱听的地方戏，愚夫愚妇的各种拜拜，更是国粹中的国粹（传统不皆精粹，很多应叫"国渣"）。

　　古迹、古物和古书，祖宗留下的东西越来越少，就像大熊猫，应该抢救保护，我完全同意，但说发扬光大，那就过了。古董可以放在展柜中欣赏，但不必把自己摆进去。

　　西方有科学幻想，我国有人文幻想。比如侠客和奇女子，就是这等幻想。金庸弘扬了这一传统，读者无其数。武侠，是中国的名牌产品。

　　据说，打义和团那阵儿，中国人就有一种精神。这种精神是什么？实在耐人寻味。港台武打片，杀入好莱坞，很让国人自豪。它们有个永恒主题：东方不败（如国术家霍元甲、陈真）。李小龙是经典。他的墓在西雅图，我吊谒过两次，截拳道，号称道，"以无限为有限，以无法为有法"（墓上题辞），然而，他却死得早。我看过一篇文章，他浑身精瘦，是用一种超强度的器械，而且服药，有时会昏倒在地上。

　　中国近代，兵败，气短，让人觉得百不如人，但俺们有功夫。擂台上，外国大力士，蛮壮如牛，瞅准肚皮，狂击无效，叫人着急，最后，还是倒在了俺们的脚下。日本武士怎么样？他们有功夫，也顶不住俺们的精神。中华有神功。

　　还是老舍写得好，夜深人静，沙子龙把门关好，一气扎下六十四枪，遥望星空，微微一笑，只说"不传不传"（《断魂枪》）。但近百年来，真真假假，虚虚实实，这类幻想，却绵绵不绝。毛贼般，飞檐走壁、上房揭瓦，早成过去。现在的功夫片，钢丝悬吊，空中对打，背景如诗如画（《卧虎藏龙》）。幻象升级，升不上去怎么办？不妨来点荒诞。《功夫》做到了这一点。大家齐声喝彩：要的就是荒诞。

　　有种说法很流行：越是民族，才越是世界。我在香港的体会是，越是殖民地，才越讲国粹。[1]

　　难怪西人以为，唐人街最能代表中国，拍个《龙年》给你看。

八、知识分子的宿命

　　"儒以文乱法，侠以武犯禁"（《韩非子·五蠹》）。乱法犯禁的结果，是整顿和归顺。轴心时代的先知、哲人和宗教家，全都难逃此劫。孔子也不例外。

　　大众所爱，也能成为意识形态。勒南（Ernest Renan）有句名言，"如果你想要知道最早的基督教会是什么样子，那就请你看看'国际工人协会'的一个地方支部"。[2]

　　阿育王皈依，君士坦丁受洗，孔子成为帝王师，到底是谁的胜利？

　　孔子的乌托邦，不是烟涛微茫的海上神山，不是隐士幻想的世外桃源，只是周公时代的君子国。他的听众，也不是他叫小人的人民大众，而是他叫君子的读书人。孔子不是大众英雄，也不是宗教家。宗教的基础是人民大众。

　　知识分子，最有智慧，最有道德，最有理想。让他们管国家，谁都觉得踏实、

1　参看：鲁迅《述香港恭祝圣诞》，收入《鲁迅全集》第4卷，北京：人民文学出版社，1957年，42—45页。

2　参看：恩格斯《论早期基督教的历史》，收入《马克思恩格斯全集》第22卷，北京：人民出版社，1965年，523—552页。案：勒南受过法国天主教的最佳训练，却把耶稣还原为凡人，研究《论语》，我会想到他。参看：[法]欧内斯特·勒南《耶稣的一生》，北京：商务印书馆，2000年。

放心。其实，这是危险的托付。

真理难容谬误。知识分子心明眼亮，比谁都专制。如果手中有刀，首先丧命的，就是他的同类。

孔子把从政当使命，这在中国是传统。学者称为担当，我看是恶习。

我国的知识分子，很少有人抗得住当官的诱惑。从"铁肩担道义"到"脱骨扒鸡"，也许只是一步之遥。

《理想国》的理想是知识分子专政：一切靠道德和智慧——和孔子的设想相似，至治之极，政刑将无所用之。柏拉图，一怕暴君，二怕暴民。在他看来，由最聪明的人当政，才是唯一出路。

其典型表达是：让哲学家当国王，或让国王当哲学家。

柏拉图的理想国，名曰哲人专政，实为军人专政，不但共产，而且共妻。学者说，它的灵感来自斯巴达：军事共产主义加奴隶制。

柏拉图三说叙拉古国王，均无功而返。

失望之余，他叹气说，我理想的头等国家，只合天上才有，地上的国家，还是交法律去管吧。

以良知定是非（上不唯领导是听，下不阿群众所好），不能搞政治；以民主定是非（操纵多数，平衡利益），不能搞学问。这是学者和政客的不同。什么是政治？什么是学术？圣门之徒，常常分不清。

乌托邦的功能是否定现存秩序，意识形态的功能是维护现存秩序。[1]从乌托邦到意识形态，是知识分子的宿命。

1　上引周宁书，129—130页引曼海姆（K. Mannheim）说。

孔子不能救中国，也不能救世界。

从来就没有什么救世主，也不靠神仙皇帝。要创造人类的幸福，全靠我们自己。

附录一　《论语》原文

●学而第一

1.1 子曰："学而时习之，不亦说（悦）乎？有朋自远方来，不亦乐乎？人不知而不愠，不亦君子乎？"

1.2 有子曰："其为人也孝弟，而好犯上者，鲜矣；不好犯上，而好作乱者，未之有也。君子务本，本立而道生。孝弟也者，其为仁之本与（欤）！"

1.3 子曰："巧言令色，鲜矣仁。"

1.4 曾子曰："吾日三省吾身：为人谋而不忠乎？与朋友交而不信乎？传不习乎？"

1.5 子曰："道（导）千乘之国，敬事而信，节用而爱人，使民以时。"

1.6 子曰："弟子入则孝，出则弟，谨而信，泛爱众而亲仁（人）。行有余力，则以学文。"

1.7 子夏曰："贤贤易色，事父母能竭其力，事君能致其身，与朋友交言而有信，虽曰未学，吾必谓之学矣。"

1.8 子曰："君子不重则不威，学则不固。主忠信，无友不如己者，过则勿惮改。"

1.9 曾子曰："慎终追远，民德归厚矣。"

1.10 子禽问于子贡曰："夫子至于是邦也，必闻其政。求之与（欤）？抑与之与（欤）？"子贡曰："夫子温、良、恭、俭、让以得之。夫子之求之也，其诸异乎人之求之与（欤）！"

1.11 子曰："父在，观其志；父没，观其行；三年无改于父之道，可谓孝矣。"

1.12 有子曰："礼之用，和为贵；先王之道，斯为美。小大由之。有所不行：

知和而和，不以礼节之，亦不可行也。"

1.13　有子曰："信近于义，言可复也。恭近于礼，远耻辱也。因不失其亲，亦可宗也。"

1.14　子曰："君子食无求饱，居无求安，敏于事而慎于言，就有道而正焉，可谓好学也已。"

1.15　子贡曰："贫而无谄，富而无骄，何如？"子曰："可也。未若贫而乐，富而好礼者也。"子贡曰："《诗》云：'如切如磋，如琢如磨。'其斯之谓与（欤）？"子曰："赐也，始可与言《诗》已矣，告诸往而知来者。"

1.16　子曰："不患人之不己知，患不知人也。"

●为政第二

2.1　子曰："为政以德，譬如北辰，居其所而众星共（拱）之。"

2.2　子曰："《诗》三百，一言以蔽之，曰：'思无邪。'"

2.3　子曰："道（导）之以政，齐之以刑，民免而无耻；道（导）之以德，齐之以礼，有耻且格。"

2.4　子曰："吾十有五而志于学，三十而立，四十而不惑，五十而知天命，六十而耳顺，七十而从心所欲，不逾矩。"

2.5　孟懿子问孝。子曰："无违。"樊迟御，子告之曰："孟孙问孝于我，我对曰无违。"樊迟曰："何谓也？"子曰："生，事之以礼；死，葬之以礼，祭之以礼。"

2.6　孟武伯问孝。子曰："父母，唯其疾之忧。"

2.7　子游问孝。子曰："今之孝者，是谓能养。至于犬马，皆能有养。不敬，何以别乎？"

2.8　子夏问孝。子曰："色难。有事，弟子服其劳；有酒食，先生馔，曾是以为孝乎？"

2.9　子曰："吾与回言终日，不违，如愚。退而省其私，亦足以发，回也不愚。"

2.10　子曰："视其所以，观其所由，察其所安，人焉廋哉？人焉廋哉？"

2.11　子曰："温故而知新，可以为师矣。"

2.12 子曰: "君子不器。"

2.13 子贡问君子。子曰: "先行其言, 而后从之。"

2.14 子曰: "君子周而不比, 小人比而不周。"

2.15 子曰: "学而不思则罔, 思而不学则殆。"

2.16 子曰: "攻乎异端, 斯害也已。"

2.17 子曰: "由! 诲女(汝)知之乎? 知之为知之, 不知为不知, 是知也。"

2.18 子张学干禄。子曰: "多闻阙疑, 慎言其余, 则寡尤; 多见阙殆, 慎行其余, 则寡悔。言寡尤, 行寡悔, 禄在其中矣。"

2.19 哀公问曰: "何为则民服?"孔子对曰: "举直错(措)诸枉, 则民服; 举枉错(措)诸直, 则民不服。"

2.20 季康子问: "使民敬忠以劝, 如之何?"子曰: "临之以庄则敬, 孝慈则忠, 举善而教不能则劝。"

2.21 或谓孔子曰: "子奚不为政?"子曰: "《书》云: '孝乎惟孝, 友于兄弟, 施于有政。'是亦为政, 奚其为为政?"

2.22 子曰: "人而无信, 不知其可也。大车无輗, 小车无軏, 其何以行之哉?"

2.23 子张问: "十世可知也?"子曰: "殷因于夏礼, 所损益可知也; 周因于殷礼, 所损益可知也。其或继周者, 虽百世可知也。"

2.24 子曰: "非其鬼而祭之, 谄也。见义不为, 无勇也。"

●八佾第三

3.1 孔子谓季氏, "八佾舞于庭, 是可忍也, 孰不可忍也?"

3.2 三家者以《雍》彻。子曰: "'相维辟公, 天子穆穆', 奚取于三家之堂?"

3.3 子曰: "人而不仁, 如礼何? 人而不仁, 如乐何?"

3.4 林放问礼之本。子曰: "大哉问! 礼, 与其奢也, 宁俭; 丧, 与其易也, 宁戚。"

3.5 子曰: "夷狄之有君, 不如诸夏之亡也。"

3.6 季氏旅于泰山。子谓冉有曰: "女(汝)弗能救与(欤)?"对曰: "不能。"子曰: "呜呼! 曾谓泰山不如林放乎?"

3.7 子曰："君子无所争，必也射乎！揖让而升下而饮，其争也君子。"

3.8 子夏问曰："'巧笑倩兮，美目盼兮，素以为绚兮'何谓也？"子曰："绘事后素。"曰："礼后乎？"子曰："起予者商也，始可与言《诗》已矣。"

3.9 子曰："夏礼吾能言之，杞不足征也；殷礼吾能言之，宋不足征也。文献不足故也，足则吾能征之矣。"

3.10 子曰："禘自既灌而往者，吾不欲观之矣。"

3.11 或问禘之说。子曰："不知也。知其说者之于天下也，其如示诸斯乎！"指其掌。

3.12 祭如在，祭神如神在。子曰："吾不与祭，如不祭。"

3.13 王孙贾问曰："与其媚于奥，宁媚于灶，何谓也？"子曰："不然。获罪于天，无所祷也。"

3.14 子曰："周监于二代，郁郁乎文哉！吾从周。"

3.15 子入太庙，每事问。或曰："孰谓鄹人之子知礼乎？入太庙，每事问。"子闻之，曰："是礼也。"

3.16 子曰："射不主皮，为力不同科，古之道也。"

3.17 子贡欲去告朔之饩羊。子曰："赐也，尔爱其羊，我爱其礼。"

3.18 子曰："事君尽礼，人以为谄也。"

3.19 定公问："君使臣，臣事君，如之何？"孔子对曰："君使臣以礼，臣事君以忠。"

3.20 子曰："《关雎》，乐而不淫，哀而不伤。"

3.21 哀公问社于宰我。宰我对曰："夏后氏以松。殷人以柏。周人以栗，曰使民战栗。"子闻之，曰："成事不说，遂事不谏，既往不咎。"

3.22 子曰："管仲之器小哉！"或曰："管仲俭乎？"曰："管仲有三归，官事不摄，焉得俭？""然则管仲知礼乎？"曰："邦君树塞门，管氏亦树塞门。邦君为两君之好，有反坫，管氏亦有反坫。管氏而知礼，孰不知礼？"

3.23 子语鲁大师乐，曰："乐其可知也：始作，翕如也；从之，纯如也，皦如也，绎如也，以成。"

3.24 仪封人请见，曰："君子之至于斯也，吾未尝不得见也。"从者见之。出曰："二三子何患于丧乎？天下之无道也久矣，天将以夫子为木铎。"

3.25 子谓《韶》尽美矣，又尽善也；谓《武》尽美矣，未尽善也。

3.26 子曰："居上不宽，为礼不敬，临丧不哀，吾何以观之哉？"

●里仁第四

4.1 子曰："里仁为美。择不处仁，焉得知（智）？"

4.2 子曰："不仁者不可以久处约，不可以长处乐。仁者安仁，知（智）者利仁。"

4.3 子曰："唯仁者能好人，能恶人。"

4.4 子曰："苟志于仁矣，无恶也。"

4.5 子曰："富与贵是人之所欲也，不以其道得之，不处也。贫与贱是人之所恶也，（不）以其道得之，不去也。君子去仁，恶乎成名？君子无终食之间违仁，造次必于是，颠沛必于是。"

4.6 子曰："我未见好仁者、恶不仁者。好仁者，无以尚之；恶不仁者，其为仁矣，不使不仁者加乎其身。有能一日用其力于仁矣乎？我未见力不足者。盖有之矣，我未之见也。"

4.7 子曰："人之过也，各于其党。观过，斯知仁矣。"

4.8 子曰："朝闻道，夕死可矣。"

4.9 子曰："士志于道，而耻恶衣恶食者，未足与议也。"

4.10 子曰："君子之于天下也，无适也，无莫也，义之与比。"

4.11 子曰："君子怀德，小人怀土；君子怀刑，小人怀惠。"

4.12 子曰："放于利而行，多怨。"

4.13 子曰："能以礼让为国乎，何有？不能以礼让为国，如礼何？"

4.14 子曰："不患无位，患所以立。不患莫己知，求为可知也。"

4.15 子曰："参乎！吾道一以贯之。"曾子曰："唯。"子出，门人问曰："何谓也？"曾子曰："夫子之道，忠恕而已矣。"

4.16 子曰："君子喻于义，小人喻于利。"

4.17 子曰："见贤思齐焉，见不贤而内自省也。"

4.18 子曰："事父母几谏，见志不从，又敬不违，劳而不怨。"

4.19 子曰："父母在，不远游。游必有方。"

4.20 子曰："三年无改于父之道，可谓孝矣。"

4.21 子曰："父母之年，不可不知也。一则以喜，一则以惧。"

4.22 子曰："古者言之不出，耻躬之不逮也。"

4.23 子曰："以约失之者鲜矣！"

4.24 子曰："君子欲讷于言而敏于行。"

4.25 子曰："德不孤，必有邻。"

4.26 子游曰："事君数，斯辱矣；朋友数，斯疏矣。"

●公冶长第五

5.1 子谓公冶长："可妻也。虽在缧绁之中，非其罪也。"以其子妻之。

5.2 子谓南容："邦有道，不废；邦无道，免于刑戮。"以其兄之子妻之。

5.3 子谓子贱，"君子哉若人！鲁无君子者，斯焉取斯？"

5.4 子贡问曰："赐也何如？"子曰："女（汝），器也。"曰："何器也？"曰："瑚琏也。"

5.5 或曰："雍也仁而不佞。"子曰："焉用佞？御人以口给，屡憎于人。不知其仁，焉用佞？"

5.6 子使漆彫开仕。对曰："吾斯之未能信。"子说（悦）。

5.7 子曰："道不行，乘桴浮于海。从我者，其由与（欤）？"子路闻之喜。子曰："由也好勇过我，无所取材。"

5.8 孟武伯问："子路仁乎？"子曰："不知也。"又问，子曰："由也，千乘之国，可使治其赋也，不知其仁也。""求也何如？"子曰："求也，千室之邑，百乘之家，可使为之宰也，不知其仁也。""赤也何如？"子曰："赤也，束带立于朝，可使与宾客言也，不知其仁也。"

5.9 子谓子贡曰："女（汝）与回也孰愈？"对曰："赐也何敢望回？回也闻一以知十，赐也闻一以知二。"子曰："弗如也。吾与女（汝），弗如也。"

5.10 宰予昼寝。子曰："朽木不可雕也，粪土之墙不可杇也，于予与何诛？"子曰："始吾于人也，听其言而信其行；今吾于人也，听其言而观其行。于予与改是。"

5.11　子曰："吾未见刚者。"或对曰："申枨。"子曰："枨也欲，焉得刚。"

5.12　子贡曰："我不欲人之加诸我也，吾亦欲无加诸人。"子曰："赐也，非尔所及也。"

5.13　子贡曰："夫子之文章，可得而闻也；夫子之言性与天道，不可得而闻也。"

5.14　子路有闻，未之能行，唯恐有闻。

5.15　子贡问曰："孔文子何以谓之'文'也？"子曰："敏而好学，不耻下问，是以谓之'文'也。"

5.16　子谓子产："有君子之道四焉：其行己也恭，其事上也敬，其养民也惠，其使民也义。"

5.17　子曰："晏平仲善与人交，久而敬之。"

5.18　子曰："臧文仲居蔡，山节藻棁，何如其知（智）也？"

5.19　子张问曰："令尹子文三仕为令尹，无喜色；三已之，无愠色。旧令尹之政，必以告新令尹。何如？"子曰："忠矣。"曰："仁矣乎？"曰："未知，焉得仁？""崔子弑齐君，陈文子有马十乘，弃而违之。至于他邦，则曰：'犹吾大夫崔子也。'违之。之一邦，则又曰：'犹吾大夫崔子也。'违之。何如？"子曰："清矣。"曰："仁矣乎？"曰："未知，焉得仁？"

5.20　季文子三思而后行。子闻之，曰："再，斯可矣。"

5.21　子曰："宁武子，邦有道，则知（智）；邦无道，则愚。其知（智）可及也，其愚不可及也。"

5.22　子在陈，曰："归与（欤）！归与（欤）！吾党之小子狂简，斐然成章，不知所以裁之。"

5.23　子曰："伯夷、叔齐不念旧恶，怨是用希（稀）。"

5.24　子曰："孰谓微生高直？或乞醯焉，乞诸其邻而与之。"

5.25　子曰："巧言令色足恭，左丘明耻之，丘亦耻之。匿怨而友其人，左丘明耻之，丘亦耻之。"

5.26　颜渊、季路侍。子曰："盍各言尔志？"子路曰："愿车马衣（轻）裘与朋友共，敝之而无憾。"颜渊曰："愿无伐善，无施劳。"子路曰："愿闻子之志。"子曰："老者安之，朋友信之，少者怀之。"

5.27 子曰："已矣乎，吾未见能见其过而内自讼者也。"

5.28 子曰："十室之邑，必有忠信如丘者焉，不如丘之好学也。"

●雍也第六

6.1 子曰："雍也可使南面。"

6.2 仲弓问子桑伯子。子曰："可也，简。"仲弓曰："居敬而行简，以临其民，不亦可乎？居简而行简，无乃大（太）简乎？"子曰："雍之言然。"

6.3 哀公问："弟子孰为好学？"孔子对曰："有颜回者好学，不迁怒，不贰过。不幸短命死矣。今也则亡，未闻好学者也。"

6.4 子华使于齐，冉子为其母请粟。子曰："与之釜。"请益。曰："与之庾。"冉子与之粟五秉。子曰："赤之适齐也，乘肥马，衣轻裘。吾闻之也：君子周急不继富。"

6.5 原思为之宰，与之粟九百，辞。子曰："毋！以与尔邻里乡党乎！"

6.6 子谓仲弓，曰："犁牛之子骍且角，虽欲勿用，山川其舍诸？"

6.7 子曰："回也，其心三月不违仁，其余则日月至焉而已矣。"

6.8 季康子问："仲由可使从政也与（欤）？"子曰："由也果，于从政乎何有？"曰："赐也可使从政也与（欤）？"曰："赐也达，于从政乎何有？"曰："求也可使从政也与（欤）？"曰："求也艺，于从政乎何有？"

6.9 季氏使闵子骞为费宰。闵子骞曰："善为我辞焉。如有复我者，则吾必在汶上矣。"

6.10 伯牛有疾，子问之，自牖执其手，曰："亡之命矣夫！斯人也而有斯疾也！斯人也而有斯疾也！"

6.11 子曰："贤哉回也！一箪食，一瓢饮，在陋巷，人不堪其忧，回也不改其乐，贤哉回也！"

6.12 冉求曰："非不说（悦）子之道，力不足也。"子曰："力不足者，中道而废，今女（汝）画。"

6.13 子谓子夏曰："女（汝）为君子儒，无为小人儒。"

6.14 子游为武城宰。子曰："女（汝）得人焉耳乎？"曰："有澹台灭明者，行不由径，非公事，未尝至于偃之室也。"

6.15 子曰："孟之反不伐，奔而殿，将入门，策其马，曰：'非敢后也，马不进也。'"

6.16 子曰："不有祝鮀之佞，而有宋朝之美，难乎免于今之世矣。"

6.17 子曰："谁能出不由户？何莫由斯道也？"

6.18 子曰："质胜文则野，文胜质则史。文质彬彬，然后君子。"

6.19 子曰："人之生也直，罔之生也幸而免。"

6.20 子曰："知之者不如好之者，好之者不如乐之者。"

6.21 子曰："中人以上，可以语上也；中人以下，不可以语上也。"

6.22 樊迟问知（智）。子曰："务民之义，敬鬼神而远之，可谓知（智）矣。"问仁。曰："仁者先难而后获，可谓仁矣。"

6.23 子曰："知（智）者乐水，仁者乐山；知（智）者动，仁者静；知（智）者乐，仁者寿。"

6.24 子曰："齐一变，至于鲁；鲁一变，至于道。"

6.25 子曰："觚不觚？觚哉！觚哉！"

6.26 宰我问曰："仁者，虽告之曰：'井有仁（人）焉。'其从之也？"子曰："何为其然也？君子可逝也，不可陷也；可欺也，不可罔也。"

6.27 子曰："君子博学于文，约之以礼，亦可以弗畔（叛）矣夫。"

6.28 子见南子，子路不说（悦）。夫子矢之曰："予所否者，天厌之！天厌之！"

6.29 子曰："中庸之为德也，其至矣乎！民鲜久矣。"

6.30 子贡曰："如有博施于民而能济众，何如？可谓仁乎？"子曰："何事于仁，必也圣乎！尧、舜其犹病诸！夫仁者，己欲立而立人，己欲达而达人。能近取譬，可谓仁之方也已。"

●述而第七

7.1 子曰："述而不作，信而好古，窃比于我老彭。"

7.2 子曰："默而识之,学而不厌,诲人不倦,何有于我哉？"

7.3 子曰："德之不修,学之不讲,闻义不能徙,不善不能改,是吾忧也。"

7.4 子之燕居,申申如也,夭夭如也。

7.5 子曰："甚矣吾衰也！久矣吾不复梦见周公！"

7.6 子曰："志于道,据于德,依于仁,游于艺。"

7.7 子曰："自行束脩以上,吾未尝无诲焉。"

7.8 子曰："不愤不启,不悱不发。举一隅不以三隅反,则不复也。"

7.9 子食于有丧者之侧,未尝饱也。

7.10 子于是日哭,则不歌。

7.11 子谓颜渊曰："用之则行,舍之则藏,唯我与尔有是夫！"子路曰："子行三军,则谁与(欤)？"子曰："暴虎冯河,死而无悔者,吾不与也。必也临事而惧,好谋而成者也。"

7.12 子曰："富而可求也,虽执鞭之士,吾亦为之。如不可求,从吾所好。"

7.13 子之所慎：齐,战,疾。

7.14 子在齐闻《韶》,三月不知肉味,曰："不图为乐之至于斯也！"

7.15 冉有曰："夫子为卫君乎？"子贡曰："诺,吾将问之。"入,曰："伯夷、叔齐何人也？"曰："古之贤人也。"曰："怨乎？"曰："求仁而得仁,又何怨？"出,曰："夫子不为也。"

7.16 子曰："饭疏食,饮水,曲肱而枕之,乐亦在其中矣。不义而富且贵,于我如浮云。"

7.17 子曰："加我数年,五十以学《易》,可以无大过矣。"

7.18 子所雅言,《诗》《书》。执礼,皆雅言也。

7.19 叶公问孔子于子路,子路不对。子曰："女(汝)奚不曰,其为人也,发愤忘食,乐以忘忧,不知老之将至云尔。"

7.20 子曰："我非生而知之者,好古,敏以求之者也。"

7.21 子不语怪、力、乱、神。

7.22 子曰："三人行,必有我师焉：择其善者而从之,其不善者而改之。"

7.23 子曰："天生德于予,桓魋其如予何？"

7.24 子曰："二三子以我为隐乎？吾无隐乎尔。吾无行而不与二三子者,是丘也。"

7.25 子以四教：文、行、忠、信。

7.26 子曰："圣人，吾不得而见之矣；得见君子者，斯可矣。"子曰："善人，吾不得而见之矣；得见有恒者，斯可矣。亡而为有，虚而为盈，约而为泰，难乎有恒矣。"

7.27 子钓而不纲，弋不射宿。

7.28 子曰："盖有不知而作之者，我无是也。多闻，择其善者而从之，多见而识之，知（智）之次也。"

7.29 互乡难与言童子见，门人惑。子曰："与其进也，不与其退也，唯何甚？人洁己以进，与其洁也，不保其往也。"

7.30 子曰："仁远乎哉？我欲仁，斯仁至矣。"

7.31 陈司败问："昭公知礼乎？"孔子曰："知礼。"孔子退，揖巫马期而进之，曰："吾闻君子不党，君子亦党乎？君取于吴为同姓，谓之吴孟子。君而知礼，孰不知礼？"巫马期以告。子曰："丘也幸，苟有过，人必知之。"

7.32 子与人歌而善，必使反之，而后和之。

7.33 子曰："文莫，吾犹人也。躬行君子，则吾未之有得。"

7.34 子曰："若圣与仁，则吾岂敢？抑为之不厌，诲人不倦，则可谓云尔已矣。"公西华曰："正唯弟子不能学也。"

7.35 子疾病，子路请祷。子曰："有诸？"子路对曰："有之。诔曰：'祷尔于上下神祇。'"子曰："丘之祷久矣。"

7.36 子曰："奢则不孙（逊），俭则固。与其不孙（逊）也，宁固。"

7.37 子曰："君子坦荡荡，小人长戚戚。"

7.38 子温而厉，威而不猛，恭而安。

●泰伯第八

8.1 子曰："泰伯，其可谓至德也已矣。三以天下让，民无得而称焉。"

8.2 子曰："恭而无礼则劳，慎而无礼则葸，勇而无礼则乱，直而无礼则绞。君子笃于亲，则民兴于仁；故旧不遗，则民不偷。"

8.3 曾子有疾，召门弟子曰："启予足！启予手！《诗》云：'战战兢兢，如临深渊，如履薄冰。'而今而后，吾知免夫！小子！"

8.4 曾子有疾，孟敬子问之。曾子言曰："鸟之将死，其鸣也哀；人之将死，其言也善。君子所贵乎道者三：动容貌，斯远暴慢矣；正颜色，斯近信矣；出辞气，斯远鄙倍（背）矣。笾豆之事，则有司存。"

8.5 曾子曰："以能问于不能，以多问于寡；有若无，实若虚，犯而不校，昔者吾友尝从事于斯矣。"

8.6 曾子曰："可以托六尺之孤，可以寄百里之命，临大节而不可夺也，君子人与（欤）？君子人也。"

8.7 曾子曰："士不可以不弘毅，任重而道远。仁以为己任，不亦重乎？死而后已，不亦远乎？"

8.8 子曰："兴于诗，立于礼，成于乐。"

8.9 子曰："民可使由之，不可使知之。"

8.10 子曰："好勇疾贫，乱也；人而不仁，疾之已甚，乱也。"

8.11 子曰："如有周公之才之美，使骄且吝，其余不足观也已。"

8.12 子曰："三年学，不至于谷，不易得也。"

8.13 子曰："笃信好学，守死善道。危邦不入，乱邦不居。天下有道则见，无道则隐。邦有道，贫且贱焉，耻也；邦无道，富且贵焉，耻也。"

8.14 子曰："不在其位，不谋其政。"

8.15 子曰："师挚之始，《关雎》之乱，洋洋乎盈耳哉！"

8.16 子曰："狂而不直，侗而不愿，悾悾而不信，吾不知之矣。"

8.17 子曰："学如不及，犹恐失之。"

8.18 子曰："巍巍乎，舜、禹之有天下也而不与焉！"

8.19 子曰："大哉尧之为君也！巍巍乎！唯天为大，唯尧则之，荡荡乎，民无能名焉。巍巍乎其有成功也，焕乎其有文章！"

8.20 舜有臣五人而天下治。武王曰："予有乱臣十人。"孔子曰："才难，不其然乎？唐虞之际，于斯为盛。有妇人焉，九人而已。三分天下有其二，以服事殷。周之德，其可谓至德也已矣。"

8.21 子曰："禹，吾无间然矣。菲饮食而致孝乎鬼神，恶衣服而致美乎黻冕，卑宫室而尽力乎沟洫。禹，吾无间然矣。"

●子罕第九

9.1　子罕言利，与命与仁。

9.2　达巷党人曰："大哉孔子，博学而无所成名。"子闻之，谓门弟子曰："吾何执？执御乎，执射乎？吾执御矣。"

9.3　子曰："麻冕，礼也，今也纯，俭，吾从众。拜下，礼也，今拜乎上，泰也，虽违众，吾从下。"

9.4　子绝四：毋意，毋必，毋固，毋我。

9.5　子畏于匡，曰："文王既没，文不在兹乎？天之将丧斯文也，后死者不得与于斯文也；天之未丧斯文也，匡人其如予何？"

9.6　太宰问于子贡曰："夫子圣者与（欤）？何其多能也？"子贡曰："固天纵之将圣，又多能也。"子闻之，曰："太宰知我乎？吾少也贱，故多能鄙事。君子多乎哉？不多也！"

9.7　牢曰："子云：'吾不试，故艺。'"

9.8　子曰："吾有知乎哉？无知也。有鄙夫问于我，空空如也。我叩其两端而竭焉。"

9.9　子曰："凤鸟不至，河不出图，吾已矣夫！"

9.10　子见齐衰者、冕衣裳者与瞽者。见之，虽少必作，过之必趋。

9.11　颜渊喟然叹曰："仰之弥高，钻之弥坚。瞻之在前，忽焉在后。夫子循循然善诱人，博我以文，约我以礼，欲罢不能。既竭吾才，如有所立，卓尔，虽欲从之，末（蔑）由也已。"

9.12　子疾病，子路使门人为臣。病间，曰："久矣哉，由之行诈也！无臣而为有臣。吾谁欺？欺天乎？且予与其死于臣之手也，无宁死于二三子之手乎？且予纵不得大葬，予死于道路乎？"

9.13　子贡曰："有美玉于斯，韫椟而藏诸？求善贾（价）而沽（贾）诸？"子曰："沽（贾）之哉！沽（贾）之哉！我待贾（价）者也。"

9.14　子欲居九夷。或曰："陋，如之何？"子曰："君子居之，何陋之有？"

9.15 子曰："吾自卫反（返）鲁，然后乐正，《雅》《颂》各得其所。"

9.16 子曰："出则事公卿，入则事父兄，丧事不敢不勉，不为酒困，何有于我哉？"

9.17 子在川上曰："逝者如斯夫，不舍昼夜！"

9.18 子曰："吾未见好德如好色者也。"

9.19 子曰："譬如为山，未成一篑，止，吾止也。譬如平地，虽覆一篑，进，吾往也。"

9.20 子曰："语之而不惰者，其回也与（欤）？"

9.21 子谓颜渊曰："惜乎！吾见其进也，未见其止也！"

9.22 子曰："苗而不秀者有矣夫！秀而不实者有矣夫！"

9.23 子曰："后生可畏，焉知来者之不如今也？四十、五十而无闻焉，亦不足畏也已。"

9.24 子曰："法语之言，能无从乎？改之为贵。巽与之言，能无说（悦）乎？绎之为贵。说（悦）而不绎，从而不改，吾末（蔑）如之何也已矣。"

9.25 子曰："主忠信，毋友不如己者，过者勿惮改。"

9.26 子曰："三军可夺帅也，匹夫不可夺志也。"

9.27 子曰："衣敝缊袍，与衣狐貉者立，而不耻者，其由也与（欤）。'不忮不求，何用不臧？'"子路终身诵之。子曰："是道也，何足以臧？"

9.28 子曰："岁寒，然后知松柏之后彫也。"

9.29 子曰："知（智）者不惑，仁者不忧，勇者不惧。"

9.30 子曰："可与共学，未可与适道；可与适道，未可与立；可与立，未可与权。"

9.31 "唐棣之华，偏其反而。岂不尔思？室是远而。"子曰："未之思也，夫何远之有。"

●乡党第十

10.1 孔子于乡党，恂恂如也，似不能言者。其在宗庙朝廷，便便言，唯谨尔。朝，与下大夫言，侃侃如也；与上大夫言，訚訚如也。君在，踧踖如也，与与如也。

10.2 君召使摈，色勃如也，足躩如也。揖所与立，左右手，衣前后，襜如也。趋进，翼如也。宾退，必复命曰："宾不顾矣。"

10.3 入公门，鞠躬如也，如不容。立不中门，行不履阈。过位，色勃如也，足躩如也，其言似不足者。摄齐升堂，鞠躬如也，屏气似不息者。出，降一等，逞颜色，怡怡如也。没阶，趋进，翼如也。复其位，踧踖如也。

10.4 执圭，鞠躬如也，如不胜。上如揖，下如授。勃如战色，足蹜蹜如有循。享礼，有容色。私觌，愉愉如也。

10.5 君子不以绀緅饰，红紫不以为亵服。当暑，袗絺绤，必表而出之。缁衣，羔裘；素衣，麑裘；黄衣，狐裘。亵裘长，短右袂。必有寝衣，长一身有半。狐貉之厚以居。去丧，无所不佩。非帷裳，必杀之。羔裘玄冠不以吊。吉月，必朝服而朝。齐，必有明衣，布。

10.6 齐必变食，居必迁坐。食不厌精，脍不厌细。食饐而餲，鱼馁而肉败，不食。色恶，不食。臭恶，不食。失饪，不食。不时，不食。割不正，不食。不得其酱，不食。肉虽多，不使胜食气。唯酒无量，不及乱。沽酒市脯不食。不撤姜食，不多食。

10.7 祭于公，不宿肉。祭肉不出三日。出三日，不食之矣。

10.8 食不语，寝不言。

10.9 虽疏食、菜羹、瓜祭，必齐如也。

10.10 席不正，不坐。

10.11 乡人饮酒，杖者出，斯出矣。

10.12 乡人傩，朝服而立于阼阶。

10.13 问人于他邦，再拜而送之。

10.14 康子馈药，拜而受之。曰："丘未达，不敢尝。"

10.15 厩焚。子退朝，曰："伤人乎？"不问马。

10.16 君赐食，必正席先尝之。君赐腥，必熟而荐之。君赐生，必畜之。侍食于君，君祭，先饭。

10.17 疾，君视之，东首，加朝服，拖绅。

10.18 君命召，不俟驾行矣。

10.19 入太庙，每事问。

10.20 朋友死，无所归，曰："于我殡。"

10.21 朋友之馈，虽车马，非祭肉，不拜。

10.22 寝不尸，居不（容）〔客〕。

10.23 见齐衰者，虽狎必变。见冕者与瞽者，虽亵必以貌。凶服者式之，式负版（贩）者。有盛馔，必变色而作。迅雷风烈必变。

10.24 升车，必正立，执绥。车中不内顾，不疾言，不亲指。

10.25 色斯举矣，翔而后集。曰："山梁雌雉，时哉时哉！"子路共之，三嗅而作。

●先进第十一

11.1 子曰："先进于礼乐，野人也；后进于礼乐，君子也。如用之，则吾从先进。"

11.2 子曰："从我于陈、蔡者，皆不及门也。"

11.3 德行：颜渊、闵子骞、冉伯牛、仲弓。言语：宰我、子贡。政事：冉有、季路。文学：子游、子夏。

11.4 子曰："回也非助我者也，于吾言无所不说（悦）。"

11.5 子曰："'孝哉闵子骞！'人不间于其父母昆弟之言。"

11.6 南容三复白圭，孔子以其兄之子妻之。

11.7 季康子问："弟子孰为好学？"孔子对曰："有颜回者好学，不幸短命死矣，今也则亡。"

11.8 颜渊死，颜路请子之车以为之椁。子曰："才不才，亦各言其子也。鲤也死，有棺而无椁。吾不徒行以为之椁，以吾从大夫之后，不可徒行也。"

11.9 颜渊死。子曰："噫！天丧予！天丧予！"

11.10 颜渊死，子哭之恸。从者曰："子恸矣！"曰："有恸乎？非夫人之为恸而谁为？"

11.11 颜渊死，门人欲厚葬之，子曰："不可。"门人厚葬之。子曰："回也视予犹父也，予不得视犹子也。非我也，夫二三子也。"

11.12 季路问事鬼神。子曰："未能事人，焉能事鬼？"曰："敢问死。"曰："未知生，焉知死？"

11.13　闵子〔骞〕侍侧，訚訚如也；子路，行行如也；冉有、子贡，侃侃如也。子乐〔曰〕："若由也，不得其死然。"

11.14　鲁人为长府。闵子骞曰："仍旧贯，如之何？何必改作？"子曰："夫人不言，言必有中。"

11.15　子曰："由之瑟，奚为于丘之门？"门人不敬子路。子曰："由也升堂矣，未入于室也。"

11.16　子贡问："师与商也孰贤？"子曰："师也过，商也不及。"曰："然则师愈与（欤）？"子曰："过犹不及。"

11.17　季氏富于周公，而求也为之聚敛而附益之。子曰："非吾徒也，小子鸣鼓而攻之，可也。"

11.18　柴也愚，参也鲁，师也辟，由也喭。

11.19　子曰："回也其庶乎屡空，赐不受命而货殖焉，亿（臆）则屡中。"

11.20　子张问善人之道。子曰："不践迹，亦不入于室。"

11.21　子曰："论笃是与。君子者乎？色庄者乎？"

11.22　子路问："闻斯行诸？"子曰："有父兄在，如之何其闻斯行之？"冉有问："闻斯行诸？"子曰："闻斯行之。"公西华曰："由也问闻斯行诸，子曰有父兄在；求也问闻斯行诸，子曰闻斯行之。赤也惑，敢问。"子曰："求也退，故进之；由也兼人，故退之。"

11.23　子畏于匡，颜渊后。子曰："吾以女（汝）为死矣！"曰："子在，回何敢死？"

11.24　季子然问："仲由、冉求，可谓大臣与（欤）？"子曰："吾以子为异之问，曾由与求之问。所谓大臣者，以道事君，不可则止。今由与求也，可谓具臣矣。"曰："然则从之者与（欤）？"子曰："弑父与君，亦不从也。"

11.25　子路使子羔为费宰。子曰："贼夫人之子。"子路曰："有民人焉，有社稷焉，何必读书，然后为学。"子曰："是故恶夫佞者。"

11.26　子路、曾皙、冉有、公西华侍坐。子曰："以吾一日长乎尔，毋吾以也。居则曰：'不吾知也！'如或知尔，则何以哉？"子路率尔而对曰："千乘之国，摄乎大国之间，加之以师旅，因之以饥馑。由也为之，比及三年，可使有勇，且知方也。"夫子哂之。"求！尔何如？"对曰："方六七十如五六十，求也为之，比及三年，可使足民。如其礼乐，以俟君子。""赤！尔何如？"对曰："非曰能之，愿学焉。宗庙之事如会同，端章甫，愿为小相焉。""点！尔何如？"鼓瑟希（稀），铿尔，舍瑟而作，对曰："异乎三子者之撰。"子曰："何伤乎？亦各言其志也。"曰："莫（暮）春者，春服既成，冠者五六人，童子六七人，浴乎沂，风乎舞雩，咏而归。"夫子喟然叹曰："吾与点也。"三子者出，曾皙后。曾皙曰："夫三子者之言何如？"子曰："亦各言其志也已矣。"曰："夫子何哂由也？"曰："为国以礼，其言不让，是故哂之。""唯求则非邦也与（欤）？""安见方六七十如五六十而非邦也者？""唯赤则非邦也与（欤）？""宗庙会同，非诸侯而何？赤也为之小，孰能为之大？"

●颜渊第十二

12.1 颜渊问仁。子曰："克己复礼为仁。一日克己复礼，天下归仁焉。为仁由己，而由人乎哉？"颜渊曰："请问其目？"子曰："非礼勿视，非礼勿听，非礼勿言，非礼勿动。"颜渊曰："回虽不敏，请事斯语矣。"

12.2 仲弓问仁。子曰："出门如见大宾，使民如承大祭。己所不欲，勿施于人。在邦无怨，在家无怨。"仲弓曰："雍虽不敏，请事斯语矣。"

12.3 司马牛问仁。子曰："仁者，其言也讱。"曰："其言也讱，斯谓之仁已乎？"子曰："为之难，言之得无讱乎？"

12.4 司马牛问君子。子曰："君子不忧不惧。"曰："不忧不惧，斯谓之君子已乎？"子曰："内省不疚，夫何忧何惧？"

12.5 司马牛忧曰："人皆有兄弟，我独亡！"子夏曰："商闻之矣：死生有命，富贵在天。君子敬而无失，与人恭而有礼，四海之内，皆兄弟也。君子何患乎无兄弟也？"

12.6 子张问明。子曰："浸润之谮，肤受之愬，不行焉，可谓明也已矣。浸润之谮，肤受之愬，不行焉，可谓远也已矣。"

12.7 子贡问政。子曰："足食足兵，民信之矣。"子贡曰："必不得已而去，于斯三者何先？"曰："去兵。"子贡曰："必不得已而去，于斯二者何先？"曰："去食。自古皆有死，民无信不立。"

12.8 棘子成曰："君子质而已矣，何以文为？"子贡曰："惜乎，夫子之说君子也，驷不及舌。文犹质也，质犹文也。虎豹之鞟犹犬羊之鞟。"

12.9　哀公问于有若曰："年饥，用不足，如之何？"有若对曰："盍彻乎？"曰："二，吾犹不足，如之何其彻也？"对曰："百姓足，君孰与不足？百姓不足，君孰与足？"

12.10　子张问崇德辨惑。子曰："主忠信，徙义，崇德也。爱之欲其生，恶之欲其死。既欲其生，又欲其死，是惑也。'诚不以富，亦祇以异。'"

12.11　齐景公问政于孔子。孔子对曰："君君臣臣、父父子子。"公曰："善哉！信如君不君、臣不臣、父不父、子不子，虽有粟，吾得而食诸？"

12.12　子曰："片言可以折狱者，其由也与（欤）？"子路无宿诺。

12.13　子曰："听讼，吾犹人也，必也使无讼乎。"

12.14　子张问政。子曰："居之无倦，行之以忠。"

12.15　子曰："博学于文，约之以礼，亦可以弗畔（叛）矣夫。"

12.16　子曰："君子成人之美，不成人之恶。小人反是。"

12.17　季康子问政于孔子。孔子对曰："政者，正也。子帅以正，孰敢不正？"

12.18　季康子患盗，问于孔子。孔子对曰："苟子之不欲，虽赏之不窃。"

12.19　季康子问政于孔子曰："如杀无道，以就有道，何如？"孔子对曰："子为政，焉用杀？子欲善而民善矣。君子之德风，小人之德草。草上之风，必偃。"

12.20　子张问："士何如斯可谓之达矣？"子曰："何哉，尔所谓达者？"子张对曰："在邦必闻，在家必闻。"子曰："是闻也，非达也。夫达也者，质直而好义，察言而观色，虑以下人。在邦必达，在家必达。夫闻也者，色取仁而行违，居之不疑。在邦必闻，在家必闻。"

12.21　樊迟从游于舞雩之下，曰："敢问崇德、修慝、辨惑。"子曰："善哉问！先事后得，非崇德与（欤）？攻其恶，勿攻人之恶，非修慝与（欤）？一朝之忿，忘其身以及其亲，非惑与（欤）？"

12.22　樊迟问仁。子曰："爱人。"问知（智）。子曰："知人。"樊迟未达。子曰："举直错（措）诸枉，能使枉者直。"樊迟退，见子夏曰："乡也吾见于夫子而问知（智），子曰：'举直错（措）诸枉，能使枉者直。'何谓也？"子夏曰："富哉言乎！舜有天下，选于众，举皋陶，不仁者远矣。汤有天下，选于众，举伊尹，不仁者远矣。"

12.23 子贡问友。子曰:"忠告而善道之,不可则止,毋自辱焉。"

12.24 曾子曰:"君子以文会友,以友辅仁。"

●子路第十三

13.1 子路问政。子曰:"先之劳之。"请益,曰:"无倦。"

13.2 仲弓为季氏宰,问政。子曰:"先有司,赦小过,举贤才。"曰:"焉知贤才而举之?"曰:"举尔所知,尔所不知,人其舍诸?"

13.3 子路曰:"卫君待子而为政,子将奚先?"子曰:"必也正名乎!"子路曰:"有是哉,子之迂也!奚其正?"子曰:"野哉由也!君子于其所不知,盖阙如也。名不正,则言不顺;言不顺,则事不成;事不成,则礼乐不兴;礼乐不兴,则刑罚不中;刑罚不中,则民无所错手足。故君子名之必可言也,言之必可行也。君子于其言,无所苟而已矣。"

13.4 樊迟请学稼。子曰:"吾不如老农。"请学为圃。曰:"吾不如老圃。"樊迟出。子曰:"小人哉,樊须也!上好礼,则民莫敢不敬;上好义,则民莫敢不服;上好信,则民莫敢不用情。夫如是,则四方之民襁负其子而至矣,焉用稼?"

13.5 子曰:"诵《诗》三百,授之以政,不达;使于四方,不能专对。虽多,亦奚以为?"

13.6 子曰:"其身正,不令而行;其身不正,虽令不从。"

13.7 子曰:"鲁、卫之政,兄弟也。"

13.8 子谓卫公子荆善居室,始有,曰苟合矣;少有,曰苟完矣;富有,曰苟美矣。

13.9 子适卫,冉有仆。子曰:"庶矣哉!"冉有曰:"既庶矣,又何加焉?"曰:"富之。"曰:"既富矣,又何加焉?"曰:"教之。"

13.10 子曰:"苟有用我者,期月而已可也,三年有成。"

13.11 子曰:"'善人为邦百年,亦可以胜残去杀矣。'诚哉是言也!"

13.12 子曰:"如有王者,必世而后仁。"

13.13 子曰:"苟正其身矣,于从政乎何有?不能正其身,如正人何?"

13.14 冉子退朝。子曰:"何晏也?"对曰:"有政。"子曰:"其事也,如有政，虽不吾以，吾其与闻之。"

13.15 定公问："一言而可以兴邦，有诸？"孔子对曰："言不可以若是。其几也，人之言曰：'为君难，为臣不易。'如知为君之难也，不几乎一言而兴邦乎？"曰："一言而丧邦，有诸？"孔子对曰："言不可以若是。其几也，人之言曰：'予无乐乎为君，唯其言而莫予违也。'如其善而莫之违也，不亦善乎？如不善而莫之违也，不几乎一言而丧邦乎？"

13.16 叶公问政。子曰："近者说（悦），远者来。"

13.17 子夏为莒父宰，问政。子曰："无欲速，无见小利。欲速则不达，见小利则大事不成。"

13.18 叶公语孔子曰："吾党有直躬者，其父攘羊，而子证之。"孔子曰："吾党之直者异于是：父为子隐，子为父隐。直在其中矣。"

13.19 樊迟问（仁）〔行〕。子曰："居处恭，执事敬，与人忠。虽之夷狄，不可弃也。"

13.20 子贡问曰："何如斯可谓之士矣？"子曰："行己有耻，使于四方，不辱君命，可谓士矣。"曰："敢问其次。"曰："宗族称孝焉，乡党称弟焉。"曰："敢问其次。"曰："言必信，行必果，硁硁然小人哉！抑亦可以为次矣。"曰："今之从政者何如？"子曰："噫！斗筲之人，何足算也？"

13.21 子曰："不得中行而与之，必也狂狷乎。狂者进取，狷者有所不为也。"

13.22 子曰："南人有言：'人而无恒，不可以作巫医。'善夫！不恒其德，或承之羞。"子曰："不占而已矣。"

13.23 子曰："君子和而不同，小人同而不和。"

13.24 子贡问曰："乡人皆好之，何如？"子曰："未可也。""乡人皆恶之，何如？"子曰："未可也。不如乡人之善者好之，其不善者恶之。"

13.25 子曰："君子易事而难说也。说之不以道，不说也；及其使人也，器之。小人难事而易说也。说之虽不以道，说也；及其使人也，求备焉。"

13.26 子曰："君子泰而不骄，小人骄而不泰。"

13.27 子曰："刚、毅、木、讷，近仁。"

13.28 子路问曰："何如斯可谓之士矣？"子曰："切切偲偲，怡怡如也，可谓士矣。朋友切切偲偲，兄弟怡怡。"

13.29　子曰："善人教民七年,亦可以即戎矣。"

13.30　子曰："以不教民战,是谓弃之。"

●宪问第十四

14.1　宪问耻。子曰："邦有道,谷;邦无道,谷,耻也。""克、伐、怨、欲不行焉,可以为仁矣?"子曰："可以为难矣,仁则吾不知也。"

14.2　子曰："士而怀居,不足以为士矣。"

14.3　子曰："邦有道,危言危行;邦无道,危行言孙(逊)。"

14.4　子曰："有德者必有言,有言者不必有德。仁者必有勇,勇者不必有仁。"

14.5　南宫适问于孔子曰："羿善射,奡荡舟,俱不得其死然。禹、稷躬稼而有天下。"夫子不答。南宫适出,子曰："君子哉若人! 尚德哉若人!"

14.6　子曰："君子而不仁者有矣夫,未有小人而仁者也。"

14.7　子曰："爱之,能勿劳乎? 忠焉,能勿诲(谋)乎?"

14.8　子曰："为命,裨谌草创之,世叔讨论之,行人子羽修饰之,东里子产润色之。"

14.9　或问子产。子曰："惠人也。"问子西。曰："彼哉彼哉!"问管仲。曰:"人(仁)也。夺伯氏骈邑三百,饭疏食,没齿无怨言。"

14.10　子曰："贫而无怨难,富而无骄易。"

14.11　子曰："孟公绰为赵、魏老则优,不可以为滕、薛大夫。"

14.12　子路问成人。子曰："若臧武仲之知(智),公绰之不欲,卞庄子之勇,冉求之艺,文之以礼乐,亦可以为成人矣。"曰："今之成人者何必然? 见利思义,见危授命,久要不忘平生之言,亦可以为成人矣。"

14.13　子问公叔文子于公明贾曰："信乎夫子不言、不笑、不取乎?"公明贾对曰："以告者过也。夫子时然后言,人不厌其言;乐然后笑,人不厌其笑;义然后取,人不厌其取。"子曰："其然? 岂其然乎?"

14.14　子曰："臧武仲以防求为后于鲁,虽曰不要君,吾不信也。"

14.15　子曰："晋文公谲而不正,齐桓公正而不谲。"

14.16　子路曰："桓公杀公子纠，召忽死之，管仲不死。"曰："未仁乎？"子曰："桓公九合诸侯，不以兵车，管仲之力也。如其仁！如其仁！"

14.17　子贡曰："管仲非仁者与（欤）？桓公杀公子纠，不能死，又相之。"子曰："管仲相桓公，霸诸侯，一匡天下，民到于今受其赐。微管仲，吾其被发左衽矣。岂若匹夫匹妇之为谅也，自经于沟渎而莫之知也。"

14.18　公叔文子之臣大夫僎，与文子同升诸公。子闻之，曰："可以为'文'矣！"

14.19　子言卫灵公之无道也，康子曰："夫如是，奚而不丧？"孔子曰："仲叔圉治宾客，祝鮀治宗庙，王孙贾治军旅。夫如是，奚其丧？"

14.20　子曰："其言之不怍，则为之也难。"

14.21　陈成子弑简公。孔子沐浴而朝，告于哀公曰："陈恒弑其君，请讨之。"公曰："告夫三子。"孔子曰："以吾从大夫之后，不敢不告也。君曰'告夫三子'者。"之三子告，不可。孔子曰："以吾从大夫之后，不敢不告也。"

14.22　子路问事君。子曰："勿欺也，而犯之。"

14.23　子曰："君子上达，小人下达。"

14.24　子曰："古之学者为己，今之学者为人。"

14.25　蘧伯玉使人于孔子，孔子与之坐而问焉，曰："夫子何为？"对曰："夫子欲寡其过而未能也。"使者出，子曰："使乎使乎！"

14.26　子曰："不在其位，不谋其政。"曾子曰："君子思不出其位。"

14.27　子曰："君子耻其言而过其行。"

14.28　子曰："君子道者三，我无能焉：仁者不忧，知（智）者不惑，勇者不惧。"子贡曰："夫子自道也。"

14.29　子贡方人。子曰："赐也贤乎哉？夫我则不暇。"

14.30　子曰："不患人之不己知，患其不能也。"

14.31　子曰："不逆诈，不亿（臆）不信，抑亦先觉者，是贤乎！"

14.32　微生亩谓孔子曰："丘何为是栖栖者与（欤）？无乃为佞乎？"孔子曰："非敢为佞也，疾固也。"

14.33　子曰："骥不称其力，称其德也。"

14.34　或曰："以德报怨，何如？"子曰："何以报德？以直（值）报怨，以德报德。"

14.35　子曰："莫我知也夫！"子贡曰："何为其莫如知子也？"子曰："不怨天，不尤人，下学而上达，知我者其天乎！"

14.36　公伯寮愬子路于季孙。子服景伯以告，曰："夫子固有惑志，于公伯寮，吾力犹能肆诸市朝。"子曰："道之将行也与（欤），命也；道之将废也与（欤），命也。公伯寮其如命何！"

14.37　子曰："贤者辟（避）世，其次辟（避）地，其次辟（避）色，其次辟（避）言。"子曰："作者七人矣。"

14.38　子路宿于石门。晨门曰："奚自？"子路曰："自孔氏。"曰："是知其不可而为之者与（欤）？"

14.39　子击磬于卫，有荷蒉而过孔氏之门者，曰："有心哉，击磬乎！"既而曰："鄙哉，硁硁乎！莫己知也，斯己而已矣。深则厉，浅则揭。"子曰："果哉！末（蔑）之难矣。"

14.40　子张曰："《书》云：'高宗谅阴，三年不言。'何谓也？"子曰："何必高宗，古之人皆然。君薨，百官总己以听于冢宰三年。"

14.41　子曰："上好礼，则民易使也。"

14.42　子路问君子。子曰："修己以敬。"曰："如斯而已乎？"曰："修己以安人。"曰："如斯而已乎？"曰："修己以安百姓。修己以安百姓，尧、舜其犹病诸。"

14.43　原壤夷俟。子曰："幼而不孙（逊）弟，长而无述焉，老而不死，是为贼。"以杖叩其胫。

14.44　阙党童子将命。或问之曰："益者与（欤）？"子曰："吾见其居于位也，见其与先生并行也，非求益者也，欲速成者也。"

●卫灵公第十五

15.1　卫灵公问陈于孔子。孔子对曰："俎豆之事，则尝闻之矣；军旅之事，未之学也。"明日遂行。

15.2　在陈绝粮，从者病，莫能兴。子路愠见曰："君子亦有穷乎？"子曰：

"君子固穷，小人穷斯滥矣。"

15.3 子曰："赐也，女（汝）以予为多学而识之者与（欤）？"对曰："然，非与（欤）？"曰："非也，予一以贯之。"

15.4 子曰："由，知德者鲜矣。"

15.5 子曰："无为而治者，其舜也与（欤）？夫何为哉？恭己正南面而已矣。"

15.6 子张问行。子曰："言忠信，行笃敬，虽蛮貊之邦行矣。言不忠信，行不笃敬，虽州里行乎哉？立，则见其参于前也；在舆，则见其倚于衡也，夫然后行。"子张书诸绅。

15.7 子曰："直哉史鱼！邦有道如矢，邦无道如矢。君子哉蘧伯玉！邦有道则仕，邦无道则可卷而怀之。"

15.8 子曰："可与言而不与言，失人；不可与言而与之言，失言。知（智）者不失人，亦不失言。"

15.9 子曰："志士仁人，无求生以害仁，有杀身以成仁。"

15.10 子贡问为仁。子曰："工欲善其事，必先利其器。居是邦也，事其大夫之贤者，友其士之仁者。"

15.11 颜渊问为邦。子曰："行夏之时，乘殷之辂，服周之冕，乐则《韶》《舞（武）》。放郑声，远佞人。郑声淫，佞人殆。"

15.12 子曰："人无远虑，必有近忧。"

15.13 子曰："已矣乎！吾未见好德如好色者也。"

15.14 子曰："臧文仲其窃位者与（欤）！知柳下惠之贤而不与立（位）也。"

15.15 子曰："躬自厚而薄责于人，则远怨矣。"

15.16 子曰："不曰'如之何，如之何'者，吾末（蔑）如之何也已矣！"

15.17 子曰："群居终日，言不及义，好行小慧，难矣哉！"

15.18 子曰："君子义以为质，礼以行之，孙（逊）以出之，信以成之。君子哉！"

15.19 子曰："君子病无能焉，不病人之不己知也。"

15.20 子曰："君子疾没世而名不称焉。"

15.21 子曰："君子求诸己，小人求诸人。"

15.22 子曰："君子矜而不争，群而不党。"

15.23 子曰："君子不以言举人，不以人废言。"

15.24 子贡问曰："有一言而可以终身行之者乎？"子曰："其恕乎！己所不欲，勿施于人。"

15.25 子曰："吾之于人也，谁毁谁誉？如有所誉者，其有所试矣。斯民也，三代之所以直道而行也。"

15.26 子曰："吾犹及史之阙文也。有马者，借人乘之。今亡矣夫！"

15.27 子曰："巧言乱德，小不忍则乱大谋。"

15.28 子曰："众恶之，必察焉；众好之，必察焉。"

15.29 子曰："人能弘道，非道弘人。"

15.30 子曰："过而不改，是谓过矣。"

15.31 子曰："吾尝终日不食，终夜不寝，以思，无益，不如学也。"

15.32 子曰："君子谋道不谋食。耕也，馁在其中矣；学也，禄在其中矣。君子忧道不忧贫。"

15.33 子曰："知（智）及之，仁不能守之，虽得之，必失之。知（智）及之，仁能守之，不庄以莅之，则民不敬。知（智）及之，仁能守之，庄以莅之，动之不以礼，未善也。"

15.34 子曰："君子不可小知而可大受也，小人不可大受而可小知也。"

15.35 子曰："民之于仁也，甚于水火。水火吾见蹈而死者矣，未见蹈仁而死者也。"

15.36 子曰："当仁不让于师。"

15.37 子曰："君子贞而不谅。"

15.38 子曰："事君，敬其事而后其食。"

15.39 子曰："有教无类。"

15.40 子曰："道不同，不相为谋。"

15.41 子曰："辞达而已矣。"

15.42 师冕见，及阶，子曰："阶也。"及席，子曰："席也。"皆坐，子告之曰："某在斯，某在斯。"师冕出，子张问曰："与师言之道与（欤）？"子曰："然，固相师之道也。"

●季氏第十六

16.1 季氏将伐颛臾。冉有、季路见于孔子曰："季氏将有事于颛臾。"孔子曰："求，无乃尔是过与（欤）？夫颛臾，昔者先王以为东蒙主，且在邦域之中矣，是社稷之臣也，何以伐为？"冉有曰："夫子欲之，吾二臣者皆不欲也。"孔子曰："求，周任有言曰：'陈力就列，不能者止。'危而不持，颠而不扶，则将焉用彼相矣？且尔言过矣，虎兕出于柙，龟玉毁于椟中，是谁之过与（欤）？"冉有曰："今夫颛臾，固而近于费。今不取，后世必为子孙忧。"孔子曰："求，君子疾夫舍曰欲之而必为之辞。丘也闻有国有家者，不患寡而患不均，不患贫而患不安。盖均无贫，和无寡，安无倾。夫如是，故远人不服，则修文德以来之；既来之，则安之。今由与求也，相夫子，远人不服，而不能来也；邦分崩离析，而不能守也；而谋动干戈于邦内。吾恐季孙之忧，不在颛臾，而在萧墙之内也。"

16.2 孔子曰："天下有道，则礼乐征伐自天子出；天下无道，则礼乐征伐自诸侯出。自诸侯出，盖十世希不失矣；自大夫出，五世希不失矣；陪臣执国命，三世希不失矣。天下有道，则政不在大夫；天下有道，则庶人不议。"

16.3 孔子曰："禄之去公室五世矣，政逮于大夫四世矣，故夫三桓之子孙微矣。"

16.4 孔子曰："益者三友，损者三友。友直，友谅，友多闻，益矣。友便辟，友善柔，友便佞，损矣。"

16.5 孔子曰："益者三乐，损者三乐。乐节礼乐，乐道人之善，乐多贤友，益矣。乐骄乐，乐佚游，乐宴乐，损矣。"

16.6 孔子曰："侍于君子有三愆：言未及之而言，谓之躁；言及之而不言，谓之隐；未见颜色而言，谓之瞽。"

16.7 孔子曰："君子有三戒：少之时，血气未定，戒之在色；及其壮也，血气方刚，戒之在斗；及其老也，血气既衰，戒之在得。"

16.8 孔子曰："君子有三畏：畏天命，畏大人，畏圣人之言。小人不知天命而不畏也，狎大人，侮圣人之言。"

16.9 孔子曰："生而知之者，上也；学而知之者，次也；困而学之，又其次也；困而不学，民斯为下矣。"

16.10 孔子曰:"君子有九思:视思明,听思聪,色思温,貌思恭,言思忠,事思敬,疑思问,忿思难,见得思义。"

16.11 孔子曰:"见善如不及,见不善如探汤,吾见其人矣,吾闻其语矣。隐居以求其志,行义以达其道,吾闻其语矣,未见其人也。"

16.12 齐景公有马千驷,死之日,民无德(得)而称焉。伯夷、叔齐饿于首阳之下,民到于今称之。其斯之谓与(欤)?

16.13 陈亢问于伯鱼曰:"子亦有异闻乎?"对曰:"未也。尝独立,鲤趋而过庭,曰:'学诗乎?'对曰:'未也。''不学诗,无以言。'鲤退而学诗。他日又独立,鲤趋而过庭,曰:'学礼乎?'对曰:'未也。''不学礼,无以立。'鲤退而学礼。闻斯二者。"陈亢退而喜曰:"问一得三,闻诗闻礼,又闻君子之远其子也。"

16.14 邦君之妻,君称之曰夫人,夫人自称曰小童,邦人称之曰君夫人,称诸异邦曰寡小君,异邦人称之亦曰君夫人。

●阳货第十七

17.1 阳货欲见孔子,孔子不见,归(馈)孔子豚。孔子时(待)其亡也,而往拜之。遇诸塗(途)。谓孔子曰:"来!予与尔言。"曰:"怀其宝而迷其邦,可谓仁乎?"曰:"不可。""好从事而亟失时,可谓知(智)乎?"曰:"不可。""日月逝矣,岁不我与。"孔子曰:"诺,吾将仕矣。"

17.2 子曰:"性相近也,习相远也。"

17.3 子曰:"唯上知(智)与下愚不移。"

17.4 子之武城,闻弦歌之声。夫子莞尔而笑,曰:"割鸡焉用牛刀?"子游对曰:"昔者偃也闻诸夫子:'君子学道则爱人,小人学道则易使也。'"子曰:"二三子!偃之言是也。前言戏之耳。"

17.5 公山弗扰以费畔(叛),召,子欲往。子路不说(悦),曰:"末(蔑)之也已,何必公山氏之之也?"子曰:"夫召我者,而岂徒哉?如有用我者,吾其为东周乎!"

17.6 子张问仁于孔子。孔子曰:"能行五者于天下为仁矣。"请问之。曰:

"恭、宽、信、敏、惠。恭则不侮，宽则得众，信则人任焉，敏则有功，惠则足以使人。"

17.7 佛肸召，子欲往。子路曰："昔者由也闻诸夫子曰：'亲于其身为不善者，君子不入也。'佛肸以中牟畔（叛），子之往也，如之何？"子曰："然，有是言也。不曰坚乎，磨而不磷；不曰白乎，涅而不缁。吾岂匏瓜也哉？焉能系而不食？"

17.8 子曰："由也，女（汝）闻六言六蔽（弊）矣乎？"对曰："未也。""居，吾语女（汝）。好仁不好学，其蔽（弊）也愚；好知（智）不好学，其蔽（弊）也荡；好信不好学，其蔽（弊）也贼；好直不好学，其蔽（弊）也绞；好勇不好学，其蔽（弊）也乱；好刚不好学，其蔽（弊）也狂。"

17.9 子曰："小子何莫学夫诗？诗，可以兴，可以观，可以群，可以怨。迩之事父，远之事君。多识于鸟兽草木之名。"

17.10 子谓伯鱼曰："女（汝）为《周南》《召南》矣乎？人而不为《周南》《召南》，其犹正墙面而立也与（欤）！"

17.11 子曰："礼云礼云，玉帛云乎哉？乐云乐云，钟鼓云乎哉？"

17.12 子曰："色厉而内荏，譬诸小人，其犹穿窬之盗也与（欤）！"

17.13 子曰："乡原（愿），德之贼也。"

17.14 子曰："道听而塗（途）说，德之弃也。"

17.15 子曰："鄙夫可与事君也与（欤）哉？其未得之也，患〔不〕得之；既得之，患失之；苟患失之，无所不至矣。"

17.16 子曰："古者民有三疾，今也或是之亡也。古之狂也肆，今之狂也荡；古之矜也廉，今之矜也忿戾；古之愚也直，今之愚也诈而已矣。"

17.17 子曰："巧言令色，鲜矣仁。"

17.18 子曰："恶紫之夺朱也，恶郑声之乱雅乐也，恶利口之覆邦家者。"

17.19 子曰："予欲无言。"子贡曰："子如不言，则小子何述焉？"子曰："天何言哉？四时行焉，百物生焉，天何言哉？"

17.20 孺悲欲见孔子，孔子辞以疾。将命者出户，取瑟而歌，使之闻之。

17.21 宰我问："三年之丧，期已久矣。君子三年不为礼，礼必坏；三年不为乐，乐必崩。旧谷既没，新谷既升，钻燧改火，期可已矣。"子曰："食夫稻，衣夫锦,于女(汝)安乎?"曰:"安。""女(汝)安,则为之。夫君子之居丧,食旨不甘,闻乐不乐,居处不安,故不为也。今女(汝)安,则为之。"宰我出。子曰:"予之不仁也!子生三年,然后免于父母之怀。夫三年之丧,天下之通丧也。予也有三年之爱于其父母乎?"

17.22 子曰:"饱食终日,无所用心,难矣哉!不有博弈者乎?为之犹贤乎已。"

17.23 子路曰:"君子尚勇乎?"子曰:"君子义以为上。君子有勇而无义为乱,小人有勇而无义为盗。"

17.24 子贡曰:"君子亦有恶乎?"子曰:"有恶。恶称人之恶者,恶居下(流)而讪上者,恶勇而无礼者,恶果敢而窒者。"曰:"赐也亦有恶乎?""恶徼以为知(智)者,恶不孙(逊)以为勇者,恶讦以为直者。"

17.25 子曰:"唯女子与小人为难养也,近之则不孙(逊),远之则怨。"

17.26 子曰:"年四十而见恶焉,其终也已。"

●微子第十八

18.1 微子去之,箕子为之奴,比干谏而死。孔子曰:"殷有三仁焉。"

18.2 柳下惠为士师,三黜。人曰:"子未可以去乎?"曰:"直道而事人,焉往而不三黜?枉道而事人,何必去父母之邦?"

18.3 齐景公待孔子曰:"若季氏则吾不能,以季、孟之间待之。"曰:"吾老矣,不能用也。"孔子行。

18.4 齐人归女乐,季桓子受之,三日不朝,孔子行。

18.5 楚狂接舆歌而过孔子,曰:"凤兮凤兮,何德之衰!往者不可谏,来者犹可追。已而已而!今之从政者殆而!"孔子下,欲与之言。趋而辟(避)之,不得与之言。

18.6 长沮、桀溺耦而耕,孔子过之,使子路问津焉。长沮曰:"夫执舆者为谁?"子路曰:"为孔丘。"曰:"是鲁孔丘与(欤)?"曰:"是也。"曰:"是知津矣。"问于桀溺。桀溺曰:"子为谁?"曰:"为仲由。"曰:"是鲁孔丘之徒与(欤)?"对曰:"然。"曰:"滔滔者,天下皆是也,而谁以易之?且而(尔)与其从辟（避）人之士也，岂若从辟（避）世之士哉？"耰而不辍。子路行以告。夫子怃然曰："鸟兽不可与同群，吾非斯人之徒与而谁与？天下有道，丘不与易也。"

18.7　子路从而后，遇丈人，以杖荷蓧。子路问曰："子见夫子乎？"丈人曰："四体不勤，五谷不分，孰为夫子？"植其杖而芸。子路拱而立。止子路宿，杀鸡为黍而食之，见其二子焉。明日，子路行以告。子曰："隐者也。"使子路反（返）见之。至，则行矣。子路曰："不仕无义。长幼之节，不可废也；君臣之义，如之何其废之？欲洁其身，而乱大伦。君子之仕也，行其义也。道之不行，已知之矣。"

18.8　逸民：伯夷、叔齐、虞仲、夷逸、朱张、柳下惠、少连。子曰："不降其志，不辱其身，伯夷、叔齐与（欤）！"谓"柳下惠、少连，降志辱身矣。言中伦，行中虑，其斯而已矣"。谓"虞仲、夷逸，隐居放言，身中清，废中权。我则异于是，无可无不可"。

18.9　大师挚适齐，亚饭干适楚，三饭缭适蔡，四饭缺适秦，鼓方叔入于河，播鼗武入于汉，少师阳、击磬襄入于海。

18.10　周公谓鲁公曰："君子不施（弛）其亲，不使大臣怨乎不以。故旧无大故，则不弃也。无求备于一人。"

18.11　周有八士：伯达、伯适、仲突、仲忽、叔夜、叔夏、季随、季骠。

●子张第十九

19.1　子张曰："士见危致命，见得思义，祭思敬，丧思哀，其可已矣。"

19.2　子张曰："执德不弘，信道不笃，焉能为有，焉能为亡。"

19.3　子夏之门人问交于子张。子张曰："子夏云何？"对曰："子夏曰：'可者与之，其不可者拒之。'"子张曰："异乎吾所闻：君子尊贤而容众，嘉善而矜不能。我之大贤与（欤），于人何所不容？我之不贤与（欤），人将拒我，如之何其拒人也？"

19.4　子夏曰："虽小道，必有可观者焉，致远恐泥，是以君子不为也。"

19.5　子夏曰："日知其所亡，月无忘其所能，可谓好学也已矣。"

19.6　子夏曰："博学而笃志，切问而近思，仁在其中矣。"

19.7　子夏曰："百工居肆以成其事，君子学以致其道。"

19.8 子夏曰:"小人之过也,必文。"

19.9 子夏曰:"君子有三变:望之俨然,即之也温,听其言也厉。"

19.10 子夏曰:"君子信而后劳其民,未信则以为厉己也;信而后谏,未信则以为谤己也。"

19.11 子夏曰:"大德不逾闲,小德出入可也。"

19.12 子游曰:"子夏之门人小子,当洒扫应对进退则可矣,抑末也。本之则无,如之何?"子夏闻之,曰:"噫!言游过矣!君子之道,孰先传焉?孰后倦焉?譬诸草木,区以别矣。君子之道,焉可诬也?有始有卒者,其惟圣人乎!"

19.13 子夏曰:"仕而优则学,学而优则仕。"

19.14 子游曰:"丧致乎哀而止。"

19.15 子游曰:"吾友张也,为难能也,然而未仁。"

19.16 曾子曰:"堂堂乎张也,难与并为仁矣。"

19.17 曾子曰:"吾闻诸夫子:人未有自致者也,必也亲丧乎!"

19.18 曾子曰:"吾闻诸夫子:孟庄子之孝也,其他可能也;其不改父之臣与父之政,是难能也。"

19.19 孟氏使阳肤为士师,问于曾子。曾子曰:"上失其道,民散久矣。如得其情,则哀矜而勿喜。"

19.20 子贡曰:"纣之不善,不如是之甚也。是以君子恶居下流,天下之恶皆归焉。"

19.21 子贡曰:"君子之过也,如日月之食焉:过也人皆见之;更也人皆仰之。"

19.22 卫公孙朝问于子贡曰:"仲尼焉学?"子贡曰:"文武之道,未坠于地,在人。贤者识其大者,不贤者识其小者,莫不有文武之道焉,夫子焉不学,而亦何常师之有?"

19.23 叔孙武叔语大夫于朝曰:"子贡贤于仲尼。"子服景伯以告子贡。子贡曰:"譬之宫墙,赐之墙也及肩,窥见室家之好。夫子之墙数仞,不得其门而入,不见宗庙之美,百官(馆)之富。得其门者或寡矣。夫子之云,不亦宜乎?"

19.24 叔孙武叔毁仲尼。子贡曰:"无以为也!仲尼不可毁也。他人之贤者,丘陵也,犹可逾也;仲尼,日月也,无得而逾焉。人虽欲自绝,其何伤于日月乎?多见其不知量也。”

19.25 陈子禽谓子贡曰：“子为恭也？仲尼岂贤于子乎？”子贡曰：“君子一言以为知，一言以为不知，言不可不慎也！夫子之不可及也，犹天之不可阶而升也。夫子之得邦家者，所谓立之斯立，道（导）之斯行，绥之斯来，动之斯和。其生也荣，其死也哀，如之何其可及也？”

●尧曰第二十

20.1 尧曰：“咨！尔舜！天之历数在尔躬，允执其中。四海困穷，天禄永终。”舜亦以命禹。曰：“予小子履，敢用玄牡，敢昭告于皇皇后帝：有罪不敢赦。帝臣不蔽，简在帝心。朕躬有罪，无以万方；万方有罪，罪在朕躬。”“周有大赉，善人是富。虽有周亲，不如仁人。百姓有过，在予一人。”谨权量，审法度，修废官，四方之政行焉。兴灭国，继绝世，举逸民，天下之民归心焉。所重民食、丧、祭。宽则得众，信则民任焉，敏则有功，公则说（悦）。

20.2 子张问于孔子曰：“何如斯可以从政矣？”子曰：“尊五美，屏四恶，斯可以从政矣。”子张曰：“何谓五美？”子曰：“君子惠而不费，劳而不怨，欲而不贪，泰而不骄，威而不猛。”子张曰：“何谓惠而不费？”子曰：“因民之所利而利之，斯不亦惠而不费乎？择可劳而劳之，又谁怨？欲仁而得仁，又焉贪？君子无众寡，无小大，无敢慢，斯不亦泰而不骄乎？君子正其衣冠，尊其瞻视，俨然人望而畏之，斯不亦威而不猛乎？”子张曰：“何谓四恶？”子曰：“不教而杀，谓之虐。不戒视成，谓之暴。慢令致期，谓之贼。犹之与人也，出纳之吝，谓之有司。”

20.3 孔子曰：“不知命，无以为君子也；不知礼，无以立也；不知言，无以知人也。”

附录二　主题摘录

《论语》是语录体，杂乱无章，漫无头绪，有人说，既然如此，可以打乱重编，我看不必要。但南怀瑾说，夫子之文章，有"一贯的系统"，哪章接哪章，哪篇接哪篇，都很有讲究，绝对不能动，也是夸大。[1]我不认为，要替《论语》改文章，但为了从整体上把握孔子的思想，按主题分类，做点摘录，当索引用，还是很有必要。

下文加点处是重点。

一、天命

孔子敬畏天命，但并不关心天本身。他重天命，不是重天命的天，而是重天命的命，即天对人事的影响。他说的命分两种，一种是死生寿夭，性命之命；一种是穷达祸福，命运之命。他认为，这两种命，都是穷人力，竭智巧，最终不能控驭的东西。"死生有命，富贵在天"（《颜渊》12.5），是贵族血统论所强调。《墨子·非命》专门批判这种命，认为富贵并非天定，从此无法改变。《老子》和孔子也不同，它不是以人为本，而是强调"人法地，地法天，天法道，道法自然"（《老子》第二十五章），对天道本身，比孔子要关心。

（一）孔子敬畏天命

5.13　子贡曰："夫子之文章，可得而闻也；夫子之言性与天道，不可得而闻也。"

1　南书，上册，4—5页。

8.19 子曰："大哉尧之为君也！巍巍乎！唯天为大，唯尧则之。荡荡乎！民无能名焉。巍巍乎其有成功也，焕乎其有文章！"

9.1 子罕言利，与命与仁。

9.12 子疾病，子路使门人为臣。病间，曰："久矣哉，由之行诈也！无臣而为有臣。吾谁欺？欺天乎？且予与其死于臣之手也，无宁死于二三子之手乎？且予纵不得大葬，予死于道路乎？"

12.5 子夏曰："商闻之矣：死生有命，富贵在天。君子敬而无失，与人恭而有礼。四海之内皆兄弟也，君子何患乎无兄弟也？"

案："商闻之矣"，是接闻于夫子，后面的话，是代表孔子的思想。

14.35 子曰："莫我知也夫！"子贡曰："何为其莫如知子也？"子曰："不怨天，不尤人，下学而上达，知我者其天乎！"

16.8 孔子曰："君子有三畏：畏天命，畏大人，畏圣人之言。小人不知天命而不畏也，狎大人，侮圣人之言。"

17.19 子曰："予欲无言。"子贡曰："子如不言，则小子何述焉？"子曰："天何言哉？四时行焉，百物生焉，天何言哉？"

20.1 尧曰："咨！尔舜！天之历数在尔躬，允执其中。四海困穷，天禄永终。"舜亦以命禹。

案：这是孔子引《书》，不是孔子的话，但可以反映孔子的思想。

20.3 孔子曰："不知命，无以为君子也；不知礼，无以立也；不知言，无以知人也。"

（二）孔子常吁天呼命

6.10 伯牛有疾，子问之，自牖执其手，曰："亡之，命矣夫！斯人也而有斯疾也！斯人也而有斯疾也！"

6.28 子见南子，子路不说（悦）。夫子矢之曰："予所否者，天厌之！天厌之！"

11.9 颜渊死。子曰："噫！天丧予！天丧予！"

案：子路死，孔子也这么喊。《公羊传》哀公十四年："颜渊死，子曰：'噫！天丧予。'子路死，子曰：'噫！天祝予。'"

（三）孔子学《易》，自谓五十而知天命

2.4 子曰："吾十有五而志于学，三十而立，四十而不惑，五十而知天命，六十而耳顺，七十而从心所欲，不逾矩。"

7.17 子曰："加我数年，五十以学《易》，可以无大过矣。"

9.23 子曰："后生可畏，焉知来者之不如今也？四十、五十而无闻焉，亦不足畏也已。"

17.26 子曰："年四十而见恶焉，其终也已。"

　　案：古人寿短，孔子把50岁看作人生一大坎儿，认为40岁以后还没出息，一辈子就完了。

（四）孔子敬鬼神而远之

3.13 王孙贾问曰："与其媚于奥，宁媚于灶，何谓也？"子曰："不然。获罪于天，无所祷也。"

6.22 樊迟问知（智）。子曰："务民之义，敬鬼神而远之，可谓知（智）矣。"

7.21 子不语怪、力、乱、神。

7.35 子疾病，子路请祷。子曰："有诸？"子路对曰："有之。诔曰：'祷尔于上下神祇。'"子曰："丘之祷久矣。"

11.12 季路问事鬼神。子曰："未能事人，焉能事鬼？"曰："敢问死。"曰："未知生，焉知死？"

　　案：《墨子》有《明鬼》篇，宣扬鬼神的重要，和孔子的态度不一样。

（五）孔子有拯救天下的使命感

3.24 仪封人请见，曰："君子之至于斯也，吾未尝不得见也。"从者见之。出曰："二三子何患于丧乎？天下之无道也久矣，天将以夫子为木铎。"

7.23 子曰："天生德于予，桓魋其如予何？"

9.5 子畏于匡，曰："文王既没，文不在兹乎？天之将丧斯文也，后死者不得与于斯文也；天之未丧斯文也，匡人其如予何？"

14.36 公伯寮愬子路于季孙。子服景伯以告，曰："夫子固有惑志，于公伯寮，吾力犹能肆诸市朝。"子曰："道之将行也与（欤），命也；道之将废也与

（欤），命也。公伯寮其如命何！"

　　案：第一条，是借别人的话为谶言，说老天让孔子布道于天下。他有这种使命感，所以不怕死。

二、人性

　　儒家比墨家、道家更关心人性，特别是孔子的后学（孟子讲性善，荀子讲性恶），但《论语》只提到两次。

（一）人性

　　5.13 子贡曰："夫子之文章，可得而闻也；夫子之言性与天道，不可得而闻也。"

　　17.2 子曰："性相近也，习相远也。"

　　案：性字与生字有关，是与生俱来的东西。孔子认为，性自命出，命自天降。特别聪明特别傻或特别好特别坏的人只是少数。人和人，大体相近，只是后天的教化，才让他们不太一样。他对人和人的差异怎么看，请看下"人品"节。

（二）人的智力高下

　　6.21 子曰："中人以上，可以语上也；中人以下，不可以语上也。"

　　7.20 子曰："我非生而知之者，好古，敏以求之者也。"

　　7.28 子曰："盖有不知而作之者，我无是也。多闻，择其善者而从之，多见而识之，知（智）之次也。"

　　7.33 子曰："文莫，吾犹人也。躬行君子，则吾未之有得。"

　　12.13 子曰："听讼，吾犹人也，必也使无讼乎。"

　　16.9 孔子曰："生而知之者，上也；学而知之者，次也；困而学之，又其次也；困而不学，民斯为下矣。"

　　17.3 子曰："唯上知（智）与下愚不移。"

　　案：孔子把人的智力分为三等。上等是"生而知之"，这是"上智"，人很少，只有圣人，才能"生而知之"。中等是"学而知之"和"困而学之"，这是"中人"。

中人是绝大多数。下等是"困而不学",这是"下愚",人也不太多。孔子不承认自己是上智(参看7.20),下愚,当然也不是,只能算是中人的上等,即"学而知之"类。他喜欢说"吾犹人也",并不认为自己智力超常。

三、人品

孔子喜欢品评人物,绝非口不臧否,《论语》中被他品评的人物有153人。他把人分为以下几种:

(一)圣人

(1)孔子敬畏圣人

16.8 孔子曰:"君子有三畏:畏天命,畏大人,畏圣人之言。小人不知天命而不畏也,狎大人,侮圣人之言。"

案:圣人,除了《庄子》,谁都敬,《论语》《墨子》《老子》都敬,谁敢不敬?《庄子·胠箧》说,"圣人不死,大盗不止",好大的胆子。

(2)什么叫圣人

6.30 子贡曰:"如有博施于民而能济众,何如?可谓仁乎?"子曰:"何事于仁,必也圣乎!尧、舜其犹病诸!夫仁者,己欲立而立人,己欲达而达人。能近取譬,可谓仁之方也已。"

案:孔子说的圣人,都是死人,没有一个是活人。当圣人,一定要有两个条件,一是天生聪明,绝顶聪明;二是有权有位,安民济民。圣人是古代王者中的聪明人,不是一般的聪明人。古人公认的圣人,首推尧、舜,其次是禹、汤、文、武,《论语》说的圣人,主要是尧、舜,特别是舜。这里的"博施于民而能济众",就是讲第二条,孔子说,这条何止是仁,简直就是圣,连尧、舜都很难做到。仁,只是推己及人,把自己的爱推广到自己身边,如父母、兄弟、朋友,顶多是上流社会的那点儿"人",还没扩大到"民"或"众",圈子太小。但这是基础,所以说"能近取譬,可谓仁之方也已"。孔子无权无位,不可能当全国人民的大救星,智力的自我评价也不太高,只是中人中的好学者而已。他赞美尧、舜,但绝不敢自比于尧、舜。

7.20 子曰："我非生而知之者，好古，敏以求之者也。"

案：圣人是生而知之的聪明人，孔子从不承认自己特别聪明，更不承认自己是天生聪明，他只承认自己比较用功，比较刻苦，对圣人生活的古代特别向往，追求起来，特别卖力，如此而已。

7.26 子曰："圣人，吾不得而见之矣；得见君子者，斯可矣。"子曰："善人，吾不得而见之矣；得见有恒者，斯可矣。亡而为有，虚而为盈，约而为泰，难乎有恒矣。"

案：这里讲得很清楚，圣人是见不着的，见着的只是君子。善人，他也见不着，见着的只是有恒者。可见君子和有恒者可以是活人，圣人和善人一定是死人。

14.42 子路问君子。子曰："修己以敬。"曰："如斯而已乎？"曰："修己以安人。"曰："如斯而已乎？"曰："修己以安百姓。修己以安百姓，尧、舜其犹病诸。"

案：子路问君子，孔子有三层答案，一层比一层高。"修己以敬"，自己把自己的道德修好，只是一般的君子。更高的君子，是"修己以安人""修己以安人"，就是上6.30的"己欲立而立人，己欲达而达人"，上面讲得很清楚，其实就是仁人。再高，是"修己以安百姓"，"修己以安百姓"就是上6.30的"博施于民而能济众"，上面也讲得很清楚，其实就是圣人，连尧、舜都不好当的圣人。在孔子的语汇中，人、民对言，含义不一样，人是上流君子，民是百姓或大众。只有能安百姓或大众的才叫圣人。

19.12 子游曰："子夏之门人小子，当洒扫应对进退则可矣，抑末也。本之则无，如之何？"子夏闻之，曰："噫！言游过矣！君子之道，孰先传焉？孰后倦焉？譬诸草木，区以别矣。君子之道，焉可诬也？有始有卒者，其惟圣人乎！"

案："有始有卒"，只是有恒者，还算不上圣人。子夏为了强调有始有终，说恐怕只有圣人才做得到，不太合乎孔子的标准。

（3）孔子绝不承认自己是圣人

7.34 子曰："若圣与仁，则吾岂敢？抑为之不厌，诲人不倦，则可谓云尔已矣。"公西华曰："正唯弟子不能学也。"

案：这里讲得很清楚，圣、仁是很高的境界，连孔子都不敢当。他说仁不敢当，也许太谦虚，但圣不敢当，绝不是谦虚。你要说他是圣人，就等于说他是活祖宗，这样的头衔，他会接受吗？肯定不会。宋以来，儒者喜欢讲"内圣外王"，从"内圣"开出"外王"。其实，孔子既不是圣，也不是王，哪里谈得上什么"内圣外王"？

（4）孔子还活着，子贡就想树孔子为圣人，被老师阻止

9.6　太宰问于子贡曰："夫子圣者与（欤）？何其多能也？"子贡曰："固天纵之将圣，又多能也。"子闻之，曰："太宰知我乎？吾少也贱，故多能鄙事。君子多乎哉？不多也！"

案：孔子晚年，碰到一个问题，子贡要树他为圣人，活着就要树。子贡知道，圣人的两个条件，大救星肯定不行，但他想，我老师，本事这么多，学问这么大，聪明这一条总够了吧？所以，他是从这一条下手。太宰的问题是：孔子是圣人吧？如果不是，怎么本事这么多？子贡借他的问题说，我老师，当然是天生的圣人。但孔子断然否认，他说，我小时候的事，他怎么知道？我是受苦人，才会干很多下贱活，当君子的有这些本事吗？没有。他没忘本，还记得自己是苦孩子出身，一切都靠学习，并非天生聪明。贵族的文化，他是学来的。

（5）孔子死了，子贡捍卫孔子，继续树立孔子的光辉形象

19.20　子贡曰："纣之不善，不如是之甚也。是以君子恶居下流，天下之恶皆归焉。"

19.21　子贡曰："君子之过也，如日月之食焉：过也，人皆见之；更也，人皆仰之。"

19.22　卫公孙朝问于子贡曰："仲尼焉学？"子贡曰："文武之道，未坠于地，在人。贤者识其大者，不贤者识其小者，莫不有文武之道焉，夫子焉不学，而亦何常师之有？"

19.23　叔孙武叔语大夫于朝曰："子贡贤于仲尼。"子服景伯以告子贡。子贡曰："譬之宫墙，赐之墙也及肩，窥见室家之好。夫子之墙数仞，不得其门而入，不见宗庙之美，百官（馆）之富。得其门者或寡矣。夫子之云，不亦宜乎？"

19.24　叔孙武叔毁仲尼。子贡曰："无以为也！仲尼不可毁也。他人之贤者，丘陵也，犹可逾也；仲尼，日月也，无得而逾焉。人虽欲自绝，其何伤于日月乎？多见其不知量也。"

19.25　陈子禽谓子贡曰："子为恭也？仲尼岂贤于子乎？"子贡曰："君子一言

以为知，一言以为不知，言不可不慎也！夫子之不可及也，犹天之不可阶而升也。夫子之得邦家者，所谓立之斯立，道（导）之斯行，绥之斯来，动之斯和。其生也荣，其死也哀，如之何其可及也？"

案：孔子死了，子贡是掌门弟子。鲁国有人捧子贡，贬孔子，子贡出来澄清。他觉得，老师不在，自己更有必要树老师，日月之喻，宫墙之喻，都是说老师高不可及。后来，孟子说孔子是"圣之时者也"（《孟子·万章下》），荀子说孔子是"圣人之不得（势）者也"（《荀子·非十二子》），都是树孔子。他们把孔子树为圣人，这是由子贡开的头。

（二）仁人（或仁者）

（1）什么是仁人

6.30　子贡曰："如有博施于民而能济众，何如？可谓仁乎？"子曰："何事于仁，必也圣乎！尧、舜其犹病诸！夫仁者，己欲立而立人，己欲达而达人。能近取譬，可谓仁之方也已。"

案：上面已引过这段话，"己欲立而立人，己欲达而达人"的人就是仁人。

14.42　子路问君子。子曰："修己以敬。"曰："如斯而已乎？"曰："修己以安人。"曰："如斯而已乎？"曰："修己以安百姓。修己以安百姓，尧、舜其犹病诸。"

案：上面已引过这段话，"修己以安人"的人就是仁人。这里值得注意的是，孔子说的立人、达人、爱人、安人，都是围绕人，而不及于民，上面说过，安民是圣人的事，比仁更高。

（2）孔子也不承认自己是仁人

7.34　子曰："若圣与仁，则吾岂敢？抑为之不厌，诲人不倦，则可谓云尔已矣。"公西华曰："正唯弟子不能学也。"

（3）孔子不轻以仁许人（仲由、冉求、公西赤、令尹子文、陈文子都不够仁）

5.8　孟武伯问："子路仁乎？"子曰："不知也。"又问，子曰："由也，千乘之国，可使治其赋也，不知其仁也。""求也何如？"子曰："求也，千室之邑，百乘之家，可使为之宰也，不知其仁也。""赤也何如？"子曰："赤也，束带立于朝，可使与宾客言也，不知其仁也。"

5.19　子张问曰："令尹子文三仕为令尹，无喜色；三已之，无愠色。旧令尹之政，必以告新令尹。何如？"子曰："忠矣。"曰："仁矣乎？"曰："未知，焉得仁？""崔子弑齐君，陈文子有马十乘，弃而违之。至于他邦，则曰：'犹吾大夫崔子也。'违之。之一邦，则又曰：'犹吾大夫崔子也。'违之，何如？"子曰："清矣。"曰："仁矣乎？"曰："未知，焉得仁？"

　　　　案：孔门弟子谁够仁？孔子没说，但上文提到，他自己说了，"若圣与仁，则吾岂敢"（7.34），他自己都不敢当，谁还敢当？

（4）孔子所称仁者（微子、箕子、比干、伯夷、叔齐、管仲）

7.15　冉有曰："夫子为卫君乎？"子贡曰："诺，吾将问之。"入，曰："伯夷、叔齐何人也？"曰："古之贤人也。"曰："怨乎？"曰："求仁而得仁，又何怨？"出，曰："夫子不为也。"

14.16　子路曰："桓公杀公子纠，召忽死之，管仲不死。"曰："未仁乎？"子曰："桓公九合诸侯，不以兵车，管仲之力也。如其仁！如其仁！"

14.17　子贡曰："管仲非仁者与（欤）？桓公杀公子纠，不能死，又相之。"子曰："管仲相桓公，霸诸侯，一匡天下，民到于今受其赐。微管仲，吾其被发左衽矣。岂若匹夫匹妇之为谅也，自经于沟渎而莫之知也。"

18.1　微子去之，箕子为之奴，比干谏而死。孔子曰："殷有三仁焉。"

　　　　案：孔子批准的仁人，从《论语》看，只有这几位。

（三）有恒者

7.2　子曰："默而识之，学而不厌，诲人不倦，何有于我哉？"

7.26　子曰："圣人，吾不得而见之矣；得见君子者，斯可矣。"子曰："善人，吾不得而见之矣；得见有恒者，斯可矣。亡而为有，虚而为盈，约而为泰，难乎有恒矣。"

7.34　子曰："若圣与仁，则吾岂敢？抑为之不厌，诲人不倦，则可谓云尔已矣。"公西华曰："正唯弟子不能学也。"

13.22　子曰："南人有言曰：'人而无恒，不可以作巫医。'善夫！""不恒其德，或承之羞。"子曰："不占而已矣。"

19.12　子游曰："子夏之门人小子，当洒扫应对进退则可矣，抑末也。本之则无，如之何？"子夏闻之，曰："噫！言游过矣！君子之道，孰先传焉？孰后倦焉？譬诸草木，区以别矣。君子之道，焉可诬也？有始有卒者，其惟圣人乎！"

案：孔子自己就是有恒者。

（四）善人

7.26 子曰："圣人，吾不得而见之矣；得见君子者，斯可矣。"子曰："善人，吾不得而见之矣；得见有恒者，斯可矣。亡而为有，虚而为盈，约而为泰，难乎有恒矣。"

11.20 子张问善人之道。子曰："不践迹，亦不入于室。"

13.11 子曰："'善人为邦百年，亦可以胜残去杀矣。'诚哉是言也！"

13.29 子曰："善人教民七年，亦可以即戎矣。"

20.1 尧曰："咨！尔舜！天之历数在尔躬，允执其中。四海困穷，天禄永终。"舜亦以命禹。曰："……（略）""周有大赉，善人是富。虽有周亲，不如仁人。百姓有过，在予一人。"……（略）

案：我们从13.11和20.1看，"善人"是个老词。这个词是什么意思？其实并不复杂。善人是好人。上面第一条，原文很清楚，圣人、善人是见不到的，与君子、有恒者不一样。善人比君子和有恒者肯定要高，即便低于圣人，也得和仁人摆在同一层次。还有，我们要注意，上文说，"善人为邦""善人教民"，"善人"不是一般人，而是统治者。

（五）贤人（或贤者）

（1）孔子尚贤

1.7 子夏曰："贤贤易色，事父母能竭其力，事君能致其身，与朋友交言而有信，虽曰未学，吾必谓之学矣。"

案："贤贤易色"，即孔子说的"好德如好色"。

4.17 子曰："见贤思齐焉，见不贤而内自省也。"

9.18 子曰："吾未见好德如好色者也。"

13.2 仲弓为季氏宰，问政。子曰："先有司，赦小过，举贤才。"曰："焉知贤才而举之？"曰："举尔所知，尔所不知，人其舍诸？"

14.31 子曰:"不逆诈,不亿(臆)不信,抑亦先觉者,是贤乎?"

15.10 子贡问为仁。子曰:"工欲善其事,必先利其器。居是邦也,事其大夫之贤者,友其士之仁者。"

15.13 子曰:"已矣乎!吾未见好德如好色者也。"

16.5 孔子曰:"益者三乐,损者三乐。乐节礼乐,乐道人之善,乐多贤友,益矣。乐骄乐,乐佚游,乐宴乐,损矣。"

19.3 子夏之门人问交于子张。子张曰:"子夏云何?"对曰:"子夏曰:'可者与之,其不可者拒之。'"子张曰:"异乎吾所闻:君子尊贤而容众,嘉善而矜不能。我之大贤与(欤),于人何所不容?我之不贤与(欤),人将拒我,如之何其拒人也?"

> 案:子张所闻,是闻于夫子。贤人或贤者,是有德能而特别优秀者。孔子尚贤,《墨子》尚贤,《老子》不尚贤。

(2)孔子所称贤人(伯夷、叔齐、柳下惠、颜回)

6.11 子曰:"贤哉回也!一箪食,一瓢饮,在陋巷,人不堪其忧,回也不改其乐,贤哉回也!"

7.15 冉有曰:"夫子为卫君乎?"子贡曰:"诺,吾将问之。"入,曰:"伯夷、叔齐何人也?"曰:"古之贤人也。"曰:"怨乎?"曰:"求仁而得仁,又何怨?"出,曰:"夫子不为也。"

15.14 子曰:"臧文仲其窃位者与(欤)!知柳下惠之贤而不与立(位)也。"

(六)成人

14.12 子路问成人。子曰:"若臧武仲之知(智),公绰之不欲,卞庄子之勇,冉求之艺,文之以礼乐,亦可以为成人矣。"曰:"今之成人者何必然?见利思义,见危授命,久要不忘平生之言,亦可以为成人矣。"

> 案:成人是完人、全才,仅此一见。

(七)君子

(1)泛论君子(往往与小人相对)

1.1 子曰:"学而时习之,不亦说(悦)乎?有朋自远方来,不亦乐乎?人不知而不愠，不亦君子乎？"

1.14 子曰："君子食无求饱，居无求安，敏于事而慎于言，就有道而正焉，可谓好学也已。"

2.12 子曰："君子不器。"

2.13 子贡问君子。子曰："先行其言，而后从之。"

2.14 子曰："君子周而不比，小人比而不周。"

4.16 子曰："君子喻于义，小人喻于利。"

4.11 子曰："君子怀德，小人怀土；君子怀刑，小人怀惠。"

4.24 子曰："君子欲讷于言而敏于行。"

6.13 子谓子夏曰："女（汝）为君子儒，无为小人儒。"

6.18 子曰："质胜文则野，文胜质则史。文质彬彬，然后君子。"

7.26 子曰："圣人，吾不得而见之矣；得见君子者，斯可矣。"子曰："善人，吾不得而见之矣；得见有恒者，斯可矣。亡而为有，虚而为盈，约而为泰，难乎有恒矣。"

7.37 子曰："君子坦荡荡，小人长戚戚。"

8.2 子曰："……君子笃于亲，则民兴于仁；故旧不遗，则民不偷。"

8.6 曾子曰："可以托六尺之孤，可以寄百里之命，临大节而不可夺也，君子人与（欤）？君子人也。"

12.4 司马牛问君子。子曰："君子不忧不惧。"曰："不忧不惧，斯谓之君子已乎？"子曰："内省不疚，夫何忧何惧？"

12.8 棘子成曰："君子质而已矣，何以文为？"子贡曰："惜乎，夫子之说君子也，驷不及舌。文犹质也，质犹文也。虎豹之鞟犹犬羊之鞟。"

12.16 子曰："君子成人之美，不成人之恶。小人反是。"

13.23 子曰："君子和而不同，小人同而不和。"

13.25 子曰："君子易事而难说也。说之不以道，不说也；及其使人也，器之。小人难事而易说也。说之虽不以道，说也；及其使人也，求备焉。"

14.6 子曰："君子而不仁者有矣夫，未有小人而仁者也。"

14.23 子曰："君子上达，小人下达。"

14.28 子曰："君子道者三，我无能焉：仁者不忧，知（智）者不惑，勇者不惧。"子贡曰:"夫子自道也。"

14.42 子路问君子。子曰:"修己以敬。"曰:"如斯而已乎?"曰:"修己以安人。"曰:"如斯而已乎?"曰:"修己以安百姓。修己以安百姓,尧、舜其犹病诸。"

15.17 子曰:"群居终日,言不及义,好行小慧,难矣哉!"

15.18 子曰:"君子义以为质,礼以行之,孙(逊)以出之,信以成之。君子哉!"

15.21 子曰:"君子求诸己,小人求诸人。"

15.22 子曰:"君子矜而不争,群而不党。"

15.23 子曰:"君子不以言举人,不以人废言。"

15.34 子曰:"君子不可小知而可大受也,小人不可大受而可小知也。"

15.37 子曰:"君子贞而不谅。"

16.8 孔子曰:"君子有三畏:畏天命,畏大人,畏圣人之言。小人不知天命而不畏也,狎大人,侮圣人之言。"

17.22 子曰:"饱食终日,无所用心,难矣哉!不有博弈者乎?为之犹贤乎已。"

17.23 子路曰:"君子尚勇乎?"子曰:"君子义以为上。君子有勇而无义为乱;小人有勇而无义为盗。"

17.24 子贡曰:"君子亦有恶乎?"子曰:"有恶。恶称人之恶者,恶居下(流)而讪上者,恶勇而无礼者,恶果敢而窒者。"曰:"赐也亦有恶乎?""恶徼以为知(智)者,恶不孙(逊)以为勇者,恶讦以为直者。"

(2)孔子所称君子(宓不齐、子产、南宫适、蘧伯玉)

5.3 子谓子贱:"君子哉若人!鲁无君子者,斯焉取斯?"

5.16 子谓子产,"有君子之道四焉:其行己也恭,其事上也敬,其养民也惠,其使民也以义。"

14.5 南宫适问于孔子曰:"羿善射,奡荡舟,俱不得其死然。禹、稷躬稼而有天下。"夫子不答。南宫适出,子曰:"君子哉若人!尚德哉若人!"

15.7 子曰:"直哉史鱼!邦有道如矢,邦无道如矢。君子哉蘧伯玉!邦有道则仕,邦无道则可卷而怀之。"

案:在孔子的语汇中,君子是比较现实的目标,他教书育人,直接目标就是培养君子，凡是好学生，都有可能成君子，不同于圣人、善人和仁人。孔子说的君子有双重含义，一是身份君子，有贵族身份，但不一定有道德学问，比如当时的上流社会；二是道德君子，没有贵族身份，但通过学习，照样有道德学问，比如孔子和孔子的学生。他的学生，很多都来自社会下层，但培养标准，是贵族标准。孔子好古，他心中的君子，是古代的贵族，古代的君子，或孔子时代还有古君子之风的人。当时的君子，复杂，好多贵族，徒有身份，没有道德学问，不是真君子，而是伪君子。但小人不一样，原来的下层民众，只要不学，还是小人，只有真小人，没有伪小人。当然，孔子说的小人，主要是道德概念，即作为道德君子的反义词，身份小人，和身份君子相对的小人，孔子叫野人和鄙人，与上面的小人还不太一样。

（八）士

4.9 子曰："士志于道，而耻恶衣恶食者，未足与议也。"

8.7 曾子曰："士不可以不弘毅，任重而道远。仁以为己任，不亦重乎？死而后已，不亦远乎？"

12.20 子张问："士何如斯可谓之达矣？"子曰："何哉，尔所谓达者？"子张对曰："在邦必闻，在家必闻。"子曰："是闻也，非达也。夫达也者，质直而好义，察言而观色，虑以下人。在邦必达，在家必达。夫闻也者，色取仁而行违，居之不疑。在邦必闻，在家必闻。"

13.20 子贡问曰："何如斯可谓之士矣？"子曰："行己有耻，使于四方，不辱君命，可谓士矣。"曰："敢问其次。"曰："宗族称孝焉，乡党称弟焉。"曰："敢问其次。"曰："言必信，行必果，硁硁然小人哉！抑亦可以为次矣。"曰："今之从政者何如？"子曰："噫！斗筲之人，何足算也？"

13.28 子路问曰："何如斯可谓之士矣？"子曰："切切偲偲，怡怡如也，可谓士矣。朋友切切偲偲，兄弟怡怡。"

14.2 子曰："士而怀居，不足以为士矣。"

15.9 子曰："志士仁人，无求生以害仁，有杀身以成仁。"

19.1 子张曰："士见危致命，见得思义，祭思敬，丧思哀，其可已矣。"

案：《论语》中的"士"，与"君子"直接有关。除以上八条是论士，《述而》

7.12提到"执鞭之士",《卫灵公》15.10提到"友其士之仁者",《微子》18.2和《子张》19.19提到"士师"（官职），《微子》18.6提到"辟（避）人之士"和"辟（避）世之士"，《微子》18.11提到"周有八士"，也和士有关。

（九）大人

16.8 孔子曰："君子有三畏：畏天命，畏大人，畏圣人之言。小人不知天命而不畏也，狎大人，侮圣人之言。"

案：大人，泛指身份高贵者，仅此一见。大人与小人（身份小人）相对，与君子（表示身份高贵的君子）是类似的词。

（十）野人

11.1 子曰："先进于礼乐，野人也；后进于礼乐，君子也。如用之，则吾从先进。"

案：古有国野之分，国是国都，野是乡村，君子住在城里，野人住在乡下。孔子的学生，很多是野人，特别是早期的学生，他们都是通过学习，才摘掉野人的帽子。但有些学生，本性难改，如子路说孔子"迂"，孔子骂他"野哉"（13.3）。这里，野人和君子对着讲，主要是讲他们出身不同，和上面的君子、小人还不一样。

（十一）鄙夫

9.8 子曰："吾有知乎哉？无知也。有鄙夫问于我，空空如也。我叩其两端而竭焉。"

17.15 子曰："鄙夫可与事君也与（欤）哉？其未得之也，患〔不〕得之；既得之，患失之；苟患失之，无所不至矣。"

案：鄙是边远县邑的乡下，比国周围的野地位低。鄙夫比野人难听，等于粗人、乡巴佬、土老冒，有贬低对方智力的含义。"鄙哉"（14.39）比"野哉"更难听，相当今语所谓"土""傻"。

（十二）女子

17.25 子曰："唯女子与小人为难养也，近之则不孙（逊），远之则怨。"

案：孔子把女子与小人归为一类。

四、历史

（一）孔子是复古主义者

7.1　子曰："述而不作，信而好古，窃比于我老彭。"

　　案：孔子的理想是复古，他所热爱的古，第一是唐虞禅让和无为而治，第二是三代的典章文物。

（二）孔子称美唐虞

6.30　子贡曰："如有博施于民而能济众，何如？可谓仁乎？"子曰："何事于仁，必也圣乎！尧、舜其犹病诸！夫仁者，己欲立而立人，己欲达而达人。能近取譬，可谓仁之方也已。"

8.18　子曰："巍巍乎，舜、禹之有天下也而不与焉！"

8.19　子曰："大哉尧之为君也！巍巍乎！唯天为大，唯尧则之，荡荡乎，民无能名焉。巍巍乎其有成功也，焕乎其有文章！"

8.20　舜有臣五人而天下治。武王曰："予有乱臣十人。"孔子曰："才难，不其然乎？唐虞之际，于斯为盛。有妇人焉，九人而已。三分天下有其二，以服事殷。周之德，其可谓至德也已矣。"

12.22　樊迟问仁。子曰："爱人。"问知（智）。子曰："知人。"樊迟未达。子曰："举直错（措）诸枉，能使枉者直。"樊迟退，见子夏曰："乡也吾见于夫子而问知（智），子：'举直错（措）诸枉，能使枉者直。'何谓也？"子夏曰："富哉言乎！舜有天下，选于众，举皋陶，不仁者远矣。汤有天下，选于众，举伊尹，不仁者远矣。"

14.42　子路问君子。子曰："修己以敬。"曰："如斯而已乎？"曰："修己以安人。"曰："如斯而已乎？"曰："修己以安百姓。修己以安百姓，尧、舜其犹病诸。"

15.5　子曰："无为而治者，其舜也与（欤）？夫何为哉？恭己正南面而已矣。"

20.1　尧曰："咨！尔舜！天之历数在尔躬，允执其中。四海困穷，天禄永终。"舜亦以命禹。曰："予小子履，敢用玄牡，敢昭告于皇皇后帝：有罪不敢赦。帝臣不蔽，简在帝心。朕躬有罪，无以万方；万方有罪，罪在朕躬。""周有大赉，善人是富。虽有周亲，不如仁人。百姓有过，在予一人。"谨权量，审法度，修废官，四方之政行焉。兴灭国，继绝世，举逸民，天下之民归心焉。所重民食、丧、祭。宽则得众，信则民任焉，敏则有功，公则说（悦）。

（三）孔子称美三代，更偏爱周

2.23　子张问："十世可知也？"子曰："殷因于夏礼，所损益可知也；周因于殷礼，所损益可知也。其或继周者，虽百世可知也。"

3.9　子曰："夏礼吾能言之，杞不足征也；殷礼吾能言之，宋不足征也。文献不足故也，足则吾能征之矣。"

3.14　子曰："周监于二代，郁郁乎文哉！吾从周。"

7.5　子曰："甚矣吾衰也！久矣吾不复梦见周公！"

8.11　子曰："如有周公之才之美，使骄且吝，其余不足观也已。"

8.18　子曰："巍巍乎，舜、禹之有天下也而不与焉！"

8.20　舜有臣五人而天下治。武王曰："予有乱臣十人。"孔子曰："才难，不其然乎？唐虞之际，于斯为盛。有妇人焉，九人而已。三分天下有其二，以服事殷。周之德，其可谓至德也已矣。"

8.21　子曰："禹，吾无间然矣。菲饮食而致孝乎鬼神，恶衣服而致美乎黻冕，卑宫室而尽力乎沟洫。禹，吾无间然矣。"

9.5　子畏于匡，曰："文王既没，文不在兹乎？天之将丧斯文也，后死者不得与于斯文也；天之未丧斯文也，匡人其如予何？"

12.22　樊迟问仁。子曰："爱人。"问知（智）。子曰："知人。"樊迟未达。子曰："举直错（措）诸枉，能使枉者直。"樊迟退，见子夏曰："乡也吾见于夫子而问知（智），子曰：'举直错（措）诸枉，能使枉者直。'何谓也？"子夏曰："富哉言乎！舜有天下，选于众，举皋陶，不仁者远矣。汤有天下，选于众，举伊尹，不仁者远矣。"

14.5　南宫适问于孔子曰："羿善射，奡荡舟，俱不得其死然。禹、稷躬稼而有天下。"夫子不答。南宫适出，子曰："君子哉若人！尚德哉若人！"

15.11 颜渊问为邦。子曰："行夏之时，乘殷之辂，服周之冕，乐则《韶》《舞（武）》。放郑声，远佞人。郑声淫，佞人殆。"

18.10 周公谓鲁公曰："君子不施（弛）其亲，不使大臣怨乎不以。故旧无大过，则不弃也。无求备于一人。"

案：孔子称美三代，更热爱的是周。

20.1 尧曰："咨！尔舜！天之历数在尔躬，允执其中。四海困穷，天禄永终。"舜亦以命禹。曰："予小子履，敢用玄牡，敢昭告于皇皇后帝：有罪不敢赦。帝臣不蔽，简在帝心。朕躬有罪，无以万方；万方有罪，罪在朕躬。""周有大赉，善人是富。虽有周亲，不如仁人。百姓有过，在予一人。"谨权量，审法度，修废官，四方之政行焉。兴灭国，继绝世，举逸民，天下之民归心焉。所重民食、丧、祭。宽则得众，信则民任焉，敏则有功，公则说（悦）。

（四）孔子想挽救东周

6.24 子曰："齐一变，至于鲁；鲁一变，至于道。"

13.7 子曰："鲁、卫之政，兄弟也。"

17.5 公山弗扰以费畔（叛），召，子欲往。子路不说（悦），曰："末（蔑）之也已，何必公山氏之之也？"子曰："夫召我者，而岂徒哉？如有用我者，吾其为东周乎！"

案：孔子于东周，第一关注的是周，第二是鲁，第三是鲁国的邻国齐和卫。

五、谋生

中国的知识分子，拙于谋生，急于用世（李敖语）。这是孔子的遗产。《论语》一书，不讲谋生，除了做官食禄，其他都不考虑，当兵、种地、做工、经商，一样也不能干，宁肯粗衣恶食，挨饿受穷。

1.14 子曰："君子食无求饱，居无求安，敏于事而慎于言，就有道而正焉，可谓好学也已。"

4.9 子曰："士志于道，而耻恶衣恶食者，未足与议也。"

6.11　子曰："贤哉回也！一箪食，一瓢饮，在陋巷，人不堪其忧，回也不改其乐，贤哉回也！"

9.14　子欲居九夷。或曰："陋，如之何？"子曰："君子居之，何陋之有？"

13.4　樊迟请学稼。子曰："吾不如老农。"请学为圃。曰："吾不如老圃。"樊迟出。子曰："小人哉，樊须也！上好礼，则民莫敢不敬；上好义，则民莫敢不服；上好信，则民莫敢不用情。夫如是，则四方之民襁负其子而至矣，焉用稼？"

15.2　在陈绝粮，从者病，莫能兴。子路愠见曰："君子亦有穷乎？"子曰："君子固穷，小人穷斯滥矣。"

15.32　子曰："君子谋道不谋食。耕也，馁在其中矣；学也，禄在其中矣。君子忧道不忧贫。"

15.38　子曰："事君，敬其事而后其食。"

六、处世

孔子认为，世道好，要出来做官；世道不好，要明哲保身。既不合作，也不抵抗；既不自寻短见，也不铤而走险。这是他的处世之道。

（一）用行舍藏

5.1　子谓公冶长："可妻也。虽在缧绁之中，非其罪也。"以其子妻之。

5.2　子谓南容："邦有道，不废；邦无道，免于刑戮。"以其兄之子妻之。

5.21　子曰："宁武子，邦有道，则知（智）；邦无道，则愚。其知（智）可及也，其愚不可及也。"

7.11　子谓颜渊曰："用之则行，舍之则藏，唯我与尔有是夫！"子路曰："子行三军，则谁与（欤）？"子曰："暴虎冯河，死而无悔者，吾不与也。必也临事而惧，好谋而成者也。"

8.13　子曰："笃信好学，守死善道。危邦不入，乱邦不居。天下有道则见，无道则隐。邦有道，贫且贱焉，耻也；邦无道，富且贵焉，耻也。"

11.6　南容三复白圭，孔子以其兄之子妻之。

14.1　宪问耻。子曰："邦有道，谷；邦无道，谷，耻也。""克、伐、怨、欲不行焉，可以为仁矣？"子曰："可以为难矣，仁则吾不知也。"

14.3 子曰："邦有道，危言危行；邦无道，危行言孙（逊）。"

14.37 子曰："贤者辟（避）世，其次辟（避）地，其次辟（避）色，其次辟（避）言。"子曰："作者七人矣。"

14.38 子路宿于石门。晨门曰："奚自？"子路曰："自孔氏。"曰："是知其不可而为之者与（欤）？"

14.39 子击磬于卫，有荷蒉而过孔氏之门者，曰："有心哉，击磬乎！"既而曰："鄙哉，硁硁乎！莫己知也，斯己而已矣。深则厉，浅则揭。"子曰："果哉！末（蔑）之难矣。"

15.7 子曰："直哉史鱼！邦有道如矢，邦无道如矢。君子哉蘧伯玉！邦有道则仕，邦无道则可卷而怀之。"

案：史鱼是直，有道无道都直，孔子欣赏，但决不效法。他更欣赏蘧伯玉，称他为君子。蘧伯玉是有道直，无道曲。

16.2 孔子曰："天下有道，则礼乐征伐自天子出；天下无道，则礼乐征伐自诸侯出。自诸侯出，盖十世希不失矣；自大夫出，五世希不失矣；陪臣执国命，三世希不失矣。天下有道，则政不在大夫；天下有道，则庶人不议。"

案：有道、无道，定义在这段话。孔子说，他生活的时代是无道的时代。

（二）孔子欣赏隐者，但隐者不欣赏孔子

5.23 子曰："伯夷、叔齐不念旧恶，怨是用希（稀）。"

7.15 冉有曰："夫子为卫君乎？"子贡曰："诺，吾将问之。"入，曰："伯夷、叔齐何人也？"曰："古之贤人也。"曰："怨乎？"曰："求仁而得仁，又何怨？"出，曰："夫子不为也。"

14.37 子曰："贤者辟（避）世，其次辟（避）地，其次辟（避）色，其次辟（避）言。"子曰："作者七人矣。"

16.12 齐景公有马千驷，死之日，民无德（得）而称焉。伯夷、叔齐饿于首阳之下，民到于今称之。其斯之谓与（欤）？

18.1 微子去之，箕子为之奴，比干谏而死。孔子曰："殷有三仁焉。"

18.2 柳下惠为士师，三黜。人曰："子未可以去乎？"曰："直道而事人，焉

往而不三黜？枉道而事人，何必去父母之邦？”

18.5 楚狂接舆歌而过孔子，曰：“凤兮凤兮，何德之衰！往者不可谏，来者犹可追。已而已而！今之从政者殆而！”孔子下，欲与之言。趋而辟（避）之，不得与之言。

18.6 长沮、桀溺耦而耕，孔子过之，使子路问津焉。长沮曰：“夫执舆者为谁？”子路曰：“为孔丘。”曰：“是鲁孔丘与（欤）？”曰：“是也。”曰：“是知津矣。”问于桀溺。桀溺曰：“子为谁？”曰：“为仲由。”曰：“是鲁孔丘之徒与（欤）？”对曰：“然。”曰：“滔滔者，天下皆是也，而谁以易之？且而（尔）与其从辟（避）人之士也，岂若从辟（避）世之士哉？”耰而不辍。子路行以告。夫子怃然曰：“鸟兽不可与同群，吾非斯人之徒与而谁与？天下有道，丘不与易也。”

18.7 子路从而后，遇丈人，以杖荷蓧。子路问曰：“子见夫子乎？”丈人曰：“四体不勤，五谷不分，孰为夫子？”植其杖而芸。子路拱而立。止子路宿，杀鸡为黍而食之，见其二子焉。明日，子路行以告。子曰：“隐者也。”使子路反（返）见之。至，则行矣。子路曰：“不仕无义。长幼之节，不可废也；君臣之义，如之何其废之？欲洁其身，而乱大伦。君子之仕也，行其义也。道之不行，已知之矣。”

18.8 逸民：伯夷、叔齐、虞仲、夷逸、朱张、柳下惠、少连。子曰：“不降其志，不辱其身，伯夷、叔齐与（欤）！”谓“柳下惠、少连，降志辱身矣。言中伦，行中虑，其斯而已矣”。谓“虞仲、夷逸，隐居放言，身中清，废中权。我则异于是，无可无不可”。

18.9 大师挚适齐，亚饭干适楚，三饭缭适蔡，四饭缺适秦，鼓方叔入于河，播鼗武入于汉，少师阳、击磬襄入于海。

18.11 周有八士：伯达、伯适、仲突、仲忽、叔夜、叔夏、季随、季骒。

案：《微子》篇专记隐士，对了解孔子很重要，对了解后来的道家很重要。孔子对隐士很尊重，但隐士对孔子不礼貌，不但不礼貌，还讽刺挖苦，看不起他，为什么？原因是，他是“知其不可而为之”（14.38），隐士是“知其不可而不为之”。孔子说，“天下有道则见，无道则隐”（8.13），他所处的时代，按他的定义，当然是无道，但他不肯隐，还是要试，不撞南墙不回头。隐士觉得，他是自讨没趣。

七、修行

孔子是道德先生。他讲的德行，主要有以下几种。

（一）仁

（1）什么叫仁

6.22 樊迟问知（智）。子曰："务民之义，敬鬼神而远之，可谓知（智）矣。"问仁。曰："仁者先难而后获，可谓仁矣。"

12.1 颜渊问仁。子曰："克己复礼为仁。一日克己复礼，天下归仁焉。为仁由己，而由人乎哉？"颜渊曰："请问其目？"子曰："非礼勿视，非礼勿听，非礼勿言，非礼勿动。"颜渊曰："回虽不敏，请事斯语矣。"

案：这是从礼的角度讲仁。

12.2 仲弓问仁。子曰："出门如见大宾，使民如承大祭。己所不欲，勿施于人。在邦无怨，在家无怨。"仲弓曰："雍虽不敏，请事斯语矣。"

案："己所不欲，勿施于人"，其实是恕。古人常以仁释恕，两者有相通之处，详下。

12.3 司马牛问仁。子曰："仁者，其言也讱。"曰："其言也讱，斯谓之仁已乎？"子曰："为之难，言之得无讱乎？"

案：这条是讲"刚毅木讷近仁"，详下。

12.22 樊迟问仁。子曰："爱人。"问知（智）。子曰："知人。"樊迟未达。子曰："举直错（措）诸枉，能使枉者直。"樊迟退，见子夏曰："乡也吾见于夫子而问知（智），子：'举直错（措）诸枉，能使枉者直。'何谓也？"子夏曰："富哉言乎！舜有天下，选于众，举皋陶，不仁者远矣。汤有天下，选于众，举伊尹，不仁者远矣。"

案：仁是人其人，拿人当人。爱人，是推己及人，像爱自己一样爱他人，这是仁的本义。

13.19 樊迟问仁。子曰："居处恭，执事敬，与人忠。虽之夷狄，不可弃也。"

15.10 子贡问为仁。子曰："工欲善其事，必先利其器。居是邦也，事其大夫之贤者，友其士之仁者。"

17.6 子张问仁于孔子。孔子曰:"能行五者于天下为仁矣。"请问之。曰:"恭、宽、信、敏、惠。恭则不侮,宽则得众,信则人任焉,敏则有功,惠则足以使人。"

(2)仁为礼之本

3.3 子曰:"人而不仁,如礼何?人而不仁,如乐何?"

(3)刚毅木讷近仁(对比佞人)

1.3 子曰:"巧言令色,鲜矣仁。"

5.5 或曰:"雍也仁而不佞。"子曰:"焉用佞?御人以口给,屡憎于人。不知其仁,焉用佞?"

5.11 子曰:"吾未见刚者。"或对曰:"申枨。"子曰:"枨也欲,焉得刚。"

6.16 子曰:"不有祝鮀之佞,而有宋朝之美,难乎免于今之世矣。"

12.3 司马牛问仁。子曰:"仁者,其言也讱。"曰:"其言也讱,斯谓之仁已乎?"子曰:"为之难,言之得无讱乎?"

13.27 子曰:"刚、毅、木、讷,近仁。"

15.21 子曰:"君子求诸己,小人求诸人。"

15.27 子曰:"巧言乱德,小不忍则乱大谋。"

17.17 子曰:"巧言令色,鲜矣仁。"

案:孔子喜欢凡事不求人、表情麻木、不善言辞的人。

(4)其他

6.23 子曰:"知(智)者乐水,仁者乐山;知(智)者动,仁者静;知(智)者乐,仁者寿。"

7.6 子曰:"志于道,据于德,依于仁,游于艺。"

7.30 子曰:"仁远乎哉?我欲仁,斯仁至矣。"

9.29 子曰:"知(智)者不惑,仁者不忧,勇者不惧。"

14.1 宪问耻。子曰:"邦有道,谷;邦无道,谷,耻也。""克、伐、怨、欲不行焉,可以为仁矣?"子曰:"可以为难矣,仁则吾不知也。"

14.4 子曰:"有德者必有言,有言者不必有德。仁者必有勇,勇者不必有仁。"

15.9 子曰:"志士仁人,无求生以害仁,有杀身以成仁。"

15.33 子曰："知（智）及之，仁不能守之，虽得之，必失之。知（智）及之，仁能守之，不庄以莅之，则民不敬。知（智）及之，仁能守之，庄以莅之，动之不以礼，未善也。"

15.35 子曰："民之于仁也，甚于水火。水火吾见蹈而死者矣，未见蹈仁而死者也。"

15.36 子曰："当仁不让于师。"

案：孔子论仁，经常与智并说，有时还会提到勇。仁是道德，是体；智是学问，是用，勇也是。

（二）义

1.13 有子曰："信近于义，言可复也。恭近于礼，远耻辱也。因不失其亲，亦可宗也。"

2.24 子曰："非其鬼而祭之，谄也。见义不为，无勇也。"

4.10 子曰："君子之于天下也，无适也，无莫也，义之与比。"

4.16 子曰："君子喻于义，小人喻于利。"

5.16 子谓子产："有君子之道四焉：其行己也恭，其事上也敬，其养民也惠，其使民也义。"

6.22 樊迟问知（智）。子曰："务民之义，敬鬼神而远之，可谓知（智）矣。"问仁。曰："仁者先难而后获，可谓仁矣。"

7.3 子曰："德之不修，学之不讲，闻义不能徙，不善不能改，是吾忧也。"

7.16 子曰："饭疏食，饮水，曲肱而枕之，乐亦在其中矣。不义而富且贵，于我如浮云。"

12.10 子张问崇德辨惑。子曰："主忠信，徙义，崇德也。爱之欲其生，恶之欲其死。既欲其生，又欲其死，是惑也。'诚不以富，亦祇以异。'"

12.20 子张问："士何如斯可谓之达矣？"子曰："何哉，尔所谓达者？"子张对曰："在邦必闻，在家必闻。"子曰："是闻也，非达也。夫达也者，质直而好义，察言而观色，虑以下人。在邦必达，在家必达。夫闻也者，色取仁而行违，居之不疑。在邦必闻，在家必闻。"

13.4 樊迟请学稼。子曰："吾不如老农。"请学为圃。曰："吾不如老圃。"樊迟出。子曰："小人哉，樊须也！上好礼，则民莫敢不敬；上好义，则民莫敢不服；上好信，则民莫敢不用情。夫如是，则四方之民襁负其子而至矣，焉用稼？"

14.12　子路问成人。子曰："若臧武仲之知（智），公绰之不欲，卞庄子之勇，冉求之艺，文之以礼乐，亦可以为成人矣。"曰："今之成人者何必然？见利思义，见危授命，久要不忘平生之言，亦可以为成人矣。"

14.13　子问公叔文子于公明贾曰："信乎夫子不言、不笑、不取乎？"公明贾对曰："以告者过也。夫子时然后言，人不厌其言；乐然后笑，人不厌其笑；义然后取，人不厌其取。"子曰："其然？岂其然乎？"

15.17　子曰："群居终日，言不及义，好行小慧，难矣哉！"

15.18　子曰："君子义以为质，礼以行之，孙（逊）以出之，信以成之。君子哉！"

16.10　孔子曰："君子有九思：视思明，听思聪，色思温，貌思恭，言思忠，事思敬，疑思问，忿思难，见得思义。"

16.11　孔子曰："见善如不及，见不善如探汤，吾见其人矣，吾闻其语矣。隐居以求其志，行义以达其道，吾闻其语矣，未见其人也。"

17.23　子路曰："君子尚勇乎？"子曰："君子义以为上。君子有勇而无义为乱，小人有勇而无义为盗。"

18.7　子路从而后，遇丈人，以杖荷蓧。子路问曰："子见夫子乎？"丈人曰："四体不勤，五谷不分，孰为夫子？"植其杖而芸。子路拱而立。止子路宿，杀鸡为黍而食之，见其二子焉。明日，子路行以告。子曰："隐者也。"使子路反（返）见之。至，则行矣。子路曰："不仕无义。长幼之节，不可废也；君臣之义，如之何其废之？欲洁其身，而乱大伦。君子之仕也，行其义也。道之不行，已知之矣。"

19.1　子张曰："士见危致命，见得思义，祭思敬，丧思哀，其可已矣。"

案：义者宜也，是行为尺度。

（三）孝（包括弟、孝弟、孝友）

（1）孝

1.11　子曰："父在，观其志；父没，观其行；三年无改于父之道，可谓孝矣。"

2.5　孟懿子问孝。子曰："无违。"樊迟御，子告之曰："孟孙问孝于我，我对曰无违。"樊迟曰："何谓也？"子曰："生，事之以礼；死，葬之以礼，祭之以礼。"

2.6　孟武伯问孝。子曰："父母，唯其疾之忧。"

2.7　子游问孝。子曰："今之孝者，是谓能养。至于犬马，皆能有养。不敬，何以别乎？"

2.8　子夏问孝。子曰："色难。有事，弟子服其劳；有酒食，先生馔，曾是以为孝乎？"

2.20　季康子问："使民敬忠以劝，如之何？"子曰："临之以庄则敬，孝慈则忠，举善而教不能则劝。"

案：父慈子孝，孝、慈是相对而言。推孝慈之道以事人，则是忠。

4.18　子曰："事父母几谏，见志不从，又敬不违，劳而不怨。"

4.19　子曰："父母在，不远游。游必有方。"

4.20　子曰："三年无改于父之道，可谓孝矣。"

4.21　子曰："父母之年，不可不知也。一则以喜，一则以惧。"

13.18　叶公语孔子曰："吾党有直躬者，其父攘羊，而子证之。"孔子曰："吾党之直者异于是：父为子隐，子为父隐。直在其中矣。"

14.40　子张曰："《书》云：'高宗谅阴，三年不言。'何谓也？"子曰："何必高宗，古之人皆然。君薨，百官总己以听于冢宰三年。"

17.21　宰我问："三年之丧，期已久矣。君子三年不为礼，礼必坏；三年不为乐，乐必崩。旧谷既没，新谷既升，钻燧改火，期可已矣。"子曰："食夫稻，衣夫锦，于女（汝）安乎？"曰："安。""女（汝）安，则为之。夫君子之居丧，食旨不甘，闻乐不乐，居处不安，故不为也。今女（汝）安，则为之。"宰我出。子曰："予之不仁也！子生三年，然后免于父母之怀。夫三年之丧，天下之通丧也。予也有三年之爱于其父母乎？"

19.18　曾子曰："吾闻诸夫子：孟庄子之孝也，其他可能也；其不改父之臣与父之政，是难能也。"

案：孔子的治道是以孝为本。孝，第一是孝顺，第二是孝敬，第三是孝养。顺，就是事事都顺着父母，只要父母在，就绝对不可违背，孔子叫"无违"。敬和养，更重要的是敬，只养不敬，无异养牲口。老人，养生要敬，送死也要敬。死，要葬之以礼。葬毕，要守孝三年，有所谓"三年之丧"，三年之内，无改于父之道。丧除，还要祭之以礼，慎终追远。

（2）弟

12.5 司马牛忧曰："人皆有兄弟，我独亡！"子夏曰："商闻之矣：死生有命，富贵在天；君子敬而无失，与人恭而有礼；四海之内，皆兄弟也。君子何患乎无兄弟也？"

案：弟（悌）是弟事兄之道。子夏说"四海之内，皆兄弟也"，是悌道的推广。

14.43 原壤夷俟。子曰："幼而不孙（逊）弟，长而无述焉，老而不死，是为贼。"以杖叩其胫。

案：孙弟，读逊悌。

（3）孝弟

1.2 有子曰："其为人也孝弟，而好犯上者，鲜矣；不好犯上，而好作乱者，未之有也。君子务本，本立而道生。孝弟也者，其为仁（人）之本与（欤）！"

1.6 子曰："弟子入则孝，出则弟，谨而信，泛爱众而亲仁（人）。行有余力，则以学文。"

13.20 子贡问曰："何如斯可谓之士矣？"子曰："行己有耻，使于四方，不辱君命，可谓士矣。"曰："敢问其次。"曰："宗族称孝焉，乡党称弟焉。"曰："敢问其次。"曰："言必信，行必果，硁硁然小人哉！抑亦可以为次矣。"曰："今之从政者何如？"子曰："噫！斗筲之人，何足算也。"

案：大哥是爸爸的继承人，悌道是孝道的补充，两者常并称。

（4）孝友

2.21 或谓孔子曰："子奚不为政？"子曰："《书》云：'孝乎惟孝，友于兄弟，施于有政。'是亦为政，奚其为为政？"

案：古人不仅讲"孝弟"，也讲"孝友"。如《诗·小雅·六月》"张仲孝友"，《尔雅·释训》解释这句话，说"善父母为孝，善兄弟为友"。"孝友"就是"孝弟"。

（四）友（朋、朋友）

（1）友

1.8 子曰："……无友不如己者，……"

9.25　子曰："……毋友不如己者，……"

12.23　子贡问友。子曰："忠告而善道之，不可则止，毋自辱焉。"

12.24　曾子曰："君子以文会友，以友辅仁。"

16.4　孔子曰："益者三友，损者三友。友直，友谅，友多闻，益矣。友便辟，友善柔，友便佞，损矣。"

16.5　孔子曰："益者三乐，损者三乐。乐节礼乐，乐道人之善，乐多贤友，益矣。乐骄乐，乐佚游，乐宴乐，损矣。"

19.3　子夏之门人问交于子张。子张曰："子夏云何？"对曰："子夏曰：'可者与之，其不可者拒之。'"子张曰："异乎吾所闻：君子尊贤而容众，嘉善而矜不能。我之大贤与（欤），于人何所不容？我之不贤与（欤），人将拒我，如之何其拒人也？"

（2）朋

1.1　子曰："学而时习之，不亦说（悦）乎？有朋自远方来，不亦乐乎？人不知而不愠，不亦君子乎？"

（3）朋友

1.4　曾子曰："吾日三省吾身：为人谋而不忠乎？与朋友交而不信乎？传不习乎？"

1.7　子夏曰："贤贤易色，事父母能竭其力，事君能致其身，与朋友交言而有信，虽曰未学，吾必谓之学矣。"

4.26　子游曰："事君数，斯辱矣；朋友数，斯疏矣。"

5.26　颜渊、季路侍。子曰："盍各言尔志？"子路曰："愿车马衣（轻）裘与朋友共，敝之而无憾。"颜渊曰："愿无伐善，无施劳。"子路曰："愿闻子之志。"子曰："老者安之，朋友信之，少者怀之。"

10.20　朋友死，无所归，曰："于我殡。"

10.21　朋友之馈，虽车马，非祭肉，不拜。

13.28　子路问曰："何如斯可谓之士矣？"子曰："切切偲偲，怡怡如也，可谓士矣。朋友切切偲偲，兄弟怡怡。"

案：友道是悌道的推广。

（五）忠（信、忠信）

（1）忠

1.4 曾子曰："吾日三省吾身：为人谋而不忠乎？与朋友交而不信乎？传不习乎？"

案：忠，简单说，就是尽心尽意。忠和衷心有关，古人有"中心为忠"之训[1]，这是拆字为解。忠是交人、事人之道，属于社会关系。所谓人，不光是国君，也包括其他人。孔子强调，为人谋事，无论是谁，都要全心全意、真心真意。

2.20 季康子问："使民敬忠以劝，如之何？"子曰："临之以庄则敬，孝慈则忠，举善而教不能则劝。"

3.19 定公问："君使臣，臣事君，如之何？"孔子对曰："君使臣以礼，臣事君以忠。"

案：忠也是事君之道。上面讲"孝慈则忠"，可见忠是模仿事亲。孔子认为，懂得事亲，也就懂得事君，这是移孝作忠。先秦，只有移孝作忠，没有移忠作孝，和宋以来的讲法不同。春秋战国，君臣关系可以解除，父子关系、父母关系不能解除，孔子绝不讲移忠作孝。后人只知事君为忠，忠孝不两全，宁肯舍孝，孔子不这么讲。参看郭店楚简《语丛三》。

4.15 子曰："参乎！吾道一以贯之。"曾子曰："唯。"子出，门人问曰："何谓也？"曾子曰："夫子之道，忠恕而已矣。"

5.19 子张问曰："令尹子文三仕为令尹，无喜色；三已之，无愠色。旧令尹之政，必以告新令尹。何如？"子曰："忠矣。"曰："仁矣乎？"曰："未知，焉得仁？""崔子弑齐君，陈文子有马十乘，弃而违之。至于他邦，则曰：'犹吾大夫崔子也。'违之。之一邦，则又曰：'犹吾大夫崔子也。'违之，何如？"子曰："清矣。"曰："仁矣乎？"曰："未知，焉得仁？"

7.25 子以四教：文、行、忠、信。

12.14 子张问政。子曰："居之无倦，行之以忠。"

12.23 子贡问友。子曰："忠告而善道之，不可则止，毋自辱焉。"

13.19 樊迟问仁。子曰："居处恭，执事敬，与人忠。虽之夷狄，不可弃也。"

1　宗福邦等主编《故训汇纂》，773—774页。

14.7 子曰："爱之，能勿劳乎？忠焉，能勿诲（谋）乎？"

16.10 孔子曰："君子有九思：视思明，听思聪，色思温，貌思恭，言思忠，事思敬，疑思问，忿思难，见得思义。"

（2）忠信

1.8 子曰："君子不重则不威，学则不固。主忠信，无友不知己者，过则勿惮改。"

5.28 子曰："十室之邑，必有忠信如丘者焉，不如丘之好学也。"

9.25 子曰："主忠信，毋友不如己者，过者勿惮改。"

12.10 子张问崇德辨惑。子曰："主忠信，徙义，崇德也。爱之欲其生，恶之欲其死。既欲其生，又欲其死，是惑也。'诚不以富，亦祇以异。'"

15.6 子张问行。子曰："言忠信，行笃敬，虽蛮貊之邦行矣。言不忠信，行不笃敬，虽州里行乎哉？立，则见其参于前也；在舆，则见其倚于衡也，夫然后行。"子张书诸绅。

（六）信

1.4 曾子曰："吾日三省吾身：为人谋而不忠乎？与朋友交而不信乎？传不习乎？"

1.5 子曰："道（导）千乘之国，敬事而信，节用而爱人，使民以时。"

1.6 子曰："弟子入则孝，出则弟，谨而信，泛爱众而亲仁（人）。行有余力，则以学文。"

1.7 子夏曰："贤贤易色，事父母能竭其力，事君能致其身，与朋友交言而有信，虽曰未学，吾必谓之学矣。"

1.13 有子曰："信近于义，言可复也。恭近于礼，远耻辱也。因不失其亲，亦可宗也。"

2.22 子曰："人而无信，不知其可也。大车无輗，小车无軏，其何以行之哉？"

4.22 子曰："古者言之不出，耻躬之不逮也。"

4.23 子曰："以约失之者鲜矣！"

4.24 子曰："君子欲讷于言而敏于行。"

5.10 宰予昼寝。子曰："朽木不可雕也，粪土之墙不可杇也，于予与何诛？"子曰："始吾于人也，听其言而信其行；今吾于人也，听其言而观其行。于予与改是。"

5.26 颜渊、季路侍。子曰："盍各言尔志？"子路曰："愿车马衣（轻）裘与朋友共，敝之而无憾。"颜渊曰："愿无伐善，无施劳。"子路曰："愿闻子之志。"子曰："老者安之，朋友信之，少者怀之。"

7.1 子曰："述而不作，信而好古，窃比于我老彭。"

7.25 子以四教：文、行、忠、信。

8.4 曾子有疾，孟敬子问之。曾子言曰："鸟之将死，其鸣也哀；人之将死，其言也善。君子所贵乎道者三：动容貌，斯远暴慢矣；正颜色，斯近信矣；出辞气，斯远鄙倍（背）矣。笾豆之事，则有司存。"

8.13 子曰："笃信好学，守死善道。危邦不入，乱邦不居。天下有道则见，无道则隐。邦有道，贫且贱焉，耻也；邦无道，富且贵焉，耻也。"

8.16 子曰："狂而不直，侗而不愿，悾悾而不信，吾不知之矣。"

12.7 子贡问政。子曰："足食足兵，民信之矣。"子贡曰："必不得已而去，于斯三者何先？"曰："去兵。"子贡曰："必不得已而去，于斯二者何先？"曰："去食。自古皆有死，民无信不立。"

13.4 樊迟请学稼。子曰："吾不如老农。"请学为圃。曰："吾不如老圃。"樊迟出。子曰："小人哉，樊须也！上好礼，则民莫敢不敬；上好义，则民莫敢不服；上好信，则民莫敢不用情。夫如是，则四方之民襁负其子而至矣，焉用稼？"

13.20 子贡问曰："何如斯可谓之士矣？"子曰："行己有耻，使于四方，不辱君命，可谓士矣。"曰："敢问其次。"曰："宗族称孝焉，乡党称弟焉。"曰："敢问其次。"曰："言必信，行必果，硁硁然小人哉！抑亦可以为次矣。"曰："今之从政者何如？"子曰："噫！斗筲之人，何足算也。"

14.31 子曰："不逆诈，不亿（臆）不信，抑亦先觉者，是贤乎？"

15.18 子曰："君子义以为质，礼以行之，孙（逊）以出之，信以成之。君子哉！"

17.6 子张问仁于孔子。孔子曰："能行五者于天下为仁矣。"请问之。曰："恭、宽、信、敏、惠。恭则不侮，宽则得众，信则人任焉，敏则有功，惠则足以使人。"

17.8 子曰："由也，女（汝）闻六言六蔽（弊）矣乎？"对曰："未也。""居，吾语女（汝）。好仁不好学，其蔽（弊）也愚；好知（智）不好学，其蔽（弊）也荡；好信不好学，其蔽（弊）也贼；好直不好学，其蔽（弊）也绞；好勇不好学，其蔽（弊）也乱；好刚不好学，其蔽（弊）也狂。"

19.10 子夏曰："君子信而后劳其民，未信则以为厉己也；信而后谏，未信则以为谤己也。"

20.1 ……（略）信则民任焉，敏则有功，公则说（悦）。

案：信，简单说，就是说话算话。信和说话有关，古人有"人言不欺"之训，[1]这也是拆字为解。

（七）宽

3.26 子曰："居上不宽，为礼不敬，临丧不哀，吾何以观之哉？"

5.23 子曰："伯夷、叔齐不念旧恶，怨是用希（稀）。"

12.16 子曰："君子成人之美，不成人之恶。小人反是。"

15.15 子曰："躬自厚而薄责于人，则远怨矣。"

17.6 子张问仁于孔子。孔子曰："能行五者于天下为仁矣。"请问之。曰："恭、宽、信、敏、惠。恭则不侮，宽则得众，信则人任焉，敏则有功，惠则足以使人。"

19.3 子夏之门人问交于子张。子张曰："子夏云何？"对曰："子夏曰：'可者与之，其不可者拒之。'"子张曰："异乎吾所闻：君子尊贤而容众，嘉善而矜不能。我之大贤与（欤），于人何所不容？我之不贤与（欤），人将拒我，如之何其拒人也？"

20.1 ……（略）宽则得众，信则民任焉，敏则有功，公则说（悦）。

案：宽容和原谅，孔子叫宽，不叫恕。

（八）恕

4.15 子曰："参乎！吾道一以贯之。"曾子曰："唯。"子出，门人问曰："何谓

1 宗福邦等主编《故训汇纂》，124—126页。

也？"曾子曰："夫子之道，忠恕而已矣。"

5.12 子贡曰："我不欲人之加诸我也，吾亦欲无加诸人。"子曰："赐也，非尔所及也。"

案：子贡所说，正是恕道。子贡希望，既不受人欺负，也不欺负人。孔子说，你还做不到。

12.2 仲弓问仁。子曰："出门如见大宾，使民如承大祭。己所不欲，勿施于人。在邦无怨，在家无怨。"仲弓曰："雍虽不敏，请事斯语矣。"

14.34 或曰："以德报怨，何如？"子曰："何以报德？以直（值）报怨，以德报德。"

15.24 子贡问曰："有一言而可以终身行之者乎？"子曰："其恕乎！己所不欲，勿施于人。"

案：恕，简单说，就是将心比心。俗话说，半斤换八两，人心换人心，古人有"如心为恕"之训。恕不等于宽恕。今语宽恕，强调的是宽，其宽容、原谅等义都是从宽引申，并不是恕。我们要注意，仁、恕二字，都含对等原则。别人不应把他的想法强加于我，我也不应把我的想法强加于别人，就是对等原则。孔子反对"以德报怨"，主张"以直（值）报怨，以德报德"，即以怨报怨，以德报德，这也是对等原则。恕道，可不是原谅。

（九）恭

1.10 子禽问于子贡曰："夫子至于是邦也，必闻其政。求之与（欤）？抑与之与（欤）？"子贡曰："夫子温、良、恭、俭、让以得之。夫子之求之也，其诸异乎人之求之与（欤）！"

1.13 有子曰："信近于义，言可复也。恭近于礼，远耻辱也。因不失其亲，亦可宗也。"

5.16 子谓子产："有君子之道四焉：其行己也恭，其事上也敬，其养民也惠，其使民也义。"

5.25 子曰："巧言令色足恭，左丘明耻之，丘亦耻之。匿怨而友其人，左丘明耻之，丘亦耻之。"

7.38 子温而厉，威而不猛，恭而安。

8.2 子曰："恭而无礼则劳，慎而无礼则葸，勇而无礼则乱，直而无礼则绞。君子笃于亲，则民兴于仁；故旧不遗，则民不偷。"

12.5 司马牛忧曰："人皆有兄弟，我独亡！"子夏曰："商闻之矣：死生有命，富贵在天；君子敬而无失，与人恭而有礼；四海之内，皆兄弟也。君子何患乎无兄弟也？"

13.19 樊迟问仁。子曰："居处恭，执事敬，与人忠。虽之夷狄，不可弃也。"

15.5 子曰："无为而治者，其舜也与（欤）？夫何为哉？恭己正南面而已矣。"

16.10 孔子曰："君子有九思：视思明，听思聪，色思温，貌思恭，言思忠，事思敬，疑思问，忿思难，见得思义。"

17.6 子张问仁于孔子。孔子曰："能行五者于天下为仁矣。"请问之。曰："恭、宽、信、敏、惠。恭则不侮，宽则得众，信则人任焉，敏则有功，惠则足以使人。"

19.25 陈子禽谓子贡曰："子为恭也？仲尼岂贤于子乎？"子贡曰："君子一言以为知，一言以为不知，言不可不慎也！夫子之不可及也，犹天之不可阶而升也。夫子之得邦家者，所谓立之斯立，道（导）之斯行，绥之斯来，动之斯和。其生也荣，其死也哀，如之何其可及也？"

（十）敬

1.5 子曰："道（导）千乘之国，敬事而信，节用而爱人，使民以时。"

2.7 子游问孝。子曰："今之孝者，是谓能养。至于犬马，皆能有养。不敬，何以别乎？"

2.20 季康子问："使民敬忠以劝，如之何？"子曰："临之以庄则敬，孝慈则忠，举善而教不能则劝。"

3.26 子曰："居上不宽，为礼不敬，临丧不哀，吾何以观之哉？"

4.18 子曰："事父母几谏，见志不从，又敬不违，劳而不怨。"

5.16 子谓子产："有君子之道四焉：其行己也恭，其事上也敬，其养民也惠，其使民也义。"

5.17 子曰："晏平仲善与人交，久而敬之。"

6.2　仲弓问子桑伯子。子曰："可也，简。"仲弓曰："居敬而行简，以临其民，不亦可乎？居简而行简，无乃大简乎？"子曰："雍之言然。"

6.22　樊迟问知（智）。子曰："务民之义，敬鬼神而远之，可谓知（智）矣。"问仁。曰："仁者先难而后获，可谓仁矣。"

12.5　司马牛忧曰："人皆有兄弟，我独亡！"子夏曰："商闻之矣：死生有命，富贵在天；君子敬而无失，与人恭而有礼；四海之内，皆兄弟也。君子何患乎无兄弟也？"

13.4　樊迟请学稼。子曰："吾不如老农。"请学为圃。曰："吾不如老圃。"樊迟出。子曰："小人哉，樊须也！上好礼，则民莫敢不敬；上好义，则民莫敢不服；上好信，则民莫敢不用情。夫如是，则四方之民襁负其子而至矣，焉用稼？"

13.19　樊迟问仁。子曰："居处恭，执事敬，与人忠。虽之夷狄，不可弃也。"

14.42　子路问君子。子曰："修己以敬。"曰："如斯而已乎？"曰："修己以安人。"曰："如斯而已乎？"曰："修己以安百姓。修己以安百姓，尧、舜其犹病诸。"

15.6　子张问行。子曰："言忠信，行笃敬，虽蛮貊之邦行矣。言不忠信，行不笃敬，虽州里行乎哉？立，则见其参于前也；在舆，则见其倚于衡也，夫然后行。"子张书诸绅。

15.33　子曰："知（智）及之，仁不能守之，虽得之，必失之。知（智）及之，仁能守之，不庄以莅之，则民不敬。知（智）及之，仁能守之，庄以莅之，动之不以礼，未善也。"

15.38　子曰："事君，敬其事而后其食。"

16.10　孔子曰："君子有九思：视思明，听思聪，色思温，貌思恭，言思忠，事思敬，疑思问，忿思难，见得思义。"

19.1　子张曰："士见危致命，见得思义，祭思敬，丧思哀，其可已矣。"

案：上面说，"貌思恭""事思敬"，敬事和今语敬业类似。恭、敬相似，但恭主要是仪容谦恭，敬主要是待人接物很诚恳，工作态度很认真。

（十一）让

1.10　子禽问于子贡曰："夫子至于是邦也，必闻其政。求之与（欤）？抑与之与（欤）？"子贡曰："夫子温、良、恭、俭、让以得之。夫子之求之也，其诸异乎人之求之与（欤）！"

3.7 子曰："君子无所争，必也射乎！揖让而升下而饮，其争也君子。"

4.13 子曰："能以礼让为国乎，何有？不能以礼让为国，如礼何？"

8.1 子曰："泰伯，其可谓至德也已矣。三以天下让，民无得而称焉。"

11.26 ……（略）曰："夫子何哂由也？"曰："为国以礼，其言不让，是故哂之。"……（略）

15.36 子曰："当仁不让于师。"

案：让和礼密不可分。

（十二）敏

1.14 子曰："君子食无求饱，居无求安，敏于事而慎于言，就有道而正焉，可谓好学也已。"

4.24 子曰："君子欲讷于言而敏于行。"

5.15 子贡问曰："孔文子何以谓之'文'也？"子曰："敏而好学，不耻下问，是以谓之'文'也。"

7.20 子曰："我非生而知之者，好古，敏以求之者也。"

12.1 颜渊问仁。子曰："克己复礼为仁。一日克己复礼，天下归仁焉。为仁由己，而由人乎哉？"颜渊曰："请问其目？"子曰："非礼勿视，非礼勿听，非礼勿言，非礼勿动。"颜渊曰："回虽不敏，请事斯语矣。"

12.2 仲弓问仁。子曰："出门如见大宾，使民如承大祭。己所不欲，勿施于人。在邦无怨，在家无怨。"仲弓曰："雍虽不敏，请事斯语矣。"

17.6 子张问仁于孔子。孔子曰："能行五者于天下为仁矣。"请问之。曰："恭、宽、信、敏、惠。恭则不侮，宽则得众，信则人任焉，敏则有功，惠则足以使人。"

20.1 ……（略）宽则得众，信则民任焉，敏则有功，公则说（悦）。

案：敏是办事勤快。

（十三）惠

4.11 子曰："君子怀德，小人怀土；君子怀刑，小人怀惠。"

5.16 子谓子产："有君子之道四焉：其行己也恭，其事上也敬，其养民也惠，其使民也义。"

14.9 或问子产。子曰："惠人也。"问子西。曰："彼哉彼哉！"问管仲。曰："人（仁）也。夺伯氏骈邑三百，饭疏食，没齿无怨言。"

17.6 子张问仁于孔子。孔子曰："能行五者于天下为仁矣。"请问之。曰："恭、宽、信、敏、惠。恭则不侮，宽则得众，信则人任焉，敏则有功，惠则足以使人。"

20.2 子张问于孔子曰："何如斯可以从政矣？"子曰："尊五美，屏四恶，斯可以从政矣。"子张曰："何谓五美？"子曰："君子惠而不费，劳而不怨，欲而不贪，泰而不骄，威而不猛。"子张曰："何谓惠而不费？"子曰："因民之所利而利之，斯不亦惠而不费乎？择可劳而劳之，又谁怨？欲仁而得仁，又焉贪？君子无众寡，无小大，无敢慢，斯不亦泰而不骄乎？君子正其衣冠，尊其瞻视，俨然人望而畏之，斯不亦威而不猛乎？"子张曰："何谓四恶？"子曰："不教而杀，谓之虐。不戒视成，谓之暴。慢令致期，谓之贼。犹之与人也，出纳之吝，谓之有司。"

案：惠是施惠于民。

（十四）中庸

6.29 子曰："中庸之为德也，其至矣乎！民鲜久矣。"

20.1 尧曰："咨！尔舜！天之历数在尔躬，允执其中。四海困穷，天禄永终。"舜亦以命禹。……（略）

案：中庸，是恰如其分，折中矛盾，反对极端。参看《礼记·中庸》。

（十五）为尊者讳

7.31 陈司败问："昭公知礼乎？"孔子曰："知礼。"孔子退，揖巫马期而进之，曰："吾闻君子不党，君子亦党乎？君取于吴为同姓，谓之吴孟子。君而知礼，孰不知礼？"巫马期以告。子曰："丘也幸，苟有过，人必知之。"

13.18 叶公语孔子曰："吾党有直躬者，其父攘羊，而子证之。"孔子曰："吾党之直者异于是：父为子隐，子为父隐。直在其中矣。"

案：前者是为君讳，后者是为亲讳，都属于为尊者讳。为尊者讳，和孝道有关。

（十六）孔子反对乡愿

9.26 子曰："三军可夺帅也，匹夫不可夺志也。"

13.24 子贡问曰："乡人皆好之，何如？"子曰："未可也。""乡人皆恶之，何如？"子曰："未可也。不如乡人之善者好之，其不善者恶之。"

15.28 子曰："众恶之，必察焉；众好之，必察焉。"

17.13 子曰："乡原（愿），德之贼也。"

案：旧说，乡愿是一乡之内，谁都说好的好好先生。愿是谨厚的意思。谨厚就是老实巴交。老实巴交有什么不好？当然好。但这个词是名褒实贬。所谓好好先生，是曲阿于俗，不问是非曲直，一切听群众，一切听舆论。大家说好，他就说好，因此大家说他好。孔子不迷信群众，不迷信舆论，认为乡人说好，未必就好；说坏，也未必就坏，与其如此，还不如看看什么人说他好，什么人说他坏。好人说好，坏人说坏，反而可能是真好。这种精神很可贵。它不是以民主定是非，而是以良知定是非，这是知识分子最可宝贵的东西。"三军可夺帅也，匹夫不可夺志也"，正是讲坚持独立见解的可贵。

（十七）其他

7.6 子曰："志于道，据于德，依于仁，游于艺。"

八、习礼

《论语》论礼，有些是泛论，不涉及仪节本身，有些则是解释礼仪的细节。这里所摘，主要是前一类，后一类，主要集中于《八佾》和《乡党》，这里从略。

（一）不学礼，无以立

8.2 子曰："恭而无礼则劳，慎而无礼则葸，勇而无礼则乱，直而无礼则绞。

君子笃于亲,则民兴于仁;故旧不遗,则民不偷。"

16.13 陈亢问于伯鱼曰:"子亦有异闻乎?"对曰:"未也。尝独立,鲤趋而过庭,曰:'学诗乎?'对曰:'未也。''不学诗,无以言。'鲤退而学诗。他日又独立,鲤趋而过庭,曰:'学礼乎?'对曰:'未也。''不学礼,无以立。'鲤退而学礼。闻斯二者。"陈亢退而喜曰:"问一得三,闻诗闻礼,又闻君子之远其子也。"

17.24 子贡曰:"君子亦有恶乎?"子曰:"有恶。恶称人之恶者,恶居下(流)而讪上者,恶勇而无礼者,恶果敢而窒者。"曰:"赐也亦有恶乎?""恶徼以为知(智)者,恶不孙(逊)以为勇者,恶讦以为直者。"

20.3 孔子曰:"不知命,无以为君子也;不知礼,无以立也;不知言,无以知人也。"

(二)博学于文,约之以礼

6.27 子曰:"君子博学于文,约之以礼,亦可以弗畔(叛)矣夫。"

9.11 颜渊喟然叹曰:"仰之弥高,钻之弥坚。瞻之在前,忽焉在后。夫子循循然善诱人,博我以文,约我以礼,欲罢不能。既竭吾才,如有所立,卓尔,虽欲从之,末(蔑)由也已。"

12.15 子曰:"博学于文,约之以礼,亦可以弗畔(叛)矣夫。"

案:学文要博,学礼要约。

(三)孔子论三代之礼

2.23 子张问:"十世可知也?"子曰:"殷因于夏礼,所损益可知也;周因于殷礼,所损益可知也。其或继周者,虽百世可知也。"

3.9 子曰:"夏礼吾能言之,杞不足征也;殷礼吾能言之,宋不足征也。文献不足故也,足则吾能征之矣。"

(四)礼是为了和,不是为了同

1.12 有子曰:"礼之用,和为贵;先王之道,斯为美。小大由之。有所不行:知和而和,不以礼节之,亦不可行也。"

13.23 子曰："君子和而不同，小人同而不和。"

案：和是和谐，同是平等。礼的目标是和谐，不是平等。它把人分成三六九等，借等级，立秩序，叫和。孔子赞美"大道之行也，天下为公"的大同世界，但他所谓的大同世界，只属于上古盛世，后来的文明社会，都是以家庭、私有制为立国之本的小康社会。小康社会，不讲同，只讲和。所谓和谐，不是为和而和，而是靠礼来节制和维持不平等。《墨子》尚同、兼爱，是针对孔子的礼、仁。孔子的礼，讲究的是别，仁也是爱有差等，并不是平等、博爱。

（五）贫而乐，富而好礼

1.15 子贡曰："贫而无谄，富而无骄，何如？"子曰："可也。未若贫而乐，富而好礼者也。"子贡曰："《诗》云：'如切如磋，如琢如磨。'其斯之谓与（欤）？"子曰："赐也，始可与言《诗》已矣，告诸往而知来者。"

案：礼是阔人的规矩，富才能好礼。

（六）礼与道德

（1）礼与仁

3.3 子曰："人而不仁，如礼何？人而不仁，如乐何？"

12.1 颜渊问仁。子曰："克己复礼为仁。一日克己复礼，天下归仁焉。为仁由己，而由人乎哉？"颜渊曰："请问其目？"子曰："非礼勿视，非礼勿听，非礼勿言，非礼勿动。"颜渊曰："回虽不敏，请事斯语矣。"

15.33 子曰："知（智）及之，仁不能守之，虽得之，必失之。知（智）及之，仁能守之，不庄以莅之，则民不敬。知（智）及之，仁能守之，庄以莅之，动之不以礼，未善也。"

（2）礼与孝

2.5 孟懿子问孝。子曰："无违。"樊迟御，子告之曰："孟孙问孝于我，我对曰无违。"樊迟曰："何谓也？"子曰："生，事之以礼；死，葬之以礼，祭之以礼。"

17.21 宰我问："三年之丧，期已久矣。君子三年不为礼，礼必坏；三年不为乐，乐必崩。旧谷既没，新谷既升，钻燧改火，期可已矣。"子曰："食夫稻，衣夫锦，于女（汝）安乎？"曰："安。""女（汝）安，则为之。夫君子之居丧，食旨不甘,闻乐不乐,居处不安,故不为也。今女(汝)安,则为之。"宰我出。子曰:"予之不仁也!子生三年,然后免于父母之怀。夫三年之丧,天下之通丧也。予也有三年之爱于其父母乎?"

(3)礼与忠

3.18 子曰:"事君尽礼,人以为谄也。"

3.19 定公问:"君使臣,臣事君,如之何?"孔子对曰:"君使臣以礼,臣事君以忠。"

14.41 子曰:"上好礼,则民易使也。"

(4)礼与敬(或礼与恭,或礼与让)

1.13 有子曰:"信近于义,言可复也。恭近于礼,远耻辱也。因不失其亲,亦可宗也。"

3.26 子曰:"居上不宽,为礼不敬,临丧不哀,吾何以观之哉?"

4.13 子曰:"能以礼让为国乎,何有?不能以礼让为国,如礼何?"

11.26 ……三子者出,曾皙后。曾皙曰:"夫三子者之言何如?"子曰:"亦各言其志也已矣。"曰:"夫子何哂由也?"曰:"为国以礼,其言不让,是故哂之。"……

12.5 司马牛忧曰:"人皆有兄弟,我独亡!"子夏曰:"商闻之矣:死生有命,富贵在天;君子敬而无失,与人恭而有礼;四海之内,皆兄弟也。君子何患乎无兄弟也?"

13.4 樊迟请学稼。子曰:"吾不如老农。"请学为圃。曰:"吾不如老圃。"樊迟出。子曰:"小人哉,樊须也!上好礼,则民莫敢不敬;上好义,则民莫敢不服;上好信,则民莫敢不用情。夫如是,则四方之民襁负其子而至矣,焉用稼?"

(七)礼与乐

8.8 子曰:"兴于诗,立于礼,成于乐。"

17.11 子曰:"礼云礼云,玉帛云乎哉?乐云乐云,钟鼓云乎哉?"

(八)礼与政、刑

2.3 子曰:"道(导)之以政,齐之以刑,民免而无耻;道(导)之以德,齐之以礼，有耻且格。"

13.3 子路曰："卫君待子而为政，子将奚先？"子曰："必也正名乎！"子路曰："有是哉，子之迂也！奚其正？"子曰："野哉由也！君子于其所不知，盖阙如也。名不正，则言不顺；言不顺，则事不成；事不成，则礼乐不兴；礼乐不兴，则刑罚不中；刑罚不中，则民无所错手足。故君子名之必可言也，言之必可行也。君子于其言，无所苟而已矣。"

案：孔子主张以德治国，以礼治国，但不是不要政、刑，而是把德、礼放在政、刑之上。古代的政、刑，是以刑、名而行。

（九）礼宁俭，丧宁戚

3.4 林放问礼之本。子曰："大哉问！礼，与其奢也，宁俭；丧，与其易也，宁戚。"

9.3 子曰："麻冕，礼也，今也纯，俭，吾从众。拜下，礼也，今拜乎上，泰也，虽违众，吾从下。"

案：《墨子》提倡节用、节葬，也是求俭，但"三年之丧"，在墨子看来，还是太奢侈。《老子》也反对奢侈。

（十）礼坏乐崩

16.2 孔子曰："天下有道，则礼乐征伐自天子出；天下无道，则礼乐征伐自诸侯出。自诸侯出，盖十世希不失矣；自大夫出，五世希不失矣；陪臣执国命，三世希不失矣。天下有道，则政不在大夫；天下有道，则庶人不议。"

17.21 宰我问："三年之丧，期已久矣。君子三年不为礼，礼必坏；三年不为乐，乐必崩。……"（略）

案：后面一条，就是"礼坏乐崩"的出典。

（十一）管仲、昭公不知礼

3.22 子曰："管仲之器小哉！"或曰："管仲俭乎？"曰："管仲有三归，官事不摄，焉得俭？""然则管仲知礼乎？"曰："邦君树塞门，管氏亦树塞门。邦君为两君之好，有反坫，管氏亦有反坫。管氏而知礼，孰不知礼？"

7.31 陈司败问："昭公知礼乎?"孔子曰："知礼。"孔子退，揖巫马期而进之，曰："吾闻君子不党，君子亦党乎? 君取于吴为同姓，谓之吴孟子。君而知礼，孰不知礼?"巫马期以告。子曰："丘也幸，苟有过，人必知之。"

案：礼不下庶人。孔子对非礼行为的批评多半是针对统治者。老百姓，本来就不知礼，没有必要批评。

（十二）其他

3.8 子夏问曰："'巧笑倩兮，美目盼兮，素以为绚兮'何谓也?"子曰："绘事后素。"曰："礼后乎?"子曰："起予者商也，始可与言《诗》已矣。"

3.15 子入太庙，每事问。或曰："孰谓鄹人之子知礼乎? 入太庙，每事问。"子闻之，曰："是礼也。"

3.17 子贡欲去告朔之饩羊。子曰："赐也，尔爱其羊，我爱其礼。"

7.18 子所雅言，《诗》《书》。执礼，皆雅言也。

11.1 子曰："先进于礼乐，野人也；后进于礼乐，君子也。如用之，则吾从先进。"

14.12 子路问成人。子曰："若臧武仲之知（智），公绰之不欲，卞庄子之勇，冉求之艺，文之以礼乐，亦可以为成人矣。"曰："今之成人者何必然? 见利思义，见危授命，久要不忘平生之言，亦可以为成人矣。"

15.18 子曰："君子义以为质，礼以行之，孙（逊）以出之，信以成之。君子哉！"

16.5 孔子曰："益者三乐，损者三乐。乐节礼乐，乐道人之善，乐多贤友，益矣。乐骄乐，乐佚游，乐宴乐，损矣。"

九、治学

孔子治学，主要是学文。通过学文，习礼、求道。学文，主要是学六艺类的经典，特别是《诗》《书》。六艺是人文学术，古人叫"文学"。

（一）孔子论六艺

（1）诗、书

7.18　子所雅言，《诗》《书》。执礼，皆雅言也。

8.8　子曰："兴于诗，立于礼，成于乐。"

13.5　子曰："诵《诗》三百，授之以政，不达；使于四方，不能专对；虽多，亦奚以为？"

16.13　陈亢问于伯鱼曰："子亦有异闻乎？"对曰："未也。尝独立，鲤趋而过庭，曰：'学诗乎？'对曰：'未也。''不学诗，无以言。'鲤退而学诗。他日又独立，鲤趋而过庭，曰：'学礼乎？'对曰：'未也。''不学礼，无以立。'鲤退而学礼。闻斯二者。"陈亢退而喜曰："问一得三，闻诗闻礼，又闻君子之远其子也。"

17.9　子曰："小子何莫学夫诗？诗，可以兴，可以观，可以群，可以怨。迩之事父，远之事君。多识于鸟兽草木之名。"

17.10　子谓伯鱼曰："女（汝）为《周南》《召南》矣乎？人而不为《周南》《召南》，其犹正墙面而立也与（欤）！"

（2）礼、乐

7.14　子在齐闻《韶》，三月不知肉味，曰："不图为乐之至于斯也！"

7.32　子与人歌而善，必使反之，而后和之。

8.8　子曰："兴于诗，立于礼，成于乐。"

8.15　子曰："师挚之始，《关雎》之乱，洋洋乎盈耳哉！"

9.15　子曰："吾自卫反（返）鲁，然后乐正，《雅》《颂》各得其所。"

17.18　子曰："恶紫之夺朱也，恶郑声之乱雅乐也，恶利口之覆邦家者。"

　　案：礼乐，主要是从演礼奏乐学，不一定靠书。

（3）《易》《春秋》

7.17　子曰："加我数年，五十以学《易》，可以无大过矣。"

　　案：《论语》没提到《春秋》。

（二）孔子论学（附子夏论学）

（1）古之学者为己

14.24 子曰："古之学者为己，今之学者为人。"

　　案：孔子赞同的是"古之学者"。

（2）孔子好学，而学无常师

5.28 子曰："十室之邑，必有忠信如丘者焉，不如丘之好学也。"

7.22 子曰："三人行，必有我师焉：择其善者而从之，其不善者而改之。"

19.22 卫公孙朝问于子贡曰："仲尼焉学？"子贡曰："文武之道，未坠于地，在人。贤者识其大者，不贤者识其小者，莫不有文武之道焉，夫子焉不学，而亦何常师之有？"

（3）学文是为了习礼、求道

6.27 子曰："君子博学于文，约之以礼，亦可以弗畔（叛）矣夫。"

9.11 颜渊喟然叹曰："仰之弥高，钻之弥坚。瞻之在前，忽焉在后。夫子循循然善诱人，博我以文，约我以礼，欲罢不能。既竭吾才，如有所立，卓尔，虽欲从之，末（蔑）由也已。"

12.15 子曰："博学于文，约之以礼，亦可以弗畔（叛）矣夫。"

19.7 子夏曰："百工居肆以成其事，君子学以致其道。"

（4）学习是为了快乐

6.20 子曰："知之者不如好之者，好之者不如乐之者。"

（5）行有余力，则以学文

1.6 子曰："弟子入则孝，出则弟，谨而信，泛爱众而亲仁（人）。行有余力，则以学文。"

（6）仕而优则学，学而优则仕

19.13 子夏曰："仕而优则学，学而优则仕。"

　　案：优是有余力。这是讲读书和做官的关系。孔子认为，做官有余力要读书，读书有余力要做官。

（7）温故知新，可以为师

2.11 子曰："温故而知新，可以为师矣。"

19.5 子夏曰："日知其所亡，月无忘其所能，可谓好学也已矣。"

（8）知与不知

2.17 子曰："由！诲女（汝）知之乎？知之为知之，不知为不知，是知也。"

5.9　子谓子贡曰："女（汝）与回也孰愈？"对曰："赐也何敢望回？回也闻一以知十，赐也闻一以知二。"子曰："弗如也。吾与女（汝），弗如也。"

7.28　子曰："盖有不知而作之者，我无是也。多闻，择其善者而从之，多见而识之，知之次也。"

13.3　子曰："野哉由也！君子于其所不知，盖阙如也。……"

（9）学与思

2.15　子曰："学而不思则罔，思而不学则殆。"

15.31　子曰："吾尝终日不食，终夜不寝，以思，无益，不如学也。"

19.6　子夏曰："博学而笃志，切问而近思，仁在其中矣。"

（10）博与专

9.2　达巷党人曰："大哉孔子，博学而无所成名。"子闻之，谓门弟子曰："吾何执？执御乎，执射乎？吾执御矣。"

　　案：孔子强调博学。

（11）吾道一以贯之

4.15　子曰："参乎！吾道一以贯之。"曾子曰："唯。"子出，门人问曰："何谓也？"曾子曰："夫子之道，忠恕而已矣。"

15.3　子曰："赐也，女（汝）以予为多学而识之者与（欤）？"对曰："然，非与（欤）？"曰："非也，予一以贯之。"

　　案：孔子强调联想型的记忆，反对死记硬背。

（12）为学四忌

9.4　子绝四：毋意，毋必，毋固，毋我。

（13）小道可观，致远恐泥

19.4　子夏曰："虽小道，必有可观者焉，致远恐泥，是以君子不为也。"

　　案：这是子夏闻之于夫子。

十、施教

孔子教学生，特点有三，一是有教无类，不讲出身；二是启发式，循循善诱；三是善于针对学生的缺点，因材施教。前两条，《论语》讲得很清楚。第三条，是宋人从《论语》中总结出来的。《子张》篇最典型。

7.2 子曰："默而识之，学而不厌，诲人不倦，何有于我哉？"

7.7 子曰："自行束脩以上，吾未尝无诲焉。"

7.8 子曰："不愤不启，不悱不发，举一隅不以三隅反，则不复也。"

7.24 子曰："二三子以我为隐乎？吾无隐乎尔。吾无行而不与二三子者，是丘也。"

9.11 颜渊喟然叹曰："仰之弥高，钻之弥坚。瞻之在前，忽焉在后。夫子循循然善诱人，博我以文，约我以礼，欲罢不能。既竭吾才，如有所立，卓尔，虽欲从之，末（蔑）由也已。"

15.39 子曰："有教无类。"

十一、干禄

孔子是个热衷政治的人。他主张以德治国，以家治天下，小道理管大道理。孝道和从孝道生发的纲常伦纪，是他施政的基础。他的施政纲领是"君君、臣臣、父父、子子"。他对耕战不感兴趣，和战国法家相反，但主张愚民则同。孔子办学，不是为了开启民智，而是培养一批苦孩子，让他们绳继贵族文化。

（一）从政：读书为了做官

2.18 子张学干禄。子曰："多闻阙疑，慎言其余，则寡尤；多见阙殆，慎行其余，则寡悔。言寡尤，行寡悔，禄在其中矣。"

5.6 子使漆彫开仕。对曰："吾斯之未能信。"子说（悦）。

8.12 子曰："三年学，不至于谷，不易得也。"

9.13 子贡曰："有美玉于斯，韫椟而藏诸？求善贾（价）而沽（贾）诸？"子曰："沽（贾）之哉！沽（贾）之哉！我待贾（价）者也。"

13.10 子曰："苟有用我者，期月而已可也，三年有成。"

13.11 子曰："'善人为邦百年，亦可以胜残去杀矣。'诚哉是言！"

13.12 子曰："如有王者，必世而后仁。"

14.1 宪问耻。子曰："邦有道，谷；邦无道，谷，耻也。""克、伐、怨、欲不行焉，可以为仁矣？"子曰："可以为难矣，仁则吾不知也。"

15.32　子曰："君子谋道不谋食。耕也，馁在其中矣；学也，禄在其中矣。君子忧道不忧贫。"

15.38　子曰："事君，敬其事而后其食。"

17.7　佛肸召，子欲往。子路曰："昔者由也闻诸夫子曰：'亲于其身为不善者，君子不入也。'佛肸以中牟畔（叛），子之往也，如之何？"子曰："然，有是言也。不曰坚乎，磨而不磷；不曰白乎，涅而不缁。吾岂匏瓜也哉？焉能系而不食？"

案：孔子认为，学习是为了干禄，读书一定要做官，如果学了半天，没有官做，是终生遗憾。他在民间混过，多能鄙事，但他看不起这类本事，特别是种地。他更喜欢贵族生活，不是武士精神和打打杀杀，而是他们的古老文化、古老道德和君子风度。对他说来，文德重于武功。

（二）为政：孔子的施政精神

2.3　子曰："道（导）之以政，齐之以刑，民免而无耻；道（导）之以德，齐之以礼，有耻且格。"

2.21　或谓孔子曰："子奚不为政？"子曰："《书》云：'孝乎惟孝，友于兄弟，施于有政。'是亦为政，奚其为为政？"

6.8　季康子问："仲由可使从政也与（欤）？"子曰："由也果，于从政乎何有？"曰："赐也可使从政也与（欤）？"曰："赐也达，于从政乎何有？"曰："求也可使从政也与（欤）？"曰："求也艺，于从政乎何有？"

案：孔门中最有政治才能，是仲由、端沐赐和冉求。

8.9　子曰："民可使由之，不可使知之。"

8.14　子曰："不在其位，不谋其政。"

12.7　子贡问政。子曰："足食足兵，民信之矣。"子贡曰："必不得已而去，于斯三者何先？"曰："去兵。"子贡曰："必不得已而去，于斯二者何先？"曰："去食。自古皆有死，民无信不立。"

12.11　齐景公问政于孔子。孔子对曰："君君、臣臣、父父、子子。"公曰："善哉！信如君不君、臣不臣、父不父、子不子，虽有粟，吾得而食诸？"

13.2 仲弓为季氏宰，问政。子曰："先有司，赦小过，举贤才。"曰："焉知贤才而举之？"曰："举尔所知，尔所不知，人其舍诸？"

13.3 子路曰："卫君待子而为政，子将奚先？"子曰："必也正名乎！"子路曰："有是哉，子之迂也！奚其政？"子曰："野哉由也！君子于其所不知，盖阙如也。名不正，则言不顺；言不顺，则事不成；事不成，则礼乐不兴；礼乐不兴，则刑罚不中；刑罚不中，则民无所错手足。故君子名之必可言也，言之必可行也。君子于其言，无所苟而已矣。"

13.9 子适卫，冉有仆。子曰："庶矣哉！"冉有曰："既庶矣，又何加焉？"曰："富之。"曰："既富矣，又何加焉？"曰："教之。"

13.10 子曰："苟有用我者，期月而已可也，三年有成。"

14.26 子曰："不在其位，不谋其政。"曾子曰："君子思不出其位。"

15.1 卫灵公问陈于孔子。孔子对曰："俎豆之事，则尝闻之矣；军旅之事，未之学也。"明日遂行。

16.1 孔子曰："求，君子疾夫舍曰欲之而必为之辞。丘也闻有国有家者，不患寡而患不均，不患贫而患不安。盖均无贫，和无寡，安无倾。夫如是，故远人不服，则修文德以来之；既来之，则安之。……"

20.1 尧曰："咨！尔舜！天之历数在尔躬，允执其中。四海困穷，天禄永终。"舜亦以命禹。曰："予小子履，敢用玄牡，敢昭告于皇皇后帝：有罪不敢赦。帝臣不蔽，简在帝心。朕躬有罪，无以万方；万方有罪，罪在朕躬。""周有大赉，善人是富。虽有周亲，不如仁人。百姓有过，在予一人。"谨权量，审法度，修废官，四方之政行焉。兴灭国，继绝世，举逸民，天下之民归心焉。所重民食、丧、祭。宽则得众，信则民任焉，敏则有功，公则说（悦）。

十二、闻达

俗话说，人活脸，树活皮；雁过留声，人过留名。知识分子，比谁都好名，孔子并不例外。名有俗名和真名，俗名是闻，真名是达，闻是虚名在外，达是名至实归。生前出名和身后出名也不一样。孔子看重的当然是真名，他最怕死后不出名。

1.1 子曰："……人不知而不愠，不亦君子乎？"

1.16 子曰："不患人之不己知，患不知人也。"

4.5 子曰："富与贵是人之所欲也，不以其道得之，不处也。贫与贱是人之所恶也，（不）以其道得之，不去也。君子去仁，恶乎成名？君子无终食之间违仁，造次必于是，颠沛必于是。"

6.8 季康子问："仲由可使从政也与（欤）？"子曰："由也果，于从政乎何有？"曰："赐也可使从政也与（欤）？"曰："赐也达，于从政乎何有？"曰："求也可使从政也与（欤）？"曰："求也艺，于从政乎何有？"

6.30 子贡曰："如有博施于民而能济众，何如？可谓仁乎？"子曰："何事于仁，必也圣乎！尧、舜其犹病诸！夫仁者，己欲立而立人，己欲达而达人。能近取譬，可谓仁之方也已。"

9.2 达巷党人曰："大哉孔子，博学而无所成名。"子闻之，谓门弟子曰："吾何执？执御乎，执射乎？吾执御矣。"

10.14 康子馈药，拜而受之。曰："丘未达，不敢尝。"

12.20 子张问："士何如斯可谓之达矣？"子曰："何哉，尔所谓达者？"子张对曰："在邦必闻，在家必闻。"子曰："是闻也，非达也。夫达也者，质直而好义，察言而观色，虑以下人。在邦必达，在家必达。夫闻也者，色取仁而行违，居之不疑。在邦必闻，在家必闻。"

14.30 子曰："不患人之不己知，患其不能也。"

14.35 子曰："莫我知也夫！"子贡曰："何为其莫如知子也？"子曰："不怨天，不尤人，下学而上达，知我者其天乎！"

14.39 子击磬于卫，有荷蒉而过孔氏之门者，曰："有心哉，击磬乎！"既而曰："鄙哉，硁硁乎！莫己知也，斯己而已矣。深则厉，浅则揭。"子曰："果哉！末（蔑）之难矣。"

15.19 子曰："君子病无能焉，不病人之不己知也。"

15.20 子曰："君子疾没世而名不称焉。"

案：孔子总是说，他不怕别人不了解他，其实，他还是有点怕，不然，他就不会唉声叹气，说"莫我知也夫""知我者其天乎""君子疾没世而名不称焉"。至少，对死后的名声，他还是非常在乎。

十三、富贵

孔子想做官，不肯隐逸逃遁，终老林下，但没有机会怎么办？隐士为了活命，还会躬耕垄亩，他却反对种地，如果没有外快或积蓄，只能高高兴兴饿肚子，富贵当然是浮云了。这叫安贫乐道。当孔子的学生，必须有这个准备。

1.15 子贡曰："贫而无谄，富而无骄，何如？"子曰："可也。未若贫而乐，富而好礼者也。"

4.5 子曰："富与贵是人之所欲也，不以其道得之，不处也。贫与贱是人之所恶也，（不）以其道得之，不去也。君子去仁，恶乎成名？君子无终食之间违仁，造次必于是，颠沛必于是。"

6.11 子曰："贤哉回也！一箪食，一瓢饮，在陋巷，人不堪其忧，回也不改其乐，贤哉回也。"

7.12 子曰："富而可求也，虽执鞭之士，吾亦为之。如不可求，从吾所好。"

7.16 子曰："饭疏食，饮水，曲肱而枕之，乐亦在其中矣。不义而富且贵，于我如浮云。"

14.10 子曰："贫而无怨难，富而无骄易。"

15.2 在陈绝粮，从者病，莫能兴。子路愠见曰："君子亦有穷乎？"子曰："君子固穷，小人穷斯滥矣。"

附录三　《论语》人物表

一、孔子世表

（一）父系

（甲）孔子前的家族谱系（春秋时期）

（1）宋国的孔氏：宋潘公（名共，约西周中期）——弗甫何——宋父周——世子胜——正考父——孔父嘉（名嘉，字孔父，前？—前720—前710年）——木金父——睪夷（字祁父）——孔防叔。[1]

（2）鲁国的孔氏：孔防叔——孔伯夏——叔梁纥——孔丘（字仲尼）。[2]

（乙）孔子后的家族谱系（战国时期）

孔丘（字仲尼，前551—前479年）——孔鲤（字伯鱼，前532—前483年）——孔伋（字子思，前483—前402年）——孔白（或孔帛，字子上）——孔求（字子家）——孔箕（字子京）——孔穿（字子高，前312—前262年）——孔谦（字子慎或子顺，魏相，前293—前237年）。[3]

1　据《诗·商颂》序疏、《左传》桓公元年疏、《穀梁传》桓公元年疏引《世本》佚文。《史记·孔子世家》索隐引《孔子家语》和今本《孔子家语·本姓解》说弗父何是宋襄公熙所生，与《世本》不同。

2　据《诗·商颂》序疏、《左传》桓公元年疏、《穀梁传》桓公元年疏引《世本》佚文、《史记·孔子世家》和《孔子家语·本姓解》。

3　据《史记·孔子世家》《汉书·孔光传》《孔丛子·连丛子上·叙书》。孔箕的字，《孔子世家》作"子京"，《孔光传》作"子真"，京、真形近，必有一误。子慎，失名，《阙里文献考》说他名谦，《孔子世家》作"子慎"，《孔光传》作"子顺"，慎、顺音近，属于通假字。《礼记·檀弓》疏引《世本》说，孔子"后数世皆一子"。子思，见《孔丛子》卷二的《记问》《杂训》《居卫》和卷三的《巡守》《公仪》《抗志》。子高，见《孔丛子》卷四的《公孙龙》《儒服》《对魏王》。子顺，见卷五的《陈士义》《论势》《执节》。

　　案：子思，不仅是孔子的后代，也是著名学者，《汉志》有《子思》二十三篇，《隋书·音乐志》引沈约奏答，说《中庸》《表记》《坊记》《缁衣》皆取《子思》。此书长期流传，《隋志》《新唐志》《宋志》和《郡斋读书志》作七卷（但《旧唐志》作八卷），宋代还能看到。但宋代汪晫（与朱熹同时）编《子思子》九篇，是以《中庸》为内篇，杂取他书为外篇，并非原书。后来清冯云鹓、洪颐煊、黄以周和顾观光也都做过辑本。[1]郭店楚简《缁衣》《五行》《鲁穆公问子思》，学者认为，是与子思有关的文献，其中《缁衣》有今本，在《礼记》中，旧有"子思所作"和"公孙尼子所作"二说，但该书是以夫子自陈的形式写成，子思或公孙尼子只是传述者。子高之书，《汉志》有《谰言》十篇（《孔子家语后序》作"十二篇"），马国翰辑《谰言》，是取《孔丛子》的《公孙龙》以下三篇，并非原书。[2]孔子子，名鲤，字伯鱼，先孔子卒，见《季氏》16.13、《阳货》17.10。孔子女，名不详，嫁公冶长，见《公冶长》5.1。

（丙）孔子后的家族谱系（秦代和西汉时期）

子慎（或子顺）的后代：分孔鲋、孔腾、孔彦三支。[3]

（1）孔鲋（又名孔甲，字子鱼，陈涉博士，前264—前208年）的后代：不详。[4]

（2）孔腾（字子襄，惠帝时为博士、长沙太傅）的后代：孔忠（约文帝时）——孔武（约景帝时）——孔延年（武帝时为博士）、孔安国（武帝时为博

1　参看：《古佚书辑本目录（附考证）》，北京：中华书局，1997年，207—208页。

2　参看：《古佚书辑本目录（附考证）》，208页。

3　《孔丛子·连丛子上·叙书》说子顺有三子，"长子之后承殷统，为宋公；中子之后奉夫子祀，为褒成侯；小子之后产以将事高祖有功，封蓼侯"，"长子之后"不详，"中子之后"是孔腾之后，"小子之后"是孔彦（孔丛）之后。《孔丛子·连丛子下》有"皇甫威明问仲渊"章，威明即皇甫规，《后汉书》有传。此章述及这三支。皇甫规说，"孔氏，自三父之后能传祖之业者，常在于叔祖，今观《连丛》所记，信如所闻，然则伯、季之弗克负荷矣"。仲渊说，"自伯祖之子孙，世仕有位；季祖之子孙，或学或仕，或文或武，所统不壹，故学不稽古，仕无高官，文非俎豆，武非戡兵，不专故也"。

4　据《史记·孔子世家》《汉书·孔光传》。子鱼，见《孔丛子》卷六的《诘墨》《独治》《问军礼》《答问》。

士）。[1]孔延年的后代：孔霸（字次儒，昭帝时为博士；宣帝时为太中大夫，迁
詹事、高密相，当时的诸侯王相，地位在郡守之上；元帝时赐爵关内侯，号褒成
君）。[2]孔安国的后代：孔卬（约昭帝时）——孔骥（约宣帝时）。[3]孔霸的后代分
四支：（A）孔福（约成、哀时）——孔房（约成、哀、平时）——孔莽（约成、哀、
平和新莽时，王莽居摄后，封褒成侯，避王莽讳，改名孔均，莽败失国）——孔志
（光武建武十三年〔37年〕复封褒成侯）——孔损（和帝永元四年〔92年〕，徙封
褒亭侯）——孔曜——孔完……（世世相传，至献帝初，国绝）；[4]（B）孔捷（约
成、哀和新莽时）——孔君鱼（约新莽时和东汉初，为武都太守、爵关内侯）、孔
奇（字子异，家于茂陵）；[5]（C）孔喜（约成、哀、莽时）；[6]（D）孔光（字子夏，成
帝时举博士，以高第为尚书，迁御史大夫、廷尉、左将军、丞相；哀帝时，也当过
御史大夫、丞相，以及大司徒、太傅、太师等职，居公辅位前后17年）——孔放
（约哀、莽时）。[7]孔光之兄，有子孔永（平帝时为中郎将，新莽时为宁始将军和
大司马）。[8]

（3）孔彦（又称孔丛，估计丛是字，约高、惠、文时，官太常，封蓼侯）——
孔臧（约景、武时，嗣侯）——孔琳（约昭、宣、元时，嗣侯）。孔琳的后代：孔黄
（约成、哀时，失侯）、孔茂（约成、哀时，爵关内侯）。孔茂的后代：子国——
子卬——仲骧（为博士、弘农守）——子立——子元——子建（约平、新莽、
光武、明帝时）——？——？——孔僖（字仲和，？—87年）——长彦（40—86

1　据《史记·孔子世家》《汉书·孔光传》。《孔子世家》："子襄生忠，年五十七。忠生武，武生延年及安
　　国。"《孔光传》作"襄生忠，忠生武及安国，武生延年"，"及安国"倒在"武生延年"前，此从《孔子
　　世家》。
2　据《汉书·孔光传》。
3　据《史记·孔子世家》。
4　据《汉书·孔光传》《后汉书·儒林列传·孔僖传》。
5　据《汉书·孔光传》。《孔丛子·连丛子上·叙世》说，"《左氏传义诂序》：先生名奇，字子异，其先鲁
　　人，即褒成君次儒第二子之后也，家于茂陵，以世学之门，未尝就远方异师也。唯兄君鱼，……及世祖
　　即祚，君鱼乃仕，官至武都太守、关内侯……"。
6　据《汉书·孔光传》。
7　据《汉书·孔光传》。
8　据《汉书》的《平帝纪》《孔光传》和《王莽传中》。《王莽传中》《王莽传下》还有孔仁，为宁始将军
　　和司命大将军，可能是孔永的兄弟辈。

年）、季彦（75—124年）。此外，孔彦这一支的后代还有子丰和仲渊。[1]

（二）母系

叔梁纥三娶，生九女二子：

（1）施氏（姬姓），生九女。

（2）妾某，生孟皮。

案：孟皮有女，名不详，嫁南公适，见《公冶长》5.2、《先进》11.6。

（3）颜徵在（姬姓或曹姓），生孔丘（字仲尼）。[2]

二、孔子年表[3]

（一）早年居鲁（前551—前519年）

孔子的前半生，从出生到33岁，一直待在鲁国。

（甲）1—15岁（前551—前537年）

前551年（1岁），孔子生（《孔子世家》）。或说孔子生于前552年（《公羊》、《谷梁》襄公二十一年）。

前549年（3岁），孔子丧父（《孔子家语·本姓解》）。

前541年（11岁），鲁昭公即位。

前537年（15岁），孔子自谓"十有五而志于学"（《论语·为政》）。15岁，是当时小孩上大学的年龄，那时没有中学，只有小学和大学。

（乙）16—30岁（前536—前522年）

前535年（17岁）以前，孔子丧母（《孔子世家》）。

前533年（19岁），孔子娶宋并官氏（《孔子家语·本姓解》）。

前532年（20岁），子孔鲤（伯鱼）生（同上）。孔子为委吏、乘田，管粮草和畜牧（《孟子·万章下》、《孔子世家》），约在此时。

---

1 据《孔丛子·连丛子下》《后汉书·儒林列传·孔僖传》。子国、子印、仲骥，与上孔安国一支同名。

2 据《史记·孔子世家》索隐、正义引《孔子家语》。今本《孔子家语·本姓解》缺"施氏"。

3 参看钱穆《孔子传》，北京：生活·读书·新知三联书店，2002年。

前525年（27岁），郯子朝鲁，孔子学之（《左传》昭公十七年）。

前522年（30岁），齐景公、晏婴入鲁，问礼孔子（《孔子世家》《孔子家语·贤君》），[1]孔子自谓"三十而立"（《论语·为政》）。学者推测，孔子授徒设教当在此前后。[2]

（丙）31—33岁（前521—前519年）

仍在鲁国。

（二）短暂出国（前518—前517年）

34—35岁，孔子适周问礼，适齐求仕，凡两年。

前518年（34岁），孟僖子临死，嘱其二子何忌（孟懿子）与阅（南宫敬叔）向孔子问礼（《左传》昭公七年、《孔子世家》）；孔子适周，问礼老子（《礼记·曾子问》《孔子世家》《孔子家语·观周》）。[3]

前517年（35岁），孔子适齐，在齐闻《韶》，三月不知肉味（《论语·述而》）。齐景公问政孔子（《论语·颜渊》《孔子世家》）。

这是孔子第一次出国。

（三）返鲁治学（前516—前502年）

36—50岁，孔子返鲁，退修诗书礼乐，凡15年。

约前516年（36岁），齐景公以老辞孔子，孔子返鲁（《论语·微子》《孔子家语》）。[4]

1　钱穆否定此事，《孔子传》删，说详氏著《先秦诸子系年》（下简称《系年》），北京：中华书局，1985年，上册，9页。这里存疑不删。

2　《孔子传》，12—13页。

3　此事，《孔子世家》系于昭公七年，谓出南宫敬叔之请（当时二子只有13岁）。"七年"乃二十四年（前518年）之误。《庄子·天运》"孔子行年五十有一，乃南之沛，见老聃"，当定公九年（前501年），乃适楚，非适周。钱穆以为孔、老相见不可信，《孔子传》删，说详氏著《系年》，上册，4—8页。案：此说虽有传说成分，不必尽为事实，但战国秦汉，去孔子未远，当时古书普遍有此说法，不可轻易否定，这里存疑不删。

4　《孔子世家》记景公欲封孔子事，说本《墨子·非儒下》《晏子春秋·外篇不合经术者》第一章，《系年》否定（上册，11—12页；下册，520页），《孔子传》删。

前515年（37岁），吴季札适齐，返，葬子于嬴、博间，孔子往观（《礼记·檀弓》）。

前512年（40岁），孔子自谓"四十而不惑"（《论语·为政》），盖返鲁后，其学益进而弟子滋众。

前509年（43岁），鲁定公即位。

前505年（47岁），季桓子执政。阳货执季桓子，往见孔子，欲其出仕（《论语·阳货》《孔子世家》）。

前502年（50岁），孔子晚而喜《易》，读《易》韦编三绝，曾说"加我数年，五十以学易，可以无大过矣"（《论语·述而》《孔子世家》），又自谓"五十而知天命"（《论语·为政》），盖读《易》而知天命。

这一段是"学而优则仕"的"学"。

（四）短暂出仕（前501—前498年）

51—54岁，孔子出仕，凡4年。

前501年（51岁），阳货奔齐奔晋，孔子为中都宰（《礼记·檀弓上》《孔子世家》《孔子家语·相鲁》）。公山弗扰以费叛，召孔子，孔子欲往（《论语·阳货》《孔子世家》）。

前500年（52岁），孔子任少司空，继任大司寇（《孔子世家》、《孔子家语·相鲁》），于夹谷之会相鲁定公（《左传》定公十年）。

前498年（54岁），子路为季桓子宰。孔子堕三都，先堕郈，次堕费，堕成不克（《左传》定公十二年、《孔子世家》）。公山弗扰攻鲁定公，被孔子挫败，奔齐奔吴。孔子以鲁大司寇摄行相事，诛少正卯（《荀子·宥坐》《孔子世家》等）。[1]高柴任费、郈宰应在孔子堕三都后。

这一段是"学而优则仕"的"仕"。最后，他又上外国去了。这是孔子的第二次出国。

---

1 《系年》否定（上册，25—26页），《孔子传》删，理由不足，参看：赵纪彬《关于孔子诛少正卯问题》，北京：人民出版社，1973年。

（五）周游列国（前497—前484年）

55—68岁，孔子周游列国，凡14年，这是他第二次出国。[1]

（甲）55—59岁，去鲁适卫，事卫灵公

前497年（55岁），孔子去鲁适卫（《十二诸侯年表》《卫康叔世家》《孔子世家》）。[2]

前496年（56岁），孔子去卫西行，过匡被围，经蒲返卫（《论语》的《子罕》《先进》，《庄子·秋水》和《孔子世家》）。[3]

前495—前493年（57—59岁），孔子见卫灵公，出仕于卫，凡3年，孔子见南子（《孔子世家》）。[4]

前494年（58岁），鲁哀公即位。

前493年（59岁），卫灵公卒，孔子去卫（同上）。[5]

（乙）60—63岁，去卫适陈，事陈湣公

前492年（60岁），季康子执政。仲弓为季氏宰应在此之前。冉有为季氏宰应在此之后。孔子经曹、宋、郑至陈，途中险遭宋司马桓魋杀害，微服去（《论

1　司马迁记孔子周游列国，年代混乱，钱穆多所订正，下逐条说明。

2　此条无可疑。

3　此条无可疑，但司马迁接叙的几条，如孔子去卫，经曹、宋、郑，至于陈；孔子居陈三岁；孔子去陈，过蒲适卫，年代有误，应移前492年（详下）。再下来的几条，如晋佛肸召孔子，孔子击磬，孔子学鼓琴，孔子西见赵简子临河而返，年代难定。《孔子传》系晋佛肸召孔子于此年，以为孔子西见赵简子临河而返不可信，删。案：佛肸以中牟叛，应在前490年。

4　此条是据《孔子传》考证，参看：《系年》，36—42页。案：《孔子世家》记孔子适卫，凡五次：（1）前497年，去鲁适卫，是第一次（又见《十二诸侯年表》、《卫康叔世家》）；（2）前496年，去卫过匡，经蒲返卫，是第二次（《卫康叔世家》只说"孔子去。后复来"）；（3）约前493年，去陈，过蒲至卫，是第三次；（4）前489年，孔子自楚返卫，居四岁（前488—前485年），是第四次。另外，《十二诸侯年表》和《卫康叔世家》还提到前485年，孔子去卫适陈，次年返鲁，则是第五次。《孔子世家》记孔子适陈，凡二次：（1）前496年，去卫，经曹、宋、郑至陈，居三岁（前495—前493年），是第一次（又见《十二诸侯年表》、《陈杞世家》）；（2）前492年，孔子去卫适陈，居三岁（前491—前489年），是第二次（又见《陈杞世家》）。所记适卫，（1）（2）（4）三次，年代是对的，但（2）（4）之间插入的孔子适陈居陈，年代却有误（详下），应移后到前492—前489年之间，与第二次适陈合并。而如果第一次适陈的年代移后，则第三次适卫就是重出，顺理成章的推论是，这里的前495—前493年应即接在第二次适卫之后，正好是孔子仕卫的年代。

5　此条是据《孔子传》，司马迁只说次年夏，"孔子在陈"。

语·述而》《孟子·万章上》《孔子世家》）。[1]孔子自谓"六十而耳顺"（《论语·为政》）。

前491—前489年（61—63岁），孔子仕陈湣公，凡3年（《陈杞世家》《孔子世家》）。[2]

（丙）63—67岁，去陈返卫，事卫出公

前489年（63岁），孔子去陈适蔡，绝粮于陈、蔡之间，复见楚叶公，然后自叶返卫（《孔子世家》）。[3]

前488—前485年（64—67岁），孔子仕卫出公，凡4年（《卫康叔世家》《孔子世家》）。[4]

（丁）去卫返鲁

前484年（68岁），孔子去卫返鲁（同上）。[5]

其周游路线是：（1）卫—匡—蒲—卫；（2）卫—曹、宋、郑—陈；（3）陈—蔡—叶；（4）叶—陈—卫；（5）卫—鲁。

（1）—（3）是从北到南，（4）—（5）是从南到北。这一段，哪个国家都不肯重用孔子，郑人说他"累累若丧家之狗"（《孔子世家》《论衡·困誓》《孔子家语》），他自己也承认。

（六）晚年居鲁（前484—前479年）

68—73岁，孔子在鲁，凡6年。

1　《孔子世家》系此条于前495年，但过宋事，据《十二诸侯年表》和《宋微子世家》，实为前492年之事，此从《孔子传》，说详《系年》43—45页。

2　此条是据《孔子传》，司马迁记孔子两次适陈，其实只有一次，上已说明。

3　此条是据《孔子传》，司马迁记孔子自陈迁蔡在前491—前489年，自蔡如叶、去叶返蔡、自楚返卫，在前489年，但前491—前489年明为孔子居陈之年，《孔子传》认为"孔子迁于蔡三年"肯定有误，应与后三事同在前489年。

4　此条无可疑。案：《十二诸侯年表》和《卫康叔世家》提到前485年，孔子去陈适卫，次年返鲁。《孟子·万章下》说孔子周游列国，在一个地方没有待过三年以上的，《孔子传》以为此说不可信，但如果孔子于485年曾再次赴陈，则此说仍然可信。

5　孔子周游列国的14年，以在卫国待的时间最长。鲁是周公之后，卫是康叔之后，孔子说"鲁、卫之政，兄弟也"（《子路》13.7），对卫国最看重。陈国也待得比较长。

前484年（68岁），孔子应季康子召，回到鲁国。

前483年（69岁），子孔鲤卒。

前482年（70岁），孔子自谓"七十而从心所欲，不逾矩"（《论语·为政》）。

前481年（71岁），孔子因鲁史记修《春秋》，起隐公元年，迄哀公十四年。此年，哀公获麟，孔子绝笔（杜预《春秋左传》序）；颜渊卒，也令他伤心（《孔子世家》）。

前480年（72岁），子路死卫，亦悲（《左传》哀公十五年）。

前479年（73岁），孔子卒（《春秋》经传哀公十六年）。

最后一段，孔子重返书斋，自己待在家里，让学生出去当官，结果碰上很多伤心事，心情大坏，身体垮台，告别世界。[1]

附：索引

（1）孔子（字仲尼）

---

1 《礼记·檀弓上》说，孔子临死前，唱过一首歌，曰："泰山其颓乎！梁木其坏乎！哲人其萎乎！"说他梦见自己坐奠于两楹之间，七天以后，就要死了。司马迁说，孔子唱完歌，还哭了，对子贡说，"天下无道久矣，莫能宗予"。钱穆说，孔子那么谦虚，从来不讲怪力乱神，他怎么会唱这种歌？不相信。但他是死而有憾，而不是死而无憾，还是合乎情理。参看：钱穆《孔子传》，北京：生活·读书·新知三联书店，2002年，103页。

孔丘：18.6。

丘：5.25、5.28；7.24、7.31、7.35；10.14；11.15；14.32；16.1；18.6。

仲尼：19.22—25。

孔氏：14.38—39。

（2）孔鲤（字伯鱼）

鲤：11.8；16.13。

伯鱼：16.13；17.10。

参考：《孔孟编年》

三、弟子表

孔门弟子有多少人？《史记·仲尼弟子列传》和《孔子家语·七十二弟子解》，记载不一样，但去除重复，都是77人。[1]它们把这77人说成"七十二弟子"，只是为了配合五行时令的吉祥数，不是实际数字。

孔门弟子77人，《仲尼弟子列传》分两类，一类是"显有年名及受业闻见于书传"的弟子，一类是"无年及不见书传"的弟子。前一类有35人，27人见于《论语》，8人不见于《论语》，5人（公冶长、南宫适、公皙哀、曾点、公伯寮）年代不可考；后一类的42人，都不见于《论语》，但3人（秦商、颜高、叔仲会）年代可考。《七十二弟子解》和《仲尼弟子列传》大体相同，只是缺少公伯寮（见于《论

---

1 历代祭孔，不断有新增的从祀者加入，受其影响，学者对这个名单续有增补，如：（1）仲孙何忌（前531—前481年），即鲁孟懿子，见《为政》2.5和《左传》昭公七年；（2）仲孙阅（生卒不详），即鲁南宫敬叔，见《左传》昭公七年；（3）牧皮（生卒不详），见《孟子·尽心下》；（4）常季（生卒不详），见《庄子·德充符》郭象注；（5）颜浊邹（生卒不详），见《吕氏春秋·尊师》《史记·孔子世家》；（6）鞠语（生卒不详），见《晏子春秋·外篇不合经术者》第二章；（7）孺悲，见《阳货》17.20、《礼记·杂记》；（8）序点（生卒不详），见《礼记·射义》；（9）宾牟贾（生卒不详），见《礼记·乐记》；（10）公网之裘（生卒不详），见《礼记·射义》；（11）廉瑀（生卒不详），见《文翁礼殿图》；（12）林放（生卒不详），见《八佾》3.4、3.6、《成都周公礼殿圣贤图考》；（13）子服景伯，见《宪问》14.36、《子张》19.23、汉鲁峻石壁画像；（14）惠叔兰（生卒不详），见《礼记·檀弓上》《孔子家语·七十二弟子解》；（15）孔璇（生卒不详），见《孔子家语·七十二弟子解》；（16）左丘明（生卒不详），见《公冶长》5.25；（17）季襄（生卒不详），见《淮南子·氾论》高诱注；（18）盆成适，见《晏子春秋·外篇重而异者》第十一章，《孟子·尽心下》作"盆成括"；（19）痍疤，见邹城面粉厂画像石；（20）乙攸，见邹城面粉厂画像石。参看：胡兰江《七十子考》，北京大学博士论文，2002年5月。

语》）和秦冉，多出陈亢、琴牢（二人都见于《论语》）。我怀疑，公伯寮和申党，秦冉和秦非，也许是重出。去除重复，补以陈亢、琴牢，见于《论语》，一共是29人。

下面，我把《仲尼弟子列传》所载孔门弟子粗分为"年代可考者"和"年代不可考者"两类，分别述之。年代可考者，按年代早晚排列，分为三期。年代不可考者，则先录"显有年名及受业闻见于书传"的弟子，再录"无年及不见书传"的弟子。每一人名下，皆注明其国籍、年龄和名、字关系，以及是否见于《论语》和见于《论语》的篇章出处。[1]

表中引书，有些是用简称，如《论语》只注篇名，《世家》指《史记·孔子世家》，《列传》指《史记·仲尼弟子列传》，《集解》《索隐》《正义》指《史记·仲尼弟子列传》的三家注，《目录》指郑玄《论语孔子弟子目录》（《史记·仲尼弟子列传》三家注所引），《弟子解》或今本《家语》指《孔子家语·七十二弟子解》。

（一）年代可考者（34人）

（甲）孔门一期的学生，即孔子早年居鲁时（35岁以前）招收的第一批学生（6人，5人见《论语》，见者画线）。

秦商（字子丕，前547—前？年）：鲁人（《目录》、《弟子解》），比孔子小4岁（《弟子解》）。子丕，《索隐》引《家语》作丕兹，《正义》引《家语》作丕慈，今本作不兹。商，古书往往通章，章、丕均有大义。他在孔门一期的弟子中年龄最大，名气最小，《论语》无秦商，关于他，后人几乎一无所知。《列传》把此人列在"无年及不见书传"的弟子里，我们放在这一类。

颜无繇（字路，前545—前？年）：鲁人，颜回的父亲（《列传》），比孔子小6岁（《弟子解》）。《弟子解》作颜由，由与繇通。繇读由，是顺路而行的意思，与路词义相关。孔门有两子路，他与下仲由名相近，字相同。颜氏是孔子的外家，和孔

---

[1] 名、字关系，除用"我怀疑"特别标明是我个人的意见外，其他都是撮述我认可或觉得值得参考的前人考证，详细出处和具体意见，不再一一说明，请看看：（1）周法高《周秦名字解诂汇释》，台北：中华丛书委员会，1958年；（2）周法高《周秦名字解诂汇释补编》，台北：中华丛书委员会，1964年。

子的关系不同寻常,孔门八颜子,恐怕就是由他带进门。[1]见《先进》11.8(作颜路)。

冉耕(字伯牛,生卒不详):鲁人(《目录》),以德行称。《圣门志》和《阙里广志》说他比孔子小7岁,暂附于此。冉耕字伯牛,其名、字关系,前人有两种推测。宋以来,很多人都说,牛耕不始于赵过,证据就是冉耕字伯牛,这种说法不可靠。[2]还有一种说法,冉耕字伯牛,与下司马耕字牛是同样的例子,司马耕的耕,许慎作牼,与耕无关,可能是更好的解释(参看下文)。孔门弟子,除颜氏外,冉氏也很重要。孔门五冉子,可能就是由他带进门。见《雍也》6.10(作伯牛)和《先进》11.3(作冉伯牛)。

仲由(字子路或季路,季是行辈,前542—前480年):卞人(《列传》《集解》引《尸子》《弟子解》),卞为鲁邑,在今山东泗水东卞桥镇。他比孔子小9岁(《列传》),曾任鲁季氏宰(前498年)和卫蒲邑宰(前488年左右),以政事称。卞是卞庄子(鲁国的著名勇士)的老家,子路好勇过人,不怕死,也是以勇著称。他性子急,脾气爆,口无遮拦,常挨孔子骂,按汉魏传说描写,简直就是张飞、李逵式的人物(《说苑·建本》《孔子家语·子路初见》),但对老师,他是绝对忠诚。他也是孔门中的老前辈。仲由在《论语》中出现最多,高达42次(这里的次数是以章为单位,不管同一章内出现几次,都算一次,下同此例),下面是索引:

仲由:6.8;11.24;18.6。

由:2.17;5.7—5.8;6.8;9.12、9.27;11.13、11.15、11.18、11.22、11.24、11.26;12.12;13.3;15.4;16.1;17.7—17.8。

子路:5.7—8、5.14、5.26;6.28;7.11、7.19、7.35;9.12、9.27;10.25;11.13、11.15、11.22、11.25—11.26;12.12;13.1、13.3、13.28;14.12、14.16、

---

1 言偃的言,见于上博楚简,和颜回的颜写法一样,如果加上他,孔门就有九个以颜为氏的人。

2 中国的牛耕始于何时,这个问题可以探讨。过去,有人说,中国是先有马耕后有牛耕,赵过以前有牛耕不能证明,有马耕可以证明。参看:中国农业科学院、南京农学院中国农业遗产研究室《中国农学史》(初稿),北京:科学出版社,1984年,上册,123—126页。此书对史料辨伪的看法太陈旧,如书中说,《山海经·海内经》、贾谊《新书·春秋》提到牛耕,通通都是后人伪造,就值得商榷。相反,也有人说,牛耕的出现很早,商代就有,证据也不足。参看:杜石然等《中国科学技术史稿》,北京:科学出版社,1998年,上册,53页。其实,不管牛耕始于何时,这里的耕字都不一定指牛耕,因为它很可能是通假字,说详下文。

14.22、14.36、14.38、14.42；15.2；17.5、17.7、17.23；18.6—7。

季路：5.26；11.3、11.12；16.1。

漆彫（开）〔启〕（字子开，前540—前？年）：[1]鲁人（《目录》），或说蔡人（《弟子解》），比孔子小11岁（《弟子解》）。漆彫是复姓，齐陶文有"漆彫里"，[2]正作漆彫。漆彫里，是从事漆雕业的工匠居住的地方。彫同雕，他与下面的漆雕哆、漆雕徒父都是以漆雕为氏。后面两位都是鲁人，他也可能是鲁人。他的名、字，哪个是开，哪个是启，也值得讨论。今本《论语》作漆彫开，孔注曰："漆彫，姓。开，名。"《列传》也作"漆彫开"，但《汉书》的写法不一样。《古今人表》作"漆彫启"，《艺文志·诸子略》有《漆雕子》十三篇，是和他有关的著作，今佚，[3]班固注："孔子弟子漆雕启后。"后字是表示该书出于漆雕启的后人，和前者一样，也是作"漆雕启"。《论语》引用弟子名，见于陈述，一般是以字称，我们估计，开是他的字，启是他的名。《列传》说他名开，字子开，名与字重，不合理，作开当是避汉景帝讳。《弟子解》说，"漆雕开，蔡人，字子若"，蔡人说未必可靠，若字则是启字之误，盖颠倒其文，以名为字，以字为名。启、开互训，名、字相应。这里改作漆彫启。见《公冶长》5.6（作漆彫开）。

闵损（字子骞，前536—前？年）：鲁人（《目录》），比孔子小15岁（《列传》），以德行称，是孔门中最有名的大孝子。骞有亏损义，与名相应。见《雍也》6.9、《先进》11.3、11.5和11.14（11.3作闵子，其他作闵子骞）。

（乙）孔子自齐返鲁后（36—54岁）招收的第二批学生（10人，8人见《论语》）

冉雍（字仲弓，前522—前？年）：鲁人（《索隐》引《家语》），比孔子小29岁（《索隐》引《家语》），以德行称，并长于政事。前497—前493年之间，仲由陪老师出国，他接替仲由当季氏宰。冉雍字仲弓，或说雍是辟雍之雍，弓读宫，但上博楚简《仲弓》，他的名、字却同此，其名、字关系，还值得讨论。《论语》提到冉雍，共7次，下面是索引：

1　这里，凡对《列传》原文有所改动，均以（）号括注小字，表示原文；〔〕号括注大字，表示改正的字。

2　高明《古陶文汇编》，北京：中华书局，1990年，200页：3.625、3.626。

3　有辑本，参看：《古佚书辑本目录》，206页。

雍：5.5；6.1—2；12.2。

仲弓：6.2、6.6；11.3；12.2；13.2。

冉求（字子有，前522年—前472年—前？年）：鲁人（《列传》），比孔子小29岁（《列传》），以政事称。他善于理财。前492年，他接替冉雍当季氏宰。以上三冉子，属于同族。其名、字关系，还值得讨论，或说求而有之，故字有，或说求读述，有读友。冉求在《论语》中出现较多，共16次，下面是索引：

冉求：6.12；11.24；14.12。

求：5.8；6.8；11.17、11.22、11.24、11.26；16.1。

冉有：3.6；7.15；11.3、11.13、11.22、11.26；13.9；16.1。

冉子：6.4；13.14。

宰予（字子我，生卒不详）：鲁人（《目录》），以言语称。《大成通志·先贤列传上》说他比孔子小29岁，暂附于此。《列传》说"宰我为临淄大夫，与田常作乱，以夷其族，孔子耻之"，《索隐》指出是与阚止（亦字子我）混淆。予、我同义，名、字相应。《论语》提到宰予，共5次，下面是索引：

宰予：5.10。

宰我：3.21；6.26；11.3；17.21。

商瞿（字子木，前522年—前？年）：鲁人（《列传》《弟子解》），比孔子小29岁（《列传》《弟子解》），传《易》。瞿，或读欋（四齿耙），以为与子木相应，其名、字关系，还值得研究。《论语》无。

梁鳣（字叔鱼，前522—前？年，或前512—前？年）：齐人（《弟子解》），比孔子小29岁（《列传》）或39岁（《弟子解》）。"鳣"，《集解》一作"鲤"，盖形近而误。鳣是鱼名，与字相应。《论语》无梁鳣。

颜回（字子渊，前521—前481年）：鲁人（《列传》），比孔子小30岁（《列传》），以德行称。在《论语》中，他经常受老师表扬，最讨孔子喜欢，但太吃苦，太用功，只活了41岁，就离开人世。[1]渊是回水，与名相应。颜回在《论语》中出现较多，共21次，下面是索引：

颜回：6.3；11.7。

---

1 《弟子解》说颜回"年二十九而发白，三十一早死"，不确。

回：2.9；5.9；6.7、6.11；9.20；11.4、11.11、11.19、11.23；12.1。

颜渊：5.26；7.11；9.11、9.21；11.3、11.8—11、11.23；12.1；15.11。

巫马施（字子旗，前521—前489—前？年）：一说鲁人（《目录》），一说陈人（《弟子解》），比孔子小30岁（《列传》、《弟子解》），曾任单父宰。旗、施皆从㫃旁，与旌旗有关。旗，《弟子解》作期，同《论语》，从名、字关系看，当以作旗为是。见《述而》7.31（作巫马期）。

高柴（字子羔或季羔，季是行辈，前521—前478—前？年，或前511—前478—前？年）：一说卫人（《目录》），一说齐人（《弟子解》），比孔子小30岁（《列传》），或说小40岁（《弟子解》）。他个子很矮，相貌丑陋，曾在鲁任费宰（或费、郈宰）、武城宰、成邑宰，在卫任士师。《目录》说高柴是卫人，可能是因为他曾在卫担任过士师。古书讲某为某国之人，有些是以原籍称，有些是以仕宦之地称。《弟子解》说，他是"齐人，高氏之别族"。国、高是齐国的名族，我怀疑，齐才是他的原籍。羔，《礼记·檀弓》作皋，《先进》疏引《家语》作高，但《左传》哀公十五年、《先进》《礼记·杂记下》《列传》俱作羔，上博楚简亦作羔，可见皋、高都是羔的借字。见《先进》11.18（作柴）、11.25（作子羔）。柴，同㸕，是一种羊。

宓不齐（字子贱，前521—前？年，或前502—前？年）：鲁人（《集解》引孔安国说、《弟子解》），曾为单父宰，比孔子小30岁（《列传》），或说小49岁（《弟子解》）。《汉志》有《宓子》十六篇，今佚。[1]不齐的不是语词，不齐的意思仍是齐，贱读齺，与齐互训，名、字相应。见《公冶长》5.3（作子贱）。

端沐赐（字子贡，前520—前468—前？年）：卫人（《列传》），曾为信阳宰，比孔子小31岁（《列传》），孔子死后，在弟子中名气最大，曾仕鲁、卫，死于齐，以言语称，是办外交、做买卖的好手。沐，《弟子解》作木。贡，古书或作赣（如《左传》哀公十五年、十六年、二十五年、二十六年、二十七年，《礼记》的《乐记》《祭仪》，《史记》《汉书》也是两种写法都有），我们从古文字材料看，这是它本来的写法。《尔雅》、《说文》皆以贡、赐互训。端沐赐在《论语》中出现较多，共38次，仅次于子路。下面是索引：

1　有辑本，参看：《古佚书辑本目录》，206页。

赐：1.15；3.17；5.4、5.9、5.12；6.8；11.19；14.29；15.3；17.24；19.23。

子贡：1.10、1.15；2.13；3.17；5.4、5.9、5.12—13、5.15；6.30；7.15；9.6、9.13；11.3、11.13、11.16；12.7—8、12.23；13.20、13.24；14.17、14.28—29、14.35；15.10、15.24；17.19、17.24；19.20—25。

（丙）孔子周游列国时（55—68岁）的第三批学生（18人，11人见《论语》）

原宪（字子思，前515—前？年）：一说鲁人（《目录》），一说宋人（《弟子解》），比孔子小36岁（《弟子解》）。宪有思义，与字相应。见《雍也》6.5（作原思）、《宪问》14.1（作宪）。

樊须（字子迟，前515—前484—前？年）：一说齐人（《目录》），一说鲁人（《弟子解》），比孔子小36（《列传》《弟子解》）。须有等待之义，迟有缓慢之义，义正相应。《论语》提到樊须，共6次，下面是索引：

樊须：13.4。

樊迟：2.5；6.22；12.21—22；13.4、13.19。

澹台灭明（字子羽，前512—前？年，或前502—前？年）：鲁武城（今山东平邑南魏庄乡南武城村）人（《列传》《弟子解》），比孔子小39岁（《列传》），或说49岁（《弟子解》）。他是言偃为武城宰时从当地发现的人材，后来到楚国发展，有弟子300人，很有名气（《史记》的《仲尼弟子列传》和《儒林列传》）。据说，他是个相貌丑陋的人，孔子说，"以容取人乎，失之子羽；以言取人乎，失之宰予"（《韩非子·显学》），但《大戴礼·五帝德》的说法有点不一样，相貌丑陋，不是澹台灭明，而是颛孙师。澹台是复姓，其名、字关系，还值得讨论。见《雍也》6.14（作澹台灭明）。

【补】陈亢

陈亢（字子禽，前511—前？年）：陈人（《弟子解》），比孔子小40岁（《弟子解》）。此人见于《列传》子贡条下，没有单独的传，又见《礼记·檀弓下》，估计是子贡的弟子。《尔雅·释鸟》："亢，鸟咙。其粦嗉。"与字相应。见《学而》1.10（作子禽）、《季氏》16.13（作陈亢）、《子张》19.25（作子禽）。

公西赤（字子华，前509—前？年）：鲁人（《目录》《弟子解》），比孔子小42

岁（《列传》《弟子解》）。赤好礼，孔子问他的志向，他说他喜欢在礼仪场合当"小相"（《论语·先进》）。古代名赤字华的人很多，华或从华的字，有黄、赤之训，如骅骝就是赤色的马。《论语》提到公西赤，共5次，下面是索引：

赤：5.8；6.4；11.22、11.26。

子华：6.4。

公西华：7.34；11.22、11.26。

有若（字子有，前508—前？年，或前518—前？年）：鲁人（《目录》、《弟子解》），比孔子小43岁（《列传》）或33岁（《弟子解》），据说相貌酷似孔子，孔子去世后，可代孔子，受弟子朝拜。其名、字关系，旧说不可信，我怀疑，若有或义，古文字，或与又通，而有从又声，才是其名、字相应的线索。见《学而》1.2、1.12—13（作有子）、《颜渊》12.9（作有若）。

卜商（字子夏，前507—前？年）：卫国温县（在今河南温县西南）人（《目录》、《弟子解》），[1]比孔子小44岁（《列传》），为莒父宰，又事卫灵公，老年讲学西河，魏文侯、田子方、段干木、李克、吴起师事之。子夏以文学称，传《诗》和《春秋》，在经艺传授上是重要人物。夏、商皆古国名，名、字相应。卜商在《论语》中出现较多，共21次，下面是索引：

商：3.8；11.16；12.5。

子夏：1.7；2.8；3.8；6.13；11.3；12.5、12.22；13.17；19.3—13。

言偃（字子游，前506—前？年，或前516—前？年）：吴人（《世本》《列传》），或说鲁人（《弟子解》），曾为武城宰，比孔子小45岁（《列传》），以文学称。偃通孜，孜与游皆有旗游之义。《论语》提到言偃，共8次，下面是索引：

偃：6.14；17.4。

子游：2.7；4.26；6.14；11.3；17.4；19.12、19.14—15。

曾参（字子舆，前505—前432年）：鲁南武城（即武城）人（《列传》），比孔子小46岁（《列传》《弟子解》）。《汉志》有《曾子》十八篇，隋唐史志作两卷，《郡斋读书志》作两卷十篇，谓即两《唐志》著录本。高似孙《子略》也说，此书与大小戴《记》所收者无异。晁书两卷十篇本，即今《大戴礼》的《曾子立事》

1　《目录》云"温国卜商"，《弟子解》云"卫人"。

《曾子本孝》《曾子立孝》《曾子大孝》《曾子事父母》《曾子制言上》《曾子制言中》《曾子制言下》《曾子疾病》《曾子天圆》。其实，曾子的作品还有《大戴礼·主言》，以及《礼记》的《曾子问》和《大学》。此外，《列传》说"孔子以（曾子）为能通孝道，故授之业。作《孝经》"，他和《孝经》也有关系。[1]宋代的汪晫，除编《子思子》，也编《曾子》。他编《曾子》时，十篇本还在，但他要重编。汪氏的改编本也分内外篇，内篇二是抄《孝经》和《大学》，外篇十（缺二）是抄大小戴《记》《论语》《孟子》《孔子家语》，并非严格的辑佚本。[2]后来，清冯云鹓、严式海、顾观光有《曾子》辑本。[3]参，旧读参宿之参，但很多清代学者都认为，当读骖，或参乘之参。我以为，读参可通，参是白虎七宿的第七宿，舆鬼是朱雀七宿的第二宿，不一定非读为骖或参乘之参。曾参在《论语》出现较多，共15次，下面是索引：

　　参：4.15；11.18。

　　曾子：1.4、1.9；4.15；8.3—7；12.24；14.26；19.16—19。

颜幸（字子柳，前505—前？年）：鲁人（《目录》《弟子解》），比孔子小46岁（《列传》《弟子解》）。幸，《索隐》引《家语》同，或说幸是辛之误，柳当读为卯，皆干支字。《论语》无颜幸。

颛孙师（字子张，前503—前？年）：陈人（《世本》《列传》《弟子解》），或更具体一点，陈阳城人（《目录》），一说鲁人（《吕氏春秋·尊师》），比孔子小48岁（《列传》《弟子解》）。唐以来，学者多说，孔子最重要的学生都是从游陈、蔡者，当时子张也在身边。孔门十哲无子张，但古人说孔子"四友"，其中有他，和颜回、仲由、端沐赐并举（《尚书大传·殷传》）。师者众，张是张师之义，名、字相应。颛孙师在《论语》中出现较多，共18次，下面是索引：

　　师：11.16、11.18。

　　子张：2.18、2.23；5.19；11.20；12.6、12.10、12.14、12.20；14.40；

1　《汉志》也有"《孝经》者，孔子为曾子陈孝道也"的说法。这类说法和现在的"作者"概念有冲突，等于承认有一种"作"、"述"一体前后相继的co-author。其实《缁衣》也是类似的例子。它虽然是以"子曰诗云"的形式写成，但也可以算子思一派的作品。

2　《七十子考》，35—53页。

3　参看：《古佚书辑本目录》，206页。

15.6、15.42；17.6；19.1—3；20.2。

冉孺（字子鲁，前501—前？年）：鲁人（《弟子解》），比孔子小50岁（《列传》《弟子解》）。《索隐》引《家语》作"冉儒"。鲁，《集解》作"曾"，盖形近而误。孺是幼稚，鲁是愚钝，含义相近。《论语》无冉孺。

曹邺（字子循，前501—前？年）：比孔子小50岁（《列传》《弟子解》）。或说邺可读率，率可训循。《论语》无曹邺。

伯虔（字子析，前501—前？年）：国别不详，比孔子小50岁（《列传》《弟子解》）。子析，《索隐》引《家语》作子皙，《正义》引《家语》作子哲，今本《家语》作子析，析读皙，作哲误。虔，读黔，黔是黑色，与皙相反。《论语》无伯虔。

公孙龙（字子石，前501—前？年）：一说楚人（《目录》），一说卫人（《弟子解》），比孔子小53岁（《列传》《弟子解》）。此人与作"坚白之谈"的公孙龙同名，但不是同一人，《索隐》《正义》以为同人误。龙，《索隐》引《家语》作宠或砻，曰"字子石，则'砻'或非谬"。砻是砺石，与石相关。《论语》无公孙龙。

颜高（字子骄，前501—前？年）：鲁人，比孔子小50岁（《弟子解》），孔子适卫，他曾为孔子驾车。高，《世家》《汉书·古今人表》作刻，《索隐》引《家语》作产，今本《家语》作刻。或以为高乃克误，而克、刻同声，古字通用，其实，情况相反，亥反而可能是高字之误，先讹为亥，再讹为刻，作高不误；作产，可能是因郑公孙侨字子产，因而改字。骄从乔，乔从高，与名相应。《论语》无颜高。

叔仲会（字子期，前501—前？年，或前497—？年）：晋人（《目录》），或说鲁人（《弟子解》），比孔子小50岁（《弟子解》），或说54岁（《索隐》引《家语》）。期、会互训，并可连言。《论语》无叔仲会。

司马耕（字子牛，前？—前481年）：宋人。孔注："牛，宋人，弟子司马犁。"《弟子解》作"司马犁耕，宋人，字子牛"。牛为司马桓魋（即《述而》7.23的桓魋）之弟，为宋国贵族。他这一支是从宋桓公分出，故称桓氏；初封于向，又称向氏；还以世官称司马氏。宋以右师、左师、司马、司徒、司城、司寇为六卿，向氏世居卿位，先后任左师、司马、司城等职。司马牛出向父胅。胅为桓公子，其世系为：向父胅——司城訾守——小司马鱄——左师向戌——？——？——司马牛。司马牛有兄弟四人：巢、魋、子颀和子车。巢为兄，宋景公时，为左师。魋有宠于景公，因出桓氏，亦称桓魋，又称桓司马、司马桓魋。牛、子颀和子车俱为弟，魋、牛以司马为氏，是前辈的氏称，当时的司马是皇野（字子仲）。《左传》哀公十四年，宋桓魋作乱，司马牛出奔，曾适齐适吴，返宋，最后死于鲁，看来是投奔自己的老师（先孔子二年卒，是年为前481年）。司马牛，牛是字，名为犁或犁耕。杨伯峻曾怀疑，司马牛既名耕，字子牛，不应复以犁名，也许这个司马牛，并不是《左传》哀公十四年的司马牛。[1]但犁耕也可能是双名或两个字的名，并不一定矛盾。司马耕，名耕字牛，同冉耕，前面说过，耕当读牼。许慎说，牼是牛的膝下骨，并说"《春秋传》曰：'宋司马牼字牛。'"（《说文·牛部》）可见司马耕的名，古本有作牼者。牼是春秋常用名，如《左传》襄公十七年有邾子牼（即邾宣公），邾公牼钟就是邾宣公的铜器。昭公二十年、二十一年有华牼，《孟子·告子下》有宋牼。见《颜渊》12.3—12.5（作司马牛）。

（二）年代不可考者（43人）

（甲）属于"显有年名及受业闻见于书传"的弟子（5人，4人见《论语》）

公冶长（字子长，生卒不详）：一说齐人（《列传》），一说鲁人（《弟子解》）。此人蹲过监狱，孔子认为他的被抓是无辜，所以把女儿嫁给他。见《公冶长》5.1（作公冶长）。

南宫括（字子容，生卒不详）：鲁人（《集解》引孔注），孔子很喜欢这个学生，所以把他哥哥的女儿嫁给了他。括，《论语》作适，《列传》作括，《索隐》引《家语》误作绦，今本《家语》误作韬。括或适，是古代人名所常用，如文王八虞有伯适，武王乱臣有南宫适（与此人同氏同名），还有楚王子适匜，都是以适为名。适，大概是本来的写法，作括可能晚一点，战国有赵括。括有包容之义，与容互训，名、字相应。见《公冶长》5.2（作南容）、《先进》11.6（同上）、《宪问》14.5（作南宫适）。

公皙哀（字季次，生卒不详）：齐人（《弟子解》）。[2]哀，《索隐》引《家语》误作克，今本《家语》作公析哀。其名、字关系还值得研究。《论语》无公皙哀。

曾蒧（字皙，生卒不详）：鲁人，曾参的父亲（《弟子解》）。蒧，是箴的异体，

1　杨书，125页。
2　鲁公族有公皙氏（《世本》）。

《说文·黑部》有黗字，曰"虽皙而黑也，从黑箴声。古人名黗字皙"，就是指他。《论语》《弟子解》作曾点。曾点喜欢吃羊枣（一种小柿子），在孔子眼中是个"狂士"（《孟子·尽心下》），不是他的得意门生。点是黑色，皙是白色，古人名黑或点的人往往字皙，取黑白相反之义，下奚容蒧、公西蒧，是同样的例子。见《先进》11.26（作点和曾皙）。

【并】公伯缭和申党

公伯缭（字子周，生卒不详）：鲁人（《集解》引马融说），曾向季孙氏毁谤子路，让孔子看不起，后人怀疑他不是孔子的学生，明嘉靖年间甚至把他开除出孔庙。《弟子解》无此人。缭有绕义，周也有绕义，名、字相应。见《宪问》14.36（作公伯寮）。

申党（字子周）：鲁人（《正义》）。汉郎中王政碑作"申棠"，《索隐》作"堂"，谓即《论语·公冶长》5.11的"申枨"，并引《家语》作"申缭"（今本《家语》讹为"申续"，《目录》亦作"申续"），指出上公伯缭，与此俱以缭为名，以周为字，容有混淆。其名、字关系还值得研究，或说党、周互训。如此说成立，则党是正确写法，枨、棠、堂都是借字。

（乙）属于"无年及不见书传"的弟子（38人，除最后补充的琴牢，皆不见于《论语》）

冉季（字子产）：鲁人（《目录》）。其名、字关系还值得研究。

公祖句兹（字子之）：《弟子解》作"公祖兹，字子之"。下秦非亦字子之。其名、字关系还值得研究。

秦祖（字子南）：秦人（《目录》）。或说祖读楚，与南相应。

漆雕哆（字子敛）：鲁人（《目录》）。哆是张口，字通侈，与敛含义相反。

漆雕徒父：鲁人。[1]《索隐》引《家语》字固，今本《家语》作"漆雕从，字子文"，疑文有误，徒父乃子，其名为国，同下郑国字子徒例，而错写成固；今本《家语》，从是徒之误（繁体从作從，与徒相近），文是父之误。

壤驷赤（字子徒）：秦人（《目录》）。子徒，《索隐》引《家语》同，今本《家语》作子从，与上同。其名、字关系还值得研究。

---

[1]　各书不记国别，但《世本》云"漆雕氏，有漆雕开、漆雕徒父、漆雕哆"，可见是同族。

商泽（字子季）：《列传》有名无字，《集解》《索隐》引《家语》作"字子季"或"字季"，今本《家语》作"子秀"，疑形近而误。其名、字关系还值得研究，季、秀也可能是年之误，田稼，凡被雨泽则华秀而年丰。

石作蜀（字子明）：《索隐》引《家语》同，今本《家语》作"石子蜀，字子明"。蜀读烛，与明相应。

任不齐（字子选）：楚人（《目录》）。《弟子解》作"任子齐，字子选"。不齐，与宓不齐同名。不齐，不是语词，含义仍是齐，选、撰等字有齐义，名、字相应。

公良孺（字子正）：陈人（《世本》《目录》《弟子解》），曾以私车五乘从孔子游。《索隐》引邹诞本作"公襄儒"。或说孺者幼子，必教以正。

后处（字子里）：齐人（《目录》）。处是居处，里是居处之处，名、字相应。

【并】秦冉和秦非

秦冉（字开）：《弟子解》无此人。

秦非（字子之）：鲁人（《目录》）。冉与非字形相近，两人似应合并。上面的公祖句兹亦字子之，疑有误。

公夏首（字子乘）：鲁人（《目录》）。索隐引《家语》同《列传》，今本《家语》作公夏守。公夏是复姓，或说首读道，与乘相应。

奚容蒧（字子皙）：卫人（《正义》）。《弟子解》作奚蒧，同上曾蒧例。

公肩定（字子中）：鲁人或晋人（《目录》）。子中，《索隐》引《家语》同，今本《家语》作子仲。

颜（祖）〔相〕（字子襄）：鲁人（《正义》）。相，《列传》作祖，《弟子解》作相，字形相近，疑本作相。相、襄皆有助义。

（鄭）〔县〕单（字子家）：此人即今本《弟子解》多出的县亶。县（原作縣）与鄭字形相近，单与亶古音相同，是同一人。子家，《弟子解》作子象，象是家之误。《列传》《目录》和《弟子解》不注国别，但下县成却是鲁人。《礼记·檀弓上》有县贲父，为鲁庄公御，《檀弓》上下和《杂记下》有县子琐，为鲁穆公臣，这些以县为氏者也都是鲁人。我们估计，此人也是鲁人。或说单读廛，《说文·广部》对廛字的解释是"一亩半，一家之居"，正与家字相应。

句井疆（字子疆）：卫人（《目录》）。

罕父黑（字子索）：国别不详。罕，《索隐》引《家语》同，今本《家语》作宰，形近而误。子索，《索隐》引《家语》同，今本《家语》作子黑。或说黑读缥，缥是绳索，或说索同素，与黑相反。

颜之仆（字子叔）：鲁人（《目录》）。其名、字关系还值得探讨。

荣旂（字子祈）：《索隐》引《家语》作荣祈，字子颜，今本《家语》作子祺，《唐书·礼乐志》作荣子旗，原文有两种可能，一种是名旂字子旗，一种是名祈字子祺，疑不能定，子颜当是误字。又子祺，同下县成字，容有混淆。

县成（字子祺）：鲁人（《目录》）。子祺，《索隐》引《家语》作子谋，今本《家语》作子横，疑形近而误。成有善义，祺有吉义。楚斗成然字子旗，与此同例，旗，亦读祺。

左人郢（字子行）：鲁人（《目录》）。《索隐》引《家语》同，今本作左郢。郢读逞（亦作徎），是径行、急行之义，与字相应。

燕伋（字子思）：与孔伋名、字俱同。伋同急，有忧恐之义。

郑国（字子徒）：《索隐》《正义》引《家语》作薛邦，指出薛、郑是形近而误，国乃避汉高祖讳改字，今本《家语》作薛邦。子徒，或读子都，与国相应。

施之常（字子恒）：鲁有施氏，疑是鲁人。常、恒互训。

颜哙（字子声）：鲁人（《目录》）。哙是下咽之声，与声相应。

步叔乘（字子车）：齐人（《目录》）。乘、车，名、字相应。

原亢（字籍）：《集解》《索隐》引《家语》同，今本《家语》亢作抗或伉。或说亢是鸟咙，籍读鹊，意义相关。

乐欬（字子声）：鲁人（《正义》）。《索隐》引《家语》同，今本《家语》作乐欣，盖形近而误。欬是气逆之声，与声相应。

廉絜（字庸）：卫人（《目录》）。《索隐》引《家语》同，今本《家语》作廉潔，潔与絜同，其名、字关系还值得研究。

颜何（字冉）：鲁人（《目录》）。冉，《索隐》引《家语》作称，乃再字之讹，今本《家语》脱，应以《列传》为是。冉即聃字所从，聃与儋通，《说文·人部》，儋、何互训。

狄黑（字皙）：皙与黑，含义相反，《索隐》引《家语》同《列传》，今本《家语》作皙之。

邦巽（字子敛）：鲁人（《目录》）。《索隐》有三种异文，引《家语》作邦选，引《文翁图》作国选,引刘氏说作邦巽,今本《家语》又作邦选,国是避汉高祖讳改字,字当作邦而讹为邦。旧说巽、敛皆有具备之义,我怀疑,巽即选字所从,可读纂,与敛含义相近。

孔忠(字子蔑):孔子兄之子,鲁人。忠,《索隐》引《家语》同,今本《家语》作忠或弗。忠与蔑义不相应,疑本作弗,用为瞢字,《说文·目部》训为"目不明",与蔑同义。

公西舆如(字子上):《索隐》引《家语》同,今本作"公西舆,字子上"。舆通舉,可读举,举有上义。

公西蒧(字子上):鲁人(《目录》)。同上曾蒧、奚容蒧例。子上,《索隐》引《家语》作子尚。今本《弟子解》,子上作子尚或子索。子上,与上公西舆如的字相同,容有混淆。

【补】

琴牢(字子开或子张,生卒不详):卫人(《弟子解》)。《子罕》9.7有名牢者,郑注说是"弟子子牢",《集注》说是"姓琴字子开,一字子张"。此人不见于《列传》,但古书有名琴张者,见《左传》昭公二十年、《孟子·尽心下》《庄子·大宗师》《孔子家语·曲礼子夏问》,又有名子牢、琴牢者,见《庄子·则阳》《汉书·古今人表》。上引《左传》杜预注说,"琴张,孔子弟子,字子开,名牢",以为两者是同一人。清以来,学者多以为琴张是琴张,琴牢是琴牢,两人合为一人,全是王肃捏造,《汉书·古今人表》和《左传》杜预注都是上了王肃的当。这些怀疑,只是推测,并无证据(如王引之、刘宝楠)。[1]这里仍从《家语》和旧注的传统说法。

以上77弟子,《论语》出现次数最多是12个人:

(1)一期:仲由(42次);

(2)二期:冉雍(7次)、冉求(16次)、宰予(5次)、颜回(21次)、子贡(28次);

(3)三期:樊须(6次)、公西赤(5次)、卜商(21次)、言偃(8次)、曾参(15次)、颛孙师(18次)。

1　程书,第二册,584页。

附：分类表

（甲）国别

（1）鲁（44人，其中4人或为蔡、陈、宋、晋人）

秦商、颜无繇、冉耕、仲由、漆雕启、闵损、冉雍、冉求、宰予、商瞿、颜回、巫马施、宓不齐、原宪、澹台灭明、公西赤、有若、曾参、颜幸、冉孺、颜高、南宫括、曾蒧、公伯缭、冉季、漆雕哆、漆雕徒父、秦冉、公夏首、公肩定、颜相、县单、申党、颜之仆、县成、左人郢、秦非、施之常、颜哙、乐欬、颜何、邦巽、孔忠、公西蒧。或说：漆雕启为蔡人，巫马施为陈人，原宪为宋人，公肩定为晋人。

（2）齐（7人，其中3人或为卫人和鲁人）

高柴、樊须、公冶长、梁鳣、公皙哀、后处、步叔乘。或说：高柴为卫人、樊须为鲁人、公冶长为鲁人。

（3）宋（1人）

司马耕。

（4）卫（5人）

端沐赐、卜商、奚容蒧、句井疆、廉絜。

（5）陈（2人）

颛孙师、公良孺。

（6）楚（2人，其中1人或为卫人）

公孙龙、任不齐。或说：公孙龙为卫人。

（7）吴（1人，或为鲁人）

言偃。或说：言偃为鲁人。

（8）秦（2人）

秦祖、壤驷赤。

（9）晋（1人，或为鲁人）

叔仲会。或说：叔仲会为鲁人。

（10）其他（13人）

曹邮、伯虔、公祖句兹、商泽、石作蜀、秦冉、罕父黑、荣旂、燕伋、郑国、原亢、狄黑、公西舆如。

（乙）家族

颜氏：颜无繇、颜回、颜幸、颜高、颜相、颜之仆、颜哙、颜何。言偃也可能是颜氏。

冉氏：冉耕、冉雍、冉求、冉孺、冉季。

漆雕氏：漆雕启、漆雕哆、漆雕徒父。

曾氏：曾蒧、曾参。

秦氏：秦商、秦祖、秦冉（与秦非可能是同一人）。

公西氏：公西赤、公西点、公西舆如。

县氏：鄡单（即县亶）、县成。

原氏：原宪、原亢。

（丙）出身

（1）第一批学生

秦商：不详。

颜无繇：贫民。

冉耕：贱人。

仲由：鄙人、野人。

漆雕启：刑残之人。

闵损：不详。

（2）第二批学生

冉雍：贱人。

冉求：贱人。

宰予：不详。

商瞿：不详。

颜回：贫民。

巫马施：不详。

高柴：不详。

宓不齐：不详。

端沐赐：贾人。

（3）第三批学生

原宪：不详。

樊须：不详。

澹台灭明：士人（？）。

梁鳣：不详。

公西赤：可能是富裕家庭。

有若：不详。

卜商：贫民。

言偃：不详。

曾参：贫民。

颜幸：不详。

颛孙师：鄙人。

冉孺：不详。

曹邮：不详。

伯虔：不详。

公孙龙：不详。

颜高：不详。

叔仲会：不详。

司马耕：贵族。

（4）其他

公冶长：住过监狱。

南宫括：不详。

公皙哀：贫民。

曾葴：贫民。

公伯缭：不详。

（丁）仕进

（1）国内

仲由：为鲁季氏宰（《左传》定公十二年）。案：仲由为季氏宰是在前498年，次年即随孔子周游列国，为期甚短。

冉雍：为鲁季氏宰（《子路》）。案：冉雍为鲁季氏宰，疑在前498—前492年之间，即仲由出游前所荐。

冉求：为鲁季氏宰（《列传》）。案：季康子立于哀公三年（前492年），冉求是应季康子之召任季氏宰。冉求事季康子，见于《左传》哀公十一、十四、二十三年，至少在前484—前472年之间。其实，早可能早到前492年，晚可能晚到前472年以后。

闵损：据说曾为鲁费宰（《孔子家语·执辔》），《论语》的记载相反（《雍也》6.9）。案：费为季氏之私邑，在今山东费县西北。

高柴：曾先后任鲁费宰（《先进》）或鲁费、郈宰（《列传》）、武城宰（《弟子解》）、成邑宰（《礼记·檀弓下》）。案：前498年，孔子堕三都，先堕郈，次堕费，堕成不克。三都即成、郈、费。成为孟孙氏的封邑，在今山东宁阳县东北。郈为叔孙氏的封邑，在今山东东平县东南。费为季孙氏的封邑。武城近费，在今山东费县西南。高柴任费、郈宰、武城宰、成邑宰，应在孔子堕三都之后。

宓不齐：曾为鲁单父宰（《列传》）。

卜商：曾为鲁莒父宰（《子路》13.17）。

言偃：曾为鲁武城宰（《雍也》6.14）。

原宪：曾为孔子家宰（《雍也》6.5）。

（2）国外

仲由：卫蒲宰（《列传》）。案：蒲为卫大夫孔悝之邑。仲由任蒲宰，疑在孔子仕卫出公和孔子返鲁的五年里（前488—前480年之间），最晚不能晚到前480年以后，因为子路死卫在这一年。蒲在今河南长垣县。

高柴：卫之士师（《孔子家语·致思》）。案：高柴任卫之士师，可能也在前488—前480年之间。

端沐赐：卫信阳令（《说苑·政理》）或信阳宰（《孔子家语·辨政》）。案：当时的信阳在哪里，待考。

宰予：齐临淄大夫（《列传》）。

四、其他人物表

《论语》中的人物，孔子本人和他的子女，已列入孔子世表和孔子年表；孔子弟子，已列入弟子表；其他人物，则列入此表。此表共收125人。表中的年代，国君和世卿，注在位年；其他人，注生卒年。

（一）孔子以前的人物（42人）

（甲）唐虞

尧（年代不可考）：传说是陶唐氏的始祖，见《雍也》6.30、《泰伯》8.19、《宪问》14.42和《尧曰》20.1。

舜（年代不可考）：传说是有虞氏的始祖，见《雍也》6.30、《泰伯》8.18、8.20、《颜渊》12.22、《宪问》14.42、《卫灵公》15.5和《尧曰》20.1。孔子祖述尧、舜（《礼记·中庸》），对这两位最推崇，特别是舜。他最喜欢的音乐就是舜的音乐。

皋陶（年代不可考）：传说是舜的李官，掌刑狱，见《颜渊》12.22。

（乙）夏

禹（年代不可考）：传说是夏代的开国之君，以治水著称，见《泰伯》8.18、8.21、《宪问》14.5和《尧曰》20.1。禹和尧、舜一样，也是最有名的圣君，但夏、商、周三代都是家天下，他也和下面的汤、武（或文、武）并称。

羿（年代不可考）：传说是夏代小国穷国（即有穷氏）的国君，见《宪问》14.5。羿长臂善射，一度联合过浇（即下面的奡）篡夏，为逢蒙所杀，是古代有名的坏蛋。

奡（年代不可考）：古书亦作浇、敖，[1]即过浇，传说是夏代小国过国的国

1　此字疑同嚣，古文字常用嚣为敖。

君,见《宪问》14.5。弄孔武多力,"能陆地行舟",[1]为少康所杀,也是古代有名的坏蛋。

(丙)商

汤(年代不可考):商代的第一个王,见《颜渊》12.22和《尧曰》20.1。《颜渊》12.22称汤,《尧曰》20.1称履。从行文看,汤是别人称呼他,有如后世的字,履是他的自称,有如后世的名。他的日名是大乙或天乙。

伊尹(年代不可考):商代的名臣,见《颜渊》12.22。他曾辅佐商汤推翻夏朝,年代与汤相近。

纣(约前11世纪):商代的最后一个王,见《子张》19.20。古书提到他,还有一种叫法,是作受德或受,情况和上文汤又叫履类似,他的日名是帝辛。纣也是古代有名的坏蛋。

微子(约前11世纪):即微子启,纣之庶兄,见《微子》18.1。纣无道,他选择逃跑。

箕子(约前11世纪):纣之诸父,见《微子》18.1。纣无道,他选择佯狂。

比干(约前11世纪):纣之诸父,见《微子》18.1。纣无道,他选择死谏。微子、箕子和比干,是殷末的三大贤人,孔子称之为"殷有三仁"。

老彭(年代不可考):即彭祖,见《述而》7.1。祝融八姓有彭姓,彭祖是彭姓之祖。彭祖是传说中的老寿星,彭字前面的老字是形容其老寿。郑玄注说,"老彭"是老子和彭祖的合称,不对。《大戴礼·虞帝德》说,"昔商老彭及仲虺",是把老彭列入商代人物,与仲虺并列,显然是一个人,不是两个人。汉以来,彭祖被神仙化,年代拉得很长,但我们从东汉流行的《彭祖经》的佚文看,他的真实活动时间,还是在商代。包咸注说,"老彭,殷贤大夫",才是正确的。

周任(年代不可考):不详,见《季氏》16.1,马融注说是"古之良史",江永

1　见《史记·夏本纪》正义引《帝王世纪》。"陆地行舟"的"舟",古人叫橇(或辆、𣙇)。橇分两种,一种是行于泥上,如近海滩涂捡拾海货所用的泥橇;一种是行于冰上或雪上,即今天东北地区使用的雪橇和雪爬犁,清代也叫冰橇、冰床、拖床、凌床,等等。古代的建筑材料,如大型石材,很多就是利用天然或洒水冻结的冰路来运输,采用类似的工具和方法。拖这种橇,当然很费力气。古本《书·益稷》(今本是属于《古文尚书》)和《史记·夏本纪》最早提到这类工具。《清史稿》卷五七、《广东新语》卷二二、《花随人圣庵摭忆》等书也提到这类工具。

《群经补义》疑为《书·盘庚》的"迟任"，今暂附于此。《左传》隐公六年："周任有言曰：'为国家者，见恶如农夫之务去草焉，芟夷蕴崇之，绝其本根，勿使能殖，则善者信矣。'"

（丁）先周

稷（年代不可考）：即后稷，名弃，传说是周人的始祖，尧、舜时的农官，见《宪问》14.5。

泰伯（年代不可考）：即吴太伯，传说是周太王的长子，见《泰伯》8.1。《史记》三十世家是以《吴太伯世家》为首。据《吴太伯世家》，周太王有三个儿子，长曰太伯，次曰仲雍，次曰季历，太伯、仲雍知季历贤，父欲传位于季历，遂奔吴以让之。

文王（约前11世纪）：武王之父，名昌，与纣同时，见《子罕》9.5。

伯达（约前11世纪）："八虞"之一，见《微子》18.11。《国语·晋语四》说周文王"询于八虞，而谘以二虢"，所谓"八虞"，据韦昭注，即此八士。八士以二伯、二仲、二叔、二季排列，怎么这么巧？前人有种种猜测。[1]

伯适（约前11世纪）："八虞"之二，见《微子》18.11。

仲突（约前11世纪）："八虞"之三，见《微子》18.11。

仲忽（约前11世纪）："八虞"之四，见《微子》18.11。

叔夜（约前11世纪）："八虞"之五，见《微子》18.11。

叔夏（约前11世纪）："八虞"之六，见《微子》18.11。

季随（约前11世纪）："八虞"之七，见《微子》18.11。

季騧（约前11世纪）："八虞"之八，见《微子》18.11。

以上八人，约与文王同时。

（戊）西周

武王（约前11世纪）：西周的开国之君，见《泰伯》8.20。

伯夷（约前11世纪）：孤竹君二子的长子，见《公冶长》5.23、《述而》7.15、《季氏》16.12、《微子》18.8。孤竹是商代小国，伯夷、叔齐是孤竹君的两个儿

1　程书，第四册，1295—1300页。

子，他们不满商王无道，投奔文王。文王崩，武王秘不发丧，载其木主伐商，伯夷、叔齐以为既悖臣道，又不合于孝，叩马而谏，劝武王不要以暴易暴。周灭商后，他们耻食周粟，采薇充饥，饿死在首阳山下。

叔齐（约前11世纪）：孤竹君二子的次子，见《公冶长》5.23、《述而》7.15、《季氏》16.12和《微子》18.8。《史记》七十列传是以讲这两个人的《伯夷列传》为首。以上二人约与武王同时。

虞仲（约前11世纪）：吴仲雍之后，虞国的始封之君，见《微子》18.8。虞从吴，字与吴通。《史记·吴太伯世家》说，太伯、仲雍知周太王欲立其弟季历，以及季历的儿子文王昌，乃奔荆蛮，自号句吴。太伯先立，为句吴之君，"太伯卒，无弟仲雍立，是为吴仲雍。仲雍卒，子季简立。季简卒，子叔达立。叔达卒，子周章立。是时周武王克殷，求太伯、仲雍之后，得周章。周章已君吴，因而封之乃封周章弟虞仲于周之北故夏虚，是为虞仲，列为诸侯"。虞仲是武王访求而得，才举为虞君，属于"举逸民"的"逸民"。

周公（约前11世纪）：《述而》7.5、《泰伯》8.11和《微子》18.10的"周公"是第一代周公，即周公旦，约与武王同时。

鲁公（约前11世纪）：《微子》18.10的"鲁公"是第一代鲁公，即鲁公伯禽。伯禽是周公旦之子，约与成王同时。

（己）齐

齐桓公（前685—前643年）：春秋五霸之一，齐僖公的第三子，见《宪问》14.15—17。

公子纠（前—前685年）：齐僖公的次子，齐桓公的庶兄，见《宪问》14.16—17。齐僖公有三子：太子诸儿、公子纠和公子小白。太子诸儿先立，为襄公。公孙无知弑襄公，引起齐国内乱。公子纠为鲁女所生，奔鲁，管仲、召忽傅之。公子小白为卫女所生，奔莒，鲍叔牙傅之。二子争位，小白胜，立为桓公；纠败，鲁人杀之。

管仲（前？—前686—前643年）：齐国最著名的执政大臣，见《八佾》3.22和《宪问》14.9、14.16—17。襄公之乱，辅佐流亡鲁国的公子纠，与小白争位，事败请囚，小白听鲍叔牙之言，释其囚，而立为大夫，成为辅佐齐桓公取威定霸的功臣。

召忽（前？—前685年）：也是齐国的大臣，见《宪问》14.16。襄公之乱，辅佐流亡鲁国的公子纠，与小白争位，事败自杀。

伯氏：齐大夫，见《宪问》14.9。此人于史无考，唯见此书。此书说管仲夺其邑，年代必与管仲相近。皇疏："伯氏，名偃，大夫。"

（庚）晋

晋文公（前636—前628年）：春秋五霸之一，在五霸中，名气仅次于齐桓公，见《宪问》14.15。

（辛）鲁

臧文仲（前？—前683—前617年）：也叫臧孙辰，臧或臧孙都是氏，文是谥，仲是行辈，辰是名，见《公冶长》5.18和《卫灵公》15.14。此人历事庄、闵、僖、文四公。臧氏出鲁孝公之子驱，驱字子臧。其世系为：臧僖伯（公子驱）——臧哀伯（公孙达）——伯氏瓶——臧文仲（臧孙辰）——臧宣叔（臧孙许）——臧武仲（臧孙纥）。臧氏是以公子驱的字为氏，属于"以王父字为氏"。臧氏立族在瓶世，伯氏是以僖伯的行辈为字，瓶是名。前面两代称臧，都是后来追称。僖、哀是谥，伯是行辈。臧文仲以下又称臧孙氏。

柳下惠（前？—前634—？年）：见《卫灵公》15.14和《微子》18.2、18.8。旧注都说他就是《左传》僖公二十六年和文公二年的展禽。展禽名获字禽，排行为季，也叫展季。传统解释，柳下是地名，或说食邑名，或说居柳下，因以为号，惠是他的谥。禽通擒，与获的意思相近。展氏出自鲁公子展，亦属"以王父字为氏"。其世系为：公子展——公孙夷伯——展无骇……展禽。公子展和公孙夷伯约当鲁惠公时，展无骇卒于鲁隐公八年（前715年），是年始受公命立族。展禽，就是展无骇的后代。

季文子（前？—前621—前568年）：季孙氏的第一代，文子是谥，名意如，字行父，见《公冶长》5.20。鲁国，僖公以下由三桓执政。三桓，即孟孙氏（也叫仲孙氏）、叔孙氏和季孙氏，三族皆出桓公子。桓公长子曰诸儿，即庄公。庄公有弟三人，长曰庆父，次曰叔牙，少曰季友。庆父之后为孟孙氏，叔牙之后为叔孙氏，季友之后为季孙氏。季氏的世系为：季友——仲无佚——季文子（意如）——

季武子（宿）——季悼子（纥）——季平子（意如）——季桓子（斯）——季康子（肥）。

（壬）卫

宁武子（前？—前632—前623—前？年）：卫国世卿，名俞，见《公冶长》5.21。其父宁庄子（名速）是宁氏始见于《左传》者。《国语·晋语四》韦注说，宁庄子是"卫正卿，穆仲静之子"。宁氏的来源还有待考证。

（癸）楚

令尹子文（前？—前664—前605年）：即斗谷於菟，见《公冶长》5.19。楚人呼虎为於菟，虎有文在身，故字子文。春秋楚国有显族三，曰斗氏、屈氏、芋氏（氏选）。斗氏是若敖之后。其世系为：若敖——斗伯比——斗谷於菟（子文）。子文出斗氏，为楚国执政。

这些人都是孔子议论品评的对象，年代在孔子之前，孔子不可能见到。

（二）孔子同时的人物（78人）[1]

（甲）周

周公：《先进》11.17的"周公"是孔子当时的周公。

（乙）齐

齐君（前553—前548年）：《公冶长》5.19的"齐君"是齐庄公。庄公卒时，孔子只有4岁。

齐景公（前547—前490年）：见《颜渊》12.11、《季氏》16.12和《微子》18.3。孔子见过齐景公，时在前517年。齐景公之后的晏孺子（前489年）和齐悼公（前488—前485年），《论语》都没有提到。

简公（前484—前481年）：即齐简公，见《宪问》14.21。

崔子（前？—前599—前546年）：《公冶长》5.19的"崔子"是崔杼。杼为齐

---

1 下季氏条，除与季桓子、季康子重复的例子，还有两个例子和季平子有关，有一条肯定是季平子，我们计算的人数是包括季平子在内。而季孙条，不论是季桓子，还是季康子，都是重复的例子，我们计算的人数不包括这一条。

臣，弑齐庄公。

晏平仲（前？—前556—前516年—前？年）：即晏子，晏子名婴，字平仲，见《公冶长》5.17。晏婴为晏桓子（晏弱，前？—前595—前556年）子，事齐庄、景二公，是管仲之后，齐国最著名的执政大臣。齐晏氏，来源不详，桓子以上未闻。晏婴的卒年有争论，《左传》叙晏婴，止于昭公二十六年，即前516年。《史记·齐太公世家》记晏婴卒于齐景公四十八年，即前500年，但《晏子春秋·外篇不合经术者》第十八章说，"晏子没十有七年，景公饮诸大夫酒"（今银雀山汉简本《晏子》同），即晏子死后17年，齐景公还在世。钱穆因此说，"晏子没，至迟当在齐景公四十二年前"，即前506年前。[1]

陈文子（前？—前567—前545—前？年）：陈完的曾孙，名须无，历事齐灵、庄、景三公，见《公冶长》5.19。齐陈氏，《史记》作田氏，田氏是汉代写法，先秦古文字材料皆作陈。陈氏出于陈国，陈公子完奔齐，为工正，是这一支的始祖，本来是外姓，但后来却取齐而代之。其世系为：陈完（敬仲）—— 稺孟夷 —— 湣孟庄 —— 陈文子（须无）—— 陈桓子（无宇）—— 陈僖子（乞）—— 陈成子（恒）。齐陈氏至陈桓子始大，位居正卿，至成子更专齐政。

陈成子（前？—前481—前468—前？年）：名恒，是陈僖子之子，见《宪问》14.21。

（丙）晋

佛肸（前？—前490—前？年）：晋卿范、中行氏任命的中牟宰，《汉书·古今人表》作"萉肸"，见《阳货》17.7。佛肸以中牟叛，见《史记·孔子世家》《说苑·立节》《新序·义勇》等书，其事在前490年，与《左传》哀公五年记赵鞅围中牟为同一事。

（丁）鲁

昭公（前541—前510年）：鲁昭公，见《述而》7.31。鲁昭公时，孔子还是平民，未必见过昭公。

吴孟子（前？—前483年）：鲁昭公的夫人，吴女，姬姓，见《述而》7.31。鲁、

1　钱穆《先秦诸子系年》，上册，10—11页。

吴同姓，鲁昭公娶吴女是违反同姓不婚的禁忌，故《春秋》哀公十二年书其卒，讳言其姓，曰"孟子卒"。昭公在位32年，卒年距此又23年，她死时，估计是70以上的老人。《左传》说"昭夫人孟子卒……孔子与吊"，孔子参加过吊唁她的活动。

定公（前509—前495年）：鲁定公，见《八佾》3.19和《子路》13.15。定公九年至十二年（前501—前498年），孔子出来做官，他见过鲁定公。

哀公（前494—前468年）：鲁哀公，见《为政》2.19、《八佾》3.21、《雍也》6.3、《颜渊》12.9和《宪问》14.21。哀公在位的头十年（前494—前485年），孔子在周游列国，不可能见到鲁哀公。但哀公十一年（前484年），他回到鲁国，作为前大夫，仍受礼遇，鲁哀公，他还是见过的。

臧武仲（前587—前550—前？年）：即臧孙纥，见《宪问》14.12和14.14。纥为臧宣叔子，臧文仲孙，武是谥，仲是行，纥是名。关于鲁臧氏，可参看上面的臧文仲条。

孟庄子（前？—前554—前550年）：即仲孙速，孟和仲孙都是以行为氏，庄是谥，速是名，见《子张》19.18。鲁孟孙氏，也叫仲孙氏，出于桓公子庆父，庆父为庄公庶兄，故称孟（庶长曰孟），以非嫡长，又称仲。仲孙氏是鲁三桓之一，其世系为：公子庆父——公孙敖——孟文子（仲孙穀）——孟献子（仲孙蔑）——孟庄子（仲孙速）——孟孝伯（仲孙羯）——孟僖子（仲孙貜）——孟懿子（仲孙何忌）——孟武伯（仲孙彘）——孟敬子（仲孙捷）。穀始立族，称孟氏或仲孙氏。孟献子卒于前554年，孟庄子卒于前550年，孟孝伯卒于前542年，孟僖子卒于前518年。此人也叫孟孺子速（《左传》襄公十六年），孺子犹言小子，速是他的名。

孟懿子（前531—前481年）：即仲孙何忌，懿也是谥，何忌是名。见《为政》2.5。

孟武伯（前？—前484—前468—前？年）：即仲孙彘，武也是谥，彘也是名，但伯却是他的行，见《为政》2.6和《公冶长》5.8。此人也叫孟孺子洩（《左传》哀公十一年、十四年），洩是他的字。

孟敬子（生卒不详）：即仲孙捷，见《泰伯》8.4和《子张》19.19。《泰伯》8.4："曾子有疾，孟敬子问之。"曾参比孔子小46岁，其见面时间恐怕相当晚，没准在孔子死后。《子张》19.19说，"孟氏使阳肤为士师，问于曾子"，阳肤是曾子七弟子之一，是时曾子已开门授徒，从曾子的年龄考虑，文中的"孟氏"必为孟敬子，所述之事，年代当在问病之后。《礼记·檀弓下》也提到他，郑玄注："敬子，武伯之子，名捷。"

孟公绰（前？—前548—前？年）：亦出孟氏，见《宪问》14.11—12。此人又见《左传》襄公二十五年，估计与孟孝伯年代相近。

孟之反（前？—前484—？年）：亦出孟氏，见《雍也》6.15。此人即《左传》哀公十一年的孟之侧，杜预注说，孟之侧字反。反、侧，即《诗·周南·关雎》"辗转反侧"、《书·洪范》"无反无侧"的"反""侧"。《集注》引胡氏说，谓此孟之反即《庄子·大宗师》"子桑户、孟子反、琴张相与友"的孟子反。古人往往以"之"字加于名、字之前，这样的用法很多，如宫之奇、介之推。

子服景伯（前？—前492—前480—前？年）：也和孟氏有关，子服是氏，景是谥，伯是行，他的名是何，前人或以之为孔门弟子，见《宪问》14.36和《子张》19.23。子服氏是仲孙氏的一个分支，出自孟献子之子子服孝伯。其世系为：子服孝伯（它）——子服惠伯（椒）——子服昭伯（回）——子服景伯（何）。

叔孙武叔（前？—前500—前484—前？年）：出叔孙氏，武是谥，叔是行，见《子张》19.23—24。此人也叫武叔懿子，懿也是谥（东周流行双字谥），他的名是州仇。叔孙氏出桓公之子公子牙之后，也是鲁三桓之一。其世系为：僖叔（公子牙）——戴伯（公孙兹）——叔孙庄叔（得臣）——叔孙宣伯（侨如）。宣伯弟别出一支，曰叔孙穆子（豹）——叔孙昭子（婼）——叔孙成子（不敢）——叔孙武叔（州仇）。

季氏：即鲁三桓之一的季孙氏。这个词，《论语》出现过七次：《八佾》3.1、3.6、《雍也》6.9、《先进》11.17、《子路》13.2、《季氏》16.1和《微子》18.3。《微子》18.3的"季氏"是季平子，《子路》13.2的"季氏"是季桓子，《先进》11.17和《季氏》16.1的"季氏"是季康子，这些比较清楚。《八佾》3.1的"季氏"，也有可能是季平子（前？—前505年）。但《八佾》3.6和《雍也》6.9的"季氏"是哪一位，不能肯定。

季孙：《宪问》14.36记"公伯寮愬子路于季孙"，此"季孙"既可能是季桓子，也可能是季康子。

季桓子（前？—前505—前492年）：季平子之子，名斯，见《微子》18.4。《子路》13.2记"仲弓为季氏宰"，仲弓所事的季氏也是季桓子。孔子见过季桓子。

季康子（前？—前492—前468年）：季桓子之子，名肥，古书也叫季孙肥，见《为政》2.20、《雍也》6.8、《乡党》10.14、《先进》11.7、《颜渊》12.17—19和《宪问》14.19。《先进》11.17和《季氏》16.1记冉求所事季氏，也是季康子。孔子见过季康子。

季子然（生卒不详）。见《先进》11.24，孔注以为季氏子弟。司马迁引《先进》11.24作"季孙"（《史记·仲尼弟子列传》）。

阳货（前？—前515—前486年—前？年）：季氏的家臣，见《阳货》17.1。此人即《孟子》《史记》等书的阳虎，邢疏说"盖名虎字货"，是推测之辞，刘宝楠以为相反。[1]阳货和阳虎，可能是一名一字，淅川芍氏或蒁氏家族的墓地，其出土铜器上的氏名有三种不同写法，一种作化，一种作虤（原文是正反双虎），一种作邧。其名字关系或与此有关。阳虎本来是季氏的家臣，但势大凌主，反而专了三桓之政。前502年，阳虎勾结三桓的家臣，欲去三桓，不克。前501年，先奔齐，后奔晋，最后投靠赵简子。其生卒年不详，《史记·孔子世家》记孔子丧母，季氏享士，孔子要绖而往，遭阳虎呵斥，当时孔子还不到17岁。照此推算，此人比孔子年龄大，前551年以前就已出生，曾历事季平子、季桓子，但此说未必可靠。

公山弗扰（前？—前505—前487—前？年）：也是季氏的家臣，见《阳货》17.5。皇疏本"弗扰"作"不扰"。此人即《左传》的公山不狃。不狃，字子洩，其名、字关系，过去有两种看法，一种是读洩为忕，忕和狃都是习惯的意思（王引之《春秋名字解诂》）；一种是据《尔雅》，《尔雅·释兽》"阙洩多狃"，阙洩是一种多趾的野兽（朱俊声《说文通训定声》）。狃是泥母幽部字，扰是日母幽部字，不扰和不狃乃通假异文。前505年，他任费宰，曾参与阳虎之乱。但阳虎出奔后，他仍留在鲁国。他以费叛，在前501年，与阳虎奔齐奔晋为同一年。前498年，孔子派仲由堕三都，公山不狃、叔孙辄率费人袭鲁，阻止堕费，孔子率人反击，打败公山不狃、叔孙辄，二子奔齐，后奔吴。

1　刘书，下册，674页。

鲁大师: 可能即下大师挚或师挚, 见《八佾》3.23。

大师挚(生卒不详): 大师即太师, 为古代乐官之长, 其名为挚, 见《子张》18.9。《泰伯》8.15作"师挚"。古代天子, 一日四餐, 每顿饭都有音乐伴奏。太师为第一顿饭伴奏。

亚饭干(生卒不详): 亚饭是乐官名, 其名为干, 见《子张》18.9。亚饭为第二顿饭伴奏。

三饭缭(生卒不详): 三饭也是乐官名, 其名为缭, 见《子张》18.9。三饭为第三顿饭伴奏。

四饭缺(生卒不详): 四饭也是乐官名, 其名为缺, 见《子张》18.9。四饭为第四顿饭伴奏。

鼓方叔(生卒不详): 鼓是用鼓演奏的乐官, 其名为方叔, 见《子张》18.9。

播鼗武(生卒不详): 播鼗是用播鼗(一种拨浪鼓)演奏的乐官, 其名为武, 见《子张》18.9。

少师阳(生卒不详): 少师是太师之佐, 其名为阳, 见《子张》18.9。

击磬襄(生卒不详): 击磬是用磬演奏的乐官, 其名为襄, 见《子张》18.9。以上八人的年代, 前人有各种猜测, 或说殷纣王时(《汉书·古今人表》颜师古注), 或说周厉王时(《史记·十二诸侯年表》), 或说周平王时(郑注), 或说鲁哀公时(孔注)。此取孔注。

林放(生卒不详): 见《八佾》3.4、3.6。此人曾见于《文翁礼殿图》, 前人或以为孔子弟子。

左丘明(生卒不详): 是孔子称道的前贤, 鲁人, 见《公冶长》5.25。前人或以为孔子弟子, 不可信

孺悲(生卒不详): 前人或以为孔子弟子, 见《阳货》17.20。《集解》以为鲁人。《礼记·杂记》: "恤由之丧, 哀公使孺悲之孔子学士丧礼,《士丧礼》于是乎书。"其人在鲁哀公时。

阳肤(生卒不详): 见《子张》19.19。包注: "阳肤, 曾子弟子。士师, 典狱官。"

微生亩(生卒不详): 见《宪问》14.32。《汉书·古今人表》作"尾生",《通志·氏族略》云"鲁武城人"。孔注谓此人即尾生高, 但《古今人表》另有"尾生

高", 则是战国盛称的守信者。

原壤 (生卒不详): 见《宪问》14.43。马注: "原壤, 鲁人, 孔子故旧。" 皇疏说原壤和孔子相反, 原壤是 "方外之圣人也, 不拘礼教"; 孔子是 "方内圣人, 恒以礼教为事"。

师冕 (生卒不详): 乐官, 盲人, 名冕, 见《卫灵公》15.42。《汉书·古今人表》有此人, 师古注: "即师免。" 不详何国, 暂附于此。

太宰 (生卒不详): 见《子罕》9.6。此太宰是哪一国的太宰, 前人有鲁、吴、陈、宋四种猜测, 他问于子贡, 从年龄考虑, 应在孔子晚年居鲁时, 四说以鲁说为胜。

(石门) 晨门 (生卒不详): 鲁国看守城门的人, 见《宪问》14.38。石门是鲁城的外门, 此人是管早上开城门的人。

互乡难与言童子: 一个住在互乡, 脾气比较怪, 难于交谈的年轻人, 见《述而》7.29。

达巷党人 (生卒不详): 达巷是街巷之名, 党人是其所居之人, 见《子罕》9.2。《史记·孔子世家》作 "达巷党人童子", 下面多出 "童子"。《汉书·董仲舒传》提到 "达巷党人", 孟康注说 "达巷党人" 就是项橐。钱穆尝著《项橐考》, 以为 "达项党人" 即古书提到的 "大项" 或 "大项橐"。[1]

阙党童子 (生卒不详): 孔子住的地方叫阙里, 这个年轻人就住在阙里, 见《宪问》14.44。

(戊) 卫

卫灵公 (前534—前493年): 见《宪问》14.19和《卫灵公》15.1。孔子仕卫灵公, 在前495—前493年。

南子 (前? —前496—前? 年): 卫灵公夫人, 见《雍也》6.28。

卫君 (前492—前481年):《述而》7.15和《子路》13.3提到的 "卫君" 都是指卫出公。孔子仕卫出公, 在前488—前485年。

蘧伯玉 (前? —前559—前544—前? 年): 见《宪问》14.25和《卫灵公》15.7。《左传》襄公二十九年记吴季札适卫, 盛赞 "卫多君子", 他所举的六君子, 有蘧

1　钱穆《先秦诸子系年》, 上册, 53—54页。

瑗、史狗、史鳝、公子荆、公叔发、公子朝。蘧瑗，字伯玉，即此人。瑗是大孔璧，与字相应。

史鱼（前？—前544—前497—前？年）：见《卫灵公》15.7。季札称赞的六君子，其中有史鳝，字子鱼，就是这里的史鱼。

卫公子荆（前？—前544年—前？年）：见《子路》13.8。季札称赞的六君子，其中有公子荆，即此人。此人是卫献公子，字南楚（《春秋世族谱》），前面要加卫字，是为了区别鲁哀公子，即鲁国的公子荆。楚为南国，亦称荆，名字相应。

公叔文子（前？—前544—前497—前？年）：见《宪问》14.13、14.18。季札称赞的六君子，其中有公叔发。公叔文子，公叔是氏，文子是谥，其名为发，即此人。公叔氏出献公之子成子当。其世系为：成子当——文子发（或拔）——公叔成（或朱）。公叔成始立为公叔氏，公叔文子是追称。

公叔文子之臣大夫僎（生卒不详）：公叔文子的家臣，名叫僎，见《宪问》14.18。此人仅见于此。

孔文子（前？—前506—前484—前？年）：见《公冶长》5.15、《宪问》14.19。即仲叔圉，卫卿，事灵公。案：卫孔氏出于孔达，其世系为：孔达——〇——孔成子（烝鉏）——〇——羁——〇——孔文子（圉）。

祝鮀（前？—前506—前？年）：卫灵公的太祝，见《雍也》6.16和《宪问》14.19。《左传》定公四年作"祝佗"，字子鱼。

王孙贾（前？—前502—前？年）：卫大夫，见《八佾》3.13和《宪问》14.19。

宋朝（前？—前496年—前？年）：也叫宋子朝，见《雍也》6.16。此人是宋公子，据说长得很漂亮。《左传》定公十四年，卫灵公"为夫人南子召宋朝"，杜预说，宋朝"旧通于南子"。是年，太子蒯聩过宋，野人作歌，讽刺南子私通于宋朝。太子耻之，谋杀南子，没有成功，被迫出亡于宋。《左传》哀公十一年也提到他，是属于倒叙。

棘子成（生卒不详）：卫大夫，见《颜渊》12.8。郑注："旧说云：棘子成，卫大夫。"

公明贾（生卒不详）：见《宪问》14.13。《集注》推测是卫人，姓公明，名贾。《礼记》的《檀弓上》《祭仪》有公明仪，《孟子》的《滕文公上》《滕文公下》和《万章上》有公明仪、公明高。公明确实是氏。卫有公孟氏，如公孟絷（卫灵公的兄弟)、公孟驱(公孟絷的儿子)。齐也有公孟绰。古书,明、盟、孟是通假字,如孟津作明津或盟津,古文字也有把作行辈字的孟写成盟的例子。我怀疑,公明氏就是公孟氏。

卫公孙朝(生卒不详):见《子张》19.22。《左传》有两公孙朝,一为鲁臣(昭公二十六年),一为楚臣(哀公十七年),此加卫字,可见是另一人。

仪封人(生卒不详):是一个看守边界的小官,见《八佾》3.24。其看守地点在仪,仪是地名。郑注:"仪,盖卫邑。封人,官名。"

荷蒉而过孔氏之门者(生卒不详):是孔子在卫国碰到的一个人,见《宪问》14.39。"荷蒉"是担着箩筐。他曾担着箩筐从孔子的门前经过。

(己)宋

桓魋(前?—前500—前478—前?年):见《述而》7.23。他有三个氏:桓氏、向氏和司马氏,也叫桓司马、向魋或司马桓魋。桓魋是从宋桓公分出,故称桓氏;初封于向,又称向魋;司马也是得自先辈的官氏,魋是他的私名。参看附录二的司马耕。

(庚)郑

子产(前?—前565—前522年):公孙侨,字子产,一字子美,是郑国最有名的执政大臣,见《公冶长》5.16和《宪问》14.8—9。其名字关系还值得研究。子产出公子发(子国),其子国参(子思)始分出为国氏。他是属于国氏。郑有七穆,皆出郑穆公(前627—前606年)后,为世卿,包括罕氏、驷氏、国氏、良氏、游氏、丰氏、印氏。罕氏出公子喜(字子罕),驷氏出公子騑(子驷),国氏出公子发(字子国),良氏出公子去疾(字子良),游氏出公子偃(字子游),丰氏出公子某(失名,字子丰),印氏出公子某(失名,字子印)。

裨谌(前?—前544—前542—前?年):也叫裨灶,郑大夫,见《宪问》14.8。他是子产所任的贤臣(《左传》襄公三十一年)。裨谌见《左传》襄公二十九、三十一年,裨灶见《左传》襄公二十八、三十年和昭公九、十、十七、十八年,《汉书·古今人表》把裨谌和裨灶分为两人,"裨谌"作"卑湛",其实"谌"即"煁","煁"是行灶,乃名、字互训,两人其实是同一人(清俞樾《群经平议》、朱俊声《说文通训定声》)。

世叔（前549—前502年）：游吉，字子大叔，郑大夫（《左传》襄公三十一年），见《宪问》14.8。世有大义，世叔即大叔，犹世子亦称太子。他也是子产所任的贤臣。游吉出公子偃（子游），其世系为：公子偃（子游）——公孙虿（子蟜）——游吉（子大叔）。游吉一辈始分出为游氏。

子羽（前？—前549—前484—？年）：公孙挥，字子羽，郑大夫，见《宪问》14.8。挥亦作翚，是形容鸟飞，与字相应。鲁公子翚字羽父，与此同例。他也是子产所任的贤臣（《左传》襄公三十一年），官职是行人，也叫行人子羽或行人挥，世系不详。

（辛）陈

陈司败（生卒不详）：陈国的司败，见《述而》7.31。《论语》提到的陈司败是官名，没有留下他的私名。《左传》文公十年"臣归死于司败也"，杜预注："陈、楚名司寇为司败。"

（壬）楚

子西（前？—前516—前479—前？年）：楚公子申，字子西，曾任楚昭王的令尹，见《宪问》14.9。申于十二辰，位于西方，名字相应。孔子没有见过他。

叶公（前？—前505—前476—前？年）：楚国设于叶县的县公，见《述而》7.19和《子路》13.16、13.18。前489年，孔子适楚，到过叶。他见的叶公，是沈诸梁，字子高。诸梁应读渚梁或潴梁，是水中之山或水中之桥，高可形容山高，或读为桥，桥、梁也可互训。他是楚司马沈尹戌之子，楚昭王和楚惠王时任叶公。

楚狂接舆：楚隐者，无可考，见《微子》18.5。孔子在路上碰见他，他狂歌一曲，嘲笑孔丘，孔子下车，想跟他谈话，他避而不谈。此人既是楚人，也可能是孔子适楚，在路上碰到，如果是这样，事情就是发生于前489年。

（癸）其他

子桑伯子（生卒不详）：是一位不拘礼节，凡事求简的怪人，见《雍也》6.2。此人即古书中的子桑雽（《庄子·山木》），也叫"桑户"（《庄子·山木》）或"桑扈"（《楚辞·九章·涉江》），据说曾与孔子见过面。

长沮（无年可考）：古隐者，也见过孔子，见《微子》18.6。

桀溺（无年可考）：古隐者，也见过孔子，见《微子》18.6。

荷蓧丈人（无年可考）：古隐者，也见过孔子，见《微子》18.7。

这些人，有些是孔子上一代的老人，孔子幼年时还在世，有些虽与孔子并世，但从未见过面，有些则见过面，谈过话。

（三）时代不详的人物（5人）

微生高（生卒不详）：以"直"出名，见《公冶长》5.24。或以为即古书常见的"尾生高"，尾生以守信出名。此人是否与孔子同时，不清楚。

卞庄子（生卒不详）：鲁卞邑大夫，是古代盛称的勇士，见《宪问》14.12。

夷逸（生卒不详）：孔子称道的古逸民，年代不清楚，见《微子》18.8。

朱张（生卒不详）：孔子称道的古逸民，年代不清楚，见《微子》18.8。

少连（生卒不详）：孔子称道的古逸民，年代不清楚，见《微子》18.8。

附录四　人名索引

9.13；11.3、11.13、11.16；12.7—8、12.23；13.20、13.24；14.17、14.28—29、14.35；15.10、15.24；17.19、17.24；19.20—25。（另参赐）

子华：6.4。（另参赤、公西华）

子贱：5.3。

子路：5.7—8、5.14、5.26；6.28；7.11、7.19、7.35；9.12、9.27；10.25；11.13、11.15、11.22、11.25—26；12.12；13.1、13.3、13.28；14.12、14.16、14.22、14.36、14.38、14.42；15.2；17.5、17.7、17.23；18.6—7。（另参仲由、由、季路）

子禽：1.10。（另参陈亢、陈子禽）

子桑伯子：6.2。

子西（令尹公子申，字子西）：14.9。

子夏：1.7；2.8；3.8；6.13；11.3；12.5、12.22；13.17；19.3—13。（另参商）

子游：2.7；4.26；6.14；11.3；17.4；19.12、19.14—15。（另参偃）

子张：2.18、2.23；5.19；11.20；12.6、12.10、12.14、12.20；14.40；15.6、15.42；17.6；19.1—19.3；20.2。（另参师）

左丘明：5.25。

后 记

出版界有个说法，"读书无禁区，出版有纪律"，这话想必会载入中国出版史。我没有不讲纪律的特权，想有也不行，出版社得替我负责，不能看我犯错误。

古人云，"人谁无过？过而能改，善莫大焉"。我有个习惯，没有付印的草稿，我会反复改，一旦印成书，木已成舟，就随它去吧。我非圣贤，错肯定有，应该改，比如错别字，比如标点符号，比如明显的硬伤；但不能大改，历史是过去的事，过去的事无法追改，只能删，或做点必要的说明，说明此一时也彼一时——人不能篡改历史。跟历史找别扭，就是跟自己找别扭。

2004年下半年和2005年上半年，我在北大中文系讲《论语》，把讲义整理成书，2007年在山西人民出版社出了个平装本。那年，承蒙读者不弃，此书被全国42家媒体和中国图书评论会评为"2007年度十大好书"第一名。2008年，山西人民出版社又出过精装本。这些已成历史。

这次出新版，遵出版社建议，我将原稿做了一些修订，并用我在中国人民大学国学院的演讲稿《谈谈〈论语〉》作代序，改题为《怎样读〈论语〉》，代替旧序。

这是必要的交待。